COLLEEN MCCULLOUGH

Caesars Frauen
Der Aufbruch

Buch

Seit Generationen gehört seine Familie zur Elite der Römischen Republik, seit Jahren wissen die Mitglieder des Clans um ihre Trumpfkarte im Poker um die Macht: Gaius Julius Caesar.

Im Kindesalter gegen den Willen der Familie zum Priester Jupiters geweiht, schien ihm fortan der Zugang zu allen politischen Ämtern verwehrt. Aber schon früh rebelliert der zu einem gutaussehenden Jüngling Heranwachsende gegen die ihm auferlegten Pflichten, und schließlich widersetzt er sich offen einer Anweisung des Konsuls. Von da an ist seine Laufbahn vorgezeichnet, zumal er sich einerseits als genialer Feldherr entpuppt und andererseits als geschickter Taktierer in den Politsalons der Stadt.

Seinen kometenhaften Aufstieg aber verdankt er letztlich mächtigen Frauen, die – obwohl sie offiziell keine politischen Rechte besitzen – im Alten Rom die heimlichen Königsmacherinnen sind. Da ist seine von ihm vergötterte Mutter Aurelia, die ihm mit klugem Ratschlag tatkräftig zur Seite steht. Die wohl mächtigste Verbündete findet er aber in Servilia, der Mutter des jungen Brutus, der zur tragischen Figur in seinem Leben werden soll. In einer obsessiven Beziehung gefangen, verachtet Julius Caesar im Grunde die ehrgeizige und intrigante Frau aus tiefstem Herzen, ist ihr aber sexuell verfallen. Für Servilia ist Caesar jedoch die große Liebe ihres Lebens. Unermüdlich strebt sie danach, ihre Familie mit der ihres Geliebten zu verbinden. Zielstrebig betreibt sie die Verlobung ihres Sohnes mit der bildhübschen Julia. Und obwohl er sie innig liebt, ist für Caesar seine Tochter nur eine Schachfigur, die er gezielt in dem Spiel um die Macht einzusetzen versteht…

Autorin

Colleen McCullough, geboren im australischen Wellington, hat mit »Dornenvögel« einen der international erfolgreichsten Romane der letzten Jahrzehnte geschrieben. Weitere Romane folgten, diese wurden ebenfalls Bestseller. Seit Jahren befaßt sie sich intensiv mit dem Alten Rom, 1990 begann sie mit der Veröffentlichung einer mehrbändigen Chronik über die letzten hundert Jahre der Römischen Republik.

Bei Goldmann außerdem lieferbar:

Dornenvögel (09894), Ein anderes Wort für Liebe (06776), Credo (42612), Die Macht und die Liebe (41344), Eine Krone aus Gras (42204), Günstlinge der Götter, Band I (43757), Günstlinge der Götter, Band II (44030)

COLLEEN
McCULLOUGH

Caesars Frauen
Der Aufbruch

Roman

Deutsch von Walter Ahlers
und Barbara Lehnerer

GOLDMANN

Titel der Originalausgabe: Caesar's Women
Originalverlag: William Morrow & Co., New York

Für Selwa Anthony Dennis
Wisewoman, witch, warm and wonderful

Umwelthinweis:
Alle bedruckten Materialien dieses Taschenbuches
sind chlorfrei und umweltschonend.

Der Goldmann Verlag
ist ein Unternehmen der Verlagsgruppe Bertelsmann

Genehmigte Taschenbuchausgabe 5/98

Umschlagmotiv: AKG, Berlin
Satz: Uhl + Massopust, Aalen
Druck: Presse-Druck, Augsburg
Verlagsnummer: 44161
CV · Herstellung: Heidrun Nawrot
Made in Germany
ISBN 3-442-44161-7

1 3 5 7 9 10 8 6 4 2

TEIL EINS

Juni 68 v. Chr.
bis März 66 v. Chr.

GAIUS JULIUS CAESAR

B*rutus,* deine Haut gefällt mir nicht. Komm einmal ans Licht.«

Der Fünfzehnjährige reagierte nicht; ungerührt blieb er sitzen, über das Blatt Fannianpapier gebeugt, über dem die Schreibfeder schwebte, an der die Tinte längst getrocknet war.

»Brutus, du kommst auf der Stelle her«, sagte seine Mutter in ruhigem Ton.

Er ließ die Feder sinken, denn er kannte sie; er hatte keineswegs panische Angst vor ihr, doch ihren Zorn wollte er nicht herausfordern. Die erste Aufforderung durfte man ignorieren, aber bei der zweiten erwartete sie Gehorsam, sogar von ihm. Er erhob sich und schlenderte hinüber zu ihr ans Fenster, dessen Läden weit geöffnet waren, denn Rom stöhnte unter einer ungewöhnlich frühen Hitzewelle.

Obwohl sie klein war und Brutus gerade angefangen hatte, zu einem – wie sie hoffte – großen Mann heranzuwachsen, überragte sein Kopf sie nicht sehr weit; mit einer Hand umfaßte sie sein Kinn und blickte prüfend auf ein paar böse rote Pusteln, die um den Mund herum zu sprießen begannen. Sie ließ ihn wieder los und schob ihm die dunklen Locken aus der Stirn: Ausschläge auch dort oben!

»Wenn du dir nur öfter die Haare schneiden lassen würdest!« sagte sie und zog so fest an einer der tiefhängenden Locken, daß ihm die Tränen in die Augen schossen.

»Kurzes Haar ist nicht intellektuell, Mama«, protestierte er.

»Aber praktisch. Es hängt dir nicht ins Gesicht und reizt deine Haut nicht. Ach, Brutus, wie widerspenstig du geworden bist!«

»Wenn du dir einen kurzgeschorenen Soldaten wünschst, hättest du mit Silanus noch ein paar Jungen zeugen sollen und keine Mädchen.«

»*Ein* Sohn ist erschwinglich. Zwei Söhne sind zu kostspielig. Und wenn ich Silanus einen Sohn geschenkt hätte, könntest du nicht zwei

Väter beerben.« Sie ging hinüber zum Schreibtisch, an dem er gearbeitet hatte, und wühlte ungeduldig zwischen seinen Papieren herum. »Nun sieh sich einer das Zeug hier an! Kein Wunder, daß du einen krummen Rücken hast. Du solltest nach der Schule mit Cassius und den anderen Jungen aufs Marsfeld gehen und deine Zeit nicht mit dem nutzlosen Versuch vergeuden, den ganzen Thukydides auf einem einzigen Blatt Papier unterzubringen.«

»Keiner in Rom schreibt bessere Epitome als ich«, antwortete ihr Sohn großspurig.

Servilia sah ihn amüsiert an. »Thukydides ist nicht verschwenderisch mit Worten umgegangen und hat trotzdem viele Bücher gebraucht, um den Konflikt zwischen Athen und Sparta zu erzählen. Was sollte es für einen Sinn haben, sein wunderschönes Griechisch zu zerpflücken, nur damit ein paar lesefaule Römer sich damit brüsten können, alles über den Peloponnesischen Krieg zu wissen.«

»Die Literatur ist so umfangreich geworden«, widersprach Brutus, »daß ein einzelner sie ohne Zusammenfassungen gar nicht mehr bewältigen kann.«

Servilia kehrte zu dem Thema zurück, das sie eigentlich interessierte: »Du bekommst eine schlechte Haut.«

»Das ist in meinem Alter ganz normal.«

»Aber ich habe Pläne mit dir.«

»Wehe allem, das deinen Plänen im Wege steht!« rief er, plötzlich wütend.

»Zieh dich an. Wir gehen aus.« Ohne ein weiteres Wort verließ sie das Zimmer.

Als Brutus das Atrium von Silanus' geräumigem Haus betrat, trug er seine Knabentoga mit der purpurroten Borte, denn offiziell galt er vor dem Fest der Juventas im Dezember nicht als Mann. Seine Mutter wartete bereits und blickte ihm besorgt entgegen.

Ja, er hatte einen krummen Rücken, kein Zweifel. Und was war er für ein hübscher Knabe gewesen! Noch im Januar, als sie bei Antenor, dem besten Bildhauer in ganz Italien, eine Büste von ihm bestellt hatte. Doch inzwischen machte die Pubertät sich deutlicher bemerkbar. Darunter hatte seine Schönheit gelitten, sogar für ihren voreingenommenen Blick. Noch immer lagen große, dunkle, verträumte Augen unter den markanten Lidern, aber die eindrucksvolle römische Nase, die sie sich so sehr für ihn wünschte, wollte er einfach nicht bekommen; sie blieb klein und knubblig wie ihre eigene. Und seine einst so makellose, olivfarbene Haut erfüllte sie mit tiefer Sorge. Wenn er nun zu den Unglücklichen gehörte, die so schrecklich von Pickeln heimgesucht wurden, daß Narben zurückblieben? Fünfzehn Jahre. Das war viel zu früh. Das deutete auf eine lange Leidenszeit hin. Pickel! Wie ekelhaft und gewöhnlich! Gleich morgen früh würde sie sich bei Ärzten und Kräuterhändlern erkundigen – und ob es ihm nun paßte oder nicht: Ab jetzt würde er jeden Tag auf das Marsfeld gehen, um sich dort zu ertüchtigen und sich in den Kampfsportarten ausbilden zu lassen; schließlich sollte er mit siebzehn in die römischen Legionen aufgenommen werden, und zwar als Offiziersschüler, nicht als gewöhnlicher Soldat; er sollte als Kadett zum persönlichen Stab eines konsularischen Kommandanten gehören, der namentlich nach ihm verlangte. Dazu prädestinierten ihn seine Herkunft und sein Status.

Der Verwalter ließ sie hinaus in die schmale Seitengasse auf dem Palatin; Servilia ging in Richtung Forum, Brutus mußte sich anstrengen, um mit ihrem zügigen Schritt mithalten zu können.

»Wohin gehen wir?« wollte er wissen. Er war noch immer verärgert, weil sie ihn von seiner Zusammenfassung des Thukydides weggerissen hatte.

»Zu Aurelia.«

Wenn seine Gedanken nicht gar zu sehr mit dem Problem beschäftigt gewesen wären, wie man eine Fülle von Informationen in einen einzigen Satz packt, und wenn es ein etwas kühlerer Tag gewesen wäre, dann hätte sein Herz einen Freudensprung getan. So aber stöhnte er: »O nein, nicht ausgerechnet heute in die Subura hinauf.«

»Doch.«

»Das ist so weit. Und in diese trostlose Gegend.«

»Die Gegend mag trostlos sein, mein Sohn, aber die Frau verfügt über ausgezeichnete Verbindungen. Alle werden sie dort sein.« Sie blieb stehen und warf ihm einen Seitenblick zu. »Alle, Brutus. Alle.«

Er erwiderte nichts darauf.

Zwei Sklaven bahnten Servilia einen Weg, als sie die Treppe der Ringmacher hinunterlief, um sich in das Menschengewühl auf dem Forum Romanum zu stürzen. Hier fand sich jeder ein, der mitreden, zuhören, herumspazieren, gesehen werden und mit den Mächtigen auf Tuchfühlung sein wollte. Heute trat weder der Senat noch eine der anderen Versammlungen zusammen, die Gerichte hatten Ferien, und doch waren ein paar der Mächtigen unterwegs; man erkannte sie an den wippenden, mit roten Lederriemen verschnürten Rutenbündeln, den Zeichen ihrer Macht, die von Liktoren vor ihnen hergetragen wurden.

»Es geht so steil bergauf, Mama! Kannst du nicht etwas langsamer gehen?« stöhnte Brutus, als seine Mutter am anderen Ende des Forums den Clivus Orbius hinaufstieg. Er schwitzte stark.

»Wenn du mehr Sport treiben würdest, müßtest du nicht soviel jammern«, erwiderte Servilia ungerührt.

Hier oben, in den engen Schluchten zwischen den Mietshäusern der Subura, drang Brutus ein ekelhafter Gestank nach Unrat und Fäulnis in die Nase; die abblätternden Hauswände schwitzten faules Wasser aus, eine schwarze, sirupähnliche Flüssigkeit wälzte sich durch die Gosse auf die Gitter der Abflüsse zu. Sie kamen an winzigen, unbeleuchteten Gewölben vorbei, Läden ohne Hausnummern. Wenigstens brachte die feuchte Finsternis ein wenig Abkühlung, aber dies war eine Gegend Roms, auf die der junge Brutus leichten Herzens hätte verzichten können, ganz gleichgültig, ob sich da oben nun »alle« trafen oder nicht.

Schließlich kamen sie zu einer stattlichen Tür aus altem Eichenholz mit solide geschnitztem Paneel und einem kupfernen Klopfer in Form eines Löwenkopfes mit weit aufgerissenem Maul. Einer von Servilias Dienern schlug damit heftig gegen das Holz, und die Tür öffnete sich sofort. Sie standen einem älteren, freigelassenen Griechen von erheblichem Körperumfang gegenüber, der ihnen mit tiefer Verbeugung Einlaß gewährte.

Eine reine Frauenversammlung, was sonst? Wäre Brutus nur schon alt genug gewesen, die Toga virilis zu tragen, das Zeichen der erwachsenen Männer! Dann hätte er seine Mutter gar nicht mehr begleiten dürfen. Gleichzeitig ängstigte ihn dieser Gedanke. Seine Mutter mußte mit ihrer Eingabe Erfolg haben, damit er auch noch nach dem Dezember, nach seinem Eintritt in das Mannesalter, Gelegenheit haben würde, seine Liebste zu sehen. Er ließ sich nichts anmerken; gleich als die überschwengliche Begrüßung einsetzte, löste er sich von Servilias Rockzipfel und verzog sich in ein stilles Eckchen des lärmerfüllten Raums, um sich dort vor dem schlichten Dekor der Wände möglichst unsichtbar zu machen.

»Ave, Brutus«, sagte eine helle und doch ein wenig heisere Stimme.

Er wandte sich um, sah hinüber – und glaubte einen Augenblick lang, das Herz bliebe ihm stehen. »Ave, Julia.«

»Komm, setzen wir uns«, forderte die Tochter des Hauses ihn auf und führte ihn zu zwei kleinen Sesseln in der hintersten Ecke. Während er sich unbeholfen auf dem einen niederließ, nahm sie auf dem anderen Platz, anmutig und beherrscht wie eine Schwänin auf ihrem Nest.

Wie kann sie mit ihren acht Jahren schon so schön sein? fragte sich Brutus verwundert, obwohl er sie doch so gut kannte – seine Mutter war eine enge Freundin ihrer Großmutter. Hell wie Eis und Schnee war sie, mit schmalem Kinn und schön geschwungenen Wangenknochen, die Lippen von blassem Rosa, köstlich wie eine Erdbeere, und dazu zwei große blaue Augen, die mit lebhafter Sanftmut auf alles blickten; wenn Brutus sich einmal an Liebeslyrik versucht hatte, dann war sie der Grund dafür gewesen, denn er liebte sie, ja, er liebte sie seit Jahren! Daß es Liebe war, hatte er erst vor kurzem begriffen; sie hatte ihn angesehen und dabei so süß gelächelt, daß die Erkenntnis wie der Blitz bei ihm eingeschlagen hatte.

Noch am selben Abend war er zu seiner Mutter gegangen und hatte ihr mitgeteilt, daß er Julia heiraten wolle, sowie sie erwachsen wäre.

Servilia hatte ihn verblüfft angesehen. »Mein lieber Brutus, sie ist noch ein Kind! Du müßtest acht, neun Jahre auf sie warten.«

»Lange bevor sie alt genug zum Heiraten ist, wird man sie einem Mann versprechen«, hatte er geantwortet, und die bange Sorge war ihm vom Gesicht abzulesen gewesen. »Bitte, Mama, du mußt ihren Vater um ihre Hand bitten, sobald er zurück ist!«

»Und wenn du deine Meinung änderst?«

»Nie. Niemals!«

»Ihre Mitgift wird äußerst dürftig ausfallen.«

»Aber eine Frau besserer Herkunft könntest du dir nicht für mich wünschen.«

»Das ist wahr.« Der Blick ihrer dunklen Augen, der so streng sein konnte, ruhte nicht unfreundlich auf ihm; Servilia konnte sich der Überzeugungskraft des Arguments nicht verwehren. Also nickte sie, nachdem sie den Gedanken noch einmal geprüft hatte. »Meinetwegen, Brutus, wenn ihr Vater wieder in Rom ist, werde ich ihn fragen. Du brauchst keine reiche Braut, aber es ist wichtig, daß ihre Herkunft zu deiner paßt. Eine Julia wäre ideal. Besonders diese Julia. Patrizierin vom Vater und von der Mutter her.«

Und so hatten sie beschlossen zu warten, bis Julias Vater von seinem Posten als Quästor in Hispania Ulterior zurückkehren würde. Das unterste der wichtigen Magistrate – Quästor. Doch Servilia war davon überzeugt, daß Julias Vater das Amt außerordentlich gut versehen hatte. Seltsam, daß sie ihm noch nie begegnet war, wenn man bedachte, wie klein die Gruppe der echten römischen Nobilität war. Beide gehörten sie ihr an. Aber die Frauen erzählten sich, daß er so etwas wie ein Außenseiter war, viel zu beschäftigt für das gesellschaftliche Leben, das die meisten Männer wie er führten, wenn sie in Rom waren. Es wäre ihr leichter gefallen, für Brutus um die Hand seiner Tochter anzuhalten, wenn sie ihn gekannt hätte, auch wenn sie eigentlich nicht zweifelte, wie die Antwort ausfallen würde. Brutus war ein sehr standesgemäßer Bewerber, selbst für einen Julier.

Mit den prächtigen Atrien des Palatins konnte Aurelias Empfangssalon sich nicht messen, aber er bot ausreichend Platz für das gute Dutzend von Frauen, die hereingeströmt waren. Die offenen Läden gaben den Blick auf einen Garten frei, der seine sprichwörtliche Schönheit den Händen des Gaius Matius verdankte. Dieser Mann brachte Rosen auch im Schatten zum Blühen und konnte Weinranken veranlassen, sich zwölf Stockwerke hoch an Gittern und Balkonen emporzuhangeln, rechteckige Büsche in vollkommene Kugeln verwandeln und ein schlichtes Marmorbecken mit einer Schwerkraftspeisung versehen, die es dem aufgerichteten, doppelt geschwänzten Delphin erlaubte, das Wasser in hohem Bogen aus seinem furchterregenden Maul zu spritzen.

Die Wände des Empfangssalons waren gut erhalten und in stilvollem Rot getüncht, häufiges Scheuern hatte dafür gesorgt, daß der billige Terrazzoboden in hellem Rosa erstrahlte, und die Deckenmalerei ließ auch ohne kostspieliges Blattgold die Illusion eines sommerlichen Wolkenhimmels entstehen. Nicht gerade das Domizil eines Mächtigen, aber einem jungen Senator durchaus angemessen, dachte sich Brutus, während er Julia betrachtete, die ihrerseits die Frauen im Auge hatte. Als Julia auf ihn aufmerksam wurde, sah auch er schnell zu den Frauen hinüber.

Seine Mutter hatte auf der Liege gleich neben Aurelia Platz genommen, wo sie gut zur Geltung kam, auch wenn ihre Gastgeberin mit fünfundfünfzig Jahren noch als eine der großen Schönheiten Roms galt. Aurelia hatte eine elegante, schlanke Figur; die Ruhepose kam ihr durchaus zustatten, weil sie sich vielleicht ein wenig zu forsch bewegte, um wirklich anmutig zu sein. Keine einzige graue Strähne trübte das leuchtende Braun ihres Haars, die Haut war noch immer glatt und geschmeidig. Aurelia hatte Servilia die Schule für Brutus empfohlen, denn sie war ihre wichtigste Vertraute.

Schon war Brutus mit den Gedanken bei der Schule, keine untypische Abschweifung bei einem unsteten Geist wie dem seinen. Seine Mutter hatte Brutus nicht auf eine Schule schicken wollen, aus Angst, ihr Sohn könnte dort mit Kindern von niederem Rang und Ansehen in Berührung kommen; zudem hätten die sich über seinen Lerneifer doch nur lustig gemacht. Sie wollte Brutus einen Hauslehrer besorgen. Aber sein Stiefvater hatte darauf bestanden, daß diesem einzigen Sohn der Ansporn und die Konkurrenz einer Schule nicht vorenthalten würden. »Eine vernünftige Beschäftigung und ganz normale Spielgefährten«, so hatte Silanus es ausgedrückt. Er war nicht etwa eifersüchtig auf den ersten Platz, den Brutus in Servilias Herzen einnahm; wenn er mit der Schule fertig war, sollte der Junge gelernt haben, mit Gleichaltrigen aus allen gesellschaftlichen Schichten zurechtzukommen. Natürlich hatte Aurelia ihr zu einer vornehmen Schule geraten, doch leider waren die Pädagogen, die solche Schulen leiteten, von einer beklagenswerten Unabhängigkeit des Geistes und nahmen auch Jungen, die von niedrigerer Herkunft waren als ein Marcus Junius Brutus, auf – ja sogar das eine oder andere intelligente Mädchen.

Bei einer Mutter wie Servilia mußte Brutus die Schule hassen, auch wenn Gaius Cassius Longinus, der Schulkamerad, den Servilia noch am ehesten akzeptierte, aus einer ebenso guten Familie stammte wie Junius Brutus. Doch Brutus tolerierte Cassius nur seiner Mutter zuliebe. Was verband ihn denn schon mit einem lauten und lebhaften Knaben wie diesem Cassius, der sich für den Krieg, für das Kämpfen und große Heldentaten begeisterte? Nur die Tatsache, daß er schon bald zum Lieblingsschüler des Lehrers aufgestiegen war, hatte Brutus mit der schrecklichen Plage der Schule ein wenig versöhnen können. Und mit Kerlen wie Cassius.

Es war ausgerechnet sein Onkel Cato, nach dessen Freundschaft er sich sehnte, aber Servilia tat alles, um jegliche Vertraulichkeit mit ihrem verhaßten Halbbruder im Keim zu ersticken. Sie wurde nicht müde, ihren Sohn daran zu erinnern, daß Onkel Cato der Abkömmling eines tusculanischen Bauern und einer keltiberischen Sklavin war, während sich in Brutus zwei Linien uralter Nobilität vereinten, die eine auf Lucius Junius Brutus zurückgehend, den Gründer der Republik, die andere auf Gaius Servilius Ahala. Auf gar keinen Fall durfte sich ein Junius Brutus, der durch seine Mutter auch patrizischer Servilius war, mit einem nichtsnutzigen Emporkömmling wie Onkel Cato zusammentun.

»Immerhin hat deine Mutter Onkel Catos Vater geheiratet und zwei Kinder von ihm bekommen, Tante Porcia und Onkel Cato!« hatte ihr Brutus bei Gelegenheit vorgehalten.

»Und damit für alle Zeiten Schande über sich gebracht!« hatte Servilia wütend erwidert. »Weder diese Verbindung noch ihre Nachkommenschaft habe ich jemals gebilligt, und auch du, mein Sohn, wirst das nicht tun!«

Ende der Diskussion. Und das Ende aller Hoffnungen, daß er Onkel Cato vielleicht doch häufiger zu sehen bekommen würde, als es dem Ansehen der Familie zuträglich war. Und dabei war Onkel Cato ein wunderbarer Mann! Ein richtiger Stoiker, der alten, asketischen römischen Lebensweise zugetan. Prunk und äußerer Schein waren ihm zuwider; er war schnell bei der Hand mit Kritik an der Großmannssucht von Männern wie Pompeius. Pompeius der Große. Auch so ein Emporkömmling ohne den richtigen Stammbaum! Pompeius, der Brutus' Vater ermordet hatte, der seine Mutter zur Witwe gemacht und es einem Leichtgewicht wie diesem elenden Silanus ermöglicht hatte, in ihr Bett zu kriechen und mit ihr zwei dümmliche Mädchen zu zeugen, die Brutus nur mit großem Widerwillen als seine Schwestern akzeptierte.

»Worüber denkst du nach, Brutus?« fragte Julia lächelnd.

»Ach, über nichts Bestimmtes«, antwortete er vage.

»Du weichst mir aus. Sag die Wahrheit!«

»Ich habe darüber nachgedacht, was für ein toller Kerl Onkel Cato ist.«

Sie zog die Augenbrauen zusammen. »Onkel Cato?«

»Du kennst ihn nicht. Für den Senat ist er noch nicht alt genug. Er ist jünger als Mama.«

»War er es, der den Volkstribunen untersagt hat, eine Säule einzureißen, die ihnen in der Basilika Porcia den freien Blick versperrt hat?«

»Das war mein Onkel Cato«, erwiderte Brutus voller Stolz.

Julia zuckte die Achseln. »Mein Vater sagt, daß es dumm von ihm war. Die Volkstribune hätten sich ihr Hauptquartier bequemer einrichten können, wenn die Säule niedergerissen worden wäre.«

»Onkel Cato war im Recht. Cato der Zensor hat die Säule dort aufgestellt, als er Roms erste Basilika errichtete, und das *mos maiorum* verlangt, daß sie dort stehen bleibt. Cato der Zensor hat es den Volkstribunen gestattet, das Gebäude als Hauptquartier zu nutzen, weil er Verständnis für ihre Notlage hatte – weil sie nur von der Plebs gewählt werden, vertreten sie nicht das ganze Volk und dürfen deshalb keinen Tempel als Hauptquartier nehmen. Aber er hat ihnen nicht das ganze Gebäude gegeben. Sie dürfen nur einen Teil davon für ihre Zwecke verwenden. Damals waren sie ihm dankbar. Und jetzt wollen sie auf einmal verändern, was Cato der Zensor mit seinem Geld aufgebaut hat. Onkel Cato wird es nicht zulassen, daß jemand das Werk seines Urgroßvaters verunstaltet.«

Julia war von Natur aus friedlich und mochte keinen Streit, also lächelte sie wieder und drückte Brutus liebevoll den Arm. Ein verzogener Junge, dieser Brutus, dickköpfig und aufgeblasen, aber sie kannten sich nun schon so lange, und er tat ihr leid, auch wenn sie nicht genau wußte, warum. Möglicherweise, weil seine Mutter so... hinterhältig war.

»Nun, das alles ist vor dem Tod meiner Tante Julia und meiner Mutter passiert. Ich glaube kaum, daß sich heute noch jemand an der Säule vergreifen wird«, sagte sie.

»Dein Vater muß bald nach Hause kommen.« Brutus war mit den Gedanken schon wieder beim Heiraten.

»Wir erwarten ihn jeden Tag.« Julia rutschte freudig erregt auf ihrem Stuhl herum. »Ach, ich vermisse ihn so!«

»Es heißt, daß er im italischen Gallien Unruhe stiftet, jenseits des Padus«, sagte Brutus, ohne zu ahnen, daß er das Thema aufgriff, das unter den Frauen um Aurelia und Servilia gerade eine heftige Debatte ausgelöst hatte.

»Warum sollte er das tun?« fragte Aurelia und zog die schnurgeraden, schwarzen Augenbrauen zusammen. Ihre berühmten veilchenblauen Augen funkelten. »Manchmal widern Rom und die römische Aristokratie mich geradezu an! Warum wird ausgerechnet mein Sohn immer zum Gegenstand von Gerüchten und politischem Geschwätz gemacht?«

»Weil er zu groß ist und zu gut aussieht, weil er Erfolg bei Frauen hat und viel zu arrogant ist.« Terentia, Ciceros Frau, nahm selten ein Blatt vor den Mund. »Und außerdem«, fügte sie, die Frau eines berühmten Gelehrten und Redners, hinzu, »kann er wunderbar mit dem gesprochenen und geschriebenen Wort umgehen.«

»Das sind angeborene Qualitäten, und nicht eine von ihnen rechtfertigt die Diffamierungen einiger Männer, die ich mit Namen nennen könnte!« fauchte Aurelia.

»Sprichst du von Lucullus?« fragte Mucia Tertia, die Frau des Pompeius'.

»Nein, ihm mache ich den geringsten Vorwurf«, erwiderte Terentia. »Ich vermute, König Tigranes und Armenien nehmen ihn so in Anspruch, daß er sich um keine römischen Angelegenheiten mehr kümmern kann, abgesehen von den Rittern, die in seinen Provinzen nicht genug Geld mit der Steuerpacht verdienen.«

»Dann mußt du Bibulus meinen, jetzt, wo er wieder in Rom ist«, sagte eine majestätische Gestalt, die im schönsten Sessel saß. In dieser farbenfrohen Gruppe war sie als einzige von Kopf bis Fuß in weißes Tuch gekleidet, unter dem ihre weiblichen Reize, sofern sie welche besaß, vollständig verborgen bleiben mußten. Auf ihrem königlichen Haupt trug sie eine Krone aus sieben übereinandergelegten, aus Schurwolle geflochtenen Zöpfen; der dünne weiße Schleier, den sie darübergelegt hatte, wehte auf, als sie sich umwandte, um die beiden Frauen auf dem Diwan anzusehen. Perpennia, die Vorsteherin der Vestalinnen, schnaubte vor Lachen. »Ach, der arme Bibulus! Es will ihm nicht gelingen, seine Feindseligkeiten zu kaschieren.«

»Ich hab's dir ja gesagt, Aurelia«, meinte Terentia. »Wenn so ein hochgewachsener, gutaussehender Mann wie dein Sohn sich einen Zwerg wie Bibulus zum Feind macht, dann darf er sich nicht wundern, wenn er verleumdet wird. Es ist der Gipfel der Dummheit, einen Mann in Gegenwart Gleichaltriger einen Floh zu nennen. So hat er sich Bibulus zum Feind fürs Leben gemacht.«

»Lächerlich! Das war vor zehn Jahren, als die beiden noch junge Burschen waren«, erwiderte Aurelia.

»Du weißt ganz genau, wie sensibel kleine Männer auf Witze über ihre Körpergröße reagieren«, gab Terentia zurück. »Du stammst aus einer Familie von Politikern, Aurelia. In der Politik geht's vor allem um das öffentliche Ansehen eines Mannes. Dein Sohn hat Bibulus' öffentliches Ansehen verletzt. Noch heute nennt man ihn den Floh. Das wird er Caesar nie verzeihen!«

»Ganz abgesehen davon«, gab Servilia zu bedenken, »daß Bibulus in Kreaturen wie Cato aufgeschlossene Zuhörer für seine Verleumdungen findet.«

»Was hat Bibulus denn eigentlich behauptet?« fragte Aurelia mit schmalen Lippen.

»Er behauptet, anstatt direkt aus Spanien zurückzukehren, habe dein Sohn es vorgezogen, im italischen Gallien eine Rebellion unter den Menschen zu schüren, die noch nicht die römische Staatsbürgerschaft besitzen«, sagte Terentia.

»Was für ein Unsinn!« rief Servilia aus.

»Und warum ist es Unsinn, Gnädigste?« fragte eine tiefe Männerstimme.

Es wurde still im Raum, bis Julia aufsprang und auf den Ankömmling zustürmte. »*Tata*! Oh, *tata*!«

Caesar hob sie hoch, küßte ihre Lippen und Wangen, drückte sie an sich und strich ihr zärtlich über das helle Haar. »Wie geht es meinem Mädchen?« fragte er, und sein Lächeln galt nur ihr.

Doch mehr als »Oh, *tata*!« brachte Julia nicht hervor. Sie preßte das Gesicht gegen die Schulter ihres Vaters.

»Nun, Gnädigste, warum ist es Unsinn?« wiederholte Caesar seine Frage, während seine Tochter es sich in seiner Armbeuge bequem machte. Jetzt ruhte sein Blick auf Servilia, und das Lächeln war sogar aus den Augen gewichen; ein Blick, der ihr Geschlecht registrierte, ihm aber keine Bedeutung beimaß.

»Caesar, das ist Servilia, die Gattin des Decimus Junius Silanus«, sagte Aurelia, die anscheinend nicht gekränkt darüber war, daß ihr Sohn sie noch nicht begrüßt hatte.

»Servilia ...« Er nickte, als er ihren Namen aussprach.

Ihre Stimme klang kühl und ruhig, sie wog die Worte wie der Juwelier das Gold. »Es gibt keinen einsichtigen Grund für ein solches Gerücht. Was hättest du davon, im italischen Gallien einen Aufstand zu schüren? Wenn du vor diejenigen treten würdest, die noch keine Staatsbürgerschaft haben, und ihnen versprächest, dich für ihr Wahlrecht einzusetzen, dann wäre das nur recht und billig für einen römischen Edelmann, der nach dem Amt des Konsuls strebt. Du würdest dir damit eine Gefolgschaft von Klienten zulegen – eine kluge Handlungsweise für einen Mann, der auf der politischen Leiter nach oben klettern will. Ich war mit einem Mann verheiratet, der im italischen Gallien eine Rebellion angezettelt hat, deshalb kann ich beurteilen, was für ein unüberlegtes Vorgehen das ist. Lepidus und meinem Gatten Brutus erschien es unerträglich, in Sullas Rom zu leben. Ihre Karrieren neigten sich bereits dem Ende zu, während deine gerade erst begonnen hat. Was solltest du dir davon versprechen, einen Aufstand zu schüren?«

»Sehr richtig«, sagte er, und jetzt funkelte sogar etwas Humor in seinen Augen, die ihr bis dahin ein wenig kalt vorgekommen waren.

»Und ob das richtig ist«, bestätigte sie. »Was ich von deiner Karriere weiß, läßt mich nicht einen Moment daran zweifeln, daß du lediglich auf Klienten aus warst, wenn du diesen Abstecher zur nichtrömischen Bevölkerung im italischen Gallien tatsächlich gemacht hast.«

Er warf den Kopf in den Nacken und lachte; er sah phantastisch aus, und er wußte es nur zu gut. Dieser Mann tat nichts, ohne die Wirkung auf sein Publikum zu berechnen, davon war sie überzeugt. Doch sie spürte instinktiv, daß auch er es instinktiv tat; nicht eine Sekunde lang ließ er sich die Berechnung anmerken. »Es ist wahr, ich habe Klienten gesammelt.«

»Siehst du?« sagte Servilia. Um ihre Lippen spielte ein geheimnisvolles Lächeln. »Wer sollte dir einen Vorwurf daraus machen, Caesar?« Und mit einer Spur von Herablassung fügte sie hinzu: »Keine Angst, ich sorge schon dafür, daß die richtige Version der Geschichte die Runde macht.«

Doch damit war sie zu weit gegangen. Caesar hatte es nicht nötig, sich von einer Servilierin gönnerhaft behandeln zu lassen, mochte sie aus dem adligen Zweig der Familie stammen oder nicht. Mit verächtlichem Augenaufschlag wandte er sich von ihr ab und suchte sich unter den Frauen, die diesem Wortwechsel gespannt gelauscht hatten, Mucia Tertia aus. Die kleine Julia setzte er ab, um Mucia Tertias beide Hände ergreifen zu können.

»Wie geht es dir, Weib des Pompeius?« fragte er sie liebenswürdig.

Sie wirkte verlegen, murmelte Unverständliches. Doch er hatte sich bereits Cornelia Sulla zugewandt, Sullas Tochter und seiner Cousine ersten Grades. Und so ging er sie eine nach der anderen durch, die ganze Gruppe; bis auf Servilia kannte er sie alle. Und Servilia sah ihm dabei zu, voller Bewunderung, nachdem sie den ersten Schock wegen seiner schroffen Behandlung überwunden hatte. Auch Perpennia erlag seinem

Charme, und selbst eine ehrfurchtgebietende Matrone wie Terentia schmolz einfach dahin. Zuletzt stand er vor seiner Mutter.

»Mutter, du siehst gut aus.«

»Mir geht es auch gut. Und du«, fügte sie auf ihre trockene, prosaische Weise hinzu, »siehst aus, als wärst du geheilt.«

Die Bemerkung schien ihn verletzt zu haben. Aha! dachte Servilia. Da gibt es Zwischentöne.

»Ich bin vollständig geheilt«, erwiderte er ruhig und nahm neben ihr auf dem Sofa Platz – weit weg von Servilia. »Gibt es einen Anlaß für euer Zusammensein?« fragte er.

»Wir haben einen Verein. Einmal in der Woche kommen wir bei einer von uns zusammen. Heute war ich an der Reihe.«

Er stand auf und sagte, er müsse sich den Schmutz von der Reise abwaschen, auch wenn Servilia sich nicht erinnern konnte, schon einmal einen makelloseren Reisenden gesehen zu haben. Doch bevor er den Raum verließ, trat Julia ihm mit Brutus an der Hand in den Weg.

»*Tata,* das ist mein Freund Marcus Junius Brutus.«

Das Begrüßungslächeln fiel freundlich aus, und Brutus war sichtlich beeindruckt (was ich ihm auch geraten haben will, dachte Servilia, die noch immer beleidigt war). »Dein Sohn?« fragte Caesar sie über Brutus' Schulter hinweg.

»Ja.«

»Hast du auch welche von Silanus?«

»Nein, nur zwei Töchter.«

Er hob eine Augenbraue und grinste. Und schon war er draußen.

Der Rest des Treffens war, wenn nicht gerade eine Qual, so doch eine schleppende Angelegenheit. Lange vor der Stunde des Abendessens löste es sich auf. Servilia ging als letzte.

»Ich möchte etwas mit Caesar besprechen«, sagte sie an der Tür zu Aurelia. Brutus stand hinter ihr und warf Julia verliebte Blicke zu. »Es wäre nicht ziemlich, mich unter seine Klienten einzureihen. Könntest du nicht eine private Unterredung arrangieren? So bald wie möglich?«

»Natürlich«, sagte Aurelia. »Ich gebe dir Nachricht.«

Keine Fragen, nicht der geringste Hinweis auf Neugier. Eine Frau, die sich um ihre eigenen Angelegenheiten kümmert, dachte die Mutter des Brutus voller Dankbarkeit, als sie zusammen mit ihrem Sohn das Haus verließ.

War es gut, nach fünfzehn Monaten wieder zu Hause zu sein? Weder die erste noch die längste Abwesenheit, aber diesmal war es ein offizieller Anlaß gewesen, und das war ein Unterschied. Weil der Statthalter Antistius Vetus seinen Legaten nicht nach Hispania Ulterior mitgenommen hatte, war Caesar der zweitwichtigste Mann in der Provinz gewesen – Gerichtstage, Finanzen, Verwaltungsaufgaben. Ein einsames Leben, ständig unterwegs vom einen Ende der Provinz zum anderen, gewöhnlich im Eiltempo – da war nicht viel Zeit für Freundschaften mit anderen Römern geblieben. Kein Wunder, daß der einzige Mann, mit dem er sich ein bißchen angefreundet hatte, kein Römer war; kein Wunder auch, daß zwischen dem Statthalter Antistius Vetus und seinem Stellvertreter keine Vertrautheit entstand, auch wenn sie ganz gut miteinander zurechtgekommen waren und sich hin und wieder, wenn sie sich zufällig in derselben Stadt aufhielten, zu dem einen oder anderen Arbeitsessen getroffen hatten. Einen Nachteil hatte es, dem Patriziergeschlecht der Julier anzugehören: Bis jetzt waren sich alle seine Vorgesetzten der Tatsache bewußt gewesen, daß er von wesentlich erlauchteren Vorfahren abstammte als sie selbst. Nichts war für einen Römer so wichtig wie illustre Vorfahren. Und dieser Caesar erinnerte seine Vorgesetzten ständig an Sulla: die Abstammung, die brillanten Fähigkeiten, die körperliche Erscheinung, die kalten Augen.

Nun, war es gut, wieder zu Hause zu sein? Caesar ließ den Blick durch sein wunderbar aufgeräumtes Arbeitszimmer schweifen – alle Flächen abgestaubt, jede Schriftrolle in ihrem Behälter oder ihrem Fach, nur ein Tintengefäß aus Horn und ein Tonbecher mit Schreibfedern verdeckten das Intarsienmuster aus Blüten und Blättern auf seinem Schreibtisch.

Zumindest war die Ankunft in seinem Haus leichter gewesen, als er befürchtet hatte. Nachdem Eutychus ihm die Tür zu dem Raum voller schnatternder Weiber geöffnet hatte, wäre er am liebsten gleich wieder davongelaufen, aber dann war ihm klargeworden, daß er sich keinen besseren Anfang wünschen konnte; er mußte nicht darüber sprechen, wie leer ihm das Haus ohne seine geliebte Cinnilla erschien. Früher oder später würde die kleine Julia davon anfangen, aber nicht in diesen ersten Augenblicken, nicht, bevor seine Augen sich so weit an Cinnillas Abwesenheit gewöhnt hatten, daß sie sich nicht mehr mit Tränen füllten. Er konnte sich kaum noch erinnern, wie die Wohnung ohne sie ausgesehen hatte, mit der er hier wie mit einer Schwester zusammengelebt hatte, bis sie alt genug war, um seine Frau zu werden – sie war Teil seiner Jugend und seines Mannesalters gewesen. Seine geliebte Frau – und jetzt ein Häuflein Asche in einem dunklen Grab.

Seine Mutter kam herein, kühl und reserviert wie immer.

»Wer hat die Gerüchte über meinen Abstecher ins italische Gallien verbreitet?« fragte er sie und zog einen Stuhl für sie dicht neben seinen.

»Bibulus.«

Er setzte sich mit einem Seufzer. »Nun, das war zu erwarten. Wenn man einen Gnom wie Bibulus so beleidigt, wie ich es getan habe, dann schafft man sich damit einen Feind fürs Leben. Aber ich konnte ihn nun einmal nicht leiden.«

»Und er kann dich noch immer nicht leiden.«

»Es gibt zwanzig Quästoren, und ich hatte Glück. Das Los hat mir einen Posten weit weg von Bibulus verschafft. Aber er ist fast auf den Tag genau zwei Jahre älter als ich, das heißt, daß unsere Wege sich auf dem *cursus honorum* immer wieder kreuzen werden.«

»Du willst also Sullas Dekret in Anspruch nehmen, das es den Patriziern gestattet, sich zwei Jahre früher als die Plebejer – wie Bibulus einer ist – um ein kurulisches Amt zu bewerben.« Aurelia ließ die Frage wie eine Feststellung klingen.

»Ich wäre ein Dummkopf, wenn ich es nicht täte, und ich bin nicht dumm, Mutter«, antwortete ihr Sohn. »Wenn ich im siebenunddreißigsten Lebensjahr für das Amt des Prätors kandidiere, dann habe ich sechzehn Jahre davon dem Senat angehört, die Jahre als *flamen Dialis* nicht mitgezählt. Mehr als genug Wartezeit für einen Mann.«

»Bis dahin sind es noch ganze sechs Jahre. Und in der Zwischenzeit?«

Er rutschte unruhig hin und her. »Ach, ich spüre doch schon jetzt, wie eng die Mauern von Rom sind, und dabei bin ich erst vor zwei Stunden durchs Tor geritten! Im Ausland lebt es sich leichter.«

»Es stehen jede Menge Gerichtsverfahren an. Du bist ein berühmter Advokat, stehst Cicero und Hortensius in nichts nach. Du wirst lukrative Angebote bekommen.«

»Aber in Rom, immer nur in Rom! Spanien war eine Offenbarung!« rief Caesar erregt. »Antistius Vetus war ein träger Statthalter. Er war heilfroh, mir soviel Arbeit wie möglich aufhalsen zu können, trotz meines niedrigen Status. Und so hab' ich alle Gerichtstage in der Provinz abgehalten und mich obendrein um die Finanzen gekümmert.«

»Letzteres muß dir ein Graus gewesen sein«, bemerkte seine Mutter trocken. »Geld hat dich doch noch nie interessiert.«

»Es ist seltsam, sobald es sich um Roms Geld handelt, interessiert es mich sehr wohl. Ich habe in Gades bei einem höchst bemerkenswerten Mann etwas Nachhilfe in Buchhaltung genommen, einem Bankier punischer Abstammung. Er hieß Lucius Cornelius Balbus Major. Er hat einen Neffen, der beinahe so alt ist wie er selbst: Balbus Minor, sein Partner. Sie haben viel für Pompeius Magnus gearbeitet, als er in Spanien war; inzwischen gehört ihnen halb Gades. Was der ältere Balbus über Gelddinge nicht weiß, ist auch nicht wesentlich. Natürlich waren die öffentlichen Finanzen Chaos, keine Frage. Aber mit Hilfe von diesem Balbus Major habe ich sie in den Griff bekommen. Ich habe den Mann gemocht, Mater.« Caesar zuckte mit den Achseln und lächelte sarkastisch. »Er war mein einziger Freund dort drüben.«

»Zu einer Freundschaft gehören zwei«, sagte Aurelia. »Du kennst mehr Menschen als alle anderen Patrizier zusammen, aber du läßt keinen einzigen Römer deines Standes in deine Nähe. Deshalb sind deine wenigen Freunde immer nur Ausländer oder Römer niederer Herkunft.«

Caesar grinste. »Unsinn! Ich komme besser mit Ausländern aus, weil ich in einem Mietshaus aufgewachsen bin, wo ich von Juden, Syrern, Galliern, Griechen und ähnlichen Leuten umgeben war.«

»Meine Schuld«, sagte sie mit tonloser Stimme.

Er beschloß, die Bemerkung zu überhören. »Marcus Crassus ist mein Freund, und er ist Römer, von ebenso edler Geburt wie ich.«

Sie erwiderte darauf: »Hast du in Spanien Geld verdient?«

»Hier und da ein wenig, Balbus sei es gedankt. Leider war es in der Provinz zur Abwechslung einmal friedlich, keine kleinen Grenzkriege gegen die Lusitaner. Und wenn, dann hätte Antistius Vetus sie selber ausgefochten. Sei unbesorgt, Mutter. Mein Seeräuberschatz ist unangetastet. Ich habe genug auf die Seite gelegt, um mich für höhere Ämter bewerben zu können.«

»Auch für das eines kurulischen Ädils?« fragte sie in ahnungsvollem Ton.

»Ich bin Patrizier und kann mir meinen Ruhm nicht als Volkstribun erwerben. Da bleiben nicht viele Möglichkeiten«, sagte er und zog eine der Schreibfedern aus dem Tonbecher, um sie auf die Tischplatte zu legen; eigentlich spielte er nicht mit Gegenständen herum, aber manchmal mußte er den Augen seiner Mutter einfach ausweichen können. Seltsam. Er hatte ganz vergessen, wie nervtötend sie sein konnte.

»Selbst wenn man einen Seeräuberschatz in der Hinterhand hat, das Amt des *curulis aedilis* ist eine äußerst kostspielige Angelegenheit, Caesar. Ich kenne dich! Du gibst dich nicht mit bescheidenen Spielen zufrieden. Du willst die besten Spiele aller Zeiten veranstalten.«

»Möglich. Darüber mache ich mir in vier Jahren Gedanken, wenn es soweit ist«, erwiderte er seelenruhig. »Zunächst einmal beabsichtige ich, mich im nächsten Jahr für den Posten des Kurators der Via Appia zu bewerben. Von den Claudiern will keiner die Stelle.«

»Auch so ein ruinöses Unternehmen! Das Schatzamt wird dir eine Sesterze für hundert Meilen gewähren, und du brauchst für jede Meile hundert Dinare.«

Er hatte genug von dem Gespräch; wie immer, wenn sie mehr als ein paar Sätze wechselten, brachte sie das Thema auf das leidige Geld und warf ihm seine Gleichgültigkeit vor. »Ach, weißt du«, sagte er, während er die Schreibfeder vom Tisch nahm und in den Becher zurückstellte, »ich hatte einfach vergessen, daß immer alles so bleibt, wie es ist. In der Fremde habe ich angefangen, mir eine Mutter zurechtzuträumen, wie ein Mann sie sich wünscht. Aber das hier ist die Wirklichkeit: die ewige Leier von meinem Hang zur Verschwendungssucht. Gib es endlich auf, Mutter! Was dir wichtig ist, zählt für mich noch lange nicht.«

Ihre Lippen wurden schmal, aber sie schwieg zunächst. Erst als sie sich erhob, sagte sie: »Servilia wünscht sobald wie möglich ein privates Gespräch mit dir.«

»Wozu in aller Welt?«

»Sie wird es dir zweifellos sagen, wenn es soweit ist.«

»Kennst du den Grund?«

»Ich stelle niemandem außer dir Fragen, mein Sohn. Auf diese Weise wird man nicht so oft angelogen.«

»Du glaubst also, daß ich lüge?«

»Aber natürlich.«

Er stand langsam auf, ließ sich jedoch in den Stuhl zurückfallen, runzelte die Stirn und zog noch eine Schreibfeder aus dem Becher. »Eine interessante Frau, diese Servilia.« Er legte den Kopf auf die Seite.

»Ihre Einschätzung von Bibulus' übler Nachrede war erstaunlich präzise.«

»Falls du dich erinnerst, ich habe dir vor Jahren schon einmal erzählt, daß sie die scharfsinnigste politische Beobachterin in meinem Bekanntenkreis ist. Aber du warst nicht so beeindruckt, daß du sie kennenlernen wolltest.«

»Gut, und jetzt habe ich sie kennengelernt. Und ich bin beeindruckt – wenn auch nicht von ihrer Arroganz. Sie hat doch allen Ernstes versucht, sich *mir* gegenüber gönnerhaft zu benehmen.«

Etwas in seinem Tonfall veranlaßte Aurelia, auf dem Weg zur Tür stehenzubleiben; sie drehte sich um und blickte Caesar eindringlich an. »Silanus ist nicht dein Feind«, sagte sie steif.

Das reizte ihn zu einem Lachen, das sogleich wieder verschwand. »Gelegentlich finde ich auch Gefallen an Frauen, die nicht mit einem meiner Feinde verheiratet sind, Mater! Und ich glaube, ein bißchen Gefallen habe ich an ihr gefunden. Auf jeden Fall muß ich wissen, was sie von mir will. Wer weiß, am Ende will sie mich?«

»Das kann man bei Servilia nie wissen. Sie ist undurchschaubar.«

»Ein bißchen hat sie mich an Cinnilla erinnert.«

»Laß dich nicht von romantischen Gefühlen täuschen, Caesar. Es gibt nicht die geringste Ähnlichkeit zwischen Servilia und deiner verstorbenen Frau.« Ihr Blick wurde sanft. »Cinnilla war ein liebes kleines Mädchen. Mit sechsunddreißig ist Servilia kein Mädchen mehr, und lieb ist sie schon gar nicht. Im Gegenteil, ich würde sagen, sie ist hart wie ein Marmorblock.«

»Du magst sie nicht?«

»Ich habe sie in ihrer Art ganz gern.« Diesmal drehte Aurelia sich erst an der Tür um. »Das Essen ist bald fertig. Ißt du hier?«

Seine Züge entspannten sich. »Ich kann Julia doch nicht enttäuschen und heute abend ausgehen.« Dann fiel ihm etwas ein, und er sagte: »Ein seltsamer Junge, dieser Brutus. Nach außen hin wie Öl, aber tief drinnen vermute ich einen Kern aus Eisen. Julia schien ihn als ihr Eigentum zu betrachten. Ich hätte nicht gedacht, daß er ihr gefällt.«

»Ich bezweifle es auch. Aber sie sind alte Freunde. Deine Tochter ist außergewöhnlich liebenswürdig. In dieser Hinsicht kommt sie ganz nach ihrer Mutter. Sonst gibt es ja auch niemanden, von dem sie *dieses* Merkmal geerbt haben könnte.«

Servilia konnte einfach nicht langsam gehen, sie hatte ihren üblichen zügigen Schritt angeschlagen, und Brutus mühte sich noch immer, ihr zu folgen, diesmal jedoch ohne zu klagen. Die schlimmste Hitze war vorbei, und außerdem war er in Gedanken längst wieder bei dem unglückseligen Thukydides. Julia war für den Augenblick vergessen. Und auch Onkel Cato.

Normalerweise hätte Servilia mit ihm geredet, aber heute nahm sie überhaupt keine Notiz von ihm. Sie war in Gedanken bei Gaius Julius Caesar. Sie hätten sich längst über den Weg laufen müssen, klein wie ihr Kreis war. Aber sie hatte ihn vorhin zum erstenmal gesehen, und bei seinem Anblick hatte sie fassungslos, wie gelähmt, dagesessen. Sicher, sie hatte schon erstaunliche Dinge von ihm gehört, wie jede römische Aristokratin. Die meisten von ihnen hatten versucht, ihn unter einem Vorwand kennenzulernen, aber Servilia gehörte nicht zu dieser Sorte. Sie hatte ihn von vornherein so ähnlich eingeschätzt wie Memmius und Catilina; das waren Männer, die Frauen mit einem einzigen Lächeln ins Bett locken konnten, und die das weidlich ausnutzten. Doch ein Blick auf Caesar, und sie hatte gewußt – das war weder ein Memmius noch ein Catilina. Sicher, auch er vermochte eine Frau mit einem Lächeln zu besiegen, und bestimmt zog er seinen Vorteil daraus. Aber da war noch mehr: etwas Unnahbares, Reserviertes, Unerreichbares. Jetzt verstand sie, warum manche Frauen, die er mit einer kurzen Affäre beglückt hatte, anschließend in Verzweiflung dahingekümmert waren. Er hatte ihnen nur das gegeben, was ihm nichts bedeutete, *sich selbst* jedoch hatte er ihnen nicht gegeben.

Servilia, mit ihrer Fähigkeit zu kühler Analyse, war bereits bei ihrer eigenen Reaktion auf ihn. Warum gerade er, wo es noch nie zuvor einen Mann gegeben hatte, der ihr mehr bedeutet hätte als Sicherheit und gesellschaftlicher Status? Gut, sie hatte eine Schwäche für blonde Männer. Brutus war damals für sie ausgesucht worden, erst am Hochzeitstag hatte sie ihn kennengelernt. Daß er ein ausgesprochen dunkler Typ war, hatte sie ebenso enttäuscht wie alles andere an ihm. Silanus, einen blonden und sehr gut aussehenden Mann, hatte sie sich selbst gewählt. Vom optischen Eindruck her hatte er sie befriedigt, aber in jeder anderen Hinsicht war auch er eine große Enttäuschung gewesen. Kein starker Mann, weder was Gesundheit noch Intellekt oder Charakter betraf. Kein Wunder, daß er ihre keine Söhne gezeugt hatte. Servilia war fest davon überzeugt, daß das Geschlecht ihres Nachwuchses ausschließlich in ihrer Hand lag, und schon in der ersten Nacht in Silanus' Armen hatte sie beschlossen, daß Brutus ihr einziger Sohn bleiben sollte. Auf diese Weise würde das ohnehin schon ansehnliche Vermögen durch Silanus' beträchtlichen Besitz noch vermehrt.

Was für ein Jammer, daß es nicht in ihrer Macht lag, Brutus auch noch ein drittes und weitaus größeres Eigentum zu sichern. Jetzt war Caesar vergessen, denn ihr Sohn hatte sich dazwischengeschoben; Servilias sehnsüchtige Gedanken drehten sich um die fünfzehntausend Talente Gold, die ihr Großvater Caepio, der vor siebenunddreißig Jahren Konsul war, von einem Konvoi in Gallia Narbonensis gestohlen hatte. Mehr Gold, als die Schatzkammern Roms enthielten, war damals in Servilius Caepios Besitz übergegangen, ein Vermögen, das heute natürlich nicht mehr in Form von Goldbarren existierte. Es war längst in Besitztümer der vielfältigsten Art konvertiert worden: Manufakturen im italischen Gallien, riesige Getreideflächen in Sizilien und der Provinz Africa, Mietshäuser überall auf der italischen Halbinsel und stille Teilhaberschaften an geschäftlichen Unternehmungen, die sich nicht mit dem Rang eines Senators hatten vereinbaren lassen. Nach dem Tode von Caepio dem Konsul war das alles an Servilias Vater übergegangen, und als er während des Italischen Krieges getötet worden war, hatte es ihr Bruder bekommen, der dritte Mann in ihrem Leben, der den Namen Quintus Servilius Caepio trug. Ja, ihr Bruder Caepio hatte alles bekommen! Ihr Onkel Drusus hatte dafür gesorgt, daß er es bekam, obwohl Onkel Drusus die Wahrheit kannte. Und was war das für eine Wahrheit? Daß Servilias Bruder Caepio eigentlich nur ihr Halbbruder war: In Wirklichkeit war er das erste Kind, das ihre Mutter diesem Emporkömmling Cato Salonianus geboren hatte, obwohl sie damals noch mit Servilias Vater verheiratet war. Und der hatte das Kuckucksei im Nest der Servilii Caepio gefunden, ein riesiges Kuckucksei mit langem Hals und roten Haaren und einer Nase, an der ganz Rom erkennen konnte, wessen Kind er war. Jetzt, da Caepio dreißig Jahre alt war, wußte jedermann in Rom, woher er stammte. Zum Totlachen! Und was für eine Gerechtigkeit! Ein Kuckucksei im Nest der Servilii Caepio hatte das Geld von Tolosa schließlich bekommen.

Brutus zuckte, aus seinen besorgten Gedanken gerissen, zusammen, denn seine Mutter hatte mit den Zähnen geknirscht. Ein schreckliches Geräusch, das alle, die es hörten, erbleichen ließ und zu Fluchtgedanken trieb. Aber Brutus konnte nicht fliehen. Ihm blieb nur die Hoffnung, daß nicht er der Grund für ihr Zähneknirschen war. Das hofften auch die Sklaven, die ihr vorausgingen. Sie blickten sich erschrocken an, während ihre Herzen heftig zu klopfen begannen und der Schweiß ihnen aus den Poren trat.

Servilia bemerkte davon nichts; ihre kurzen, stämmigen Beine öffneten und schlossen sich wie die Schere der Atropos, während sie vorwärtsstürmte. Dieser verfluchte Caepio! Ja, jetzt konnte Brutus nicht mehr erben. Caepio hatte die Tochter von Hortensius dem Advokaten geehelicht, die aus einer der ältesten und erlauchtesten Plebejerfamilien Roms stammte, und Hortensia trug bereits ihr erstes Kind unterm Herzen. Und es würden viele Kinder folgen; Caepio war so wohlhabend, daß selbst ein Dutzend Söhne ihn nicht ruinieren konnten. Und Caepio selbst war gesund und kräftig wie alle Abkömmlinge, die aus der schändlichen zweiten Ehe hervorgegangen waren, die Cato der Zensor mit der Tochter seines Sklaven Salonius einging, als er bereits hoch in den Siebzigern war. Das war nun schon hundert Jahre her. Ganz Rom hatte damals darüber gelacht, bis man sich schließlich dazu durchgerungen hatte, dem alten Wüstling zu vergeben und die Abkömmlinge der Sklavin in die Reihen der berühmten Familien aufzunehmen. Sicher, Caepio könnte eines Tages einem Unfall zum Opfer fallen, wie es seinem leiblichen Vater Cato Salonianus ergangen war. Schon wieder dieses Knirschen von Servilias Zähnen: ein Hoffnungsschimmer? Doch Caepio hatte mehrere Kriege unbeschadet überstanden, obwohl er alles andere als ein Feigling war. Nein, nein, es hieß Abschied nehmen vom Gold von Tolosa. Brutus würde die schönen Dinge, die damit erworben worden waren, niemals erben. Und das war nicht gerecht! Immerhin war Brutus mütterlicherseits ein echter Servilius Caepio. Ach, könnte Brutus dieses dritte Vermögen doch nur erben; er wäre dann reicher als Pompeius Magnus und Marcus Crassus zusammen!

Ein paar Schritte vor dem Haus des Silanus hasteten die beiden Sklaven auf die Eingangstür zu, hämmerten dagegen und waren nicht mehr gesehen, nachdem sie sich geöffnet hatte. Das Atrium war bereits verlassen, als Servilia und ihr Sohn es betraten. Es hatte sich bereits im Hause herumgesprochen, daß Servilia mit den Zähnen geknirscht hatte. Und deshalb warnte sie auch niemand vor dem Besuch, der in ihrem Wohnzimmer auf sie wartete; sie stürmte durch die Tür, in

Gedanken immer noch beim Gold von Tolosa und Brutus' Pech. Und dann fiel ihr wütender Blick ausgerechnet auf ihren Halbbruder Marcus Porcius Cato, Brutus' heißgeliebten Onkel.

Es war eine neue Marotte von ihm, keine Tunika mehr unter der Toga zu tragen, weil das in den frühen Tagen der Republik so Sitte gewesen war. Und wäre Servilias Blick nicht so von Haß getrübt gewesen, dann hätte ihr eigentlich auffallen müssen, daß diese verblüffende und extravagante neue Mode (zu der er bisher noch keine Nachahmer überreden konnte) ihm durchaus stand. Mit seinen fünfundzwanzig Jahren befand er sich auf dem Höhepunkt seiner Gesundheit und Manneskraft. Während des Krieges gegen Spartacus hatte er ein hartes, entbehrungsreiches Leben geführt; er hatte wenig gegessen und nur Wasser getrunken. Auch wenn sein kurzgeschnittenes, leicht gewelltes, kastanienbraunes Haar einen rötlichen Schimmer hatte und die großen Augen von grauer Farbe waren, besaß er eine glatte, gebräunte Haut, und so machte es sich sehr gut, daß die rechte Hälfte des Oberkörpers von der Schulter bis zur Hüfte hinunter entblößt war. Er war schlank und unbehaart mit gut entwickelter Brustmuskulatur, flachem Bauch und einem rechten Arm, der die muskulösen Wölbungen genau an den richtigen Stellen hatte. Auf seinem sehr langen Hals saß ein gut geformter Kopf mit einem außerordentlich schönen Mund. Wäre diese erstaunliche Nase nicht gewesen, er hätte mit seinem Aussehen Männern wie Caesar, Memmius oder Catilina durchaus Konkurrenz machen können. Aber diese Nase war so hervorspringend und höckrig, daß sie alles andere zu glatter Bedeutungslosigkeit reduzierte. Eine Nase mit Eigenleben, sagten die Leute beinahe ehrfürchtig.

»Ich wollte gerade gehen«, verkündete Cato mit seiner lauten, schrillen, unmelodischen Stimme.

»Ein Jammer, daß du nicht schon weg bist«, murmelte Servilia zwischen den Zähnen.

»Wo ist Marcus Junius? Man hat mir gesagt, du hättest ihn mitgenommen.«

»Brutus! Nenn ihn bitte Brutus, wie alle anderen auch!«

»Es gefällt mir nicht, wie man seit dem vergangenen Jahrzehnt mit unseren Namen umgeht«, sagte er noch etwas lauter. »Ein Mann kann einen, zwei, sogar drei Beinamen haben, aber die Tradition verlangt es, daß man ihn nur bei seinem ersten, dem Familiennamen nennt, nicht bei seinen Beinamen.«

»Siehst du, Cato, und ich für meinen Teil bin sehr froh über diese Veränderung! Und was Brutus betrifft – für dich ist er nicht zu sprechen.«

»Du glaubst, ich werde irgendwann aufgeben, was?« fuhr er fort, und jetzt hatte seine Stimme den üblichen arroganten Tonfall. »Da kannst du lange warten, Servilia. Ich gebe nicht auf, solange Leben in mir ist. Dein Sohn ist mein leiblicher Neffe, und in seiner Welt gibt es keinen einzigen Mann. Ob es dir paßt oder nicht, ich werde meine Pflicht ihm gegenüber erfüllen.«

»Sein Stiefvater ist der *paterfamilias,* nicht du.«

Catos Lachen klang wie ein schrilles Wiehern. »Decimus Junius ist eine armselige magenkranke Memme, eine sterbende Ente wäre geeigneter als Vormund für deinen Jungen!«

Unter einem ziemlich dicken Fell versteckte Cato ein paar schwache Stellen. Servilia kannte jede einzelne von ihnen. Aemilia Lepida, zum Beispiel. Mit achtzehn Jahren war Cato verrückt nach ihr gewesen. So verrückt wie ein Grieche nach hübschen Knaben. Doch Aemilia Lepida hatte Cato nur benutzt, um Metellus Scipio anzulocken.

Ganz beiläufig sagte Servilia: »Heute bei Aurelia habe ich Aemilia Lepida gesehen. Sie sieht phantastisch aus! Eine richtige kleine Ehefrau und Mutter. Sie liebt Metellus Scipio mehr denn je.«

Der Pfeil hatte gesessen. Cato wurde kreidebleich. »Mich hat sie als Köder benutzt, damit er angekrochen kommt«, sagte er verbittert. »Sie ist wie alle Frauen – verschlagen, verlogen und ohne Prinzipien.«

»Denkst du von deiner eigenen Frau auch so?« fragte Servilia mit breitem Lächeln, und dabei funkelten ihre Augen.

»Atilia ist meine Frau. Wenn Aemilia Lepida ihr Versprechen gehalten und mich geheiratet hätte, dann hätte sie bald entdeckt, daß sie mit weiblicher Hinterlist bei mir nicht weit kommt. Atilia tut, was man von ihr verlangt, und führt ein vorbildliches Leben.«

»Arme Atilia! Läßt du sie töten, wenn ihr Atem einmal nach Wein riecht? Die Zwölf Tafeln geben dir das Recht dazu, und du bist doch so ein glühender Verfechter von überkommenen Gesetzen.«

»Ich bin ein glühender Verfechter der alten Lebensart, der Traditionen und Gebräuche des römischen *mos maiorum!*«, brüllte er und blähte die Nasenflügel, bis sie wie kleine Blasen aussahen. »Mein Sohn und meine Tochter, meine Frau und ich, wir alle essen Speisen, die sie selbst zubereitet, wir leben in Räumen, in denen sie allein für Ordnung sorgt, wir tragen Kleidung, deren Stoffe sie eigenhändig gesponnen, gewoben und zusammengenäht hat.«

»Läufst du deshalb halbnackt herum? Und sie muß schuften wie ein Ackergaul!«

»Atilia führt ein vorbildliches Leben«, wiederholte er. »Ich lasse es nicht zu, daß die Kinder Dienern und Kindermädchen überlassen werden. Sie hat die volle Verantwortung für das dreijährige Mädchen und den ein Jahr alten Jungen. Atilias Zeit ist voll und ganz ausgefüllt.«

»Das sagte ich ja; sie ist dein Ackergaul. Du könntest dir genug Dienstpersonal leisten, Cato, und das weiß sie. Statt dessen knauserst du und machst eine Sklavin aus ihr. Sie wird es dir nicht danken.« Servilia hob die schweren weißen Augenlider und maß ihn mit ihrem ironischen Blick vom Kopf bis zu den Füßen. »Eines Tages wirst du ein bißchen früher nach Hause kommen und feststellen müssen, daß sie sich ein wenig außerehelichen Trost gesucht hat. Und wer könnte es ihr verdenken? So ein Paar Hörner auf dem Kopf würden dir nicht schlecht stehen, mein lieber Cato!«

Dieser Pfeil traf ins Leere; Cato blieb gelassen. »O nein, ganz bestimmt nicht«, erwiderte er selbstgefällig. »Auch in diesen inflationären Zeiten zahle ich nicht mehr für einen Sklaven, als mein Urgroßvater bezahlt hat, aber ich sorge dafür, daß sie mich fürchten. Mag sein, daß ich sehr sparsam bin, aber kein Sklave, der sein Geld wert ist, hat unter mir zu leiden. Er muß nur wissen, daß er mein Eigentum ist.«

»Welch beneidenswerte häusliche Idylle«, sagte Servilia lächelnd. »Ich muß Aemilia Lepida unbedingt berichten, was ihr entgangen ist.« Sie hatte nun genug von ihm und wandte sich ab. »Geh jetzt, Cato! Brutus bekommst du nur über meine Leiche. Wir haben nicht denselben Vater – und ich danke den Göttern für diese Gnade –, aber wir sind aus einem ähnlichen Holz geschnitzt. Nur daß ich bei weitem intelligenter bin als du, Cato.« Sie machte ein Geräusch, das an das Schnurren einer Katze erinnerte. »Ich bin bei weitem intelligenter als alle meine Halbbrüder.«

Dieser dritte Pfeil hatte ihn bis ins Mark getroffen. Cato erstarrte, ballte die feingliedrigen Hände zu Fäusten. »Ich ertrage deine Boshaftigkeit, wenn du sie gegen mich richtest, Servilia, aber nicht, wenn Caepio ihr Ziel ist!« donnerte er los. »Unterlasse gefälligst diese Verleumdungen! Caepio ist dein richtiger Bruder, nicht meiner! Ich wollte, er wäre es. Ich liebe ihn mehr als jeden anderen auf dieser

Welt. Und ich werde nicht dulden, daß er diffamiert wird, schon gar nicht von dir!«

»Sieh doch in den Spiegel, Cato. Ganz Rom kennt die Wahrheit.«

»Meine Mutter war eine halbe Rutilierin – von dieser Seite der Familie hat Caepio seine Haarfarbe!«

»Unsinn! Die Rutilier sind weizenblond, und von ihnen hat niemand die Nase eines Cato Salonianus.« Servilia schnaubte verächtlich. »Ihr seid Äpfel vom selben Baum, Cato, und so dick wie Apfelmus wart ihr euer Leben lang miteinander. Da gibt es nichts abzustreiten – Caepio ist dein richtiger Bruder, nicht meiner!«

Cato erhob sich. »Du bist eine böse Frau, Servilia.«

Sie gähnte demonstrativ. »Du hast die Schlacht verloren, Cato. Auf Wiedersehen und hoffentlich nicht so bald.«

Schon im Begriff, den Raum zu verlassen, schleuderte er ihr seinen Abschiedsgruß ins Gesicht: »Am Ende siege ich ja doch, Servilia. Ich siege immer!«

»Du müßtest mich töten, um zu siegen! Aber du wirst vor mir sterben.«

Danach mußte sie sich mit einem anderen der Männer beschäftigen, die in ihrem Leben eine Rolle spielten – mit ihrem Gatten Decimus Junius Silanus. Cato hatte ihn recht zutreffend als magenkranke Memme charakterisiert, das mußte sie zugeben. Was auch immer der Grund dafür sein mochte, er mußte sich ständig übergeben, und zweifellos war er ein schüchterner, resignierter, ziemlich nichtssagender Mann. Er gehört zu den Männern dachte sie – während sie zusah, wie er in seinem Essen herumstocherte –, die alles, was sie zu bieten haben, offen zur Schau stellen: ein schönes Gesicht und nichts dahinter. Ganz anders war das bei jenem anderen gutaussehenden Gesicht, dem Gesicht des Julius Caesar. Caesar ... Er hatte es ihr angetan. Einen Moment lang glaubte sie, ihm auch gut gefallen zu haben, aber dann war die Zunge mit ihr durchgegangen und sie hatte ihn brüskiert. Wie habe ich bloß vergessen können, daß er ein Julier ist? dachte sie verärgert. Auch eine Patrizierin, eine Servilia wie sie, durfte sich nicht in die persönlichen Angelegenheiten eines Juliers mischen ...

Die beiden Mädchen, die sie Silanus geboren hatte, saßen mit am Tisch, und wie immer hänselten sie Brutus (denn für ihre Begriffe war Brutus ein Kümmerling). Junia war ein bißchen jünger als Caesars Julia, sieben Jahre alt, und Junilla wurde bald sechs. Beide hatten mittelbraunes Haar und waren außerordentlich hübsch; keine Gefahr, daß sie ihren späteren Ehemännern nicht gefallen könnten! Schönheit und eine fette Mitgift waren eine unwiderstehliche Kombination. Sie waren jedoch beide schon den Erben zweier großer Familien versprochen. Nur Brutus war noch nicht verlobt, auch wenn er keinen Zweifel daran gelassen hatte, wer seine Auserwählte war: die kleine Julia. Ein sonderbarer Junge – verliebte sich in ein Kind. Sie gestand es sich nicht gern ein, aber heute abend war sie nicht in der Stimmung, sich etwas vorzumachen: Manchmal war Brutus ihr ein Rätsel. Warum bestand er so hartnäckig darauf, sich wie ein Intellektueller zu gebärden? Wenn er diese Marotte nicht bald ablegte, würde aus seiner politischen Karriere nichts werden. Wenn Intellektuelle nicht, wie Caesar, auch Lorbeeren auf dem Schlachtfeld einheimsten oder große Erfolge vor Gericht zu verzeichnen hatten, wie Cicero, wurden sie schnell zur Zielscheibe des Spottes. Brutus war weder so robust noch so flexibel und gewandt wie ein Caesar oder ein Cicero. Vielleicht war es ganz gut, daß er Caesars Schwiegersohn werden würde. Etwas von dieser magischen Energie, diesem Charme würde, mußte auf ihn abfärben. Caesar...

Caesar schickte ihr am folgenden Tag die Nachricht, daß er sie gern privat empfangen würde: in seinen Räumen am unteren Vicus Patrizii, im zweiten Stock des Mietshauses, das zwischen der Färberei Fabricius und den öffentlichen Bädern stand. Zur vierten Stunde des morgigen Tages würde ein Lucius Decumius sie im Erdgeschoß am Tor erwarten, um sie nach oben zu führen.

Antistius Vetus' Amtszeit als Statthalter in Hispania Ulterior war zwar verlängert worden, aber Caesar hatte sich nicht verpflichtet gefühlt, noch länger dort unten bei ihm zu verweilen. Schließlich fühlte er sich nicht durch eine persönliche Berufung gebunden; die Provinz war ihm durch das Los zugeteilt worden. Vielleicht wäre es ganz angenehm gewesen, noch ein bißchen länger in Hispania Ulterior zu bleiben, aber auf dem Forum ließ sich mit dem Posten eines Quästors kein Staat machen. Caesar war sich darüber im klaren, daß er in den nächsten beiden Jahren möglichst viel Zeit in Rom verbringen mußte: Die Römer sollten sich an sein Gesicht und an seine Stimme gewöhnen.

Weil er bereits mit zwanzig die Bürgerkrone für außerordentliche Tapferkeit erhalten hatte, war ihm zehn Jahre vor dem üblichen Mindestalter von dreißig Jahren der Zugang zum Senat gewährt worden, und von Anfang an hatte er sich in dieser Kammer zu Wort melden dürfen und war nicht – bis er in ein höheres Amt als das des Quästors gewählt worden war – unter das Gesetz des Schweigens gefallen. Caesar hatte vorsichtigen Gebrauch von diesem Vorrecht gemacht; er war viel zu klug, um die Leute damit zu verärgern, daß er sich auf eine ohnehin schon viel zu lange Rednerliste setzen ließ. Er brauchte keine Reden, um die Aufmerksamkeit auf sich zu lenken, weil er den Beweis für seine Ausnahmestellung für jedermann sichtbar auf dem Kopf trug. Sullas Gesetz verlangte von ihm, bei allen öffentlichen Auftritten die Bürgerkrone aus Eichenlaub zu tragen, und alle, die ihn damit sahen, mußten sich erheben und ihm applaudieren, selbst die ehrwürdigsten Konsulare und Zensoren. Die Krone hob ihn aus der Masse heraus, machte ihn zu etwas Besonderem, ein Zustand, der ihm durchaus behagte. Vielleicht hätten andere sich möglichst viele mächtige Freunde zugelegt; Caesar zog es vor, seinen Weg allein zu gehen. Sicher, ein Mann brauchte eine Menge Klienten, mußte als ein Patron von besonderem Rang von sich reden machen. Caesar war fest entschlossen, nach oben zu kommen, aber nicht, indem er sich einer einflußreichen Clique anschloß. Cliquen pflegten ihre Mitglieder zu kontrollieren.

Zum Beispiel die *boni* – die »guten Männer«. Von den vielen Faktionen im Senat waren sie die mächtigste. Häufig gelang es ihnen, die Wahlen zu bestimmen, die wichtigsten Gerichte zu besetzen, in den Versammlungen am lautesten zu brüllen. Und doch standen die *boni* für gar nichts! Allenfalls in der tiefverwurzelten Abneigung gegen jegliche Veränderung ließ sich so etwas wie eine gemeinsame Überzeugung erkennen. Caesar dagegen war für Veränderungen. Es gab so viele Dinge, die förmlich darauf warteten, verbessert oder abgeschafft zu werden. Wenn der Dienst in Hispania Ulterior ihn etwas gelehrt hatte, dann war es die Notwendigkeit von Umgestaltungen. Korruption in der Verwaltung und Habgier würden eines Tages das Imperium zerstören, wenn man ihnen nicht ein Ende bereitete, und das war nur eine der vielen Neuerungen, die er sich wünschte – und die er in die Tat umsetzen würde! Jeder Aspekt des römischen Staates bedurfte der Wachsamkeit, der Reglementierung. Aber die *boni* widersetzten sich aus Tradition auch den geringfügigsten Wandlungen. Das waren nicht Caesars Männer. Und Caesar war nicht sehr beliebt bei ihnen; ihre sensiblen Spürnasen hatten in Caesar bereits vor langer Zeit den radikalen Neuerer ausgemacht.

Tatsächlich gab es nur einen sicheren Weg, auf dem Caesar gehen konnte – den eines militärischen Kommandanten. Doch bevor er eine von Roms Armeen befehligen durfte, mußte er es mindestens bis zum Prätor gebracht haben, und um seine Wahl in dieses Gremium von acht Männern, das die Gerichtshöfe und das Rechtssystem überwachte, zu sichern, mußte er die nächsten sechs Jahre innerhalb des *pomerium* verbringen, der geheiligten Stadtgrenze: auf Stimmenfang gehen, versuchen, sich in der chaotischen politischen Szene zu behaupten; seine Person in den Vordergrund stellen, Einfluß, Macht, Klienten, eine Gefolgschaft unter den Kaufleuten und Anhänger aller Art gewinnen. Und zwar für sich und nur für sich, nicht als einer der *boni* oder irgendeiner anderen Gruppe, die von ihren Mitgliedern verlangte, daß alle das gleiche dachten oder – noch besser – überhaupt nicht dachten.

Doch Caesar wollte mehr sein als der Anführer einer eigenen Faktion; er wollte eine Institution werden, der »Erste Mann in Rom«, *primus inter pares,* der erste unter gleichen, die meiste *auctoritas* besitzen, die größte *dignitas.* Der »Erste Mann in Rom« – das war die personifizierte Macht. Was immer er sagte, man würde ihm zuhören, und niemand konnte ihn stürzen, denn er war weder König noch Diktator; er würde seine Stellung allein durch die Kraft seiner Persönlichkeit halten, ohne ein Amt, ohne eine Armee im Rücken. Der alte Gaius Marius hatte den schweren Weg gewählt und Germanien erobert, denn er konnte nicht auf Vorfahren zurückgreifen, die den Leuten klargemacht hätten, daß er es verdiente, der »Erste Mann in Rom« zu sein. Sulla hatte die entsprechenden Vorfahren gehabt, aber den Titel hatte er sich nicht verdient, weil er sich selbst zum Diktator gemacht hatte. Er war einfach Sulla gewesen – der große Aristokrat, Alleinherrscher, Träger der Graskrone, unbesiegter General. Eine militärische Legende, gereift in der politischen Arena – der »Erste Mann in Rom«.

Und deshalb durfte der Mann, der »Erster Mann in Rom« werden wollte, keiner Faktion angehören; er mußte eine Faktion konstituieren, durfte sich auf dem Forum nicht zur Marionette eines anderen machen lassen, sondern hatte als furchterregender Verbündeter aufzutreten. Im heutigen Rom hatte ein Patrizier es leichter, und Caesar war Patrizier. Seine frühen Vorfahren hatten bereits dem Senat angehört, als dieser noch aus hundert Männern bestand, die den römischen Königen als Ratgeber dienten. Noch bevor Rom überhaupt existierte, waren seine Vorfahren selbst Könige gewesen, Könige von Alba Longa auf dem

Albanerberg. Und eine Urahnin war die Göttin Venus; sie hatte Aeneas geboren, den König von Dardania, der ins latinische Italien gesegelt war, um dort ein neues Königreich zu errichten, das eines Tages zum Stammland des Römischen Reiches werden sollte. Wer einer solch herausragenden Familie entstammte, war dazu prädestiniert, zum Führer seiner eigenen Sache zu werden. Die Römer liebten Männer mit langen Stammbäumen, und je erlauchter dieser Stammbaum, desto größer die Chancen des Mannes, Gründer einer eigenen Faktion zu werden.

Und so wußte Caesar genau, was er bis zu seiner ersten Amtszeit als Konsul in neun Jahren zu tun hatte. Er mußte Männer um sich scharen, die ihn für würdig befanden, der »Erste Mann in Rom« zu werden. Was nicht unbedingt bedeutete, daß er sie bei Laune halten mußte; er mußte vielmehr die beherrschen, die nicht seinesgleichen waren. Die Männer, die ihm ebenbürtig waren, würden ihn fürchten und hassen, weil sie gegen jeden waren, der »Erster Mann in Rom« werden wollte. Mit Klauen und Zähnen würden sie sich gegen seinen Ehrgeiz wehren, sie würden vor nichts zurückschrecken, um ihn zu stürzen, bevor er so mächtig geworden wäre, daß sie ihn nicht mehr stürzen konnten. Deshalb verabscheuten sie Pompeius den Großen, der sich zur Zeit gern »Erster Mann in Rom« nannte. Nun, das würde nicht so bleiben. Der Titel gehörte ihm, Caesar, und nichts und niemand würde ihn daran hindern, ihn sich zu holen. Er wußte es, denn er kannte sich.

Er war dankbar, als sich am Morgen des Tages nach seiner Rückkehr eine kleine Gruppe von Klienten eingefunden hatte, die ihm ihre Aufwartung machen wollten; sie füllten sein Empfangszimmer, und sein Verwalter Eutychus strahlte bei ihrem Anblick übers ganze Gesicht. Lucius Decumius, drahtig und aufgekratzt wie eine Grille, strahlte ebenfalls und hüpfte von einem Bein auf das andere, als Caesar aus seinen Privatgemächern trat.

Ein Kuß auf Lucius Decumius' Mund machte großen Eindruck auf so manchen der Männer, die Zeugen dieser Begrüßung wurden.

»Ich hab' dich fast so sehr vermißt wie Julia, Papa«, sagte Caesar und schloß Lucius Decumius fest in seine Arme.

»Auch für mich ist Rom nicht Rom, wenn du fort bist, Pavo!« antwortete er und nannte Caesar beim Namen des Pfauen, wie er es schon getan hatte, als sein Patron noch ein kleiner Junge war.

»Du scheinst überhaupt nicht älter zu werden, Papa.«

Das stimmte. Niemand kannte das genaue Alter von Lucius Decumius, aber zweifellos war er eher siebzig als sechzig Jahre alt. Er würde wohl ewig leben. Er gehörte lediglich der vierten Klasse an, dem städtischen Tribus der Subura, seine Stimme hatte in keiner Versammlung viel Gewicht, und trotzdem besaß Lucius Decumius in gewissen Kreisen viel Macht und großen Einfluß. Er war der Kustos eines Kreuzwegevereins, einer Bruderschaft, die ihr Hauptquartier in Aurelias Mietshaus hatte, und jeder Mann im Viertel – gleich welcher Klasse er angehörte – war verpflichtet, diesen Räumlichkeiten, die ebensogut eine Taverne wie ein religiöser Treffpunkt waren, von Zeit zu Zeit einen Höflichkeitsbesuch abzustatten. Und als Kustos seiner Bruderschaft besaß Lucius Decumius eine gewisse Autorität; außerdem hatte er sich mit zahlreichen zwielichtigen Geschäften ein nicht unbeträchtliches Vermögen erworben, von dem er gegen hohe Zinsen Geld an diejenigen verlieh, die den Zielen des Lucius Decumius oder seines Patrons Caesar später einmal nützlich sein konnten. Caesar, den er mehr liebte als seine beiden kräftigen Söhne, Caesar, der sich als junger Bursche schon an einigen seiner fragwürdigen Abenteuer beteiligt hatte...

»Deine Zimmer am Ende der Straße sind für dich hergerichtet«, sagte der alte Mann und grinste breit. »Neues Bett – recht hübsch.«

Aus den eisigen, blaßblauen Augen leuchtete es; Caesar erwiderte das Grinsen und zwinkerte ihm zu. »Ich werd' es in Augenschein nehmen und dann mein eigenes Urteil fällen, Papa. Da fällt mir ein – könntest du der Frau von Decimus Junius Silanus eine Nachricht von mir bringen?«

Lucius Decumius legte die Stirn in Falten. »Servilia?«

»Scheint eine Berühmtheit zu sein, diese Dame.«

»Und ob. Sie herrscht unerbittlich über ihre Sklaven.«

»Woher willst du das wissen? Ich nehme an, ihre Sklaven besuchen den Kreuzwegeverein auf dem Palatin.«

»Nun, so etwas spricht sich herum. Sie schreckt auch vor Kreuzigungen nicht zurück, wenn sie's für richtig hält. Hat sie schon gemacht, vor aller Augen im eigenen Garten. Und stell dir vor, vorher werden sie ausgepeitscht, damit sie nicht so lange am Kreuz hängen!«

»Wie rücksichtsvoll«, sagte Caesar und machte sich daran, die Botschaft für Servilia zu formulieren. Er rechnete gar nicht damit, daß

Lucius Decumius ihn vor ihr warnen oder sich gar anmaßen würde, seinen Geschmack zu kritisieren; Lucius Decumius würde seine Pflicht tun und die Nachricht überbringen.

Caesar legte nicht viel Wert auf gutes Essen, er war kein Feinschmekker und schon gar kein Mann von epikuräischer Lebensart, also kaute er geistesabwesend auf einem knusprigen, frischen Brötchen vom Bäkker in Aurelias Straße herum und trank einen Becher klares Wasser dazu, während er seine Klienten begrüßte. Sein Verwalter, der um Caesars Großzügigkeit wußte, ging bereits mit Tabletts herum und servierte eben solche Brötchen und mit Wasser verdünnten Wein für diejenigen, die ihn reinem Wasser vorzogen, außerdem kleine Schalen mit Öl oder Honig zum Eintunken. Wie schön zu sehen, daß Caesars Klientel ständig größer wurde!

Einige waren nur gekommen, um ihm zu zeigen, daß sie zu seiner Verfügung standen, andere wiederum hatten irgendein Anliegen: eine Empfehlung für einen Arbeitgeber, eine Anstellung für einen gut ausgebildeten Sohn im Schatzamt oder in den Archiven, oder es wollte jemand wissen, was Caesar von einem Heiratsangebot an die Tochter oder einem Kaufvertrag über ein Stück Land hielt. Ein paar waren gekommen, um ihn um Geld zu bitten, und auch ihnen wurde mit größter Bereitwilligkeit geholfen, als sei Caesars Geldbeutel so prall gefüllt wie der von Marcus Crassus – und dabei war er so leer.

Die meisten Klienten gingen wieder, nachdem ein paar Worte gewechselt worden waren. Diejenigen, die noch blieben, brauchten ein paar Zeilen von ihm und warteten geduldig, bis er hinter seinem Schreibtisch Platz genommen und das Papier bereitgelegt hatte. So waren bereits vier der länger werdenden Frühlingsstunden verstrichen, bevor der letzte Besucher sich empfohlen hatte und der Rest des Tages Caesar nun endlich allein gehörte. Natürlich waren die Männer nicht weit gegangen; als er eine Stunde später aus seiner Wohnung trat, nachdem er die dringendste Korrespondenz erledigt hatte, schlossen sie sich ihm erneut an und begleiteten ihn zu den Orten, zu denen seine Geschäfte ihn führten. Ein Mann mußte sich in der Öffentlichkeit mit seinen Klienten zeigen.

Leider war auf dem Forum Romanum niemand von Bedeutung anwesend, als Caesar und sein Gefolge am Fuße des Argiletum ankamen und zwischen der Basilika Aemilia und der Treppe der Curia Hostilia hindurchgingen. Und dann lag es vor ihnen, das Zentrum der gesamten römischen Welt: das untere Forum Romanum, ein Ort, der großzügig mit Stätten der Verehrung, des Altertums und des öffentlichen Gebrauchs ausgestattet war. Seit über fünfzehn Monaten war er nicht mehr hier gewesen. Nicht etwa, daß sich etwas verändert hätte, hier änderte sich nie etwas.

Direkt vor ihm öffnete sich das Komitium, ein vermeintlich kleines, kreisrundes Auditorium mit breiten Stufen, die bis hinunter an die Grundfläche reichten. Hier tagten die Volksversammlung und die Plebejische Versammlung. Wenn es bis auf den letzten Platz besetzt war, hatte das Komitium für ungefähr dreitausend Männer Raum. An seiner Rückseite befand sich die Rostra, von der aus die Politiker zu der Menge redeten, die sich unter ihnen im Auditorium drängte. Und dann war da noch die alte ehrwürdige Curia Hostilia, Versammlungsort des Senats in all den Jahrhunderten seit ihrer Errichtung durch König Tullius Hostilius, zu klein, seit Sulla diese Körperschaft erweitert hatte, und ein wenig schäbig geworden, trotz der wundervollen Malereien auf einer der Seitenwände. Der Brunnen des Curtius, die heiligen Bäume, Scipio Africanus auf seiner hohen Säule, die Galionsfiguren gekaperter Schiffe, ebenfalls auf Säulen montiert, eine ganze Anzahl von Standbildern auf imposanten Sockeln, die zornige Gesichter machten, wie der greise und blinde Appius Claudius, oder selbstgefällig in die Welt schauten, wie der listige alte Scaurus Princeps Senatus. Auf der anderen Seite der offenen Fläche standen zwischen zwei oder drei Rednertribünen die beiden schäbigen Basiliken der Opimia und Sempronia und links davon der herrliche Tempel von Castor und Pollux. Wie zwischen so vielen Klötzen noch Versammlungen und Gerichtsverhandlungen stattfinden konnten, war ein Rätsel; aber sie fanden statt, und das würde wohl immer so sein.

Im Norden erhob sich die riesige Anhöhe des Kapitols – dessen eine Erhebung die andere ein wenig überragte –, ein Labyrinth aus Tempeln mit grell getünchten Pfeilern, Ziergiebeln und vergoldeten Standbildern auf orangefarbenen Ziegeldächern. Jupiter Optimus Maximus' neue Heimstatt (die alte war ein paar Jahre zuvor niedergebrannt) befand sich noch im Bau, wie Caesar mit einem Stirnrunzeln feststellen mußte; anscheinend war Catulus ein säumiger Kustos der Bauarbeiten und brachte sie nicht schnell genug voran. Aber Sullas eindrucksvolles Tabularium war jetzt tatsächlich fertiggestellt. Seine Stockwerke mit Bogenfenstern und Säulengängen, in denen sämtliche Archive, Gesetzestafeln und Rechnungsbücher Roms Platz finden sollten, füllte die gesamte Mitte des vorderen Hügels aus. Und am Fuße des Kapitols standen noch weitere öffentliche Bauwerke – der Tempel der Concordia und, gleich daneben, das kleine alte Senaculum in dem die ausländischen Delegationen vom Senat empfangen wurden.

In der Ecke hinter dem Senaculum, gesäumt vom Clivus Capitolinus und dem Vicus Jugarius, lag das Ziel von Caesars Spaziergang, der Tempel des Saturn: sehr alt und groß und streng dorisch, sah man einmal von den grellen Farben ab, mit denen seine hölzernen Wände und Pfosten beschmiert waren. Er war die Heimstatt der antiken Statue des Gottes, die ständig mit Öl gefüllt und in Tücher gewickelt werden mußte, damit sie nicht auseinderfiel. Außerdem hatte hier – und das war für Caesars Absichten viel ausschlaggebender – das Schatzamt der Stadt Rom seinen Sitz.

Der Tempel selbst war auf einer zwanzig Stufen hohen Plattform errichtet worden, einem steinernen Unterbau, der ein ganzes Labyrinth von Korridoren und Räumen beherbergte. Ein Teil davon diente als Lager für Gesetze, die, wenn sie einmal in Stein oder Bronze graviert waren, hier aufbewahrt wurden, weil Roms weitgehend ungeschriebene Verfassung verlangte, daß alle Gesetzestafeln irgendwo aufbewahrt werden mußten. Die mit der Zeit immer größer werdende Menge an Steinplatten machte es inzwischen jedoch erforderlich, daß ein neues Gesetz zum Vordereingang hinein- und zum Hinterausgang wieder herausgebracht wurde, um anderswo gelagert zu werden.

Der weitaus größte Teil der Räumlichkeiten stand dem Schatzamt zur Verfügung. Hier lagerte in Tresorräumen hinter riesigen Eisentüren der römische Staatsschatz in Form von Gold- und Silberbarren im Wert von vielen Tausenden Talenten. Hier arbeitete in schäbigen Büros, die vom Licht flackernder Öllampen und kleiner, hoch in den Außenmauern angebrachter Gitterfenster beleuchtet waren, jene Gruppe von Staatsbediensteten, die mit der Verwaltung der öffentlichen Gelder Roms betraut war, von den altehrwürdigen *tribuni aerarii*, den Zahlmeistern, über weniger ehrwürdige Buchführer bis hin zu den Sklaven im öffentlichen Dienst, die die staubigen Korridore fegen mußten und dabei die Spinnweben an den Wänden geflissentlich übersahen.

Durch den Zuwachs an Provinzen und Profit war der Tempel des Saturn längst viel zu klein für seine fiskalischen Zwecke geworden, aber die Römer trennten sich nun einmal ungern von Orten, die für die

Verwaltung ihres Staatswesens bestimmt waren. Kleinere Vorräte an Münzgeld und Barren waren in die Tresorräume anderer Tempel geschafft worden, die Bücher aus allen Jahren, außer dem laufenden, hatte man in Sullas Tabularium verbannt; infolgedessen war das Heer der Finanzbeamten und ihrer Untergebenen ständig angewachsen. Die Staatsbeamten – auch dies war eines der eher dunklen Kapitel Roms, aber das Schatzamt war nun einmal eine äußerst wichtige Institution; die öffentlichen Gelder wollten ordentlich kassiert, verwahrt und vermehrt werden, selbst wenn das eine fast unerträglich große Zahl an öffentlichen Bediensteten erforderte.

Während seine Gefolgsleute zurückblieben, schlenderte Caesar, begleitet von ihren bewundernden Blicken, auf die große, geschnitzte Tür zu, die sich in der Seitenmauer der Plattform des Saturntempels befand. Er war in eine makellos saubere, weiße Toga gekleidet, die rechte Schulter seiner Tunika zierte der purpurrote Streifen des Senators. Auf dem Kopf trug er den Kranz aus Eichenlaub, denn ein dienstlicher Anlaß hatte ihn hierhergeführt, und die Bürgerkrone mußte er bei allen öffentlichen Anlässen tragen. Ein anderer Mann hätte vielleicht einen seiner Begleiter aufgefordert, den Türklopfer zu betätigen, aber Caesar tat es selbst und wartete, bis die Tür vorsichtig geöffnet wurde und ein Kopf sich durch den Spalt schob.

»Gaius Julius Caesar, Quästor der Provinz Hispania Ulterior unter der Statthalterschaft des Gaius Antistius Vetus, wünscht die Haushaltsbücher seiner Provinz vorlegen zu dürfen, wie Gesetz und Brauch es verlangen«, sagte Caesar mit ruhiger Stimme.

Man ließ ihn ein, und hinter ihm schloß sich die Tür wieder; alle Klienten blieben draußen.

»Ich nehme an, du bist erst seit gestern wieder zurück«, äußerte Marcus Vibius, der Leiter des Schatzamts, nachdem man Caesar in sein düsteres Büro geführt hatte.

»Ja.«

»Eigentlich hatte es damit keine solche Eile.«

»Soweit es mich betrifft, hat es durchaus Eile. Mein Dienst als Quästor ist nicht beendet, solange ich die Bücher nicht vorgelegt habe.«

Vibius kniff die Augen zusammen. »Dann leg sie vor!«

Caesar zog sieben Schriftrollen unter seiner Toga hervor, jede von ihnen doppelt versiegelt, einmal mit Caesars Ring, ein zweites Mal mit dem Ring des Antistius Vetus. Als Vibius das Siegel der ersten Rolle brechen wollte, hielt Caesar ihn zurück.

»Was ist, Gaius Julius?«

»Es sind keine Zeugen anwesend.«

Wieder kniff Vibius die Augen zusammen. »Ach, mit solchen Kleinigkeiten nehmen wir es nicht so genau.«

Caesars Hand schoß hervor und legte sich um Vibius' Handgelenk. »Dann solltest du schleunigst anfangen, es mit solchen Kleinigkeiten genauer zu nehmen«, sagte Caesar freundlich. »Das sind die offiziellen Abrechnungen meiner Zeit als Quästor in Hispania Ulterior, und ich bestehe darauf, sie unter Zeugen vorzulegen. Sollte es nicht möglich sein, so kurzfristig Zeugen zu bestellen, dann nenne mir einen günstigeren Termin.«

Die Atmosphäre in dem Büro wurde frostiger. »Natürlich ist es möglich, Gaius Julius.«

Aber die ersten vier Zeugen waren nicht nach Caesars Geschmack, und erst nachdem er sich zwölf besehen hatte, waren die vier gefunden, die ihm zusagten. Die weitere Verhandlung vernahm einen für Marcus Vibius geradezu atemberaubenden Verlauf, denn er war es nicht gewöhnt, daß die Quästoren sich mit Buchhaltung auskannten, und schon gar nicht, daß sie ein phänomenales Gedächtnis hatten, welches es ihnen ermöglichte, die Zahlenkolonnen herunterzurattern, ohne auch nur einmal in die schriftlichen Unterlagen sehen zu müssen. Vibius war schweißnaß, als Caesar geendet hatte.

»Ehrlich gesagt, ich habe noch nie einen Quästor erlebt, der seine Bücher so gut präsentiert hat«, bemerkte Vibius und wischte sich über die Stirn. »Alles hat seine Ordnung, Gaius Julius. Hispania Ulterior müßte dir eine Dankadresse dafür schicken, daß du Ordnung in ihr Durcheinander gebracht hast.« Er hatte seine Worte mit einem versöhnlichen Lächeln begleitet; Vibius fing an zu begreifen, daß dieser hochmütige Kerl einmal Konsul werden wollte, und mit Leuten dieser Art sollte man es sich nicht verscherzen.

»Wenn alles seine Ordnung hat, dann mußt du mir das in einem offiziellen Papier bestätigen. Vor Zeugen.«

»Das wollte ich gerade tun.«

»Ausgezeichnet!« rief Caesar mit übertriebener Aufgeräumtheit.

»Und wann trifft das Geld hier ein?« wollte Vibius wissen, als er seinen unangenehmen Besucher zur Tür brachte.

Caesar zuckte mit den Schultern. »Darauf habe ich keinen Einfluß. Ich denke, der Statthalter wird das Geld mitbringen, wenn seine Amtszeit abgelaufen ist.«

Ein Anflug von Verbitterung sprach aus Vibius' Blick. »Das ist doch typisch!« rief er aus. »Eigentlich steht es Rom schon dieses Jahr zu, aber Antistius Vetus behält es noch so lange als Anlage in seinem Namen, bis er seinen Profit daraus gezogen hat.«

»Das ist ganz legal, und es kommt mir nicht zu, daran Kritik zu üben«, sagte Caesar großzügig und kniff die Augen zusammen, als er in das helle Sonnenlicht des Forums hinaustrat.

»Ave, Gaius Julius!« knurrte Vibius und schloß die Tür.

Während der Stunde, die das Gespräch gedauert hatte, war es auf dem unteren Forum ein wenig lebhafter geworden; Menschen liefen geschäftig hin und her, um ihre Angelegenheiten noch vor dem Nachmittag und dem Abendessen zu erledigen. Caesar mußte mit einem tiefen Seufzer feststellen, daß unter den neuen Gesichtern auch jenes des Marcus Calpurnius Bibulus war, den er einst ohne viel Mühe in die Höhe gehoben und vor den Augen seiner Kameraden auf einen Schrank gesetzt hatte. Und dann hatte er ihn auch noch als Floh bezeichnet. Und das nicht ohne Grund! Sie hatten beide auf den ersten Blick eine ausgesprochene Abneigung füreinander empfunden. So etwas kam vor. Bibulus hatte ihn auf eine Weise beleidigt, die nach körperlicher Vergeltung schrie, wohl wissend, daß seine geringe Körpergröße ihn vor Caesars Schlägen bewahren würde. Bibulus hatte Andeutungen gemacht, wonach Caesar sich dem alten König Nikomedes von Bithynien hingegeben habe, um von ihm den Befehl über eine einzigartige Flotte zu erhalten. Vielleicht hätte Caesar sich besser in der Gewalt gehabt, wenn nicht Lucullus kurz zuvor genau die gleichen Anspielungen gemacht hätte. Doch zweimal war einmal zuviel! Bibulus mußte auf den Schrank hinauf, begleitet von ein paar treffenden Bemerkungen. So hatte der Beginn ihres einjährigen Zusammenlebens im selben Militärquartier ausgesehen, zu der Zeit, als Rom der Stadt Mitylene auf Lesbos in der Person des Lucullus demonstrierte, daß sie sich seiner Oberherrschaft nicht entziehen konnte. Und seit dieser Zeit war Bibulus sein Feind.

Er hat sich nicht verändert in den zehn Jahren, die mittlerweile vergangen sind, dachte Caesar, als die neue Gruppe näher kam, Bibulus ein paar Schritte voraus. Im anderen Zweig der berühmten Familie

Calpurnius, der den Beinamen Piso trug, wimmelte es buchstäblich von den hochgewachsensten Burschen Roms, der Zweig mit dem Beinamen Bibulus jedoch war, was das Physische anging, das genaue Gegenteil. Jeder in der römischen Nobilität konnte unschwer erkennen, welchem Zweig der berühmten Familie Bibulus angehörte. Er war nicht nur ein wenig klein geraten, er war winzig, sein Gesicht war nicht nur hell, es war bleich, mit hervortretenden Wangenknochen, farblosem Haar, spärlichen Augenbrauen und zwei silbergrauen Augen. Seine Erscheinung war nicht nur unattraktiv, sondern ein trostloser Anblick.

Bibulus wurde nicht nur von Klienten begleitet. Neben ihm ging zudem ein außergewöhnlicher Mann, der keine Tunika unter der Toga trug: der junge Cato, der Haarfarbe und der Nase nach zu urteilen. Ja, diese Freundschaft war nur allzu begreiflich. Bibulus war mit einer Domitia verheiratet, einer Cousine ersten Grades von Catos Schwager Lucius Domitius Ahenobarbus. Wie die Kletten klebten diese Widerlinge aneinander, verwandt und verschwägert. Und da Bibulus den *boni* angehörte, war Cato zweifellos auch einer von denen.

»Suchst du ein wenig Schatten, Bibulus?« fragte ihn Caesar mit honigsüßer Stimme, als sie sich gegenüberstanden. Sein Blick wanderte von seinem Erzfeind hinauf zu dessen hochgewachsenem Begleiter, der dank der Stellung der Sonne tatsächlich einen langen Schatten auf Bibulus warf.

»Cato wird uns über kurz oder lang alle in den Schatten stellen«, lautete die kühle Antwort.

»Seine Nase wird ihm dabei eine große Hilfe sein«, erwiderte Caesar.

Cato rieb sich mit Genugtuung über den markantesten Teil seines Gesichts, nicht verärgert, aber auch nicht gerade belustigt. »So wird man mein Standbild wenigstens nicht mit anderen verwechseln«, sagte er.

»Das ist wahr.« Caesar sah Bibulus an. »Hast du vor, dich dieses Jahr für ein Amt zu bewerben?«

»Ich nicht!«

»Und du, Marcus Cato?«

»Militärtribun«, lautete Catos knappe Antwort.

»Da wirst du dich gut machen. Ich habe gehört, daß du als Soldat in Popliculas Armee gegen Spartacus reich dekoriert worden bist.«

»Richtig, das ist er«, knurrte Bibulus. »Popliculas Armee bestand nicht nur aus Feiglingen!«

Caesar hob eine blonde Augenbraue. »Das habe ich nie behauptet.«

»Mußtest du auch nicht. Du hast dir Crassus für deinen Wahlkampf ausgesucht.«

»Ich hatte gar keine Alternative; ebenso wird es Marcus Cato ergehen, wenn er erst Militärtribun ist. Als militärische Magistrate gehen wir dorthin, wo Romulus uns hinschickt.«

Das Gespräch kam ins Stocken und wäre wohl beendet worden, wenn nicht ein anderes, Caesar wesentlich sympathischeres Paar aufgetaucht wäre: Appius Claudius Pulcher und Marcus Tullius Cicero.

Doch Bibulus hatte genug und machte sich zusammen mit Cato davon.

»Bemerkenswert«, sagte Caesar zu Appius und sah dem abgehenden Cato nach. »Warum trägt er keine Tunika?«

»Das ist für ihn ein Teil des *mos maiorum*. Er will uns alle dazu bringen, wieder zu den alten Werten zurückzukehren«, antwortete Appius Claudius, ein typischer Vertreter seiner Familie, dunkel, von mittlerer Größe und außerordentlich gutaussehend. Er gab Cicero einen Klaps auf den Bauch und grinste. »Für Burschen wie ihn und Caesar wär's ja ganz in Ordnung, aber ich kann mir kaum vorstellen, daß du mit deinem Speck die Geschworenen beeindrucken würdest«, sagte er zu Cicero.

»Das ist doch bloß eine Marotte«, meinte Cicero. »Die legt er bald wieder ab.« Er sah Caesar mit seinen dunklen, intelligenten Augen an. »Ich weiß noch, wie du mit deinen Kleidermarotten einige *boni* auf die Palme gebracht hast, Caesar. Diese purpurroten Borten an den langen Ärmeln.«

Caesar lachte. »Mir war langweilig, und damals konnte man Catulus mit so etwas bis zur Weißglut reizen.«

»Und ob! Als Führer der *boni* spielt Catulus sich gern als oberster Hüter der römischen Gebräuche und Traditionen auf.«

»Apropos Catulus, wann gedenkt er mit dem Tempel des Jupiter Optimus Maximus fertig zu sein? Ich sehe keinerlei Fortschritte.«

»Vor einem Jahr ist er geweiht worden«, sagte Cicero. »Aber wer weiß, wann wir ihn endlich benutzen können? Mit diesem Auftrag hat Sulla den armen Mann in ernste finanzielle Schwierigkeiten gebracht. Das meiste Geld muß er aus der eigenen Tasche beisteuern.«

»Er kann es sich leisten. Während Sulla im Exil war, hat er gemütlich hier in Rom gesessen und mit Cinna und Carbo Geld gescheffelt. Dafür hat Sulla sich gerächt und Catulus den Auftrag gegeben, den Jupiter Optimus Maximus zu bauen.«

»O ja! Sullas Art, Rache zu nehmen, ist immer noch berühmt, obwohl er schon zehn Jahre tot ist.«

»Er war der ›Erste Mann in Rom‹«, sagte Caesar.

»Und jetzt beansprucht Pompeius Magnus den Titel.« Appius Claudius machte keinen Hehl aus seinem Mißfallen.

Caesars Kommentar blieb unausgesprochen, denn Cicero ergriff das Wort.

»Ich bin froh, daß du wieder in Rom bist, Caesar. Hortensius wird langsam alt. Er hat es nicht verwunden, daß ich ihn im Fall Verres besiegt habe. Ein bißchen ernsthafte Konkurrenz vor Gericht wird mir guttun.«

»Mit siebenundvierzig Jahren schon verbraucht?« fragte Caesar.

»Er führt ein strapaziöses Leben.«

»Das ist in seinen Kreisen ganz normal.«

»Von Lucullus kann man das zur Zeit nicht behaupten.«

»Richtig, du bist ja erst kürzlich von deinem Dienst bei ihm im Osten zurückgekehrt«, sagte Caesar und bereitete seinen Abgang vor, indem er seinem Gefolge zunickte.

»Und ich bin heilfroh, daß ich von dort weg bin«, erwiderte Appius Claudius mit Nachdruck. Dann lachte er leise. »Immerhin habe ich Lucullus einen Ersatz geschickt!«

»Einen Ersatz?«

»Meinen kleinen Bruder, Publius Claudius.«

»Oh, das wird ihm gefallen!« sagte Caesar und mußte nun ebenfalls lachen.

Und so hatte sich Caesar, als er das Forum verließ, ein wenig mit dem Gedanken angefreundet, daß er die nächsten Jahre in Rom verbringen würde. Es würde nicht leicht werden, und das gefiel ihm. Catulus, Bibulus und die anderen *boni* würden ihm das Leben schwermachen. Aber es gab ja auch Freunde; Appius Claudius war an keine Partei gebunden, und als Patrizier hielt er es mit den Patriziern.

Aber was war mit Cicero? Seit seine Brillanz und sein moderner Geist Gaius Verres lebenslanges Exil eingebracht hatten, kannte ihn jeder, obwohl er den schweren Nachteil hatte, keine nennenswerten Vorfahren zu besitzen. Ein *homo novus*, ein neuer Mann. Der erste aus einer achtbaren Bauernfamilie, der einen Sitz im Senat hatte. Er kam aus derselben Gegend wie Marius und war mit ihm verwandt, aber etwas in seinem Wesen ließ ihn die Augen vor der Tatsache verschließen, daß die meisten Römer außerhalb des Senats noch immer das Andenken des Gaius Marius verehrten. Deshalb weigerte Cicero sich, Kapital aus dieser Verbindung zu schlagen, vermied es nach Möglichkeiten, über seine Herkunft aus Arpinum zu sprechen, und tat so, als sei er der römischste aller Römer. Es standen sogar die wächsernen Masken vieler Vorfahren in seinem Atrium, aber sie gehörten zur Familie seiner Frau Terentia; wie Gaius Marius hatte er in die höchste Nobilität hineingeheiratet und zählte darauf, daß Terentias Beziehungen ihm den Weg zum Amt des Konsuls ebnen würden.

Am besten kennzeichnete ihn wohl der Begriff »sozialer Aufsteiger«, etwas, das Gaius Marius nie gewesen war. Marius hatte die ältere Schwester von Caesars Vater geheiratet, Caesars geliebte Tante Julia, aus demselben Grund übrigens, aus dem auch Cicero seine häßliche Terentia geehelicht hatte. Aber Marius hatte das Amt des Konsuls nur angestrebt, um sich einen wichtigen militärischen Posten zu sichern, aus keinem anderen Grund. Für Cicero dagegen war dieses Amt das höchste Ziel. Marius hatte der »Erste Mann in Rom« werden wollen. Cicero wollte einfach nur zur Nobilität gehören. Und das würde er schon noch schaffen! Vor Gericht konnte ihm keiner das Wasser reichen, und so hatte er sich eine eindrucksvolle Schar dankbarer Halunken zugelegt, die im Senat einen kolossalen Einfluß ausübten. Ganz zu schweigen davon, daß er Roms größter Redner war, und so war er auch bei anderen einflußreichen Leuten ein gefragter Mann.

Caesar schätzte ihn wegen solcher Verdienste und hoffte, Cicero für seine Sache gewinnen zu können. Leider war Cicero unberechenbar; sein wacher Geist erkannte so viele mögliche Stolpersteine, daß er sich schließlich immer wieder von seiner Furchtsamkeit leiten ließ. Und für einen Mann wie Caesar, der keiner Furcht den Sieg über seine Instinkte zugestand, war Furchtsamkeit der schlechteste aller Ratgeber. Trotzdem würde ein Cicero an seiner Seite ihm das politische Leben wesentlich erleichtern. Doch ob Cicero jemals begreifen würde, welche Vorteile ihm eine solche Loyalität brachte? Das wußten nur die Götter.

Außerdem war Cicero ein armer Mann, und Caesar hatte nicht das Geld, um ihn zu kaufen. Abgesehen von den Ländereien der Familie in Arpinum war seine Frau seine einzige Einkommenquelle; Terentia war unglaublich reich. Leider wachte sie mit Argusaugen über ihr Geld und zeigte keinerlei Verständnis für Ciceros Vorliebe für Kunstwerke und exklusive Landsitze. Ja, das liebe Geld. Damit ließen sich viele Hindernisse aus dem Weg schaffen, vor allem dann, wenn man die Absicht hatte, der »Erste Mann in Rom« zu werden. Man mußte sich nur Pompeius den Großen ansehen. Er war der Herr über unermeßliche Reichtümer. Er machte sich seine Anhänger gefügig, während Caesar trotz seiner erlesenen Vorfahren nicht die Mittel hatte, um sich Anhänger und Stimmen zu kaufen. Das war etwas, was ihn mit Cicero verband. Der Mangel an Geld. Wenn ihn etwas aufhalten konnte, dachte Caesar, dann war es der Mangel an Geld.

Am nächsten Tag entließ Caesar seine Klienten nach der morgendlichen Begrüßung und ging allein den Vicus Patricii hinauf zu der Wohnung, die er in einem großen Haus zwischen der Färberei Fabricius und dem öffentlichen Bad gemietet hatte. Hier hatte er sich einen Zufluchtsort eingerichtet, nachdem er aus dem Krieg gegen Spartacus zurückgekehrt war. Die Gegenwart seiner Mutter, seiner Frau und seiner Tochter hatten in seinem Haus eine Atmosphäre weiblicher Dominanz entstehen lassen, die er nicht länger ertragen hatte. In Rom war jeder an Lärm gewöhnt, selbst die Leute, die in den großzügigen Häusern auf dem Palatin und dem Carinae wohnten – Sklaven lärmten und sangen, lachten und zankten während der Arbeit, kleine Kinder brüllten, Frauen schwatzten unaufhörlich miteinander, wenn sie nicht gerade nörgelten oder herumjammerten. Das war alles so normal, daß es die meisten männlichen Haushaltsvorstände nicht weiter störte. Aber Caesar empfand es als lästig, denn er hatte ein tiefes Bedürfnis nach Zurückgezogenheit und wenig Geduld für alles, was ihm belanglos erschien. Als echter Römer hatte er gar nicht den Versuch gemacht, seine häusliche Umgebung nach seinem Geschmack zu organisieren, und den Lärm sowie die ständigen Störungen durch die Frauen zu untersagen. Statt dessen hatte er sich einen Ort gesucht, an den er sich zurückziehen konnte.

Er mochte schöne Dinge; vielleicht täuschten die drei Räume, die er gemietet hatte, auch deshalb über die Gegend hinweg, in der das Mietshaus stand. Sein einziger wirklicher Freund, Marcus Licinius Crassus, war ein leidenschaftlicher Aufkäufer von Nachlässen, und einmal hatte er einer großzügigen Anwandlung nachgegeben und Caesar für wenig Geld genug Mosaik verkauft, um damit die beiden Räume auslegen zu können, die Caesar selbst benutzte. Als Crassus dem Marcus Livius Drusus das Haus abgekauft hatte, war ihm der antiquierte Bodenbelag ein Graus gewesen; Caesar jedoch hatte einen untrüglichen Sinn für schöne Dinge und wußte, daß in den letzten fünfzig Jahren kaum etwas Schöneres hergestellt worden war. Zudem war es Crassus sehr recht gewesen, Caesars Wohnung als Übungsplatz für ganze Scharen von ungelernten Sklaven nutzen zu können, die er in so einträglichen Techniken wie dem Verputzen von Wänden, dem Vergolden von Zierleisten und Pilastern sowie dem Anfertigen von Wandmalereien ausbilden ließ.

Und so seufzte Caesar zufrieden auf, als er seine Wohnung betrat und das perfekt renovierte Arbeits- und Empfangszimmer sowie das Schlafzimmer in Augenschein nahm. Ausgezeichnet! Lucius Decumius hatte seine Anordnungen exakt befolgt und einige neue Möbelstücke genau dort aufgestellt, wo Caesar sie haben wollte. Caesar hatte sie in Hispania Ulterior entdeckt und bereits vor Ablauf seiner Amtszeit nach Rom schicken lassen. Es waren ein wunderschöner Spieltisch aus rötlichem Marmor mit Löwenpfoten als Beinen, ein vergoldeter Diwan, bezogen mit einem Stoff, der in tyrischem Purpur gehalten war, sowie zwei herrliche Sessel. Belustigt stellte er fest, daß auch das neue Bett, von dem Lucius Decumius gesprochen hatte, bereits an seinem Platz stand, ein geräumiges Möbel aus Ebenholz mit Goldauflage und einer purpurnen Überdecke. Wer hätte beim Anblick dieses Lucius Decumius gedacht, daß sein Geschmack sich durchaus mit dem Caesars messen konnte?

Caesar ersparte sich die Besichtigung des dritten Raumes, der eigentlich nur ein Teil des Balkons war, welcher den inneren Lichthof säumte. An beiden Seiten war eine Wand gezogen worden, um ihn von den Nachbarn abzugrenzen, und vor dem Fenster zum Lichthof befand sich ein schwerer hölzerner Laden, der zwar Luft zum Atmen, aber keine neugierigen Blicke durchließ. Dort waren die sanitären Anlagen untergebracht, von der mannsgroßen Bronzebadewanne bis zu der Zisterne, in der das Spülwasser für den Nachttopf gesammelt wurde. Kochgelegenheiten gab es keine, und es wohnte auch kein Diener in Caesars Räumen. Das Putzen oblag Aurelias Hausangestellten, die Eutychus regelmäßig vorbeischickte, damit sie das Badewasser ausleerten, die Zisterne gefüllt und den Nachttopf sauberhielten, die Leinenwäsche reinigten, die Böden fegten und alle anderen Oberflächen abstaubten.

Lucius Decumius war bereits da. Er saß auf dem Diwan, seine Füße baumelten über der wunderschönen, bunten Maserung des Fußbodens. Er war in eine Schriftrolle vertieft.

»Nun, vergewisserst du dich, daß die Bücher des Kollegiums der Prüfung durch den Stadtprätor standhalten?« fragte Caesar und schloß die Tür.

»Hmm«, machte Lucius Decumius. Mit einem Zungenschnalzen schnappte die Rolle zu.

Caesar las den Zylinder der Wasseruhr ab. »Nach unserem Freund hier zu urteilen, solltest du allmählich hinuntergehen, Papa. Vielleicht ist sie unpünktlich. Wer weiß, ob Silanus ein Freund von Chronometern ist? Aber sie hat nicht den Eindruck einer Frau gemacht, für die Zeit keine Rolle spielt.«

»Du brauchst mich hier oben ja nicht, Pavo. Ich bringe sie bis zur Tür und geh dann nach Hause«, sagte Lucius Decumius und ging hinaus.

Caesar nahm an seinem Schreibtisch Platz, um einen Brief an die Königin Oradaltis von Bithynien zu schreiben, doch kaum hatte er das leere Blatt vor sich auf den Tisch gelegt, da öffnete sich die Tür, und Servilia trat ein. Seine Einschätzung war richtig gewesen, sie legte Wert auf Pünktlichkeit.

Er erhob sich und ging um den Schreibtisch herum, um sie zu begrüßen; es imponierte ihm, daß sie ihm wie ein Mann die Hand entgegenstreckte. Er ergriff sie mit vorsichtigem Druck, wie es solch zarten Knochen angemessen war, aber doch so, wie er die Hand eines Mannes ergriffen hätte. Vor seinem Schreibtisch stand ein Stuhl für sie bereit. Während er sie erwartete, hatte er sich Gedanken darüber gemacht, ob er das Gespräch über den Schreibtisch hinweg führen sollte, oder ob sie es sich nicht etwas gemütlicher machen und sich näher zueinander setzen sollten. Seine Mutter hatte recht gehabt; man wußte nicht recht, wie man Servilia einschätzen sollte. Also bot er ihr den Stuhl ihm gegenüber an und kehrte zurück zu seinem eigenen. Er verschränkte die Hände vor sich auf dem Schreibtisch und blickte sie feierlich an.

Ganz gut erhalten, wenn sie tatsächlich schon siebenunddreißig ist, dachte er. Sie war elegant gekleidet und trug ein zinnoberrotes Kleid, dessen Farbe dem flammenden Rot einer Prostituiertentoga gefährlich nahekam und trotzdem unschuldig, ja vornehm aussah. Sie besaß dichtes Haar von so tiefem Schwarz, daß es bläulich schimmerte; sie hatte es in der Mitte gescheitelt und streng nach hinten gekämmt, wo es in einem Dutt zusammengehalten wurde. Ungewöhnlich, aber ebenfalls vornehm. Ein kleiner, ein wenig geschürzter Mund, ein reiner, weißer Teint, schwere Augenlider mit langen, geschwungenen Wimpern, Augenbrauen, die sie wohl regelmäßig zupfte und – besonders interessant – ein leichtes Erschlaffen des rechten Wangenmuskels, das er schon bei ihrem Sohn Brutus beobachtet hatte.

Höchste Zeit, das Schweigen zu brechen, denn sie machte keine Anstalten etwas zu sagen. »Was kann ich für dich tun, *domina*?« fragte er förmlich.

»Decimus Silanus ist unser *paterfamilias,* Gaius Julius, aber ein paar Dinge, die noch meinen verstorbenen ersten Ehemann betreffen, will ich lieber selbst in die Hand nehmen. Mein gegenwärtiger Gatte ist kein gesunder Mann, deshalb möchte ich ihm zusätzliche Belastungen ersparen. Du darfst es bitte nicht falsch verstehen, wenn ich mich um Dinge kümmere, die von außen betrachtet eigentlich Sache des *pater familias* wären«, erwiderte sie noch viel förmlicher.

Der Ausdruck distanzierten Interesses, den er auf dem Gesicht trug, seitdem er sich gesetzt hatte, veränderte sich nicht; Caesar lehnte sich nur ein wenig in seinen Sessel zurück. »Keine Angst, ich verstehe es schon nicht falsch«, sagte er.

Unmöglich zu sagen, ob diese Versicherung sie beruhigt hatte, denn sie machte seit dem Augenblick ihres Eintretens einen völlig gelassenen Eindruck. Und doch wirkte sie jetzt eine Spur selbstsicherer; er sah es ihrem Blick an. »Meinen Sohn Brutus hast du vorgestern kennengelernt«, sagte sie.

»Ein netter Junge.«

»Ja, das ist er.«

»Formaljuristisch noch immer ein Kind.«

»Ein paar Monate noch. Diese Angelegenheit betrifft ihn, und er ist der Ansicht, daß sie keinen Aufschub duldet.« Ein leises Lächeln spielte um ihren linken Mundwinkel, der auch beim Sprechen lebhafter wirkte als der rechte. »Die Jugend ist ungeduldig.«

»Er hat keinen ungeduldigen Eindruck auf mich gemacht«, meinte Caesar.

»Meistens ist er es auch nicht.«

»Dann vermute ich, daß ein Wunsch des jungen Marcus Junius Brutus dich zu mir führt?«

»Richtig.«

»Nun«, sagte Caesar und atmete tief durch, »nachdem wir die Formalitäten hinter uns haben, solltest du mir vielleicht sagen, was der Junge auf dem Herzen hat.«

»Er möchte deine Tochter Julia heiraten.«

Meisterhafte Selbstkontrolle! zollte Servilia ihm innerlich Beifall. Er hatte sich nicht das geringste anmerken lassen.

»Sie ist erst acht«, gab Caesar zu bedenken.

»Und er ist offiziell noch gar kein Mann. Trotzdem, er wünscht es sich.«

»Er könnte seine Meinung ändern.«

»Das habe ich ihm auch gesagt. Er versichert mir, daß er sie nicht ändern wird, und er hat mich überzeugt.«

»Ich weiß nicht, ob ich Julia jetzt schon jemandem versprechen will.«

»Warum nicht? Meine beiden Töchter sind bereits vergeben, und sie sind jünger als Julia.«

»Julias Mitgift wird sehr gering ausfallen.«

»Das ist mir bekannt, Gaius Julius. Aber mein Sohn hat ein großes Vermögen. Er ist nicht auf eine reiche Braut angewiesen. Sein leiblicher Vater hat ihn außerordentlich gut versorgt, und er wird auch Silanus beerben.«

»Möglich, daß du Silanus noch einen Sohn schenkst.«

»Möglich.«

»Aber nicht wahrscheinlich, was?«

»Silanus zeugt nur Töchter.«

Caesar lehnte sich wieder vor. Er wirkte noch immer gleichgültig. »Sag mir, warum ich mich auf die Sache einlassen sollte, Servilia.«

Sie hob die Augenbrauen. »Das versteht sich doch von selbst! Siehst du irgendwo einen würdigeren Mann für Julia? Von meiner Seite ist Brutus ein patrizischer Servilius, von väterlicher Seite zählt Lucius Junius Brutus, der Gründer der Republik, zu seinen Vorfahren. Das alles weißt du. Er hat ein beträchtliches Vermögen, in seiner politischen Karriere wird er mit Sicherheit einmal das Amt eines Konsuls übernehmen, und vielleicht wird er sogar einmal Zensor, falls man auch dieses Amt wieder einführt. Er ist über die Rutilii, die Servilii Caepiones und die Livii Drusi mit euch blutsverwandt. Und durch Brutus' Großvater und seine treue Ergebenheit gegenüber deinem Onkel Gaius Marius sind die Familien auch freundschaftlich verbunden. Ich weiß, daß du eng mit Sullas Familie verwandt bist, aber weder meine eigene Familie noch die meines Gatten hatten je irgendwelchen Streit mit Sulla. Mit einem augenfälligen Familienzwist, wie er bei euch zwischen Marius und Sulla schwelt, ist Brutus nicht belastet.«

»Du argumentierst wie ein Advokat!« lobte Caesar und lächelte jetzt sogar.

»Ich nehme das als Kompliment!«

»So war es auch gemeint.«

Caesar erhob sich, ging um den Schreibtisch herum und streckte die Hand aus, um ihr aus dem Sessel zu helfen.

»Bekomme ich denn keine Antwort, Gaius Julius?«

»Du bekommst eine Antwort, aber nicht heute.«

»Wann?« fragte sie und ging zur Tür.

Ein leiser, aber betörender Duft von Parfüm wehte ihm in die Nase, als er ihr folgte. Er wollte sagen, daß er ihr nach den Wahlen eine Antwort geben würde, doch plötzlich faszinierte ihn etwas an ihr so sehr, daß er sie früher wiederzusehen wünschte. Sie war züchtig gekleidet, wie ihre Herkunft und ihr Status es verlangten, und doch war ihr das Kleid auf dem Rücken ein wenig nach unten gerutscht und hatte die Haut im Nacken und zwischen den Schulterblättern entblößt, wo sich ein zarter Flaum wie eine feingefiederte Spur über ihr Rückgrat zog, um sich in den Tiefen ihres Kleides zu verlieren. Er schien weich und seidig, nicht borstig zu sein, und schmiegte sich an ihre weiße Haut, und doch lag er nicht so, wie er hätte liegen müssen, denn wer auch immer ihr den Rücken abgetrocknet haben mochte, hatte nicht dafür Sorge getragen, daß die Härchen sich glatt in die schmalen Mulden entlang der wohlgeformten Rückenwirbel fügten. Und dabei lechzten sie förmlich nach dieser kleinen Aufmerksamkeit!

»Komm morgen wieder, falls du es einrichten kannst«, schlug Caesar vor und streckte die Hand aus, um ihr die Tür zu öffnen.

Kein Begleiter wartete auf dem schmalen Treppenabsatz, also brachte er sie hinunter ins Vestibül. Doch als er sie auch noch nach draußen führen wollte, hielt sie ihn zurück. »Danke, Gaius Julius, das ist weit genug.«

»Bist du sicher? Es ist nicht gerade die feinste Gegend.«

»Ich habe eine Eskorte. Also dann, bis morgen.«

Er stieg wieder hinauf. Oben erwartete ihn der letzte zarte Hauch ihres raffinierten Parfüms, und irgendwie kam ihm die Wohnung auf einmal leer vor. Servilia ... Sie war tiefgründig, und jede Schicht war von anderer Härte – Eisen, Marmor, Basalt, *adamas*. Nicht unbedingt eine Schönheit. Auch nicht übermäßig weiblich, trotz ihrer großen, spitzen Brüste. Vielleicht war es gefährlich, ihr den Rücken zuzuwenden, denn in seiner Phantasie besaß sie zwei Köpfe, wie Janus: den einen, um zu sehen, wohin sie ging, den anderen, um zu sehen, wer ihr folgte. Ein Ungeheuer. Kein Wunder, daß alle Welt sagte, Silanus sehe von Tag zu Tag kränker aus. Kein *paterfamilias* würde sich für Brutus einsetzen, das hätte sie ihm nicht erklären müssen. Natürlich nahm Servilia ihre Angelegenheiten selber in die Hand, und dazu gehörte auch ihr Sohn, ganz gleichgültig, was das Gesetz dazu sagte. War das Werben um Julia ihre eigene Idee, oder stammte sie tatsächlich von Brutus? Vielleicht wußte Aurelia Bescheid. Er würde nach Hause gehen und sie fragen.

Auf dem Heimweg dachte er noch immer an Servilia, er stellte sich vor, was es wohl für ein Gefühl wäre, diese schmale Linie schwarzen Flaums auf ihrem Rücken wieder ordentlich zurechtzustreichen.

»Mutter«, sagte er, nachdem er in ihr Arbeitszimmer geplatzt war, »ich brauche deinen Rat. Laß alles stehen und liegen und komm in mein Arbeitszimmer!«

Aurelia ließ die Schreibfeder sinken und starrte Caesar verblüfft an. »Es ist Monatsende«, sagte sie.

»Und wenn's Quartalsende wäre.«

Kaum hatte er den Satz ausgesprochen, war er auch schon wieder draußen. Aurelia blieb nichts anderes übrig, als ihre Rechnungsbücher liegenzulassen. Das sah Caesar gar nicht ähnlich! Was war bloß in ihn gefahren?

»Also?« fragte sie, als sie in sein *tablinum* stolziert kam, wo er mit hinter dem Rücken verschränkten Armen stand und ungeduldig auf den Zehen wippte. Seine Toga lag zusammengeknüllt auf dem Boden, also bückte sie sich, hob sie auf und warf sie durch die offene Tür ins Eßzimmer.

Einen Moment schien es so, als hätte er sie noch gar nicht bemerkt, dann hob er den Kopf und sah sie mit einer Mischung aus Belustigung und Hochgefühl an, erst danach bot er ihr den Sessel an, in den sie sich immer setzte.

»Mein lieber Caesar, kannst du nicht wenigstens stillstehen, wenn du dich schon nicht setzen willst? Du kommst mir vor wie ein alter Gaul, den der Hafer sticht.«

Er fand das so komisch, daß er laut loslachen mußte. »Wahrscheinlich fühl' ich mich wie ein alter Gaul, den der Hafer sticht!«

Der Monatsletzte war längst vergessen; Aurelia ahnte, mit wem Caesar eben gesprochen haben mußte. »Aha! Servilia!«

»Servilia«, wiederholte er und setzte sich; plötzlich hatte sich sein prickelndes Hochgefühl wieder gelegt.

»Und? Bist du verliebt?« fragte seine Mutter nüchtern.

Er überlegte, schüttelte den Kopf. »Nein, ich glaube, nicht. Vielleicht begehre ich sie, aber nicht einmal da bin ich sicher. Nein, ich glaube, ich mag sie nicht.«

»Ein vielversprechender Anfang. Dir ist langweilig.«

»Stimmt. Und ganz sicher öden mich alle diese Frauen an, die mich bewundernd anstarren und sich vor mir in den Staub werfen, damit ich mir die Füße an ihnen putzen kann.«

»Das wird sie nicht für dich tun, Caesar.«

»Ich weiß, ich weiß.«

»Was wollte sie? Eine Affäre mit dir anfangen?«

»O nein, Mater, so weit sind wir noch lange nicht. Ich weiß ja gar nicht, ob sie mich auch begehrt. Vielleicht auch nicht, denn eigentlich begann ich es zu tun, als sie sich bereits umdrehte, um zu gehen.«

»Nun spann mich nicht auf die Folter. Was wollte sie?«

»Rat einmal«, grinste er.

»Laß diese Spielereien.«

»Du willst nicht raten?«

»Caesar, wenn du dich weiter so kindisch aufführst, gehe ich.«

»Nein, nein, bleib, Mater. Es ist nur so ein schönes Gefühl, diese Herausforderung, eine Art *terra incognita*.«

»Ich versteh' dich ja«, sagte sie und lächelte. »Erzähle.«

»Sie ist wegen Brutus gekommen. Sie hat mich gebeten, ihm Julia zu versprechen.«

Das war offensichtlich eine Überraschung. Aurelia blinzelte ein paarmal. »Wie ungewöhnlich!«

»Die Frage ist, wer den Einfall hatte, Mutter. Sie oder Brutus?«

Aurelia legte nachdenklich den Kopf auf die Seite. Schließlich nickte sie und sagte: »Brutus, nehme ich an. Da die geliebte Enkeltochter ja noch ein Kind ist, kommt so etwas ein wenig unerwartet, aber je länger ich darüber nachdenke – es gab Anzeichen. Manchmal stiert er sie wie ein dämlicher Schafbock an.«

»Du hast es heute mit den Tiermetaphern, Mater! Erst der alte Gaul, dann der Schafbock.«

»Spar dir deine Ironie. Und wenn du noch so wild auf die Mutter des Jungen bist – Julias Zukunft ist eine ernste Angelegenheit.«

Er war sogleich wieder sachlich. »Ja, natürlich. Bei Licht betrachtet ist es ein wunderbares Angebot, selbst für eine Julierin.«

»Das stimmt, vor allem jetzt, wo deine politische Karriere auf ihren Höhepunkt zustrebt. Die Verlobung mit einem Junius Brutus, dessen Mutter eine Servilius Caepio ist – das würde dir eine Menge Unterstützung von seiten der *boni* einbringen, Caesar. Sämtliche Junii, die patrizischen und die plebejischen Servilii, Hortensius, ein paar von den Domitii, eine ganze Reihe Caecilii Metelli, selbst Catulus würde sich zurückhalten müssen.«

»Verlockend«, mußte Caesar zugeben.

»Sehr verlockend, falls der Junge es ernst meint.«

»Seine Mutter hat es mir versichert.«

»Ich glaube es eigentlich auch. Er kommt mir nicht so vor wie einer, der nicht weiß, was er will. Ein besonnener und zurückhaltender Junge, dieser Brutus.«

»Würde es Julia gefallen?« Caesar runzelte die Stirn.

Aurelia hob eine Augenbraue. »Eine seltsame Frage, aus deinem Mund. Du bist ihr Vater, ihr eheliches Schicksal liegt ausschließlich in deiner Hand, und du trägst dich doch nicht etwa mit dem Gedanken, sie aus Liebe heiraten zu lassen. Dazu ist sie zu wichtig. Sie ist dein einziges Kind. Und außerdem tut Julia das, was man ihr sagt. Ich habe ihr beigebracht, daß sie über Dinge wie die Eheschließung nicht zu bestimmen hat.«

»Aber es wäre doch schön, wenn unser Vorschlag ihr gefiele.«

»Du neigst doch im Grunde nicht zur Sentimentalität, Caesar. Liegt es daran, daß du den Jungen nicht magst?« fragte sie mit gewohnter Treffsicherheit.

Er seufzte. »Zum Teil ja. Doch nein, eine Abneigung wie gegen seine Mutter hege ich nicht gegen ihn. Aber er scheint mir ein recht langweiliger Hund zu sein.«

»Tiermetaphern!«

Er lachte kurz auf. »Sie ist so ein hübsches kleines Ding, und so lebendig. Ihre Mutter und ich waren glücklich miteinander, solch ein Glück in der Ehe würde ich ihr auch wünschen.«

»Langweilige Hunde sind gute Ehemänner«, sagte Aurelia.

»Du stehst dem Angebot wohlwollend gegenüber?«

»Durchaus. Wer weiß, ob auch nur ein halb so gutes nachkommt, wenn wir es ausschlagen? Seine Schwestern haben sich den jungen Lepidus und Vatia Isauricus' ältesten Sohn geangelt. Zwei gute Partien sind also schon vergeben. Würdest du ihr lieber einen Claudius Pulcher oder einen Caecilius Metellus zum Mann geben? Oder den Sohn von Pompeius Magnus?«

Ihn schauderte bei dem Gedanken. »Du hast ja recht, Mater. Lieber einen langweiligen Hund als einen reißenden Wolf oder einen räudigen Köter! Ich hatte eigentlich auf einen von Crassus' Söhnen gehofft.«

Aurelia atmete geräuschvoll durch die Nase. »Crassus ist ein guter Freund von dir, Caesar, aber du weißt sehr genau, daß er keinen seiner Söhne einem Mädchen zum Mann gibt, wenn die Mitgift nicht groß genug ausfällt.«

»Auch da hast du recht, Mater.« Er schlug sich auf die Schenkel, ein Zeichen, daß er sich entschieden hatte. »Also gut, dann eben Marcus Junius Brutus! Wer weiß? Vielleicht mausert er sich zum unwiderstehlichen Adonis, wenn er einmal keine Pickel mehr hat.«

»Wenn du nur nicht immer übertreiben würdest, Caesar!« sagte seine Mutter und erhob sich, um zu ihren Büchern zurückzukehren. »Das tut der Karriere auf dem Forum nicht gut, das sieht man an Cicero. Aus dem armen Brutus wird nie ein unwiderstehlicher Mann. Auch kein schneidiger.«

»Um so besser für ihn«, sagte Caesar in vollem Ernst. »Männern, die zu gut aussehen, traut man nicht über den Weg.«

»Wenn wir Frauen das Stimmrecht hätten«, sagte Aurelia mit vielsagendem Lächeln, »würde sich das sehr schnell ändern. Dann wäre jeder Memmius ein König von Rom.«

»Von einem Caesar gar nicht zu reden, was? Vielen Dank, Mater, mir ist es lieber so, wie es ist.«

Zu Hause bewahrte Servilia Stillschweigen über ihr Gespräch mit Caesar, sowohl Silanus als auch Brutus gegenüber. Sie verriet auch nicht, daß sie ihn gleich am nächsten Tag wiedersehen würde. In kaum einem anderen Haushalt hätten die Bediensteten eine solche Neuigkeit für sich behalten können, aber unter Servilias Herrschaft hatten sie es gelernt. Die beiden Griechen, die sie sich als Eskorte mitnahm, wenn sie ausging, waren altgediente Hausangestellte und kannten sie viel zu gut, als daß sie gewagt hätten, über Privatangelegenheiten ihrer Dienstherrin zu plaudern. Die Geschichte von dem Kindermädchen, das sie auspeitschen und kreuzigen ließ, weil der kleine Brutus ihr aus der Hand gefallen war, hatte sie bis ins Haus des Silanus begleitet, und niemand machte den Fehler, Silanus für stark genug zu halten, um den Launen und Temperamentsausbrüchen seiner Frau Einhalt zu gebieten. Es war seitdem zu keiner weiteren Kreuzigung gekommen, aber es hatten genug Auspeitschungen stattgefunden, um für Gehorsam zu sorgen und die Zungen im Zaum zu halten. Es war auch kein Haushalt, in dem die Sklaven irgendwann entlassen wurden und sich die Mütze der Freigelassenen auf den Kopf setzen durften. Wer einmal in Servilias Diensten war, blieb für immer ein Sklave.

Und so machten die beiden Griechen, die sie am nächsten Morgen zum Ende des Vicus Patricii begleiteten, auch nicht den geringsten Versuch, sich anzusehen, was sich hinter den Mauern des Hauses verbarg, und nicht im Traum wäre es ihnen eingefallen, hinter ihr die Treppen hinaufzuschleichen, um an Türen zu lauschen oder durch Schlüssellöcher zu spähen. Ein Verhältnis mit einem anderen Mann vermuteten sie ohnehin nicht; Servilia war viel zu bekannt, um in dieser Hinsicht verdächtig zu sein. Sie galt als hochnäsig, und alle Welt, von ihresgleichen bis hin zu Bediensteten, ging davon aus, daß ihr nur Jupiter Optimus Maximus das Wasser reichen könnte.

Nun, vielleicht stimmte das, aber auch eine Liaison mit Gaius Julius Caesar erschien ihr durchaus reizvoll, als sie nun allein die Treppen hinaufstieg, und sie hielt es für ein gutes Omen, daß dieser übelriechende kleine Kerl sie heute nicht in Empfang nahm. Die Überzeugung, daß bei ihrem Gespräch mit Caesar mehr herausspringen könnte als das Versprechen seiner Tochter, war ihr erst gekommen, als er sie gestern zur Tür brachte und sie eine Veränderung an ihm spürte, die Hoffnungen, ja sogar ein wenig Vorfreude in ihr geweckt hatte. Natürlich wußte auch sie, was ganz Rom wußte: daß er von seinen Frauen geradezu peinliche Sauberkeit verlangte. Also hatte sie sich gründlich gebadet und ein dezentes Parfüm gewählt, das natürliche Gerüche keinesfalls zudeckte; zum Glück schwitzte sie wenig und wechselte täglich die Kleider. Gestern hatte sie ein zinnoberrotes Kleid getragen; heute hatte sie sich für eine kräftige Bernsteinfarbe entschieden, dazu trug sie Anhänger aus Bernstein an den Ohren und eine Bernsteinkette um den Hals. Ich habe mich herausgeputzt wie eine Verführerin, dachte sie, als sie an die Tür klopfte.

Er öffnete ihr selbst, bot ihr einen Sessel an und nahm hinter seinem Schreibtisch Platz, wie er es gestern getan hatte. Aber er sah sie nicht so an wie gestern; sein Blick kam ihr heute weniger unbeteiligt und kühl vor. Sie las etwas darin, das sie in den Augen eines Mannes noch nie entdeckt hatte, ein vertrauliches, beinahe besitzergreifendes Leuchten, und weder machte sie es wütend, noch tat sie ihn deswegen als primitiven Lüstling ab. Denn nichts sagte ihr, daß dieser Blick sie ehrte, sie von ihren Geschlechtsgenossinnen abhob.

»Wie hast du dich entschieden, Gaius Julius?« fragte sie.

»Ich akzeptiere das Angebot des jungen Brutus.«

Das freute sie; zum erstenmal, seit er sie kannte, lächelte sie über das ganze Gesicht und offenbarte dabei, daß ihr rechter Mundwinkel unbeweglicher war als ihr linker. »Gut!« seufzte sie erleichtert und setzte wieder ein kleines, bescheidenes Lächeln auf.

»Dein Sohn bedeutet dir sehr viel.«

»Er bedeutet mir alles«, antwortete sie schlicht.

Vor ihm auf dem Tisch lag ein Blatt Papier; er warf einen Blick darauf. »Ich habe einen rechtsgültigen Vertrag über die Verlobung deines Sohnes mit meiner Tochter aufgesetzt«, sagte er, »aber wenn es dir lieber ist, können wir mit den Formalitäten noch warten, bis Brutus noch weiter zum Mann gereift ist. Vielleicht ändert er seine Meinung.«

»Er wird sie nicht ändern, und ich meine auch nicht«, antwortete Servilia. »Laß uns die Angelegenheiten hier und jetzt besiegeln.«

»Wenn du willst. Aber ich muß dich darauf aufmerksam machen, daß ein unterzeichnetes Abkommen beide Parteien und die Vormünder juristisch dazu verpflichtet, im Falle eines Bruches einen Ersatz in Höhe der vereinbarten Mitgift zu leisten.«

»Wie hoch ist Julias Mitgift?«

»Ich habe sie auf hundert Talente festgesetzt.«

Es verschlug ihr den Atem. »Du kannst ihr unmöglich hundert Talente mitgeben, Caesar!«

»Im Augenblick nicht. Aber bis Julia heiratsfähig ist, bin ich längst Konsul. Ich habe keineswegs die Absicht, sie vor ihrem achtzehnten Geburtstag heiraten zu lassen. Und bis dahin kann ich die hundert Talente für ihre Mitgift aufbringen.«

»Ich bin davon überzeugt«, sagte Servilia langsam. »Das bedeutet aber auch, daß mein Sohn, sollte er seine Meinung ändern, um hundert Talente ärmer ist.«

»Doch nicht mehr ganz überzeugt von seiner Standhaftigkeit?« fragte Caesar lächelnd.

»Absolut überzeugt«, sagte sie. »Laß uns das Geschäft abschließen.«

»Bist du bevollmächtigt, für Brutus zu entscheiden, Servilia? Ich kann mich erinnern, daß du gestern Silanus als *paterfamilias* des Jungen bezeichnet hast.«

Sie befeuchtete sich die Lippen. »Ich bin Brutus' rechtlicher Vormund, Caesar, nicht Silanus. Gestern wollte ich nicht, daß du schlecht über mich denkst, weil ich persönlich zu dir gekommen bin, anstatt meinen Gatten zu schicken. Wir leben in Silanus' Haus, und dort ist er natürlich der *paterfamilias*. Aber Onkel Mamercus war der Testamentsvollstrecker meines verstorbenen Mannes, und er hat auch meine nicht unbeträchtliche Mitgift verwaltet. Bevor ich Silanus geheiratet habe, hat Onkel Mamercus mit mir zusammen meine Dinge in Ordnung gebracht, und dazu gehörte auch der Nachlaß meines verstorbenen Mannes. Silanus war gern bereit, mir mein Eigentum und die Vormundschaft über Brutus zu lassen. Das Abkommen hat Bestand, und Silanus mischt sich nicht ein.«

»Niemals?« fragte Caesar, und seine Augen funkelten.

»Nun ja, bis auf einmal«, gab Servilia zu. »Er hat darauf bestanden, daß Brutus eine Schule besuchte und nicht zu Hause von einem Privatlehrer unterrichtet wurde. Ich habe eingewilligt, weil er mich überzeugt hatte. Ich war erstaunt, wie gut die Schule Brutus getan hat. Er neigt zu einem leicht exzentrischen Verhalten, das er Intellektualismus nennt, und ein eigener Lehrer im Haus hätte dies nur verstärkt.«

»Ja, Hauslehrer pflegen so etwas zu verstärken«, sagte Caesar ernst. »Er geht noch immer zur Schule, nehme ich an.«

»Noch bis zum Jahresende. Danach kommt er auf das Forum zu einem *grammaticus,* unter Aufsicht von Onkel Mamercus.«

»Eine glänzende Entscheidung, die eine glänzende Zukunft verspricht. Mamercus ist auch mit mir verwandt. Darf ich hoffen, daß du mich an Brutus' rhetorischer Ausbildung teilhaben läßt? Immerhin werde ich sein Schwiegervater«, sagte Caesar und erhob sich.

»Ich würde mich sehr darüber freuen«, antwortete Servilia. Sie verspürte eine tiefe Enttäuschung. Gar nichts würde passieren! Ihr Instinkt hatte sie grausam getäuscht!

Er ging um den Schreibtisch herum. Um ihr aus dem Sessel zu helfen, dachte sie, aber ihre Beine versagten ihr den Dienst; sie mußte sitzen bleiben wie eine Statue und fühlte sich entsetzlich elend.

»Weißt du eigentlich«, ertönte seine Stimme – oder irgendeine Stimme, so heiser und fremd klang sie auf einmal –, »daß dir da hinten auf dem Rücken ein entzückender Flaum wächst? Aber niemand streicht ihn glatt, er ist ganz zerzaust. Schon gestern dachte ich, wie schade das eigentlich ist.«

Er berührte ihren Nacken, und zunächst dachte sie, es seien seine sanften, vorsichtig tastenden Fingerspitzen. Doch sein Kopf war direkt hinter ihrem, und er legte beide Arme um sie, um ihre Brüste mit den Händen bedecken zu können. Sie spürte den kühlen Atem an ihrem Hals wie einen Windhauch auf nasser Haut, und jetzt erst begriff sie, was er tat. Er leckte mit der Zunge über diesen Flaum, den sie so sehr haßte, über den ihre Mutter sich zeit ihres Lebens lustig gemacht hatte. Er leckte zuerst auf der einen, dann auf der anderen Seite, immer am Rückgrat entlang, und so arbeitete er sich langsam nach unten vor. Und Servilia saß einfach nur da und gab sich Empfindungen hin, von deren Existenz sie keine Ahnung gehabt hatte, erhitzt und überwältigt vom Ansturm der Gefühle.

Achtzehn Jahre Eheleben hatte sie hinter sich, mit zwei vollkommen unterschiedlichen Männern, doch noch nie hatte sie so etwas erlebt, eine solche Explosion der Empfindungen; durch die Spitze seiner Zunge geweckt, breiteten sie sich blitzartig im ganzen Körper aus. Irgendwann gelang es ihr, sich zu erheben, nicht etwa, um ihm dabei zu helfen, die Schärpe unterhalb ihrer Brüste zu lösen oder ihr die Kleider und Unterkleider von den Schultern zu streifen – das hätte er auch allein gekonnt –, sondern um aufrecht zu stehen, damit er mit seiner Zunge der Linie aus weichem Flaum weiter folgen konnte, bis hinunter zu der Stelle, wo sie im Unsichtbaren verschwand und die Wölbung ihres Gesäßes begann. Und wenn er jetzt ein Messer hervorzöge und es mir bis zum Heft ins Herz stieße, dachte sie, ich könnte nicht einen Zoll zurückweichen, um ihn daran zu hindern, ich würde ihn gar nicht hindern wollen. Nichts war mehr wichtig außer der Befriedigung dieser Seite in ihrem Wesen, von der sie nicht einmal zu träumen gewagt hätte.

Seine eigenen Kleider, Toga und Tunika, behielt er an, bis seine Zunge am Ende ihrer Reise angekommen war und Servilia spürte, daß er einen Schritt zurücktrat; doch sie konnte sich nicht zu ihm umdrehen, denn sie wäre unweigerlich zu Boden gestürzt, wenn sie die Lehne des Sessels losgelassen hätte.

»Ja, so ist es besser«, hörte sie ihn sagen. »So muß es immer aussehen.«

Er kam zurück zu ihr, drehte sie um, legte ihre Arme um seine Hüften; jetzt spürte sie endlich seine Haut und hob das Gesicht dem erwarteten Kuß entgegen, den er ihr noch nicht gegeben hatte. Doch er hob sie hoch, trug sie in sein Schlafzimmer und legte sie ohne Anstrengung auf das Bett, dessen Decke er bereits zurückgeschlagen hatte. Sie hatte die Augen geschlossen, so spürte sie nur, daß er sich über sie beugte. Aber als er ihr die Nase in den Bauchnabel steckte und tief einatmete, schlug sie die Augen auf.

»Süß«, sagte er, und die Nase wanderte weiter zum Venushügel. »Mollig, saftig und süß.« Er lachte.

Wieso lachte er? Aber er lachte, und als sie die Augen beim Anblick seiner Erektion weit aufriß, zog er sie an sich heran und küßte sie endlich auf den Mund. Nicht so wie Brutus, der ihr die Zunge so tief in den Mund gesteckt hatte, daß es ihr widerlich gewesen war. Und auch nicht so wie Silanus, der sie mit keuscher Ehrfurcht geküßt hatte. Das hier war wunderbar, sie genoß es, gab sich hin, konnte nicht genug bekommen. Eine Hand streichelte ihren Rücken vom Gesäß bis hinauf zu den Schultern, während die Finger der anderen Hand damit beschäftigt waren, vorsichtig ihre Schamlippen zu erkunden und ihr damit einen Schauer nach dem anderen durch den Körper zu jagen. Oh, was für ein Luxus! Wie herrlich gleichgültig war es ihr, was sie für einen Eindruck machte, ob sie zu drängend oder zu zurückhaltend war und was er von ihr dachte! Es war ihr so gleich, so gleich … Es gab nur sie und ihn auf der Welt. Sie rollte sich auf ihn, umschloß sein erigiertes Glied mit beiden Händen und führte es ein; dann richtete sie sich auf und bewegte langsam die Hüften hin und her, bis sie auf dem Gipfel der Lust laut aufschrie, reglos und erstarrt wie ein Tier im Wald auf dem Spieß des Jägers.

Aber er war noch nicht fertig. Es kam ihr vor, als ginge es noch stundenlang weiter, auch wenn sie keine Ahnung hatte, wann er einen Orgasmus hatte und ob es mehrere waren, denn er gab keinen Laut von sich und sein Glied blieb steif, bis er plötzlich aufhörte.

»Sehr beachtlich«, sagte sie, hob seinen Penis und ließ ihn auf den Bauch zurückfallen.

»Und sehr klebrig«, sagte er, wand sich geschmeidig aus ihrer Umarmung und verschwand aus dem Zimmer.

Als er zurückkehrte, war ihr Blick wieder klar, und sie konnte erkennen, daß er unbehaart war wie das Standbild eines Gottes und so gut gebaut wie der Apoll des Praxiteles.

»Du bist ein schöner Mann«, sagte sie und betrachtete ihn.

»Das darfst du denken, wenn es sein muß, aber sprich es bitte nicht aus«, antwortete er.

»Und wieso gefall' ich dir, wo du selbst keine Haare hast?«

»Weil du weich und saftig und süß bist, und weil ich verrückt nach dem Flaum auf deinem Rücken bin.« Er setzte sich auf die Bettkante und schenkte ihr ein Lächeln, das ihr Herz schneller schlagen ließ. »Und außerdem hat es auch dir Spaß gemacht. Und das ist für mich mindestens das halbe Vergnügen.«

»Ist es Zeit, daß ich gehe?« fragte sie. Es war ihr nicht entgangen, daß er sich nicht wieder hingelegt hatte.

»Ja, du mußt jetzt gehen.« Er lachte. »Ich frage mich, ob es nicht strenggenommen Inzest ist, was wir da treiben. Immerhin sind unsere Kinder miteinander verlobt.«

Sie sah ihn bestürzt an. »Aber natürlich nicht!«

»Ich habe nur Spaß gemacht, Servilia«, sagte er freundlich. Er stand auf. »Hoffentlich sind deine Kleider nicht zu sehr verknittert. Sie liegen nebenan auf dem Fußboden.«

Während sie sich ankleidete, füllte er die Badewanne, indem er den ledernen Eimer mehrmals in die Zisterne tauchte und über der Wanne ausleerte. Er hörte nicht einmal auf, als sie hereinkam und ihm zusah.

»Wann sehen wir uns wieder?« fragte sie.

»Nicht zu häufig, sonst verliert es seinen Reiz, und das möchte ich nicht«, erwiderte er, unermüdlich Badewasser schöpfend.

Ohne es zu wissen war sie einer seiner Eignungsprüfungen unterzogen worden; wenn die Empfängerinnen seiner Liebesdienste in Tränen ausbrachen oder protestierten, um ihn ihrer Liebe zu versichern, verlor er das Interesse.

»Der Meinung bin ich auch«, sagte sie.

Der Eimer blieb mitten im Schöpfvorgang stehen, Caesar starrte sie verblüfft an. »Wirklich?«

»Ja tatsächlich«, sagte sie und überprüfte, ob ihre Bernsteinohrringe richtig eingehängt waren. »Hast du noch andere Frauen?«

»Nein, im Moment nicht, aber das kann sich jederzeit ändern.« Das war die zweite Prüfung, härter noch als die erste.

»Ja, du hast einen Ruf zu verlieren, das kann ich verstehen.«

»Kannst du das wirklich?«

»Natürlich.« Auch wenn es ihr an Sinn für Humor fehlte, jetzt lächelte sie sogar ein bißchen und sagte: »Ich habe ja eben am eigenen Leib erfahren dürfen, was man sich von dir erzählt. Ich werde noch tagelang steif und wund sein.«

»Dann laß uns mit dem nächsten Treffen bis nach den Wahlen zur Volksversammlung warten. Ich bewerbe mich um das Amt des Kurators der Via Appia.«

»Und mein Bruder Caepio will Quästor werden. Und vorher will sich Silanus von den Zenturien zum Prätor wählen lassen.«

»Und dein Bruder Cato wird zweifellos zum Militärtribun ernannt.«

Ihr Mund wurde schmal, der Blick steinhart. »Cato ist nicht mein Bruder, er ist mein Halbbruder«, erwiderte sie.

»Das behauptet man auch von Caepio. Dieselbe Stute, derselbe Hengst.«

Sie atmete tief ein und sah Caesar fest in die Augen. »Ich weiß, was man sich erzählt, und halte es für die Wahrheit. Aber Caepio trägt meinen Familiennamen, und weil das so ist, erkenne ich ihn an.«

»Das ist sehr vernünftig«, sagte Caesar und leerte seinen Eimer aus.

Nachdem sie sich davon überzeugt hatte, daß sie ganz leidlich, wenn auch nicht so untadelig aussah als noch vor ein paar Stunden, begab Servilia sich auf den Heimweg.

Caesar machte ein nachdenkliches Gesicht, als er in die Wanne kletterte. Was für eine ungewöhnliche Frau. Und dieser bezaubernde schwarze Flaum. Er war sich nicht sicher, ob er sie jetzt, da sie seine Geliebte war, ein wenig lieber mochte, aber den Laufpaß würde er ihr nicht so bald geben. Immerhin war sie eine Ausnahmeerscheinung, sah man einmal von ihrem Charakter ab. In seinen Kreisen waren Frauen, die sich ohne Hemmungen im Bett bewegten, so selten wie Feiglinge in Crassus' Armee. Selbst seine geliebte Cinnilla hatte auf Sittsamkeit und Anstand geachtet. Na ja, sie wurden ebenso erzogen, die armen Dinger! Und da er es sich angewöhnt hatte, sich selbst gegenüber ehrlich zu sein, mußte er sich eingestehen, daß er nichts dafür tun würde, daß man Julia anders erzog. Sicher, es gab auch Verführerinnen in seinen Kreisen, Frauen, die für ihre sexuelle Raffinesse kaum weniger berühmt waren als Prostituierte, wie die verstorbene Colubra oder die alternde Praecia. Aber wenn es Caesar nach einem ausgefallenen sexuellen Abenteuer verlangt hatte, dann waren ihm die freizügigen, etwas derben, aber grundanständigen Frauen der Subura lieber gewesen. Bis heute. Servilia. Wer hätte das geahnt? Und sie würde über ihren Seitensprung Schweigen bewahren. Er drehte sich in der Wanne um und langte nach dem Bimsstein.

»Und wieviel davon«, fragte er den kleinen Stein, »soll ich meiner Mama erzählen? Seltsam! Normalerweise fällt es mir nicht schwer, ihr von meinen Frauen zu erzählen, so unvoreingenommen wie sie ist. Aber bevor ich Servilia erwähne, sollte ich lieber die blutrote Toga des Zensors tragen.«

In diesem Jahr fanden die Wahlen pünktlich statt. Zuerst wurden in den Zenturien die Konsuln und Prätoren gewählt, dann wählten die Patrizier und Plebejer in der Volksversammlung die niedrigeren Magistrate, und schließlich traten in der Plebejischen Versammlung noch die Tribus zusammen, um die plebejischen Ädile und Volkstribunen zu wählen.

Dem Kalender nach war Quinctilis, eigentlich hätte es Hochsommer sein müssen, aber die Jahreszeiten hinkten dem Kalender hinterher, weil Metellus Pius Pontifex Maximus viele Jahre lang keinerlei Neigung gezeigt hatte, jeden zweiten Februar zwanzig zusätzliche Tage einzufügen. Daher war es nicht verwunderlich, daß Gnaeus Pompeius Magnus – Pompeius der Große – die Lust verspürte, Rom einen Besuch abzustatten, um dem Wahlvorgang in der Plebejischen Versammlung beizuwohnen, denn das Wetter war frühlingshaft mild und heiter.

Trotz seines Anspruchs auf den Titel »Erster Mann in Rom« haßte Pompeius die Stadt und zog es vor, auf seinem riesigen Besitz im nördlichen Picenum zu leben. Dort fühlte er sich wie ein richtiger König; in Rom wurde ihm immer peinlich bewußt, daß die Mehrheit der Senatoren ihn noch weniger schätzte als er die Stadt Rom. Unter den Rittern, die in Roms Geschäftswelt den Ton angaben, war er außerordentlich beliebt, aber diese Tatsache vermochte sein äußerst sensibles, leicht verletzliches Selbstbild nicht aufzurichten, wenn ihm wieder einmal deutlich vor Augen geführt worden war, daß die *boni* und andere Adelskreise in ihm nichts anderes sahen als einen anmaßenden Emporkömmling, einen nichtrömischen Fremdkörper.

Er war von bescheidener Abstammung, besaß aber durchaus einige erwähnenswerte Vorfahren. Sein Großvater war Mitglied des Senats gewesen und hatte in eine ganz und gar römische Familie geheiratet, die Lucilii; sein Vater war der berühmte Pompeius Strabo gewesen, Konsul, siegreicher General im Italischen Krieg und Fürsprecher der konservativen Elemente im Senat, als Rom von Marius und Cinna bedroht wurde. Doch Marius und Cinna hatten schließlich gesiegt, und Pompeius Strabo war in einem Lager außerhalb der Stadt einer Krankheit erlegen. Da sie Pompeius Strabo die Schuld an der Typhusepidemie gaben, die damals im belagerten Rom wütete, hatten die Bewohner des Quirinal und des Viminal seinen nackten Leichnam von einem Esel durch die Straßen schleifen lassen. Für den jungen Pompeius eine Greueltat, die er Rom niemals vergeben hatte.

Seine Chance war gekommen, als Sulla aus dem Exil zurückgekehrt und in die italische Halbinsel eingefallen war; der zwanzigjährige Pompeius hatte drei Legionen aus Veteranen seines toten Vaters angeworben, in Marsch gesetzt und Sulla in der Campania zugeführt. Der schlaue Sulla, der nur allzugut wußte, daß Pompeius ihm die Zustimmung zu einem gemeinsamen Kommando abpressen wollte, hatte ihn, als er die Diktatur ansteuerte, für einige seiner fragwürdigsten Unternehmungen benutzt. Bevor Sulla zurückgetreten und gestorben war, hatte er noch für diesen ehrgeizigen, selbstbewußten jungen Mann gesorgt, indem er ein Gesetz erließ, das auch einem Mann, der nicht im Senat war, erlaubte, eine von Roms Armeen zu befehligen. Pompeius hatte sich nämlich gegen den Senat gestellt und sich geweigert, ihm anzugehören. Danach hatte er sechs Jahre lang in Spanien gegen den Rebellen Quintus Sertorius Krieg geführt, und während dieser sechs Jahre waren Pompeius so manche Zweifel an seinen militärischen Fähigkeiten gekommen. Mit grenzenloser Zuversicht war er nach Spanien gezogen, überzeugt davon, mit Sertorius in kürzester Zeit fertig zu werden, doch er sollte es mit einem der fähigsten Generäle in der Geschichte Roms zu tun bekommen. Schließlich gelang es ihm aber doch, Sertorius zu zermürben. Und so kehrte ein sehr veränderter Pompeius nach Italien zurück: listig, skrupellos und darauf bedacht, allen zu zeigen, daß er den Senat (der ihn mit Geld und Nachschub in Spanien unverschämt kurzgehalten hatte) in die Knie zwingen konnte.

Pompeius hatte begonnen, dieses Ansinnen in die Tat umzusetzen, und zwei Männer hatten ihn dabei mit stillschweigendem Einverständnis gewähren lassen – der eine war Marcus Crassus, Sieger über

Spartacus, der andere niemand anderer als Caesar. Der neunundzwanzig Jahre alte Caesar zog für sie die Fäden, Pompeius und Crassus zwangen den Senat mit Hilfe ihrer beiden Armeen, sie als Konsuln kandidieren zu lassen. Noch nie war jemand in dieses Amt gewählt worden, ehe er nicht wenigstens Mitglied des Senats gewesen war, aber Pompeius wurde Erster Konsul und Crassus sein Kollege. Und so hatte dieser außergewöhnliche, viel zu junge Mann aus Picenum sein Ziel auf eine ganz und gar nicht verfassungsmäßige Weise erreicht, und Caesar, der noch sechs Jahre jünger war als er, hatte ihm gezeigt, wie man so etwas machte.

Um die Schmach des Senats zu vervollständigen, wurde die Amtszeit der beiden Konsuln Pompeius Magnus und Marcus Crassus zu einem einzigen Triumph, einem Jahr der Festlichkeiten und Zirkussensationen, des Frohsinns und des Wohlstands. Und als es um war, lehnten es beide Männer ab, eine Provinz zu übernehmen; sie zogen sich statt dessen ins Privatleben zurück. Nur ein einziges wichtiges Gesetz hatten sie erlassen, und das gab den Volkstribunen, die Sulla per Gesetzgebung entmachtet hatte, ihre vollen Rechte zurück.

Und nun war Pompeius in die Stadt gekommen, um der Wahl der Volkstribunen für das nächste Jahr beizuwohnen, und Caesar, der ihm und der großen Menge seiner Klienten beim Verlassen des Forums an der Ecke Via Sacra und Clibus Orbius begegnet war, staunte nicht schlecht darüber.

»Ich hätte nicht erwartet, dich in Rom zu treffen«, sagte Caesar, als ihre Gefolgschaften sich vereinigten. Er musterte Pompeius ungeniert von Kopf bis Fuß und grinste. »Du siehst gut aus und scheinst in Hochform zu sein«, sagte er. »Hast deine gute Figur in die mittleren Jahre gerettet.«

»Mittlere Jahre?« fragte Pompeius beleidigt. »Ich bin doch nicht alt, nur weil ich schon einmal Konsul war! Ende September werde ich achtunddreißig!«

»Und ich bin gerade zweiunddreißig geworden«, erwiderte Caesar hochmütig. »In dem Alter warst nicht einmal du Konsul, Pompeius Magnus.«

»Du willst mich foppen«, sagte Pompeius schon wesentlich ruhiger. »Du bist wie Cicero, deine scharfe Zunge wird dich noch auf den Scheiterhaufen bringen.«

»Ich wollte, ich wäre so originell wie er. Aber meine Frage war durchaus ernst gemeint, Magnus. Was tust du in Rom, wenn du keinen besseren Grund hast als die Wahl der Volkstribunen? Ich hätte nicht geglaubt, daß du es inzwischen nötig hast, Volkstribunen für dich arbeiten zu lassen.«

»Ein, zwei Volkstribunen kann jeder gut gebrauchen, Caesar.«

»Ach ja? Was führst du im Schilde, Magnus?«

Pompeius blickte Caesar aus seinen blauen Augen arglos an. »Ich führe nichts im Schilde.«

»Oh! Sieh nur!« rief Caesar und deutete in Richtung Himmel. »Hast du's gesehen, Magnus?«

»Was gesehen?« Pompeius suchte die Wolken ab.

»Das hellrosa Schweinchen. Es flog wie ein Adler.«

»Du glaubst mir nicht.«

»Stimmt, ich glaube dir nicht. Warum schenkst du mir keinen reinen Wein ein? Du weißt sehr gut, daß ich nicht zu deinen Feinden zähle. Ich war dir in der Vergangenheit von großem Nutzen, und es gibt keinen Grund, warum ich dich nicht auch in Zukunft unterstützen sollte. Du mußt zugeben, daß ich kein schlechter Redner bin.«

»Nun...«, sagte Pompeius, schwieg dann aber.

»Nun, was?«

Pompeius blieb stehen, warf einen Blick hinter sich auf die Menge der Klienten in ihrem Gefolge, schüttelte den Kopf und ging an den Rand des Weges, wo er sich gegen eine der prächtigen Marmorsäulen lehnte, von denen die Arkaden vor dem Hauptsaal der Basilika Aemilia gestützt wurden. Caesar hatte verstanden, daß Pompeius auf diese Weise lästigen Ohrenzeugen ausweichen wollte, und baute sich so neben dem Großen auf, daß er ihm zuhören konnte, während die Herde der Klienten, die vor Neugierde leuchtende Augen hatten, außer Hörweite blieb.

»Und wenn nun einer von denen von den Lippen lesen kann?« fragte Caesar.

»Schon wieder hältst du mich zum besten!«

»Nein, eigentlich nicht. Aber warum drehen wir uns nicht einfach um und tun so, als würden wir auf Aemilias Galerie pinkeln?«

Das war zuviel; Pompeius brüllte los vor Lachen. Als er sich wieder beruhigt hatte, wandte er sich so weit von ihrem Publikum ab, daß die Männer ihn nur im Profil sehen konnten, und die Lippen benutzte er so sparsam wie ein Pornographiehändler auf dem Forum.

»Tatsache ist«, sagte Pompeius leise, »daß ich dieses Jahr einen guten Kameraden unter den Kandidaten habe.«

»Aulus Gabinius?«

»Woher weißt du das?«

»Er stammt aus Picenum und hat in Spanien zu deinem persönlichen Stab gehört. Er ist übrigens ein guter Freund von mir. Wir waren beide als junge Militärtribune in Mitylene, während der Belagerung.« Caesar feixte. »Gabinius konnte Bibulus auch nicht ausstehen, und die Jahre haben ihn den *boni* nicht geneigter gemacht.«

»Gabinius ist der beste Kamerad, den es gibt.«

»Und ein sehr fähiger Mann.«

»Das auch.«

»Was für ein Gesetz soll er für dich einbringen? Sollen sie Lucullus das Kommando entziehen und dir auf dem Silbertablett servieren?«

»Nein, nein!« knurrte Pompeius. »Dafür ist es viel zu früh. Zuerst brauche ich einen kurzen Feldzug, um die Muskeln aufzuwärmen.«

»Die Piraten?« fragte Caesar.

»Diesmal hast du ins Schwarze getroffen! Die Piraten.«

Caesar beugte das rechte Knie, um das Bein gegen die Säule zu lehnen. Er machte ein Gesicht, als würden sie sich nur ein wenig über die alten Zeiten unterhalten. »Mein Kompliment, Magnus. Das ist nicht nur sehr klug, sondern auch äußerst nützlich.«

»Metellus das Zicklein auf Kreta imponiert dir wohl nicht?«

»Der Mann ist ein halsstarriger Dummkopf und korrupt obendrein. Ein passender Schwager für Verres – in mehr als einer Hinsicht. Er verfügte über drei gute Legionen, und trotzdem hätte er die Landschlacht gegen einen buntgemischten Haufen von vierundzwanzigtausend unausgebildeten, von ein paar Seeleuten angeführten Kretern um ein Haar verloren.«

»Schrecklich.« Pompeius schüttelte düster den Kopf. »Ich frage dich, Caesar, was hat es für einen Sinn, sich auf Gefechte an Land einzulassen? Die Piraten operieren auf See! Sicher, man muß ihre Stützpunkte an Land ausräuchern, aber erst wenn du sie auf See erwischst, kannst du ihre Lebensgrundlage zerstören – ihre Schiffe. Ein moderner Seekrieg ist was anderes als Troja. Du kannst ihre Schiffe nicht am Ufer in Brand stecken. Während ihre Hauptstreitmacht dich aufhält, formieren die anderen sich zu Rumpfmannschaften und rudern mit der Flotte woanders hin.«

»Ja.« Caesar nickte. »Den Fehler haben sie bis jetzt alle gemacht, angefangen bei den beiden Antonii bis hin zu Vatia Isauricus. Dörfer niedergebrannt und Städte geplündert. Die Sache verlangt nach einem Mann, der wirklich etwas von Organisation versteht.«

»Genau!« rief Pompeius. »Und dieser Mann bin ich, das verspreche ich dir! Und wenn meine selbstverordnete Passivität in den letzten Jahren zu nichts anderem getaugt hat – ich hatte wenigstens Zeit zum Nachdenken. In Spanien habe ich mich blind ins Getümmel gestürzt. Ich hätte mir überlegen müssen, wie man so einen Krieg gewinnt, bevor ich aus Mutina losgezogen bin. Ich hätte *alles* vorher ausklügeln müssen, nicht nur, wie man am schnellsten über die Alpen kommt. Dann hätte ich auch gewußt, wieviel Legionen ich brauche, wieviel Reiterei, wieviel Geld in der Kriegskasse. Und ich hätte meinen Feind besser kennengelernt. Quintus Sertorius war ein brillanter Taktiker. Aber man gewinnt einen Krieg nicht mit Taktik, Caesar. Strategie ist das Zauberwort. Strategie!«

»Und was die Piraten betrifft, Magnus, da hast du dich gründlich informiert?«

»Und ob. Über jeden einzelnen Aspekt, vom wichtigsten bis zum unwichtigsten: Karten, Spione, Schiffe, Geld, Männer. Ich weiß, wie man die Sache am besten erledigt«, sagte Pompeius und zeigte viel mehr Zuversicht als früher. Spanien, das war noch der Feldzug eines Schlächters gewesen. Gemetzel dieser Art gehörten der Vergangenheit an.

Und so sah Caesar der Wahl der zehn Volkstribunen mit großem Interesse zu. Aulus Gabinius war ein sicherer Kandidat, folglich erhielt er auch die meisten Stimmen und wurde Vorsitzender des Kollegiums der Volkstribunen, das am zehnten Dezember mit seiner Arbeit beginnen würde.

Da die Volkstribunen die meisten neuen Gesetze einbrachten und traditionell die einzigen Gesetzgeber waren, die nichts gegen Veränderungen hatten, brauchte jede der mächtigsten Faktionen im Senat mindestens einen Volkstribunen auf ihrer Seite. So auch die *boni,* die ihre Männer dazu benutzten, jede neue Gesetzgebung zu blockieren. Die wirksamste Waffe des Volkstribunen war das Veto, mit dem er seine Kollegen, alle anderen Amtsträger und sogar den Senat blockieren konnte. Und das bedeutete, daß die Volkstribunen der *boni* keine neuen Gesetze einbrachten, sondern ihr Veto dagegen einlegten. Und natürlich gelang es den *boni,* bei der Wahl drei ihrer Männer durchzubringen – Globulus, Trebellius und Otho. Keiner von ihnen war herausragend, aber ein Volkstribun der *boni* mußte nicht brillant sein, er brauchte nur die Fähigkeit, laut und deutlich das Wort »Veto!« aussprechen zu können.

Pompeius hatte in dem neuen Gremium zwei ausgezeichnete Männer, die seine Ziele verfolgten. Aulus Gabinius mochte zwar mittellos und von vergleichsweise unbedeutender Herkunft sein, aber er würde es weit bringen; Caesar kannte ihn seit der Belagerung von Mitylene. Natürlich stammte auch Pompeius' zweiter Mann aus Picenum: ein gewisser Gaius Cornelius, nicht nur ein Patrizier, sondern ein Abkömmling der ehrwürdigen *gens Cornelia*. Vielleicht war er nicht so an Pompeius gebunden wie Gabinius, doch auf keinen Fall würde er gegen ein von Gabinius eingebrachtes Plebiszit sein Veto einlegen.

Caesar fand das alles zwar höchst interessant, der eine Mann unter den Gewählten jedoch, der ihm am meisten Sorgen machte, gehörte weder zu den *boni* noch zu Pompeius. Er hieß Gaius Papirius Carbo, einer von der radikalen Sorte, der gern sein eigenes Süppchen kochte. Eine Zeitlang erzählte man sich auf dem Forum, er habe die Absicht, Caesars Onkel Marcus Aurelius Cotta vor Gericht zu stellen, weil dieser während seines Feldzugs in Bithynien gegen Roms alten Erzfeind König Mithridates Beute unterschlagen haben sollte, die er Heracleia abgenommen hatte. Gegen Ende des berühmten gemeinsamen Konsulats von Pompeius und Crassus war Marcus Cotta im Triumphzug nach Rom zurückgekehrt, und kein Mensch hatte damals seine Integrität angezweifelt. Und jetzt wühlte dieser Carbo in alten Geschichten, und als Tribun der wieder voll in ihre Rechte eingesetzten Plebs besaß er die Macht, Marcus Cotta vor einem eigens einberufenen Tribunal der Plebejischen Versammlung anzuklagen. Caesar liebte und verehrte seinen Onkel Marcus. Deshalb war Carbos Wahl ihm ein Dorn im Auge.

Nachdem die letzte Scherbe ausgezählt war, nahmen die zehn siegreichen Männer auf der Rostra die Hochrufe entgegen; Caesar drehte sich um und ging langsam nach Hause. Er war müde, Zuwenig Schlaf, zuviel Servilia. Sie hatten sich erst vor sechs Tagen wiedergesehen, nach dem Tag der Wahlen in der Volksversammlung, und wie zu erwarten gewesen war, hatten sie beide etwas zu feiern gehabt. Caesar war jetzt Kurator der Via Appia, und Servilias sogenannter »Bruder« Caepio war zu einem von zwanzig Quästoren gewählt worden. Sie hatten ihm ein Amt als Stadtquästor in Rom gegeben, er mußte also nicht in einer der Provinzen seinen Dienst leisten.

Und so hatten sie sich in guter Laune und mit großer Vorfreude aufeinander wiedergetroffen, und der gemeinsame Tag im Bett war so vergnüglich gewesen, daß keiner von beiden das nächste Stelldichein lange hinausschieben wollte. Folglich trafen sie sich jetzt jeden Tag zu einem Fest der Lippen, der Zungen und der Haut, und jeden Tag gab es etwas Neues zu erforschen. Heute hatten die Wahlen jedoch ein weiteres Treffen verhindert. Und wahrscheinlich würden sie sich erst an den Kalenden des September wiedersehen können, denn Silanus nahm Servilia, Brutus und die Mädchen mit ins Seebad Cumae, wo er eine Villa besaß. Auch für Silanus waren die diesjährigen Wahlen erfolgreich verlaufen; im nächsten Jahr würde er das Amt des Stadtprätors innehaben. Dieses äußerst wichtige Amt hob auch Servilias öffentliches Ansehen; unter anderem durfte sie darauf hoffen, daß man ihr Haus für das den Frauen vorbehaltene Fest der Bona Dea auswählen würde, bei dem Roms erlauchteste Matronen die gute Göttin in den Winterschlaf wiegten.

Und er mußte Julia endlich mitteilen, daß er ihre Heirat arrangiert hatte. Die offizielle Verlobungszeremonie würde erst stattfinden, nachdem Brutus im Dezember die *toga virilis* angelegt hatte, aber die rechtlichen Formalitäten waren erledigt, Julias Schicksal war besiegelt. In seinem Inneren nagte Unzufriedenheit darüber, daß er dieser Pflicht – ganz gegen seine Art – noch nicht nachgekommen war; er hatte Aurelia gebeten, es Julia zu sagen, aber die nahm es mit der häuslichen Etikette sehr genau und hatte sich geweigert. Er war der *paterfamilias*. Es war seine Aufgabe. Frauen! Warum gab es so viele Frauen in seinem Leben, und warum war er davon überzeugt, daß die Zukunft noch viel mehr für ihn bereithalten würde? Ganz zu schweigen von den Schwierigkeiten, die damit verbunden waren.

Julia hatte heute mit Matia gespielt, der Tochter seines guten Freundes Gaius Matius, der in Aurelias Mietshaus das Erdgeschoß bewohnte. Sie war eine ganze Weile vor der Essenszeit heimgekehrt, also hatte er keine Ausrede mehr, er mußte es ihr sagen. Wie eine junge Nymphe tanzte sie durch den Garten im Lichthof, der Stoff ihres Kleides wehte wie ein lavendelblauer Schleier um ihren noch unentwickelten Körper. Aurelia kleidete sie mir Vorliebe in helle Blau- oder Grüntöne, und sie tat recht daran. Wie schön sie einmal sein wird, dachte er, während er sie ansah;

vielleicht entsprach sie nicht dem griechischen Ideal wie Aurelia, dafür aber besaß sie das magische Wesen der Julierinnen, das der pragmatischen, vernünftigen Aurelia abging, die eben eine typische Cotta war. Man sagte den Julierinnen nach, sie würden ihre Männer glücklich machen, und jedesmal, wenn er seine Tochter sah, wollte er es gern glauben. Doch der Volksmund war nicht unfehlbar; seine jüngere Tante (sie war Sullas erste Frau gewesen) hatte nach einer langen Liebesaffäre mit Hilfe der Weinflasche Selbstmord begangen, und seine Cousine Julia Antonia durchlebte mit ihrem zweiten Ehemann schreckliche Perioden der Depression und Hysterie. Und doch ging dieses geflügelte Wort in Rom um. Jeder junge Aristokrat, der nicht auf eine üppige Mitgift angewiesen war, dachte zuerst an eine Julierin.

Sie strahlte übers ganze Gesicht, als sie ihren Vater an den Sims des Eßzimmerfensters gelehnt stehen sah, kam zu ihm herübergeschwebt und schaffte es mit einiger Eleganz, in seine Arme zu klettern.

»Wie geht's meinem Mädchen?« fragte er sie, trug sie zu einer der drei Ruhebänke hinüber und setzte sie neben sich ab.

»Ich hatte einen wunderschönen Tag, *tata*. Sind die richtigen Leute zu Volkstribunen gewählt worden?«

Sein Lächeln ließ in den äußeren Winkeln der Augen einen Fächer aus Falten entstehen; er hatte von Natur aus eine helle Haut, doch lange Jahre des Lebens auf Foren und Gerichtsplätzen oder an den Schauplätzen seines Militärdienstes hatten die der Sonne ausgesetzten Oberflächen gebräunt und dabei nur die Falten um die Augen herum ausgespart, die tief drinnen ganz weiß geblieben waren. Dieser Kontrast faszinierte Julia, die ihn am liebsten hatte, wenn er nicht gerade lächelte oder die Augen zusammenkniff, sondern die Fächer aus weißen Streifen zeigte wie ein Barbar seine Kriegsbemalung. Und so kletterte sie auf seine Knie, um zuerst den einen und dann den anderen Fächer zu küssen, während er seinen Kopf auf ihre Lippen zubewegte, innerlich dahinschmelzend wie sonst bei keinem weiblichen Wesen, nicht einmal bei Cinnilla.

»Du weißt sehr gut«, antwortete er, als das Ritual beendet war, »daß nicht nur die richtigen Leute Volkstribunen werden. Das neue Kollegium ist die übliche Mischung aus guten, bösen, gleichgültigen, beunruhigenden und faszinierenden Männern. Aber ich glaube, sie werden ein bißchen aktiver sein als die Bande vom vergangenen Jahr. Im nächsten Jahr wird einiges los sein auf dem Forum.«

Natürlich war sie über politische Angelegenheiten gut informiert, denn sowohl ihr Vater als auch die Großmutter stammten aus berühmten Politikerfamilien, aber wenn man in der Subura lebte, dann hatte man eben Spielkameraden, die nur ein geringes Interesse für Machenschaften und personelle Veränderungen im Senat, in den Versammlungen und Gerichtshöfen aufbrachten. Aus diesem Grund hatte Aurelia sie mit sechs Jahren auf die Schule des Marcus Antonius Gnipho geschickt; Gnipho war Caesars Privatlehrer gewesen, aber als Caesar mit dem offiziellen Beginn des Mannesalters den Mantel und das Filzbarett des *flamen Dialis* angelegt hatte, war Gnipho Leiter einer Schule mit aristokratischer Schülerschaft geworden. Julia hatte sich als intelligente und lernwillige Schülerin erwiesen, sie entwickelte die gleiche Liebe zur Literatur wie ihr Vater, nur in Mathematik und Geographie waren ihre Leistungen nicht besonders gut. Auch hatte sie Caesars erstaunliches Gedächtnis nicht geerbt. Und das war auch gut so, fanden alle, die um sie herum waren; flinke und kluge Mädchen waren wunderbar, aber brillante, intellektuelle Mädchen waren Stolpersteine, nicht zuletzt für den eigenen Lebensweg.

»Warum sind wir hier drinnen, *tata*?« fragte sie ein wenig verwundert.

»Ich habe Neuigkeiten, und die möchte ich dir an einem ruhigen Ort mitteilen«, antwortete Caesar, der jetzt, wo er sich entschlossen hatte, genau wußte, wie er es ihr sagen würde.

»Gute Neuigkeiten?«

»Das weiß ich noch nicht, Julia. Ich hoffe es, aber ich stecke nicht in deiner Haut. Vielleicht ist es keine so gute Neuigkeit, aber ich glaube, wenn du dich erst einmal dran gewöhnt hast, wirst du sie nicht ganz unerträglich finden.«

Weil sie flink und klug war, hatte sie ihn sofort verstanden. »Du hast einen Ehemann für mich gefunden«, sagte sie.

»Richtig. Freust du dich?«

»Sehr, *tata*. Junia ist auch verlobt, und jetzt spielt sie uns allen gegenüber die große Dame. Wer ist es?«

»Junias Bruder. Marcus Junius Brutus.«

Er sah ihr fest in die Augen, deshalb war ihm das flüchtige Aufflakkern des Erschreckens in ihrem Blick nicht entgangen, bevor sie ganz schnell den Kopf abwandte und vor sich hinstarrte. Sie schluckte.

»Freust du dich nicht?« fragte er. Ihm sank ein wenig der Mut.

»Es kommt überraschend, das ist alles«, sagte Aurelias Enkeltochter, der man von der Krippe an beigebracht hatte, daß sie alles würde ertragen müssen, was das Schicksal einmal für sie bereithielt. Sie wandte ihm ihr Gesicht zu, und die großen blauen Augen lächelten wieder. »Ich freue mich sehr. Brutus ist nett.«

»Bist du sicher?«

»O *tata*, natürlich bin ich sicher!« sagte sie so ehrlich, daß ihre Stimme zitterte. »Wirklich, *tata*, es ist eine gute Neuigkeit. Brutus wird mich lieben und für mich sorgen, das weiß ich.«

Ihm fiel ein Stein vom Herzen, er seufzte, lächelte, nahm ihre kleine Hand und küßte sie, bevor er sie fest in die Arme schloß. Es kam ihm gar nicht in den Sinn, sie danach zu fragen, ob sie es nicht lernen könnte, Brutus zu lieben, denn Caesar hatte nie Freude an einem Gefühl wie der Liebe gehabt, nicht einmal an seiner Liebe zu Cinnilla und zu diesem bezaubernden Wildfang in seinen Armen. Liebe machte ihn verwundbar, und er haßte es, verwundbar zu sein.

Plötzlich sprang sie von der Speiseliege herunter und stürzte aus dem Zimmer; aus der Entfernung hörte er, wie sie Aurelia zurief: »*Avia, avia,* ich werde meinen Freund Brutus heiraten! Ist das nicht großartig? Ist das keine gute Neuigkeit?«

Und dann kam ihr langgezogenes Schluchzen, bevor sie in Tränen ausbrach. Caesar hörte, wie seine Tochter weinte, als sei ihr Herz gebrochen, und doch war er sich nicht sicher, ob sie vor Freude oder vor Schmerz weinte. Er trat gerade hinaus in das Vestibül, als Aurelia das Kind, das sein Gesicht in ihrer Seite vergraben hatte, zu ihrem Alkoven führte.

Seine Mutter wirkte völlig unbeeindruckt. »Ich wünschte«, sagte sie in seiner Richtung, »weibliche Wesen würden lernen zu lachen, wenn sie glücklich sind! Aber die meisten von ihnen weinen. Auch Julia.«

Das Glück scheint Gnaeus Pompeius Magnus nicht verlassen zu haben, dachte Caesar Anfang Dezember und lächelte in sich hinein. Der Große hatte angedeutet, daß er beabsichtigte, der Bedrohung durch die Piraten ein Ende zu machen, und als im Hafen von Ostia die sizilianische Getreideernte eintraf, beschloß Fortuna, ihm gehorsamst ein weiteres Mal die Hand zu reichen. In Ostia löschten die Frachtschiffe ihr kostbares Ladegut aus den tiefen Laderäumen auf Lastkähne, die es auf dem letzten Stück der Reise, den Tiber hinauf, zu den Silos im Hafen von Rom schafften. Dort erst war es endgültig in Sicherheit.

Mehrere hundert Schiffe liefen auf Ostia zu, um dann feststellen zu müssen, daß keine Lastkähne auf sie warteten; der für Ostia zuständige Quästor hatte sich in der zeitlichen Koordination geirrt und den Lastkähnen eine Extrareise gestattet – den Tiber aufwärts nach Tuder und Ocriculum, wo die Ernte aus dem Tibertal darauf wartete, flußabwärts nach Rom geschafft zu werden. Während die Kapitäne und die Getreidemagnaten tobten und der unglückselige Quästor hektisch herumlief, gab ein erboster Senat dem einzigen Konsul Quintus Marcius Rex den Auftrag, die Sache unverzüglich in Ordnung zu bringen.

Es war ein deprimierendes Jahr für Marcius Rex gewesen, dessen Kollege kurz nach dem Amtsantritt gestorben war. Der Senat hatte sofort einen Ersatzkonsul bestimmt, aber auch der war gestorben; es war ihm nicht vergönnt gewesen, auch nur ein einziges Mal auf dem kurulischen Sessel Platz zu nehmen. Eine eilige Konsultation der heiligen Bücher ergab, daß keine weiteren Schritte unternommen werden durften. Marcius Rex mußte allein regieren. Das hatte seinen Plan vereitelt, noch während des Konsulats in seine Provinz Cilicia zu reisen, die man ihm zugeschanzt hatte, nachdem es den Horden profitorientierter Ritter endlich gelungen war, sie Lucullus zu entreißen.

Und gerade jetzt, als Marcius Rex gehofft hatte, nach Cilicia aufbrechen zu können, mußte dieses Debakel mit dem Getreide in Ostia passieren. Schäumend vor Wut stellte er zwei Prätoren von ihren Gerichtshöfen in Rom frei und schickte sie auf dem schnellsten Weg nach Ostia, um die Dinge in Ordnung zu bringen. Sechs Liktoren in roten Tuniken, die Äxte in den Rutenbündeln, gingen Lucius Bellienus und Marcus Sextilius voraus. Und genau zur gleichen Zeit nahm im Tyrrhenischen Meer eine Piratenflotte mit mehr als hundert schlanken Kriegsgaleeren Kurs auf Ostia.

Als die beiden Prätoren eintrafen, stand bereits die halbe Stadt in Flammen, und die Piraten waren eifrig damit beschäftigt, die Mannschaften der vollbeladenen Getreideschiffe dazu zu zwingen, ihre Fahrzeuge wieder hinaus aufs Meer zu rudern. Von der Frechheit dieses Überfalls – wem wäre es im Traum eingefallen, daß Piraten einen Ort angreifen könnten, der nur ein paar Meilen vom mächtigen Rom entfernt liegt? – waren alle überrascht worden. Die nächsten Truppen befanden sich in Capua; die Miliz von Ostia war viel zu sehr vom Löschen des Feuers in Anspruch genommen, um über militärische Gegenmaßnahmen nachdenken zu können. Es war nicht einmal jemand auf die Idee gekommen, einen Boten mit der Bitte um Hilfe nach Rom zu schicken.

Keiner der beiden Prätoren zeichnete sich durch Entscheidungsfreudigkeit aus, und so standen sie beide konsterniert und orientierungslos in dem Durcheinander auf den Anlegeplätzen herum. Dort wurden sie von Piraten entdeckt, die sie samt ihren Liktoren gefangennahmen, an Bord einer Galeere schleppten und fröhlich mit ihnen aufs Meer hinausfuhren, hinter der davonsegelnden Getreideflotte her. Die Gefangennahme zweier Prätoren – der eine von ihnen kein Geringerer als der Onkel des großen patrizischen Edelmanns Catilina – samt Liktoren und *fasces* versprach mindestens zweihundert Talente Lösegeld!

Die Auswirkungen dieses Überfalls waren in Rom ebenso unvermeidlich wie vorhersehbar; die Getreidepreise schossen augenblicklich in den Himmel, Horden von aufgebrachten Händlern, Müllern, Bäckern und Verbrauchern liefen hinunter ins untere Forum, um gegen die Unfähigkeit der Regierung zu demonstrieren; und der Senat trat in der Curia zusammen, bei geschlossenen Türen, damit niemand die trübselige Debatte zu hören bekam, zu der es unweigerlich kommen mußte. Und trübselig war sie. Es fand sich nicht einmal jemand, der sie eröffnen wollte.

Nachdem Quintus Marcius Rex mehrmals und ohne Erfolg um Redebeiträge gebeten hatte, erhob sich schließlich – mit unendlichem Widerwillen, wie es schien – der gewählte Volkstribun Aulus Gabinius. Caesar fand, daß er in dem düsteren, gefilterten Licht gallischer denn je aussah. Das war das Problem aller Männer aus Picenum – in ihrem Äußeren trat der Gallier stärker zum Vorschein als der Römer. Pompeius war da keine Ausnahme. Es waren gar nicht so sehr die rötlichen oder weizenblonden Haare, die viele von ihnen hatten, auch nicht die blauen oder grünen Augen; viele reinrassige Römer waren blond. Selbst Caesar. Nein, das Problem lag im picenischen Knochenbau. Das volle, runde Gesicht, das platte Kinn, die kurze Nase (Pompeius hatte fast eine Stupsnase), die schmalen Lippen. Gallisch, nicht römisch. Und damit waren sie im Hintertreffen. Da konnten sie noch so hartnäckig behaupten, von sabinischen Einwanderern abzustammen, alle Welt wußte sehr wohl, daß sie in Wahrheit die Abkömmlinge jener Gallier waren, die sich vor mehr als dreihundert Jahren in Picenum angesiedelt hatten.

Die Reaktion der meisten Senatoren auf ihren Klappstühlen war beinahe körperlich spürbar, als Gabinius der Gallier sich erhob: Abneigung, Mißfallen, Ärger. Unter normalen Umständen hätte er auf der Rednerliste sehr weit hinten gestanden. Vierzehn noch im Amt befindliche und vierzehn designierte Magistrate sowie ungefähr zwanzig Konsulare wären um diese Zeit des Jahres vor ihm an der Reihe gewesen – vorausgesetzt, alle waren anwesend. Aber es waren nie alle anwesend. Und trotzdem war es ein beinahe ungeheuerlicher Vorgang, daß eine Senatsdebatte von einem Volkstribun eröffnet wurde.

»Ihr stimmt mir doch zu, daß es kein gutes Jahr war?« fragte Aulus Gabinius das Haus, nachdem er die Formalitäten hinter sich gebracht und die Männer über und unter ihm in der Reihenfolge der Hackordnung begrüßt hatte. »Während der letzten sechs Jahre sind wir ausschließlich gegen die kretischen Piraten zu Felde gezogen, aber sind die Piraten, die gerade Ostia überfallen und die Getreideflotte gekapert haben – von den entführten Prätoren und ihren Insignien will ich hier gar nicht reden –, sind die etwa ganz von Kreta hergekommen? O nein, sie fahren unbehelligt auf unseren Meeren herum und haben Stützpunkte in Sizilien und Liguria, auf Sardinien und Korsika. Zweifellos werden sie von Megadates und Pharnaces angeführt, die seit einigen Jahren von einem hübschen kleinen Pakt mit den verschiedenen Statthaltern da unten in Sizilien profitiert haben, unter anderem mit dem verbannten Gaius Verres – einem Pakt, der es ihnen erlaubt, sich nach Lust und Laune in sizilianischen Häfen und Gewässern zu bewegen. Ich könnte mir gut vorstellen, daß sie ihre Verbündeten gesammelt und diese Getreideflotte den ganzen Weg von Lilybaeum herauf verfolgt haben. Vielleicht sollte der Überfall ursprünglich auf hoher See stattfinden. Und dann hat irgendein rühriger, in ihrem Sold stehender Mensch in Ostia sie wissen lassen, daß es in Ostia keine Lastkähne gibt und daß es während der nächsten acht oder neun Tage auch keine geben wird. Warum sollten sie also auf See angreifen und sich mit einem Teil der Getreideflotte begnügen? Da war es doch besser, zu warten, bis sie alle zusammen und voll beladen im Hafen von Ostia liegen würden! Schließlich weiß die ganze Welt, daß Rom es nicht für nötig befindet, Legionen im heimatlichen Latium zu stationieren! Wer hätte sie in

Ostia aufhalten sollen? Wer hat sie in Ostia aufgehalten? Die Antwort ist kurz und einfach – niemand!«

Dieses letzte Wort bellte er in den Raum hinein; alle zuckten zusammen, aber keiner antwortete. Gabinius blickte sich um und wünschte, Pompeius hätte ihm zugehört. Was für ein Jammer! Immerhin würde Pompeius sich über den Brief freuen, den Gabinius noch heute abend an ihn losschicken wollte.

»Es muß etwas geschehen«, fuhr Gabinius fort, »und zwar mehr als so ein katastrophaler Feldzug, wie ihn unser großer Häuptling Metellus das Zicklein dort unten auf Kreta führt. Erst gelingt es ihm nicht, einen jämmerlichen Haufen von Kretern zu Lande zu besiegen, dann läßt er Cydonia belagern, das schließlich kapituliert, aber den großen Piratenadmiral Panares läßt er entwischen! Nachdem noch ein paar Städte gefallen sind, belagert er Cnosus, hinter dessen Mauern sich der berühmte Piratenadmiral Lasthenes verkrochen hat. Als der Fall der Stadt unvermeidlich erscheint, zerstört Lasthenes sämtliche Schätze, die er nicht mitnehmen kann, und flüchtet. Was für eine erfolgreiche Belagerung! Und welches Unglück ist unserem Zicklein wohl mehr zu Herzen gegangen? Die Flucht des Lasthenes oder der Verlust des Schatzes? Na, der Verlust des Schatzes natürlich! Lasthenes ist nur ein Pirat, und Piraten nehmen sich nicht gegenseitig als Geiseln. Piraten rechnen damit, am Kreuz zu enden wie die Sklaven, die sie einmal waren!«

Gabinius, der Gallier aus Picenum, legte eine Pause ein und grinste so verwegen, wie nur ein Gallier es konnte. Nachdem er tief Luft geholt hatte, fügte er hinzu: »Es muß etwas geschehen!« Dann setzte er sich.

Niemand sagte etwas. Niemand rührte sich.

Quintus Marcius Rex seufzte. »Hat jemand etwas zu sagen?« Sein Blick wanderte über die Ränge auf beiden Seiten des Hauses, und erst der spöttische Ausdruck auf Caesars Gesicht ließ ihn innehalten. Warum schaute Caesar so spöttisch?

»Gaius Julius Caesar, du bist einst von Piraten gekapert worden, und es ist dir gelungen, sie zu besiegen. Hast du uns nichts zu sagen?« fragte Marcius Rex.

Caesar erhob sich von seinem Platz in der zweiten Reihe. »Nur ein Satz, Quintus Marcius: Es muß etwas geschehen.« Damit setzte er sich wieder.

Der einzige Konsul dieses Jahres warf resignierend die Hände in die Luft und löste die Versammlung auf.

»Wann wirst du zuschlagen?« wollte Caesar von Gabinius wissen, als sie zusammen die Curia Hostilia verließen.

»Noch nicht gleich«, erwiderte Gabinius gutgelaunt. »Erst muß ich noch ein paar Dinge erledigen, und Gaius Cornelius auch. Ich weiß, es ist üblich, das Jahr als Volkstribun mit den wichtigsten Angelegenheiten zu eröffnen, aber ich halte das für eine schlechte Taktik. Sollen sich unsere hochgeschätzten gewählten Konsuln Gaius Piso und Manius Acilius Glabrio doch erst einmal den Hintern auf ihren kurulischen Stühlen wärmen. Erst wenn sie glauben, daß Cornelius und ich unser Repertoire ausgeschöpft haben, werde ich wieder auf das heutige Thema zurückkommen.«

»Also im Januar oder Februar?«

»Sicher nicht vor Januar«, sagte Gabinius.

»Und Magnus hat alles bereit, um gegen die Piraten loszuschlagen?«

»Bis auf den kleinsten Haken und den letzten Wasserschlauch. Ich kann dir versichern, Caesar: Rom wird staunen!«

Caesar dachte einen Augenblick nach und blickte Gabinius dann spöttisch an. »Gaius Piso wird Magnus nicht auf seine Seite ziehen können. Der klebt zu fest an Catulus und den *boni*. Von Glabrio verspreche ich mir mehr. Er hat nicht vergessen, was Sulla ihm angetan hat.«

»Als Sulla ihn gezwungen hat, sich von Aemilia Scaura zu trennen?«

»Richtig. Er ist nächstes Jahr Zweiter Konsul, aber es könnte nützlich sein, wenigstens einen Konsul in der Hinterhand zu haben.«

Gabinius lachte leise. »Für unseren lieben Glabrio hat Pompeius sich schon etwas ausgedacht.«

»Gut. Versuche einen Keil zwischen die Konsuln zu treiben, Gabinius. Dann kommst du schneller ans Ziel.«

Ende Oktober, nach Servilias Rückkehr aus Cumae, hatten Caesar und Servilia ihre Affäre wieder aufgenommen. Für beide war sie noch ebenso aufregend wie zuvor. Aurelia machte gelegentliche Versuche, Caesar etwas zu entlocken, doch ihr Sohn zeigte sich wenig mitteilsam und ließ seine Mutter im unklaren darüber, wie ernst ihm die Sache war. Er mochte Servilia noch immer nicht, aber das tat der Beziehung keinen Abbruch. Sie erforderte keine Zuneigung. Wer weiß, dachte er, vielleicht würde sogar etwas Wichtiges fehlen, wenn ich sie gern hätte.

»Hast du mich eigentlich gern?« fragte er Servilia an dem Tag, bevor die neuen Volkstribunen ihr Amt antraten.

Sie bot ihm zuerst die eine, dann die andere Brust und wartete mit ihrer Antwort, bis beide Brustwarzen hart waren und sie zu spüren begann, wie die Hitze durch ihren Bauch weiter nach unten kroch.

»Ich hab niemanden gern«, sagte sie schließlich und legte sich auf ihn. »Entweder ich liebe oder ich hasse.«

»Ist das bequem so?«

Sie hatte keinen Humor, deshalb verstand sie die Frage nicht als doppeldeutige Anspielung auf ihre soeben eingenommene Position, sondern bezog sich gleich auf die eigentliche Bedeutung. »Wesentlich bequemer, als wenn man jemanden gern hat, würde ich sagen. Ich habe festgestellt, daß Menschen, die sich gern haben, nicht mehr imstande sind, normal miteinander umzugehen. Sie erzählen sich zum Beispiel keine unangenehmen Wahrheiten mehr, wohl aus Angst, dem anderen weh zu tun. Liebe und Haß dagegen lassen unangenehme Wahrheiten zu.«

»Würdest du gern eine unangenehme Wahrheit hören?« fragte er sie lächelnd und blieb völlig regungslos liegen, was sie beinahe zur Verzweiflung trieb, denn in ihr kochte das Blut, und sie wollte ihn endlich in sich spüren.

»Warum bist du nicht endlich still und machst weiter, Caesar?«

»Weil ich dir eine unangenehme Wahrheit sagen will.«

»Also los, dann sag sie mir!« fauchte sie und massierte sich selbst die Brüste, weil er es nicht tat. »Es macht dir anscheinend Spaß, mich zu quälen!«

»Du liegst viel lieber auf mir als unter oder neben mir«, sagte er.

»Stimmt. Bist du jetzt zufrieden? Können wir weitermachen?«

»Noch nicht. Warum liegst du am liebsten auf mir?«

»Weil ich oben sein will«, erwiderte sie verdutzt.

»Aha!« sagte er und rollte sie auf den Rücken. »Und jetzt bin ich oben.«

»Andersherum wär's mir lieber.«

»Ich befriedige alle deine Bedürfnisse, Servilia, aber nicht deine Machtgier!«

»Und wo soll ich jetzt hin mit meiner Machtgier?« fragte sie und wand sich unter ihm. »So bist du mir zu groß und zu schwer!«

»Du hast ganz recht mit der Bequemlichkeit«, sagte er und hielt sie fest. »Mit jemandem, den man nicht mag, muß man auch kein Mitleid haben.«

»Wie grausam«, sagte sie.

»Liebe und Haß sind grausam. Nur Zuneigung ist freundlich.«

Doch Servilia, die zu niemandem Zuneigung verspürte, hatte ihre eigene Methode, sich zu rächen; sie zog ihre scharfgeschliffenen Fingernägel von seiner linken Gesäßhälfte bis hinauf zum linken Schulterblatt und zeichnete ihm fünf blutige, parallele Linien auf den Rücken.

Sie bereute es auf der Stelle. Er packte sie an den Handgelenken, preßte ihr die Knochen zusammen; dann zwang er sie unter sich und drang in sie ein, hart und fest und immer tiefer. Als sie schließlich laute Schreie ausstieß, wußte sie nicht einmal, ob vor Schmerz oder Erregung, doch einen Augenblick lang war sie überzeugt davon, daß ihre Liebe sich in Haß verwandelt hatte.

Der wahre Schaden, den dieses Beisammensein angerichtet hatte, wurde Caesar erst bewußt, als er nach Hause kam. Die fünf blutroten Streifen schmerzten stark, und als er seine Tunika auszog, konnte er sehen, daß er noch immer blutete. Auf den Schlachtfeldern hatte er sich den einen oder anderen Kratzer oder Schnitt zugezogen, daher wußte er, daß jemand ihm die Wunden auswaschen mußte, wenn er vermeiden wollte, daß sie sich entzündeten und zu eitern anfingen. Wäre Burgundus in Rom gewesen, hätte er sich an ihn gewandt, aber Burgundus lebte mit Cardixa und seinen acht Söhnen in Caesars Villa in Bovillae, wo sie sich um die Pferde und die Schafe kümmerten, die Caesar dort züchtete. Lucius Decumius war nicht geeignet; er war nicht sauber genug. Und Eutychus würde die Geschichte seinem Geliebten weiterzählen, und dann wüßte bald der halbe Kreuzwegeverein Bescheid. Also blieb nur seine Mutter. Er mußte seine Mutter bitten.

Sie warf einen kurzen Blick darauf und sagte: »O ihr Götter!«

»Wär' ich doch einer, dann würde es nicht so weh tun.«

Sie ging hinaus und kam mit zwei Schüsseln zurück, die eine halbvoll mit klarem Wasser, die andere mit alkoholreichem, aber saurem Wein, dazu ein paar saubere Tücher aus ägyptischem Leinen.

»Leinen ist besser als Wolle. Wolle hinterläßt Fussel in der Wunde«, sagte sie und nahm zuerst den Wein. Sie war nicht besonders vorsichtig und ging so gründlich vor, daß ihm die Tränen in die Augen traten. Er lag auf dem Bauch – den Körper so weit bedeckt, wie der Anstand es erforderte – und ließ ihre Hilfeleistung klaglos über sich ergehen. Alles, was nach Aurelias Behandlung noch eiterte, tröstete er sich, würde jeden Mann an Faulbrand zugrunde gehen lassen.

»Servilia?« fragte sie, als sie sicher war, jeden Erreger mit dem Weingeist verscheucht zu haben. Sie hatte begonnen, die Wunde mit Wasser zu säubern.

»Servilia.«

»Was ist das für ein Verhältnis?« wollte sie wissen.

Er mußte lachen. »Kein besonders bequemes.«

»Das sehe ich. Am Ende wird sie dich noch umbringen.«

»Ich fühle mich stark genug, das zu verhindern.«

»Du hast also noch nicht genug?«

»Ganz bestimmt nicht, Mutter.«

»Ich habe nicht das Gefühl«, verkündete sie schließlich, während sie das Wasser abtupfte, »daß diese Beziehung dir guttut, Caesar. Es wäre besser, du würdest sie beenden. Ihr Sohn ist deiner Tochter versprochen, das heißt, ihr beiden müßt in den nächsten Jahren den Anstand wahren. Bitte, Caesar, beende diese Geschichte.«

»Ihr beende sie, wenn ich ihrer überdrüssig bin – keinen Tag früher.«

»Halt, noch nicht aufstehen!« fuhr Aurelia ihn an. »Es muß erst richtig trocknen, und dann ziehst du eine saubere Tunika drüber.« Sie begann in seiner Kommode zu suchen, bis sie eine gefunden hatte, die vor ihrer schnüffelnden Nase bestehen konnte. »Man merkt, daß Cardixa nicht im Haus ist. Die Wäscherin macht ihre Arbeit nicht ordentlich. Ich werde sie morgen zur Rede stellen.« Sie warf die Tunika neben ihm aufs Bett. »Diese Beziehung ist nicht gesund«, sagte sie. »Sie führt zu nichts Gutem.«

Er antwortete nichts darauf. Als er die Beine vom Bett schwang und die Arme durch die Tunika steckte, war seine Mutter bereits gegangen. Und das, dachte er, ist auch gut so.

Am zehnten Tag des Dezember traten die neuen Volkstribunen ihren Dienst an, aber nicht Aulus Gabinius ergriff auf der Rostra das Wort. Dieses Privileg war Lucius Roscius Otho von den *boni* vorbehalten, der einer jubelnden Menge von Rittern verkündete, daß es nun an der Zeit sei, ihnen die alten Reihen im Theater wieder zur Verfügung zu stellen. Bis zu Sullas Diktatur waren die vierzehn Reihen gleich hinter den für die Senatoren reservierten ersten beiden Reihen ausschließlich den Rittern vorbehalten gewesen. Aber Sulla, der alle Ritter haßte, hatte ihnen dieses Vorrecht entzogen – und dazu hatte er sechzehnhundert von ihnen ihren Grund und Boden, ihr Vermögen und ihr Leben genommen. Othos Eingabe fand so viel Zustimmung, daß sie sofort angenommen wurde. Keine Überraschung für Caesar, der von der Senatorentribüne aus zusah. Die *boni* waren Meister in der Fähigkeit, sich bei den Rittern beliebt zu machen; das war ein Stützpfeiler ihres anhaltenden Erfolgs.

Die nächste Sitzung der Plebejischen Versammlung interessierte Caesar weit mehr als Othos Kniefall vor den Rittern; Aulus Gabinius und Gaius Cornelius, Pompeius' Volkstribunen, übernahmen das Kommando. Zunächst ging es darum, die Konsuln für das kommende Jahr von zweien auf einen zu reduzieren, und Gabinius ging dabei mit grandioser Schlauheit vor. Er bat die Plebejer, dem Zweiten Konsul, Glabrio, die Statthalterschaft einer neuen Provinz im Osten (mit Namen Bithynia-Pontus) zu übertragen, und gleich darauf stellte er den Antrag, Glabrio bereits am Tag nach seiner Vereidigung dorthin zu schicken. Dann wäre Gaius Piso mit der Regentschaft über Rom und Italien auf sich allein gestellt. Die Ritter dominierten die Plebs, und ihr Haß auf Lucullus ließ sie für die Eingabe stimmen, denn sie beraubte Lucullus der Macht – und der vier ihm verbliebenen Legionen. Er war immer noch beauftragt, gegen die beiden Könige Mithridates und Tigranes zu kämpfen, doch mehr als einen hohlen Titel besaß er nun nicht mehr.

Caesar hatte in dieser Sache zwiespältige Gefühle. Persönlich verabscheute er einen Mann wie Lucullus, der lieber Inkompetenz in Kauf nahm, als sich über das Protokoll hinwegzusetzen. Und doch blieb die Tatsache, daß er dem römischen Ritterstand bei der Ausbeutung der Bevölkerung in den Provinzen keine freie Hand gegeben hatte. Deshalb haßten die Ritter ihn so leidenschaftlich. Und deshalb würden sie jedem Gesetzentwurf zustimmen, der Lucullus die Hände band. Schade, dachte Caesar und seufzte innerlich, einerseits forderte er bessere Lebensbedingungen für die Bevölkerung in den römischen Provinzen und wünschte sich Lucullus' politisches Überleben, andererseits verlangte die ungeheure Kränkung, die Lucullus ihm mit der Behauptung zugefügt hatte, er habe sich gegenüber dem König Nicomedes prostituiert, nach Lucullus' Sitz.

Gaius Cornelius war nicht so fest mit Pompeius verbündet wie Gabinius; er war einer jener rar gesäten Volkstribune, denen es wirklich darum ging, zum Himmel schreiendes Unrecht aus der Welt zu schaffen, und das gefiel Caesar. Deshalb hoffte Caesar, daß Cornelius nicht aufgeben würde, nur weil seine erste kleine Reform abgeschmettert worden war. Er hatte die Plebs dazu veranlassen wollen, es römischen Wucherern zu untersagen, Geld an ausländische Staaten zu verleihen. Vernünftige und patriotische Gründe hatten ihn zu dieser Eingabe veranlaßt. Die Geldverleiher waren zwar keine römischen Beamten, aber sie bedienten sich römischer Beamter, wenn es galt, fällige Schulden einzutreiben. Das führte dazu, daß viele Ausländer glaubten, der Staat selbst betreibe das Geschäft des Geldverleihens. Darunter litt Roms Ansehen. Andererseits waren einfältige ausländische Staaten, die sich in Geldnöten befanden, eine großartige Einkommensquelle für den Ritterstand. Kein Wunder also, daß Cornelius gescheitert ist, dachte Caesar betrübt.

Sein zweiter Vorschlag wäre auch beinahe gescheitert, und Caesar erkannte, daß dieser picentische Bursche zu Kompromissen fähig war – eine seltene Fähigkeit bei diesem Menschenschlag. Cornelius wollte dem Senat die Macht entziehen, kraft der er Einzelpersonen per Dekret von bestimmten gesetzlichen Auflagen befreien konnte. Natürlich waren nur sehr reiche und noble Bürger in der Lage, sich eine solche Befreiung zu verschaffen, die ihnen in der Regel dann gewährt wurde, wenn ihr Sprachrohr – ein Senator – eine Sondersitzung einberufen und dafür gesorgt hatte, daß sie mit den richtigen Leuten bestückt war. Im Senat, der seine Privilegien eifersüchtig hütete, hatte sich so heftiger Widerstand gerührt, daß Cornelius die Niederlage voraussah. Also änderte er seine Eingabe und ließ dem Senat das Recht der Freistellung – allerdings unter der Bedingung, daß ein Quorum von zweihundert Senatoren anwesend sein mußte, um solch ein Dekret zu erlassen. Der Entwurf wurde angenommen.

Seither hatte Caesar diesen Gaius Cornelius mit steigendem Interesse beobachtet. Als nächstes widmete er sich den Prätoren. Seit Sullas Diktatur beschränkte ihr Aufgabenbereich sich auf die Pflege des Zivil- und des Strafrechts. Das Gesetz schrieb einem Prätor vor, beim Amtsantritt seine *edicta* offenzulegen, die Regeln, nach denen er persönlich Recht zu sprechen gedachte. Aber kein Gesetz verlangte von ihm, sich auch an diese *edicta* zu halten, und wenn ein guter Freund einen kleinen Freundschaftsdienst brauchte oder wenn irgendwo ein bißchen Geld zu verdienen war, dann wurden die *edicta* einfach ignoriert. Cornelius forderte die Plebs auf, diese Lücke zu schließen und die

Prätoren dazu zu zwingen, sich an die *edicta* zu halten. Diesmal erkannte die Plebs den Sinn des Erlasses so deutlich wie Caesar und machte ihn per Abstimmung zum Gesetz.

Leider konnte Caesar alledem nur tatenlos zusehen. Kein Patrizier durfte sich in die Angelegenheiten der Plebejer einmischen. Er hatte nicht das Recht, im Komitium zu stehen, durfte in der plebejischen Versammlung weder abstimmen noch das Wort ergreifen oder als Partei an einem Gerichtsverfahren teilnehmen. Er durfte auch nicht als Volkstribun kandidieren. Und so stand Caesar zusammen mit anderen Patriziern auf den Stufen der Curia Hostilia, so nah an den versammelten Plebejern, wie es ihm gestattet war.

Cornelius' Aktivitäten offenbarten einen faszinierenden Aspekt von Pompeius' Persönlichkeit. Nicht im Traum hätte Caesar vermutet, daß Pompeius daran interessiert sein könnte, Unrecht aus der Welt zu schaffen. Und doch schien es so zu sein, bedachte man Cornelius' hartnäckige Beharrlichkeit in Angelegenheiten, die auf Pompeius' Pläne nicht den geringsten Einfluß haben konnten. Wahrscheinlicher erschien es Caesar jedoch, daß Pompeius Cornelius nur duldete, um Männern wie Catulus und Hortensius Sand in die Augen zu streuen Diese *boni* waren erbitterte Gegner jeglicher Art von militärischen Sonderkommandos, und auf ein solches Sonderkommando hatte es Pompeius wieder einmal abgesehen.

Die Hand des Großen war – zumindest für Caesar – in Cornelius' nächstem Gesetzentwurf schon deutlicher zu spüren. Gaius Piso, der jetzt allein regieren mußte, weil Glabrio in den Osten ging, war ein cholerischer, rachsüchtiger und dabei höchst mittelmäßiger Mann, der ganz auf der Seite von Catulus und den *boni* stand. Er würde gegen jedes Sonderkommando für Pompeius wettern, daß die Balken des Senats erzitterten, und in seinem Rücken würden Catulus, Hortensius, Bibulus und der Rest der Meute dazu heulen. Da er außer seinem Namen und seiner erlauchten Abstammung wenig zu bieten hatte, mußte Gaius Piso auf massive Bestechung zurückgreifen, um seine Wahl zu sichern. Und ausgerechnet jetzt wollte Cornelius ein neues Gesetz gegen Korruption einbringen – Piso und den *boni* blies ein kalter Wind ins Gesicht, zumal die Plebs so wenig Hehl aus ihrer Zustimmung machte, daß an einer Verabschiedung des Gesetzes kaum zu zweifeln war. Natürlich hätte ein Volkstribun der *boni* sein Veto einlegen können, aber Otho, Trebellius und Globulus waren sich ihres eigenen Einflusses – auf ein Veto – nicht sicher genug. Statt dessen legten die *boni* sich mächtig ins Zeug, um der Plebs – und Cornelius – das Zugeständnis abzuringen, daß Gaius Piso persönlich das neue Gesetz gegen Bestechung einbringen durfte. Und damit, dachte Caesar seufzend, mußte sich niemand mehr vor diesem Gesetz fürchten, am allerwenigsten Gaius Piso. Man hatte den armen Cornelius ausmanövriert.

Als Aulus Gabinius das Wort ergriff, erwähnte er weder die Piraten noch das Sonderkommando für Pompeius den Großen auch nur mit einem Wort. Er beschränkte sich auf Nebensächlichkeiten, denn er war bei weitem raffinierter und intelligenter als Cornelius. Aber auch nicht so selbstlos. Das kleine Plebiszit, das er durchbrachte und das es ausländischen Gesandten verbot, sich in Rom Geld zu leihen, war offensichtlich nur eine abgemilderte Version von Cornelius' Vorschlag, den Geldverleih an ausländische Staaten überhaupt zu verbieten. Aber was mochte Gabinius im Schilde geführt haben, als er den Senat per Gesetz dazu verurteilte, sich während des Monats Februar ausschließlich mit ausländischen Delegationen zu beschäftigen? Als Caesar es dann begriffen hatte, lächelte er. Der kluge Pompeius! Wie hatte er sich verändert, seit er als Konsul in den Senat eingetreten war. Immer hatte er Varros Leitfaden für richtiges Verhalten zur Hand, damit ihm bloß keine peinlichen Fehler unterliefen. Denn Caesar wußte, daß diese *lex Gabinia* nur einen Zweck haben konnte: Pompeius wollte ein zweites Mal Konsul werden und sich für diese zweite Amtszeit schon jetzt eine Mehrheit sichern. Niemand würde mehr Stimmen auf sich vereinigen, also würde er Erster Konsul werden. Das hieß, er würde im Januar die Amtsgeschäfte führen, im Monat Februar wäre der Zweite Konsul an der Reihe, und im März würde er wieder das Rutenbündel übernehmen. Der April wäre demnach der zweite Monat des Zweiten Konsuls. Wenn jedoch der Senat sich im Februar nur mit außenpolitischen Angelegenheiten befaßte, würde der Zweite Konsul frühestens im April die Chance haben, sich bemerkbar zu machen. Brillant!

Während dieser amüsanten Turbulenzen drängte sich plötzlich ein anderer Volkstribun in Caesars Leben, und das war weit weniger vergnüglich. Der Mann hieß Gaius Papirius Carbo, und er forderte die Plebejische Versammlung per Gesetzesvorlage auf, Caesars Onkel Marcus Aurelius Cotta unter der Anschuldigung, er habe Kriegsbeute aus der bithynischen Stadt Heracleia unterschlagen, vor Gericht zu stellen. Unglücklicherweise war ausgerechnet Lucullus in diesem Jahr Cottas Konsulatskollege gewesen, und alle wußten, daß die beiden befreundet waren. Der Haß der Ritter auf Lucullus nahm die Plebs vor vornherein gegen jeden seiner Freunde ein und gewährte diesem Carbo, was er verlangte. Caesars geliebter Onkel würde wegen Unterschlagung angeklagt werden, aber nicht vor dem ausgezeichneten Ständegericht, das Sulla eingesetzt hatte. Marcus Cotta würde sich vor mehreren tausend Männern verantworten müssen, die danach lechzten, Lucullus und seine Freunde in die Knie zu zwingen.

»Es gab nichts mehr zu stehlen!« beteuerte Marcus Cotta Caesar gegenüber. »Mithridates hatte Heracleia monatelang als Stützpunkt benutzt, und danach ist die Stadt noch ein paar Monate lang belagert worden. Als ich sie betrat, Caesar, war sie nackt wie eine neugeborene Ratte! Jeder wußte es! Was glaubst du wohl, was die dreihunderttausend Soldaten und Seeleute von Mithridates zurückgelassen haben? Sie haben Heracleia gründlicher ausgeplündert als Gaius Verres Sizilien!«

»Vor mir mußt du deine Unschuld nicht beteuern, Onkel«, sagte Caesar mit düsterem Blick. »Und ich darf dich noch nicht einmal verteidigen, weil du vor der Plebs angeklagt wirst und ich ein Patrizier bin.«

»Das ist mir klar. Cicero wird es übernehmen.«

»Das wird er nicht, Onkel. Hast du's noch nicht gehört?«

»Was?«

»Zwei Trauerfälle in der Familie. Zuerst ist sein Vetter Lucius gestorben und den Tag darauf auch noch sein Vater. Zu allem Überfluß hat Terentia ein rheumatisches Leiden, daß um diese Jahreszeit in Rom nur noch schlimmer wird. Und sie gibt in der Ehe den Ton an! Cicero ist nach Arpinum geflohen.«

»Dann eben Hortensius, mein Bruder Lucius und Marcus Crassus«, sagte Cotta.

»Nicht ganz so erfolgversprechend, aber es wird genügen, Onkel.«

»Das bezweifle ich, ehrlich gesagt. Die Plebs will meinen Kopf.«

»Ja, ja, die Ritter haben es auf jeden abgesehen, den sie für einen Freund des armen Lucullus halten.«

Marcus Cotta warf Caesar einen belustigten Blick zu. »Des *armen* Lucullus?« fragte er. »Dein Freund ist er doch nicht gerade!«

»Stimmt«, sagte Caesar. »Und trotzdem, Onkel Marcus, ich kann nicht umhin, ihm für seine finanziellen Vereinbarungen im Osten Anerkennung zu zollen. Sulla hat ihm den Weg gewiesen, aber Lucullus ist noch weiter gegangen. Statt den Zollpächtern zu erlauben, Roms östliche Provinzen auszubluten, hat Lucullus dafür gesorgt, daß die römischen Steuern und Zölle nicht nur gerecht sind, sondern auch die Zustimmung der einheimischen Bevölkerungen finden. Der alte Weg, der es den Zollpächtern erlaubte, die Provinzen gnadenlos auszupressen, mag den Rittern größere Einnahmen beschert haben, aber er hat auch große Feindschaft gegen Rom geschürt. Ich verabscheue den Mann, das ist wahr. Lucullus hat mich nicht nur beleidigt, er hat mir auch die militärische Anerkennung streitig gemacht, die mir genauso zugestanden hätte wie ihm. Und doch ist er ein großartiger Administrator – und ich bedaure ihn.«

»Ein Jammer, daß ihr beiden euch nicht verstanden habt, Caesar. In mancher Hinsicht gleicht ihr euch wie Zwillinge.«

Fassungslos starrte Caesar den Halbbruder seiner Mutter an. Meistens konnte er nicht viel familiäre Ähnlichkeit zwischen Aurelia und ihren drei Halbbrüdern entdecken, aber diese trockene Bemerkung Marcus Cottas hätte auch von Aurelia stammen können! Und jetzt schaute sie ihn sogar aus Marcus Cottas großen, rötlich-grauen Augen an. Höchste Zeit zu gehen, wenn Onkel Marcus anfing, sich in seine Mutter zu verwandeln. Außerdem war er mit Servilia verabredet.

Doch auch diese Verabredung sollte einen unglückseligen Verlauf nehmen.

Immer wenn Servilia als erste eintraf, zog sie sich aus und erwartete ihn im Bett. Nicht so heute. Heute saß sie vollständig angekleidet auf einem Stuhl in seinem Arbeitszimmer.

»Ich muß etwas mit dir besprechen«, sagte sie.

»Ärger?« fragte er und nahm ihr gegenüber Platz.

»Von der elementarsten und – wenn ich darüber nachdenke – unvermeidlichsten Sorte. Ich bin schwanger.«

Seinem kühlen Blick war nicht die geringste Gefühlsregung anzumerken. »Ich verstehe«, sagte Caesar und sah sie fragend an. »Ist das ein Problem?«

»In mancher Hinsicht.« Sie befeuchtete sich die Lippen, ein Hinweis darauf, daß sie, gegen ihre Gewohnheit, nervös war. »Was meinst du dazu?«

Er zuckte die Achseln. »Du bist verheiratet, Servilia. Also ist es wohl dein Problem.«

»Ja. Und wenn es ein Junge ist? Du hast keinen Sohn.«

»Bist du sicher, daß es von mir ist?«

»Daran«, sagte sie mit Nachdruck, »kann es keinen Zweifel geben. Seit mehr als zwei Jahren hab' ich nicht mehr mit Silanus im selben Bett geschlafen.«

»Es ist trotzdem dein Problem. Auch wenn es ein Junge wird, kann ich ihn nicht anerkennen, es sei denn, du trennst dich von Silanus und heiratest mich noch vor der Geburt. Wenn es während der Ehe mit Silanus zur Welt kommt, ist es sein Kind.«

»Würdest du das Risiko eingehen?« fragte sie.

Er zögerte nicht. »Nein. Mein Gefühl sagt mir, daß es ein Mädchen ist.«

»Und ich weiß es nicht. Ich habe nicht damit gerechnet, also habe ich mich auch nicht darauf konzentriert, einen Jungen zu zeugen. Das Geschlecht ist völlig offen.«

Mit einiger Bewunderung stellte er fest, daß sie die Sache mit ähnlicher Gelassenheit aufnahm wie er. Die Dame hatte sich im Griff.

»Dann solltest du Silanus so schnell wie möglich in dein Bett kriegen, Servilia.«

Sie schüttelte langsam den Kopf. »Ich fürchte, daraus wird nichts«, sagte sie. »Silanus ist kein gesunder Mann. Es liegt nicht an mir, daß wir nicht mehr in einem Bett schlafen. Silanus bekommt keine Erektion, und er schämt sich deswegen zu sehr.«

Caesar pfiff leise durch die Zähne. »Unser Geheimnis wird also bald kein Geheimnis mehr sein«, stellte er fest.

Sie war weder zornig über seine Gleichgültigkeit, noch verdammte sie ihn wegen seiner Eigennützigkeit, das mußte man ihr zugestehen. In mancher Hinsicht waren sie sich tatsächlich sehr ähnlich. Vielleicht war Caesar deshalb so bemüht, sich nicht emotional an sie zu binden: Beide waren sie Menschen, die ihre Gefühle – und ihre Leidenschaften – mit dem Verstand kontrollierten.

»Nicht unbedingt«, sagte sie und lächelte. »Ich sehe Silanus heute, wenn er vom Forum nach Hause kommt. Vielleicht kann ich ihn dazu überreden, das Geheimnis zu bewahren.«

»Ja, das wäre besser, vor allem im Hinblick auf die Verlobung unserer Kinder. Für mich selbst kann ich geradestehen, aber ich würde

Julia oder Brutus nicht gern weh tun und die Frucht unseres Verhältnisses dem gewöhnlichen Gerede preisgeben.« Er beugte sich vor, küßte ihr die Hand und sah sie lächelnd an. »Es ist schließlich kein gewöhnliches Verhältnis, oder?«

»Nein«, sagte Servilia, »alles andere als gewöhnlich.« Doch sie mußte sich schon wieder die Lippen befeuchten. »Ich bin noch nicht weit, wir könnten uns noch bis Mai oder Juni treffen. Falls du willst.«

»Und ob«, sagte Caesar. »Und ob ich will, Servilia.«

»Ich fürchte, danach werden wir uns für sieben oder acht Monate nicht sehen.«

»Es wird mir fehlen. Und dir?«

Diesmal nahm sie seine Hand, aber sie küßte sie nicht, hielt sie nur in der ihren und lächelte ihn an. »Während dieser sieben oder acht Monate könntest du mir einen Gefallen tun, Caesar.«

»Und der wäre?«

»Bitte verführe Catos Frau Atilia.«

Er lachte laut auf. »Ich soll mich solange mit einer Frau vergnügen, die nicht fähig ist, dich zu verdrängen, was? Gar nicht dumm.«

»Stimmt, dumm bin ich nicht. Tu mir den Gefallen! Bitte! Verführe Atilia!«

Caesar dachte darüber nach. »Cato ist kein würdiger Gegner, Servilia. Wie alt ist er? Sechsundzwanzig? Ich gebe zu, daß er sich zu einer Laus im Pelz entwickeln könnte, aber ich warte lieber ab, bis es soweit ist.«

»Für mich, Caesar! Tu's für mich! Bitte!«

»Haßt du ihn denn so sehr?«

»So sehr, daß ich ihn am Boden sehen will«, sagte sie durch die Zähne. »Cato verdient es nicht, eine politische Karriere zu machen.«

»Ich kann ihn nicht daran hindern, indem ich Atilia verführe. Das weißt du. Aber wenn dir soviel daran liegt, meinetwegen.«

»Sehr gut. Ich danke dir.« Sie seufzte erleichtert, dann fiel ihr etwas anderes ein. »Warum hast du eigentlich nie daran gedacht, Bibulus' Frau Domitia zu verführen? Zweifellos hätte er die Hörner längst verdient, schließlich ist er bereits ein gefährlicher Gegner. Außerdem ist Domitia die Cousine des Ehemanns meiner Halbschwester Porcia. So wäre auch Cato davon betroffen.«

»Das ist der Raubvogel in mir«, sagte er belustigt. »Die Vorfreude auf Domitia ist so groß, daß ich die eigentliche Tat immer wieder hinausschiebe.«

»Cato«, erwiderte Servilia, die keinen Humor besaß, »ist mir viel wichtiger.«

Von wegen Raubvogel, dachte sie auf dem Rückweg zum Palatin. Er sieht sich als Adler, aber Bibulus' Frau behandelt er mit Samtpfoten.

Schwangerschaft und Kinder gehörten zum Leben dazu und waren etwas, daß man mit einem Minimum an Unannehmlichkeiten durchstehen mußte. Bei Brutus war das anders gewesen. Brutus hatte ihr ganz allein gehört; sie hatte ihn selbst gestillt, hatte ihm persönlich die Windeln gewechselt, ihn gebadet, mit ihm gespielt und sich über ihn gefreut. Ihren beiden Töchtern gegenüber hatte sie eine völlig andere Einstellung gehabt. Gleich nach der Geburt waren sie Kindermädchen anvertraut worden, und sie hatte erst wieder ernsthaft an sie gedacht, als es Zeit wurde, daß sie eine etwas strengere, römischere Erziehung erhielten. Die hatte sie ihnen auch angedeihen lassen, doch ohne großes Interesse und ohne Liebe. Mit sechs Jahren waren sie beide auf Marcus Antonius Gniphos Schule geschickt worden. Die Schule war ihr von Aurelia empfohlen worden, und sie hatte noch keinen Grund gehabt, diese Entscheidung zu bedauern.

Und jetzt, sieben Jahre später, würde sie wieder ein geliebtes Kind bekommen, die Frucht einer Leidenschaft, die längst ihr Leben bestimmte. Was sie für Gaius Julius Caesar empfand, war ihrer Natur nicht fremd, es war ein intensives, mächtiges Gefühl, einer großen Liebe durchaus ebenbürtig. Nein, das größte Hindernis lag in seiner Natur; er war absolut nicht gewillt, sich von persönlichen Gefühlen beherrschen zu lassen. Diese erste, instinktiv richtige Einschätzung hatte sie vor den Fehlern bewahrt, die Frauen gewöhnlich machten – sie unterzog seine Gefühle keinerlei Prüfungen, und sie erwartete weder Treue noch ehrliches Interesse an irgendwelchen Angelegenheiten, die über das hinausgingen, was in dieser verschwiegenen Wohnung in der Subura passierte.

Sie war an diesem Nachmittag nicht mit der Erwartung dorthin gegangen, er würde sich über die Neuigkeit freuen, die sie ihm zu berichten hatte, oder gar so etwas wie Vaterstolz entwickeln, und sie hatte recht daran getan, sich keinen großen Illusionen hinzugeben. Er war weder erfreut noch verärgert; er hatte es ihr ja gesagt – es war ihr Problem und hatte mit ihm nichts zu tun. Aber hatte sie nicht doch, irgendwo ganz tief drinnen, die Hoffnung gehegt, er könnte Anspruch auf das Kind erheben? Nein, wahrscheinlich nicht, jedenfalls war sie jetzt auf dem Heimweg weder verzweifelt noch übermäßig enttäuscht. Da er nicht verheiratet war, hätte nur eine einzige Verbindung durch Scheidung gelöst werden müssen – ihre mit Silanus. Aber wie hatten die Römer Sulla damals verurteilt, als er sich Hals über Kopf scheiden ließ! Sulla hatte sich nicht um die Leute geschert, als Scaurus' junge Frau Witwe geworden war. Auch ein Caesar würde daran keinen Gedanken verschwenden. Allerdings hatte Caesar – anders als Sulla – ein Ehrgefühl; auch wenn es vielleicht gar nicht so ehrenhaft war, wurde es doch viel zu sehr durch das bestimmt, was er selbst von sich erwartete. Für beinahe jeden Aspekt seines Lebens schuf Caesar sich seine eigenen Verhaltensmaßregeln. Er bestach keine Geschworenen, er preßte die ihm anvertrauten Provinzen nicht aus, er heuchelte nicht. Das alles war letztlich ein Ausdruck dafür, daß er es sich nicht leichtmachen wollte; er wollte nicht auf jene Taktiken zurückgreifen, die eigens dafür erdacht worden waren, einem Mann die politische Karriere zu erleichtern. Sein Selbstvertrauen war durch nichts zu erschüttern, er zweifelte nicht eine Sekunde an seiner Fähigkeit, die Ziele zu erreichen, die er sich steckte. Aber Anspruch auf dieses Kind zu erheben und sie zu bitten, sich von Silanus scheiden zu lassen, damit er sie noch vor der Geburt heiraten konnte – nein, nicht im Traum würde ihm das einfallen. Und sie wußte auch, warum. Weil er damit seinen Konkurrenten auf dem Forum demonstriert hätte, daß er unter dem Pantoffel von jemand Geringerem stand, in diesem Fall einer Frau.

Natürlich hätte sie ihn für ihr Leben gern geheiratet, aber nicht, damit er die Vaterschaft für ihr Kind übernahm. Sie hätte ihn gern geheiratet, weil sie ihn mit dem Herzen ebensosehr liebte wie mit dem Körper, weil sie in ihm einen der großen Römer erkannte, einen angemessenen Ehemann, der ihre Erwartungen an seine politische Karriere und seine militärischen Fähigkeiten nicht enttäuschen würde, dessen Herkunft und *dignitas* auch ihrem Leben einen neuen Glanz verleihen würden. Er war ein Publius Cornelius Scipio Africanus, ein Gaius Servilius Ahala, ein Quintus Fabius Maximus Cunctator, ein Lucius Aemilius Paullus – ein Mann von wahrhaft patrizischem Adel, ein echter Römer, reichlich ausgestattet mit Intellekt, Energie, Entscheidungskraft und charakterlicher Stärke. Ein idealer Gatte für eine Servilia Caepionis. Der ideale Stiefvater für ihren geliebten Brutus.

Das Abendessen stand kurz bevor, als sie nach Hause kam; der Verwalter teilte ihr mit, daß Decimus Junius Silanus in seinem Studierzimmer saß. Was ist nur mit ihm los? dachte sie, als sie das Zimmer betrat, in dem er gerade einen Brief schrieb. Mit seinen vierzig Jahren sah er eher wie fünfzig aus, seine Krankheit hatte ihm zu beiden Seiten der Nase tiefe Furchen in die Wange gegraben, sein früh ergrautes Haar hob sich kaum von der grauen Haut ab. Auch wenn er sich redlich mühte, seinen Pflichten als Stadtprätor nachzukommen – die Anforderungen des Amtes unterhöhlten seine ohnehin recht fragile Lebenskraft. Sein Leiden war so geheimnisvoll, daß die diagnostischen Fähigkeiten aller konsultierten Ärzten davor kapitulieren mußten, auch wenn die allgemeine Ansicht der Mediziner darauf hinauslief, daß es zu langsam fortschritt, um eine bösartige Ursache zu haben, zumal weder eine ertastbare Geschwulst gefunden wurde, noch die Leber vergrößert war. Übernächstes Jahr würde er sich um das Konsulat bewerben können, aber Servilia glaubte nicht daran, daß er für solch einen Wahlkampf das nötige Durchhaltevermögen besaß.

»Wie geht's dir heute?« fragte sie und nahm vor seinem Schreibtisch Platz.

Er hatte den Blick gehoben und ihr zugelächelt, als sie eingetreten war, und legte jetzt erfreut die Feder zur Seite. Seine Liebe zu ihr hatte nach fast zehn Jahren Ehe nichts von ihrer Kraft verloren, aber seine in jeder Hinsicht manifeste Unzulänglichkeit als Ehemann nagte noch mehr an ihm als die Krankheit. Er war sich der angeborenen Mängel seines Charakters wohl bewußt, und als nach Junillas Geburt die Krankheit sich seiner bemächtigte, hatte er mit Vorwürfen und Kritik gerechnet, aber Servilia hatte ihn in Ruhe gelassen, auch dann noch, als sein nächtliches Brennen in den Eingeweiden so heftig wurde, daß er in ein eigenes Schlafgemach umziehen mußte. Nachdem jeder Versuch, mit ihr zu schlafen, mit dem peinlichen Eingeständnis seiner Impotenz geendet hatte, war es ihm angenehmer und weniger beschämend erschienen, sich körperlich von ihr zurückzuziehen, auch wenn er sie gern geküßt und mit ihr geschmust hätte.

Er antwortete ehrlich auf ihre Frage: »Nicht besser und nicht schlechter als sonst.«

»Mann, ich möchte mit dir reden«, erwiderte sie.

»Jederzeit, Servilia.«

»Ich bin schwanger, und ich muß dir ja wohl nicht sagen, daß es nicht dein Kind ist.«

Sein graues Gesicht wurde weiß, er schwankte. Servilia sprang auf und ging zum Spieltisch, auf dem zwei Karaffen und ein paar silberne Becher standen, schüttete unverdünnten Wein in einen davon und stützte Silanus, während er – ein wenig widerwillig – Wein aus dem Becher schlürfte.

»Oh, Servilia!« stöhnte er, nachdem das Stimulans seine Wirkung getan und sie an ihren Platz zurückgekehrt war.

»Falls es dich tröstet«, sagte sie, »es hat mit deiner Krankheit und deiner körperlichen Schwäche nichts zu tun. Selbst wenn du die Manneskraft eines Priapus hättest, ich wäre trotzdem zu diesem Mann gegangen.«

Tränen traten in seine Augen und liefen über seine Wangen.

»Nimm ein Taschentuch, Silanus!« fuhr sie ihn an.

Er zog eines heraus, wischte sich das Gesicht ab und raffte sich zu der Frage auf: »Wer ist es?«

»Alles zu seine Zeit. Zuerst will ich wissen, was du zu tun gedenkst. Der Mann wird mich nicht heiraten. Es würde seinen Stolz kränken, und der bedeutet ihm mehr als ich. Ich kann es ihm nicht einmal verdenken.«

»Wie kannst du so sachlich sein?« fragte er verwundert.

»Alles andere hätte wenig Sinn! Wäre es dir lieber, ich würde jammern und herumbrüllen, damit alle erfahren, was nur uns etwas angeht?«

»Nein, besser nicht«, antwortete er müde und seufzte. Er steckte das Schnupftuch wieder weg. »Natürlich nicht. Auch wenn es mir bewiesen hätte, daß du ein Mensch bist. Wenn mich etwas bekümmert, Servilia, dann ist es dein Mangel an Menschlichkeit, deine Unfähigkeit, menschliche Schwächen zu verstehen. Du zimmerst dir das Gerüst deines Lebens zurecht wie ein routinierter Handwerker.«

»Eine seltsame Metapher«, fand Servilia.

»Aber so bist du mir immer vorgekommen, und vielleicht habe ich dich sogar darum beneidet, weil mir diese Fähigkeit fehlt. Ich bewundere dich dafür, aber es ist wenig tröstlich und läßt keinen Raum für Mitgefühl.«

»Verschwende dein Mitgefühl nicht an mich, Silanus. Du hast meine Frage noch nicht beantwortet. Was gedenkst du angesichts meiner Situation zu tun?«

Er erhob sich und stützte sich auf die Lehne seines Stuhls, bis er sicher sein konnte, daß seine Beine ihn trugen. Dann ging er ein paarmal im

Zimmer auf und ab, blieb stehen und sah sie an. Sie war ruhig, gefaßt, ja völlig ungerührt angesichts des Desasters.

»Da du den Mann nicht heiraten wirst, erscheint es mir als das beste, für eine Weile wieder in dein Schlafzimmer zu ziehen, damit es so aussieht, als sei ich der Vater des Kindes«, sagte er und ging zurück zu seinem Platz.

Hätte sie ihm nicht wenigstens die Genugtuung gönnen können, einen entspannten, erleichterten, vielleicht sogar glücklichen Ausdruck auf ihrem Gesicht zu sehen? Nein, nicht Servilia! Nichts an ihr veränderte sich, nicht einmal ihr Blick.

»Ein vernünftiger Vorschlag, Silanus«, sagte sie. »Ich in deiner Lage hätte nicht anders gehandelt, aber man kann ja nie wissen, wann Männer sich in ihrem Stolz verletzt fühlen.«

»Es verletzt meinen Stolz, Servilia, aber ich ziehe es vor, nicht auch noch mein Ansehen zu verlieren, zumindest nicht in den Augen unserer Welt. Niemand weiß davon?«

»Er weiß es, aber er wird es für sich behalten.«

»Bist du schon weit?«

»Nein. Wenn wir ab sofort wieder in einem Bett schlafen, wird man am Geburtsdatum nicht erkennen können, daß es nicht von dir ist.«

»Ja, du mußt sehr diskret gewesen sein, denn ich habe noch nichts gehört, und es finden sich immer Leute, die einem gehörnten Ehemann das Gerücht zutragen.«

»Es wird keine Gerüchte geben.«

»Wer ist es?« fragte Silanus noch einmal.

»Gaius Julius Caesar. Für einen Geringeren hätte ich meinen Ruf nicht aufs Spiel gesetzt.«

»Nein, natürlich nicht. Und sein Zeugungsapparat soll ja mindestens so beeindruckend sein wie seine Herkunft«, fügte Silanus verbittert hinzu. »Liebst du ihn?«

»O ja.«

»Das verstehe ich, auch wenn ich den Mann nicht ausstehen kann. Die Frauen machen sich seinetwegen zu Närrinnen.«

»Ich habe mich nicht zur Närrin gemacht«, sagte Servilia tonlos.

»Das ist wahr. Und du wirst dich weiter mit ihm treffen?«

»Ja. Ich werde niemals damit aufhören.«

»Eines Tages wird es herauskommen, Servilia.«

»Möglich, aber es dient keinem von uns, wenn die Affäre publik wird, also werden wir versuchen, sie so lange wie möglich geheimzuhalten.«

»Ich nehme an, ich sollte dir dankbar dafür sein. Mit ein wenig Glück werde ich es nicht mehr erleben.«

»Ich möchte nicht, daß du stirbst, Mann.«

Silanus lachte, aber es war ein freudloses Lachen. »Auch dafür sollte ich dankbar sein! Ich würde dir durchaus zutrauen, meinen Abgang zu beschleunigen, wenn es deinen Absichten dienlich wäre.«

»Es ist meinen Absichten nicht dienlich.«

»Ich verstehe.« Er atmete schwer. »Um der Götter willen, Servilia, eure Kinder sind einander offiziell versprochen! Wie kannst du darauf hoffen, daß eure Affäre geheim bleibt?«

»Ich wüßte nicht, wie Brutus und Julia uns gefährlich werden sollten, Silanus. Wir treffen uns nicht in ihrer Nähe.«

»Offensichtlich in niemandes Nähe. Und die Sklaven haben Angst vor dir.«

»So ist es.«

Er stützte das Gesicht in die Hände. »Ich möchte jetzt gern allein sein, Servilia.«

Sie erhob sich sofort. »Das Abendessen ist gleich fertig.«

»Ich esse heute nichts.«

»Das solltest du aber«, sagte sie, während sie zur Tür ging. »Es ist mir aufgefallen, daß deine Schmerzen für ein paar Stunden nachlassen, wenn du gegessen hast, vor allem, wenn du gut gegessen hast.«

»Heute nicht! Geh jetzt, Servilia!«

Servilia ging hinaus, zufrieden mit dem Gespräch und Silanus durchaus wohlgesonnen.

Die Plebejische Versammlung sprach Marcus Aurelius Cotta der Unterschlagung und Veruntreuung schuldig, belegte ihn mit einer Geldstrafe, die den Wert seines Besitzes überstieg, und versagte ihm Feuer und Wasser im Umkreis von vierhundert Meilen.

»Athen kommt also nicht in Frage«, sagte er zu seinem jüngeren Bruder Lucius und zu Caesar, »und Massilia ist eine grauenhafte Vorstellung. Ich werde wohl nach Smyrna gehen, zu Onkel Publius Rutilius.«

»Immerhin eine angenehmere Gesellschaft als Verres«, sagte Lucius, erschüttert über das Urteil.

»Ich habe gehört, die Plebejer wollen Carbo als Zeichen ihrer Wertschätzung die konsularischen Insignien zusprechen«, sagte Caesar und kräuselte die Lippen.

»Samt Liktoren und *fasces*?« stieß Marcus Cotta erschrocken hervor.

»Ich gebe ja zu, daß wir einen zweiten Konsul gebrauchen können, nachdem Glabrio abgezogen ist, um seine neue Doppelprovinz zu regieren, und es kann auch sein, daß die Plebs purpurgesäumte Togen und kurulische Stühle verteilen darf, Onkel Marcus, aber daß sie Amtsgewalt verleihen darf, wäre mir neu!« Caesar zitterte noch immer vor Wut. »Das haben wir alles den Steuerpächtern in Asia zu verdanken!«

»Laß nur, Caesar«, sagte Marcus Cotta. »Die Zeiten ändern sich. Man ist geneigt zu sagen, es ist die letzte Nachwirkung von Sullas Bestrafung des Ordo Equester. Zum Glück haben wir das alles vorausgesehen und Lucius meine Ländereien und das gesamte Vermögen überschrieben.«

»Den Erlös sende ich dir nach Smyrna«, sagte Lucius Cotta. »Auch wenn die Ritter dich gestürzt haben, ein paar üble Elemente im Senat haben ihr Scherflein dazu beigetragen. Catulus, Gaius Piso und die anderen spreche ich frei, aber Publius Sulla, sein Lakai Autronius und der Rest der Bande haben Carbo bei der Anklage geholfen. Und auch Catilina. Das werde ich ihnen nie verzeihen.«

»Ich auch nicht«, sagte Caesar. Er versuchte zu lächeln. »Ich liebe dich von ganzem Herzen, Onkel Marcus. Das weißt du. Aber nicht einmal du kannst verlangen, daß ich einen Drachen wie Pompeius' Schwester verführe, nur um Publius Sulla Hörner aufzusetzen.«

Jetzt mußten sie doch lachen. Es erschien wie ausgleichende Gerechtigkeit und war ein tröstlicher Gedanke, daß Publius Sulla sein Leben mit einer Frau wie Pompeius' Schwester verbringen mußte, die weder jung noch schön war und die dem Weinkrug entschieden zu häufig zusprach.

Ende Februar holte Aulus Gabinius schließlich zum großen Schlag aus. Nur er selbst wußte, wie schwer es gewesen war, die Hände in den Schoß zu legen und Rom glauben zu machen, er, der Vorsitzende des Rates der Volkstribunen, sei doch nur ein Leichtgewicht. Auch wenn ihm der Geruch anhaftete, ein Mann aus Picenum (und eine Marionette von Pompeius) zu sein, war Gabinius eigentlich kein Neuling. Schon sein Vater und sein Onkel hatten im Senat gesessen, und in den Gabinii floß viel vornehmes römisches Blut. Er hatte den Ehrgeiz, das Joch des Pompeius abzuwerfen und auf eigenen Füßen zu stehen, auch wenn der gesunde Menschenverstand ihm sagte, daß er niemals genug Macht besitzen würde, um seine eigene Faktion zu führen. Oder besser: Pompeius der Große war nicht groß genug. Gabinius strebte danach, sich mit einem römischeren Mann zu verbinden, denn es gab vieles an Picenum und den Picenern, über das er sich ärgerte, besonders ihre Haltung Rom gegenüber. Pompeius war ihnen wichtiger als Rom, und das wollte Gabinius nicht akzeptieren. Sicher, man konnte es verstehen: In Picenum war Pompeius ein König, und in Rom übte er einen gewaltigen Einfluß aus. Die meisten Männer aus einer bestimmten Gegend waren stolz darauf, einem Landsmann folgen zu dürfen, der seine Dominanz über Leute bewiesen hatte, die eigentlich als überlegen galten.

Diesem Aulus Gabinius, blond und von schöner Gestalt, widerstrebte der Gedanke, es könne Caesar angelastet werden, daß Pompeius sein Gebieter war. Sie waren sich bei der Belagerung von Mitylene zum erstenmal begegnet und hatten sich gleich sympathisch gefunden. Voller Bewunderung hatte Gabinius den jungen Caesar beobachtet, dessen Kompetenz und Erfolg ihn sehr schnell erkennen ließen, daß es ein Privileg war, der Freund eines Mannes zu sein, der eines Tages große Bedeutung haben würde. Auch andere Männer waren hochgewachsen, sahen gut aus, hatten Ausstrahlung und waren von vergleichbarer Herkunft – aber Caesar besaß noch viel mehr. Es zeichnete ihn aus, daß er trotz seines Intellekts zu den Tapfersten gehörte; denn die meisten Männer von hoher Intelligenz scheuten das Risiko allzu großen Wagemuts. Es war, als könnte Caesar alles ausschalten, was die vor ihm liegende Aufgabe gefährdete. Egal, um was für eine Herausforderung es sich handelte, er mobilisierte dafür die Qualitäten, die es ihm erlaubten, sie gekonnt zu meistern. Zudem hatte Caesar eine Kraft, wie Pompeius sie niemals haben würde; sie strömte geradezu aus ihm heraus und ermöglichte es ihm, alles nach seinen Wünschen zurechtzubiegen. Er kannte kein kleinliches Kalkül; er fürchtete sich vor nichts.

Auch wenn sie sich seit Mitylene nicht oft begegnet waren, war Caesar ihm nie aus dem Kopf gegangen. Gabinius hatte längst beschlossen, einer seiner treuesten Anhänger zu werden, wenn Caesar eines Tages eine eigene Faktion führen würde. Allerdings wußte er noch nicht so recht, wie er sich seiner Pflichten als Pompeius' Klient entledigen sollte. Pompeius war sein Patron, also mußte Gabinius für ihn arbeiten, wie es sich für einen Klienten gehörte. Doch eigentlich schlug er mehr mit der Absicht zu, dem relativ jungen und noch unbedeutenden Caesar zu imponieren, und nicht Gnaeus Pompeius Magnus, dem »Ersten Mann in Rom« und seinem Patron.

Er dachte gar nicht daran, sich zuerst an den Senat zu wenden; nachdem man die Volkstribunen wieder voll in ihre Rechte eingesetzt hatte, war das nicht mehr notwendig. Er zog es vor, den Senat ohne Vorwarnung zu treffen, indem er zuerst die Plebs informierte, und zwar an einem Tag, an dem niemand mit welterschütternden Ereignissen gerechnet hätte.

Nur etwa fünfhundert Männer hatten sich im Komitium eingefunden, als Gabinius die Rednertribüne erklomm, um das Wort zu ergreifen; es waren die berufsmäßigen Plebejer, der »harte Kern«, Männer, die keine Versammlung ausließen und ganze Reden auswendig zitieren konnten, gar nicht zu reden von ihrer Kenntnis über genaueste Einzelheiten bedeutender Plebiszite, die vor mehr als einer Generation abgehalten worden waren.

Auch die Tribüne der Senatoren war nicht gerade dicht besetzt; nur Caesar und ein paar von Pompeius' Klienten – unter ihnen Lucius Afranius und Marcus Petreius – waren anwesend. Außerdem war Marcus Tullius Cicero zugegen.

»Falls es noch einer Erinnerung daran bedurft hätte, daß die Piraten eine ernste Bedrohung für Rom darstellen, dann müßten der jüngste Überfall in Ostia und der Raub der ersten Sendung sizilianischen Getreides vor drei Monaten eigentlich eine phänomenale Gedächtnisstütze gewesen sein!« begann Gabinius seine Rede vor der Plebs und den Zuschauern auf der Tribüne der Curia Hostilia.

»Und was haben wir getan, um unser Meer von dieser gefährlichen Seuche zu befreien?« polterte er. »Was haben wir getan, um den Nachschub an Getreide zu sichern, um zu gewährleisten, daß die Bürger Roms keine Hungersnot erleiden oder mehr für ihr wichtigstes Grundnahrungsmittel – das Brot – bezahlen müssen, als sie sich leisten können? Was haben wir getan, um unsere Schiffe und unsere Händler zu schützen? Was haben wir getan, um zu verhindern, daß man unsere

Töchter entführt, unsere Prätoren verschleppt? Wenig, Plebejer! Sehr, sehr wenig!«

Cicero rückte näher an Caesar heran und berührte seinen Arm. »Interessant, aber nicht besondes vielversprechend. Weißt du, worauf er hinauswill, Caesar?«

»O ja.«

Gabinius war ganz in seinem Element.

»Das wenige, was wir getan haben, seit Antonius der Redner vor mehr als vierzig Jahren seine große Piratensäuberung in Angriff nahm, muß eigentlich noch zu den Nachwirkungen der Regentschaft unseres Diktators gezählt werden; sein treuer Verbündeter und Kollege Publius Servilius Vatia hatte seine Regentschaft in Cilicia mit dem Auftrag angetreten, die Piraten aufzustöbern. Er hatte volle prokonsularische Amtsgewalt und die Befugnis, in allen Städten und Staaten, die von Piraten belästigt wurden, Flotten zusammenzustellen, ebenso auf Zypern und auf Rhodos. Er begann in Lycia und schlug sich mit Zenicetes herum. Drei Jahre hat er gebraucht, um einen einzigen Piraten zu besiegen! Und dieser Pirat hatte seinen Stützpunkt mitten in Lycia, nicht etwa irgendwo versteckt zwischen den Felsen und Klippen von Pamphylia und Cilicia, wo die gefährlichsten Piraten sitzen. Den Rest seiner Amtszeit im Palast des Statthalters vertrieb Vatia sich mit einem hübschen kleinen Krieg gegen einen Stamm *binnenländischer* Pamphylier, in der Erde scharrender Bauern, den Isaurern. Als er sie besiegt und ihre armseligen kleinen Städtchen erobert hatte, gab ihm unser ehrenwerter Senat den Rat, sich doch ein Anhängsel an seinen Namen Publius Servilius Vatia zu hängen – Isauricus. Man stelle sich das vor! Zugegeben, der Name Vatia macht nicht eben viel her! Ein X-Bein als Beinamen! Kann man es dem armen Teufel verdenken, daß er es vorzog, statt ›Kleiner Publius aus der x-beinigen plebejischen Familie Servilius‹ lieber ›Publius Servilius X-Bein, Sieger über die Isaurer‹ zu heißen? Ihr müßt zugeben, daß Isauricus einem ansonsten ziemlich jämmerlichen Namen wenigstens einen Hauch von Glanz verleiht!«

Um seine Ausführungen zu veranschaulichen, zog Gabinius die Toga hoch, ließ seine wohlgeformten Beine bis hinauf zum Oberschenkel sehen und trippelte mit geschlossenen Knien und weit gespreizten Füßen die Rednertribüne auf und ab. Sein Publikum dankte es ihm mit johlendem Gelächter und Jubelrufen.

»Das nächste Kapitel dieser Saga«, fuhr Gabinius fort, »hat die Insel

Kreta und ihre Umgebung zum Schauplatz. Nur weil sein Vater, der Redner – ein besserer und fähigerer Mann als er, der es aber auch nicht geschafft hatte! –, seinerzeit vom Senat und den Einwohnern Roms beauftragt worden war, der Freibeuterei auf den Meeren ein Ende zu machen, riß sein Sohn Marcus Antonius vor gut sieben Jahren dasselbe Kommando an sich, auch wenn es ihm diesmal vom Senat allein erteilt worden war, was nun durch die neuen, von unserem Diktator erlassenen Richtlinien möglich war. Im ersten Jahr seines Feldzugs pinkelte Antonius seinen unverdünnten Wein in fast jeden Winkel des westlichen Teils unseres Meeres, und er will sogar einen oder zwei Siege gefeiert haben, ohne auch nur einen einzigen handfesten Beweis vorzulegen, sei es ein Beutestück oder der Rammschnabel einer Galeere. Danach – die Segel gebläht von seinen Rülpsern und Fürzen – stach Antonius zu einer Zechtour nach Griechenland in See. Zwei Jahre lang rückte er den Piratenadmiralen von Kreta zu Leibe – das katastrophale Ergebnis kennt ihr. Lasthenes und Panares zogen ihm das Fell über die Ohren. Und am Ende zog der gebrochene ›Mann aus Kreide‹ – denn auch das bedeutet Creticus! – es vor, seinem Leben ein Ende zu machen, um dem römischen Senat, seinem Auftraggeber, nicht unter die Augen treten zu müssen.

Nach ihm kam wiederum ein Mann mit einem köstlichen Spitznamen: Quintus Caecilius Metellus – Metellus das Zicklein. Metellus scheint jedoch den Ehrgeiz zu haben, ein zweiter Creticus zu werden. Aber was bedeutet denn nun Creticus – Sieger über die Kreter oder Mann aus Kreide? Was meint ihr, Plebejer?«

»Mann aus Kreide!« erscholl die Antwort aus hundert Kehlen.

Gabinius schloß im Plauderton: »Und damit, liebe Freunde, wären wir bei der gegenwärtigen Situation – dem Debakel von Ostia, dem Desaster auf Kreta und der Tatsache, daß bisher kein einziges Piratenschlupfloch, von Gades in Spanien bis Gaza in Palästina, ausgehoben wurde! Nichts ist unternommen worden! *Gar nichts!*«

Gabinius machte eine Pause, um seine Toga in Ordnung zu bringen, die vom Imitieren eines x-beinigen Mannes noch ein wenig durcheinander war.

»Was schlägst du vor, Gabinius?« rief Cicero von der Tribüne der Senatoren herunter.

»Siehe da, Marcus Cicero!« rief Gabinius ihm gut gelaunt zu. »Und auch Caesar! Die beiden besten Redner Roms lauschen dem bescheidenen Geschwätz eines Mannes aus Picenum. Ich fühle mich geehrt, vor allem deshalb, weil ihr fast allein dort oben steht. Kein Catulus, kein Gaius Piso und auch kein Hortensius oder Metellus Pius Pontifex Maximus?«

»Sprich weiter«, rief Cicero in bester Stimmung.

»Danke, das werde ich tun. Ihr wollt wissen, was wir tun können? Die Antwort ist einfach, Plebejer: Wir suchen uns jemanden. Einen einzigen Mann. Einen Mann, der bereits Konsul gewesen ist, so daß an seiner Verfassungstreue kein Zweifel bestehen kann. Ein Mann, der seine militärische Karriere nicht auf den vorderen Bänken des Senats ausgefochten hat, wie einige, deren Namen ich hier nennen könnte. Wir werden diesen Mann finden. Und wenn ich ›wir‹ sage, Plebejer, dann meine ich diese Versammlung. *Nicht* den Senat! Der Senat hat alles ausprobiert, von X-Beinen bis zu kreidehaltigen Substanzen, deshalb meine ich, der Senat sollte in dieser Angelegenheit auf seine Macht verzichten; das käme uns allen zugute. Ich wiederhole, wir suchen uns einen Mann, einen Mann, der als Konsul seine militärischen Fähigkeiten unter Beweis gestellt hat. Und dann geben *wir* diesem Mann den Auftrag, das *Mare Nostrum* von den Säulen des Herkules bis hin zur Mündung des Nil von Piraten zu säubern! Und das Schwarze Meer gleich mit. *Wir* geben ihm dafür drei Jahre Zeit, und innerhalb dieser drei Jahre muß er es geschafft haben, und wenn er es nicht geschafft hat, Plebejer, dann stellen *wir* ihn vor Gericht und verbannen ihn für alle Zeiten aus Rom!«

Ein paar der *boni* hatten ihre Geschäfte im Stich gelassen und waren herbeigeeilt, gerufen von ihren Klienten, die sie auf das Forum zu schicken pflegten, damit sie in jede auch noch so unbedeutende Versammlung hineinhörten. Es hatte sich das Gerücht verbreitet. Aulus Gabinius spreche über ein Kommando gegen die Seeräuber, und die *boni* – von einigen anderen Faktionen gar nicht zu reden – wußten nur zu gut, daß Gabinius die Plebs bitten würde, Pompeius Magnus mit diesem Kommando zu betrauen. Pompeius durfte nie wieder ein solches Sonderkommando erhalten. Nie wieder! Sonst würde er noch auf die Idee kommen, er sei besser als seinesgleichen.

Im Gegensatz zu Gabinius konnte Caesar den Blick ungehindert schweifen lassen, und so sah er Bibulus zum Boden des Theaters hinuntersteigen, gefolgt von Cato, Ahenobarbus und dem jungen Brutus. Ein interessantes Quartett. Servilia wäre nicht begeistert, wenn sie wüßte, daß ihr Sohn hier mit Cato herumging. Offensichtlich war Brutus sich dieser Tatsache bewußt; man sah ihm sein schlechtes Gewissen förmlich an. Vielleicht hörte er Gabinius deshalb nicht zu, während Bibulus, Cato und Ahenobarbus der Zorn ins Gesicht geschrieben stand.

Gabinius redete weiter. »Dieser Mann muß absolut unabhängig sein. Weder Senat noch Volksversammlung dürfen ihm Steine in den Weg legen. Das bedeutet, wir müssen ihn mit einer uneingeschränkten Befehlsgewalt ausstatten – und das nicht nur zu See! Seine Befehlsgewalt muß auch landeinwärts gültig sein, fünfzig Meilen landeinwärts an jeder Küste, und innerhalb dieses Streifens muß sein Befehl über den des jeweiligen Statthalters gestellt werden. Wir müssen ihm mindestens fünfzehn Legaten geben, die den Rang von Prätoren haben, und er muß sie in eigener Person auswählen dürfen. Wenn nötig, müssen wir ihm den gesamten Staatsschatz zur Verfügung stellen; von Geld bis zu Schiffen oder örtlicher Miliz muß er alles konfiszieren dürfen, was er braucht, und zwar an jedem Ort, für den seine Befehlsgewalt gilt. Wir müssen ihm so viele Schiffe, Flotten und Flottillen und so viele römische Soldaten gewähren, wie er verlangt.«

An dieser Stelle bemerkte Gabinius die Neuankömmlinge. Der Ausdruck seines Erstaunens war nahezu bühnenreif. Er sah Bibulus fest in die Augen, dann grinste er über das ganze Gesicht. Weder Catulus noch Hortensius hatten sich herbemüht, aber Bibulus, einer ihrer rechtmäßigen Erben, reichte vollkommen aus.

»Wenn wir dieses Sonderkommando gegen die Seeräuber in eine einzige Hand legen, Plebejer, dann könnte das Ende der Freibeuterei endlich gekommen sein!« rief Gabinius aus. »Aber wenn wir es gewissen Elementen im Senat gestatten, uns einzuschüchtern und uns daran zu hindern, dann sind wir und keine andere Körperschaft römischer Männer verantwortlich für die Katastrophen, die unser Versagen zur Folge hat. Wir wollen uns die Freibeuterei ein für allemal vom Hals schaffen! Es ist Zeit, Schluß zu machen mit den Halbherzigkeiten, den Kompromissen, der Kriecherei vor der Selbstherrlichkeit gewisser Familien und Personen, die das Recht auf die Verteidigung Roms als ihr höchsteigenes Privileg erachten! Es ist Zeit, das Nichtstun zu beenden! Es ist Zeit, an die Arbeit zu gehen!«

»Willst du ihn uns nicht nennen, Gabinius?« rief Bibulus vom Boden des Komitiums herauf.

Gabinius sah ihn mit gespielter Unschuld an. »Wen denn, Bibulus?«

»Den Namen, den Namen, den Namen!«

»Ich habe keinen Namen, Bibulus, nur eine Lösung.«

»Unsinn!« keifte Catos barsche, laute Stimme. »Das ist absoluter Unsinn, Gabinius! Und ob du einen Namen hast! Den Namen deines Meisters, dieses picentischen Emporkömmlings, dessen größtes Vergnügen es zu sein scheint, jede Tradition, jede gute Sitte, über die Rom noch verfügt, mit Füßen zu treten! Du stehst doch nicht da oben, weil du ein glühender Patriot bist. Du dienst den Interessen deines Meisters Gnaeus Pompeius Magnus!«

»Ein Name! Cato hat einen Namen genannt!« rief Gabinius und schien hocherfreut. »Marcus Porcius Cato hat einen Namen genannt!« Gabinius lehnte sich vor, ging in die Knie, beugte seinen Kopf so tief wie möglich zu Cato hinunter und sagte ganz leise: »Bist du dieses Jahr nicht zum Militärtribun gewählt worden, Cato? Und hat das Los dich nicht zu Marcus Rubrius nach Makedonien geschickt? Und ist Marcus Rubrius nicht bereits in seine Provinz aufgebrochen? Meinst du nicht, du solltest lieber Rubrius und denen in Makedonien lästig fallen als uns hier in Rom? Aber ich danke dir für den Namen, Cato! Ich hatte ja keine Ahnung, wer der beste Mann sein könnte, bis du Gnaeus Pompeius Magnus vorgeschlagen hast.«

Und daraufhin löste er die Versammlung auf, bevor auch nur einer der Volkstribunen der *boni* eingetroffen war.

Mit schmalen Lippen und eisigem Blick winkte Bibulus die drei anderen zu sich. Im unteren Forum angekommen, griff er Brutus beim Arm.

»Bevor du nach Hause gehst, mußt du noch eine Nachricht für mich überbringen, junger Mann«, sagte er. »Geh zu Quintus Lutatius Catulus, Quintus Hortensius und Gaius Piso, dem Konsul, und sage ihnen, sie sollen sofort in mein Haus kommen.«

Kurz darauf saßen die drei führenden Mitglieder der *boni* in Bibulus' Studierzimmer. Auch Cato war noch da, nur Ahenobarbus war nach Hause gegangen; Bibulus hielt ihn, rein intellektuell gesehen, für eine zu große Belastung für eine Beratungsrunde, die schon einen Einfaltspinsel wie Gaius Piso verkraften mußte.

»Es war verdächtig ruhig, und auch Pompeius Magnus war verdächtig ruhig«, sagte Quintus Lutatius Catulus, ein unscheinbarer Mann mit erdfarbenem Gesicht, dessen Verwandtschaft mit Caesar weniger augenfällig war als die mütterliche Linie des Domitius Ahenobarbus.

Catulus' Vater, Catulus Caesar, war ein größerer Mann gewesen und hatte einen noch größeren Gegner gehabt: Gaius Marius. Während des schrecklichen Gemetzels, das Marius in Rom zu Beginn seines berüchtigten siebten Konsulats veranstaltet hatte, war er auf seine ganz eigene Weise untergegangen. Der Sohn war in einer undankbaren Position steckengeblieben, nachdem er beschlossen hatte, während Sullas Exil in Rom zu bleiben, weil er niemals wirklich daran geglaubt hatte, daß es Sulla gelingen könnte, Cinna und Carbo zu bezwingen. Und nachdem Sulla Diktator geworden war, hatte Catulus sehr vorsichtig agieren müssen, bis es ihm gelungen war, den Diktator von seiner Loyalität zu überzeugen. Sulla hatte ihn zusammen mit Lepidus zum Konsul gemacht, und Lepidus hatte rebelliert – das nächste Pech. Catulus hatte Lepidus zwar besiegen können, aber das Kommando gegen Sertorius in Spanien, ein wesentlich bedeutenderes Unternehmen, hatte Pompeius bekommen. Das war ein Muster in Catulus' Leben geworden: Nie hatte er weit genug vorn gestanden, um sich so eindrucksvoll hervortun zu können wie sein Vater.

Inzwischen war er ein resignierter Mann, bereits weit in seinen Fünfzigern. Er hörte, was Bibulus erzählte, aber außer der traditionellen Verfahrensweise, den Senat in Opposition gegen ein Sonderkommando zu vereinen, fiel ihm kein wirksames Mittel gegen Gabinius' Vorhaben ein.

Bibulus war wesentlich jünger und wurde von einem noch größeren Haß gegen die ausgekochten Halunken angetrieben, die sich über alle anderen stellten, doch er wußte nur zu gut, daß zu viele Senatoren der Bestallung des Pompeius zustimmen würden, wenn es um eine so lebenswichtige Sache wie die Ausrottung der Seeräuber ging. »Das funktioniert nicht«, entgegnete er Catulus mit tonloser Stimme.

»Aber es muß!« rief Catulus und schlug die Hände zusammen. »Wir dürfen nicht zulassen, daß dieses picentische Rindvieh Pompeius und seine Lakaien Rom zur Kolonie Picenums machen! Dieses Picenum ist doch nichts weiter als ein vorgelagerter italischer Staat, der mit sogenannten Römern bevölkert ist, die eigentlich von Galliern abstammen. Seht euch diesen Pompeius Magnus doch einmal an – ein Gallier, wie er im Buche steht! Und wir echten Römer sollen uns vor Pompeius Magnus beugen? Dem sollen wir ein zweites Mal so viel Macht in die

Hände geben? *Magnus!* Wie konnte ein römischer Patrizier wie Sulla es diesem Pompeius erlauben, sich ›der Große‹ zu nennen?«

»Du hast recht!« bellte Gaius Piso ergrimmt. »Das ist unerträglich!«

Hortensius seufzte. »Sulla hat ihn gebraucht. Sulla hätte sich sogar Mithridates oder Tigranes als Bettgenosse angeboten, wenn es der einzige Weg aus dem Exil zurück zur Macht in Rom gewesen wäre«, sagte er und zuckte die Achseln.

»Es hat keinen Sinn, auf Sulla zu schimpfen«, meinte Bibulus. »Wir müssen einen klaren Kopf behalten, sonst verlieren wir diese Schlacht. Die Umstände sprechen für Gabinius. Es bleibt eine Tatsache, Quintus Catulus, daß der Senat sich nicht um die Piraten gekümmert hat, und ich kann mir nicht vorstellen, daß der gute Metellus auf Kreta erfolgreich sein wird. Der Überfall von Ostia war genau das Argument, das Gabinius gebraucht hat, um für diese Lösung zu plädieren.«

»Willst du damit sagen, wir können nicht verhindern, daß Pompeius dieses Kommando erhält?« fragte Cato.

»So ist es.«

»Pompeius kann gegen die Piraten nicht gewinnen«, sagte Gaius Piso und lächelte säuerlich.

»Genau«, stimmte ihm Bibulus zu. »Gut möglich, daß wir zusehen müssen, wie die Plebs ihm das Sonderkommando gibt, aber dann können wir uns zurücklehnen und Pompeius ein für allemal erledigen, wenn er gescheitert ist.«

»Nein«, sagte Hortensius. »Es gibt einen Weg, Pompeius aus dieser Sache herauszuhalten. Nennt doch der Plebs einen anderen Mann, den sie Pompeius vorziehen kann!«

Das kurze Schweigen wurde durch ein dumpfes Geräusch unterbrochen, denn Bibulus hatte seine Hand auf den Tisch krachen lassen. »Marcus Licinius Crassus!« brüllte er. »Hervorragend, Hortensius, geradezu brillant! Er ist mindestens so gut wie Pompeius, und er verfügt über einen massiven Rückhalt unter den Rittern der Plebs. Die mögen es nämlich nicht, wenn sie Geld verlieren, und die Piraten kosten sie jedes Jahr viele Millionen. Niemand in Rom wird jemals vergessen, wie Crassus gegen Spartacus zu Felde gezogen ist. Der Mann ist ein Organisationsgenie – so wenig aufzuhalten wie eine Lawine und so skrupellos wie der alte König Mithridates.«

»Ich schätze weder ihn noch irgend etwas von dem, für das er steht.

Aber den nötigen Mut hat er.« Gaius Piso war zufrieden. »Und seine Aussichten sind nicht schlechter als die von Pompeius.«

»Also gut, wir werden Crassus auffordern, sich um das Sonderkommando gegen die Piraten zu bewerben«, sagte Hortensius mit Befriedigung. »Wer sagt ihm Bescheid?«

»Ich tu's«, antwortete Catulus. Er sah Piso streng an. »Inzwischen solltest du dafür sorgen, daß deine Beamten den Senat zu einer Sitzung zusammenrufen, Erster Konsul. Morgen früh bei Sonnenaufgang. Gabinius hat keine zweite Sitzung der Plebs einberufen, also werden wir die Sache vor das Haus bringen und uns ein *consultum* beschaffen, das es der Plebs vorschreibt, Crassus zu beauftragen.«

Aber als Catulus Crassus ein paar Stunden später in seinem Haus aufsuchte, mußte er feststellen, daß ihm jemand zuvorgekommen war.

Caesar hatte die Stufen des Senats eilig verlassen und war vom Forum direkt in Crassus' Geschäftsräume geeilt, die sich in einem Mietshaus hinter dem Macellum Cuppedenis befanden, dem Gewürz- und Blumenmarkt, den der Staat vor Jahren an private Händler veräußern mußte, um Sullas Feldzug im Osten gegen Mithridates finanzieren zu können. Damals war Crassus noch ein junger Mann und hatte nicht genug Geld, um sich dort einzukaufen; während Sullas Verbannung war die nächste Versteigerung fällig gewesen, und inzwischen war Crassus in der Lage als zahlungskräftiger Käufer aufzutreten. Jetzt gehörte ihm ein großer Teil des teuren Grundes hinter dem östlichen Ende des Forums, einschließlich der Warenhäuser, in denen die Händler kostbare Pfefferkörner, Lavendelöl, Weihrauch, Zimt, Salben, Parfüms und Aromastoffe aufbewahrten.

Crassus war ein großer Mann, größer, als er auf Grund seiner stämmigen Figur wirkte, und er trug kein überflüssiges Gramm Fett am Körper. Nacken, Schultern und Rumpf waren gedrungen, und nicht zuletzt wegen einer gewissen Gelassenheit seiner Gesichtszüge erinnerte er an einen Ochsen – einen äußerst starken Ochsen. Er hatte die Witwe seiner beiden älteren Brüder geheiratet, eine Sabinerin aus guter Familie mit Namen Axia, die als Tertulla bekannt wurde, weil sie hintereinander drei Brüder geheiratet hatte. Crassus hatte zwei vielversprechende Söhne, auch wenn der ältere von ihnen, Publius, eigentlich Tertullas Sohn aus der Ehe mit seinem Bruder Publius war. Den jungen Publius trennten noch zehn Jahre vom Senat; Marcus, Crassus' leiblicher Sohn, war noch ein paar Jahre jünger. Als Familienvater konnte man Crassus kein Versäumnis nachweisen, er widmete sich ihr mit großer Hingabe. Dabei war die Familie nicht eben seine größte Leidenschaft. Marcus Licinus Crassus hatte nur eine wirkliche Leidenschaft – das Geld. Einige behaupteten, er sei der reichste Mann Roms; Caesar jedoch, der gerade die schmutzigen schmalen Stufen zu seinem Adlernest im fünften Stock des Mietshauses hinaufstieg, wußte es besser. Das Vermögen des Servilius Caepio war unendlich viel größer, und auch das des Mannes, über den er mit Crassus sprechen wollte – Pompeius Magnus.

Es war typisch für Crassus, der sich hervorragend auf das Vermieten verstand, daß er lieber fünf Treppen hinaufstieg, als eine der großzügigeren Räumlichkeiten weiter unten zu beziehen. Je höher das Stockwerk, desto geringer die Miete. Warum sollte er ein paar tausend Sesterzen zum Fenster hinauswerfen und eines der unteren Stockwerke beziehen, die sich doch so profitabel vermieten ließen? Außerdem hielt das Treppensteigen ihn gesund. Und um äußeren Schein war es Crassus noch nie gegangen; er saß an einem Schreibtisch in der Ecke eines Zimmers, seine hin und her laufenden Angestellten stets vor Augen, und es störte ihn nicht im geringsten, wenn sie ihn zufällig einmal mit dem Ellbogen anstießen oder sich laut miteinander unterhielten.

»Zeit für ein bißchen frische Luft!« rief Caesar und deutete mit dem Daumen hinter sich zur Tür.

Crassus erhob sich unverzüglich und folgte Caesar die Treppen hinunter und hinaus in das lärmende Treiben auf dem Macellum Cuppedenis.

Caesar und Crassus waren gute Freunde, seit Caesar im Krieg gegen Spartacus unter Crassus gedient hatte. So mancher staunte über diese seltsame Verbindung, denn einige Verschiedenheiten täuschten viele Beobachter über die viel größeren Gemeinsamkeiten hinweg. Diese äußerlich so gegensätzlichen Fassaden waren aus demselben Holz geschnitzt, und sie wußten es, auch wenn die anderen es nicht wußten.

Keiner der beiden hatte Lust auf das, was die meisten Männer getan hätten; sie gingen nicht hinüber in die berühmte Schnellküche, um sich gut gewürztes, gehacktes Schweinefleisch in einer köstlichen Hülle aus luftigem Blätterteig servieren zu lassen. Caesar hatte wie gewöhnlich keinen Hunger, und Crassus hielt es für Geldverschwendung, außerhalb seines Hauses zu essen. Statt dessen suchten sie sich zwischen einer

Jungen- und Mädchenklasse, die Unterricht unter freiem Himmel erhielt, und einem Stand mit Pfefferkörnern eine Mauer zum Anlehnen.

»So, hier sind wir vor neugierigen Ohren sicher«, sagte Crassus und kratzte sich die Kopfhaut; nach dem gemeinsamen Konsulat mit Pompeius war sie sichtbar geworden, als ihm ziemlich unvermittelt die Haare ausfielen, eine Tatsache, für die Crassus die Notwendigkeit verantwortlich machte, sich die tausend Talente zurückzuverdienen, die er ausgeben mußte, um den Leuten als ein guter Zweiter Konsul im Gedächtnis zu bleiben. Daß die Kahlköpfigkeit etwas mit seinem Alter zu tun haben könnte, kam ihm nicht in den Sinn. Dieses Jahr wurde er fünfzig. Unerheblich! Marcus Crassus schob alles auf die Sorge um das liebe Geld.

»Ich prophezeie dir«, sagte Caesar, die Augen auf ein bezauberndes dunkeläugiges Mädchen in dem improvisierten Klassenzimmer gewandt, »daß du noch heute abend Besuch von unserem geschätzten Freund Quintus Lutatius Catulus erhalten wirst.«

»Ach?« sagte Crassus, den Blick auf den exorbitanten Preis gerichtet, den jemand mit Kreide auf eine hölzerne Tafel geschrieben hatte, die an einem glasierten Tonkrug mit Pfefferkörnern aus Taprobane lehnte. »Liegt was in der Luft, Caesar?«

»Du hättest deine Geschäftsbücher liegenlassen und zur heutigen Sitzung der Plebejischen Versammlung kommen sollen«, antwortete Caesar.

»War es interessant?«

»Faszinierend, wenn auch nicht ganz unvorhersehbar – jedenfalls nicht für mich. Ich hatte letztes Jahr ein kurzes Gespräch mit Magnus, deshalb war ich vorbereitet. Aber da war ich wohl der einzige, abgesehen von Afranius und Petreius. Sie standen neben mir auf den Stufen der Curia Hostilia. Sie fürchteten wohl, jemand könnte den Braten riechen, wenn sie sich nach unten ins Komitium stellten. Cicero war auch da, aber mehr aus Neugier. Er hat eine wunderbare Spürnase für Sitzungen, die man sich nicht entgehen lassen sollte.«

Crassus, der auch kein politischer Ignorant war, riß den Blick von den überteuerten Pfefferkörnern los und sah Caesar an. »Oho! Und was führt unser Freund Magnus im Schilde?«

»Gabinius hat der Plebs vorgeschlagen, per Gesetz einen einzigen Mann mit uneingeschränkter Befehlsgewalt und nahezu unbegrenzten Mitteln auszustatten. Natürlich hat er den Mann nicht beim Namen genannt. Ziel dieser vollkommenen Handlungsfreiheit ist es, den Piraten den Garaus zu machen«, sagte Caesar und mußte lächeln, als das kleine Mädchen dem Jungen neben ihm mit der Wachstafel auf den Kopf schlug.

»Genau der richtige Auftrag für Magnus«, meinte Crassus.

»Zweifellos. Und ich weiß zufällig, daß er sich bereits seit mehr als zwei Jahren darauf vorbereitet. Doch im Senat wird dieses Unternehmen auf wenig Gegenliebe stoßen, oder?«

»Jedenfalls nicht bei Catulus und seinem Gefolge.«

»Und bei den meisten anderen auch nicht, nehme ich an. Sie verzeihen es Magnus nie, daß er sie gezwungen hat, seinen Wunsch nach einem Konsulat zu legitimieren.«

»Ich übrigens auch nicht«, fügte Crassus grimmig hinzu. Er holte tief Luft. »Und du meinst, Catulus will mich dazu überreden, mich als Gegenkandidat zu Pompeius um das Kommando zu bewerben?«

»Ich bin sicher.«

»Verlockender Gedanke«, meinte Crassus, mit den Augen bei der Schulklasse, denn der kleine Junge hatte zu brüllen angefangen, und der Pädagoge war verzweifelt bemüht, eine Klassenschlägerei zu verhindern.

»Laß dich nicht verlocken, Marcus«, sagte Caesar leise.

»Warum nicht?«

»Es würde nicht funktionieren. Glaube mir, es würde nicht funktionieren. Wenn Magnus sich so für die Aufgabe gerüstet hat, wie ich vermute, dann laß ihm diesen Auftrag. Deine Geschäfte leiden unter den Auswirkungen der Freibeuterei wie alle anderen Geschäfte auch. Wenn du schlau bist, bleibst du in Rom und erntest die Früchte der piratenfreien Wasserwege. Du kennst Magnus. Er wird die Sache erledigen, und er wird es gründlich tun. Aber die anderen werden erst einmal abwarten. Diese Zeit der allgemeinen Skepsis kannst du nutzen, um dich auf die fetten Jahre vorzubereiten«, sagte Caesar.

Er hätte kein schlagenderes Argument vorbringen können, das wußte Caesar wohl.

Crassus nickte und richtete sich auf. »Du hast mich überzeugt«, sagte er und blickte hinauf in die Sonne. »Höchste Zeit, mich noch ein bißchen um meine Geschäftsbücher zu kümmern, bevor ich nach Hause gehe, um Catulus zu empfangen.«

Die beiden Männer schlenderten gleichgültig durch das Chaos, das in der Schulklasse ausgebrochen war. Dem Grund dafür schenkte Caesar im Vorübergehen ein freundliches Lächeln. »Auf Wiedersehen, Servilia!« sagte er zu dem Mädchen.

Crassus, der gerade in der anderen Richtung davongehen wollte, sah ihn verwundert an. »Kennst du sie?« fragte er. »Ist sie eine Servilia?«

»Nein, ich kenne sie nicht«, rief Caesar, der schon ein paar Meter entfernt war. »Aber sie erinnert mich an Julias zukünftige Schwiegermutter.«

Und so kam es, daß die führenden Köpfe des Senats keinen Gegenkandidaten zu Pompeius nennen konnten, als Piso der Konsul die Körperschaft am frühen Morgen des nächsten Tages versammelte. Catulus' Gespräch mit Crassus war fruchtlos geblieben.

Die Nachricht davon, was hier in der Luft lag, hatte sich auch auf den hintersten Bänken verbreitet, und natürlich regte sich – sehr zur Freude der *boni* – von allen Seiten die Opposition. Die meisten Männer erinnerten sich noch allzugut daran, wie Sulla den Senat erpreßt hatte – und Pompeius war sein Liebling gewesen, sein Vollstrecker. Pompeius hatte zu viele Anhänger von Cinna und Carbo töten lassen, dann hatte er auch noch Brutus umgebracht und den Senat gezwungen, ihm zu gestatten, sich zum Konsul wählen zu lassen, ohne vorher Senator gewesen zu sein. Das letzte Verbrechen war das unverzeihlichste von allen. Die Zensoren Lentulus Clodianus und Poplicola machten noch immer ihren Einfluß zugunsten von Pompeius geltend, aber seine wichtigsten Gewährsmänner, Philippus und Cethegus, waren nicht mehr da; der eine hatte sich als Lebemann zurückgezogen, der andere war bereits gestorben.

Deshalb war es auch nicht erstaunlich, daß Lentulus Clodianus und Poplicola beschlossen, heute lieber nicht das Wort für Pompeius zu ergreifen, als sie in ihren tiefroten Zensorentogen die Curia Hostilia betraten und in viele abweisende Gesichter blicken mußten. Auch Curio, ein weiterer Gewährsmann von Pompeius, hielt sich lieber zurück. Und was Afranius und den alten Petreius anging: Ihre rhetorischen Fähigkeiten waren so bescheiden, daß sie den Auftrag hatten, sie besser nicht unter Beweis zu stellen. Crassus war nicht erschienen.

»Kommt Pompeius nicht nach Rom?« wollte Caesar von Gabinius wissen, nachdem er bemerkt hatte, daß Pompeius nicht persönlich anwesend war.

»Er ist unterwegs«, antwortete Gabinius, »aber er tritt erst auf, wenn er von der Plebs namentlich genannt worden ist. Du weißt, wie sehr er den Senat verabscheut.«

Nachdem die Auspizien gehalten worden waren und Metellus Pius Pontifex Maximus die Gebete geleitet hatte, eröffnete Piso – der im Februar die Amtsgeschäfte führte, weil Glabrio bereits nach Osten abgereist war – die Sitzung.

»Ich stelle fest«, verkündete er von seinem kurulischen Stuhl auf der erhobenen Plattform herunter, »daß die heutige Sitzung nicht unter der Legislatur des Volkstribunen Aulus Gabinius steht, der die Geschäfte des Februar führt. Doch nur in einer Hinsicht! In anderer Hinsicht tut sie es natürlich doch, da es sich um ein Kommando im Ausland handelt. Doch das spielt jetzt ohnehin keine Rolle. Nichts in dieser *lex Gabinia* kann diese Körperschaft davon abhalten, auch im Februar dringende Angelegenheiten von allgemeinem Interesse zu beraten.«

Er erhob sich, ein typischer Calpurnius Piso, hochgewachsen, sehr dunkel und mit buschigen Augenbrauen. »Derselbe Volkstribun Aulus Gabinius aus Picenum« – er zeigte mit der Hand auf Gabinius' Hinterkopf am einen Ende der Volkstribunenbank – »hat nun gestern, ohne diese Körperschaft vorher zu benachrichtigen, eine Volksversammlung einberufen und ihre Mitglieder wissen lassen – zumindest die wenigen, die anwesend waren –, wie man seiner Meinung nach der Freibeuterei ein Ende machen kann. Ohne uns um Rat zu fragen, ohne irgend jemanden um Rat zu fragen! Gebt einem einzigen Mann uneingeschränkte Befehlsgewalt, unbegrenzte Mittel und Streitkräfte, lautet sein Vorschlag. Er nennt keine Namen, aber wer von uns könnte den geringsten Zweifel daran haben, *wessen* Name ihm dabei durch den picentischen Schädel spukte? Dieser Aulus Gabinius und sein picentischer Landsmann, der Volkstribun Gaius Cornelius, der trotz seines Namens nicht aus vornehmer Familie stammt, haben uns, die wir schon von Geburt her eine Verantwortung für Rom tragen, bereits mehr als genug Ärger bereitet, seit sie ihr Amt angetreten haben. Ich zum Beispiel wurde gezwungen, ein Gesetz gegen die Bestechung bei kurulischen Wahlen zu erlassen. Ich zum Beispiel wurde auf hinterlistige Weise um meinen Kollegen beim diesjährigen Konsulat gebracht. Ich zum Beispiel wurde zahlloser Verbrechen der Wahlbestechung bezichtigt.

Alle Anwesenden sind sich der ernsten Bedeutung der hier vorgeschlagenen *lex Gabinia* bewußt, sind sich bewußt, wie drastisch sie gegen jeden Aspekt des *mos maiorum* verstößt. Aber es ist nicht meine Aufgabe, die Debatte zu eröffnen, ich soll sie nur leiten. Da so früh im Jahr noch keine designierten Magistrate zur Verfügung stehen, wende ich mich mit der Bitte um einen Eröffnungsredner an die diesjährigen Prätoren.«

Die Reihenfolge der Redner war bereits festgelegt, deshalb bot keiner der Prätoren seine Dienste an, auch keiner der Ädilen, weder ein kurulischer noch ein plebejischer. Nun wandte sich Gaius Piso an die Konsulare in den vordersten Reihen auf beiden Seiten des Hauses. Und dies bedeutete, daß das mächtigste Geschütz der gesamten rhetorischen Artillerie als erstes abgefeuert werden würde: Quintus Hortensius.

»Ehrenwerter Konsul, Zensoren, Konsulare und Senatoren«, begann Hortensius, »es ist Zeit, daß wir diesen sogenannten militärischen Sonderkommandos ein für allemal einen Riegel vorschieben! Wir wissen alle, warum der Diktator Sulla diese Klausel in seine abgeänderte Verfassung aufgenommen hat: um sich die Dienste eines Mannes zu sichern, der dieser angesehenen und ehrwürdigen Körperschaft gar nicht angehört hat, eines Ritters aus Picenum, der es sich anmaßte, in Sullas Auftrag Truppen auszuheben und zu befehligen, als er kaum älter als zwanzig war, und der, nachdem er mit eklatanten Verfassungsbrüchen einmal begonnen hatte, nicht mehr damit aufhören wollte – nur in den Senat wollte er nicht! Als Lepidus aufbegehrte, hielt er das italische Gallien besetzt und besaß die Unverfrorenheit, die Hinrichtung eines Mitglieds einer der ältesten und vornehmsten Familien Roms anzuordnen – die des Marcus Junius Brutus. Dessen Hochverrat, wenn es denn einer war, wurde von dieser Körperschaft bestätigt, als sie Brutus' Namen in das Dekret aufnahm, mit dem Lepidus zum Gesetzlosen erklärt wurde. Ein Dekret, das Pompeius noch lange nicht das Recht gab, einem seiner Lakaien den Auftrag zu erteilen, Brutus auf dem Marktplatz von Regium Lepidum den Kopf abzuschlagen, seinen Kopf und den Körper verbrennen zu lassen und die Asche dann mit einer lapidaren, kaum leserlichen Erklärung nach Rom zurückzuschikken!

Und danach hielt Pompeius seine kostbaren picentischen Legionen in Mutina bereit, bis er den Senat gezwungen hatte, ihn – der weder Senator noch Magistrat war – mit einem prokonsularischen Imperium auszustatten und nach Spanien zu schicken, um die diesseitige Provinz im Namen des Senats zu regieren und Krieg gegen den Abtrünnigen Quintus Sertorius zu führen. Und dabei, Senatoren, hatten wir in der jenseitigen Provinz die ganze Zeit über einen bedeutenden Mann aus ehrenwerter Familie sitzen, den guten Quintus Caecilius Metellus Pius Pontifex Maximus, einen Mann, der bereits gegen Sertorius im Felde stand, einen Mann, der – wenn ich das hinzufügen darf – mehr für den Sieg über Sertorius getan hat als dieser außerordentliche Nichtsenator Pompeius! Aber Pompeius hat den Ruhm eingeheimst, Pompeius hat die Lorbeeren gesammelt!«

Hortensius, ein gutaussehender Mann von imponierendem Auftreten, drehte ganz langsam den Kopf und schien dabei in jedes einzelne Augenpaar zu blicken, ein Trick, den er mit gutem Erfolg seit mehr als zwanzig Jahren vor Gericht anwandte. »Und was tut dieser picentische Niemand Pompeius, nachdem er in unser geliebtes Vaterland zurückgekehrt ist? Unter Mißachtung jedes Paragraphen der Verfassung bringt er seine Armee über den Rubikon, hinein nach Italien, wo er sie stationiert und uns dazu zwingt, ihm die Kandidatur als Konsul zu gestatten! Wir hatten keine Wahl. Pompeius wurde Konsul. Und auch heute noch, versammelte Väter, wehre ich mich mit jeder Faser meines Herzens dagegen, ihm diesen widerlichen Beinamen Magnus zuzuerkennen, den er sich selbst verliehen hat! Denn er ist *kein* Großer! Er ist ein eiternder Furunkel, eine Pestbeule am malträtierten Körper Roms!

Wie kann dieser Pompeius es wagen, anzunehmen, diese Körperschaft würde sich ein zweites Mal von ihm erpressen lassen? Wie kommt er dazu, seinen ihm hörigen Lakaien Gabinius dafür einzuspannen? Uneingeschränkte Befehlsgewalt, unbeschränkte Streitkräfte, unbeschränkte Geldmittel, ich bitte euch! Wo der Senat auf Kreta längst einen fähigen Kommandanten sitzen hat, der ausgezeichnete Arbeit leistet! Ich wiederhole: ausgezeichnete Arbeit!« Hortensius' asianischer Redestil kam jetzt zur Entfaltung, und das ganze Haus hatte sich längst zurückgelehnt (zumal es ohnehin mit jedem seiner Worte übereinstimmte), um einem seiner größten Redner aller Zeiten zuzuhören. »Ich versichere euch, Kollegen, daß ich diesem Kommando niemals, niemals, niemals meine Zustimmung geben werde, ganz egal, wessen Namen man uns dafür vorschlagen wird! Erst in unseren Tagen scheint Rom es nötig zu haben, Zuflucht zu unbeschränkter Befehlsgewalt und uneingeschränkten Kommandos zu suchen! Doch sie sind verfassungswidrig und unannehmbar! Wir werden unser Meer von den Seeräubern befreien, aber auf römische Art, nicht auf picentische!«

An dieser Stelle begann Bibulus, Hochrufe auszubringen und mit den Füßen zu trampeln, und das ganze Haus tat es ihm nach. Hortensius setzte sich, die Wangen von der Süße des Triumphs gerötet.

Aulus Gabinius hatte gelangweilt zugehört. Jetzt zuckte er die Schultern und warf die Hände in die Höhe. »Die römische Art«, sagte er laut, als der Jubel sich gelegt hatte, »ist zu solcher Wirkungslosigkeit degeniert, daß man sie lieber die pisidische Art nennen sollte! Wenn Picenum für die Aufgabe gebraucht wird, dann muß es eben Picenum sein! Was ist Picenum anderes als Rom? Du ziehst geographische Grenzen, wo es keine gibt!«

»Schweig still, schweig still, schweig still!« schrie Piso, sprang von seinem kurulischen Podium herunter und baute sich in voller Größe vor der Bank der Tribunen auf. »Du wagst es, Rom zu beleidigen, du Gallier aus einem gallischen Kuhdorf? Du wagst es, Rom mit Gallien in einen Topf zu werfen? Paß nur auf, Gabinius, du Gallier, daß du nicht das gleiche Schicksal erleidest wie Romulus und eines Tages von einem Jagdausflug nicht zurückkehrst!«

»Eine Drohung!« rief Gabinius und sprang von seinem Platz auf. »Habt ihr gehört, versammelte Väter? Er hat gedroht, mich zu ermorden, denn nichts anderes ist Romulus zugestoßen! Ermordet von Männern, die sich im Ziegendreck des Marsfeldes gewälzt haben!«

Ein Tumult brach aus, aber Piso und Catulus machten ihm ein schnelles Ende, denn auf keinen Fall sollte das Haus auseinandergehen, bevor sie zu Wort gekommen waren. Gabinius saß mit triumphierendem Gesicht auf seinem Platz am Ende der Bank der Volkstribunen und sah dem Konsul und dem Konsular dabei zu, wie sie durch die Reihen gingen, beschwichtigten und sich bemühten, die aufgebrachten Männer dazu zu bringen, sich wieder auf ihren Hockern niederzulassen.

Und dann, als die Ruhe mehr oder weniger wiederhergestellt war und Piso sich gerade anschickte, Catulus nach seiner Meinung zu fragen, erhob sich Gaius Julius Caesar von seinem Platz. Obwohl er die Bürgerkrone trug und somit den Konsularen in der Rednerliste gleichgestellt war, warf ihm Piso, der ihn nicht ausstehen konnte, einen finsteren Blick zu, der ihn wohl auffordern sollte, sich gleich wieder zu setzen. Caesar blieb jedoch stehen, und Piso starrte ihn feindselig an.

»Laß ihn reden, Piso!« rief Gabinius. »Er hat das Recht dazu!«

Auch wenn Caesar von seinem Recht als Redner in diesem Haus selten Gebrauch machte, galt er als Ciceros einziger echter Rivale; Hortensius' asianischer Redestil war aus der Mode gekommen, seit Cicero den schlichteren, aber wirksameren athenischen Stil eingeführt hatte, und auch Caesar zog es vor, sich attisch zu geben. Wenn es überhaupt etwas gab, das allen Mitgliedern des Senats gemeinsam war, dann war es die kennerhafte Bewunderung wirklicher Redekunst. Mit Catulus hatten sie gerechnet, doch alle entschieden sich für Caesar.

»Da bis heute weder Lucius Bellienus noch Marcus Sextilius in unsere Mitte zurückgekehrt ist, dürfte ich im Moment der einzige in diesem Hause sein, der schon einmal in der Hand von Piraten war«, sagte er mit jener hohen, absolut klaren Stimme, deren er sich bei öffentlichen Auftritten bediente. »Man könnte also sagen, daß ich eine Art Fachmann auf diesem Gebiet bin, soweit sich Fachwissen über Erfahrungen aus erster Hand erwerben läßt. Es war keine erbauliche Erfahrung, und meine Abneigung gegen die Freibeuterei wuchs in jenem Moment ins Bodenlose, als ich die beiden schlanken Kriegsgaleeren Kurs auf mein armes, wehrloses Handelsschiff halten sah. Denn mein Kapitän, versammelte Väter, hatte mich wohl darüber informiert, daß bewaffneter Widerstand absolut sinnlos und der sicherste Weg in den Tod wäre. Und so mußte ich, Gaius Julius Caesar, meine Person einem ordinären Burschen namens Polygonus unterwerfen, der seit mehr als zwanzig Jahren Beutezüge auf Handelsleute in lydischen, carianischen und lycischen Wassern unternimmt.«

»In den vierzig Tagen als Polygonus' Gefangener habe ich viel dazugelernt«, fuhr Caesar beinahe im Plauderton fort. »Ich habe gelernt, daß es eine allseits anerkannte Werteskala für alle Gefangenen gibt, die zu hochgeschätzt sind, als daß sie einfach auf dem nächsten Sklavenmarkt verschachert oder in Ketten gelegt würden, damit sie diesen Piraten zu Hause in ihren Schlupfwinkeln zu Diensten sind. Einen gewöhnlichen römischen Bürger erwartet die Sklaverei. Ein gewöhnlicher römischer Bürger ist keine zweitausend Sesterzen wert, und das ist der Mindestpreis, den man auf dem Sklavenmarkt erzielt. Für einen römischen Zenturio oder einen Römer, der in der Hierarchie der *publicani* bereits ein Stück nach oben geklettert ist, beträgt das Lösegeld ein halbes Talent. Für einen römischen Ritter oder einen Steuerpächter muß man ein Talent zahlen. Für einen römischen Edelmann aus vornehmer Familie, der nicht dem Senat angehört, beträgt der Preis zwei Talente.

Für einen römischen Senator zweiten Ranges sind zehn Talente Lösegeld zu zahlen. Für einen römischen Senator von minderem magistralen Status – der bereits Quästor, Ädil oder Volkstribun war – sind gar zwanzig Talente zu entrichten. Und für einen römischen Senator, der schon einmal Prätor oder Konsul war, beträgt das Lösegeld fünfzig Talente. Wenn er zusammen mit Liktoren und *fasces* gefangengenommen wurde, wie im Falle unserer beiden bedauernswerten Prätoren, klettert der Preis gleich auf hundert Talente pro Kopf, wie wir vor ein paar Tagen erfahren mußten. Bedeutende Zensoren und Konsuln erzielen hundert Talente. Ich weiß allerdings nicht, welchen Preis die Piraten für einen Konsul wie unseren lieben Gaius Piso verlangen würden – ein Talent vielleicht? Ich für meinen Teil würde nicht mehr zahlen, da könnt ihr sicher sein. Aber ich bin kein Pirat – was das betrifft, bin ich mir bei Piso nicht so sicher!«

»Während der Gefangenschaft«, fuhr Caesar im selben Plauderton fort, »erwarten sie von einem, daß man bleich vor Angst ist, ununterbrochen vor ihnen auf die Knie sinkt und um sein Leben fleht. Meine julianischen Knie sind so etwas nicht gewöhnt. Ich habe meine Zeit lieber damit verbracht, das Land auszuspionieren, möglichen Widerstand gegen Angriffe abzuschätzen und herauszufinden, was wo bewacht wurde. Und außerdem bin ich nicht müde geworden, jedem von ihnen zu versichern, daß ich, wenn mein Lösegeld bezahlt wäre – es betrug fünfzig Talente –, wiederkommen, ihr Versteck erobern, ihre Frauen und Kinder auf den Sklavenmarkt schaffen und die Männer kreuzigen würde. Sie hielten das für einen guten Witz. Ich würde sie niemals finden, sagten sie. Aber ich habe sie gefunden, versammelte Väter, ich habe das Versteck erobert, ihre Frauen und Kinder auf den Sklavenmarkt schaffen und die Männer kreuzigen lassen. Ich hätte auch die Rammschnäbel von vier Piratenschiffen mitbringen können, damit sie unsere Rostra schmücken, aber da ich die Leute von Rhodos für meine Expedition gebraucht habe, stehen die Schnäbel jetzt auf einer Säule gleich neben dem neuen Tempel der Aphrodite, dessen Errichtung ich mit meinem Teil der Beute ermöglicht habe.

Nun war dieser Polygonus aber nur einer von Hunderten von Piraten in jenem Teil des *Mare Nostrum*, und nicht einmal einer der großen, falls man dieses Pack überhaupt klassifizieren sollte. Bedenkt, daß Polygonus, obwohl er auf eigene Rechnung mit nur vier Galeeren auf Beutezug ging, so viel raubte, daß er keine Notwendigkeit sah, sich mit anderen Piraten zu einer kleinen Marine zusammenzutun, etwa unter dem Oberbefehl eines fähigen Admirals wie Lasthenes oder Panares oder auch Pharnaces oder Megadates, um näher an der Heimat zu bleiben. Polygonus begnügte sich damit, einem Spion in Miletus oder Priene fünfhundert Dinare zu zahlen, damit er ihm ausschnüffelte, welche Schiffe es wert waren, gekapert zu werden. Und wie fähig waren seine Spione! Keine einzige fette Beute entging ihren wachen Augen. In seinem Schatz fanden sich viele Schmuckstücke, die in Ägypten gefertigt wurden, ein Hinweis darauf, daß er auch zwischen Pelusium und Paphos Schiffe gekapert hat. Er muß ein gewaltiges Netz an Spionen gehabt haben. Und gezahlt hat er nur für Informationen, die gute Beute brachten. Halte die Männer kurz und ihre Augen wach! war seine Devise. Das kommt billiger und ist außerdem wirkungsvoller.

Mögen sie auch noch so große Störenfriede sein – Freibeuter wie Polygonus sind kleine Fische, vergleicht man sie mit den Piratenflotten unter ihren Piratenadmiralen. Die müssen gar nicht auf einzelne Schiffe warten, die des Weges kommen, oder auf Schiffe in unbewaffneten Konvois. Sie können ganze Getreideflotten angreifen, die von schwerbewaffneten Galeeren eskortiert werden. Und später verkaufen sie dann an römische Mittelsmänner, was eigentlich Roms rechtmäßig erworbenes Eigentum ist. Kein Wunder, daß die römischen Bäuche leer sind: zur Hälfte wegen des Mangels an Getreide, die andere Hälfte aber ist deshalb leer, weil das verfügbare Getreide zum Drei- bis Vierfachen seines Wertes verkauft wird, sogar die Sonderrationen für das Volk.«

Caesar machte eine Pause, aber niemand rief etwas dazwischen, nicht einmal Piso, dessen Gesicht noch von den Schmähungen gerötet war, die er einstecken mußte. »Über einen Punkt möchte ich mich nicht weiter verbreiten«, fuhr er in ruhigem Ton fort, »denn darin sehe ich keinen Verdienst. Daß es nämlich Statthalter gegeben haben soll, von dieser Körperschaft eingesetzte Statthalter, die mit Piraten gemeinsame Sache gemacht haben, die ihnen Hafenanlagen, Lebensmittel und sogar Weinerträge an Küstenstreifen zur Verfügung gestellt haben, zu denen Piraten sonst keinen Zugang gehabt hätten. Das alles ist während des Prozesses gegen Gaius Verres ans Tageslicht gekommen, und diejenigen unter euch, die in solche Praktiken verwickelt waren oder zugelassen haben, daß andere darin verwickelt waren, wissen sehr gut, wovon ich rede. Nehmt das Schicksal meines armen Onkels Marcus Aurelius Cotta und seid gewarnt: Das Verstreichen von Zeit ist keine Garantie dafür, daß Verbrechen, seien es reale oder eingebildete, euch nicht doch noch eines Tages zur Last gelegt werden.

Auch über einen anderen Punkt, der so offenkundig und so sattsam bekannt ist, daß er uns nur langweilen würde, will ich mich nicht weiter auslassen: daß nämlich Rom – und mit Rom meine ich beides, den Senat und das Volk – bis heute das Problem der Freibeuterei nicht einmal zur Kenntnis genommen, geschweige denn damit begonnen hat, es zu lösen. Es ist absolut lächerlich zu glauben, daß ein einziger Mann an einem einzigen Ort, sei es nun Kreta oder die Balearen oder Lycia, hoffen kann, den Aktivitäten der Piraten tatsächlich ein Ende zu bereiten. Schlägt man die Piraten an einem Ort, erreicht man nicht mehr, als daß sie ihre Sachen packen und an einen anderen Ort segeln. Ist es Metellus in Kreta denn gelungen, auch nur einen einzigen Piratenkopf abzuschlagen? Lasthenes und Panares sind nur zwei der Köpfe dieser riesigen Hydra, und sie sitzen beide noch fest auf ihren Schultern und machen die Meere um Kreta weiterhin unsicher.«

»Wir brauchen mehr«, rief Caesar, und seine Stimme wurde lauter, »als den Willen, Erfolg zu haben, den Wunsch, Erfolg zu haben, den Ehrgeiz, Erfolg zu haben! Wir brauchen eine allgemeine Anstrengung an allen Orten und in ein und demselben Augenblick, eine großangelegte Operation, die von einer Hand geleitet wird, von einem Geist, von einem Willen! Diese Hand, dieser Geist, dieser Wille müssen einem Mann gehören, dessen Organisationstalent so gut bekannt ist, so erprobt, daß wir, der Senat wie auch das Volk von Rom, ihm die Aufgabe mit der Zuversicht übergeben können, daß unser Geld und unsere Männer und unser Material dieses eine Mal nicht vergeudet werden!«

Er holte tief Luft. »Aulus Gabinius hat von *einem* Mann geredet. Von *einem* Mann, der Konsular ist und dessen Karriere vermuten läßt, daß er die Aufgabe so lösen kann, wie sie gelöst werden muß. Ich gehe einen Schritt weiter als Aulus Gabinius und nenne diesen Mann beim Namen! Ich empfehle dieser Körperschaft, das Kommando gegen die Piraten mit einer uneingeschränkten Befehlsgewalt in die Hände des Gnaeus Pompeius Magnus zu legen!«

»Caesar lebe dreimal hoch!« rief Gabinius aus, sprang auf die Bank der Volkstribune und warf die Arme in die Luft. »Auch ich sage es: Legt das Kommando gegen die Piraten in die Hände unseres größten Generals, Gnaeus Pompeius Magnus!«

Der ganze Zorn schwenkte von Caesar zu Gabinius, und Piso war außer sich vor Wut. Er sprang von seinem kurulischen Podium herunter, packte Gabinius und riß ihn nach unten. Aber Pisos Körper gab Gabinius für einen Moment die Deckung, die er brauchte; er duckte sich vor einer fliegenden Faust, klemmte sich zum zweitenmal innerhalb von zwei Tagen die Toga zwischen die Beine und stürmte auf den Ausgang zu. Der halbe Senat lief hinter ihm her.

Zwischen umgekippten Hockern hindurch suchte sich Caesar einen Weg zu dem Platz, an dem Cicero saß, das Kinn nachdenklich auf die Handfläche gestützt. Er zog sich einen Hocker neben Cicero und setzte sich.

»Meisterlich«, sagte Cicero.

»Wie rücksichtsvoll von Gabinius, daß er ihren Zorn auf sich gezogen hat«, sagte Caesar, seufzte und streckte die Beine von sich.

»Es ist schwieriger, dich zu hängen. Davor scheuen sie zurück, weil du ein Patrizier bist und obendrein ein Julier. Und Gabinius ist nur ein – wie beliebte Hortensius sich auszudrücken? –, ein höriger Lakai! Und natürlich ein Picener und Pompeianer. So einen kann man gefahrlos hängen. Außerdem stand er näher bei Piso als du, und so etwas hat er sich auch noch nicht verdient«, sagte Cicero und deutete auf den Kranz aus Eichenblättern, den Caesar auf dem Kopf trug. »Ich denke, so manches Mal möchte halb Rom dich hängen sehen, Caesar, aber was müssen das wohl für Leute sein, denen es eines Tages gelingt? Bestimmt keine, die von einem wie Piso angeführt wird.«

Draußen wurden die Schreie und der Kampflärm lauter; gleich darauf kam Piso zurück in den Saal gestürmt, verfolgt von ein paar Plebejern. Catulus verschwand hinter dem einen Türflügel, Hortensius hinter dem anderen. Piso stolperte über ein gestelltes Bein, schlug der Länge nach hin und wurde mit blutendem Kopf wieder nach draußen gezerrt.

»Es sieht so aus, als meinten sie es ernst«, bemerkte Cicero mit distanziertem Interesse. »Vielleicht wollen sie Piso wirklich hängen.«

»Das wollen wir doch hoffen«, sagte Caesar ungerührt.

Cicero kicherte. »Nun gut, wenn du ihm nicht zu Hilfe kommst, sehe ich nicht ein, warum ich es tun sollte.«

»Ach, Gabinius wird es ihnen schon ausreden. Außerdem ist es ruhiger hier oben.«

»Was meinst du, weshalb ich meinen müden Körper hier hinaufgeschleppt habe.«

»Ich vermute«, sagte Caesar, »auch du bist dafür, daß Magnus dieses gigantische Kommando bekommt.«

»Auf alle Fälle. Er ist ein guter Mann, auch wenn er keiner von den *boni* ist. Außer ihm hat keiner eine Chance – es zu schaffen, meine ich.«

»Es gäbe da noch einen, das weißt du. Aber mir würden sie den Auftrag nicht geben, und ich glaube auch, daß Magnus es schafft.«

»So eine Anmaßung!« rief Cicero aus.

»Es gibt einen Unterschied zwischen Wahrheit und Anmaßung.«

»Und du kennst ihn?«

»Aber ja.«

Als der Lärm langsam leiser wurde, stiegen die beiden Männer von den Rängen herunter und gingen gemächlich hinaus.

Draußen, unter dem Portikus, wurde ihnen schnell klar, daß die Pompeianer gesiegt hatten: Piso saß blutend auf den Stufen und wurde von Catulus behandelt. Von Quintus Hortensius war nichts zu sehen.

»Du!« rief Catulus verbittert, als Caesar zu ihm trat. »Was bist du doch für ein Verräter deiner Klasse, Caesar! Ich hab's dir ja schon vor Jahren gesagt, als du gekommen bist und darum gebettelt hast, in meiner Armee gegen Lepidus dienen zu dürfen! Du hast dich nicht geändert. Du wirst dich niemals ändern, niemals! Immer auf seiten dieser verruchten Demagogen, die entschlossen sind, die Souveränität des Senats zu zerstören!«

»Du in deinem Alter, Catulus, solltest eigentlich begriffen haben, daß vielmehr ihr das tut, ihr ultrakonservativen Dummköpfe mit euren gekräuselten Mäulern, die wie Katzenärsche aussehen«, erwiderte Caesar leidenschaftslos. »Ich glaube an Rom und an den Senat. Aber ihr tut ihm nichts Gutes, wenn ihr euch gegen Veränderungen sträubt, die eure eigene Unfähigkeit erforderlich gemacht haben.«

»Bis zum letzten Atemzug werde ich Rom und den Senat gegen Pompeius und seinesgleichen verteidigen!«

»Wenn ich dich so ansehe, dürfte das nicht mehr lange dauern.«

Cicero, der hinüber zur Rostra gegangen war, um zu hören, was Gabinius zu sagen hatte, kehrte zum Fuß der Treppe zurück. »Übermorgen kommt die Plebs noch einmal zusammen!« rief er und verabschiedete sich.

»Auch einer von denen, die unser Untergang sind.« Catulus kräuselte verächtlich die Lippen. »Ein Emporkömmling. Kann gut daherplappern und paßt mit seinem großen Kopf kaum durch diese Türen!«

Als die Plebejische Versammlung zusammentrat, stand Pompeius auf der Rostra neben Gabinius, der seine *lex Gabinia de piratis persequendis* einbrachte. Jetzt hatte er einen Namen für den Mann: Gnaeus Pompeius Magnus. Er war der Mann für alle, der Jubel ließ daran keinen Zweifel. Pompeius war zwar nur ein mittelmäßiger Redner, aber dafür hatte er Vorzüge, die auf ihre Weise noch wertvoller waren: ein frisches, offenes, ehrliches Gesicht, von den großen blauen Augen bis zum breiten, offenen Lächeln. Das ist eine Qualität, dachte Caesar, der von der Senatorentribüne aus zusah, die mir fehlt. Ich bin auch gar nicht scharf drauf. Sein Stil, nicht meiner. Meiner kommt bei den Leuten ebensogut an.

Der Protest gegen die *lex Gabinia de piratis persequendis* würde heute förmlicher sein, aber möglicherweise nicht weniger gewalttätig ausfallen; die drei konservativen Volkstribune waren auf der Rostra nicht zu übersehen. Trebellius stand ein Stück vor Otho und Globulus, um zu demonstrieren, daß er der Anführer war.

Doch bevor Gabinius in die Einzelheiten seiner Vorlage ging, erteilte er Pompeius das Wort, und niemand aus der Rumpfmannschaft des Senats, weder Trebellius noch Catulus oder Piso, versuchte ihn daran zu hindern; die große Mehrheit war auf seiner Seite. Auf seine Art machte er seine Sache ganz gut. Zuerst beklagte Pompeius sich darüber, daß er seit seiner Jugend in Roms Diensten unter Waffen stehe und ganz und gar nicht darüber erfreut sei, nun schon wieder zu einem dieser Sonderkommandos gerufen zu werden. Danach zählte er seine Feldzüge auf (mehr Feldzüge, als ich an Jahren zähle, wie er traurig seufzend bemerkte) und wies darauf hin, daß der Haß und die Eifersucht auf ihn jedesmal größer geworden seien, wenn er Rom wieder einmal gerettet hatte. Nein, noch mehr Eifersucht und noch mehr Haß brauche er nicht. Warum ließ man ihn nicht das sein, was er am liebsten war: Familienvater, Gutsherr, Privatmann? Sucht euch jemand anderen, beschwor er Gabinius und die Menge mit ausgestreckten Händen.

Natürlich nahm niemand ihn ernst, auch wenn sie alle von Pompeius' Bescheidenheit und Selbstlosigkeit angetan waren. Lucius Trebellius bat Gabinius, den Vorsitzenden der Versammlung, um das Wort. Es wurde ihm verweigert. Als er es trotzdem ergriff, erstickte die Menge seine Worte in Buhrufen, höhnischen Bemerkungen und Pfiffen. Also nutzte Trebellius die einzige Waffe, die Gabinius nicht ignorieren konnte.

»Ich lege gegen die *lex Gabinia de piratis persequendis* mein Veto ein!« rief er mit sich überschlagender Stimme.

Augenblicklich herrschte Stille.

»Zieh dein Veto zurück, Trebellius«, sagte Gabinius.

»Nein, das werde ich nicht tun. Ich lege gegen das Gesetz deines Patrons mein Veto ein.«

»Zwing mich nicht zu drastischen Maßnahmen, Trebellius.«

»Was könntest du schon für Maßnahmen ergreifen, Gabinius, außer mich vom Tarpeianischen Felsen zu stürzen? Und auch das würde an meinem Veto nichts ändern. Ich wäre tot, aber dein Gesetz könnte nicht verabschiedet werden«, sagte Trebellius.

Es war ein echtes Kräftemessen, denn die Zeiten waren vorbei, als Versammlungen zu Prügeleien ausarteten und der Mann, der die Versammlung einberufen hatte, straffrei ausging; als eine aufgebrachte Plebs die Volkstribune mit körperlicher Gewalt zwingen konnte, ihr Veto zurückzuziehen, und der Mann, der die Plebs aufgewiegelt hatte, den unbeteiligten Zuschauer spielen konnte. Gabinius wußte genau, daß man ihn vor Gericht verantwortlich machen würde, wenn diese Versammlung gewaltsam endete. Deshalb löste er das Problem auf eine verfassungskonforme Weise, gegen die niemand etwas einwenden konnte.

»Ich kann diese Versammlung auffordern, dich deines Amtes zu entheben, Trebellius«, antwortete Gabinius. »Zieh dein Veto zurück!«

»Ich weigere mich, das Veto zurückzuziehen, Aulus Gabinius.«

Die römischen Männer mit Bürgerrechten waren in fünfunddreißig Tribus aufgeteilt. Zu sämtlichen Abstimmungsergebnissen in den Versammlungen kam man über diese Tribus, das heißt, nachdem Tausende von Männern abgestimmt hatten, wurden letztlich doch nur fünfunddreißig Stimmen ausgezählt. Bei Wahlen stimmten alle Tribus gleichzeitig ab, bei der Verabschiedung von Gesetzen jedoch gab ein Tribus nach dem anderen seine Stimme ab, und Gabinius brauchte ein Gesetz, wenn er Lucius Trebellius absetzen wollte. Deshalb rief Gabinius die fünfunddreißig Tribus nacheinander zur Abstimmung auf, und einer nach dem anderen stimmte für Trebellius' Absetzung. Achtzehn Stimmen waren die Mehrheit, also brauchte Gabinius nicht mehr als achtzehn. In feierlicher Stille und mustergültiger Ordnung nahm die Abstimmung ihren unerbittlichen Verlauf: Suburana, Sergia, Palatina, Quirina, Horatia, Aniensis, Menenia, Oufentina, Maecia, Pomptina,

Stellatina, Clustumina, Tromentina, Voltinia, Papiria, Fabia… Als siebzehnter Tribus war Cornelia an der Reihe, und das Ergebnis war dasselbe: Absetzung.

»Nun, Lucius Trebellius?« fragte Gabinius und schenkte seinem Kollegen ein breites Lächeln. »Siebzehn Stämme in Folge haben gegen dich gestimmt. Soll ich die Männer von Camilia aufrufen, damit sich die Zahl auf achtzehn erhöht, oder ziehst du dein Veto zurück?«

Trebellius leckte sich über die Lippen, blickte verzweifelt zu Catulus, Hortensius und Piso hinüber und dann zum distanzierten, unnahbaren Metellus Pius, dem Pontifex Maximus. Eigentlich hätte er Trebellius' Mitgliedschaft bei den *boni* würdigen sollen, aber der Pontifex Maximus war vor vier Jahren als veränderter Mann aus Spanien zurückgekehrt – als stiller, resignierter Mann. Und trotzdem wandte Trebellius sich in seiner Not an Metellus Pius.

»Pontifex Maximus, was soll ich tun?« rief er.

»Die Plebejer haben ihrem Wunsch in dieser Sache Ausdruck verliehen, Lucius Trebellius«, antwortete Metellus Pius mit klarer, lauter Stimme, ohne ein einziges Mal zu stocken. »Zieh dein Veto zurück. Die Plebejer haben dich angewiesen, dein Veto zurückzuziehen.«

»Ich ziehe mein Veto zurück«, sagte Trebellius, drehte sich auf dem Absatz um und zog sich zum hintersten Ende der Rostra zurück.

Aber jetzt, da seine Vorlage Form annahm, schien Gabinius es nicht mehr eilig zu haben, das Gesetz zu verabschieden. Er erteilte zuerst Catulus und dann Hortensius das Wort.

»Kluges Kerlchen, findest du nicht?« fragte Cicero, der ein wenig beleidigt war, weil ihn niemand um das Wort gebeten hatte. »Nun hör sich einer diesen Hortensius an! Vorgestern im Senat hat er noch gesagt, er wolle lieber sterben, als Sonderkommandos mit unbeschränkter Befehlsgewalt durchgehen lassen. Heute ist er immer noch gegen Sonderkommandos mit unbeschränkter Befehlsgewalt, aber wenn Rom darauf besteht, eine derartige Bestie ins Leben zu rufen, dann soll wenigstens Pompeius die Zügel in die Hand nehmen und kein anderer. Jetzt wissen wir, aus welcher Richtung der Wind auf dem Forum weht, oder?«

Zweifellos. Pompeius schloß die Versammlung, indem er noch ein paar Tränen vergoß und mitteilte, daß er, wenn Rom darauf bestünde, bereit sei, sich die Last noch einmal auf die Schultern zu laden, auch auf die Gefahr tödlicher Erschöpfung hin. Danach hob Gabinius die

Versammlung auf. Die Abstimmung stand noch aus. Das letzte Wort hatte jedoch der Volkstribun Roscius Otho. Zornig, enttäuscht und mit Mordlust in den Augen trat er an den Rand der Rostra, stieß die geballte rechte Faust in die Höhe, streckte ganz langsam den Mittelfinger und bewegte ihn hin und her.

»Schiebt ihn euch in den Arsch, Plebejer!« lachte Cicero und amüsierte sich köstlich über diese Geste der Verzweiflung.

»Du läßt der Plebs also einen Tag Bedenkzeit, was?« fragte er Gabinius, als das Kollegium die Rostra verließ.

»Ich mache alles genauso, wie es getan werden muß.«

»Wie viele Gesetze?«

»Ein allgemeines, dann noch eines, welches Gnaeus Pompeius das Kommando zuerkennt, und ein drittes, das die Bedingungen seines Kommandos im einzelnen regelt.«

Cicero hakte sich bei Gabinius unter und zog ihn mit sich. »Besonders gefallen hat mir die Pointe am Schluß von Catulus' Rede, weißt du, als Catulus von den Plebejern wissen wollte, was denn passiert, wenn Magnus getötet wird, und wen die Plebs dann als Stellvertreter einsetzen würde.«

Gabinius krümmte sich vor Lachen. »Und wie aus einer Kehle haben sie gebrüllt: ›Dich, Catulus! Keinen anderen als dich!‹«

»Armer Catulus! Veteran eines stundenlangen Rückzugsgefechts zu sein, das im Schatten des Quirinal ausgefochten wird.«

Am Ende bekam Pompeius mehr, als Gabinius verlangt hatte: Seine Befehlsgewalt zur See war unbegrenzt und erstreckte sich von jeder Küste aus fünfzig Meilen ins Landesinnere; und das bedeutete, daß seine Autorität über die des jeweiligen Provinzstatthalters gestellt war, und auch über die Autorität der Männer mit Sonderkommandos, wie Metellus das Zicklein auf Kreta und Lucullus, der seinen Krieg gegen die beiden Könige führte. Niemand konnte ihn in Frage stellen, ohne den Beschluß der Volksversammlung aufzuheben. Fünfhundert Schiffe sollte er auf Roms Kosten bekommen, und zusätzlich durfte er in den Küstenstaaten und Städten so viele beschlagnahmen, wie er brauchte. Man gewährte ihm 120 000 römische Soldaten, und so viele, wie er für geboten hielt, konnte er in den Provinzen rekrutieren; er sollte fünftausend Reiter erhalten, vierundzwanzig Legaten im Rang von Prätoren – alle von ihm persönlich ausgewählt – sowie zwei Quästoren; er würde

144 000 000 Sesterzen aus dem Staatsschatz erhalten und noch mehr, wenn es sich als nötig erweisen sollte. Kurz gesagt, die Plebs stattete ihn mit einem Kommando aus, wie es noch keines zuvor gegeben hatte.

Pompeius, das muß zu seiner Ehre gesagt sein, vergeudete keine Zeit damit, mit geschwollener Brust umherzulaufen und Männern wie Catulus oder Piso seinen Sieg unter die Nase zu reiben; er war viel zu erpicht darauf, das in die Tat umzusetzen, was er bereits bis in die letzte Einzelheit geplant hatte. Und wenn es noch eines Beweises für das Vertrauen des Volkes in seine Fähigkeit, der Freibeuterei auf den Meeren ein Ende zu machen, bedurft hätte, dann konnte er mit Stolz vermerken, daß am Tage der Verabschiedung der *lex Gabinia* in Rom die Getreidepreise fielen.

Manche wunderten sich darüber, daß er seine beiden alten Offiziere aus Spanien, Afranius und Petreius, nicht als Legaten mitnahm. Statt dessen war er bemüht, die Ängste der *boni* zu beschwichtigen, und wählte untadelige Männer wie Sisenna und Varro, zwei von den Manlii Torquati, Lentulus Marcellinus und den jüngeren der beiden Halbbrüder seiner Frau Mucia Tertia, Metellus Nepos. Die beiden wichtigsten Kommandos jedoch übertrug er seinen gefügigen Zensoren Poplicola und Lentulus Clodianus – Poplicola das Tyrrhenische Meer und Lentulus Clodianus das Adriatische Meer. Und dazwischen ruhte, sicher und geborgen, Italien.

Er teilte das Mittelmeer in dreizehn Regionen auf, und in jeder von ihnen stationierte er einen Kommandanten, einen stellvertretenden Kommandanten, Schiffe, Soldaten und Geld. Und diesmal würde es keine Gehorsamsverweigerung geben; und keiner seiner Legaten würde sich anmaßen, etwas auf eigene Faust zu unternehmen.

»Es darf kein Arausio geben«, sagte er mit fester Stimme, als er seine Legaten im Kommandozelt versammelte, bevor das große Unternehmen begann. »Wenn einer von euch auch nur einen einzigen Furz in eine Richtung losläßt, die ich nicht *persönlich* als die richtige Richtung angegeben habe, dann schneide ich ihm die Eier ab und verkaufe ihn auf dem Eunuchenmarkt in Alexandria«, sagte er, und er meinte es so. »Meine Befehlsgewalt ist *maius*, das heißt, ich kann tun und lassen, was ich will. Jeder einzelne von euch bekommt detaillierte schriftliche Befehle, so detailliert, daß er nicht einmal selbst entscheiden muß, was es übermorgen zum Abendessen gibt. Also, tut, was man euch sagt! Und sollte einer von euch nicht in der Lage sein, zu tun, was man ihm sagt, dann soll er es jetzt sagen. Denn sonst heißt es, am Hof von König Ptolemaios Sopran singen. Habt ihr das kapiert?«

»Seine Ausdrucksweise und Metaphern mögen nicht übermäßig elegant sein«, sagte Varro zu seinem Kollegen, dem Literaten Sisenna, »aber er versteht es, den Leuten klarzumachen, daß er meint, was er sagt.«

»Ich stelle mir gerade einen allmächtigen Aristokraten wie Lentulus Marcellinus vor, wie er sich im Palast von Alexandria die Mandeln aus dem Hals trällert, um König Ptolemaios dem Flötisten zu gefallen«, erwiderte Sisenna verträumt.

Worüber sie beide lachen mußten.

Auch wenn der Feldzug keineswegs zum Lachen war, nahm er mit erstaunlichem Tempo und mächtiger Durchschlagskraft seinen Verlauf, genauso, wie Pompeius es sich vorgestellt hatte. Und nicht ein einziger seiner Legaten wagte es, etwas anderes zu tun, als die schriftlichen Befehle auszuführen. Wenn das Tempo und die Schlagkraft von Pompeius' afrikanischem Feldzug schon jeden in Erstaunen versetzt hatte – durch diese Kampagne wurde er für alle Zeiten in den Schatten gestellt.

Er begann am westlichen Ende des Mittelmeeres. Pompeius benutzte seine Flotte, seine Truppen und vor allem seine Legaten, um auf dem Wasser eine Art militärischen Besen in Stellung zu bringen. Und dann fing er mit dem Fegen an. Er fegte einen aufgescheuchten und hilflosen Haufen Piraten vor sich her; immer wenn ein abgesprengter Verband von Piraten an der afrikanischen oder der gallischen und der spanischen oder der ligurischen Küste nach einem Schlupfwinkel suchte, wartete dort schon einer der Legaten auf ihn. Konsul Piso, der designierte Statthalter beider Gallien, erließ Befehle, die es beiden Provinzen untersagten, Pompeius in irgendeiner Weise behilflich zu sein. Deshalb mußte Pompeius' Legat in diesem Gebiet, Pomponius, ungeheure Anstrengungen unternehmen, um Erfolge zu erringen. Aber auch Piso mußte klein beigeben, als Gabinius drohte, ihm per Gesetz seine beiden Provinzen zu nehmen, falls er sich nicht beugte. Pisos Schulden stiegen in atemberaubendem Tempo; er brauchte die beiden Gallien, um seine Verluste auszugleichen, also fügte er sich.

Pompeius selbst folgte seinem Besen von Westen nach Osten und traf gerade zu der Zeit, als Gabinius seine Maßnahmen gegen Piso ergriff, zu einem Besuch in Rom ein. Er wirkte triumphierender als je zuvor, als er Gabinius in aller Öffentlichkeit aufforderte, nicht so gemein zu Piso zu sein.

»Was für ein wunderbarer Blender!« sagte Caesar zu seiner Mutter und hatte es nicht ironisch gemeint.

Aurelia stand nicht der Sinn nach Forumsangelegenheiten. »Ich muß mit dir reden, Caesar«, sagte sie und lehnte sich in ihrem Sessel zurück.

Caesars gute Laune war verflogen, er unterdrückte ein Seufzen. »Worüber?«

»Über Servilia.«

»Da gibt es nicht zu sagen, Mater.«

»Hast du Crassus gegenüber etwas erwähnt?« wollte seine Mutter wissen.

Caesar runzelte die Stirn. »Crassus? Nein, bestimmt nicht.«

»Und warum kommt Tertulla dann auf Fischzug bei mir vorbei? Genau das hat sie gestern nämlich getan.« Aurelia lachte freudlos. »Nicht gerade die geschickteste Fischerin Roms, diese Tertullia! Muß wohl an ihrer sabinischen Herkunft liegen. Kein geeigneter Fischgrund, die dortigen Berge, es sei denn, man kann mit der Wünschelrute umgehen.«

»Ich schwöre, daß ich nichts gesagt habe, Mater.«

»Crassus ahnt jedenfalls etwas, und diese Ahnung hat er seiner Frau mitgeteilt. Ich nehme doch an, daß du diese Beziehung weiterhin geheimhalten willst. Mit der Absicht, sie wieder aufzunehmen, wenn das Kind auf der Welt ist.«

»Das habe ich vor.«

»Dann solltest du Crassus ein wenig Sand in die Augen streuen, Caesar. Ich habe nichts gegen den Mann, genausowenig wie gegen seine sabinische Frau, aber jedes Gerücht fängt irgendwo an, und das ist ein Anfang.«

Die Falten auf seiner Stirn wurden tiefer. »Ärgerlich! Um mich mache ich mir keine großen Sorgen, Mater, aber ich habe nichts gegen den armen Silanus, und es wäre besser, wenn unsere Kinder nichts davon erfahren würden. An Silanus' Vaterschaft dürften eigentlich keine Zweifel aufkommen. Wir sind beide blond, und Servilia ist sehr dunkel. Wie das Kind auch aussieht, es könnte ebensogut von ihm wie von mir sein, wenn es der Mutter nicht ähnlich ist.«

»Stimmt. Auch wenn ich mir wünschen würde, Caesar, du hättest dir eine andere Gespielin als Servilia ausgesucht!«

»Habe ich ja, jetzt, wo sie zu dick zum Spielen ist.«

»Catos Frau, meinst du?«

Er stöhnte auf. »Catos Frau. Eine hoffnungslose Langweilerin.«

»Wie sollte sie in dem Haushalt anders überleben?«

Er legte beide Hände vor sich auf den Tisch und machte ein geschäftsmäßiges Gesicht. »Also, Mutter, hast du irgendwelche Vorschläge zu machen?«

»Ich denke, du solltest wieder heiraten.«

»Ich will nicht wieder heiraten.«

»Das weiß ich! Aber es wäre die beste Art, die Leute auf eine falsche Fährte zu locken. Wenn ein Gerücht sich auszubreiten droht, sollte man es mit einem anderen Gerücht ersticken.«

»Also gut, dann heirate ich eben wieder.«

»Gibt es eine Frau, die du gern heiraten würdest?«

»Keine, Mater. Ich bin Wachs in deiner Hand.«

Das gefiel ihr; sie sog zufrieden die Luft ein. »Gut!«

»Also, wie heißt sie?«

»Pompeia Sulla.«

»Um Himmels willen, nein!« rief er entsetzt aus. »Jede, bloß die nicht.«

»Unsinn! Pompeia Sulla ist die ideale Frau.«

»Pompeia Sullas Kopf ist so leer, daß man ihn als Würfelbecher benutzen könnte«, stieß Caesar zwischen den Zähnen hervor. »Ganz zu schweigen davon, daß sie kostspielig, träge und unendlich töricht ist.«

»Die ideale Frau für dich!« wiederholte Aurelia. »Deine Seitensprünge werden sie nicht beunruhigen, sie ist zu dumm, um eins und eins zusammenzuzählen, und ihre Bedürfnisse kann sie mit ihrem eigenen Vermögen befriedigen. Als Tochter von Cornelia Sulla und Enkeltochter von Sulla ist sie außerdem deine Cousine zweiten Grades, und die Pompeii Rufi sind ein angesehenerer Zweig der picentischen Familie als die Magnus-Linie. Und in der ersten Blüte der Jugend ist sie auch nicht mehr – ich würde dir keine unerfahrene Braut geben.«

»Würde ich auch nicht nehmen«, erwiderte Caesar verdrießlich. »Hat sie Kinder?«

»Nein, obwohl ihre Ehe mit Gaius Servilius Vatia drei Jahre gedauert hat. Weißt du, ich glaube nicht, daß Gaius Vatia ein ganz gesunder Mann war. Sein Vater – er war der ältere Bruder von Vatia Isauricus, falls du das vergessen hast – ist so jung gestorben, daß er nicht einmal Senator werden konnte, und die politischen Verdienste, die der Sohn sich um Rom erworben hat, beschränken sich auf seine Wahl zum Ersatzkonsul. Daß er gestorben ist, bevor er sein Amt antreten konnte, war typisch für seine politische Karriere. Aber es bedeutet immerhin, daß Pompeia Sulla eine Witwe ist. Eine Witwe ist angesehener als eine geschiedene Frau.«

Er begann Gefallen an ihrem Vorschlag zu finden; sie sah es ihm an und lehnte sich zurück, ohne ihn noch länger zu bearbeiten. Der Grundstein war gelegt, alles weitere konnte sie ihm überlassen. »Wie alt ist sie jetzt?« fragte er langsam.

»Zweiundzwanzig, glaube ich.«

»Und Mamercus und Cornelia Sulla hätten nichts dagegen? Ganz zu schweigen von Quintus Pompeius Rufus, ihrem Stiefbruder, und Quintus Pompeius Rufus, ihrem leiblichen Bruder.«

»Mamercus und Cornelia Sulla haben bei mir angefragt, ob du nicht Interesse haben könntest. So bin ich überhaupt erst auf den Gedanken gekommen«, sagte Aurelia. »Und was ihre Brüder betrifft, der leibliche Bruder ist noch viel zu jung, um ernsthaft gefragt zu werden, und der Stiefbruder befürchtet, Mamercus könnte sie ihm aufbürden, statt sie in die Obhut von Cornelia Sulla zu geben.«

In seinem Lachen schwang Sarkasmus mit. »Wie ich sehe, hat die Familie sich gegen mich verbündet!« Er wurde wieder ernst. »Trotzdem, Mater, so ein junges, exotisches Ding wie Pompeia Sulla wird keine große Lust dazu haben, sich in eine Erdgeschoßwohnung in der Subura einsperren zu lassen. Sie könnte dir zu einer großen Last werden. Cinnilla war mindestens so sehr dein Kind wie deine Schwiegertochter; sie hätte dir niemals das Recht streitig gemacht, in deinem Haus das Wort zu führen, und wäre sie hundert Jahre alt geworden. Die Tochter eines Cornelius Sulla dagegen könnte ganz andere Flausen im Kopf haben.«

»Um mich mußt du dir keine Sorgen machen, Caesar«, sagte Aurelia und erhob sich zufrieden. Er hatte angebissen. »Pompeia Sulla wird tun, was man ihr sagt. Sie wird mich und diese Wohnung ertragen.«

Und so kam Gaius Julius Caesar zu seiner zweiten Frau, der Enkeltochter von Sulla. Es war eine stille Hochzeit im engsten Familienkreis. Sie fand im *domus* von Mamercus auf dem Palatin statt und wurde begleitet von Kundgebungen tief empfundener Freude, vor allem seitens des Stiefbruders der Braut, der von der Schreckensvision befreit war, sie bei sich aufnehmen zu müssen.

Pompeia war sehr schön. Ganz Rom sah das so, und Caesar fand, daß Rom es ganz richtig sah, auch wenn er alles andere als ein feuriger Bräutigam war. Sie hatte dunkelrotes Haar und hellgrüne Augen (eine Art genetischer Kompromiß, dachte Caesar, zwischen dem Rotgold von Sullas Familie und dem Karottenrot der Pompeii Rufi). Sie hatte ein klassisches ovales Gesicht, eine ansehnliche Figur und war von stattlicher Größe. Aber nicht ein Funken Intelligenz leuchtete aus den grasgrünen Pupillen, und die Flächen ihres Gesichts waren glatt wie polierter Marmor. Leer. Haus zu vermieten, dachte Caesar, als er sie, begleitet von einer freudig erregten Festgesellschaft, den ganzen Weg vom Palatin bis zur Wohnung seiner Mutter in der Subura in seinen Armen trug. Er ließ sich die Anstrengung nicht anmerken. Nichts hätte ihn dazu gezwungen, sie zu tragen, es hätte gereicht, sie über die Schwelle ihres neuen Heims zu heben, aber Caesar liebte es nun einmal, seiner Welt zu beweisen, daß er besser als alle anderen war, und das führte gelegentlich zu Kraftakten, die niemand seiner schlanken Gestalt zugetraut hätte.

Natürlich machte es großen Eindruck auf Pompeia. Den ganzen Weg über kicherte und gurrte sie und warf Caesar Hände voller Rosenblütenblätter vor die Füße. Die Hochzeitsnacht erwies sich als weitaus geringere Anstrengung als der Hochzeitsspaziergang; Pompeia gehörte zu jener Sorte Frauen, die es für völlig ausreichend hielten, sich einfach auf den Rücken zu legen, die Beine breit zu machen und der Dinge zu harren, die da kommen würden. Sicher, so ein schöner Busen und das niedliche Büschel roter Schamhaare – mal was anderes! – bereiteten ihm ein gewisses Vergnügen, aber sie hatte kein Feuer! Sie war nicht einmal dankbar, und das, dachte Caesar, stellte sogar die arme Atilia über sie, obwohl Atilia nur ein farbloses, flachbrüstiges Geschöpf war, ausgelöscht bereits nach fünf Jahren Ehe mit diesem grauenhaften jungen Cato.

»Hättest du gern eine Stange Sellerie?« fragte er Pompeia und stützte sich auf seinen Ellbogen, um sie ansehen zu können.

Sie klimperte ein paarmal mit den unverschämt langen, dunklen Wimpern. »Eine Stange Sellerie?« fragte sie unsicher.

»Damit du was zum Knabbern hast, während ich mich abmühe«, sagte er. »Du hättest etwas zu tun, und ich könnte dir dabei zuhören.«

Pompeia kicherte, weil irgendein liebestoller Knabe einmal zu ihr gesagt hatte, ihr Lachen habe einen wunderbaren Klang, wie Wasser, das über die Kiesel in einem Bachbett plätschert. »Ach, du bist albern«, sagte sie.

Er ließ sich zurückfallen, aber nicht auf sie. »Du hast recht«, sagte er. »Ich bin wirklich albern.«

Und am nächsten Morgen erklärte er seiner Mutter: »Rechne nicht damit, mich hier oft zu sehen, Mater.«

»Ach je«, sagte Aurelia gelassen. »So schlimm?«

»Da mach ich's mir lieber selber!« stellte er unbarmherzig fest und lief hinaus, bevor er sich einen Rüffel für die rüde Ausdrucksweise einhandelte.

Verwalter der Via Appia zu sein, stellte wesentlich höhere Anforderungen an seinen Geldbeutel, als er geglaubt hatte, auch wenn er von seiner Mutter gewarnt worden war. Die große Straße, die Rom mit Brundisium verband, schrie förmlich nach sorgfältiger Pflege, weil sie nie richtig instand gehalten worden war. Auch wenn sie die Marschtritte zahlloser Armeen und die Räder ungezählter Gepäckkarren hatte ertragen müssen – sie war so alt, daß man sie als etwas Selbstverständliches hingenommen hatte. Besonders hinter Capua befand sie sich in einem erbarmungswürdigen Zustand.

Die Quästoren des Schatzamtes waren in jenem Jahr besonders verständnisvoll, und das, obwohl der junge Caepio einer von ihnen war. Caepios Verbindung zu Cato und den *boni* hatte Caesar befürchten lassen, endlose Kämpfe um Zuschüsse ausfechten zu müssen. Zuschüsse standen ihm zu, nur reichten sie nicht aus. Und als die Kosten für den Brückenbau und die Erneuerung des Belags die öffentlichen Zuschüsse überstiegen, zahlte Caesar aus eigener Tasche dazu. Daran war nichts Ungewöhnliches; Rom hatte schon immer auf private Spenden gebaut.

Die Arbeit gefiel ihm außerordentlich gut, deshalb überwachte er sie persönlich und kümmerte sich auch um die technischen Belange. Nachdem er Pompeia geheiratet hatte, kam er nur noch selten nach Rom. Natürlich verfolgte er Pompeius' Fortschritte in seinem fabelhaften Feldzug gegen die Piraten, und er mußte zugeben, daß er es selbst kaum besser gemacht hätte. Sogar Pompeius' Nachsicht und Großzügigkeit fanden Caesars Beifall. Der Krieg zog sich an der cilicischen Küste entlang, und Pompeius entledigte sich tausender Gefangener, indem er sie in verlassenen Städten weit im Landesinneren ansiedelte. Er hatte tatsächlich alles richtig gemacht, er hatte dafür gesorgt, daß sein Freund und Sekretär Varro mit der Seefahrerkrone dekoriert wurde, er überwachte das Aufteilen der Kriegsbeute, so daß sich keiner der Legaten einen größeren Teil herausnehmen konnte, als ihm zustand. Und auch der römische Staatssäckel gewann beträchtlich an Umfang. Die hoch aufragende Zitadelle von Coracesium hatte er auf die bestmögliche Art erobert: durch Bestechung von innen, und als sie einmal gefallen war, konnte sich keiner der überlebenden Piraten mehr der Illusion hingeben, daß Rom das Meer, das es *Mare Nostrum* nannte, nicht auch tatsächlich gehörte. Der Feldzug hatte sich in das Schwarze Meer ausgeweitet, und auch dort trieb Pompeius alle vor sich her. Megadates und sein eidechsenartiger Zwilling, Pharnaces, waren hingerichtet worden; der Getreidenachschub für Rom war organisiert und auf unabsehbare Zeit gesichert.

Er hatte überhaupt nur in der Angelegenheit von Kreta einen Fehlschlag erlitten, und das verdankte er Metellus dem Zicklein, der sich hartnäckig weigerte, Pompeius' Befehlsgewalt anzuerkennen. Pompeius' Legaten Lucius Octavius hatte er eine Abfuhr erteilt, als er bei ihm eintraf, um die Wogen zu glätten; und die meisten Leute waren davon überzeugt, daß Metellus hinter Lucius Cornelius Sisennas verheerendem Schlag steckte. Pompeius hätte ihn seines Amtes entheben können, aber Metellus ließ keinen Zweifel daran, daß dies Krieg bedeutet hätte. Und so machte Pompeius das Vernünftigste, das er tun konnte. Er ließ Metellus Kreta und erklärte sich stillschweigend damit einverstanden, einen winzigen Teil seines Ruhms mit dem halsstarrigen Enkelsohn des Metellus, Macedonius, zu teilen. Denn dieser Feldzug gegen die Piraten – das hatte Pompeius Caesar anvertraut – sollte nur ein Aufgalopp, ein Lockern der Muskeln für eine noch größere Aufgabe sein.

Und so machte Pompeius keine Anstalten, nach Rom zurückzukehren; er trieb sich den ganzen Winter in der Provinz Asia herum, bemühte sich, sie zu befrieden und eine neue Art von Steuerpächtern einzuführen, die seine eigenen Zensoren herangezogen hatten. Natürlich lag Pompeius auch gar nichts daran, nach Rom zurückzukehren, er war lieber woanders; als Nachfolger für Aulus Gabinius hatte er einen anderen vertrauenswürdigen Volkstribun gefunden – eigentlich sogar zwei. Der eine, Gaius Memmius, war der Sohn seiner Schwester und ihres ersten Ehemanns, der in Spanien während Pompeius' Feldzug gegen Sertorius umgekommen war. Der andere, Gaius Manilius, war der fähigere von beiden und wurde deswegen mit der schwierigeren Aufgabe betraut: Er sollte Pompeius das Kommando gegen König Mithridates und König Tigranes verschaffen.

Caesar, der es als klüger ansah, im Dezember und Januar in Rom zu verweilen, hielt es für eine leichtere Aufgabe als die, der Gabinius gegenübergestanden hatte, denn Pompeius hatte die Opposition im Senat zerschlagen, indem er den Piraten innerhalb eines kurzen Sommers eine vernichtende Niederlage zugefügt hatte, zu einem Bruchteil der Kosten, die dafür veranschlagt worden waren, und so schnell, daß weder Landbewilligungen für die Legionäre noch Vergütungen für hilfsbereite Städte oder Entschädigungen für ausgeliehene Flotten erforderlich gewesen waren. Am Ende dieses Jahres war Rom bereit, Pompeius alles zu gewähren, was er verlangte.

Im Gegensatz dazu hatte Lucius Licinius Lucullus ein schreckliches Jahr mit Niederlagen, Meutereien und Katastrophen hinter sich. Und das brachte ihn und seine Beauftragten nicht gerade in die günstigste Position, als es darum ging, etwas gegen Manilius' Vorschlag einzuwenden, dem zufolge Pompeius Bithynien, Pontus und Cilicia sofort übergeben und Lucullus auf der Stelle von seinem Kommando entbunden und in Unehren nach Rom zurückbeordert werden sollte. Glabrio würde die Kontrolle über Bithynien und Pontus verlieren, aber das war kein Hinderungsgrund für Pompeius' Ernennung, zumal Glabrio aus purer Geldgier schon zu Beginn seines Konsulats in seine Provinzen abgereist war und Gaius Piso damit keinen Gefallen getan hatte. Und auch Quintus Marcius Rex, der Statthalter in Cilicia war, hatte nichts Bemerkenswertes zustande gebracht. Der Osten war nun das Ziel des großen Pompeius.

Nicht, daß Catulus und Hortensius irgend etwas unversucht gelassen hätten: Sie lieferten sich Redeschlachten im Senat und vor der Volksversammlung und protestierten ohne Unterlaß gegen diese außerordentlichen, allumfassenden Kommandos. Manilius schlug vor, Pompeius wieder das *imperium maius* zu geben, das ihn über jeden Statthalter stellen würde, und außerdem eine besondere Klausel einzuführen, die es Pompeius erlauben würde, Krieg zu führen und Frieden zu machen, ohne vorher den Senat oder das Volk um Erlaubnis zu fragen.

Dieses Jahr war Caesar jedoch nicht der einzige, der für Pompeius das Wort ergriff. Cicero, inzwischen Prätor des Erpressungsgerichts, erhob in Senat und Volksversammlung donnernd seine Stimme; und das taten auch die Zensoren Poplicola und Lentulus Clodianus, Gaius Scribonius Curio sowie – was für ein Triumph! – die Konsulare Gaius Cassius Longinus und kein Geringerer als Publius Servilius Vatia Isauricus persönlich! Wie hätten Senat oder Volksversammlung da noch widerstehen sollen? Pompeius bekam sein Kommando, und als man ihm, der gerade seine Truppen in Cilicia besichtigte, die Nachricht überbrachte, soll er sogar ein paar Tränen vergossen haben. Ach, die schwere Last dieser erbarmungslosen Sonderkommandos! Wie gern hätte er zu Hause ein Leben in Ruhe und Beschaulichkeit geführt! Oh, diese Bürde!

Anfang September brachte Servilia ihre dritte Tochter zur Welt, ein blondes Würmchen, dessen Augen blau zu bleiben versprachen. Weil Junia und Junilla soviel älter und deshalb an ihre Namen gewöhnt waren, bekam diese Junia den Namen Tertia. Das bedeutete die Dritte und hörte sich gut an. Die Schwangerschaft hatte sich schrecklich lange hingezogen, nachdem Caesar Mitte Mai beschlossen hatte, sich nicht mehr mit ihr zu treffen. Ausgerechnet in der heißesten Zeit war sie hochschwanger gewesen; bei ihrem Zustand und angesichts ihres Alters hatte Silanus beschlossen, in diesem Jahr nicht an die See zu fahren. Er war immer freundlich und aufmerksam gewesen. Niemand hätte auf die Idee kommen können, daß zwischen ihnen nicht alles in Ordnung war. Nur Servilia war eine Veränderung in seinem Blick aufgefallen, Schmerz und Trauer lagen darin, aber da Mitleid nicht zu ihren Charaktereigenschaften zählte, tat sie es als ganz normalen Umstand ab und wurde ihm gegenüber nicht sanftmütiger.

Da sie genau wußte, daß Klatschmäuler der Stadt die Nachricht von der Geburt der Tochter auch bis zu Caesar tragen würden, machte sie keinen Versuch, mit ihm in Kontakt zu treten. Das war ohnehin schon schwer genug, und Caesars neue Ehefrau machte es noch komplizierter. War das ein Schock für sie gewesen! Aus heiterem Himmel war dieser Feuerball auf sie heruntergestürzt, hatte sie zerstört, getötet, zu einem Häuflein Asche verbrannt. Tag und Nacht hatte die Eifersucht an ihr genagt, denn sie kannte die junge Frau natürlich. Nicht besonders intelligent, ohne Tiefe – aber mit ihrem dunkelroten Haar und den leuchtendgrünen Augen eine vollkommene Schönheit! Und obendrein eine Enkeltochter Sullas. Sehr reich. Alle nötigen Beziehungen und einen Fuß in jedem Lager des Senats. Wie klug von Caesar, die Sinne zu befriedigen und gleichzeitig etwas für seine politische Laufbahn zu tun! Da sie nicht die Möglichkeit hatte, Informationen über den Seelenzustand ihres Geliebten einzuholen, nahm Servilia ganz automatisch an, daß es sich um eine Liebesheirat handelte. Hinterhältiger Hund! Wie sollte sie mit dem Bewußtsein leben, daß eine andere ihm mehr bedeutete als sie! Und wie sollte sie ohne ihn leben?

Brutus sah Julia natürlich regelmäßig. Mit seinen sechzehn Jahren war er jetzt offiziell ein Mann und hatte sich von der Schwangerschaft seiner Mutter abgestoßen gefühlt. Er, ein Mann, hatte eine Mutter, die immer noch... immer noch... O ihr Götter, diese Peinlichkeit, diese Demütigung!

Julia dachte da ganz anders, und das machte sie ihm auch deutlich. »Wie schön für sie und Silanus«, hatte sie gesagt und sanft gelächelt. »Du darfst nicht böse auf sie sein, Brutus, wirklich nicht. Stell dir vor, wir würden nach zwanzig Jahren Ehe noch ein Kind bekommen. Würdest du es verstehen, wenn dein Sohn zornig darüber wäre?«

Seine Haut sah noch schlimmer aus als ein Jahr zuvor, überall blühte und wucherte es, gelbe und rote Pusteln, die juckten und brannten und an denen man ständig kratzen oder herumdrücken mußte. Selbsthaß hatte dem Zorn auf den Zustand seiner Mutter weitere Nahrung gegeben, und jetzt sollte er ihn angesichts der einleuchtenden, besonnenen Frage, die Julia ihm gestellt hatte, einfach unter den Tisch kehren? Er blickte finster, knurrte mißbilligend, sagte dann aber widerstrebend: »Sicher würde ich es verstehen, schließlich verspüre ich den Zorn ja selber. Aber ich begreife, was du meinst.«

»Immerhin ein Anfang«, sagte die kleine Weise. »Servilia ist kein junges Mädchen mehr, hat *avia* mir erklärt, und sie hat auch gesagt, daß sie viel Hilfe und Verständnis braucht.«

»Ich werde mich bemühen«, versprach Brutus. »Weil du's bist.« Und er ging langsam nach Hause, um mit seinen Bemühungen anzufangen.

Aber das alles verlor mit einem Schlag an Bedeutung, als Servilia zwei Wochen nach Tertias Geburt ihre große Chance bekam. Ihr Bruder Caepio kam mit interessanten Neuigkeiten zu ihr.

Als einer der Quästoren war er Anfang des Jahres dazu bestimmt worden, Pompeius bei seinem Feldzug gegen die Piraten zu unterstützen. Zunächst hatte er nicht geglaubt, Rom wegen dieser Aufgabe verlassen zu müssen.

»Aber ich werde doch hingeschickt, Servilia!« rief er, und Freude strahlte aus seinen Augen und seinem Lächeln. »Gnaeus Pompeius will, daß man ihm eine große Summe Geld nach Pergamum bringt, und ich soll die Reise unternehmen. Ist das nicht wunderbar? Ich darf über Land durch Makedonien reisen und meinen Bruder Cato besuchen, den ich schrecklich vermisse.«

»Wie schön für dich«, erwiderte Servilia gelangweilt. In den ganzen siebenundzwanzig Jahren hatte Caepios Leidenschaft für Cato sie nie im entferntesten interessiert.

»Pompeius erwartet mich nicht vor Dezember. Wenn ich sofort aufbreche, kann ich eine ganze Weile bei Cato bleiben, bevor ich weiterziehen muß«, fuhr Caepio fort, immer noch in der Stimmung glücklicher Vorfreude. »Das Wetter wird wohl halten, bis ich Makedonien verlasse, dann kann ich auf der Straße weiterreisen.« Er schüttelte sich. »Ich hasse das Meer!«

»Wie man hört, soll es frei von Piraten sein.«

»Trotzdem, ich ziehe festen Boden unter den Füßen vor.«

Damit wandte Caepio sich der kleinen Tertia zu, schäkerte mehr aus Pflichtbewußtsein als aus Vergnügen mit ihr und verglich sie mit seiner eigenen Tochter.

»Hübsches kleines Ding«, sagte er und rüstete sich zum Aufbruch. »Und äußerst vornehme Züge. Von wem sie die wohl hat?«

Aha, dachte Servilia. Und ich habe mir eingebildet, niemand außer mir würde die Ähnlichkeit mit Caesar entdecken. Aber auch wenn das Blut eines Porcius Cato durch Caepios Adern floß, war er dennoch nicht bösartig; er hatte die Bemerkung in aller Unschuld gemacht.

Ihre Gedanken gingen ganz automatisch in die übliche Richtung: Caepios offenkundige Unwürdigkeit, die Früchte des Goldes von Tolosa zu ernten, ein Gedanke, der unwillkürlich einen brennenden Groll darüber auslöste, daß ihr eigener Sohn Brutus sie nicht erben durfte. Caepio, das Kuckucksei im Nest ihrer Familie. Catos leiblicher Bruder, nicht ihrer.

Seit Monaten hatte Servilia an nichts anderes mehr denken können als an Caesars Niederträchtigkeit, ein so junges, reizendes Dummchen zu heiraten, aber ihre gegenwärtigen Gedanken über das Schicksal des Goldes von Tolosa gingen einen ganz anderen, von Liebesgefühlen vollkommen freien Gang. Sie schaute nämlich gerade durch das offene Fenster. Auf der anderen Seite des Innenhofs tänzelte Sinon unbekümmert unter der Kolonnade entlang. Servilia liebte diesen Sklaven, wenn auch nicht im fleischlichen Sinne. Er hatte ihrem Gatten gehört, aber schon bald nach der Eheschließung hatte sie Silanus sehr darum gebeten, ihr diesen Sklaven zu überlassen. Nachdem die Übertragung erfolgt war, hatte sie Sinon zu sich gerufen und ihn über seinen neuen Status in Kenntnis gesetzt. Sie war auf sein Entsetzen vorbereitet gewesen, hatte jedoch auf eine andere Reaktion gehofft. Er hatte auf eben die gewünschte Weise reagiert und sich über die Nachricht gefreut. Seitdem liebte sie Sinon.

»Um jemanden zu mögen, muß man ihn kennen«, hatte er unverfroren dazu bemerkt.

»Wenn das so ist, Sinon, dann vergiß nicht: Ich bin deine Herrin, ich habe Macht über dich.«

»Ich weiß«, hatte er grinsend geantwortet. »Und das ist gut so. Bei Decimus Junius war ich immer in Versuchung, es zu weit zu treiben. Eines Tages wäre das mein Untergang gewesen. Bei einer Herrin wie dir werde ich mich zusammennehmen. Auch gut! Und vergiß nicht, *domina,* daß ich dir stets zu Diensten bin.«

Und von Zeit zu Zeit benötigte sie seine Dienste. Von Cato wußte sie seit seiner Kindheit, daß er sich vor nichts so sehr fürchtete wie vor großen, haarigen Spinnen; solche Tierchen verwandelten ihn in ein schlotterndes Häuflein Elend. Und so durfte Sinon manches Mal losziehen, um vor den Toren Roms nach großen, haarigen Spinnen zu suchen, und man zahlte ihm einen fürstlichen Lohn dafür, daß er die Tierchen überall in Catos Haus versteckte, vom Bett bis zu den Schreibtischschubladen. Nicht ein einziges Mal hatte er sich dabei erwischen lassen. Catos Schwester Porcia, die mit Lucius Domitius Ahenobarbus verheiratet war, hatte einen nachhaltigen Ekel vor fetten Käfern. Also fing Sinon fette Käfer ein und brachte sie in ihr Haus. Manchmal erteilte Servilia ihm den Auftrag, Tausende von Würmern oder Flöhen oder Fliegen oder Heuschrecken in beide Häuser zu bringen und hinterher anonyme Briefe zu schreiben, die Verwünschungen gegen Würmer oder Flöhe oder gegen anderes Getier enthielten. Bevor Caesar in ihr Leben getreten war, hatten solche Spielchen sie bei Laune gehalten; danach hatte sie solcherlei Zeitvertreib nicht mehr nötig gehabt, und Sinon konnte fortan frei über seine Zeit verfügen. Wenn er nicht gerade

Insektenplagen bewirken mußte, hatte er ein ruhiges Leben; seine Herrin Servilia hielt ihre schützende Hand über ihn.

»Sinon!« rief sie.

Er blieb stehen, drehte sich um, kam die Kolonnade entlang und um die Ecke zu ihrem Wohnzimmer gelaufen. Ein hübscher Junge. Sein Charme und seine Unbekümmertheit machten ihn liebenswürdig für alle, die ihn nicht näher kannten; Silanus, zum Beispiel, hielt noch immer große Stücke auf ihn, und auch Brutus konnte ihn gut leiden. Er hatte einen zierlichen Körper und war ein brauner Typ – braune Haut, hellbraune Augen, hellbraunes Haar. Dazu spitze Ohren, ein spitzes Kinn, spitz zulaufende Finger. Kein Wunder, daß so mancher Hausbediensteter das Zeichen gegen das böse Auge schlug, wenn Sinon sich näherte. Er hatte etwas von einem Satyr.

»*Domina?*« fragte er und trat über die Schwelle.

»Schließ die Tür, Sinon, und die Fensterläden auch.«

»Oje, Arbeit!« sagte er und gehorchte.

»Setz dich.«

Er setzte sich und blickte sie mit einer Mischung aus Unverfrorenheit und gespannter Erwartung an. Spinnen? Kakerlaken? Vielleicht waren jetzt einmal Schlangen dran.

»Wärst du nicht gern frei, Sinon, und mit einem großen Beutel voll Gold ausgestattet?« fragte sie ihn.

Damit hatte er nicht gerechnet. Einen Augenblick lang verschwand der Satyr, und darunter kam eine andere, halb menschliche, weit weniger anziehende Kreatur zum Vorschein, ein Geschöpf, wie sie die Alpträume der Kinder bevölkerten. Doch dieser Zustand änderte sich rasch und er sah nur noch aufmerksam und interessiert aus.

»Doch *domina,* sehr gern.«

»Hast du eine Ahnung, welcher Art eine Gefälligkeit sein könnte, die solch eine Belohnung verdient?«

»Mindestens ein Mord«, antwortete er ohne zu zögern.

»So ist es«, sagte Servilia. »Reizt es dich?«

»Wen würde es nicht reizen, in meiner Lage?«

»Man braucht Mut, um einen Mord zu begehen.«

»Ich weiß. An Mut fehlt es mir nicht.«

»Du bist ein Grieche, und Griechen haben kein Ehrgefühl. Sie bleiben nicht bei der Stange, meine ich.«

»Wenn ich nur einen Mord begehen müßte und dann mit einem

fetten Beutel Gold untertauchen könnte, würde ich wohl bei der Stange bleiben, *domina*.«

Servilia lag auf dem Liegebett, und seine Anwesenheit hatte sie nicht veranlaßt, ihre Stellung auch nur im geringsten zu ändern. Doch nach dieser Antwort richtete sie sich auf; ihr Blick wurde eisig. »Ich traue dir nicht, weil ich niemandem traue«, sagte sie. »Und dies ist kein Mord, der in Rom begangen werden soll, nicht einmal in Italien. Er soll irgendwo zwischen Thessalonike und dem Hellespont ausgeführt werden. Eine ideale Gegend zum Untertauchen Aber ich habe Mittel und Wege, deiner wieder habhaft zu werden, Sinon. Vergiß das nicht. Einen Teil deiner Belohnung bekommst du sofort, den Rest schicke ich dir an einen bestimmten Ort in der Provinz Asia.«

»Gut, *domina,* aber woher soll ich wissen, daß du deinen Teil des Vertrags erfüllst?« fragte Sinon leise.

Servilia schnaubte vor stolzer Entrüstung. »Ich bin eine Servilius Caepio«, sagte sie.

»Ich weiß.«

»Das muß dir als Garantie dafür genügen, daß ich meinen Teil der Abmachung einhalten werde.«

»Was soll ich tun?«

»Zuerst mußt du ein sehr schädliches Gift beschaffen. Ich meine damit ein Gift, das absolut sicher wirkt und das man hinterher nicht feststellen kann.«

»Das läßt sich machen.«

»Mein Bruder Quintus Servilius Caepio reist in ein bis zwei Tagen in Richtung Osten. Ich will ihn bitten, dich mit ihm reisen zu lassen; ich werde sagen, du hättest in der Provinz Asia etwas für mich zu erledigen. Er wird natürlich einverstanden sein. Es gibt keinen Grund, warum er dich nicht mitnehmen sollte. Er hat Zahlungsanweisungen und Kontenbücher bei sich, die er Gnaeus Pompeius Magnus in Pergamum übergeben soll, aber kein bares Geld, mit dem er dich in Versuchung führen könnte. Denn es ist absolut wichtig, Sinon, daß du tust, was ich von dir verlange, und daß du dann untertauchst, ohne das geringste Aufsehen zu erregen. Sein Bruder Cato ist Militärtribun in Makedonien, und dieser Cato ist ein ganz anderer Mann. Er ist mißtrauisch und verschlossen und grausam, wenn er sich getroffen fühlt. Ganz bestimmt wird Cato nach Osten reisen, um die Beisetzung meines Bruders Caepio zu veranlassen. Das liegt in seiner Natur. Und wenn er eintrifft,

Sinon, dann darf es nicht den geringsten Hinweis darauf geben, daß etwas anderes als eine Krankheit meinen Bruder Quintus Servilius Caepio das Leben gekostet hat.«

»Ich verstehe«, sagte Sinon und verzog keine Miene.

»Wirklich?«

»Vollkommen, *domina*.«

»Du hast nur den morgigen Tag, um dir das Mittel zu beschaffen. Ist das möglich?«

»Das ist möglich.«

»Gut. Dann lauf jetzt um die Ecke zum Haus meines Bruders Quintus Servilius Caepio und bitte ihn, mir heute in einer dringlichen Sache einen Besuch abzustatten«, sagte Servilia.

Sinon ging. Servilia legte sich zurück auf den Diwan, schloß die Augen und lächelte.

So lag sie immer noch da, als Caepio kurz darauf zurückkam; ihre Häuser standen dicht beisammen.

»Was ist los, Servilia?« fragte er besorgt. »Dein Diener schien mir sehr erregt.«

»Du meine Güte, er hat dich doch hoffentlich nicht erschreckt!«

»Nein, nein, bestimmt nicht.«

»Und du hast keine Abneigung gegen ihn gefaßt?«

Caepio kniff die Augen zusammen. »Warum sollte ich?«

»Ach, nur so«, sagte Servilia und klopfte auf den Rand des Liegebetts. »Setz dich, Bruder. Ich möchte dich um einen Gefallen bitten. Eigentlich sogar um zwei.«

»Nenn mir den ersten.«

»Sinon ist mein zuverlässigster Diener, und er soll in Pergamum etwas für mich erledigen. Ich hätte eigentlich schon vorhin daran denken können, aber da habe ich es vergessen. Tut mir leid, daß ich dich noch einmal bemühen mußte. Würde es dir etwas ausmachen, wenn sich Sinon deiner Reisegesellschaft anschließt?«

»Natürlich nicht«, antwortete Caepio aufrichtig.

»Wunderbar!« gurrte Servilia.

»Und der zweite Gefallen?«

»Mach dein Testament«, antwortete Servilia.

Er lachte. »Ist das alles? Welcher Römer, der bei Verstand ist, hätte sein Testament nicht in dem Augenblick bei den Vestalinnen hinterlegt, in dem er offiziell zum Mann wurde?«

»Aber ist es denn noch gültig? Du hast eine Frau und eine kleine Tochter, aber keinen Erben im eigenen Haus.«

Caepio seufzte. »Kommt noch, Servilia, das kommt noch. Hortensia war enttäuscht, daß sie zuerst ein Mädchen geboren hat, aber es ist ein liebes kleines Ding, und Hortensia hatte keine Probleme mit ihr. Es werden noch Söhne folgen.«

»Du hast also Cato alles vermacht!« Es war eine Feststellung, keine Frage.

Das Gesicht, das dem Catos so sehr ähnelte, spiegelte Fassungslosigkeit wider. »*Cato?*« fragte er, und es klang wie ein Quieken. »Ich kann doch einem Porcius Cato nicht das Vermögen der Servilius Caepio hinterlassen, und wenn ich ihn noch so sehr liebe! Nein. Nein, Servilia! Ich habe es Brutus hinterlassen. Brutus wird nichts dagegen einzuwenden haben, als Servilius Caepio adoptiert zu werden und diesen Namen zu tragen. Aber Cato?« Er lachte. »Kannst du dir vorstellen, daß unser kleiner Bruder Cato einen anderen Namen als seinen eigenen tragen würde?«

»Nein, tatsächlich nicht«, sagte Servilia und lachte kurz auf. Plötzlich traten ihr Tränen in die Augen, und ihre Lippen fingen an zu zittern. »Was für eine makabre Unterhaltung! Und trotzdem, ich mußte mit dir darüber reden. Man kann ja nie wissen.«

»Aber Cato ist mein Testamentsvollstrecker«, sagte Caepio und machte sich daran, das Zimmer zum zweitenmal innerhalb einer Stunde zu verlassen. »Er wird dafür sorgen, daß Hortensia und unsere kleine Servilia Caepionis das bekommen, was ich ihnen nach der *lex Voconia* hinterlassen darf, und er wird auch dafür sorgen, daß Brutus angemessen versorgt wird.«

»Was für ein groteskes Thema das ist!« sagte Servilia und erhob sich, um ihn an die Tür zu bringen. Dort überraschte sie ihn mit einem Kuß. »Danke, daß Sinon mit dir reisen darf, und noch mehr danke ich dir dafür, daß du meine Befürchtungen zerstreut hast. Unsinnige Befürchtungen, ich weiß. Du wirst zurückkommen!«

Sie schloß die Tür hinter ihm und blieb einen Moment lang stehen; ihre Knie waren so weich, daß sie schwankte. Sie hatte recht behalten! Brutus war sein Erbe, denn Cato würde sich niemals in eine patrizische Familie wie die der Servilius Caepio aufnehmen lassen. Was für ein wunderschöner Tag! Selbst Caesars Verrat tat nicht mehr ganz so weh wie noch vor zwei Stunden.

Was es für eine Tortur war, einen Marcus Porcius Cato in seinem Stab zu haben – auch wenn sein Auftrag sich auf die konsularischen Legionen beschränkte –, konnte der Statthalter von Makedonien erst ermessen, als er bereits mittendrin steckte. Wäre der junge Mann auf privaten Wunsch ernannt worden, er hätte ihn längst nach Hause geschickt, und wenn Jupiter Optimus Maximus höchstpersönlich sein Fürsprecher gewesen wäre. Da aber das Volk ihn durch die Volksversammlung hatte ernennen lassen, blieb dem Statthalter Marcus Rubrius nichts anderes übrig, als Catos Gegenwart zu ertragen.

Aber wie sollte man einen jungen Mann aushalten, der in alles seine Nase steckte, der unermüdlich Fragen stellte, der wissen wollte, warum dies dorthin geschickt wurde, warum jenes in den Büchern teurer war als auf dem Markt und wie der Herr Soundso dazu komme, Steuererleichterungen zu beantragen? Cato hörte gar nicht mehr auf, Fragen zu stellen. Wenn man ihn vorsichtig daran erinnerte, daß seine Erkundigungen für die konsularischen Legionen völlig ohne Belang seien, dann antwortete Cato, alles in Makedonien sei römisches Eigentum. Ergo sei alles in Makedonien seine Angelegenheit, juristisch wie auch moralisch.

Statthalter Marcus Rubrius war nicht allein. Seine Legaten und seine Militärtribune (ob gewählt oder nicht gewählt), seine Schreiber, Wächter, Verwalter, Steuerpächter, Mätressen und Sklaven – alle haßten sie Marcus Porcius Cato wie die Pest. Der Mann war ein besessener Arbeiter; es nutzte auch nichts, ihn zu einem entlegenen Vorposten irgendwo in die Provinz zu schicken, denn er kehrte garantiert nach zwei, drei Tagen zurück, nachdem er alle Aufträge ordentlich erledigt hatte.

Ein großer Teil der Gespräche – falls man seine lauten Tiraden Gespräche nennen konnte – drehte sich um seinen Urgroßvater, Cato den Zensor, dessen spartanische und altmodische Lebensweise seinem Urenkel ungeheuer imponierte. Und weil Cato nun einmal Cato war, eiferte er dem Zensor in fast allem nach – er ging überallhin zu Fuß, anstatt zu reiten, er aß wenig und trank ausschließlich Wasser, sein Lebensstil entsprach dem eines einfachen Soldaten, und lediglich ein einziger Sklave kümmerte sich um seine spärlichen Bedürfnisse.

Nur in einem Fall hielt er sich nicht an die Grundsätze seines Urgroßvaters: Cato der Zensor hatte Griechenland, die Griechen und alles Griechische gehaßt, während der junge Cato es liebte und aus seiner

Bewunderung für Hellas keinen Hehl machte. Damit zog er sich den gnadenlosen Spott all jener zu, die seine Gegenwart im griechischen Makedonien ertragen mußten und keine Gelegenheit ausließen, ihm Löcher in sein unglaublich dickes Fell zu stechen. Doch keine dieser bissigen Bemerkungen vermochte Cato zu treffen; jemanden, der ihm vorwarf, durch seine griechische Denkweise die Prinzipien seines Urgroßvaters zu verraten, tat er als unwichtige Person ab. Was Cato jedoch als wichtig erachtete, trieb seine Vorgesetzten, Kameraden und Untergebenen gleichermaßen zum Wahnsinn: Verweichlichung lautete das Schlagwort, und er war schnell bei der Hand damit, angeblich sichere Anzeichen für diese Untugend zu kritisieren – beim Statthalter ebenso wie bei einem Zenturio. Da er zusammen mit seinem Busenfreund und Kollegen, dem Militärtribun Titus Munatius Rufus, in den zwei Zimmern einer spartanischen Lehmhütte am Stadtrand von Thessalonike hauste, konnte zumindest niemand behaupten, Cato selbst führe ein verweichlichtes Leben.

Cato war im März in Thessalonike eingetroffen, und als der Mai zu Ende ging, war der Statthalter zu der Überzeugung gelangt, daß er Cato loswerden mußte, wenn er einen Mord vermeiden wollte. Die Beschwerden von Pachtbauern und Getreidehändlern, von Buchhaltern, Zenturios und Legionären, von Legaten und von den vielen Frauen, die Cato des unmoralischen Verhaltens bezichtigt hatte, begannen sich auf seinem Schreibtisch zu stapeln.

»Der Kerl hat die Stirn gehabt, mir ins Gesicht zu sagen, daß er bis zu seiner Eheschließung züchtig geblieben sei!« empörte sich eine der Frauen gegenüber Rubrius. Sie war eine enge Freundin des Statthalters. »Marcus, er hat mir mitten auf dem Marktplatz, vor Hunderten von feixenden Griechen, einen Vortrag darüber gehalten, wie eine Römerin sich in der Provinz zu benehmen hat! Ich schwöre dir, wenn du ihn nicht fortschickst, engagiere ich jemanden, der ihm den Garaus macht!«

Marcus Rubrius hatte Glück. Noch am selben Tag machte Cato ihm gegenüber eine zufällige Bemerkung über den Aufenthalt eines gewissen Athenodorus Cordylion in Pergamum.

»Wie gern würde ich den Mann hören!« bellte Cato. »Normalerweise lebt er in Antiochia oder Alexandria; diese Reise ist ganz ungewöhnlich.«

»Nun«, erwiderte Rubrius und hätte sich vor Schreck über seine brillante Idee beinahe die Zunge abgebrochen, »warum nimmst du dir dann nicht einfach zwei Monate frei und fährst nach Pergamum, um den Mann zu hören?«

»Unmöglich!« erwiderte Cato entrüstet. »Ich habe hier eine Pflicht zu erfüllen!«

»Jeder Militärtribun hat Anspruch auf Urlaub, mein lieber Marcus Cato, und niemand hätte ihn sich mehr verdient als du. Geh nur! Ich bestehe darauf. Und Munatius Rufus solltest du gleich mitnehmen.«

Also reiste Cato nach Pergamum, begleitet von Munatius Rufus. Das römische Kontingent konnte sein Glück kaum fassen, denn Munatius Rufus verehrte Cato so sehr, daß er unverzüglich mit ihm gereist war. Doch auf den Tag genau zwei Monate nach seiner Abreise war Cato wieder in Thessalonike. Außer ihm kannte Rubrius keinen einzigen Römer, der es mit einem formlos gewährten Urlaub so genau genommen hätte. Und in seinem Gefolge befand sich niemand anderer als Athenodorus Cordylion, Stoiker von hohem Ansehen und offensichtlich bereit, für Cato die Rolle zu spielen, die Panaitios für Scipio Aemilianus gespielt hatte. Als Stoiker erwartete und wünschte Athenodorus nicht den Luxus, mit dem Scipio Aemilianus Panaitios überschüttet hatte – und Cato war es recht so. Nur eine Veränderung bewirkte er in Catos Leben: Anstelle der Lehmhütte mit zwei Zimmern mieteten Munatius Rufus und Cato jetzt eine mit drei Zimmern, und es gab jetzt drei statt bisher zwei Sklaven. Was hatte diesen bedeutenden Philosophen dazu bewogen, sich Cato anzuschließen? Er glaubte, in Cato einen Mann erkannt zu haben, der eines Tages berühmt sein würde, und indem er sich in Catos Gefolge begab, sorgte er rechtzeitig dafür, daß man sich auch an seinen Namen erinnern würde. Wer würde sich noch an Panaitios erinnern, wenn es Scipio Aemilianus nicht gegeben hätte?

Das römische Kontingent in Thessalonike hatte laut gestöhnt, als Cato aus Pergamum zurückgekehrt war; Rubrius demonstrierte seinen Unwillen, diesen Mann noch länger zu ertragen, indem er wichtige Geschäfte in Athen vorschützte und Hals über Kopf abreiste. Kein Trost für diejenigen, die er zurückließ! Aber dann traf Quintus Servilius Caepio ein, in Pompeius' Diensten unterwegs nach Pergamum, und schlagartig vergaß Cato Steuerpächter und Verweichlichung – so glücklich war er, den geliebten Bruder wiederzusehen.

Das enge Band zwischen den beiden war kurz nach Catos Geburt geknüpft worden. Caepio war damals erst drei Jahre alt. Die leidende Mutter (sie starb zwei Monate später) überließ den Säugling Cato nur zu gern dem kleinen Caepio. Und seitdem hatte nur noch die Pflicht die beiden trennen können, und selbst dabei war es ihnen meistens gelungen, zusammenzubleiben. Vielleicht hätte sich ihre Beziehung auf natürliche Weise gelockert, als sie heranwuchsen, wenn ihr Onkel Drusus nicht in dem Haus erstochen worden wäre, in dem sie alle lebten; Caepio war sechs, als es passierte, und Cato gerade einmal drei Jahre alt. Bei diesem furchtbaren Ereignis wurde das Band im Feuer des Schreckens und der Tragödie so fest geschmiedet, daß es danach um so stärker war. Sie hatten eine einsame, vom Krieg zerrüttete, lieb- und freudlose Kindheit erlebt. Keine nahen Verwandten waren ihnen geblieben, ihre Vormünder hielten sich auf Distanz, und die beiden ältesten der sechs Kinder, Servilia und Servililla, verachteten die beiden jüngsten, Cato und seine Schwester Porcia. Dabei war der Krieg zwischen den Älteren und den Jüngeren keineswegs von vornherein für die beiden Servilias entschieden! Cato war zwar der Kleinste von den sechs Nachkommen, aber er war auch der Lauteste und der Furchtloseste.

Wann immer man Cato als Kind fragte: »Wen hast du lieb?« lautete die Antwort: »Ich habe meinen Bruder lieb.« Und wenn man ihn dazu drängte, diese Aussage ein wenig zu erweitern und zu erklären, wen er denn noch liebhabe, bekam man erneut dieselbe Antwort: »Ich habe meinen Bruder lieb.«

Tatsächlich hatte er niemals jemand anderen geliebt, abgesehen von Aemilia Lepida, der Tochter von Onkel Mamercus, und das war eine schreckliche Erfahrung gewesen. Und wenn die Liebe zu Aemilia Lepida ihn auch sonst nichts gelehrt hatte, so verabscheute Cato seither doch alle Frauen und hegte Mißtrauen gegen sie.

Seine Gefühle für Caepio waren jedoch unauslöschbar, und sie wurden von ganzem Herzen erwidert – es war eine Liebe auf Leben und Tod. Dabei hätte er niemals eingestanden, nicht einmal sich selbst, daß Caepio für ihn mehr als nur ein Halbbruder war. Niemand ist so blind wie jene, die nicht sehen *wollen*, und niemand war blinder als Cato, wenn er die Augen vor etwas verschließen wollte.

Sie reisten überallhin, sahen sich alles an; endlich durfte Cato einmal der Fachmann sein. Und wenn der demütige kleine Sinon, ein Freigelassener, der in Servilias Auftrag mit Caepio reiste, jemals geneigt gewesen war, ihre Warnung vor Cato auf die leichte Schulter zu nehmen, dann reichte nun ein einziger Blick auf Cato, damit er wieder wußte, warum Servilia in ihrem Bruder eine Gefahr für Sinons eigentlichen Auftrag gesehen hatte. Dabei war Cato noch gar nicht auf Sinon aufmerksam geworden; ein Mitglied des römischen Adels machte sich nicht die Mühe, Begleiter von niederem Rang vorzustellen. Sinon machte seine Beobachtungen aus einer Gruppe von Dienern und Untergebenen heraus und vermied alles, was Cato auf ihn aufmerksam gemacht hätte.

Alles Schöne hat einmal ein Ende, und so mußten die Brüder Anfang Dezember Abschied voneinander nehmen, denn Caepio und sein Gefolge zogen auf der Via Egnatia weiter. Cato weinte hemmungslos. Auch Caepio weinte, vielleicht um so mehr, weil Cato ihm noch viele Meilen folgte, weinend, winkend und immer wieder hinter Caepio herrufend, er möge gut auf sich aufpassen...

Vielleicht hatte er gespürt, daß Caepio Gefahr drohte; als er einen Monat später Caepios Brief erhielt, traf ihn dessen Inhalt nicht so unvorbereitet, wie zu erwarten gewesen wäre.

Mein liebster Bruder, ich bin in Aenus erkrankt und muß um mein Leben fürchten. Was auch immer mit mir los sein mag – und keiner der hiesigen Ärzte scheint es zu wissen –, es wird jeden Tag schlimmer.
Bitte, mein lieber Cato, komm zu mir nach Aenus, damit Du bei mir sein kannst, wenn ich sterbe. Ich bin hier so einsam, und niemand hier kann mir soviel Trost geben, wie Deine Gegenwart es könnte. Keine Hand würde ich bei meinem letzten Atemzug lieber halten als die Deine. Ich bitte Dich, komm, und komm bitte schnell. Ich will versuchen, so lange durchzuhalten.
Mein Testament liegt bei den Vestalinnen, und wie Du bereits weißt, ist der junge Brutus mein Erbe. Du bist der Testamentsvollstrecker, und ich habe Dir, wie Du es Dir ausbedungen hast, nicht mehr als zehn Talente hinterlassen. Komm, so schnell Du kannst.

Als der Statthalter Marcus Rubrius erfuhr, daß Cato dringend einen Sonderurlaub benötigte, legte er ihm keine Steine in den Weg. Er riet ihm nur, die Straße zu nehmen, da die späten Herbststürme bereits gegen die Küste Thrakiens peitschten und schon so manches Schiffswrack angetrieben hatten. Aber Cato hörte nicht auf ihn; auf der Straße hätte die Reise mindestens zehn Tage gedauert, auch wenn der

Gaul noch so schnell galoppiert wäre, während der heulende Wind aus Nordwesten die Segel des Schiffes füllen und es so rasch vor sich hertreiben würde, daß er hoffen konnte, Aenus in drei bis fünf Tagen zu erreichen. Als er einen tollkühnen Schiffskapiän gefunden hatte, der (gegen ein sehr gutes Entgelt) bereit war, die Reise von Thessalonike nach Aenus zu wagen, ging der fiebrig erregte, vor Angst fast wahnsinnige Cato an Bord. Athenodorus Cordylion und Munatius Rufus begleiteten ihn, jeder der Männer hatte nur einen Sklaven bei sich.

Die Reise war ein Alptraum aus riesigen Wellen, gebrochenen Masten und verhedderten Segeln. Zum Glück hatte der Kapitän einen zusätzlichen Mast und Segel mitgenommen; das kleine Schiff kämpfte sich tapfer durch die Wellen, seetüchtig und, wie es Athenodorus Cordylion und Munatius Rufus scheinen wollte, auf geheimnisvolle Weise von Catos Willen getrieben. Als sie am vierten Tag der Reise den Hafen von Aenus erreicht hatten, wartete Cato nicht einmal, bis das Schiff fest vertäut war. Er überwand den Raum zwischen Schiff und Anleger mit einem Sprung und rannte wie ein Wahnsinniger durch den strömenden Regen davon. Nur einmal blieb er stehen, um einen Straßenhändler nach dem Haus des Ethnarchen zu fragen, denn er wußte, daß Caepio in diesem Haus lag.

Er stürmte hinein in das Haus und in das Zimmer, in dem sein Bruder lag – eine Stunde zu spät, um ihm noch die Hand zu halten und ihn spüren zu lassen, daß er da war. Quintus Servilius Caepio war bereits tot.

Um ihn herum bildeten sich Wasserpfützen auf dem Fußboden, als Cato vor dem Bett stand, den Blick auf die Seele und den Trost seines ganzen Lebens gerichtet, eine regungslose, traurige Gestalt, aus der Farbe, Kraft und schließlich auch das Leben gewichen waren. Die Augen hatte man geschlossen und die Lider mit Münzen beschwert, die runde silberne Kante einer Münze war auch zwischen den leicht geöffneten Lippen sichtbar – jemand anderer hatte Caepio das Fahrgeld für die Reise über den Styx mitgegeben. Man hatte nicht mehr mit Cato gerechnet.

Cato öffnete den Mund und stieß einen Laut aus, der jeden, der ihn hörte, erstarren ließ – es war weder ein Heulen noch ein Brüllen, auch kein Kreischen, sondern eine grauenhafte Mischung aus allem, animalisch, wild, gespenstisch. Alle Anwesenden wichen instinktiv zurück und sahen schaudernd zu, wie Cato sich auf das Bett warf, auf den toten Caepio, um das träumende Gesicht mit Küssen, den leblosen Körper mit Liebkosungen zu überschütten, und dabei quollen ihm unaufhörlich die Tränen aus den Augen; von Zeit zu Zeit brach wieder dieses schreckliche Geräusch aus ihm hervor. Dieser Ausbruch des Schmerzes wollte kein Ende nehmen; Cato betrauerte den Tod des einzigen Menschen auf der Welt, der ihm alles bedeutet hatte, der ihm Halt in einer trostlosen Kindheit und in der Jugend und im Mannesalter Rettungsanker und Fels in der Brandung gewesen war. Niemand anderer als Caepio hatte damals, als Onkel Drusus blutend und schreiend auf dem Boden lag, den zitternden Dreijährigen an seinem warmen Körper geborgen, hatte den Schrecken dieser entsetzlichen Stunden allein auf seine erst sechs Jahre alten Schultern geladen. Caepio hatte ihm geduldig zugehört, wenn sein nicht sehr begabter kleiner Bruder sich schwertat beim Lernen und jeden einzelnen Fakt endlos wiederholen mußte, bis er ihn behielt. Niemand anderer als Caepio hatte, nachdem Aemilia Lepida fortgegangen war, so lange auf ihn eingeredet, bis er ihn davon überzeugt hatte, daß es sich lohnte, weiterzuleben. Caepio hatte ihn auf seinen ersten Feldzug mitgenommen und ihm beigebracht, ein guter, furchtloser Soldat zu sein, hatte gestrahlt, als ihm der *armilla* und die *phalerae* verliehen worden waren, für Tapferkeit auf einem Schlachtfeld, das eher durch Feigheit von sich reden gemacht hatte, denn sie hatten beide zu der Armee von Clodianus und Poplicola gehört, die dreimal von Spartacus besiegt worden war. Immer wieder war es Caepio gewesen, der ihm geholfen hatte.

Und nun gab es keinen Caepio mehr. Caepio war allein und ohne Freunde gestorben, niemand hatte ihm die Hand gehalten. Schuld und Reue trieben Cato vor dem aufgebahrten Caepio beinahe in den Wahnsinn. Als die Leute versuchten, ihn vom Bett wegzuziehen, schlug er um sich; als sie ihn überreden wollten, stieß er laute Schreie aus. Fast zwei Tage lang konnten sie ihn nicht dazu bewegen, seinen Platz bei dem geliebten Bruder zu verlassen; und das Schlimmste war, daß nicht einer von ihnen auch nur annähernd verstand, wie schrecklich dieser Verlust für ihn war, wie einsam er bis an sein Lebensende sein würde. Caepio war gegangen, und zusammen mit ihm hatte er Liebe, Ausgeglichenheit und Geborgenheit für immer verloren.

Schließlich gelang es Athenodorus Cordylion mit einem Appell an die stoischen Tugenden, an ein Verhalten, das man von einem wie Cato, der sich zur Stoa bekannte, wohl erwarten konnte, den Panzer des Wahnsinns zu durchbrechen. Cato stand auf und machte sich daran, das Begräbnis seines Bruders vorzubereiten, immer noch in eine grobe Tunika und einen schlecht riechenden Mantel gekleidet, unrasiert, das Gesicht verschmiert von den vielen Tränen, die darüber geflossen waren. Die zehn Talente, die ihm Caepio in seinem Testament hinterlassen hatte, wollte er für dieses Begräbnis aufwenden, und als er trotz eifrigster Bemühungen, das ganze Geld bei den Leichenbestattern und Gewürzhändlern der Stadt auszugeben, nur ein einziges Talent aufgebraucht hatte, gab er ein weiteres Talent für eine goldene, mit Edelsteinen besetzte Urne für Caepios Asche aus, und die restlichen acht für ein Standbild von Caepio, das auf dem Marktplatz von Aenus aufgestellt werden sollte.

»Aber die Farbe seiner Haut, seines Haares und seiner Augen wirst du nicht hinkriegen«, sagte Cato mit seiner harten, bellenden Stimme, die von den Verzweiflungsschreien noch heiserer geworden war, »und es soll auch nicht wie das Standbild eines lebenden Mannes aussehen. Jeder soll auf den ersten Blick sehen, daß er tot ist. Du wirst es aus grauem thasischen Marmor formen und so lange polieren, bis mein Bruder im Mondlicht leuchtet. Er ist ein Schatten, und wie ein Schatten soll sein Standbild aussehen.«

Es war das eindrucksvollste Begräbnis, das die kleine griechische Kolonie an der östlichen Mündung des Hebrus jemals erlebt hatte. Jede verfügbare Frau wurde als Klageweib verpflichtet, jeder Stengel aromatischen Krautes, der sich in Aenus finden ließ, brannte auf Caepios Scheiterhaufen. Als die Beisetzungsfeierlichkeiten vorbei waren, sammelte Cato die Asche eigenhändig zusammen und schüttete sie in den kostbaren kleinen Kasten, den er von diesem Tag an nicht mehr aus der Hand geben sollte, bis er ein Jahr später in Rom eintreffen und die Urne, wie es seine Pflicht war, an Caepios Witwe übergeben würde.

Er schrieb an Onkel Mamercus in Rom und wies ihn an, bis zu seiner Rückkehr alles Nötige wegen Caepios Testament zu veranlassen. Erstaunt mußte er feststellen, daß es sich erübrigte, Rubrius nach Thessalonike zu schreiben. Der äußerst gewissenhafte Ethnarch hatte Rubrius bereits am Tage von Caepios Tod eine Nachricht geschickt, und Rubrius hatte seine große Chance erkannt. Zusammen mit dem Kondolenzbrief an Cato traf auch Catos und Munatius Rufus' gesamte Habe in Aenus ein. *Eure Dienstzeit hier ist ohnehin bald abgelaufen, Freunde,* hatte der Statthalter in fein leserlicher Handschrift zu Papier gebracht, *und ich möchte Euch beiden nicht zumuten, daß Ihr noch einmal hierher zurückkehrt, bei diesem unwirtlichen Wetter, und wo die Bessi sich für den Winter an den Danubius zurückgezogen haben! Gönnt Euch einen langen Urlaub im Osten, so kommt Ihr am besten darüber hinweg.*

»Das werde ich tun«, sagte Cato, der die Urne in den Händen hielt. »Wir reisen nach Osten, nicht nach Westen.«

Aber er hatte sich verändert, wie Athenodorus Cordylion und Titus Munatius Rufus betrübt feststellen mußten. Cato war ihnen immer wie ein Leuchtfeuer vorgekommen, wie ein kräftiger, gleichmäßiger Lichtstrahl, der ohne Unterlaß schien. Jetzt war das Licht erloschen. Das Gesicht war noch dasselbe, der schlanke, muskulöse Körper war nicht müder oder gebeugter als vorher. Doch nun war die vormals so durchdringende Stimme tonlos geworden; auch erregte Cato sich nicht mehr, noch schmollte oder zürnte oder begeisterte er sich: Sein inneres Feuer war gleichfalls erloschen.

Nur Cato selbst konnte ermessen, welche Kraft es ihn kostete, weiterzuleben. Und niemand außer Cato wußte, was Cato beschlossen hatte: Niemals mehr würde er sich einer solchen Tortur, einer solchen Vernichtung aussetzen. Wer liebte, war auf ewig verloren. Die Liebe sollte ihm fortan verhaßt sein. Cato würde nie mehr lieben. Niemals mehr.

Und während der armselige kleine Trupp, bestehend aus drei freien Männern und drei Sklaven, zu Fuß die Via Egnatia entlang zum Hellespont trottete, lehnte sich ein Freigelassener namens Sinon auf die Reling eines schnittigen, kleinen Schiffes, das ein frischer, aber gleichmäßiger Winterwind mit Kurs auf Athen über die Ägäis trug. Dort würde er sich nach Pergamum übersetzen lassen, wo die zweite Hälfte seines Goldes auf ihn wartete. Er zweifelte nicht daran, es vorzufinden. Sie war zu klug, um ihn nicht auszuzahlen, die große patrizische Dame Servilia. Einen Moment lang spielte Sinon mit dem Gedanken, sie zu erpressen, dann lachte er, zuckte die Achseln und warf eine Drachme als Opfer an Poseidon in das schäumende Kielwasser. Bringe mich sicher übers Wasser, Vater der Tiefe! Ich bin nicht nur frei, ich bin auch reich. Die Löwin in Rom ist still. Ich will sie nicht wecken, um noch mehr Geld zu bekommen. Statt dessen will ich vermehren, was mir ohnehin schon gehört.

Die Löwin in Rom erfuhr von Onkel Mamercus, daß ihr Bruder tot war. Er war nach Erhalt von Catos Brief sofort zu ihr geeilt. Sie vergoß Tränen, aber nur einige wenige; niemand wußte besser als Onkel Mamercus, was sie wirklich fühlte. Die Anweisung an die Filiale ihrer Bankiers in Pergamum hatte sie gleich nach Caepios Abreise losgeschickt, ein Risiko, das sie lieber vor Vollendung der Tat eingehen wollte. Kluge Servilia. Kein neugieriger Buchhalter oder Bankier sollte sich nach Caepios Tod fragen, warum seine Schwester ausgerechnet jetzt eine so große Summe Geldes an einen Mann namens Sinon anwies, damit dieser sie in Pergamum abholen konnte.

Später am selben Tag sagte Brutus zu Julia: »Ich werde meinen Namen ändern, ist das nicht sensationell?«

»Bist du in einem Testament adoptiert worden?« fragte sie, weil sie sehr wohl wußte, auf welche Weise ein Mann zu einem neuen Namen kam.

»Mein Onkel Caepio ist in Aenus gestorben, und ich bin sein Erbe.« In seinen schönen braunen Augen schimmerten ein paar Tränen. »Er war ein netter Mann, ich konnte ihn gut leiden. Am meisten wohl deshalb, weil Onkel Cato ihn bewundert hat. Der arme Onkel Cato. Er ist eine Stunde zu spät gekommen. Und jetzt kommt er für lange Zeit nicht nach Hause. Ich werde ihn vermissen.«

»Du vermißt ihn doch jetzt schon«, sagte Julia und drückte seine Hand.

Er lächelte und erwiderte den Druck. Brutus' Verhalten gegenüber seiner Verlobten war untadelig, und keine Großmutter hätte ihn sich aufmerksamer wünschen können. Aurelia hatte es schon bald nach der Unterzeichnung des Verlobungsvertrags aufgegeben, die Anstandsdame zu spielen. Brutus machte seiner Mutter und seinem Stiefvater alle Ehre.

Julia, gerade erst zehn geworden (sie hatte im Januar Geburtstag), war zutiefst dankbar dafür, daß Brutus das Ansehen seiner Mutter und seines Stiefvaters förderte. Als Caesar sie über ihr Eheschicksal aufgeklärt hatte, war sie zunächst empört gewesen, denn auch wenn sie Mitleid mit Brutus empfand, so wußte sie doch genau, daß keine noch so lange Zeitspanne dieses Mitleid in eine Zuneigung von der Art verwandeln würde, die Ehen zusammenhielt. Das Beste, was sie über ihn sagen konnte: Er war nett. Und das Schlechteste: Er langweilte sie. Auch wenn sie in ihrem Alter noch nicht von der Liebe träumte, so war sie – wie die meisten Mädchen aus ihren Kreisen – bereits auf das eingestellt, was das Erwachsenenleben ihr bringen würde, und die Ehe gehörte nun einmal dazu. Es war ihr nicht leichtgefallen, ihren Klassenkameradinnen in Gniphos Schule von der Verlobung zu erzählen, obwohl sie immer geglaubt hatte, es müßte eine große Befriedigung sein, endlich auf einer Stufe mit Junia und Junilla zu stehen, den einzigen Mädchen in ihrer Klasse, die bereits verlobt waren. Aber Junias Vatia Isauricus war ein reizender Bursche, und Junillas Lepidus sah umwerfend gut aus. Und was konnte man von Brutus sagen? Keine seiner Halbschwestern konnte ihn ausstehen – zumindest behaupteten sie es. So wie Julia hielten auch sie ihn für einen grandiosen Langweiler. Und den sollte sie jetzt heiraten! Ihre Freundinnen würden sie gnadenlos aufziehen und bemitleiden.

»Arme Julia!« sagte Junia und lachte fröhlich.

Aber was sollte sie über ihr Schicksal jammern? Sie mußte ihn heiraten und basta!

»Hast du schon gehört, *tata*?« fragte sie ihren Vater, als er nach der Mittagsstunde kurz zu Hause vorbeischaute.

Es war schrecklich mit ihm, seit Pompeia hier war. Zum Schlafen kam er gar nicht mehr heim, aß nur noch selten mit ihnen, war kaum mehr als ein gelegentlicher Gast. Deshalb war es wunderbar, eine Neuigkeit zu haben, die ihn wenigstens ein paar Augenblicke lang festhalten würde; Julia packte die Gelegenheit beim Schopf.

»Was denn?« sagte er abwesend.

»Rat einmal, wer mich heute besucht hat?« fragte sie freudig erregt.

Ihr Vater zwinkerte ihr zu. »Brutus?«

»Du hast noch einen Versuch!«

»Jupiter Optimus Maximus?«

»Unsinn! Der kommt doch nicht als Mensch zu einem, höchstens als Idee.«

»Wer dann?« fragte er nun schon ein wenig ungeduldig. Pompeia war zu Hause, er hörte sie im *tablinum*, das sie zu ihrem Zimmer gemacht hatte, weil Caesar dort nie mehr arbeitete.

»Ach, *tata*, bleib noch ein bißchen!«

Die großen blauen Augen schauten ihn ängstlich an; Caesar hatte ein schlechtes Gewissen. Armes kleines Mädchen. Sie hatte mehr als alle anderen unter Pompeia zu leiden, weil sie ihren Vater so selten zu sehen bekam.

Seufzend hob er sie auf, trug sie zu einem Stuhl, setzte sich und nahm sie auf seinen Schoß. »Du bist ganz schön groß geworden«, bemerkte er erstaunt.

»Das will ich hoffen.« Sie begann, die kleinen weißen Fächer in den Augenwinkeln zu küssen.

»Also, wer hat dich heute besucht?« fragte er und hielt absolut still.

»Quintus Servilius Caepio.«

Sein Kopf zuckte zurück. »Wer?«

»Quintus Servilius Caepio.«

»Aber der ist unterwegs zu Gnaeus Pompeius!«

»Nein, ist er nicht.«

»Julia, das einzige männliche Mitglied dieser Familie, das noch am Leben ist, weilt nicht hier in Rom!« sagte Caesar.

»Ich fürchte«, sagte Julia leise, »der Mann, den du meinst, ist nicht mehr am Leben. Er ist im Januar in Aenus gestorben. Aber es gibt einen neuen Quintus Servilius Caepio, er ist im Testament genannt und wird sehr bald in aller Form adoptiert.«

Caesar verschlug es den Atem. »Brutus?«

»Ja, Brutus. Er sagt, daß er sich ab jetzt Quintus Servilius Caepio Brutus nennen will. Brutus ist ihm wichtiger als Junius.«

»Jupiter!«

»*Tata*, du bist schockiert. Warum?«

Er legte die Hand an den Kopf und gab sich einen leichten Klaps auf die Wange. »Ach, hast du eine Ahnung!« Dann lachte er. »Julia, du heiratest den reichsten Mann von Rom! Wenn Brutus Caepios Erbe ist, dann wird das dritte Vermögen, das zu seinem Erbe hinzukommt, die beiden anderen zur Bedeutungslosigkeit verblassen lassen. Du wirst reicher als eine Königin sein.«

»Davon hat Brutus gar nichts gesagt.«

»Wahrscheinlich weiß er es noch gar nicht. Kein besonders neugieriger Mann, dein Verlobter«, sagte Caesar.

»Ich glaube, er mag Geld.«

»Tun wir das nicht alle?« fragte Caesar, ein wenig verbittert. Er stand auf und setzte Julia auf den Stuhl. »Ich bin gleich wieder da«, sagte er und eilte zur Tür hinaus in das Speisezimmer und von dort aus weiter, so vermutete Julia, in sein Arbeitszimmer.

Gleich darauf erschien Pompeia. Sie wirkte beleidigt und funkelte Julia zornig an.

»Was ist denn?« wollte Julia von ihrer Stiefmutter wissen, mit der sie sich zur Zeit ganz gut vertrug. Pompeia war eine gute Übung für den Umgang mit Brutus, auch wenn dieser glücklicherweise nicht Pompeias Naivität besaß.

»Er hat mich rausgeworfen!« sagte Pompeia.

»Doch nur für einen Moment.«

Es war tatsächlich nur für einen Moment gewesen. Caesar setzte sich und schrieb eine kurze Nachricht an Servilia, die er seit Mai vorigen Jahres nicht mehr gesehen hatte. Natürlich hatte er schon längst vorgehabt, sich wieder einmal bei ihr blicken zu lassen (immerhin war bereits März), aber die Zeit zerrann ihm unter den Fingern, und er hatte andere Dinge zu tun. Wie wunderbar! Der junge Brutus war der Erbe des Goldes von Tolosa!

Es wurde Zeit, sich gegenüber der Mutter des Jungen etwas aufmerksamer zu zeigen. Diese Verlobung durfte unter keinen Umständen wieder gelöst werden.

TEIL ZWEI

März 73 v. Chr.
bis Quinctilis (Juli) 65 v. Chr.

SERVILIA

Weder seine Herkunft noch Mangel an Intelligenz oder Geld waren das Problem des Publius Clodius; es fehlte ihm vielleicht an der Richtung. Er hatte kein festes Ziel vor Augen und hätte einer festen Führung durch die Älteren bedurft. Indes sagte ihm sein Instinkt, daß er etwas Besonderes sei. Doch war er bei weitem nicht der erste Nachkomme der Claudii, der das von sich meinte. Wenn es einen römischen Clan gab, der mit Individualisten reich gesegnet war, dann war es die Patrizierfamilie der Claudii. Recht seltsam, wenn man bedachte, daß die claudianische von allen Patrizierfamilien die jüngste war. Sie tauchte erst zu der Zeit auf, als König Tarquinius Superbus von Lucius Junius Brutus abgesetzt wurde und das Zeitalter der Republik begann. Natürlich waren die Claudii Sabiner, und Sabiner waren heißblütig, stolz, unabhängig, unbezähmbar und kriegerisch, sie mußten so sein, denn sie stammten aus der Gegend zwischen dem Apennin und dem nördlichen und östlichen Latium, einer rauhen, bergigen Gegend, in der es nur wenige freundliche Flecken gab.

Clodius' Vater war jener Appius Claudius Pulcher gewesen, der es nicht vermocht hatte, das Vermögen der Familie zurückzugewinnen, nachdem sein Neffe, der Zensor Philippus, ihn aus dem Senat geworfen und seinen ganzen Besitz konfisziert hatte, als Strafe für seine starrköpfige Treue zum verbannten Sulla. Seine Mutter Caecilia Metella Balearica, eine Frau von erlesenem Adel, war bei seiner Geburt gestorben. Er war ihr sechstes Kind in nur sechs Jahren gewesen; drei Jungen und drei Mädchen hatte sie zur Welt gebracht. Die Wechselfälle des Krieges, in dem er immer zur falschen Zeit am falschen Ort gewesen war, hatten dafür gesorgt, daß Appius Claudius so gut wie nie zu Hause war; so war als Verantwortlicher für die Erziehung der Kinder nur der älteste Bruder Appius Claudius junior geblieben. Seine fünf Schutzbefohlenen waren allesamt ungestüme, eigenwillige Kinder, stets darauf aus, Verwüstungen anzurichten, aber der kleine Publius war der Schlimmste von allen. Hätte er eine feste Hand gehabt, dann wären Publius vielleicht ein paar von den Flausen ausgetrieben worden, die er in seiner Kindheit entwickelte, aber da seine fünf Geschwister ihn schrecklich verhätschelten, war er schon sehr früh in seinem Leben davon überzeugt gewesen, außergewöhnlich zu sein.

Ungefähr zur gleichen Zeit, als sein Vater in Makedonien starb, teilte er seinem großen Bruder Appius mit, daß er seinen Namen in Zukunft auf die populäre Weise, Clodius, schreiben und auf den Familiennamen Pulcher verzichten werde. Pulcher bedeutete »schön«, und es stimmte, daß die meisten Claudii Pulchri stattliche, gutaussehende Menschen waren; der ursprüngliche Besitzer des Beinamens hatte ihn jedoch erhalten, weil er einen ausgesprochen unschönen Charakter hatte. »Das ist ja ein schönes Früchtchen!« hatten die Leute von ihm gesagt, und das Pulcher war geblieben.

Natürlich war es Publius Clodius gestattet worden, die Schreibweise seines Namens zu popularisieren; der Präzedenzfall war bereits durch seine drei Schwestern geschaffen, von denen sich die älteste Claudia, die mittlere Clodia und die jüngste Clodilla nannte. Der große Bruder Appius liebte seine Geschwister so abgöttisch, daß er ihnen alles gewährte, um das sie ihn baten. Wenn der heranwachsende Publius wegen seiner nächtlichen Alpträume lieber bei Clodia und Clodilla schlafen wollte – warum nicht? Die armen kleinen Würmer, ohne Mutter und ohne Vater! Der große Bruder Appius hatte Mitleid mit ihnen. Eine Tatsache, der sich der kleinste Bruder Publius Clodius durchaus bewußt war, und die er bedenkenlos zu nutzen wußte.

Ungefähr zu dem Zeitpunkt, wo Publius Clodius seine *toga virilis* angezogen hatte und offiziell zum Mann geworden war, hatte der große Bruder Appius das dahingeschwundene Familienvermögen auf kluge Weise wieder beträchtlich vermehrt, indem er die Jungfer Servilia Gnaea geheiratet hatte; sie hatte sich auch noch um sechs andere aristokratische Waisen gekümmert, die Kinder aus den Familien Servilius Caepio, Livius Drusus und Porcius Cato. Ihre Mitgift war so gewaltig wie ihr auffälliger Mangel an Schönheit. Aber ihre Sorge um Waisenkinder hatte sie und Appius zusammengebracht, und sie gefiel dem sentimentalen großen Bruder so sehr, daß er sich prompt in seine zweiunddreißig Jahre alte Braut verliebte (er war einundzwanzig), sich mit ihr in einem Leben von einfältiger Zufriedenheit einrichtete, im jährlichen Rhythmus Nachkommen in die Welt setzte und auch auf diese Weise einer Tradition der Claudii gerecht wurde.

Der große Bruder hatte es auch geschafft, seine drei Schwestern trotz der dürftigen Mitgift außergewöhnlich gut zu verheiraten: Claudia ehelichte Marcius Rex, der bald Konsul werden würde; Clodia heiratete ihren Vetter Quintus Caecilius Metellus Celer (gleichzeitig der Halbbruder von Pompeius' Frau Mucia Tertia) und Clodilla tat sich mit dem großen Lucullus zusammen, der genau dreimal so alt war wie sie. Drei ungeheuer reiche und angesehene Männer, zwei von ihnen bereits alt genug, um ihre familiäre Machtstellung gefestigt zu haben, etwas, was Celer gar nicht nötig hatte, denn er war der älteste Enkelsohn von Metellus Balearicus und gleichzeitig der Enkel des angesehenen Crassus Orator. Und das alles geriet dem jungen Publius Clodius zum Vorteil: Da Rex es auch nach mehreren Ehejahren noch nicht gelungen war, Claudia einen Sohn zu zeugen, rechnete Publius Clodius zuversichtlich damit, der Erbe von Quintus Marcius Rex zu werden.

Im Alter von sechzehn Jahren absolvierte Publius Clodius sein *tirocinium fori*, die Lehrzeit als Advokat der Rechte und angehender Politiker auf dem Forum Romanum. Anschließend spielte er auf dem Exerzierplatz in Capua ein Jahr lang Soldat und kehrte mit achtzehn Jahren in das Leben auf dem Forum zurück. Er bekam Lust, sich die Hörner abzustoßen, und merkte, daß die Mädchen für ihn schwärmten; also hielt Clodius Ausschau nach Herausforderungen, die mit den Vorstellungen von seiner eigenen Besonderheit zusammenpaßten. Und so entwickelte sich eine Leidenschaft für Fabia – eine der vestalischen Jungfrauen. Die Leute rümpften die Nase, wenn ein Mann ein Auge auf eine Vestalin warf – genau das amouröse Abenteuer, das Clodius gesucht hatte. In der Keuschheit einer jeden Vestalin lag das Glück Roms; die meisten Männer hüteten sich schon vor dem Gedanken, eine der Jungfrauen zu verführen. Nicht so Publius Clodius.

Niemand in Rom erwartete von den Vestalinnen, daß sie ein zurückgezogenes Leben führten. Sie durften auf Essenseinladungen gehen, vorausgesetzt der Pontifex Maximus und ihre Vorsteherin, die Vestalis Maxima, waren mit Veranstaltungsort und Begleitung einverstanden, und sie nahmen an allen priesterlichen Banketten teil, gleichberechtigt mit Priestern und Auguren. In den öffentlichen Bereichen des Domus Publica, des staatseigenen Hauses, das sie mit dem Pontifex Maximus teilten, durften sie Besuch von Männern empfangen, allerdings nur in Gegenwart einer Anstandsdame. Die Vestalinnen waren in der Regel auch nicht arm. Es war eine Ehre für eine Familie, eine Vestalin zu stellen, deshalb wurden viele Mädchen, die nicht gebraucht wurden, um eine familiäre Verbindung durch Heirat zu festigen, dem Staat als vestalische Jungfrau zur Verfügung überlassen. Die meisten kamen mit einer ausgezeichneten Mitgift, und die anderen wurden vom Staat damit ausgestattet.

Fabia – auch sie war achtzehn Jahre alt – war ein schönes, sanftmütiges, fröhliches und nur ein ganz klein wenig dummes Mädchen. Das ideale Angriffsziel für Publius Clodius, der großes Vergnügen an Schelmenstücken fand, mit denen er die zornige Mißbilligung der Leute provozieren konnte. Die Verführung einer vestalischen Jungfrau wäre ein solches Schelmenstück! Clodius wollte ja gar nicht so weit gehen, Fabia tatsächlich zu entjungfern, denn das hätte ein juristisches Nachspiel haben können, in dessen Verlauf man ihm womöglich sein heißgeliebtes Fell über die Ohren gezogen hätte. Nein, eigentlich wollte er nur sehen, wie Fabia vor Liebe und Verlangen nach ihm dahinschmolz.

Der Ärger begann, als er feststellen mußte, daß er einen Rivalen hatte: Lucius Sergius Catilina, ein stattlicher, dunkler, umwerfend gutaussehender, charmanter und gefährlicher Mann. Clodius hatte auch seine Reize, aber Catilina konnte er nicht das Wasser reichen; zum einen war er nicht so kräftig und hochgewachsen, zum anderen fehlte ihm die Ausstrahlung von Macht. Ja, Catilina war ein furchterregender Rivale. Um seine Person rankten sich viele, nie bestätigte Gerüchte von grandioser Ruchlosigkeit. Jeder wußte, daß er sein Vermögen während der Proskriptionen des Sulla gemacht hatte, und dabei hatte er nicht nur seinen Schwager angeprangert (der darauf hingerichtet wurde), sondern auch seinen Bruder (er wurde verbannt). Man sagt sogar, er habe seine damalige Frau ermordet, allerdings war er niemals wegen eines solchen Verbrechens belangt worden. Das schlimmste Gerücht aber besagt, er habe seinen eigenen Sohn umgebracht, weil seine jetzige Frau, die schöne und reiche Orestilla, sich geweigert habe, einen Mann zu heiraten, der bereits einen Sohn hatte. Jeder wußte, daß Catilinas Sohn gestorben war – und daß Catilina Orestilla geheiratet hatte. Aber hatte er den armen Jungen tatsächlich umgebracht? Das konnte niemand mit Sicherheit sagen. Doch eine fehlende Bestätigung hat noch keinem Gerücht den Wind aus den Segeln genommen.

Hinter Catilinas' und Clodius' Bemühungen um Fabia standen wahrscheinlich sehr ähnliche Motive. Beide Männer liebten es, ihren Schabernack zu treiben, sich über Roms Prüderie lustig zu machen und Empörung herauszufordern. Aber einen Unterschied gab es eben doch zwischen den Avancen des vierunddreißigjährigen Mannes von Welt, Catilina, und des achtzehnjährigen Grünschnabels Clodius: Die des einen waren von Erfolg gekrönt, die des anderen nicht. Dabei hatte Catilina es gar nicht auf Fabias Jungfernhäutchen abgesehen; dieses hochheilige Stückchen Haut blieb unversehrt, und rein faktisch gesehen blieb Fabia Jungfrau. Aber das arme Mädchen hatte sich unsterblich in Catilina verliebt und ließ so ziemlich alles andere mit sich geschehen. Was war denn schon dabei, wenn er ihr ein paar Küsse gab, wenn sie ihre Brüste entblößte, damit auch sie liebkost wurden, und wenn sie ihm schließlich gestattete, zuerst den Finger und dann sogar die Zunge in die herrlich samtigen Bereiche ihrer Scham einzuführen! Ganz unschuldige Spielchen waren das, und die ekstatische Erregung, die sie ihr bereiteten, wollte sie als kostbaren Schatz für den Rest ihrer Zeit als Vestalin bewahren – und vielleicht noch darüber hinaus.

Die Vestalis Maxima hieß Perpennia; sie war leider keine sehr strenge Vorsteherin. Und der Pontifex Maximus Metellus Pius weilte gar nicht in Rom, denn er war gegen Sertorius in Spanien zu Felde gezogen. Die zweitälteste Vestalin war Fonteia, danach kamen die achtundzwanzigjährige Licinia und Fabia mit ihren achtzehn Lenzen; Arruntia und Popillia waren beide erst siebzehn. Perpennia und Fonteia waren fast gleich alt, etwas über dreißig, und würden sich im Laufe der nächsten fünf Jahre zurückziehen. Und außer ihrer Rückkehr ins weltliche Leben, dem Wertverfall der Sesterze und der daraus resultierenden Sorge, daß ihr bisher so ansehnliches Vermögen nun doch nicht bis ins hohe Alter reichen könnte, hatten die beiden ältesten Vestalinnen nicht viel im Sinn; keine der beiden Frauen hatte vor, nach ihrer Amtszeit zu heiraten. Den ehemaligen Vestalinnen war die Ehe zwar nicht verboten, aber man glaubte, sie würde Unglück bringen.

Und an dieser Stelle kam Licinia ins Spiel. Sie war die drittälteste und von allen am besten gestellt. Auch wenn sie mit Licinius Murena näher verwandt war als mit Marcus Licinius Crassus, so war der große Plutokrat doch ihr Vetter und guter Freund. Licinia konsultierte ihn als erfahrenen Ratgeber in finanziellen Angelegenheiten, und die drei ältesten Vestalinnen steckten viel mit ihm zusammen und redeten über Geschäfte, Investitionen und lästige Väter, die auf profitable Mitgiften aus waren.

Und nun vergnügte sich Catilina direkt vor ihrer aller Augen mit Fabia, und auch Clodius stellte ihr nach. Zuerst verstand Fabia überhaupt nicht, was der junge Bursche von ihr wollte, denn verglichen mit Catilinas versierten Verführungskünsten waren Clodius' Avancen eher plump und unausgereift. Und als Clodius sie zwischen den Küssen mit zärtlichen Worten überhäufte, machte sie den Fehler, über sein absurdes Verhalten zu lachen und ihn dann auch noch fortzuschicken. Noch auf dem Heimweg dröhnte dieses Lachen ihm in den Ohren. So ließ ein Publius Clodius nicht mit sich umspringen. Er war es gewöhnt, zu bekommen, was er wollte, und in seinem ganzen Leben hatte man ihn noch nie ausgelacht. Sein Selbstbild hatte einen so kräftigen Knacks bekommen, daß er auf sofortige Rache sann.

Er wählte dazu eine sehr römische Methode: die Klage vor Gericht. Aber nicht etwa eine harmlose Klage, wie Cato sie eingereicht hatte, nachdem Aemilia Lepida ihn sitzengelassen hatte, als er gerade achtzehn Jahre alt wr. Cato hatte auf Bruch des Eheversprechens geklagt. Publius Clodius klagte wegen Unzucht; selbst in einer Gesellschaft, in der die Todesstrafe eigentlich verpönt war – auch bei Verbrechen gegen den Staat –, war die Unzucht mit einer Vestalin ein Verbrechen, das ganz automatisch mit dem Tode bestraft wurde.

Er begnügte sich nicht mit seiner Rache an Fabia. Seine Anklage richtete er gegen Fabia (Unzucht mit Catilina), Licinia (Unzucht mit Marcus Crassus) sowie Arruntia und Popillia (Unzucht mit Catilina). Zwei Gerichte wurden zusammengestellt, vor dem einen wurde die Anklage gegen die Vestalinnen verhandelt, das andere verhandelte gegen die beschuldigten Liebhaber. Clodius' Freund Plotius vertrat die Anklage gegen Catilina und Marcus Crassus.

Alle Angeklagten wurden freigesprochen, aber die Prozesse erregten ein großes Aufsehen, und der stets gegenwärtige Humor der Römer wurde kräftig genährt, als sich Crassus mit dem simplen Geständnis befreite, er sei nicht hinter Licinias Unschuld hergewesen, sondern hinter ihrem hübschen kleinen Anwesen in der Vorstadt. Glaubhaft? Die Geschworenen jedenfalls waren dieser Meinung.

Clodius hatte alles getan, um einen Schuldspruch für die Frauen zu erreichen, aber er sah sich einem ausgesprochen fähigen und erfahrenen Anwalt der Verteidigung gegenüber, Marcus Pupius Piso, dem ein erstaunliches Gefolge von jungen Advokaten zur Seite stand. Clodius wurde ein Opfer seiner Jugend und des Mangels an überzeugenden Beweisen. Er war endgültig besiegt, nachdem ein gewichtiges Gremium, bestehend aus Roms hochangesehensten Matronen, die intakte Jungfernschaft aller drei angeklagten Vestalinnen bestätigt hatte. Die Tatsache, daß sowohl der Richter als auch die Geschworenen gegen Clodius gestimmt hatten, vergrößerte sein Unglück noch; soviel Anmaßung und wilde Angriffslust waren ungewöhnlich bei einem so jungen Mann und hatte ihren Zorn geweckt. Junge Ankläger hatten brillant, aber auch ein wenig bescheiden zu sein, das Wort »Bescheidenheit« jedoch fehlte in Clodius' Wortschatz.

»Laß in Zukunft die Finger von der Juristerei«, lautete Ciceros gutgemeinter Rat, nachdem alles vorbei war. Natürlich hatte Cicero als Mitglied von Pisos Verteidigungsmannschaft dem Prozeß beigewohnt, denn Fabia war die Halbschwester seiner Frau. »Du kaschierst deine Angriffslust und deine Vorurteile nicht gut genug. Dir fehlt die Distanz, die ein erfolgreicher Ankläger unbedingt haben muß.«

Mit dieser Bemerkung machte Cicero sich nicht gerade beliebt bei Clodius, doch Cicero war nur ein kleiner Fisch. Aber Catilina sollte ihm dafür bezahlen, daß er bei Fabia den Sieg davongetragen hatte, und auch dafür, daß er noch einmal davongekommen war.

Um alles nur noch schlimmer zu machen, schnitten ihn nach dem Prozeß auch die Leute, die er auf seiner Seite gewähnt hatte. Und obendrein handelte er sich eine der seltenen Gardinenpredigten seines Bruders Appius ein, der äußerst ungehalten und beschämt war.

»Die Leute halten dein Handeln für pure Bosheit, mein kleiner Publius, und ich kann es ihnen nicht verdenken«, sprach Appius. »Du mußt verstehen, daß die Leute heutzutage schon beim bloßen Gedanken an das Schicksal einer verurteilten Vestalin vom nackten Entsetzen gepackt werden. Lebendig eingemauert, mit einem Krug Wasser und einem Laib Brot. Und das Schicksal der Liebhaber: auf einen spitzen Pfahl gefesselt und zu Tode gepeitscht. Entsetzlich, einfach entsetzlich! Du hättest einen ganzen Berg von unwiderlegbaren Beweisen gebraucht, um eine Verurteilung zu erreichen, und hast nicht einmal ein kleines Häuflein zusammengebracht! Alle vier Vestalinnen kommen aus mächtigen Familien, die du furchtbar gegen dich aufgebracht hast! Ich kann dir nicht helfen, Publius, aber ich kann mir selber helfen, indem ich Rom für ein paar Jahre verlasse. Ich gehe nach Osten zu Lucullus. Das möchte ich auch dir vorschlagen.«

Doch Clodius wollte sich von niemandem den weiteren Verlauf seines Lebens vorschreiben lassen, auch nicht von seinem großen Bruder. Also grinste er höhnisch und wandte sich ab. Und damit verurteilte er sich dazu, vier Jahre lang tatenlos in einer Stadt herumzulungern, die ihn gnadenlos zurückwies, während Bruder Appius im Osten Taten vollbrachte, die allen Römern bewiesen, daß auch er ein wahrer Claudianer war, was das Unruhestiften betraf; weil seine Streiche jedoch erheblich zur Verunsicherung des König Tigranes beitrugen, wurden sie von den Römern bewundert.

Publius Clodius dagegen konnte niemanden mehr davon überzeugen, daß er fähig war, einen richtigen Schurken anzuklagen, und die richtigen Schurken, die einen Verteidiger brauchten, pfiffen auf ihn. So manchen hätte eine solche Ablehnung dazu veranlaßt, über sich selbst nachzudenken und sein Verhalten zu andern, aber bei Clodius addierte sie sich nur zu seinen übrigen Schwächen: Sie hinderte ihn daran, Erfahrungen auf dem Forum zu machen, und verbannte ihn in eine kleine Gruppe von frustrierten Adligen, die als die ewigen Taugenichtse angesehen wurden. Vier Jahre lang tat Clodius nicht viel anderes, als in schäbigen Tavernen herumzusitzen, Mädchen aus den verschiedensten gesellschaftlichen Gruppierungen zu verführen, Würfel zu spielen und seine Unzufriedenheit mit anderen zu teilen, die einen ähnlichen Groll gegen das aristokratische Rom hegten.

Schließlich trieb der pure Überdruß ihn zu dem Entschluß, sich mit sinnvolleren Dingen zu beschäftigen, denn eigentlich war Clodius nicht der Mann, der sich damit zufriedengab, den ganzen Tag mit ziellosem Nichtstun zu vergeuden. Er hielt sich für etwas Besonderes, also mußte er sich mit irgend etwas hervortun. Und wenn er das nicht bald in Angriff nahm, würde er so sterben, wie er gelebt hatte – vergessen und verachtet. Und das kam für ihn nicht in Frage. Es gab nur ein annehmbares Schicksal für Publius Clodius: Irgendwann wollte er der »Erste Mann in Rom« sein. Wie er das anstellen sollte, wußte er noch nicht. Jedenfalls wachte er eines Morgens auf – der Kopf schmerzte vom vielen Wein, der Geldbeutel war leer vom vielen Pech beim Würfelspiel – und war seines gegenwärtigen Lebens so überdrüssig, daß er es keinen Augenblick länger ertragen wollte. Er mußte etwas tun! Deshalb beschloß er, dorthin zu gehen, wo man etwas tun konnte. Er wollte nach Osten gehen und sich dem persönlichen Stab seines Schwagers Lucius Licinius Lucullus anschließen. O nein, nicht um sich Ruhm als tapferer, hervorragender Soldat zu erwerben! Militärische Ochsentouren waren ganz und gar nicht Clodius' Sache. Aber was mochten sich einem als Angehöriger von Lucullus' persönlichem Stab nicht alles für Gelegenheiten bieten? Sein großer Bruder hatte sich die Bewunderung der Römer doch auch nicht durch soldatische Heldentaten erworben, sondern indem er Tigranes in Antiochia so viel Ärger gemacht hatte, daß der König der Könige es schließlich bereuen mußte, daß er Appius Claudius Pulcher in die Schranken hatte weisen wollen, indem er ihm monatelang keine Audienz gewährte.

Und so reiste Publius Clodius nach Osten, kurz bevor sein Bruder von dort zurückerwartet wurde; das war zu Beginn des Jahres, welches auf das gemeinsame Konsulat von Pompeius und Crassus folgte. Es war dasselbe Jahr, in dem Caesar nach Hispania Ulterior reiste, um dort das Amt des Quästors zu bekleiden.

Nachdem er einen Weg gewählt hatte, auf dem er seinem Bruder nicht begegnen würde, erreichte Clodius den Hellespont und mußte erfahren, daß Lucullus damit beschäftigt war, Pontus, das Königreich des Mithridates, zu befrieden, das er soeben erobert hatte. Nachdem er die schmale Meeresenge nach Asia überquert hatte, mußte er auf der Suche nach Lucullus kreuz und quer durch das Land reisen. Clodius glaubte seinen Schwager zu kennen: ein urbaner, korrekter Aristokrat mit einer sprichwörtlichen Liebe zu den angenehmen Seiten des Lebens, gutem Essen, gutem Wein und fröhlicher Gesellschaft, zudem ein sehr reicher Mann, der gerade dabei war, sein Vermögen rapide zu vermehren. Für solche Vorgesetzten hatte Clodius etwas übrig. Ein Feldzug in Lucullus' persönlichem Stab mußte eine höchst erquickliche Angelegenheit sein.

Er fand Lucullus in Amisus, einer prächtigen Stadt am Schwarzen Meer, im Herzen von Pontus. Amisus hatte der Belagerung widerstanden, auch wenn es dabei schwer beschädigt worden war; Lucullus war mit dem Wiederaufbau beschäftigt und versuchte, die Bewohner mit der römischen Herrschaft auszusöhnen.

Als Publius Clodius über seine Schwelle trat, nahm Lucullus ihm den Stoß offizieller Briefe ab (die Clodius geöffnet und mit großer Schadenfreude gelesen hatte) und wollte ihn am liebsten gleich wieder loswerden. Er gab seinem jüngsten Schwager die zerstreute Anweisung, sich dem Legaten Sornatius nützlich zu machen, und wandte sich sogleich wieder dem zu, was ihn am meisten beschäftigte: der bevorstehenden Invasion von Armenien, dem Königreich des Tigranes.

Erzürnt über diese offensichtliche Geringschätzung, schlich Clodius sich davon, aber nicht etwa, um jemandem seine Dienste anzubieten, schon gar nicht einem Niemand wie diesem Sornatius. Und so kam es, daß Clodius die Gassen und Seitenwege von Amisus erkundete, während Lucullus seine kleine Armee marschbereit machte. Natürlich sprach er fließend Griechisch; es hinderte ihn also nichts daran, mit jedem Freundschaft zu schließen, der ihm über den Weg lief, und viele waren fasziniert von einem Mann, der so ungewöhnlich, so egalitär eingestellt und so seltsam unrömisch zu sein schien.

Und so erfuhr er auch einiges über eine Seite des Lucullus, die er bis jetzt nicht gekannt hatte – über seine Armee und seine bisherigen Feldzüge.

König Mithridates war zwei Jahre zuvor, als er der erbarmungslosen römischen Kriegsführung nicht mehr gewachsen war, an den Hof seines Schwagers Tigranes geflohen; ihm fehlten die zweihundertfünfzigtausend erfahrenen Soldaten, die er im Kaukasus auf einer sinnlosen Strafexpedition gegen die albanischen Wilden verloren hatte, die über Colchis hergefallen waren. Mithridates hatte zwanzig Monate gebraucht, um Tigranes zu einem Treffen zu bewegen, und noch länger, um ihn dazu zu bringen, ihm bei der Rückeroberung seiner verlorenen Länder Pontus, Kappadokien, Armenia Parva und Galatien zu helfen.

Natürlich hatte Lucullus seine Spione und wußte nur zu gut, daß die beiden Könige wieder versöhnt waren. Aber statt darauf zu warten, daß sie in Pontus einmarschieren würden, hatte Lucullus sich dafür entschieden, seinerseits zum Angriff überzugehen, Armenien zu erobern, Tigranes zu schlagen und ihn auf die Weise daran zu hindern, Mithridates zu unterstützen. Ursprünglich war es seine Absicht gewesen, keine Besatzungstruppen in Pontus zurückzulassen und darauf zu vertrauen, daß Rom und sein Einfluß für Ruhe in Pontus sorgen würden. Er hatte gerade erst das Amt des Statthalters in der Provinz Asia verloren, und jetzt mußte er aus den Briefen, die Publius Clodius ihm gebracht hatte, erfahren, daß die Feindschaft, die er in die Herzen des Ritterstands zu Hause in Rom gesät hatte, nun Früchte trug. Die

Briefe hatten ihn darüber informiert, daß Dolabella nicht nur neuer Statthalter in Asia war, sondern daß ihm auch noch die »Aufsicht« über Bythinien übertragen worden war. Mehr brauchte Lucullus nicht zu wissen; offensichtlich schätzten die Ritter in Rom und die ihnen gefügigen Senatoren Inkompetenz mehr als militärische Erfolge. Dieser Publius Clodius, so dachte sich Lucullus, ist nicht gerade ein Glücksbote.

Die neun Kommissare, die Rom ihm gesandt hatte, bevor sein Einfluß dahingeschwunden war, trieben sich irgendwo in Pontus und Kappadokien herum; darunter war auch der Mann, der Lucullus von allen am nächsten stand, jetzt, da Sulla tot war: sein jüngerer Bruder Varro Lucullus. Aber Kommissare hatten keine Truppen, und der Ton der Briefe, die Publius Clodius überbracht hatte, ließ darauf schließen, daß sie nicht mehr lange Kommissare sein würden. Deshalb, entschied Lucullus, blieb ihm keine andere Wahl, als zwei seiner vier Legionen als Garnison in Pontus zurückzulassen, für den Fall, daß Mithridates versuchen würde, sein Königreich ohne die Unterstützung von Tigranes zurückzuerobern. Der Legat, den er für den fähigsten hielt, brachte gerade die Verwüstungen auf der Insel Delos wieder in Ordnung, und auch wenn er Sornatius als guten Mann einstufte, so war er von dessen militärischen Qualitäten doch nicht überzeugt genug und stellte ihm lieber noch einen Mann an die Seite. Der andere ranghohe Legat, Marcus Fabius Hadrianus, würde ebenfalls in Pontus bleiben müssen.

Nachdem er entschieden hatte, daß er zwei seiner vier Legionen in Pontus zurücklassen würde, wußte Lucullus auch, welche beiden Legionen es sein müßten: Die Legionen, die in die Provinz Cilicia gehörten, würden in Pontus bleiben, und er mußte mit seinen beiden Fimbrianer-Legionen nach Süden marschieren. Das waren unerfreuliche Aussichten! Er verabscheute diese Truppen. Die Männer waren jetzt seit sechzehn Jahren im Osten, und sie waren dazu verurteilt, niemals mehr nach Rom oder Italien zurückzukehren, denn sie hatten so viele Morde und Meutereien auf dem Kerbholz, daß der Senat ihnen die Rückkehr nicht erlauben wollte. Das ständige, gespannte Warten hatte gefährliche Männer aus ihnen gemacht, aber Lucullus, der sich ihrer seit vielen Jahren bediente, hielt sie in Schach, indem er sie während der Feldzüge gnadenlos vorwärtstrieb und ihnen in den winterlichen Kampfpausen alle Freuden der Sinne gewährte. Also kämpften sie bereitwillig und hegten – wenn auch widerwillig – eine gewisse Bewunderung für ihn. Trotzdem zogen sie es vor, weiterhin den Namen ihres ersten Kommandanten Fimbria zu tragen und sich Fimbrianer zu nennen. Lucullus war das ganz recht so. Ganz sicher wäre es ihm nicht lieber gewesen, wenn dieser verwegene Haufen als die Licinianer oder gar als die Lucullianer bekannt geworden wäre.

Clodius hatte Gefallen an Amisus gefunden und beschlossen, bei den Legaten Sornatius und Fabrius Hadrianus in Pontus zu bleiben; der Feldzug hatte seinen Reiz für ihn verloren, nachdem er erfahren hatte, daß Lucullus einen Fußmarsch von tausend Meilen plante.

Doch sein Plan wurde durchkreuzt: Er bekam den Befehl, Lucullus in seinem persönlichen Gefolge zu begleiten. Auch gut, so würde er wenigstens einigermaßen luxuriös leben können, dachte er. Bis er Lucullus' Vorstellungen vom luxuriösen Leben bei einem Feldzug kennenlernen durfte. Das fand nämlich nicht statt. Vom sybaritischen Epikuräer, den Clodius in Rom und Amisus kennengelernt hatte, war nichts mehr übriggeblieben; der Lucullus auf dem Marsch, an der Spitze der Fimbrianer, wollte es nicht besser haben als ein gemeiner Soldat, und wenn er es nicht besser haben wollte, dann sollte auch kein Mitglied seines persönlichen Stabes Privilegien genießen. Sie ritten nicht etwa, sie marschierten – wie die Fimbrianer. Sie aßen Haferschleim und trockenes Brot – wie die Fimbrianer. Sie schliefen auf der Erde, deckten sich mit einem wollenen Mantel zu und formten sich ihr Kopfkissen aus Erde – wie die Fimbrianer. Sie badeten in eisigen Bächen oder zogen es vor zu stinken – wie die Fimbrianer. Für Lucullus war gut genug, was für die Fimbrianer gut genug war.

Aber das galt nicht für Publius Clodius, der bereits wenige Tage nach dem Abmarsch aus Amisus seine familiäre Beziehung zu Lucullus in die Waagschale warf und sich bitter beklagte.

Die blaßgrauen Augen des Feldherrn musterten ihn ausdruckslos; sie waren kälter als das Tauwetter, bei dem seine Armee gerade eine Landschaft durchquerte. »Wenn du es gemütlicher haben willst, Clodius, dann geh nach Hause«, sagte er.

»Ich will nicht nach Hause, aber ich will mehr Bequemlichkeit!« erwiderte Clodius.

»Entweder – oder. Beides gibt's bei mir nicht.« Und damit wandte sein Schwager sich verächtlich von ihm ab.

Das war das letzte Gespräch, das Clodius mit ihm führte. Und auch die kleine Gruppe von Legaten und Militärtribunen, die den Feldherrn umgaben, luden nicht gerade zu jener Art Geselligkeit ein, die Clodius jetzt schmerzlich vermißte. Gute Freunde, Wein, Würfel, Weiber und ein paar derbe Späße; danach sehnte sich Clodius, während die Tage sich in Jahre zu verwandeln schienen und die Landschaft so rauh und unnahbar wurde wie Lucullus.

In Eusebeia Mazaca machten sie ein paar Tage Rast; Ariobarzanes Philoromaios, der König, gab dem traurigen Heereszug mit, was er entbehren konnte, und wünschte Lucullus gutes Gelingen. Dann ging es weiter, durch eine Landschaft, die von Felsspalten und Abgründen zerrissen war, einem Labyrinth aus Tuffsäulen und Felsblöcken, die in prekärem Gleichgewicht auf fragilen Steinvorsprüngen thronten. Sie mußten doppelt so weit marschieren, um diese Abgründe zu umgehen, aber Lucullus trottete ungerührt weiter und forderte ein tägliches Marschpensum von mindestens dreißig Meilen. Sie marschierten von Sonnenaufgang bis Sonnenuntergang, bauten das Lager im Halbdunkel auf und im Halbdunkel wieder ab – jeden Abend ein richtiges befestigtes Lager. Vor wem schützen wir uns? wollte Clodius oft in den blassen Himmel schreien, der so hoch über ihnen schwebte.

Schließlich kamen sie bei Tomisa an den Euphrat, der zu einem reißenden Strom aus schauerlichem, milchigblauem Schmelzwasser angeschwollen war. Clodius stieß einen Seufzer der Erleichterung aus – jetzt blieb dem Feldherrn keine Wahl. Er mußte eine Marschpause verordnen und abwarten, bis die Strömung wieder abgeschwollen war. Und was passierte wirklich? In dem Augenblick, wo die Armee rastete, begann der Euphrat sich wieder zu beruhigen, langsamer zu fließen, sich in eine fügsame, schiffbare Wasserstraße zu verwandeln. Lucullus und die Fimbrianer schifften sich nach Sophene ein, und sobald der letzte Mann das andere Ufer erreicht hatte, wurde aus dem Fluß wieder ein reißender Strom.

»Wir haben Glück«, stellte Lucullus zufrieden fest. »Und obendrein ist es ein gutes Omen.«

Das Land, durch das der Weg jetzt führte, war ein wenig freundlicher, die Berge waren nicht so hoch, saftiges Gras und wilder Spargel wuchsen auf den Hängen, und in schattigen Winkeln, wo ihre Wurzeln ein wenig Feuchtigkeit fanden, wuchsen sogar Bäume. Und was tat Lucullus? Er befahl seinen Legionären, in solch leichtem Gelände und gestärkt durch den Spargel, ein höheres Tempo einzuschlagen! Clodius hatte immer von sich geglaubt, er sei ebensogut in Form und so beweglich wie jeder andere Römer. Doch dieser Lucullus, der fast fünfzig Jahre alt war, war hundertmal ausdauernder als der zweiundzwanzigjährige Publius Clodius.

Sie überquerten den Tigris. Nach dem Euphrat war das ein Kinderspiel, denn er war weder so breit noch so reißend. Und dann, nachdem sie in zwei Monaten mehr als zweitausend Meilen zurückgelegt hatten, kam die Armee des Lucullus in Sichtweite der Stadt Tigranokerta.

Dreißig Jahre zuvor hatte sie noch gar nicht existiert. König Tigranes hatte sie erbauen lassen, um sich seinen Traum vom ewigen Ruhm und einem noch viel größeren Reich zu erfüllen – eine phantastische, steinerne Stadt mit hohen Mauern, Zitadellen, Türmen, Plätzen und Höfen, hängenden Gärten, herrlich glänzenden aquamarinfarbenen und leuchtendgelben und knallroten Fliesen, riesigen Standbildern von geflügelten Stieren, Löwen und bärtigen Königen unter hohen Tiaras. Man hatte den Platz nach allen nur erdenklichen Gesichtspunkten ausgewählt: sie war leicht zu verteidigen und verfügte über eigene Wasserquellen und einen nahen Nebenfluß des Tigris, der den Inhalt der Kanalisation, die Tigranes nach dem Vorbild von Pergamum angelegt hatte, fortschwemmte. Ganze Nationen waren besiegt worden, um ihren Aufbau zu finanzieren, und als die Fimbrianer über die Bergkuppe kamen und sie liegen sahen, spürten sie förmlich ihren Reichtum. Groß, in den Himmel wachsend, wunderschön war Tigranokerta. Weil es ihn nach einem hellenisierten Reich verlangte, hatte der König der Könige sie im griechischen Stil bauen lassen; doch die langen Jahre der Kindheit und Jugend im Reich der Parther wirkten noch nach: Als die dorische und ionische Perfektion ihn zu langweilen begann, ließ er die buntfarbenen Fliesen hinzufügen, die geflügelten Stiere und die in Stein gehauenen Herrscher. Und dann, immer noch unzufrieden mit den vielen flachen griechischen Gebäuden, fügte er die hängenden Gärten hinzu, die eckigen Steintürme und die Pylone.

In fünfundzwanzig Jahren hatte es niemand gewagt, König Tigranes schlechte Nachrichten zu überbringen; niemand wollte sich den Kopf oder die Hände abschlagen lassen, denn das war die Strafe, die einen Unglücksboten erwartete. Aber jetzt mußte ihn jemand darüber informieren, daß sich – aus den Bergen im Westen kommend – eine römische Armee der Stadt näherte. Verständlich, daß das militärische Oberkommando (angeführt von einem Sohn des Tigranes, dem Prinzen

Mithrabarzanes) einen sehr jungen Offizier dazu bestimmte, diese katastrophal schlechte Nachricht zu überbringen. Der König der Könige flüchtete sich in Panik – doch vorher ließ er den Unglücksboten noch aufhängen. Dann ergriff er Hals über Kopf die Flucht und ließ Königin Kleopatra zusammen mit seinen eigenen Frauen, seinen Konkubinen, seinen Schätzen und seiner von Mithrabarzanes befehligten Garnison zurück. Von den Gestaden des Kaspischen Meeres bis zum Ufer des Mittelmeeres, von überallher im Reich des Tigranes ergingen Aufrufe: Schickt ihm Truppen, schickt ihm Rüstungen, schickt ihm Beduinen aus der Wüste, wenn ihr keine anderen Soldaten findet! Denn Tigranes wäre niemals auf den Gedanken gekommen, die Römer, die doch selber unter Belagerung waren, könnten nach Armenien marschieren und an die Tür seiner nagelneuen Hauptstadt klopfen.

Während sein Vater in den Bergen – irgendwo zwischen Tigranokerta und dem Thospitissee – schmollte, führte Mithrabarzanes seine verfügbaren Truppen den römischen Invasoren entgegen, unterstützt von einigen Beduinenstämmen aus der näheren Umgebung. Lucullus schlug sie vernichtend, ging vor Tigranokerta in Stellung und belagerte die Stadt, obwohl seine Armee nicht einmal groß genug war, um die ganze Stadtmauer einzukreisen; er beschränkte sich auf Stadttore und Patrouillen. Da er sehr wachsam war, gelangte nur sehr wenig Verkehr aus der Stadt heraus und überhaupt keiner mehr hinein. Er war davon überzeugt, daß Tigranokerta einer langen Belagerung standgehalten hätte, aber er baute darauf, daß die Stadt gar nicht willens war, eine lange Belagerung durchzuhalten. Doch zuerst galt es, den König der Könige auf dem Schlachtfeld zu besiegen. Dann erst folgte der zweite Schritt: die Kapitulation von Tigranokerta, einer Stadt, die ihren König nicht liebte, die nur schreckliche Angst vor ihm hatte. Er hatte diese neue Hauptstadt, die weit entfernt vom Norden Armeniens und seiner alten Hauptstadt Artaxata lag, mit Griechen bevölkert, die er gegen ihren Willen aus Syrien, Kappadokien und dem Osten Cilicias herbeigeschafft hatte; das war ein wichtiger Teil der Hellenisierung gewesen, die Tigranes seinem medischen Volk mit aller Gewalt aufzwingen wollte. Zivilisiert war man erst mit griechischer Kultur und griechischer Sprache. Medische Kultur war minderwertig und primitiv. Also hatte er kurzerhand eine ganze Anzahl Griechen umgesiedelt.

Obwohl die beiden Könige wieder versöhnt waren, hatte Mithridates es nicht eilig, sich mit Tigranes zu vereinigen. Statt dessen lag er mit seiner Armee nördlich und westlich des Gebiets, in das Tigranes sich geflüchtet hatte; er hielt nicht viel von Tigranes' militärischen Fähigkeiten. Er hatte seinen besten Feldherrn bei sich, seinen Vetter Taxiles, und als ihnen zu Ohren kam, daß Lucullus vor Tigranokerta lag und Tigranes eine riesige Armee zusammentrommelte, um die Stadt zu befreien, schickte Mithridates seinen Vetter zum König der Könige.

»Er soll die Römer nicht angreifen!« gab er Taxiles als Botschaft für Tigranes mit auf den Weg.

Tigranes war geneigt, den Rat zu beherzigen, obwohl er inzwischen hundertzwanzigtausend Mann Infanterie aus weit entfernten Gebieten wie Syrien und dem Kaukasus zusammengezogen hatte, und dazu noch fünfundzwanzigtausend jener gefürchteten Kavalleristen, die man Kataphrakte nannte, weil Pferd und Reiter von Kopf bis Fuß in Kettenpanzer gekleidet waren. Er lag noch gut fünfzig Meilen von seiner Hauptstadt entfernt in einem verschlafenen Tal, aber er mußte jetzt vorrücken. Der Großteil seines Nachschubs befand sich in den Getreidesilos und Lagerhäusern Tigranokertas, also mußte er einen Verteidigungsweg mit der Stadt herstellen, um seine riesige Armee mit Nahrungsmitteln versorgen zu können. Und das sollte angeblich gar nicht so schwer sein. Seine Spione hatten ihm berichtet, daß die Römer nicht genug Männer hatten, um den Belagerungsring um eine so große Stadt wie Tigranokerta zu schließen.

Den Berichten, denen zufolge die römische Armee als unbedeutend bezeichnet wurde, hatte er so lange keinen Glauben geschenkt, bis er selbst auf einem hohen Hügel hinter der Stadt stand und mit eigenen Augen sah, was das für eine Mücke war, die gewagt hatte, ihn zu stechen.

»Zu groß für eine Vorhut, zu klein für eine Armee«, befand er und gab den Angriffsbefehl.

Diese gewaltigen östlichen Heere waren jedoch Kampfeinheiten, die ein Marius oder ein Sulla niemals eingesetzt hätte, selbst wenn den beiden römischen Feldherren solch ein Überfluß an Soldaten zur Verfügung gestanden hätte. Truppen mußten klein und flexibel sein, leicht zu manövrieren und zu versorgen. Lucullus besaß zwei Legionen ausgezeichneter, wenn auch schlecht beleumundeter Soldaten, die seine Taktik so gut beherrschten wie er selbst, und dazu ein hübsches kleines Kontingent von zweitausendsiebenhundert Reitern aus Galatien, die schon seit Jahren bei ihm waren.

Die Belagerung war nicht ohne römische Verluste vonstatten gegangen; das lag hauptsächlich an dem mysteriösen zoroastrischen Feuer, über das König Tigranes verfügte. Die Griechen nannten es Naphtha, und es stammte aus einer persischen Festung irgendwo im Südwesten am Hyrkanischen Meer. Schleuderte man kleine, brennende Klumpen davon in hohem Bogen gegen die Belagerungstürme und Unterstände, dann spritzten sie beim Aufprall auseinander, setzten alles in Brand und glühten so heiß, daß sie mit nichts zu löschen waren. Sie brannten und verstümmelten, doch was noch schlimmer war: Sie verbreiteten helle Panik. Noch nie war jemand von seinen Männern mit so etwas in Berührung gekommen.

Und so setzte Tigranes seine gewaltige Streitmacht gegen die lästige Mücke in Bewegung, ohne zu ahnen, in was für ein Ungeheuer sich eine solche Mücke durch schlechte Laune verwandeln konnte. Jeder einzelne Römer in dieser kleinen Armee hatte die Nase gründlich voll von eintöniger Kost und dem Verzicht auf Frauen, von zoroastrischem Feuer und Kataphrakten – die auf ihren riesigen Gäulen Jagd auf Nachschubtrupps machten –, von Armenien im allgemeinen und Tigranes im besonderen. Von Lucullus bis hin zu den Fimbrianern und der galatischen Reiterei – alle brannten sie darauf, in die Schlacht zu ziehen. Sie brüllten vor Freude, als die Kundschafter berichteten, daß König Tigranes' Armee endlich aufmarschiert war.

Nachdem er Mars Invictus ein besonderes Opfer versprochen hatte, gürtete sich Lucullus im Morgengrauen des sechsten Tages des römischen Oktobers die Lenden, um sich in die Schlacht zu stürzen. Er ließ die Belagerungsstellungen räumen, führte seine Leute auf einen Hügel zwischen der anrückenden armenischen Armee und der Stadt und traf seine Vorkehrungen. Auch wenn Lucullus nicht wissen konnte, daß Mithridates den König der Könige davor gewarnt hatte, die Römer anzugreifen, wußte er nur zu genau, wie er Tigranes zur Offensive verleiten konnte: Er würde seiner kleinen Armee befehlen, sich vor der armenischen Übermacht wie eine verängstigte Schafherde zusammenzudrängen. Und da alle Könige des Ostens davon überzeugt waren, daß die Schlagkraft einer Armee in der Zahl ihrer Soldaten lag, würde Tigranes zum Angriff übergehen.

Tigranes blies zum Angriff – und lief in sein Verderben. Niemand auf der Seite der Armenier, einschließlich Taxiles, schien den Vorteil einer erhöhten Stellung begriffen zu haben. Und es hatte auch keiner der armenischen Befehlshaber daran gedacht, eine Strategie oder eine Taktik zu entwickeln, das wurde Lucullus sehr bald klar, als die ungestümen Kämpfer seinen Hügel heraufgestürmt kamen. Er ließ das Ungeheuer los, und alles andere ergab sich von selbst.

In aller Ruhe verabreichte Lucullus ihnen von der Spitze des Hügels aus eine grausame Bestrafung; seine einzige Sorge war es, daß die Berge von Toten seine eigenen Leute behindern und den totalen Sieg vereiteln könnten. Aber als er seine galatischen Reiter losschickte, um Breschen durch die armenischen Gefallenen zu schlagen, sausten die Fimbrianer den Hügel hinunter wie Sensen durch ein Weizenfeld. Die Reihen der Armenier lösten sich auf, Tausende von Syrern und Kaukasiern gerieten zwischen die gepanzerten Kataphrakte, brachten Pferde und Reiter zu Fall und wurden dabei selbst zermalmt. Es starben viel mehr armenische Soldaten, als die wildgewordenen Fimbrianer hätten töten können.

In seinem Bericht an den römischen Senat schrieb Lucullus: »Mehr als hunderttausend tote Armenier und fünf tote Römer.«

König Tigranes mußte ein zweites Mal fliehen, und er war so fest davon überzeugt, gefangen zu werden, daß er die Tiara und das Diadem einem seiner Söhne in Verwahrung gab und den Prinzen dazu anhielt, schneller zu reiten, da er jünger und leichter sei. Der junge Mann jedoch vertraute Tiara und Diadem einem dubiosen Sklaven an, und so kam es, daß die Insignien der armenischen Oberhoheit sich zwei Tage darauf in Lucullus' Besitz befanden.

Die Griechen, die man gezwungen hatte, in Tigranokerta zu leben, öffneten die Stadttore und waren so außer sich vor Freude, daß sie Lucullus auf den Schultern hineintrugen. Alle Entbehrungen gehörten der Vergangenheit an; mit ähnlicher Freude warfen die Fimbrianer sich in zärtliche Arme und weiche Betten, fraßen und soffen, hurten und plünderten. Die Beute war fürstlich. Achttausend Talente in Gold und Silber, dreißig Millionen Scheffel Weizen sowie Schätze und Kunstwerke von unermeßlichem Wert.

Und aus dem Feldherrn wurde ein Mensch! Fasziniert beobachtete Publius Clodius, wie unter dem harten, kalten und unbarmherzigen Mann der letzten Monate wieder der Lucullus zum Vorschein kam, den er in Rom gekannt hatte. Zu seiner Erbauung stapelte man Handschriften vor ihm auf, und zu seinem Vergnügen ließ er sich Kinder bringen; nichts machte ihn glücklicher, als Mädchen im blühenden jugendlichen

Alter in die Geheimnisse der Sexualität einzuweihen. Medische Mädchen, keine griechischen! Die Kriegsbeute wurde in einer feierlichen Zeremonie und mit lukullischer Fairneß aufgeteilt; jeder der fünfzehntausend Soldaten erhielt mindestens dreißigtausend Sesterzen, auch wenn das Geld natürlich erst ausgezahlt werden sollte, wenn es in harte römische Währung umgetauscht war. Der Weizen brachte zwölftausend Talente ein; der schlitzohrige Lucullus verkaufte den ganzen Haufen an Phraates, den König des Partherreichs.

Publius Clodius war nicht bereit, Lucullus die monatelangen Märsche und die Entbehrungen zu verzeihen, obwohl sein Anteil an der Beute mit hunderttausend Sesterzen recht üppig ausgefallen war. Irgendwo zwischen Eusebeia Mazaca und dem Kreuzweg bei Tomisa hatte er den Namen seines Schwagers auf die Liste derjenigen gesetzt, die noch dafür bezahlen würden, daß sie ihn beleidigt hatten. Catilina. Der kleine Fisch Cicero. Fabia. Und jetzt Lucullus. Beim Anblick des vielen Goldes und Silbers in den Tresorräumen – er hatte sogar mitgeholfen, es zu zählen – hatte er sich zunächst darauf konzentriert, herauszufinden, wie Lucullus versuchen würde, sie alle zu betrügen, wenn es um das Aufteilen der Beute ging. Dreißigtausend nur für jeden Legionär und jeden Reiter? Lächerlich! Bis er auf seinem Abakus ermittelt hatte, daß achttausend Talente geteilt durch fünfzehntausend Männer nicht mehr als dreizehntausend Sesterzen pro Mann ergaben – woher also kamen die restlichen siebzehntausend? Aus dem Verkauf des Weizens, lautete die lapidare Erklärung des Feldherrn, als Clodius ihn um Aufklärung bat.

Immerhin hatte die enttäuschende Rechenlektion Clodius auf eine Idee gebracht. Wenn er schon davon ausgegangen war, daß Lucullus seine Männer betrog – was würden sie wohl dazu sagen, wenn man unter ihnen den einen oder anderen Samen der Unzufriedenheit ausstreute?

Bis zur Besetzung von Tigranokerta hatte Clodius wenig Gelegenheit gehabt, Beziehungen zu irgend jemandem außerhalb der kleinen und wenig redseligen Gruppe von Legaten und Tribunen zu pflegen. Lucullus achtete streng auf Disziplin und hatte wenig übrig für Kumpanei zwischen einfachen Soldaten und den Männern seines Stabs. Aber jetzt, wo der Winter vorbei war und der neue Lucullus alle, die ihm geholfen hatten, in großzügiger Weise dafür entschädigen wollte, ließ die Wachsamkeit nach. So ließ er zum Beispiel jeden verfügbaren Schauspieler und Tänzer herbeischaffen und verpflichtete ihn dazu, vor seinen Soldaten aufzutreten. Ein Vergnügungsurlaub fern der Heimat, für Männer, die ihre Heimat nie wiedersehen würden. Es mangelte nicht an Unterhaltung. Und auch nicht an Wein.

Der Anführer der Fimbrianer war ein *Primus-pilus*-Zenturio, er befehligte die ältere der beiden Fimbrianer-Legionen. Sein Name war Marcus Silius, und wie die anderen war auch er – als gemeiner Soldat und noch nicht einmal alt genug, um sich zu rasieren – siebzehn Jahre zuvor mit Flaccius und Fimbria quer durch Makedonien nach Osten marschiert. Nachdem Fimbrius im Machtkampf der beiden Sieger geblieben war, hatte Marcus Silius den Mord an Flaccus in Byzantium gebilligt. Er war mit nach Asia gezogen, hatte gegen König Mithridates gekämpft und war zu Sulla gekommen, nachdem Fimbrius seine Macht verloren und Selbstmord begangen hatte. Er hatte für Sulla, für Murena und schließlich für Lucullus gekämpft. Zusammen mit den anderen hatte er Mitylene belagert und zwar inzwischen zum *pilus prior* aufgestiegen, einer hohen Position in der komplizierten Rangordnung der Zenturien. Die Jahre waren vergangen, ein Feldzug nach dem anderen war geführt worden. Sie alle hatten Rom als blutjunge Männer verlassen, denn damals hatte es Italien an erfahrenen Truppen gemangelt; jetzt, in Tigranokerta, hatten die meisten von ihnen schon ihr halbes Leben unter den Adlern gedient, aber ihre Gesuche um ehrenhafte Entlassung waren eines nach dem anderen abgelehnt worden. Marcus Silius, ihr Anführer, war ein verbitterter Mann von dreiundvierzig Jahren, der nur noch nach Hause wollte.

Diese Information hatte sich Clodius nicht zum gegenwärtigen Zeitpunkt verschaffen müssen; selbst ein griesgrämiger Legat wie Sextilius machte hin und wieder den Mund auf, und dann redete er entweder über Silius oder über den *Primus-pilus*-Zenturio der anderen Fimbrianer-Legion, Lucius Cornificius (der nicht aus der aufsteigenden Familie selben Namens stammte).

Es war auch nicht schwer gewesen, Silius' Schlupfwinkel in Tigranokerta zu finden; er und Cornificius hatten einen kleinen Palast beschlagnahmt, der einem der Söhne des Tigranes gehört hatte, und wohnten dort zusammen mit ein paar reizvollen Frauen und einer Mannschaft von Sklaven, die für eine ganze Kohorte ausgereicht hätte.

Publius Clodius, Patrizier aus ehrwürdiger Familie, beehrte die Herren mit seinem Besuch, und wie die Griechen vor Troja hatte er Geschenke dabei. Nein, nicht etwa von der Größe des hölzernen Pferdes! Clodius brachte einen kleinen Beutel mit Pilzen mit, die er von Lucullus bekommen hatte (der gern mit solchen Dingen experimentierte), und dazu noch eine bauchige Korbflasche voll erlesenen Weins, die so groß war, daß drei Diener benötigt wurden, um sie herbeizuschaffen.

Man empfing ihn mit Argwohn. Beide Zenturios wußten nur zu gut, wer er war, in welcher Beziehung er zu Lucullus stand, und wie er sich während des Marsches, vor der belagerten Stadt und während der Schlacht verhalten hatte. Und das hatte ebensowenig Eindruck auf sie gemacht wie seine Erscheinung, denn Clodius war nicht besonders groß und ragte nicht heraus, wenn mehrere Männer beisammen standen. Sie kamen allerdings nicht umhin, seine Dreistigkeit zu bewundern: Er kam hereingeplatzt, als würde ihm der Palast gehören, ließ sich leutselig auf dem großen bestickten Sitzkissen zwischen den beiden Liegebetten nieder, auf denen die Männer ihre derzeitigen Gespielinnen umschlungen hielten, zog den Beutel mit Pilzen heraus und erklärte ihnen, was passieren würde, wenn sie diese außergewöhnliche Speise zu sich nehmen würden.

»Ein erstaunliches Zeug!« sagte Clodius, und dabei hüpften seine lebhaften Augenbrauen nach oben und unten. »Bedient euch, aber ihr müßt ganz langsam kauen. Es dauert eine Weile, bis ihr etwas spürt.«

Silius machte keinerlei Anstalten, der Einladung zu folgen, und Clodius dachte nicht daran, mit gutem Beispiel voranzugehen und auf einem der verschrumpelten Hütchen herumzukauen.

»Was willst du?« fragte ihn Silius schroff.

»Mit euch reden«, antwortete Clodius und lächelte zum erstenmal.

Das Lächeln des Publius Clodius hatte eine frappierende Wirkung auf diejenigen, die es noch nie gesehen hatten; es machte sein ansonsten eher angespanntes, ängstliches Gesicht so liebenswürdig und anziehend, daß seine Umgebung sich fast immer davon anstecken ließ. Und so lächelten plötzlich auch Silius, Cornificius und sogar die beiden Frauen.

Aber so leicht ließ sich ein Fimbrianer nicht einfangen. Clodius war der Feind, ein weitaus gefährlicherer Feind als jeder Armenier, Syrer oder Kaukasier. Und so hatte sich Silius seine geistige Unabhängigkeit bewahrt, nachdem sein Lächeln wieder abgeklungen war, und hegte noch immer Argwohn gegen Clodius' Absichten.

Clodius hatte damit gerechnet und war vorbereitet. Während der vier demütigenden Jahre, in denen er in Rom herumgelungert hatte, war es ihm keineswegs entgangen, daß man als Mann von hoher Geburt von allen, die unter einem standen, äußerst mißtrauisch beäugt wurde und daß Männer von niederer Herkunft sich in der Regel keinen vernünftigen Grund dafür denken konnten, weshalb jemand von hoher Geburt den Wunsch haben sollte, sich unter sie zu mischen. Ohne Ziele, von seinesgleichen verachtet und auf der verzweifelten Suche nach einer Beschäftigung, war Clodius damals bestrebt gewesen, das Mißtrauen der gesellschaftlich unter ihm Stehenden zu zerstreuen. Jeder Erfolg hatte ihn in eine tröstliche Erregung versetzt, aber er hatte auch wirklichen Gefallen an der Gesellschaft dieser Menschen gefunden; es gefiel ihm, besser erzogen und intelligenter zu sein als alle anderen um ihn herum, es verschaffte ihm ein Gefühl der Überlegenheit, nach dem er unter seinesgleichen vergeblich gesucht hatte. Er kam sich vor wie ein Riese. Und den Leuten vermittelte er das Gefühl, als sei hier ein Hochwohlgeborener, dem sie etwas bedeuteten, der eine ehrliche Zuneigung zu einfachen Menschen und einfachen Verhältnissen gefaßt hatte. Er hatte es gelernt, sich bei diesen Menschen einzuschleichen und zu Hause zu fühlen. Er sonnte sich in einer ganz neuen Art der Bewunderung.

Er bediente sich der Methode des Redens. Keine großen Worte, keine unerwünschten Anspielungen auf griechische Dramatiker oder Dichter, nicht der geringste Hinweis darauf, daß ihm irgend etwas an seiner Gesellschaft oder den Getränken oder der Umgebung nicht gefallen könnte. Und während er redete, versorgte er seine Umgebung mit Wein und gab vor, selbst ungeheure Mengen davon in sich hineinzuschütten – dabei achtete er sorgsam darauf, am Ende der Nüchternste von allen zu sein. Er verstand es äußerst geschickt, unter den Tisch zu rollen, vom Hocker zu kippen, nach draußen zu stürzen, um sich angeblich zu übergeben. Beim ersten Kontakt bewahrten sich seine Opfer noch eine gewisse Zurückhaltung, aber er kam wieder, versuchte es erneut, kam ein drittes und auch ein viertes Mal, und schließlich mußte sogar der mißtrauischste Mann zugeben, daß dieser Publius Clodius ein wirklicher Pfundskerl war, ein stinknormaler Bursche, der nur das Pech hatte, in die falschen Kreise geboren worden zu sein. Und nachdem solches Vertrauen hergestellt war, konnte er sie formen wie Wachs in seiner Hand, vorausgesetzt, er achtete darauf, ihnen niemals zu nahe zu treten und ihre innersten Gefühle nicht zu verletzen. Er hatte sehr bald gemerkt, daß es Tölpel waren, um die er sich bemühte, ungehobelte, ungebildete Kerle, die sich nach Anerkennung sehnten und nur darauf warteten, sich formen zu lassen.

Marcus Silius und Lucius Cornificius unterschieden sich nicht wesentlich von irgendwelchen römischen Tavernenhockern, auch wenn sie Italien schon mit siebzehn Jahren verlassen hatten. Es waren harte, grausame, skrupellose Männer. Aber für Publius Clodius waren die beiden Zenturios wie warmer Lehm in der Hand eines meisterhaften Bildhauers. Ein leichtes Spiel. Kinderleicht...

Nachdem Silius und Cornificius sich selbst eingestanden hatten, daß sie ihn mochten, daß er sie amüsierte, begann Clodius damit, ihnen Honig um den Bart zu schmieren, sie nach ihrer Meinung zu diesem und jenem Problem zu fragen – und dabei wählte er stets Dinge, über die sie Bescheid wußten, für die sie sich zuständig fühlten. Und dann gab er ihnen das Gefühl, sie zu bewundern: ihre Unerbittlichkeit, ihre Ausdauer im soldatischen Dienst und damit ihre ungeheure Bedeutung für Rom. Und so wurde er zu einem von ihnen, zu ihrem Freund, einem Licht in der Dunkelheit; er war einer von DENEN, jetzt gehörte er zu UNS, dachten sie, und er hat die Möglichkeit, DIE dort im Senat und in der Volksversammlung auf jeden mißlichen Zustand, den er sieht, aufmerksam zu machen. Er war zwar noch jung, fast noch ein Knabe! Aber auch Knaben wurden älter, und mit dreißig würde Publius Clodius die geheiligten Portale des Senats durchschreiten; den *cursus honorum* würde er so ungehindert hinaufsteigen, wie Wasser über polierten Marmor fließt. Er war schließlich ein Claudier, Mitglied einer Familie, die bislang in jeder Generation seit Bestehen der Republik einen Konsul gestellt hatte. Einer von DENEN. Und doch einer von UNS.

Erst bei seinem fünften Besuch kam Clodius auf das Thema Kriegsbeute und deren Aufteilung zu sprechen.

»Elender Geizhals!« murmelte Clodius vor sich hin.

»Wie?« Silius spitzte die Ohren.

»Mein hochgeschätzer Schwager Lucullus. Treue Soldaten wie eure Männer speist er mit einem Almosen ab. Dreißigtausend Sesterzen pro Mann, und das bei *achttausend Talenten*, die wir in Tigranokerta gefunden haben!«

»Er hat uns abgespeist?« fragte Cornificius erstaunt. »Er hat immer gesagt, daß er die Beute lieber auf dem Schlachtfeld aufteilt, damit das Schatzamt uns später nicht über den Tisch ziehen kann!«

»Genau das sollt ihr glauben«, sagte Clodius und ließ den Wein über den Becherrand schwappen. »Könnt ihr rechnen?«

»Rechnen?«

»Du weißt schon, subtrahieren und addieren und multiplizieren und dividieren.«

»Ja, ein bißchen«, sagte Silius, um nicht ungebildet zu erscheinen.

»Ja, das ist einer der Vorteile eines Hauslehrers. Als junger Bursche mußt du eine Aufgabe nach der anderen lösen. Und wenn du es nicht schaffst, prügelt man dich windelweich!« Clodius kicherte. »Also habe ich mich hingesetzt und ein bißchen gerechnet. Ich habe die Talente in unsere guten alten römischen Sesterzen umgerechnet, das Ganze dann durch fünfzehntausend dividiert. Und ich kann dir sagen, Marcus Silius, die Männer in deinen beiden Legionen hätten zehnmal soviel kriegen müssen wie die dreißigtausend Sesterzen pro Mann! Mein Herr Schwager, dieser großspurige Schuft – wie ein Wohltäter ist er auf den Marktplatz gekommen, und dabei hat er jeden einzelnen von euch Fimbrianern hintergangen!« Clodius schlug sich mit der Faust in die Handfläche.

Sie glaubten ihm, nicht nur, weil sie ihm glauben wollten, sondern auch, weil er mit ungeheurer Kompetenz zu reden schien, weil er eine Zahlenkolonne nach der anderen vor ihnen abspulte, eine einzige Litanei von Lucullus' Betrügereien, seit er vor sechs Jahren in den Osten gekommen war, um noch einmal das Kommando über die Fimbrianer zu übernehmen. Wie konnte jemand, der soviel wußte, die Unwahrheit sagen? Und aus welchem Grund hätte er lügen sollen? Silius und Cornificius glaubten ihm.

Der Rest war ein Kinderspiel. Während die Fimbrianer den Winter in Tigranokerta durchfeierten, flüsterte Publius Clodius ihren Zenturios etwas ins Ohr, und die Zenturios flüsterten es ihren Fußsoldaten ins Ohr, und die Fußsoldaten flüsterten es den galatischen Reitern ins Ohr. Einige der Männer hatten Frauen in Amisus zurückgelassen, und als die beiden cilicischen Legionen unter Sornatius und Fabius Hadrianus von Amisus nach Zela marschierten, zogen die Frauen mit ihnen, wie Soldatenfrauen es immer tun. Kaum jemand konnte schreiben, und trotzdem verbreitete sich die Nachricht von Tigranokerta bis nach Pontus: Lucullus hatte die Armee immer wieder um ihren rechtmäßigen Anteil an der Kriegsbeute betrogen. Es machte sich auch niemand die Mühe, Clodius' Rechenkünste zu überprüfen. Da glaubte man lieber, man sei betrogen worden, winkte doch als Belohnung für eine solche Überzeugung das Zehnfache von dem, was Lucullus einem zugestanden hatte. Und außerdem war Clodius ein hochintelligenter Bursche! So einer verrechnet sich nicht! Nein, Clodius sagte bestimmt die Wahrheit! Der kluge Clodius. Er hatte das Geheimnis der Demagogie begriffen: Erzähl den Leuten, was sie hören wollen, und niemals das, was sie nicht hören wollen.

Lucullus war inzwischen nicht untätig gewesen, trotz seiner Beschäftigung mit kostbaren Handschriften und minderjährigen Mädchen. Er hatte kurze Reisen nach Syrien unternommen und alle verschleppten Griechen wieder nach Hause geschickt. Das südliche Reich des Tigranes zerfiel, und Lucullus sorgte dafür, daß Rom sein Erbe war. Es gab nämlich noch einen dritten König im Osten, der für Rom eine Bedrohung war, Phraates, der König des Partherreiches. Sulla hatte mit dessen Vater einen Vertrag geschlossen, in dem festgelegt worden war, daß alle Gebiete westlich des Euphrat an Rom fielen und alles, was östlich des Euphrat lag, zum Königreich der Parther gehörte.

Lucullus hatte die dreißig Millionen Scheffel Weizen, die er in Tigranokerta gefunden hatte, an die Parther verkauft, damit die Armenier sich damit nicht die Bäuche füllen konnten. Doch während nun Frachtkahn auf Frachtkahn den Tigris abwärts nach Mesopotamien und in das Königreich der Parther fuhr, sandte ihm König Phraates eine Nachricht und forderte ihn auf, den Vertrag mit Rom zu denselben Konditionen zu erneuern. Er lautete: Alles, was westlich des Euphrat lag, gehört Rom, die Gebiete östlich davon gehören König Phraates. Doch dann erfuhr Lucullus, daß Phraates auch mit dem flüchtigen Tigranes verhandelte, der die Rückgabe der siebzig Täler in Media Atropatene versprach, falls die Parther sich mit ihm gegen Rom verbündeten. Sie waren hinterhältige Gesellen, diese östlichen Könige; man durfte ihnen nicht über den Weg trauen. Für sie galten die Werte des Ostens, und diese Werte waren unstet wie Wüstensand.

Auf einmal hatte Lucullus Visionen von unermeßlichen Reichtümern, wie noch kein Römer sie sich erträumt hatte. Wenn man sich vorstellte, was es in Seleuceia am Tigris, in Ctesiphon, in Babylon und in Susa alles zu finden gab! Wenn zwei römische Legionen und nicht einmal dreitausend galatische Reiter ein armenisches Großheer buchstäblich auslöschen konnten, dann müßten doch vier römische Legionen und die galatische Reiterei den ganzen Osten bis hin nach Mesopotamien und an das Kaspische Meer erobern können! Was sollten ihm die Parther an Widerstand entgegensetzen, nach allem, was Tigranes mobilisiert hatte? Von den Kataphrakten bis zum zoroastrischen Feuer, Lucullus' Armee war damit fertig geworden. Er brauchte nur noch die beiden cilicischen Legionen aus Pontus.

Lucullus entschied sich rasch. Im Frühling würde er nach Mesopotamien marschieren und das Königreich der Parther niederwerfen. Das wäre ein Schock für den Ritterstand und seine Parteigänger im Senat! Lucius Licinius Lucullus würde es ihnen zeigen! Der ganzen Welt würde er es zeigen!

Er sandte eine Botschaft nach Zela: Schickt mir auf der Stelle die cilicischen Legionen nach Tigranokerta. Wir marschieren nach Babylon und Elymais. Wir werden unsterblich sein! Wir werden Rom den ganzen Osten zu Füßen legen und seine letzten Feinde vernichten.

Natürlich erfuhr Clodius von diesen Plänen, als er den Flügel des Palastes besuchte, in dem Lucullus sein Quartier aufgeschlagen hatte. Lucullus hegte seinem Schwager gegenüber freundlichere Gefühle, seit dieser ihm aus dem Weg ging und auch nicht mehr versuchte, seine jungen Militärtribune zu allerlei Schabernack anzustiften, wie er es im vergangenen Jahr, auf dem Marsch von Pontus, noch versucht hatte.

»Ich mache Rom reicher, als es jemals war«, sagte Lucullus glücklich. Sein langes Gesicht war sanfter geworden. »Marcus Crassus schwafelt vom Reichtum, der in Ägypten zu holen sei, aber gegen das Königreich der Parther ist Ägypten ein Armenhaus. Vom Indus bis zum Euphrat treibt König Phraates seinen Tribut ein. Und wenn ich Phraates besiegt habe, werden diese Abgaben direkt in unser geliebtes Rom fließen. Wir werden neue Schatzkammern bauen müssen, um sie verwahren zu können!«

Clodius eilte zu Silius und Cornificius.

»Was haltet ihr von seiner Idee?« fragte Clodius scheinbar arglos.

Die beiden Zenturios hielten sehr wenig davon, und Silius machte es ihm klar.

»Du kennst die Ebene nicht«, erklärte er Clodius, »aber wir. Wir waren schon überall. Ein Sommerfeldzug am Tigris entlang, den ganzen Weg bis nach Elymais? Bei der Hitze und der Feuchtigkeit? Die Parther sind in Hitze und Feuchtigkeit aufgewachsen. Wir gehen dabei drauf.«

Clodius hatte an Beute gedacht, nicht an das Klima. Jetzt dachte er an das Klima. Unter Lucullus zu marschieren, sich mit Hitzschlägen und Schweißkrämpfen herumzuplagen? Schlimmer als alles, was er bis jetzt ertragen mußte!

»Gut«, sagte er kühl, »dann laßt uns dafür sorgen, daß dieser Feldzug nicht stattfindet.«

»Die cilicischen Legionen!« sagte Silius sofort. »Ohne die können wir nie und nimmer in ein topfebenes Land marschieren. Das weiß Lucullus. Für ein funktionierendes Verteidigungsquadrat braucht er vier Legionen.«

»Er hat Sornatius schon einen Boten geschickt«, sagte Clodius düster.

»Laß den Boten schnell wie der Wind sein, Sornatius ist frühestens in einem Monat marschbereit«, erwiderte Cornificius zuversichtlich. »Er ist ganz allein in Zela, Fabius Hadrianus ist nach Pergamum abgereist.«

»Woher weißt du das?« fragte Clodius neugierig.

»Wir haben unsere Informanten.« Silius grinste. »Wir müssen eben einen eigenen Mann nach Zela schicken.«

»Und was soll der tun?«

»Den Cilicianern klarmachen, daß sie bleiben sollen, wo sie sind. Wenn denen zu Ohren kommt, wo sie hinmarschieren sollen, dann werfen sie die Waffen weg und rühren sich nicht von der Stelle. Wenn Lucullus dort wäre, könnte er ihnen vielleicht Beine machen, aber Sornatius hat weder den Mut noch den Grips, um mit einer Meuterei fertig zu werden.«

Clodius tat erschrocken. »Meuterei?« preßte er hervor.

»Keine *richtige* Meuterei«, beruhigte ihn Silius. »Drei Männer sind ja jederzeit bereit, für Rom den Kopf hinzuhalten – aber eben in Pontus. Das ist keine richtige Meuterei.«

»Stimmt«, gab sich Clodius erleichtert. »Wen kannst du nach Zela schicken?« fragte er.

»Meinen persönlichen Burschen.« Cornificius erhob sich. »Wir haben keine Zeit zu verlieren. Ich schicke ihn gleich los.«

Er ließ Clodius und Silius allein zurück.

»Du bist uns eine große Hilfe«, sagte Silius dankbar. »Wir sind heilfroh, daß wir dich kennen, Publius Clodius.«

»Nicht halb so froh wie ich darüber bin, euch zu kennen.«

»Ich habe früher einen Patrizier ganz gut gekannt«, sagte Silius nachdenklich und drehte den goldenen Becher zwischen den Fingern.

»Ach, wirklich?« Das interessierte Clodius tatsächlich; man konnte nie wissen, wohin solche Gespräche führten; daraus ließ sich zuweilen Kapital schlagen. »Wen? Und wann war das?«

»In Mytilene, vor elf oder zwölf Jahren.« Silius spuckte auf den Marmorboden. »Auch ein Feldzug mit Lucullus! Ich scheine nicht von dem Kerl loszukommen. Wir waren alle in einer Kohorte, lauter Männer, denen Lucullus nicht über den Weg traute. Wir haben damals noch eine Menge von Fimbria gehalten. Also hat Lucullus uns zu den Bogenschützen gesteckt und diesen hübschen Grünschnabel zu unserem Kommandanten gemacht. Sein Name war Gaius Julius Caesar.«

»Caesar?« Clodius richtete sich kerzengerade auf. »Den kenne ich, das heißt, ich habe von ihm gehört. Lucullus haßt ihn wie die Pest.«

»Schon damals. Deshalb hat er ihn ja zusammen mit uns zu den Bogenschützen gesteckt. Aber es hat nicht funktioniert. Der Kerl war kalt wie Eis. Und kämpfen konnte der! Der hat den Kopf nie ausgeschaltet, deshalb war er so gut. Hat mir in dieser Schlacht das Leben gerettet, und allen anderen auch. Aber mir ganz persönlich. Ich weiß heut noch nicht, wie er das fertiggebracht hat. Ich war schon Asche auf dem Feuer, Publius Clodius, Asche auf dem Feuer.«

»Sie haben ihm die Bürgerkrone verliehen«, sagte Clodius. »Deshalb kann ich mich so gut an ihn erinnern. Es gibt nicht viele Advokaten, die mit einem Eichenkranz auf dem Kopf vor Gericht auftreten. Ein Neffe von Sulla.«

»Und der Neffe von Gaius Marius«, fügte Silius hinzu. »Das hat er uns vor der Schlacht erzählt.«

»Stimmt, eine seiner Tanten hat Marius geheiratet und die andere Sulla.« Clodius schaute zufrieden. »Er ist eine Art Vetter von mir, Marcus Silius, das ist der Grund.«

»Der Grund für was?«

»Für seine Tapferkeit, und daß du ihn gemocht hast.«

»Und ob ich ihn gemocht hab'. Ich war traurig, als er mit Thermus und den Soldaten aus Asia nach Rom zurückgekehrt ist.«

»Und die armen Fimbrianer mußten wieder einmal im Osten bleiben«, sagte Clodius leise. »Ach, laßt den Kopf nicht hängen. Ich schreibe an alle meine Bekannten in Rom, damit der Senatserlaß endlich aufgehoben wird!«

»Du bist ein wahrer Freund der Soldaten, Publius Clodius.« Silius' Augen füllten sich mit Tränen. »Wir werden es nicht vergessen.«

Clodius war bewegt. »Freund der Soldaten? Nennt ihr mich so?«

»So nennen wir dich.«

»Das werde *ich* nicht vergessen, Marcus Silius.«

Mitte März traf ein erschöpfter und halb erfrorener Bote aus Pontus ein, um Lucullus darüber in Kenntnis zu setzen, daß die cilicischen Legionen sich weigerten, Zela zu verlassen. Sornatius und Fabius Hadrianus hatten alles versucht, aber die Cilicier rührten sich nicht vom Fleck, auch nicht nach einer ernsten Warnung des Statthalters Dolabella. Und das war nicht die einzige unangenehme Nachricht aus Zela. Sornatius schrieb, irgend jemand müsse den Soldaten der beiden cilicischen Legionen eingeredet haben, sie seien von Lucullus während der ganzen sechs Jahre seit seiner Rückkehr nach Osten um ihren gerechten Anteil an der Kriegsbeute betrogen worden. Zweifellos hatte die Angst vor der Hitze am Tigris zu der Meuterei geführt, aber das Gerücht von Lucullus' Betrug hatte ein übriges getan.

Von dem Fenster aus, an dem Lucullus saß, sah man quer über die Stadt, genau in die Richtung, in der Mesopotamien lag; Lucullus hatte den Blick auf den entfernten Horizont mit den niedrigen Bergen gerichtet, ohne wirklich etwas zu sehen; er versuchte gerade, sich von einem Traum zu trennen, dessen Erfüllung ihm bereits greifbar erschienen war. Narren! Wahnsinnige! Er, ein Licinius Lucullus, sollte sich an Männern bereichert haben, die unter seinem Kommando standen? Er, ein Licinius Lucullus, sollte sich auf das Niveau dieser geldgierigen, auf schnellen Reichtum bedachten römischen Steuerpächter herabbegeben haben? Wer hatte ein solches Gerücht in die Welt gesetzt? Und warum hatten sie nicht selbst gemerkt, was für ein Unsinn das war? Ein paar einfache Rechnungen, mehr wäre nicht nötig gewesen.

Sein Traum von der Eroberung des Partherreichs war ausgeträumt. Mit weniger als vier Legionen in ein vollkommen flaches Land einzurücken, wäre Selbstmord, und Lucullus war kein Selbstmörder. Seufzend erhob er sich und ging Sextilius und Fannius suchen, seine beiden ältesten Legaten in Tigranokerta.

»Und was hast du jetzt vor?« fragte ihn Sextilius fassungslos.

»Ich werde das tun, was mit meinen Truppen machbar ist«, antwortete Lucullus, der sich mit jeder Sekunde mehr verhärtete. »Ich ziehe nach Norden, hinter Tigranes und Mithridates her. Ich werde sie zum Rückzug zwingen, bis sie in Artaxata in der Falle sitzen, und dann reibe ich ihre Armeen auf.«

»Es ist noch zu früh im Jahr, um so weit nach Norden zu marschieren«, meinte Lucius Fannius besorgt. »Wir können frühestens im Sextilis aufbrechen. Und dann bleiben uns nur vier Monate. Dort oben ist das Land an keiner Stelle flacher als fünfzehnhundert Meter, und die Vegetationszeit dauert nur einen kurzen Sommer. Viel Proviant können wir auch nicht mitnehmen – ich glaube, dort oben sind massive Berge. Aber du willst sicher rechts um den Thospitissee herumziehen.«

»Nein, ich ziehe links am Thospitissee vorbei«, antwortete Lucullus; inzwischen hatte er sich in den Gedanken an diesen Feldzug festgebissen. »Wenn wir nur vier Monate haben, können wir uns keinen Umweg von zweihundert Meilen leisten, nur weil es sich dort leichter laufen läßt.«

Seine Legaten machten betroffene Gesichter, aber keiner wagte zu widersprechen. Diesen Ausdruck auf Lucullus' Gesicht kannten sie. Kein Argument hätte ihn umstimmen können. »Und was machen wir bis dahin?« fragte Fannius.

»Wir lassen die Fimbrianer hier im Luxus schwelgen«, antwortete Lucullus verächtlich. »Von der Nachricht werden sie ohnehin begeistert sein!«

Anfang des Monats Sextilis verließ die Armee des Lucullus schließlich Tigranokerta, aber nicht etwa, um nach Süden in die Hitze zu marschieren. Von dieser neuen Marschrichtung (das hatte Clodius von Silius und Cornificius erfahren) waren die Fimbrianer, die am liebsten in Tigranokerta geblieben wären, nicht gerade begeistert. Aber wenigstens das Wetter würde auszuhalten sein, und ein echter Fimbrianer ließ sich schließlich von keinem Berg in ganz Asia einschüchtern! Sie hatten sie alle erklommen, wie Silius selbstgefällig feststellte. Und außerdem, vier Monate waren nicht mehr als ein hübscher kleiner Ausflug. Im Winter würden sie es sich wieder in Tigranokerta gemütlich machen können.

In eisigem Schweigen führte Lucullus die Marschkolonne an. Bei einem Besuch in Antiochia hatte er erfahren, daß er als Statthalter von Cilicia abgesetzt worden war; Quintus Marcius Rex, der Erste Konsul dieses Jahres, sollte die Provinz bekommen, und Rex wäre am liebsten schon während seines Konsulats nach Osten aufgebrochen. Er hatte drei nagelneue Legionen zu seiner Verfügung, wie Lucullus zu seiner großen Empörung hören mußte. Er, Lucullus, hätte nicht eine einzige aus Rom loseisen können, und wenn sein Leben davon abgehangen hätte!

»Mir soll es recht sein«, sagte Publius Clodius selbstgefällig. »Auch Rex ist mein Schwager, vergiß das nicht. Ich bin wie eine Katze – ich falle immer auf die Beine! Wenn du mich nicht mehr willst, Lucullus, dann schließe ich mich Rex in Tarsus an.«

»Nur nicht so eilig!« knurrte Lucullus. »Ich vergaß zu erwähnen, daß Rex nicht so bald nach Osten aufbrechen kann. Zuerst ist der Zweite Konsul gestorben und dann auch noch der Ersatzkonsul; Rex muß bis zum Ende seines Konsulats in Rom bleiben.«

»Aha!« sagte Clodius, drehte sich um und ging hinaus.

Nach Marschbeginn war es für Clodius unmöglich geworden, unbemerkt nach Silius oder Cornificius Ausschau zu halten; in dieser Anfangsphase versteckte er sich lieber zwischen den Militärtribunen, ohne etwas zu sagen oder zu tun. Er war davon überzeugt, daß sich im Laufe der Zeit genügend Gelegenheiten ergeben würden, denn ein Gefühl sagte ihm, daß Lucullus das Glück abhanden gekommen war. Er war nicht der einzige, der so etwas dachte; die Tribunen und sogar die Legaten murmelten hinter vorgehaltener Hand von Lucullus' Pechsträhne.

Seine Späher hatten ihm geraten, am Canirites entlangzumarschieren, einem Seitenarm des Tigris, der nahe an Tigranokerta vorbeifloß und in einem Felsmassiv südöstlich des Thospitissee entsprang. Leider waren seine Späher Araber aus der Ebene; Lucullus hatte in Tigranokerta niemanden auftreiben können, der aus dieser Gegend südöstlich des Thospitissees stammte. Eigentlich hätte ihm das eine Warnung vor dem Land sein müssen, in das er sich wagte, aber die Weigerung der cilicischen Legionen hatte ihn so tief getroffen, daß er noch immer keinen kühlen Kopf hatte. Immerhin war er geistesgegenwärtig genug gewesen, ein paar der galatischen Reiter vorauszuschicken. Sie kehrten schon bald zurück und teilten ihm mit, daß der Canirites einen kurzen Lauf habe und in einer schroffen Felswand ende, die keine Armee der Welt überqueren könne, nicht einmal zu Fuß.

»Wir sind einem nomadischen Schäfer begegnet«, berichtete der Kommandant des Trupps. »Der Mann hat uns empfohlen, bis zum

Lycus zu marschieren, dem nächsten großen Nebenfluß des Tigris, etwas weiter südlich. Er ist länger und schlängelt sich durch dasselbe Felsmassiv hindurch. Er glaubt, daß sein Quellgebiet nicht so schroff ist und wir von dort aus in die Ebene am Thospitissee hinunterklettern können. Und ab da ist der Weg leichter, meint der Mann.«

Ob dieser Verzögerung machte Lucullus ein finsteres Gesicht und schickte seine Araber zurück. Als er nach dem Schäfer fragte, mit dem Hintergedanken, ihn zum Späher zu machen, berichteten ihm seine Galater mit Bedauern, der Halunke sei ihnen samt seinen Schafen entwischt und nirgends mehr zu finden.

»Also gut, marschieren wir zum Lycus«, befahl der Feldherr.

»Wir haben achtzehn Tage verloren«, wagte Sextilius schüchtern zu bemerken.

»Das ist mir klar.«

Und so folgten die Fimbrianer und die Reiterei dem Lauf des Lycus in immer höhere Regionen, in ein immer schmaler werdendes Tal. Keiner von ihnen war dabeigewesen, als Pompeius eine neue Route über die westlichen Alpen entdeckt hatte, sonst hätte er den anderen erzählen können, daß Pompeius' Unternehmung, verglichen mit diesem Marsch, ein Kinderspiel war. Und die Armee kletterte weiter, quälte sich zwischen riesigen Felsbrocken hindurch, die der Fluß abgeworfen hatte, der inzwischen ein reißender Bach war, durch den man nicht mehr waten konnte; er wurde immer schmaler, tiefer, wilder.

Hinter einer Kante kamen sie auf einen mit spärlichem Gras bewachsenen Felsrücken, nicht gerade eine Mulde, aber wenigstens bot er den Pferden, die immer magerer und immer hungriger geworden waren, ein wenig Futter. Doch die Männer konnte er nicht aufheitern, denn das andere Ende – dort verlief offensichtlich die Wasserscheide – sah abschreckend aus. Und mehr als drei Tage Rast wollte Lucullus ihnen nicht gewähren; sie waren nun seit einem Monat unterwegs und noch nicht viel weiter nördlich als Tigranokerta.

Als sie in diese furchterregende Wildnis heinmarschierten, erhob sich rechts von ihnen ein riesiger Fünftausender; sie befanden sich selbst schon in dreitausend Meter Höhe; sie keuchten unter dem Gewicht ihrer Tornister, wunderten sich darüber, daß sie Kopfschmerzen bekamen, und wußten nicht mehr, wie sie ihre Lungen mit der kostbaren Luft füllen sollten. Ein anderer Bach war ihr einziger Ausweg, auf beiden Seiten ragten die Felswände so steil empor, daß auch der Schnee keinen Halt mehr an ihnen fand. Manchmal schafften sie nicht einmal eine Meile am Tag, kletterten über Felsen, klammerten sich an die Wände des brodelnden Katarakts, dem sie folgten, verzweifelt bemüht, nicht hineinzustürzen und zermalmt zu werden.

Keiner hatte ein Auge für die Schönheiten der Natur; dazu war die Anstrengung zu groß. Und es schien nicht wegsamer werden zu wollen; die Tage zogen sich dahin, und die Stromschnelle wurde nicht ruhiger, dafür noch breiter und tiefer. Nachts war es bitterkalt, obwohl doch Hochsommer war, und tagsüber bekamen sie die Sonne nicht zu spüren, so hoch waren die Felswände, von denen sie eingeschlossen waren. Schlimmer konnte es nicht mehr kommen.

Doch dann, als die Schlucht sich ein wenig öffnete und die Pferde ein paar Halme gefunden hatten, sahen sie den blutgetränkten Schnee. Die Felsen waren nicht mehr so steil, wenn auch kaum weniger hoch, und in ihren Spalten und Rinnen hatten sich Schneefelder gehalten. So sah Schnee auf einem Schlachtfeld aus, nachdem das Gemetzel vorüber war: bräunlichrot vor Blut.

Clodius eilte zu Cornificius, dessen Legion der ranghöheren Legion des Silius voranging.

»Was hat das zu bedeuten?« rief Clodius verängstigt.

»Es bedeutet, daß wir in den sicheren Tod marschieren«, antwortete Cornificius.

»Hast du das schon einmal gesehen?«

»Wie hätten wir es vorher sehen können, wenn es doch hier als unser Omen liegt!«

»Wir müssen umkehren!« Clodius zitterte vor Angst.

»Zu spät«, sagte Cornificius.

Also zogen sie weiter. Sie hatten es jetzt etwas leichter, weil der Fluß sich zwei Höhlungen in den Fels gefressen hatte, und weil es bergab ging. Doch dann ließ Lucullus verkünden, sie befänden sich zu weit östlich, und so mußten die Soldaten, die noch immer wie gebannt auf den blutgetränkten Schnee starrten, wieder bergauf klettern. Keinerlei Hinweise auf menschliches Leben, dabei hatten sie den Befehl, jeden Nomaden, der ihnen über den Weg lief, gefangenzunehmen. Aber wer sollte hier oben schon leben, mit dem blutgetränkten Schnee vor Augen?

Zweimal kletterten sie auf über dreitausend Meter und stolperten wieder bergab; der zweite Paß kam ihnen weniger erschreckend vor, denn aus dem blutgetränkten Schnee wurde wieder ganz normaler, weißer Schnee, und als sie oben auf dem zweiten Paß ankamen, sahen sie in der Ferne den Thospitissee – leuchtend blau lag er im Sonnenschein.

Die Ebene, in die sie mit weichen Knien hinunterkletterten, erschien ihnen wie das Elysische Feld, auch wenn sie noch in fünfzehnhundert Meter Höhe lag und nirgends etwas angepflanzt war, denn wer sollte einen Boden pflügen, der bis zum Sommer gefroren war und den schon die ersten Herbstwinde wieder steinhart gefrieren ließen? Es gab keine Bäume, aber es wuchs Gras; die Pferde wurden kräftiger, die Männer jedoch nicht, auch wenn es zumindest wilden Spargel zu essen gab.

Lucullus drängte zur Eile. Nach zwei Monaten waren sie erst sechzig Meilen nördlich von Tigranokerta angelangt. Immerhin hatten sie das Schlimmste hinter sich. Sie kamen jetzt schneller voran. Am Rand des Sees stießen sie auf ein kleines Dorf von Nomaden, die Getreide angebaut hatten. Sie nahmen ihnen alles, um ihre schrumpfenden Vorräte aufzustocken. Ein paar Meilen weiter fanden sie noch mehr Getreide; sie nahmen es mit, zusammen mit jedem Schaf, das den Männern über den Weg lief. Die Luft kam ihnen nicht mehr so dünn vor, nicht etwa, weil sie nicht dünn gewesen wäre, sondern weil sie sich langsam an die Höhe gewöhnten.

Es war kein furchterregender Fluß, der von den schneebedeckten Gipfeln im Norden kam und in den See mündete. Er war ziemlich breit und ruhig und führte genau in die Richtung, in der Lucullus weiterziehen wollte. Die Bauern, die einen medischen Dialekt sprachen, hatten ihm durch den medischen Dolmetscher, den sie gefangengenommen hatten, mitteilen lassen, daß es zwischen hier und dem Tal des Araxes, in dem Artaxata lag, nur noch eine einzige Bergkette zu überwinden gab. Böse Berge? fragte er. Nein, nicht so böse wie die Berge, aus denen die fremde Armee gekommen ist, lautete die Antwort.

Als die Fimbrianer das Flußtal verließen, um in die sanften Hügel des freundlicheren Hochlandes hinaufzusteigen, wurden sie von einem Trupp Kataphrakte angegriffen. Den Fimbrianern war durchaus nach einem kleinen Kräftemessen zumute, und so räumten sie auch ohne die Hilfe der Galater kräftig unter den gepanzerten Reitern und ihren Pferden auf. Beim zweiten Trupp von Kataphrakten waren die Galater an der Reihe, und auch sie entledigten sich der Aufgabe mit Bravour. Die Männer hielten nach weiteren Angreifern Ausschau.

Es kamen keine mehr. Und nach einem weiteren Tagesmarsch wußten sie auch, warum. Das Land war ziemlich eben, aber es hielt – soweit das Auge in jede Richtung auch reichte – ein neues Hindernis für sie bereit: etwas so Bizarres und Schreckliches, daß sie sich zu fragen begannen, welchen der Götter sie beleidigt haben mochten, daß er ihnen diesen Alptraum schickte. Und auch die Blutflecken waren wieder da, diesmal nicht auf dem Schnee, sondern quer über die Landschaft verteilt.

Was sie erblickten, waren Felsen. Messerscharfe Felsen, zwischen drei und fünfzehn Meter hoch, die sich unbarmherzig und ohne Ende aneinanderreihten und übereinandertürmten und ohne eine sinnvolle Ordnung in alle Richtungen wiesen.

Silius und Cornificius suchten um eine Unterredung mit dem Feldherrn nach.

»Wir können diese Felsen nicht überqueren«, sagte Silius mit tonloser Stimme.

»Diese Armee kann alles überqueren, das hat sie oft genug bewiesen«, antwortete Lucullus, verärgert über den Protest.

»Es gibt keinen Weg«, sagte Silius.

»Dann schlagen wir uns einen«, entgegnete ihm Lucullus.

»Nicht zwischen diesen Felsen hindurch«, sagte Cornificius. »Ich weiß es, denn ich habe es ein paar Männer ausprobieren lassen. Das Material, aus dem diese Felsen sind, ist härter als unsere Dolche.«

»Dann klettern wir eben drüber«, erwiderte Lucullus.

Er wollte nicht nachgeben. Der dritte Monate ging zu Ende. Er mußte Artaxata erreichen. Und so betrat seine kleine Armee das Lavafeld, in dem sich in grauer Vorzeit ein großer See gebildet hatte. Die Männer zitterten vor Angst, denn diese »Felsen« waren mit blutroten Flechten bewachsen. Es war eine entsetzlich quälende Schinderei, so als würden Ameisen über einen Acker aus Tonscherben kriechen. Aber Menschen waren keine Ameisen; diese seltsamen Felsen schnitten und stachen ins Fleisch, eine entsetzliche Tortur. Und es führte auch kein Weg um sie herum, denn in jeder Himmelsrichtung säumten schneebedeckte Berge den Horizont, manche näher, manche weiter entfernt.

Irgendwo nördlich des Thospitissees hatte Clodius beschlossen, auf Lucullus keine Rücksicht mehr zu nehmen, und zusammen mit Silius zu marschieren. Und als der Feldherr ihn zurückbeordern ließ (nachdem Sextilius ihm verkündet hatte, sein Schwager sei desertiert, um sich mit einem Zenturio zu verbrüdern), weigerte sich Clodius.

»Richtet meinem Herrn Schwager aus«, trug er dem Tribunen auf, der ihn zurückholen sollte, »daß ich mich hier sehr wohl fühle. Wenn er mich vorne bei sich haben will, dann muß er mich in Eisen legen lassen.«

Lucullus hielt es für klüger, diese Antwort zu ignorieren. Und sein Stab war ohnehin froh, den ständigen Nörgler und Unruhestifter endlich los zu sein. Der Verdacht, Clodius könnte etwas mit der Meuterei der cilicischen Legionen zu tun haben, war bislang noch nicht aufgetaucht, und da die Fimbrianer ihrem Widerwillen gegen die schrecklichen Felsen lediglich durch einen offiziellen Protest ihres Zenturios Ausdruck gegeben hatten, mußte man auch nicht mit einer Meuterei rechnen.

Vielleicht wäre es auch nie dazu gekommen, hätte es den Berg Ararat nicht gegeben. Fünfzig Meilen lang ertrugen die Legionäre das zerklüftete Lavafeld, dann hatten sie wieder grasigen Untergrund erreicht. Welche Wohltat! Hätte da nicht mitten auf ihrem Weg nach Norden dieser gewaltige Berg in die Höhe geragt, den keiner von ihnen je zuvor gesehen hatte. Über fünftausend Meter hoch, ganz mit Schnee bedeckt, und an seiner östlichen Flanke noch ein zweiter Kegel, nicht ganz so hoch, aber kaum weniger furchterregend.

Die Fimbrianer legten die Schilde und Speere ab und schauten hin. Und dann fingen sie an zu weinen.

Diesmal führte Clodius die Abordnung an, die beim Feldherrn vorsprach, und Clodius würde sich nicht ins Bockshorn jagen lassen.

»Wir weigern uns, auch nur einen Schritt weiterzugehen«, sagte er, und hinter ihm nickten Silius und Cornificius mit den Köpfen.

Als Lucullus dann auch noch Bogitarus in sein Zelt treten sah, wußte er, daß er verloren hatte, denn Bogitarus war der Kommandant seiner galatischen Reiter, ein Mann, an dessen Loyalität nicht zu zweifeln war.

»Bist du derselben Meinung, Bogitarus?« fragte ihn Lucullus.

»Ja, Lucius Licinius. Meine Pferde kommen nicht über einen solchen Berg, nicht nach diesen Felsen. Ihre Hufe sind aufgerissen bis zu den Fesseln, sie haben so viele Eisen verloren, daß die Schmiede nicht mehr nachkommen, und der Stahl geht uns aus. Ganz abgesehen davon, daß wir seit Tigranokerta keine Holzkohle mehr bekommen haben. Wir würden dir in den Hades folgen, Lucius Licinius, aber wir folgen dir nicht über diesen Berg«, sagte Bogitarus.

»Danke, das reicht, Bogitarus«, erwiderte Lucullus. »Geht jetzt. Ich möchte mit Publius Clodius sprechen.«

»Heißt das, wir gehen zurück?« fragte Silius mißtrauisch.

»Nicht zurück, es sei denn, ihr habt Lust auf die Felsen. Wir marschieren nach Westen zum Arsanias. Dort finden wir Getreide.«

Bogitarus war bereits gegangen, jetzt folgten ihm die Zenturios der Fimbrianer. Lucullus und Clodius waren allein.

»Was hast du mit dieser ganzen Sache zu tun?« fragte Lucullus.

Hämisch lächelnd musterte Clodius den Feldherrn von Kopf bis Fuß. Wie heruntergekommen der Mann war! Man sah ihm seine fünfzig Jahre an. Und etwas fehlte jetzt in seinem Blick: die kühle Festigkeit, die ihm alle Tore geöffnet hatte. In seinen müden Augen glaubte Clodius das Wissen um die Niederlage zu erkennen.

»Was ich mit der Sache zu tun habe?« wiederholte Clodius und lachte. »Mein lieber Lucullus, ich bin ihr Urheber! Glaubst du im Ernst, irgendeiner von den Kerlen hätte soviel Weitblick? Oder soviel Mut? Ich habe das alles angezettelt, ich allein!«

»Und die cilicischen Legionen?« fragte Lucullus langsam.

»Auch das. Mein Werk.« Clodius wippte auf den Zehen. »Wenn du mich jetzt nicht mehr haben willst, gehe ich. Bis ich in Tarsos bin, müßte mein Schwager Rex auch dort sein.«

»Du wirst nirgendwo hingehen. Misch dich von mir aus wieder unter deine fimbrianischen Lakaien.« Lucullus lächelte düster. »Ich bin dein Kommandant, und mir ist das prokonsularische Kommando übertragen worden, gegen Mithridates und Tigranes zu kämpfen. Ich gebe dir nicht die Erlaubnis, zu gehen. Du wirst bei mir bleiben, und wenn ich deinen Anblick bis zum Erbrechen ertragen muß.«

Mit dieser Antwort hatte Clodius nicht gerechnet. Er warf Lucullus noch einen wütenden Blick zu und stürmte hinaus.

Auch wenn Lucullus sich nach Westen wandte, von Wind und Schnee wurden sie nicht verschont, denn die günstige Zeit für Feldzüge war abgelaufen. Innerhalb der Gnadenfrist waren sie bis zum Ararat gekommen, nicht weiter als zweihundert Meilen von Tigranokerta entfernt, so weit, wie auch ein Vogel fliegen konnte. Als er an die Ufer des Arsanias kam, des größten der nördlichen Nebenflüsse des Euphrat, war das Getreide bereits geerntet, und die spärliche Bevölkerung hatte sich in die höhlenartigen, in den Tuffstein gehauenen Behausungen zurückgezogen und jeden eßbaren Krümel mitgenommen. Gut, Lucullus war von seinen eigenen Soldaten besiegt worden, aber derlei Widrigkeiten kannte er, und er dachte nicht daran, hier stehenzubleiben, wo er im Frühling eine leichte Beute von Mithridates und Tigranes werden würde.

Er zog zurück nach Tigranokerta, wo es Vorräte gab, wo Freunde auf ihn warteten, aber wenn die Fimbrianer geglaubt hatten, dort in Ruhe überwintern zu können, wurden sie bitter enttäuscht. Es war ruhig in der Stadt, man schien sich mit Lucius Fannius, dem Mann, den er als Gouverneur dort zurückgelassen hatte, arrangiert zu haben. Nachdem er Getreide und anderen Proviant gesammelt hatte, marschierte Lucullus weiter nach Süden, um die Stadt Nisibis zu belagern, die am Mygdonius lag, in einem trockeneren, flacheren Gebiet.

Die Stadt Nisibis, die in einer schwarzen, regnerischen Novembernacht fiel, barg fette Beute und garantierte ein leichtes, üppiges Leben. Die Fimbrianer richteten sich dort ein, machten Clodius zu ihrem Glücksbringer und verbrachten einen angenehmen Winter unterhalb der Schneegrenze. Und als Lucius Fannius kaum einen Monat später in der Stadt eintraf, um seinem Kommandanten zu berichten, daß König Tigranes wieder in Tigranokerta Einzug gehalten hatte, da wickelten sie Clodius in Efeu und trugen ihn auf ihren Schultern einmal um den Marktplatz von Nisibis, weil sie ihr Glück ihm zu verdanken glaubten. Hier waren sie sicher und hatten sich obendrein die Belagerung von Tigranokerta erspart.

Im April – der Winter ging zu Ende, und die Aussicht auf einen neuen Feldzug gegen Tigranes bot ein wenig Trost – erfuhr Lucullus, daß man ihm alles genommen hatte, außer dem wertlosen Titel eines Oberbefehlshabers gegen zwei Könige. Die Ritter hatten sich der Plebejischen Versammlung bedient, um ihm auch noch seine letzten beiden Provinzen zu nehmen, Bythinien und Pontus, und schließlich war er auch seiner vier Legionen beraubt worden: Die Fimbrianer durften endlich nach Hause, und Manius Acilius Glabrio, der neue Statthalter von Bythinien-Pontus, sollte die cilicischen Soldaten erhalten. Der Oberbefehlshaber des Krieges gegen die zwei Könige hatte keinen einzigen Soldaten mehr, um den Kampf fortzusetzen. Er hatte nur noch sein Kommando.

Daraufhin beschloß Lucullus, den Fimbrianern die Neuigkeit von ihrer ehrenhaften Entlassung vorzuenthalten. Was sie nicht wußten, würde sie nicht heiß machen. Natürlich erfuhren die Fimbrianer trotzdem, daß sie nach Hause zurückkehren durften. Clodius hatte die offiziellen Schreiben abgefangen und ihren Inhalt gelesen, bevor sie Lucullus erreichten. Gleich nach den Schreiben aus Rom trafen Nachrichten aus Pontus ein, die Lucullus darüber informierten, daß König Mithridates es zurückerobert hatte. Glabrio würde die cilicischen Legionen also doch nicht erben: sie waren in Zela aufgerieben worden.

Als der Befehl gegeben wurde, nach Pontus zu marschieren, tauchte Clodius bei Lucullus auf. »Die Armee weigert sich, Nisibis zu verlassen«, verkündete er.

»Die Armee wird nach Pontus marschieren, Publius Clodius, um unsere überlebenden Landsleute zu retten«, erwiderte Lucullus.

»Aber du hast nicht mehr den Befehl über die Armee!« frohlockte der triumphierende Clodius. »Die Fimbrianer haben ihren Dienst unter den Adlern beendet, sie dürfen nach Rom zurückkehren, sobald du ihnen die Entlassungspapiere geschrieben hast. Und das wirst du noch hier in Nisibis tun. Damit du sie nicht wieder um ihren Anteil an der Kriegsbeute betrügen kannst.«

In diesem Moment begriff Lucullus alles. Sein Atem ging keuchend, er fletschte die Zähne und ging, Mordlust in den Augen, auf Clodius los. Clodius wich hinter einen Tisch zurück und achtete darauf, näher an der Tür zu sein als Lucullus.

»Rühr mich nicht an!« brüllte er. »Wenn du mich anrührst, bringen sie dich um!«

Lucullus blieb stehen. »So sehr lieben sie dich?« fragte er. Selbst solchen Einfaltspinseln wie Silius und den anderen Zenturios der Fimbrianer hätte er nicht soviel Gutgläubigkeit zugetraut.

»Sie lieben mich bis in den Tod. *Ich* bin der Freund der Soldaten.«

»Du bist eine Hure, Clodius, du würdest dich an den allerletzten Abschaum dieser Welt verkaufen, wenn man dich dafür lieben würde«, sagte Lucullus mit unverhohlener Verachtung.

Warum es ihm ausgerechnet in diesem Augenblick in den Sinn kam, bei diesem Wutanfall, hätte Clodius hinterher nicht zu erklären gewußt. Aber es schoß ihm in den Kopf, und er antwortete boshaft und voller Häme:

»Eine Hure? Ich? Aber nicht so eine Hure wie dein Weib, Lucullus!

Meine liebe kleine Schwester Clodilla, die ich ebensosehr liebe, wie ich dich hasse! Aber sie ist eine Hure, Lucullus. Wahrscheinlich liebe ich sie deshalb so. Du denkst, daß du sie als erster hattest, ja? Sie war ja erst fünfzehn, als du sie geheiratet hast. Lucullus der Päderast, der den Mädchen und Knaben die Unschuld raubt! Hast wohl gedacht, du hättest Clodilla als erster gehabt, wie? Nein, das hast du nicht!« schrie Clodius, so außer sich vor Wut, daß er Schaum vor dem Mund hatte.

Lucullus war aschfahl geworden. »Was willst du damit sagen?« flüsterte er.

»Ich will damit sagen, daß ich sie als erster gehabt habe, großer und mächtiger Lucius Licinius Lucullus! *Ich* hatte sie als erster! Genau wie Claudia. Wir haben in einem Bett geschlafen, und wir haben viele Spielchen getrieben, Lucullus, und je größer ich geworden bin, desto toller haben wir's getrieben! Ich habe sie beide besessen, Hunderte von Malen habe ich sie besessen. Ich habe meine Finger in sie hineingesteckt, und dann hab ich etwas anderes in sie hineingesteckt! Ich habe an ihnen gelutscht und herumgeknabbert, ich habe Sachen mit ihnen angestellt, die du dir nicht einmal vorstellen kannst! Und weißt du was?« fragte er lachend. »Clodilla findet, daß du ein armseliger Ersatz für ihren kleinen Bruder bist!«

Neben dem Tisch, der Clodius von Clodillas Ehemann trennte, stand ein Sessel; plötzlich schien alles Leben aus Lucullus gewichen zu sein, er stolperte auf den Sessel zu und ließ sich hineinfallen. Er rang hörbar nach Atem.

»Ich entlasse dich aus meinen Diensten, Freund der Soldaten, denn die Zeit des Erbrechens ist jetzt gekommen. Ich verfluche dich! Geh zu Rex nach Cilicia!«

Es war ein tränenreicher Abschied von Silius und Cornificius. Natürlich überschütteten die Zenturios der Fimbrianer ihren Freund mit Geschenken, die zum Teil wertvoll und durchweg nützlich waren. Clodius ritt auf dem Rücken eines edlen kleinen Pferdes davon, und auch die Männer in seinem Gefolge waren gut beritten. Ein paar Dutzend Maultiere trugen die Beute. Clodius glaubte, durch eine sichere Gegend zu reiten, deshalb hatte er Silius' Angebot einer Eskorte ausgeschlagen.

Es ging auch alles gut, bis er in Zeugma den Euphrat überquerte, um nach Cilicia Pedia und nach Tarsus weiterzuziehen. Zwischen ihm und den fruchtbaren Flußniederungen von Cilicia Pedia lagen jedoch die Amanusberge, ein lächerliches Küstengebirge, verglichen mit den Massiven, die Clodius erst kürzlich bewältigt hatte; er betrachtete sie mit Geringschätzung – bis eine Bande von arabischen Wegelagerern ihn in einem ausgetrockneten Flußbett überfiel und ihm sein gesamtes Hab und Gut, seine Taschen mit Geld und die edlen, kleinen Pferde raubte. Clodius mußte die Reise allein und auf dem Rücken eines Maultiers fortsetzen; immerhin hatten die Araber (die ihn zum Totlachen komisch fanden) ihm genügend Geld gelassen, um bis nach Tarsus zu kommen.

Als er dort war, mußte er feststellen, daß sein Schwager Rex noch immer nicht eingetroffen war. Clodius bezog eine Suite im Palast des Statthalters und sezte sich an einen Tisch, um seine Liste der gehaßten Personen zu vervollständigen: Catilina, Cicero, Fabia, Lucullus und jetzt die Araber. Auch die Araber würden ihm dafür bezahlen!

Erst gegen Ende des Quinctilis trafen Quintus Marcius Rex und seine drei neuen Legionen in Tarsus ein. Er war mit Glabrio zusammen zum Hellespont gezogen und hatte beschlossen, durch Anatolien zu marschieren, statt an einer von Piraten wimmelnden Küste entlangzusegeln. In Lycaonia – so konnte er dem begeisterten Clodius berichten – hatte er von niemand anderem als Lucullus einen Hilferuf bekommen, dem es nach der Abreise des Freundes der Soldaten doch noch gelungen war, die Fimbrianer zum Marsch nach Pontus zu bewegen. In Talaura war Lucullus dann von einem Schwiegersohn des Tigranes namens Mithridates angegriffen worden und hatte dabei erfahren, daß die beiden Könige ihm hart auf den Fersen waren.

»Stell dir vor, er hatte doch tatsächlich die Stirn, *mich* um Hilfe zu bitten!« sagte Rex.

»Er ist schließlich auch dein Schwager«, erwiderte Clodius verschmitzt.

»Er ist Persona non grata in Rom, also hab' ich mich natürlich geweigert. Ich glaube, er hat auch Glabrio um Hilfe gebeten, aber bei dem wird er wohl kein Glück gehabt haben. Zuletzt habe ich gehört, er soll umgekehrt sein, um nach Nisibis zurückzukehren.«

»Dort ist er nicht angekommen«, erwiderte Clodius, der über das Ende von Lucullus' Marsch besser informiert war als über die Ereignisse in Talaura. »Als sie am Kreuzweg in Samosata waren, haben die Fimbrianer gestreikt. In Tarsus hat man sich erzählt, daß er jetzt nach

Kappadokien unterwegs ist. Von dort aus will er weiter nach Pergamum.«

Natürlich wußte Clodius aus der Lektüre von Lucullus' Briefen, daß man Pompeius dem Großen ein uneingeschränktes Kommando gegen die Piraten im Mittelmeer übertragen hatte, also ließ er das Thema Lucullus auf sich beruhen und wandte sich Pompeius zu.

»Und was mußt du tun, um dem widerlichen Pompeius Magnus bei seinem Feldzug gegen die Piraten zu helfen?« fragte er.

Quintus Marcius Rex rümpfte die Nase. »Gar nichts, wie es scheint. Der Bruder unseres gemeinsamen Schwagers Celer, dein Vetter Nepos, hat die Befehlsgewalt über die cilicischen Gewässer, dabei ist er kaum alt genug, dem Senat anzugehören. Ich soll meine Provinz regieren und mich ansonsten heraushalten.«

»So eine Unverschämtheit!« Clodius witterte einen lustigen Streich.

»Ganz genau«, sagte Rex steif.

»Ich habe Nepos in Tarsus nicht gesehen.«

»Du wirst ihn schon noch sehen. Bald. Seine Schiffe liegen bereit. Cilicia scheint das eigentliche Ziel von Pompeius' Feldzug sein.«

»Ich denke«, sagte Clodius, »dann sollten wir in den cilicischen Gewässern noch ein paar gute Werke tun, bevor Nepos eintrifft, meinst du nicht?«

»Wie das?« Claudias Gatte kannte Clodius, aber von seiner Fähigkeit, Unheil zu stiften, schien er nichts zu wissen. Er war noch immer bereit, die charakterlichen Mängel seines Schwagers als jugendlichen Übermut abzutun.

»Ich könnte mir eine kleine Flotte nehmen und in deinem Namen auf Piratenjagd gehen«, sagte Clodius.

»Also ...«

»Was spricht dagegen?«

»Nun – eigentlich kann es ja nichts schaden.« Noch schwankte Rex.

»Bitte, sag ja.«

»Also gut. Aber du darfst nur die Piraten ärgern.«

»Ich verspreche es dir«, sagte Clodius. Er stellte sich schon die Beute vor, die ihm den Verlust versüßen sollte, den er durch die verfluchten arabischen Wegelagerer am Amanus erlitten hatte.

Es war eher eine Flottille als eine Flotte, an deren Spitze Clodius der Admiral bereits acht Tage später aus dem Hafen segelte, zehn gut bemannte und ordentlich aufgetakelte Biremen, von denen weder Rex noch Clodius glaubte, daß Metellus Nepos sie vermissen würde, wenn er in Tarsus eintraf.

Clodius hatte nicht bedacht, daß Pompeius' Besen bereits so kräftig gekehrt hatte, daß es in den Gewässern vor Zypern und Cilicia Tracheia (dem zerklüfteten westlichen Ende der Provinz, in dem sich viele Piratennester befanden) nun von flüchtenden Piratenflotten nur so wimmelte, von Piratenflotten, die wesentlich mehr Schiffe als zehn Biremen zählten. Er war noch keine fünf Tage auf See, als eine solche Flotte in Sicht kam, seine Flottille umzingelte und sie kaperte. Publius Clodius war nur eine kurze Zeit als Admiral beschieden gewesen.

Man brachte ihn zu einem Stützpunkt auf Zypern, nicht weit von Paphos, der Hauptstadt und dem Sitz des Regenten, jenes Ptolemaios, den man den Zyprioten nannte. Natürlich kannte Clodius die Geschichte von Caesar und seinen Piraten, und sie hatte einen grandiosen Eindruck auf ihn gemacht. Gut, wenn Caesar so etwas geschafft hatte, dann konnte ein Publius Clodius es auch! Also verkündete er seinen Häschern erst einmal mit herrischer Stimme, daß sein Lösegeld bei zehn und nicht etwa bei zwei Talenten anzusetzen sei, und die Tabellen der Piraten bestätigten, daß dies ein durchaus angemessenes Lösegeld für einen jungen Adligen wie Clodius war. Die Piraten, die Caesars Geschichte noch besser kannten als Clodius, versprachen ihm feierlich, daß sie zehn Talente verlangen würden.

»Wer wird mich auslösen?« fragte Clodius großspurig.

»In diesen Gewässern, Ptolemaios der Zypriote«, bekam er zur Antwort.

Er versuchte, bei den Piraten die Rolle Caesars zu spielen, aber es mangelte ihm an Caesars eindrucksvoller Erscheinung; seine Prahlereien und Drohungen klangen lächerlich, und auch wenn er wußte, daß Caesars Häscher mitgelacht hatten, war er immerhin wach genug, um zu begreifen, daß dieser Haufen sich nicht beeindrucken lassen würde, trotz der Rache, die Caesar genommen hatte. Also änderte er den Kurs und schlug eine Taktik ein, auf die sich niemand besser verstand als er – er machte sich daran, die Herzen der einfachen Leute zu gewinnen und Unfrieden zu stiften. Zweifellos hätte er damit auch Erfolg gehabt, wenn den zehn Anführern der Piraten nicht zu Ohren gekommen wäre, was er trieb. Sie warfen ihn in eine Zelle, wo er kein Publikum mehr hatte, außer den Ratten, die es auf sein Brot und sein Wasser abgesehen hatten.

Er war in den ersten Tagen des Sextilis gefangengenommen worden, und sechzehn Tage später war er bereits in diesem Kerker gelandet. Drei Monate verbrachte er zusammen mit seiner rättischen Gefolgschaft in der Zelle. Man ließ ihn schließlich heraus, weil der Besen des Pompeius so gründlich kehrte, daß den Piraten nichts anderes übrigblieb, als die Siedlung aufzulösen. Außerdem kam Clodius zu Ohren, daß Ptolemaios der Zypriote herzhaft gelacht hatte, als man ihm sagte, wie hoch der Römer sein eigenes Lösegeld veranschlagte. Zwei Talente hatte er schließlich geschickt, und mehr, so Ptolemaios der Zypriote, sei ein Publius Clodius auch nicht wert.

Unter normalen Umständen hätten die Piraten mit Clodius kurzen Prozeß gemacht, aber Pompeius und Metellus Nepos waren ihnen so dicht auf den Fersen, daß sie kein Todesurteil riskieren wollten: Es hatte sich herumgesprochen, daß die Gefangennahme nicht automatisch die Kreuzigung nach sich zog, daß Pompeius manchmal Milde walten ließ. Deshalb ließ man Publius Clodius einfach laufen, als die Schiffe und ihre Besatzungen davonsegelten. Ein paar Tage später segelte eine von Metellus Nepos' Flotten vorbei; Publius Clodius wurde gerettet und durfte nach Tarsus und zu Quintus Marcius Rex zurückkehren.

Nach einem Bad und einem ausgiebigen Mahl vervollständigte er die Liste der gehaßten Personen: Catilina, Cicero, Fabia, Lucullus, die Araber und jetzt auch Ptolemaios der Zypriote. Früher oder später würden sie alle dran glauben müssen. Egal, wie lange es dauerte: Die Aussicht auf Rache war so süß, daß der Zeitpunkt kaum eine Rolle spielte. Wichtig war nur, daß es geschehen sollte. Und es würde geschehen.

Er traf Quintus Marcius Rex in schlechter Stimmung an, aber Clodius' Scheitern war nicht der Grund dafür. Rex betrachtete es als sein eigenes Scheitern. Pompeius und Metellus Nepos hatten ihn kaltgestellt; sie hatten seine Schiffe requiriert und ihn dazu verurteilt, in Tarsus zu hocken und Däumchen zu drehen. Inzwischen waren sie mehr mit Aufklauben als mit Fegen beschäftigt; der Piratenkrieg war vorbei, und bei der Ernte ging Rex leer aus.

»Soviel ich weiß«, sagte Rex wütend zu Clodius, »will er nach seiner großen Rundreise durch Asia hier zu uns nach Cilicia kommen, um ›einen Blick auf seine Reserven‹ zu werfen, wie er sich ausdrückte.«

»Pompeius oder Metellus Nepos?« fragte Clodius verwundert.

»Pompeius natürlich! Und seine Befehlsgewalt steht über meiner, sogar hier in meiner Provinz! Ich muß mit Schwamm und Nachttopf hinter ihm hertrotten!«

»Schöne Aussichten«, meinte Clodius sarkastisch.

»Unerträgliche Aussichten!« knurrte Rex. »Und deshalb wird Pompeius mich hier in Cilicia nicht antreffen. Jetzt, wo Tigranes nicht mehr in der Lage ist, sich südwestlich des Tigris zu halten, werde ich Syrien angreifen. Lucullus hat eine seiner Marionetten auf den syrischen Thron gesetzt – Antiochus Asiaticus nennt sich der Mann! Wir werden ja sehen. Syrien gehört zum Herrschaftsgebiet des Statthalters von Cilicia, also hole ich es mir.«

»Darf ich mit dir kommen?« fragte Clodius.

»Warum nicht?« Der Statthalter lächelte. »Schließlich hat Appius Claudius ziemliches Aufsehen erregt, als er monatelang in Antiochia herumlungerte, um eine Audienz bei Tigranes zu bekommen. Ich könnte mir vorstellen, daß sein kleiner Bruder dort höchst willkommen ist.«

Erst als er mit Quintus Marcius Rex in Antiochia eintraf, begriff Clodius, daß er hier das erste seiner Rachegelüste befriedigen konnte. Rex hatte von einem »Angriff« gesprochen, aber es kam überhaupt nicht zum Kampf; Lucullus' Marionette Antiochus Asiaticus flüchtete, und Rex konnte sich selbst zum Königsmacher aufschwingen und einen gewissen Philippus auf den Thron setzen. In Syrien herrschte das Chaos, nicht zuletzt deshalb, weil Lucullus Tausende von Griechen freigelassen hatte, die in Scharen nach Hause geströmt waren. Nicht wenige jedoch hatten feststellen müssen, daß ihre Häuser und ihre Geschäfte von den Arabern übernommen worden waren, die Tigranes aus der Wüste geholt und denen er die Besitztümer der Griechen überlassen hatte, die von ihm im Zuge seiner Hellenisierung ins medische Armenien verschleppt worden waren. Rex war es ziemlich gleichgültig, wem in Antiochia, Zeugma, Samosata oder Damaskus die Häuser und Geschäfte gehörten. Aber seinem Schwager Clodius war es ganz und gar nicht gleichgültig. Araber! Wie er diese Araber haßte!

Clodius machte sich an die Arbeit. Er flüsterte Rex bei jeder sich bietenden Gelegenheit ins Ohr, auf welch perfide Weise die Araber den Griechen ihre Häuser und ihre Geschäfte weggenommen hätten, gleichzeitig suchte er jeden unzufriedenen und enteigneten Griechen von Einfluß auf, den er in Antiochia, Zeugma, Samosata und in Damaskus finden konnte. Nicht ein einziger Araber dürfe in Syrien bleiben, verkündete er immer wieder. Sollten sie doch in ihre Wüste, zu ihren Handelswegen zurückkehren, wo sie hingehörten!

Es war eine sehr erfolgreiche Kampagne. Schon bald lagen die ersten ermordeten Araber in den Rinnsteinen von Antiochia und Damaskus, oder sie trieben den breiten Euphrat herunter, und ihre sonderbaren Gewänder bauschten sich um ihre toten Körper. Als eine arabische Abordnung bei Rex in Antiochia vorsprach, fertigte er sie kurz und bündig ab. Clodius' Einflüsterungen hatten ihre Wirkung getan.

»Das habt ihr König Tigranes zu verdanken«, sagte er. »Seit sechshundert Jahren haben Griechen in den fruchtbaren und besiedelten Teilen Syriens gewohnt. Und vorher waren hier die Phönizier. Ihr aber seid Skeniten von der östlichen Seite des Euphrat. Ihr habt an den Ufern unseres Meeres nichts verloren. König Tigranes ist für immer fort. In Zukunft gehört Syrien zum römischen Herrschaftsgebiet.«

»Das wissen wir«, erwiderte der Anführer der Abordnung, ein junger skenitischer Araber, der sich Abgarus nannte. Rex wußte nicht, daß dieser Name der ererbte Titel des skenitischen Königs war. »Wir wollen ja nur, daß der neue Herr in Syrien uns zugesteht, was unser geworden ist. Wir haben nicht darum gebeten, hier nach Antiochia geschickt zu werden, entlang des Euphrat die Fährzölle einzusammeln oder in Damaskus zu wohnen. Auch wir sind Entwurzelte, und unser Schicksal ist grausamer als das der Griechen.«

Quintus Marcius Rex hob die Augenbrauen. »Wieso, wenn ich fragen darf?«

»Weil den Griechen überall nur mit Freundlichkeit begegnet wurde, großer Statthalter. Sie waren hochangesehen und haben viel Geld verdient in Tigranokerta, in Nisibis, in Amida und Singara. Wir aber kommen aus einem rauhen, unwirtlichen Land, aus einer sandigen Einöde. Wenn wir uns des Nachts wärmen wollten, mußten wir uns zwischen die Leiber unserer Schafe legen oder uns vor das rauchige Feuer eines Reifens aus getrocknetem Dung setzen. Und das alles ist erst zwanzig Jahre her. Inzwischen haben wir Gras wachsen sehen, wir haben feines Weizenbrot gegessen und klares Wasser getrunken, wir haben im Luxus gebadet, in Betten geschlafen und Griechisch gelernt. Es wäre eine sinnlose Grausamkeit, uns jetzt wieder in die Wüste zu schicken. Hier in Syrien gibt es Wohlstand für alle! Laß uns bleiben, mehr verlangen wir nicht. Und zeige den Griechen, die uns verfolgen, daß du keine Barbarei dulden wirst, die eines jeden Mannes unwürdig ist, der sich Grieche nennt«, sagte Abgarus mit schlichter Würde.

»Ich kann wirklich nichts für euch tun«, antwortete Rex ungerührt. »Ich hab' ja gar nicht angeordnet, daß man euch in die Wüste zurückschicken soll, aber ich will, daß hier in Syrien Frieden herrscht. Warum suchst du dir nicht die schlimmsten griechischen Unruhestifter und redest mit ihnen?«

Abgarus und seine Gefährten befolgten diesen Rat, auch wenn Abgarus den Römern ihre Falschheit und ihre stillschweigende Duldung des Mordes an seinem Volk nicht verzieh. Statt nach den griechischen Rädelsführern zu suchen, schlossen die skenitischen Araber sich zu schlagkräftigen Gruppen zusammen und fingen an, die eigentliche Quelle der wachsenden Unzufriedenheit unter den Griechen ausfindig zu machen. Es ging nämlich das Gerücht um, daß der wahre Schuldige kein Grieche, sondern ein Römer sei.

Zusammen mit seinem Namen, Publius Clodius, erfuhren sie, daß der junge Mann der Schwager des Statthalters war und aus einer der ältesten und angesehensten römischen Familien stammte, ja, daß er sogar mit Gnaeus Pompeius Magnus, dem Sieger über die Piraten, verschwägert war. Einen solchen Mann konnte man nicht töten. Verschwiegenheit mochte es in der Einöde der Wüste geben, aber nicht hier in Antiochia; irgend jemand würde zur gegebenen Zeit alles ausplaudern.

»Wir werden ihn nicht töten«, sagte Abgarus. »Aber wir werden ihm eine schmerzliche Lektion erteilen.«

Bei weiteren Erkundigungen stellte sich heaus, daß dieser Publius Clodius in der Tat ein recht merkwürdiger römischer Adliger war. Er lebte in einem ganz gewöhnlichen Haus im Elendsviertel von Antiochia und verkehrte an Orten, an denen römische Adlige normalerweise nicht verkehrten. Und genau das machte ihn zur leichten Beute. Abgarus schlug zu.

Gefesselt, geknebelt und mit verbundenen Augen brachte man Publius Clodius in einen fensterlosen Raum, einen Raum ohne Wandbilder oder Dekorationen oder sonst irgend etwas, was ihn von unzähligen anderen Räumen in Antiochia unterschieden hätte. Und mehr als einen kurzen Blick ließ man Clodius ohnehin nicht darauf werfen, denn unmittelbar nachdem man ihm den Knebel aus dem Mund und die Binde vor den Augen genommen hatte, zog man ihm einen Sack über den Kopf und verschnürte ihn am Hals. Kahle Wände und braune Hände, mehr hatte er nicht gesehen, doch seine Blindheit war jetzt etwas gemildert – er konnte durch den Stoff des Sackes vage Umrisse und Bewegungen erkennen.

Sein Herz schlug schneller als das eines Vogels, Schweiß tropfte ihm von der Stirn, sein Atem ging stoßweise, flach und keuchend. Noch nie hatte Clodius solche Todesängste ausgestanden, nie war er so sicher gewesen, sterben zu müssen. Aber von wessen Hand? Und was hatte er verbrochen?

Eine Stimme sprach auf griechisch mit ihm, aber mit einem Akzent, den er als arabischen Akzent erkannte; jetzt wußte Clodius mit Sicherheit, daß er sterben würde.

»Publius Clodius aus der ehrwürdigen Familie Claudius Pulcher«, sagte die Stimme, »wir würden dich liebend gern töten, aber das ist nicht möglich. Es sei denn, du würdest auf Rache sinnen, nachdem wir dich freigelassen haben, auf Rache für das, was wir jetzt gleich mit dir anstellen werden. Wenn du versuchst, dich zu rächen, dann bleibt uns nichts anderes übrig, als dich zu töten, und ich schwöre bei allen unseren Göttern, daß wir es tun werden. Sei klug und verschwinde aus Syrien, nachdem wir dich freigelassen haben. Verschwinde aus Syrien und komm nie wieder hierher zurück, solange du lebst.«

»Was ... habt ... ihr ... vor?« stammelte Clodius, der genau wußte, daß ihm Folter und Auspeitschung drohten.

»Nun, Publius Clodius«, sprach die Stimme mit unverkennbarer Belustigung, »wir werden dich zu einem von uns machen. Wir machen einen Araber aus dir.«

Hände hoben den Saum seiner Tunika hoch (Clodius trug in Antiochia keine Toga, das hätte nicht zu seinem Auftreten hier gepaßt) und entfernten auch den Lendenschurz, den ein Römer anlegte, wenn er nur in eine Tunika gehüllt auf die Straße ging. Clodius wehrte sich, verstand nicht, was mit ihm geschah, aber dann hoben ihn viele Hände auf eine glatte, harte Unterlage und hielten ihm Arme, Beine und Füße fest.

»Halt still, Publius Clodius«, sagte die Stimme, noch immer belustigt. »Mit so einem riesigen Ding hat unser Priester es nicht oft zu tun, es wird schnell gehen. Aber wenn du nicht ruhig hältst, schneidet er womöglich mehr ab als beabsichtigt.«

Andere Hände faßten seinen Penis an, zogen ihn in die Länge – was hatten sie mit ihm vor? Zuerst dachte Clodius an eine Kastration, machte sich naß und kotete sich ein, und das alles unter schallendem Gelächter seiner Peiniger. Er lag jetzt ganz still, aber er jammerte, schrie, stammelte, bettelte und heulte. Wo mochte er sich befinden, warum mußten sie ihn nicht knebeln?

Sie kastrierten ihn nicht, auch wenn das, was sie an der Spitze seines Penis' machten, ihm schreckliche Schmerzen bereitete.

»So!« sagte die Stimme. »Du bist ein braver Junge, Publius Clodius! Und für immer einer von uns. Wenn du deinen Docht in den nächsten Tagen nicht in infizierte Löcher steckst, dann dürfte er bald abgeheilt sein.«

Kaum hatten sie ihm den Lendenschurz wieder um seinen kotbeschmierten Hintern gewickelt und ihm die Tunika übergezogen, da verlor Clodius das Bewußtsein, und er hätte hinterher nicht sagen können, ob seine Peiniger ihn betäubt hatten, oder ob er ganz einfach ohnmächtig geworden war.

Er erwachte in seinem eigenen Haus, in seinem eigenen Bett; der Kopf tat ihm weh und die Wunde zwischen den Beinen schmerzte so sehr, daß er diesen Schmerz als erstes registrierte, noch bevor die Erinnerung an das Geschehene ihn wieder einholte. Er sprang aus dem Bett, hielt die Luft an vor Angst, daß ihm da unten vielleicht gar nichts geblieben sein könnte, legte eine Hand unter seinen Penis und sah nach, was noch übrig war. Alles, so schien es, aber zwischen Streifen getrockneten Blutes schimmerte etwas Purpurfarbenes. Etwas, das er sonst nur sehen konnte, wenn sein Glied erigiert war. Er hatte es noch immer nicht richtig begriffen, denn auch wenn er schon einmal davon gehört hatte, so wußte er doch nur von den Ägyptern und den Juden, daß sie das zu tun pflegten, und er kannte weder einen Ägypter noch einen Juden. Ganz langsam dämmerte es ihm, und jetzt erst fing Publius Clodius an zu weinen. Also taten es auch die Araber, denn sie hatten ihn ja zu einem von ihnen gemacht. Sie hatten ihn beschnitten, ihm die Vorhaut abgetrennt.

Publius Clodius segelte mit dem nächsten Schiff nach Tarsus ab, es war eine ruhige Fahrt durch Gewässer, die endlich von den Piraten befreit waren – Pompeius sei Dank! In Tarsus nahm er ein Schiff nach Rhodos, und von Rhodos segelte er weiter nach Athen. Inzwischen war seine Wunde so gut verheilt, daß ihm nur noch beim Urinieren einfiel, was die Araber mit ihm gemacht hatten. Es war Herbst, aber er widerstand den Stürmen in der Ägäis und kam sicher in Athen an. Von dort fuhr er nach Patras, ließ sich nach Tarentum übersetzen und mußte sich mit dem Gedanken abfinden, daß er nun bald zu Hause sein würde. Er, ein beschnittener Römer.

Der Weg auf der Via Appia nach Norden war der schlimmste Teil der Reise, denn jetzt begriff er, wie teuflisch der Einfall der Araber gewesen war. Solange er lebte, durfte er niemanden mehr seinen Penis sehen lassen, denn wenn die Geschichte bekannt werden würde, wäre er der Lächerlichkeit preisgegeben, einem Gespött, gegen das keine Prahlerei der Welt mehr etwas ausrichten könnte. Mit dem Urinieren und Defäkieren würde er fertig werden; er müßte eben lernen, sich zu beherrschen, bis er sicher sein konnte, unbeobachtet zu sein. Aber sexuelle Vergnügungen? So etwas gehörte der Vergangenheit an. Er würde nie mehr in den Armen einer Frau liegen dürfen, es sei denn, er kaufte sich eine Fremde, bediente sich ihrer im Dunkeln und warf sie wieder hinaus, bevor es hell wurde.

Anfang Februar traf er zu Hause ein, in dem Haus auf dem Palatin, das sein großer Bruder Appius Claudius sich mit dem Geld seiner Frau gekauft hatte. Sein großer Bruder Appius brach bei seinem Anblick in Tränen aus, so alt und müde erschien ihm Clodius; das Nesthäkchen der Familie war erwachsen geworden, und das offensichtlich nicht ohne Schmerzen. Natürlich schluchzte auch Clodius, und es dauerte eine Weile, bis die lange Geschichte seiner Leiden und Strapazen aus ihm herausbrach. Nach drei langen Jahren im Osten kehrte er nun mittelloser zurück, als er damals aufgebrochen war; um nach Hause reisen zu können, habe er sich Geld von Quintus Marcius Rex borgen müssen, der darüber keineswegs erfreut gewesen sei, weder über das Darlehen noch über Clodius' unerklärliche Abreise oder über seine Zahlungsunfähigkeit.

»Und dabei hatte ich soviel!« jammerte Clodius. »Zweihunderttausend in Bargeld, Juwelen und Gold; Pferde, die ich in Rom für fünfzigtausend das Stück hätte verkaufen können – alles weg! Geklaut von einer Bande dreckiger, stinkender Araber!«

Der große Bruder Appius klopfte Clodius auf die Schulter, erstaunt über die große Ausbeute: Er hatte bei Lucullus nicht halb soviel verdient! Natürlich erfuhr er nichts über Clodius' Beziehung zu den Zenturios der Fimbrianer und darüber, daß sein kleiner Bruder auf diese Weise zu der Beute gekommen war. Er selbst saß inzwischen im Senat und erfreute sich eines angenehmen Lebens, sowohl privat als auch beruflich. Für seine Amtszeit als Quästor in Brundisium und Tarentum war er inzwischen öffentlich belobigt worden, ein phantastischer Start in eine hoffentlich große politische Karriere. Und auch für Publius Clodius hatte er großartige Neuigkeiten, und er verkündete sie seinem kleinen Bruder, sobald die erste Wiedersehensfreude sich gelegt hatte.

»Du brauchst dir um deine Mittellosigkeit keine Sorgen mehr zu machen, Bruderherz«, sagte Appius Claudius, »denn du wirst nie wieder mittellos sein!«

»Wirklich? Wie meinst du das?« fragte Clodius verwirrt.

»Man hat mir eine Heirat für dich angetragen – und was für eine! Nie hätte ich davon zu träumen gewagt, und wenn mir Apollo im Schlaf erschienen wäre. Kleiner Publius, es ist wunderbar! Unglaublich!«

Als Clodius bei dieser Ankündigung weiß wie die Wand wurde, schrieb Appius es dem freudigen Schock zu.

»Wer ist es denn?« stammelte Clodius. Und dann noch: »Warum ich?«

»Fulvia!« posaunte der große Bruder heraus. »*Fulvia!* Die Erbin der Gracchen und der Fulvii; Tochter der Sempronia, einziges Kind des Gaius Gracchus, Großenkelin von Cornelia, der Mutter der Gracchen, verwandt mit den Aemilii und den Cornelii Scipiones.«

»Fulvia? Kenne ich sie?« fragte Clodius verdutzt.

»Kann sein, daß sie dir noch nicht aufgefallen ist, aber sie hat *dich* gesehen«, sagte Appius Claudius. »Damals, als du die Vestalinnen angeklagt hast. Sie kann nicht älter als zehn gewesen sein, jetzt ist sie achtzehn.«

»Du meine Güte! Sempronia und Fulvius Bambalio, das unnahbarste Paar in ganz Rom.« Clodius war ganz benommen. »Die können sich jeden aussuchen. Warum gerade mich?«

»Du wirst es verstehen, wenn du mit Fulvia gesprochen hast«, sagte Appius Claudius und grinste. »Sie ist nicht umsonst die Enkeltochter des Gaius Gracchus! Alle Legionen Roms könnten Fulvia nicht zu etwas zwingen, was Fulvia nicht tun will. Sie selbst hat dich ausgesucht.«

»Und wer erbt das ganze Geld?« fragte Clodius. Er erholte sich langsam von dem Schrecken und begann darüber nachzudenken, wie er es anstellen konnte, daß diese Pflaume ihm doch noch in den Schoß fiel. In den beschnittenen Schoß.

»Fulvia. Ihr Vermögen ist größer als das von Marcus Crassus.«

»Aber die *lex Voconia*... sie darf nicht erben!«

»Mein lieber Publius, natürlich darf sie erben!« sagte Appius Claudius. »Cornelia, die Mutter der Gracchen, hatte sich vom Senat für Sempronia eine Befreiung von der *lex Voconioa* beschafft, und Sempronia und Fulvius haben das gleiche für Fulvia erreicht. Was meinst du wohl, weshalb der Volkstribun Gaius Cornelius alle Hebel in Bewegung gesetzt hat, um dem Senat das Recht zu solchen Sonderregelungen abzusprechen? Seine größte Wut richtete sich gegen Sempronia und Fulvius Bambalio, weil sie den Senat gebeten haben, Fulvia erben zu lassen.«

»Tatsächlich?« fragte Clodius, der immer verwirrter wurde.

»Aber gewiß, du warst ja im Osten und viel zu beschäftigt, um nach Rom zu schauen, als das alles passiert ist.« Appius Claudius strahlte wie ein Kind. »Das war vor zwei Jahren.«

»Fulvia wird also das ganze Vermögen erben«, sagte Clodius langsam.

»Fulvia wird das ganze Vermögen erben. Und du, lieber kleiner Bruder, wirst Fulvia erben.«

Aber würde er Fulvia tatsächlich erben? Er achtete ganz besonders auf den richtigen Sitz der Toga und darauf, daß er ordentlich gekämmt und rasiert war, als er am nächsten Morgen aufbrach, um Sempronia und ihren Gatten zu besuchen; er war das letzte Mitglied jener Sippe der Fulvii, der Gaius Sempronius Gracchus so leidenschaftlich unterstützt hatte. Es war weder ein außergewöhnlich großes noch ein sehr schönes Haus, stellte Clodius fest, während ein älterer Verwandter ihn ins Atrium führte, und es lag auch nicht in der besten Gegend des Carinae: Der Tellus-Tempel (ein heruntergekommener Bau, den man dem Verfall preisgegeben hatte) verstellte den Blick auf den Palus Ceroliae und hinüber zum Aventin, und keine zwei Straßen weiter ragten die Mietshäuser des Esquilinus in den Himmel.

Der Verwalter hatte ihm bereits mitgeteilt, daß Marcus Fulvius Bambalio unpäßlich war; Sempronia, die Dame des Hauses, würde ihn empfangen. Clodius kannte das Sprichwort, wonach alle Frauen ihren Müttern ähnlich sehen, deshalb sank ihm beim Anblick der berühmten und geheimnisumwitterten Sempronia der Mut: eine typische Cornelierin, rundlich und nicht besonders attraktiv. Sie war erst kurz vor dem Freitod des Gaius Sempronius Gracchus geboren worden, und als einziges überlebendes Kind der ganzen unglücklichen Familie hatte man sie als eine Art Ehrenschuld dem einzigen überlebenden Kind der fulvischen Verbündeten von Gaius Gracchus gegeben, die in den Nachwehen der gescheiterten Revolution alles verloren hatten. Sie waren während Gaius Marius' viertem Konsulat vermählt worden, und während Fulvius (der es vorgezogen hatte, den neuen Nachnamen Bambalio anzunehmen) daranging, ein neues Vermögen zu verdienen, war seine Frau bemüht, sich unsichtbar zu machen. Das war ihr so gut gelungen, daß nicht einmal Juno Lucina zu ihr gefunden hatte, denn sie war kinderlos geblieben. Im Alter von neununddreißig Jahren nahm sie am Fest des Lupercus teil und hatte das Glück, von einem Riesen aus gegerbtem Ziegenfell getroffen zu werden, als die Priester des Kollegiums nackt durch die Stadt liefen und tanzten. Die Kur gegen Unfruchtbarkeit schlug niemals fehl, auch nicht bei Sempronia. Neun Monate später brachte sie ihr einziges Kind zur Welt – Fulvia.

»Willkommen, Publius Clodius«, sagte sie und deutete auf einen Sessel.

»Frau Sempronia, es ist mir eine große Ehre«, erwiderte Clodius, indem er seine höflichsten Umgangsformen aufbot.

»Ich nehme an, Appius Claudius hat dich in Kenntnis gesetzt.« Ihr Blick musterte ihn, aber ihr Gesicht verriet nichts über das Urteil.

»Ja.«

»Und? Bist du interessiert daran, meine Tochter zu heiraten?«

»Es ist mehr, als ich je zu hoffen gewagt hätte.«

»Das Geld – oder die Verbindung?«

»Beides«, sagte er. Warum hätte er sich verstellen sollen? Niemand wußte besser als Sempronia, daß er ihre Tochter noch nie zu Gesicht bekommen hatte.

Sie nickte, keineswegs verärgert. »Ich habe mich nicht für diese Ehe stark gemacht, und auch Marcus Fulvius zerspringt nicht gerade vor

Glück darüber.« Ein Seufzer, ein leichtes Achselzucken. »Aber Fulvia ist nicht umsonst die Enkeltochter von Gaius Gracchus. In mir hat der gracchische Geist keine Heimstatt gefunden, so wie mein Gatte nicht den Geist und das Feuer der Fulvii geerbt hat. Das muß die Götter geärgert haben. Fulvia hat unser beider Anteile mitbekommen. Ich weiß nicht, welche Laune sie auf dich gebracht hat, Publius Clodius, aber sie wählte dich, und das bereits vor acht Jahren. Schon damals faßte sie den Entschluß, nie einen anderen zu heiraten, und dabei ist sie geblieben. Weder Marcus Fulvius noch ich werden mit ihr fertig, sie ist zu stark für uns. Wenn du sie willst, kannst du sie haben.«

»Und ob er mich will!« sagte eine junge Stimme in der offenen Tür zum Peristylium.

Und herein kam Fulvia, nicht geschritten, sondern gelaufen; das entsprach ihrem Charakter – sie stürzte sich auf das, was sie haben wollte, zum Nachdenken hatte sie keine Zeit.

Zu Clodius' Überraschung stand Sempronia auf und ging hinaus. Keine Anstandsdame? Wie entschlossen war diese Fulvia?

Clodius brachte kein Wort hervor; er war viel zu sehr mit Schauen beschäftigt. Fulvia war wunderschön! Sie hatte dunkelblaue Augen, lustiges, fransiges, hellbraunes Haar, schön geformte Lippen, eine scharf geschnittene Nase, war fast so groß wie er und hatte eine recht üppige Figur. Apart, außergewöhnlich, ganz anders als alle berühmten Familien in Rom. Woher war sie gekommen? Natürlich kannte er die Geschichte von Sempronia und dem Fest des Lupercus, und jetzt glaubte er beinahe, daß Fulvia eine Heimsuchung war.

»Also, was hast du mir zu sagen?« wollte dieses außergewöhnliche Geschöpf von ihm wissen und setzte sich auf den Platz ihrer Mutter.

»Daß mir bei deinem Anblick die Luft wegbleibt.«

Das gefiel ihr, ihr Lächeln entblößte wunderschöne Zähne, groß, schneeweiß, leidenschaftlich. »Das ist gut.«

»Warum ich, Fulvia?« fragte er, und seine Gedanken kreisten bereits um sein größtes Problem, die Beschneidung.

»Weil du ein unkonventioneller Mensch bist«, antwortete sie ohne zu zögern. »So wie ich. Weil du *fühlst*. So wie ich. Dich berühren die Dinge so, wie sie meinen Großvater Gaius Gracchus berührt haben. Ich verehre meine Vorfahren! Und als ich damals gesehen habe, wie du allen Widrigkeiten zum Trotz vor Gericht gekämpft hast, obwohl Pupius Piso und Cicero und alle anderen dich verhöhnt haben, da hätte ich alle, die dich fertigmachen wollten, umbringen mögen. Sicher, ich war erst zehn Jahre alt, aber damals wußte ich, daß ich *meinen* Gaius Gracchus gefunden hatte.«

Clodius wäre nie auf die Idee gekommen, sich mit einem der Gracchus-Brüder zu vergleichen, aber Fulvia hatte ihn da auf einen faszinierenden Gedanken gebracht. Warum sollte er sich nicht auf eine solche Karriere spezialisieren: ein aristokratischer Demagoge im Dienste der Unterprivilegierten? Paßte das nicht wunderbar zu seinem bisherigen Lebenslauf? Und wie leicht ihm das fallen würde, ihm, der eine ausgesprochene Begabung für den Umgang mit den einfachen Menschen hatte, das keinem der Gracchen jemals zu eigen war!

»Für dich werde ich es versuchen«, sagte er und schenkte ihr sein schönstes Lächeln.

Ihr stockte der Atem, sie schluckte vernehmlich. Aber dann sagte sie etwas Seltsames: »Ich bin ein sehr eifersüchtiger Mensch, Publius Clodius, und deshalb werde ich keine einfache Ehefrau sein. Wenn du es auch nur wagst, andere Frauen anzusehen, kratze ich dir die Augen aus!«

»Ich kann es mir gar nicht leisten, andere Frauen anzusehen«, erwiderte er nüchtern, und schneller, als ein Schauspieler die Maske wechseln kann, wechselte er von der Komödie zur Tragödie. »Es könnte sogar sein, daß auch du mich nicht mehr ansehen magst, wenn du erst mein Geheimnis kennst, Fulvia.«

Er brachte sie nicht im geringsten in Verlegenheit, im Gegenteil, sie beugte sich interessiert vor. »Dein Geheimnis?«

»Mein Geheimnis. Und was für ein Geheimnis. Ich werde dir nicht den Schwur abverlangen, es zu bewahren, denn es gibt nur zwei Sorten von Frauen. Die einen schwören und erzählen es trotzdem, die anderen bewahren es auch dann, wenn sie nicht geschworen haben. Zu welcher Sorte gehörst du, Fulvia?«

»Kommt darauf an«, sagte sie lächelnd. »Zu beiden, glaube ich. Also werde ich nicht schwören. Aber ich bin treu, Publius Clodius. Wenn dein Geheimnis dich in meinen Augen nicht erniedrigt, dann werde ich es bewahren. Ich habe dich zu meinem Gefährten erwählt, und ich bin treu. Ich würde für dich sterben.«

»Stirb nicht für mich, Fulvia, lebe für mich!« rief Clodius, der sich schneller verliebte, als der Korkball eines Kindes einen Wasserfall hinunterstürzen kann.

»Erzähl's mir!« sagte sie, und es klang wie das Fauchen einer wilden Katze.

»Als ich bei meinem Schwager in Syrien war«, begann Clodius, »wurde ich von einer Bande skenitischer Araber entführt. Weißt du, was das für Leute sind?«

»Nein.«

»Das ist ein Wüstenvolk in Asia, und sie haben sich die Stellungen und den Besitz der Griechen angeeignet, die Tigranes nach Armenien deportiert hatte. Als die Griechen nach Tigranes' Sturz zurückkehrten, waren sie mittellos. Die skenitischen Araber hatten alles unter Kontrolle. Das fand ich schrecklich, und deshalb habe ich mich dafür eingesetzt, daß die Griechen ihren Besitz zurückbekamen und die Skeniten wieder in die Wüste geschickt wurden.«

»Ich verstehe.« Sie nickte. »Es ist deine Natur, für die Rechtlosen zu kämpfen.«

»Und zur Belohnung«, berichtete Clodius verbittert, »haben diese Wüstensöhne mich verschleppt und mir etwas angetan, was für einen Römer unerträglich ist, etwas, das so schändlich und beschämend ist, daß ich nicht mehr in Rom leben könnte, wenn es bekannt würde.«

Die unterschiedlichsten Gefühle spiegelten sich in Fulvias dunkelblauen Augen, als sie die einzelnen Möglichkeiten durchspielte. »Was könnten sie dir schon angetan haben?« fragte sie schließlich, ein wenig ratlos. »Vergewaltigung oder Sodomie können es nicht sein, denn das würde man verstehen und dir vergeben.«

»Was weißt du schon von Vergewaltigung und Sodomie?«

Sie blickte kokett. »Ich kenne mich aus, Publius Clodius.«

»Nun, das war es aber nicht. Sie haben mich beschnitten.«

»*Was* haben sie getan?«

»So gut kennst du dich doch nicht aus, was?«

»Ich habe das Wort noch nie gehört. Was bedeutet es?«

»Sie haben mir meine Vorhaut abgeschnitten.«

»Deine was?« fragte sie und deckte damit nur eine weitere Schicht ihres Unwissens auf.

Clodius seufzte. »Es wäre besser für die römischen Jungfrauen, wenn die Wandmalereien nicht immer nur den Priapus zeigen würden«, sagte er. »Wir Männer laufen nicht ständig mit Erektionen herum.«

»Das weiß ich.«

»Aber du scheinst nicht zu wissen, daß die Eichel an unserem Penis von einer Hülle verdeckt ist, wenn wir Männer nicht erigiert sind. Diese Hülle nennt man Vorhaut«, erklärte Clodius. Schweißperlen standen ihm auf der Stirn. »Manche Leute schneiden sie ab, damit die Eichel immer entblößt ist. Das nennt man Beschneidung. Die Juden und die Ägypter machen das so. Und anscheinend auch die Araber. Und das haben sie mit mir gemacht. Sie haben mich als Ausgestoßenen gebrandmarkt, als unrömischen Außenseiter!«

Ihr Gesicht glich einem Theaterhimmel, ständig wechselte die Bewölkung. »Mein armer Clodius!« rief sie. Ihre Zunge kam heraus, befeuchtete die Lippen. »Laß mich mal sehen!« sagte sie.

Allein der Gedanke verursachte Zittern und Beben; Clodius stellte nun fest, daß eine Beschneidung keineswegs zur Impotenz führt, ein Schicksal, das die ständige Schlaffheit seines Glieds seit Antiochia ihm bereits zu verheißen schien. Außerdem wurde ihm plötzlich bewußt, daß er in mancher Hinsicht prüde war. »Nein, auf gar keinen Fall darfst du das sehen!« schnaubte er.

Aber sie kniete bereits vor seinem Sessel; ihre Hände teilten hastig die Toga, schoben die Tunika zur Seite. Mit einer Mischung aus Übermut, Vergnügen und Enttäuschung sah sie zu ihm hoch, dann deutete sie auf die bronzene Lampe, eine Darstellung des Priapus – der Docht der Kerze stand aus dem erigierten Glied hervor. »Er sieht ja genauso aus wie der da«, sagte sie kichernd. »Ich will ihn runterhängen sehen, nicht stehen!«

Clodius sprang aus dem Sessel, ordnete seine Kleider und warf einen ängstlichen Blick in Richtung Tür. Jeden Moment konnte Sempronia zurückkehren. Aber sie kam nicht, und auch sonst schien niemand mitangesehen zu haben, wie die Tochter des Hauses ihren zukünftigen Besitz inspiziert hatte.

»Wenn du ihn runterhängen sehen willst, mußt du mich heiraten«, sagte er.

»Oh, mein Schatz, liebster Clodius, natürlich werde ich dich heiraten!« rief sie und sprang auf. »Dein Geheimnis ist bei mir sicher. Und wenn es tatsächlich eine solche Schande ist, dann kannst du wenigstens keine anderen Frauen anschauen, nicht wahr?«

»Ich gehöre dir ganz allein«, sagte Publius Clodius und unterdrückte Tränen. »Ich bete dich an, Fulvia! Ich küsse den Boden unter deinen Füßen!«

Clodius und Fulvia wurden gegen Ende des Quinctilis getraut, gleich nach den letzten Wahlen, die einige Überraschungen gebracht hatten. Zuerst hatte Catilina den Antrag gestellt, bei den Konsularwahlen im folgenden Jahr *in absentia* kandidieren zu können. Catilina wurde in Africa zurückgehalten, aber dafür waren andere Männer lange vor den Wahlen nach Rom zurückgekehrt. Kaum jemand zweifelte daran, daß Catilinas africanische Statthalterschaft nur seiner eigenen Bereicherung gedient hatte; die africanischen Pächter – Steuerpächter und andere –, die nach Rom gekommen waren, machten keinen Hehl aus ihrer Absicht, Catilina im Augenblick seiner Rückkehr wegen Erpressung und unlauteren Profits vor Gericht stellen zu lassen. Und so hatte Volcatius Tullus, der für die kurulischen Wahlen zuständige Konsul, Catilinas Antrag auf eine Kandidatur *in absentia* klugerweise abgelehnt.

Dann wurde ein noch größerer Skandal ruchbar. Den siegreichen Kandidaten für das Konsulat des nächsten Jahres, Publius Sulla und seinem lieben Freund Publius Autronius, konnte massive Bestechung nachgewiesen werden. Möglich, daß Gaius Pisos *lex Calpurnia* gegen die Bestechung ein leckes Schiff war, aber die Beweise gegen Publius Sulla und Autronius waren so wasserdicht, daß auch eine schlampige Gesetzgebung die beiden nicht retten konnte. Also bekannte sich das überführte Duo sogleich schuldig und erklärte sich zu einem Rechtshandel mit den amtierenden Konsuln und den beiden neugewählten Konsuln Lucius Cotta und Lucius Manlius Torquatus bereit. Ergebnis dieses klugen Winkelzugs: Die Anklage wurde fallengelassen, dafür mußten die beiden gewaltige Geldstrafen zahlen und einen Eid schwören, daß sie sich niemals wieder um ein öffentliches Amt bewerben würden. Sie hatten es Gaius Pisos Bestechungsgesetz zu verdanken, daß sie davongekommen waren, denn darin waren solche Lösungen vorgesehen. Lucius Cotta, der für eine Anklage plädiert hatte, mußte mit kreidebleichem Gesicht ansehen, wie seine drei Kollegen dafür stimmten, daß die Missetäter ihr Bürgerrecht, ihren Wohnsitz und große Teile ihrer riesigen Vermögen behalten durften.

Das alles berührte Clodius nicht besonders. Er hatte, wie schon vor acht Jahren, ein anderes Ziel: Catilina. Seine Racheträume raubten ihm beinahe den Verstand, so daß er die africanischen Kläger schließlich dazu überredete, ihm die Anklage gegen Catilina anzuvertrauen. Eine phantastische Gelegenheit! Gerade jetzt, wo er das aufregendste Mädchen der Welt geheiratet hatte, würde er es Catilina heimzahlen können! Alle Belohnungen kamen auf einmal, nicht zuletzt deshalb, weil Fulvia sich als leidenschaftliche Parteigängerin und Helferin erwies, das genaue Gegenteil der Stubenhockerin, die so manch anderer Mann sich vielleicht gewünscht hätte.

Zunächst machte sich Clodius mit großer Hast daran, Beweise und Zeugen zu sammeln, aber der Fall Catilina war eine jener ärgerlichen Angelegenheiten, bei denen nichts schnell genug voranging, weder das Auffinden von Beweisen noch die Ermittlung von geeigneten Zeugen. Eine Reise nach Utica und Hadrumetum kostete ihn zwei Monate, und noch mehrmals würde er in dieser Angelegenheit nach Africa reisen müssen. Clodius fluchte und machte sich Sorgen, bis Fulvia zu ihm sagte: »Denk doch einmal nach, mein lieber Publius. Warum zögerst du den Fall nicht einfach hinaus? Wenn er nicht vor dem nächsten Quinctilis abgeschlossen ist, dann wird Catilina sich zum zweitenmal in Folge nicht um das Konsulat bewerben können, oder?«

Clodius begriff sofort, was für ein guter Rat das war, und machte fortan im Schneckentempo weiter. Er würde für Catilinas Verurteilung sorgen, aber warum sollte er sich nicht viele Monde Zeit dafür lassen? Hervorragende Idee!

Jetzt fand er auch Zeit, über Lucullus nachzudenken, dessen Karriere in einer Katastrophe zu enden schien. Durch die *lex Manilia* war Pompeius mit dem lucullischen Kommando gegen Mithridates und Tigranes betraut worden, und er machte von seinem Recht Gebrauch. Er hatte sich mit Lucullus in Danala, einer entlegenen galatischen Zitadelle, getroffen, und dabei hatten sie sich so erbittert gestritten, daß Pompeius (der sich bis dahin geweigert hatte, Lucullus mit seinem *imperium maius* an die Wand zu drücken) ein förmliches Dekret erließ, mit dem er Lucullus' Handlungen ächtete und den Feldherrn schließlich aus Asia verbannte. Und dann verpflichtete Pompeius die Fimbrianer neu; sie hatten zwar die Erlaubnis, nach Rom zurückzukehren, aber einem solch gewaltigen Ortswechsel mochten sie sich doch nicht aussetzen. Da erschien es ihnen als gute Aussicht, in den Legionen des Pompeius zu dienen.

Auf derartig furchtbare Weise gedemütigt, kehrte Lucullus auf der Stelle nach Rom zurück, ließ sich auf dem Marsfeld nieder und wartete auf seinen Triumph. Er war sich sicher, daß der Senat ihm den nicht verweigern würde. Aber Pompeius' Volkstribun, sein Neffe Gaius

Memmius, verkündete dem Haus, daß er ein Gesetz in der Plebejischen Versammlung einbringen werde, das es dem Senat verbieten sollte, Lucullus einen Triumphzug zu gewähren, wäre das Haus nicht von sich aus bereit, so zu entscheiden. Der Senat, so Memmius, habe nicht das verfassungsmäßige Recht, solche Gunstbezeigungen zu verteilen. Catulus, Hortensius und die anderen *boni* wehrten sich mit Zähnen und Klauen gegen Memmius, aber die nötige Unterstützung bekamen sie nicht zusammen. Die meisten Senatoren waren der Auffassung, daß ihr Recht, Triumphzüge zu gewähren, wichtiger war als die Person des Lucullus; warum also sollte man es Memmius gestatten, einen unerwünschten Präzedenzfall zu schaffen?

Lucullus wollte nicht nachgeben. An jedem Senatstag ersuchte er aufs neue um einen Triumphzug. Sein geliebter Bruder Varro Lucullus hatte ebenfalls Ärger mit Memmius, der ihm wegen viele Jahre zurückliegender angeblicher Unterschlagungen an den Kragen wollte. Aus all dem konnte man den gesicherten Schluß ziehen, daß Pompeius zu einem bösen Feind der beiden Lucullus-Brüder – und der *boni* – geworden war. Bei ihrem Treffen in Danala hatte Lucullus Pompeius unterstellt, den ganzen Ruhm für die Feldzüge einzuheimsen, die er, Lucullus, gewonnen habe. Eine tödliche Beleidigung für Pompeius. Und was die *boni* betraf, so waren sie noch immer erbitterte Gegner jedes Sonderkommandos für den großen Feldherrn.

Man hätte vielleicht erwarten können, daß Lucullus' Frau Clodilla ihm in seinem vornehmen Landhaus auf dem Pincio, gleich hinter der Stadtgrenze, einen Besuch abstatten würde. Aber sie dachte nicht daran. Mit ihren fünfundzwanzig Jahren war sie jetzt eine richtige Frau von Welt, verfügte über das Vermögen ihres Gatten und ließ sich von niemandem – außer ihrem großen Bruder Appius – auf die Finger schauen. Liebhaber hatte sie viele, nur war ihr Ruf nicht der allerbeste.

Zwei Monate nach Lucullus' Rückkehr bekam sie Besuch von Publius Clodius und Fulvia. Die beiden hatten keineswegs die Absicht, eine Versöhnung einzuleiten. Statt dessen berichtete ihr Clodius (und Fulvia hörte begierig zu), was er Lucullus in Nisibis für einen Bären aufgebunden hatte, nämlich daß er, Clodia und Clodilla im Bett so einiges miteinander getrieben hätten. Ein großartiger Spaß, fand auch Clodilla.

»Willst du ihn zurückhaben?« fragte Clodius.

»Wen, Lucullus?« Ihre Augen wurden groß. »Nein, bestimmt nicht!

Er ist ein alter Mann, er war schon ein alter Mann, als er mich vor zehn Jahren geheiratet hat – er mußte jedesmal ein Aphrodisiakum nehmen, damit sich überhaupt etwas bei ihm rührte!«

»Warum besuchst du ihn dann nicht auf dem Pincio und sagst ihm, daß du dich von ihm scheiden läßt?« Clodius machte ein todernstes Gesicht: »Und sollte dir nach ein bißchen Rache zumute sein, dann bestätige doch einfach das, was ich ihm in Nisibis erzählt habe. Es ist natürlich möglich, daß er die Sache publik machen will. Dann könnte es hart für dich werden. Ich wäre geneigt, meinen Teil des öffentlichen Zorns auf mich zu nehmen, und Clodia auch. Aber wir hätten Verständnis, wenn du nicht dazu bereit wärst.«

»Nicht dazu bereit?« quiekte Clodilla. »Es wäre mir ein Vergnügen! Soll er es doch verbreiten! Wir brauchen's ja nur abzustreiten, unter vielen Tränen und Unschuldsbeteuerungen. Dann wissen die Leute nicht, was sie glauben sollen. Jeder weiß, wie die Dinge zwischen dir und Lucullus stehen. Diejenigen, die auf seiner Seite sind, werden seiner Version Glauben schenken. Die in der Mitte werden schwanken. Und die auf unserer Seite sind, wie Bruder Appius, werden sich darüber empören, wie schrecklich man uns beleidigt hat.«

»Geh hin und laß dich scheiden«, sagte Clodius. »Auch wenn er sich im Gegenzug von dir scheiden läßt, einen ansehnlichen Anteil an seinem Vermögen kann er dir nicht verweigern. Du hast keine Mitgift, auf die du zurückgreifen könntest.«

»Gar nicht dumm«, säuselte Clodia.

»Und du könntest jederzeit wieder heiraten«, meinte Fulvia.

Das dunkle, bezaubernde Gesicht ihrer Schwägerin nahm einen bösen Ausdruck an. »Ganz bestimmt nicht!« fauchte sie. »Ein Ehemann war schon zuviel! Vielen Dank! Ich will mein Leben selber in die Hand nehmen. Es war ein Vergnügen, Lucullus so weit im Osten zu wissen. Ich habe mir auf seine Kosten ein hübsches Sümmchen auf die hohe Kante gelegt. Aber die Idee, ihm mit der Scheidung zuvorzukommen, gefällt mir. Bruder Appius wird eine Regelung für mich treffen, bei der ich für den Rest meines Lebens versorgt bin.«

Fulvia kicherte vergnügt. »Es wird einigen Aufruhr in Rom verursachen!«

Es verursachte in der Tat einigen Aufruhr in Rom. Obwohl Clodilla sich von Lucullus scheiden ließ, trennte er sich öffentlich von ihr, indem er einen seiner ältesten Klienten von der Rostra herunter eine Erklärung verlesen ließ, die da lautete: Er lasse sich nicht nur wegen des vielfachen Ehebruchs scheiden, den sie während seiner Abwesenheit begangen habe, sondern auch wegen ihrer inzestuösen Beziehungen zu ihrem Bruder Clodius und ihrer Schwester Clodia.

Natürlich waren die meisten Leute bereit, es zu glauben, hauptsächlich, weil es eine so schön anrüchige Geschichte war, aber auch, weil die Claudii/Clodii Pulchri ein so verrückter Haufen waren – genial, unberechenbar und launenhaft. Und das seit Generationen! Eben Patrizier.

Der arme Appius Clodius nahm es besonders schwer, aber er war nicht so unvernünftig, jetzt den Kampf aufzunehmen; seine beste Verteidigung war es, über das Forum zu stolzieren und ein Gesicht zu machen, als sei Inzest das letzte Thema, das ihn interessierte, und die Leute verstanden den Wink. Rex war als einer von Pompeius' ältesten Legaten im Osten geblieben, aber Clodia, seine Frau, bediente sich derselben Strategie wie ihr großer Bruder Appius.

Der mittlere der drei Brüder, Gaius Claudius, war für einen Claudianer geistig ein wenig minderbemittelt, deshalb eignete er sich nicht als Zielscheibe für die Spötter auf dem Forum. Zum Glück tat auch Clodias Mann Celer Dienst im Osten, wie auch sein Bruder Nepos; die beiden wären nicht so leicht abzuspeisen gewesen und hätten unbequeme Fragen gestellt. Und so liefen die drei vermeintlichen Missetäter mit unschuldigen und beleidigten Gesichtern herum, und wenn sie unter sich waren, wälzten sie sich auf dem Boden vor Lachen. Was für ein wunderbarer Skandal!

Das letzte Wort hatte jedoch Cicero. »Inzest«, erklärte er mit ernster Stimme einer größeren Gruppe von berufsmäßigen Forumsgängern, »ist ein Spiel für die ganze Familie.«

Clodius bedauerte seine Voreiligkeit, als der Prozeß gegen Catilina schließlich begonnen hatte, denn viele der Geschworenen sahen ihn mit Befremden an und ließen ihre Zweifel in ihr Urteil einfließen. Es war ein hartes, erbittertes Ringen, und zum erstenmal focht Clodius einen tapferen Kampf; er hatte sich Ciceros Ratschlag zu Herzen genommen, verzichtete auf Boshaftigkeit und Vorurteile und führte eine geschickte Anklage. Daß er verlor und Catilina freigesprochen wurde, konnte man nicht einmal einem Bestechungsversuch zuschreiben, und Clodius hatte so viel dazugelernt, daß er auch nicht von

Bestechung sprach, als das Urteil ABSOLVO verkündet wurde. Sie hatten einfach nur Glück gehabt, sagte er sich, und zudem einen ausgezeichneten Verteidiger.

»Du hast deine Sache gut gemacht«, lobte ihn Caesar hinterher. »Es war nicht deine Schuld, daß du verloren hast. Selbst die Zahlmeister unter den Geschworenen waren so konservativ, daß Catulus dagegen wie ein Radikaler wirkte.« Er zuckte die Achseln. »Gegen einen Verteidiger wie Torquatus konntest du nicht gewinnen, jedenfalls nicht, nachdem das Gerücht die Runde machte, Catilina habe ihn letztes Jahr am Neujahrstag umbringen lassen wollen. Mit seiner Verteidigung hat Torquatus ihnen allen klargemacht, daß er solchen Gerüchten keinen Glauben schenkt, und das hat die Geschworenen beeindruckt. Du hast dich trotzdem gut geschlagen. Deine Anklage war sauber aufgebaut.«

Publius Clodius konnte Caesar gut leiden; er glaubte, in diesem Mann einen ihm verwandten rastlosen Geist ausgemacht zu haben, und beneidete ihn um die Selbstbeherrschung, die er an sich selber so schmerzlich vermißte. Als das Urteil verkündet wurde, hätte er am liebsten vor Wut aufgeheult. Dann war sein Blick auf Caesar und Cicero gefallen, und etwas in ihren Gesichtern hatte ihn nachdenklich werden lassen. Er würde seine Rache bekommen, wenn nicht heute, dann eben später. Wenn er sich wie ein schlechter Verlierer aufführte, würde das nur Catilina zugute kommen.

»Wenigstens kann er sich jetzt nicht mehr um das Konsulat bewerben«, sagte Clodius zu Caesar und seufzte. »Das ist auch ein kleiner Sieg.«

»Ja, jetzt muß er noch ein Jahr warten.«

Sie gingen die Via Sacra hinauf zu dem Gasthof an der Ecke zum Clivus Orbius, die imposante Fassade von Fabius Allobrogicus' Torbogen über dem heiligen Weg vor sich. Caesar war auf dem Heimweg, und Clodius hatte das Gasthaus zum Ziel, wo seine africanischen Klienten eingekehrt waren.

»Ich habe in Tigranokerta einen Freund von dir kennengelernt«, sagte Clodius.

»Ach, wirklich? Wer könnte das gewesen sein?«

»Ein Zenturio namens Marcus Silius.«

»Silius? Silius aus Mitylene? Ein Fimbrianer?«

»Genau der. Er bewundert dich sehr.«

»Das beruht auf Gegenseitigkeit. Ein guter Mann. Jetzt darf er endlich nach Hause.«

»Anscheinend nicht, Caesar. Er hat mir aus Galatien geschrieben. Die Fimbrianer haben sich von Pompeius anwerben lassen.«

»Das habe ich mir gedacht. Diese alten Haudegen, ständig jammern sie, daß sie nach Hause wollen, aber kaum ergibt sich ein interessanter Feldzug, schon hat die Heimat ihren Reiz verloren.« Caesar streckte ihm lächelnd seine Hand entgegen. »*Ave*, Publius Clodius. Ich werde deine Karriere mit Interesse verfolgen.«

Clodius blieb eine Weile vor dem Gasthof stehen und starrte ins Leere. Als er schließlich hineinging, sah er aus wie der Klassenälteste einer Schule – aufrecht, achtunggebietend und unbestechlich.

TEIL DREI

Januar 65 v. Chr.
bis Quinctilis 63 v. Chr.

POMPEIA SULLA

Marcus Licinius Crassus war so reich geworden, daß man ihm inzwischen einen zweiten Nachnamen, Dives, gegeben hatte, was soviel wie »unermeßlich reich« bedeutete. Und als er zusammen mit Quintus Lutatius Catulus zum Zensor gewählt wurde, fehlte ihm zu seiner Karriere eigentlich nur noch ein großer, ruhmreicher Feldzug. Gewiß, er hatte Spartacus besiegt und dafür großen Beifall geerntet, aber sechs Monate Feldzug gegen einen Gladiator, dessen Armee vornehmlich aus Sklaven bestand – an einem solchen Sieg war nicht viel Glanz haftengeblieben. Ihm schwebte ein Feldzug vor, wie Pompeius der Große ihn geführt hatte. »Retter des Vaterlandes« – wie imponierend das klang! Diese Art Anerkennung brauchte er. Es tat weh, von einem Emporkömmling in den Schatten gestellt zu werden.

Aus Gründen, die Crassus nicht verstand und die ihn befremdeten, erwies Catulus sich auch nicht als freundlicher Zensorenkollege. Noch nie war ein Licinius Crassus als Demagoge oder Radikaler verschrien gewesen. Was hatte dieser Catulus an ihm auszusetzen?

»Es liegt an deinem Geld«, sagte Caesar, an den Crassus sich mit dieser heiklen Frage gewandt hatte. »Catulus gehört zu den *boni*, er sieht es nicht gern, daß Senatoren in eigenen Geschäften tätig sind. Was meinst du, wie gern er dich zusammen mit einem anderen Zensor genauer unter die Lupe nehmen würde. Aber solange du sein Kollege bist, kann er das wohl nicht gut tun, oder?«

»Er würde seine Zeit verschwenden!« erwiderte Crassus beleidigt. »Ich tue nichts, was nicht auch der halbe Senat tut! Ich verdiene mein Geld mit meinem Besitz, und jeder Senator weiß darüber Bescheid! Gut, ich habe Anteile an ein paar Handelsgesellschaften, aber bei keiner von ihnen gehöre ich zu den Direktoren; ich bin nur eine Finanzierungsquelle. Wer wollte mir daraus einen Vorwurf machen?«

»Das weiß ich ja alles«, sagte Caesar geduldig. »Und das weiß auch unser geliebter Catulus. Ich sag es dir noch einmal: Er neidet dir den Reichtum. Der alte Catulus müht sich ab, um Geld für den Neubau des Jupiter Optimus Maximus zu beschaffen; er kann das Vermögen der Familie nicht vermehren, weil er jede Sesterze für den Tempel braucht. Und währenddessen scheffelst du das Geld nur so. Der pure Neid.«

»Der soll sich seinen Neid für Leute aufsparen, die ihn verdienen!« Crassus war keineswegs beschwichtigt.

Nach Beendigung seines gemeinsamen Konsulats mit Pompeius dem Großen war Crassus in ein neues Geschäft eingestiegen, ein Gewerbe, für das ein gewisser Servilius Caepio vierzig Jahre zuvor Pionierarbeit geleistet hatte: die Herstellung von Waffen für die römischen Legionen, die in einer Reihe von Siedlungen nördlich des Flusses Padus im italischen Gallien stationiert waren. Sein guter Freund Lucius Calpurnius Piso, Roms Ausrüstungsbeschaffer während des Italischen Krieges, hatte Crassus darauf gebracht. Lucius Piso hatte das Potential erkannt, das in dieser neuen Industrie steckte, und er hatte sich mit großer Begeisterung darauf gestürzt und eine Menge Geld damit verdient. Er hatte ohnehin enge Beziehungen zum italischen Gallien, denn seine Mutter Calventia stammte von dort. Und als Lucius Piso gestorben war, hatte ein anderer Lucius Piso die Geschäfte wie auch die Freundschaft mit Crassus fortgesetzt und sich schließlich davon überzeugen lassen, wie vorteilhaft es war, ganze Städte zu besitzen, die sich auf die Herstellung von Kettenpanzern, Schwertern, Speeren, Helmen und Messern spezialisiert hatten.

Als Zensor war Crassus nun in der Lage, seinem Freund Lucius Piso zu helfen, und auch dem jungen Quintus Servilius Caepio Brutus, dem Erben der Manufakturen des Servilius Caepio in Feltria, Cardianum und Bellunum. Das italische Gallien auf der anderen Seite des Padus gehörte schon so lange zu Rom, daß sich bei seinen Bürgern – von denen viele Gallier waren, aber noch viel mehr aus Mischehen stammten – ein großer Unmut angestaut hatte, weil man ihnen noch immer nicht das römische Bürgerrecht gewähren wollte. Erst drei Jahre zuvor hatte es Unruhen gegeben, die Caesar auf seiner Rückreise nach Spanien beschwichtigen konnte. Crassus wußte also genau, was er zu tun hatte, sobald er Zensor und damit Herr über das Verzeichnis der Bürger Roms war: Er würde seinen Freunden Lucius Piso und Caepio Brutus helfen und sich selbst eine riesige Klientel verschaffen, indem er dafür sorgte, daß die Menschen auf der anderen Seite des Padus im italischen Gallien das volle römische Bürgerrecht erhielten. Südlich des Padus hatten alle das Bürgerrecht, und so erschien es unzulässig, es Menschen, die vom selben Blut waren, nur deshalb zu verwehren, weil sie auf der falschen Seite eines Flusses lebten!

Als er jedoch seine Absicht verkündete, dem ganzen italischen Gallien die Bürgerrechte zu geben, ging sein Cozensor Catulus auf die Barrikaden. Nein, nein und nochmals nein! Niemals! Römisches Bürgerrecht nur für Römer! Gallier waren keine Römer! Es gab schon viel zu viele Gallier, die sich Römer nannten, zum Beispiel Männer wie Pompeius der Große und seine picentischen Marionetten!

»Der uralte Streit«, sagte Caesar angewidert. »Römisches Bürgerrecht nur für Römer. Warum können diese Narren von *boni* nicht endlich begreifen, daß alle Völker Italiens zu Rom gehören, wie Rom selbst zu Italien gehört?«

»Ich stimme dir zu«, meinte Crassus. »Aber Catulus sieht das anders.«

Crassus' anderer Plan fand ebenfalls keine Gegenliebe.

Er wollte Ägypten annektieren, auch um den Preis eines Krieges – mit ihm an der Spitze der Armee natürlich. Was Ägypten betraf, war Crassus inzwischen ein Wissensträger von enzyklopädischem Rang. Und jede weitere Tatsache, die er erfuhr, diente nur der Bestätigung seiner Vermutung, daß Ägypten das reichste Land der Welt war.

»Stell dir das vor!« sagte er zu Caesar, der sich ausnahmsweise einmal dumm stellte. »Es gehört *alles* dem Pharao! So etwas wie ein Besitzrecht gibt es in Ägypten nicht – man ist dort verpflichtet, alles vom Pharao zu pachten, der Pharao streicht den Pachtzins ein. Und auch alle ägyptischen Produkte gehören ihm, vom Getreide über Gold und Juwelen bis hin zu Gewürzen und Elfenbein! Nur das Leinen nicht. Das Leinen gehört den ägyptischen Priestern, aber auch da nimmt der Pharao ein Drittel vom Erlös. Sein privates Einkommen beträgt mindestens sechstausend Talente im Jahr, und dazu kommen Steuerabgaben von noch einmal sechstausend Talenten. Und noch der Zuschlag aus Zypern.«

»Ich habe gehört«, sagte Caesar, um den Stier in Crassus hervorzulocken, »daß die Ptolemäer so dumm waren, den ägyptischen Staatsschatz bis auf die letzte Drachme durchzubringen.«

Der Stier in Crassus schnaubte, aber mehr verächtlich als wütend.

»Unsinn! Absoluter Unsinn! Nicht einmal der dümmste Ptolemäer könnte auch nur ein Zehntel seiner Einkünfte ausgeben. Mit seinen Einkünften wird das Land unterhalten – er bezahlt davon eine Armee von Bürokraten, Soldaten, Seeleuten, Polizisten, Priestern und stattet damit seine Paläste aus. Sie haben seit Jahren keinen Krieg mehr geführt, höchstens untereinander, und selbst dann ist das Geld wieder an Ägypter gegangen und hat das Land nicht verlassen. Sein privates Einkommen legt er auf die Seite; er hat es nicht einmal nötig, seine Schätze – Gold, Silber, Rubine, Elfenbein und Saphire, Türkise, Chalzedone und Lapislazuli – zu Bargeld zu machen. Sie werden irgendwo gelagert. Abgesehen von den Stücken, die er den Handwerkern gibt, damit sie ihm Möbel oder Schmuck daraus anfertigen.«

»Und was ist mit dem Diebstahl des goldenen Sarkophags von Alexander dem Großen?« fragte Caesar provokativ. »Der erste Ptolemäer, der sich Alexander nannte, muß so arm gewesen sein, daß er ihn zu Goldmünzen schmelzen und durch einen kristallenen Sarkophag ersetzen ließ.«

»Da haben wir's wieder!« empörte sich Crassus. »Diese lächerlichen Ammenmärchen sterben nicht aus! Dieser Ptolemäer hat sich ganze fünf Tage in Alexandria aufgehalten, bevor er fliehen mußte. Willst du mir tatsächlich weismachen, er habe innerhalb von fünf Tagen ein Objekt aus massivem Gold im Werte von *viertausend* Talenten wegtransportieren und in so kleine Stücke schneiden lassen, daß sie in den bechergroßen Schmelztiegel eines Goldschmieds paßten, um sie dann eines nach dem anderen zu mehreren Millionen Münzen verabeiten zu lassen? Das hätte länger als ein Jahr gedauert! Und nicht nur das. Wo ist dein gesunder Menschenverstand geblieben, Caesar? Ein transparenter Sarkophag aus Felskristall, der groß genug für einen menschlichen Körper ist – auch wenn ich wohl weiß, daß Alexander der Große ein kleiner Mann war –, würde zehnmal soviel kosten wie ein Sarkophag aus massivem Gold. Und wenn man ein passendes Stück gefunden hat, dauert es Jahre, ihn daraus herzustellen. Nein, die Logik sagt mir, daß irgend jemand dieses passende Stück gefunden hat, und zufällig wurden die Sarkophage gerade in der Zeit ausgetauscht, als der Ptolemäer Alexander in der Stadt war. Die Priester des Sema wollten, daß die Menschen Alexander den Großen tatsächlich *sehen* konnten.«

»Igitt!« sagte Caesar.

»Nein, nein, sie haben ihn perfekt konserviert. Er soll heute noch so schön sein, wie er im Leben war.« Der Enthusiasmus riß Crassus mit sich fort.

»Einmal abgesehen von dem unerquicklichen Thema, wie gut konserviert Alexander der Große ist, Marcus – es gibt keinen Rauch ohne Flamme. Immer wieder hört man von Ptolemäern, die ohne ihr letztes Hemd fliehen mußten. Es kann dort unten nicht annähernd soviel Geld und Schätze geben, wie du behauptest.«

»Diese Märchen basieren auf einem Irrtum«, rief Crassus triumphierend. »Die Leute wollen einfach nicht begreifen, daß die Schätze der Ptolemäer und die Reichtümer des Landes nicht in Alexandria aufbewahrt werden. Alexandria ist ein aufgepfropfter Schößling auf dem uralten ägyptischen Baum. Über die Schätze Ägyptens wachen die Priester in Memphis. Dort werden sie gehortet. Und wenn ein Ptolemäer – oder eine Kleopatra – fliehen muß, glaubst du im Ernst, daß sie dann das ganze Delta hinunter nach Memphis reisen? Die segeln direkt aus dem Hafen von Alexandria nach Zypern oder Syrien oder Kos. Deshalb können sie nur so viel mitnehmen, wie sie in Alexandria finden.«

Caesar machte ein äußerst feierliches Gesicht, seufzte, lehnte sich in seinen Sessel zurück und legte die Hände hinter den Kopf. »Mein lieber Crassus, du hast mich überzeugt.«

Jetzt erst hatte sich Crassus so weit beruhigt, daß er die Ironie in Caesars Blick bemerkte. Er mußte laut lachen. »Elender! Du machst dich über mich lustig!«

»Was Ägypten betrifft, stimme ich voll und ganz mit dir überein«, sagte Caesar. »Schade nur, daß Catulus sich ein solches Abenteuer niemals einreden lassen wird.«

Catulus ließ es sich nicht einreden und tat im übrigen sein Bestes, um es dem Senat auszureden. Mit dem Ergebnis, daß das gemeinsame Magistrat der Zensoren Catulus und Crassus nach weniger als drei Monaten ein jähes Ende fand, lange bevor sie die Listen des Ritterstandes revidieren, geschweige denn eine Volkszählung durchführen konnten. Crassus trat öffentlich zurück, und er hatte vieles – wenn auch wenig Schmeichelhaftes – über Catulus zu sagen. Es war nur eine kurze Amtszeit gewesen. Der Senat entschied, im nächsten Jahr zwei neue Zensoren wählen zu lassen.

Wie es sich für ihn als guten Freund gehörte, unterstützte Caesar im Senat beide Vorschläge des Crassus – die Erteilung des Bürgerrechts für die Gallier jenseits des Padus und die Annexion Ägyptens. Sein Hauptinteresse lag in diesem Jahr jedoch woanders: Er war zu einem der beiden kurulischen Ädilen gewählt worden, was bedeutee, daß er im kurulischen Elfenbeinsessel Platz nehmen durfte und zwei Liktoren ihm die *fasces* voraustrugen. Er hatte dieses Amt »in seinem Jahr« erreicht, ein Zeichen dafür, daß er auf dem *cursus honorum* der Magistrate bereits so weit nach oben geklettert war, wie er vorgehabt hatte. Zu seinem Unglück wurde mit ihm zusammen (wenn auch mit wesentlich weniger Stimmen) Marcus Calpurnius Bibulus in dieses Amt gewählt.

Die beiden hatten sehr unterschiedliche Auffassungen darüber, wie die Amtsführung eines kurulischen Ädilen auszusehen hatte, und zwar in jedem einzelnen Aspekt der Aufgabe. Zusammen mit den beiden plebejischen Ädilen waren sie für die öffentliche Instandhaltung der Stadt Rom verantwortlich – die Wartung der Straßen, Plätze, Parks und Marktplätze, für den Verkehr, die öffentlichen Gebäude, Recht und Ordnung, die Wasserversorgung (einschließlich der Brunnen und Bäder), für Grundstücksverzeichnisse, Baugenehmigungen, Abwasserkanäle, öffentliche Standbilder und Tempel. Sie übten das Amt alle vier gleichzeitig aus, bestimmte Aufgaben wurden jedoch einem oder mehreren von ihnen übertragen.

Für Maße und Gewichte waren ausschließlich die beiden kurulischen Ädilen zuständig, die ihren Amtssitz im Castor-und-Pollux-Tempel hatten, einem sehr zentralen Platz am Rand des unteren Forums, neben dem Haus der Vestalinnen. Die Eichmaße wurden unter dem Podium des Tempels aufbewahrt, den die Leute Castor nannten – der Einfachheit halber übersah man Pollux. Die plebejischen Ädilen waren in einem viel weiter entfernten Gebäude untergebracht, im schönen Tempel der Ceres am Fuß des Aventin. Vielleicht kümmerten sie sich deshalb weniger um ihre Aufgaben.

In die schwierigste Aufgabe teilten sich alle vier: die Versorgung der Bevölkerung mit Getreide – von der Entladung der Kähne bis zu dem Augenblick, in dem ein Bürger den Sack mit der ihm zugeteilten Ration nach Hause trug. Sie waren auch für den Einkauf des Getreides zuständig, für die Bezahlung der Lieferanten, das Abwiegen bei der Ankunft und das Einsammeln des Getreideobolus. Sie führten die Liste der

Bürger, die vom Staat preisgünstiges Getreide beziehen durften, also besaßen sie eine Abschrift des römischen Bürgerverzeichnisses. Die Berechtigungsscheine wurden an einem Stand unter dem Porticus Metelli auf dem Marsfeld verteilt, aber das Getreide selbst lagerte in riesigen Silos am Fuß der Felsen des Aventin, entlang dem Vicus Portae Trigeminae im Hafen von Rom.

Die beiden plebejischen Ädile dieses Jahres – Ciceros jüngerer Bruder Quintus war der eine von ihnen – stellten keine Konkurrenz für die *aediles curules* dar.

»Da werden wir wohl nur mit mittelmäßigen Spielen rechnen dürfen«, sagte Caesar zu Bibulus und seufzte dabei. »Und für die Stadt scheinen sie auch nicht viel tun zu wollen.«

Bibulus betrachtete seinen Kollegen mit säuerlichem Mißfallen. »Du solltest dir auch von den kurulischen Ädilen nicht allzuviel versprechen, Caesar. Ich werde meinen Teil zu guten Spielen beitragen, aber nicht zu großen Spielen. Dafür reichen meine Finanzen ebensowenig wie deine. Ich habe auch nicht vor, die Abwasserleitungen oder jeden einzelnen Wasseranschluß überprüfen zu lassen oder Castor einen neuen Anstrich verpassen zu lassen oder über die Märkte zu laufen, um jede Waage zu überprüfen.«

»Was hast du denn vor, wenn ich fragen darf?«

»Nur das veranlassen, was nötig ist.«

»Und die Kontrolle der Waagen hältst du nicht für nötig?«

»Nein.«

»Nun«, sagte Caesar mit einem bösen Lächeln, »da ist es doch sehr angemessen, daß wir im Castor untergebracht sind. Wenn du der Pollux sein willst, nur zu. Aber vergiß nicht, welches Schicksal Pollux zu erleiden hat – von allen vergessen, von niemandem erwähnt.«

Es war kein guter Anfang, aber Caesar war viel zu zielbewußt, um sich mit Leuten aufzuhalten, die nicht zur Zusammenarbeit bereit waren; also machte er sich ans Werk, als wäre er der einzige Ädil in Rom. Er hatte den Vorteil, über ein ausgezeichnetes Netz von Informanten zu verfügen, denn Lucius Decumius und seine Kreuzwegbrüder meldeten ihm jede Übertretung, und Caesar ging mit aller Härte gegen Händler vor, die zu leicht wogen oder zu kurz maßen, gegen Bauherren, die Grenzen überschritten oder schlechtes Material verwandten, gegen Hauswirte, die die Wassergesellschaften betrogen, indem sie dickere Zuflußrohre von den Hauptleitungen zu ihren Grundstücken legen ließen, als das Gesetz ihnen erlaubte. Gnadenlos verhängte er seine drastischen Geldstrafen, und er verschonte niemanden, nicht einmal seinen Freund Marcus Crassus.

»Du gehst mir langsam auf die Nerven«, stellte ihn Crassus Anfang Februar verärgert zur Rede. »Du hast mich schon ein Vermögen gekostet! Zu wenig Zement im Mörtel, zu wenig Balken in den Decken des Mietshauses, das ich auf dem Viminal hochziehen lasse – aber ich habe nicht einen einzigen Meter öffentlichen Grund dafür in Anspruch genommen, und wenn du es tausendmal behauptest! Fünfzigtausend Sesterzen Strafe, nur weil ich zwei Latrinen in meinen beiden neuen Wohnungen auf dem Carinae an den Kanal angeschlossen habe? Das sind zwei Talente, Caesar!«

»Wenn du das Gesetz brichst, mußt du zahlen«, sagte Caesar ungerührt. »Ich brauche jede Sesterze in meiner Bußgeldschatulle, und da mache ich auch bei Freunden keine Ausnahme.«

»Wenn du so weitermachst, hast du bald keine Freunde mehr.«

»Damit gibst du mir zu verstehen, daß du nur ein Schönwetterfreund bist«, lautete Caesars ein wenig ungerechte Antwort.

»Nein, das bin ich nicht! Aber wenn du Geld brauchst, um spektakuläre Spiele zu veranstalten, dann mußt du es dir leihen. Du kannst nicht erwarten, daß jeder Geschäftsmann in Rom deine öffentlichen Extravaganzen mitfinanziert!« schrie Crassus außer sich vor Wut. »Ich leihe dir das Geld, und ich berechne dir nicht einmal Zinsen.«

»Nein, danke«, erwiderte Caesar bestimmt. »Wenn ich das annehmen würde, wäre ich der Schönwetterfreund. Wenn ich mir Geld leihen will, gehe ich zu einem Geldverleiher.«

»Das darfst du gar nicht. Du bist Senator.«

»Das darf ich, Senator hin oder her. Wenn man mich aus dem Senat wirft, weil ich mir bei einem Wucherer etwas geliehen hab, lieber Crassus, dann hat das Haus morgen keine fünfzig Mitglieder mehr«, sagte Caesar. Seine Augen funkelten. »Du könntest mir einen Gefallen tun.«

»Welchen?«

»Besorge mir einen verschwiegenen Perlenhändler, der die schönsten Perlen, die er je gesehen hat, für weit weniger Geld kaufen will, als er auf dem Markt dafür bekommt.«

»Oho! Ich kann mich nicht erinnern, etwas von Perlen gelesen zu haben, als du die Beute aus dem Piratenfeldzug aufgelistet hast.«

»Ich habe sie nicht deklariert und auch nicht die fünfhundert Talente, die ich für mich behalten habe. Mein Schicksal liegt also in deiner Hand, Marcus. Du mußt mich nur vor Gericht anschwärzen, und ich bin erledigt.«

»Das werde ich nicht tun, Caesar – falls du damit aufhörst, mir Geldstrafen aufzuerlegen«, erwiderte Crassus listig.

»Dann lauf doch lieber gleich zum Stadtprätor und schwärze mich an.« Caesar lachte. »Glaub bloß nicht, daß du mich kaufen kannst.«

»Ist das alles, was du unterschlagen hast, fünfhundert Talente und ein paar Perlen?«

»Das ist alles.«

»Ich verstehe dich nicht.«

»Mach dir nichts draus, da bist du nicht der einzige«, sagte Caesar und rüstete sich zum Aufbruch. »Aber sei bitte so nett und besorge mir einen Perlenhändler. Ich würde es ja selber tun, wenn ich wüßte, wo ich anfangen soll zu suchen. Du bekommst auch eine Perle als Provision.«

»Behalt doch deine Perlen!« sagte Crassus empört.

Eine der Perlen, ein riesiges Exemplar von der Form und der Farbe einer Stachelbeere, blieb in Caesars Besitz. Er wußte selbst nicht genau, warum er sie nicht veräußerte, denn allein mit dieser Perle hätte er die Summe von fünfhundert Talenten, die er für die anderen bekam, womöglich verdoppeln können. Er traf die Entscheidung ganz instinktiv, nachdem der lebhaft interessierte Käufer die Perle bereits gesehen hatte.

»Ich würde sechs oder sieben Millionen Sesterzen dafür bekommen«, sagte der Mann wehmütig.

»Nein«, beschied Caesar, warf die Perle einmal in die Luft und fing sie wieder auf. »Ich glaube, diese werde ich nicht hergeben. Vielleicht bringt sie mir Glück.«

Caesar gab das Geld gern mit vollen Händen aus, aber er konnte auch rechnen, und als er es Ende Februar tat, sank ihm der Mut. In der Ädilenschatulle mochten fünfhundert Talente sein; Bibulus hatte angedeutet, daß er zu ihren ersten Spielen, den *ludi Megalenses* im April, hundert und zu den großen Spielen, den *ludi Romani* im September, zweihundert Talente beisteuern würde. Caesar besaß etwa tausend Talente eigenes Geld; sie waren seine gesamte Habe, abgesehen von seinem wertvollen Landbesitz, von dem er sich auf keinen Fall trennen würde, garantierte er ihm doch den Sitz im Senat.

Nach seiner Rechnung würden die *ludi Megalenses* siebenhundert und die *ludi Romani* tausend Talente kosten. Das machte zusammen siebzehnhundert, ungefähr soviel, wie er besaß. Aber leider ging es nicht nur darum, zweimal Spiele zu veranstalten; diese Aufgabe hatte jeder kurulische Ädil, und je großartiger er sie gestaltete, desto größer das Ansehen, das er damit erwerben konnte. Caesar wollte überdies auf dem Forum Gladiatorenspiele zum Gedenken an seinen Vater inszenieren, und die würden ihn noch einmal fünfhundert Talente kosten. Also würde er sich etwas leihen müssen. Darüber hinaus stieß er all jene vor den Kopf, die ihn gewählt hatten, indem er Geldstrafen gegen sie verhängte, um seine Ädilenschatulle zu füllen. Und das nicht zu knapp! Marcus Crassus, der eigentlich der Meinung war, ein Mann müsse zu seinen Freunden stehen, selbst gegen die Interessen des Staates, tolerierte es nur, weil er Caesar wirklich liebte.

»Ich gebe dir alles, was ich besitze, Pavo«, sagte Lucius Decumius, als er Caesar, über Zahlenkolonnen gebeugt, an seinem Tisch sitzen sah.

Auch wenn er müde und ein wenig mutlos aussah, für diesen seltsamen alten Mann, der eine so große Rolle in seinem Leben spielte, hatte er noch immer ein Lächeln übrig. »Laß nur, Papa! Mit deinem Geld könnte ich höchstens ein einziges Gladiatorenpaar engagieren.«

»Ich besitze fast zweihundert Talente.«

Caesar pfiff durch die Zähne. »Da habe ich wohl doch den falschen Beruf! Bringt es so viel ein, den Bewohnern der Via Sacra und des Vicus Fabricii Ruhe und Ordnung zu garantieren?«

»Im Laufe der Jahre kommt einiges zusammen«, erwiderte Lucius Decumius bescheiden.

»Behalt es, Papa, ich will es nicht.«

»Und wo willst du das fehlende Geld hernehmen?«

»Ich leihe es mir, gegen die Sicherheit meiner Einkünfte als Proprätor in einer guten Provinz. Ich habe Balbus nach Gades geschrieben, und er ist bereit, Empfehlungsschreiben an die richtigen Leute hier in Rom zu schicken.«

»Kannst du es dir nicht von ihm leihen?«

»Nein, er ist ein Freund von mir. Ich leihe mir kein Geld von Freunden, Papa.«

»Ach, du bist schon ein seltsamer Kerl!« Lucius Decumius schüttelte das ergraute Haupt. »Dafür sind Freunde doch da.«

»Da bin ich anderer Meinung, Papa. Wenn ich das Geld aus irgendeinem Grund nicht zurückzahlen kann, dann möchte ich es lieber einem Fremden schuldig sein. Ein unerträglicher Gedanke, daß ich womöglich einen meiner Freunde mit meinen Verrücktheiten in den Ruin treiben könnte.«

»Wenn du es nicht zurückzahlen kannst, Pavo, dann kann Rom einpacken.«

Caesars Gesicht hellte sich ein wenig auf, und er seufzte. »Du hast recht, Papa. Ich werde es zurückzahlen, keine Angst. Also«, fuhr er in wesentlich besserer Laune fort, »was sorge ich mich? Ich werde mir genügend Geld borgen und der großzügigste kurulische Ädil werden, den Rom jemals gesehen hat!«

Caesar setzte seine Absicht in die Tat um. Ende des Jahres betrugen seine Schulden tausend Talente und nicht fünfhundert, wie er ausgerechnet hatte. Crassus half ihm, indem er ein paar Geldverleihern ins Ohr flüsterte, Caesar sei eine gute Investition in die Zukunft, sie sollten ihm besser keine Wucherzinsen berechnen. Balbus brachte ihn mit Leuten zusammen, die diskret und nicht allzu habgierig waren: zehn Prozent einfache Zinsen, der offizielle Satz. Es gab nur ein Problem: Er mußte die Darlehen innerhalb eines Jahres zurückzahlen, sonst kämen zu den einfachen Zinsen noch die Zinseszinsen; dann müßte er Zinsen auf die Zinsen und auf das geliehene Kapital zahlen.

Die *ludi Megalenses* waren die ersten und die rituell am stärksten geprägten Spiele des Jahres, vielleicht deshalb, weil sie (zumindest in den Jahren, in denen der Kalender mit den Jahreszeiten zusammenfiel) den Frühling ankündigten und weil sie aus dem schrecklichen zweiten Krieg gegen die Karthager hervorgegangen waren, als Hannibal mit seinen Horden quer durch ganz Italien gezogen war. Damals fing man in Rom damit an, der Magna Mater zu huldigen, der großen asiatischen Erdmutter, für die man auf dem Palatin, oberhalb vom Vallis Murcia, in dem der Circus Maximus lag, einen Tempel errichtet hatte. In mancher Hinsicht war es für das konservative Rom ein ungehöriger Kult; die Römer verachteten Eunuchen, Auspeitschungsriten und was sonst noch alles zur religiösen Barbarei gehörte. Aber die Würfel waren gefallen, als die vestalische Jungfrau Claudia auf wundersame Weise das Frachtschiff tiberaufwärts gezogen hatte, in dem der schwarze Meteorstein lag, der die Magna Mater verkörperte. Jetzt mußte Rom eben die Folgen tragen: kastrierte Priester, die am vierten Tag des April Trompete blasend, aus selbst beigefügten Wunden blutend und mit dem Bildnis der Großen Mutter um den Hals durch die Straßen Roms zogen und um Almosen baten.

Die eigentlichen Spiele paßten besser zu Rom. Sie dauerten sechs Tage, vom vierten bis zum zehnten Tag des April. Am ersten Tag fand die Prozession statt, danach eine Zeremonie im Tempel der Magna Mater, und zuletzt wurden noch ein paar Gladiatorenkämpfe im Circus Maximus abgehalten. Die folgenden vier Tage waren theatralischen Veranstaltungen gewidmet, die in mehreren, eigens zu diesem Zweck errichteten provisorischen Holzbauten dargeboten wurden, während am letzten Tag die Prozession der Götter durchgeführt wurde, vom Kapitol hinunter zum Circus, wo anschließend stundenlange Wagenrennen die Gemüter der Zuschauer erhitzten.

Als der Erstgewählte der beiden kurulischen Ädilen führte Caesar am ersten Tag die Aufsicht über die Feierlichkeiten, und er brachte der Großen Mutter ein seltsam unblutiges Opfer dar, wenn man bedachte, was für eine blutdürstige Dame Kubaba Kybele war: eine Schüssel mit Kräutern.

Manche Leute nannten diese Spiele patrizische Spiele, denn am ersten Abend feierten die Patrizierfamilien miteinander, und dabei wurde sorgsam auf rein patrizische Gästelisten geachtet. Es wurde als gutes Omen gewertet, wenn der kurulische Ädil, der das Opfer darbrachte, ein Patrizier wie Caesar war. Bibulus war Plebejer und fühlte sich an diesem Eröffnungstag ausgeschlossen; Caesar hatte die Sondertribüne auf den Stufen des Tempels ausschließlich mit Patriziern besetzen lassen, und die größte Ehre wurde dabei den Claudii Pulchri zuteil, standen sie doch zu der Präsenz der Magna Mater in Rom in besonders enger Beziehung.

Auch wenn die veranstaltenden Ädilen und die offiziellen Teilnehmer am ersten Tag nicht in den Circus Maximus hinabstiegen, sondern von den Stufen des Magna-Mater-Tempels aus zusahen, hatte Caesar beschlossen, unten im Circus ein besonderes Schauspiel zu bieten und die Menge, die der blutigen Prozession gefolgt war, nicht mit den üblichen Faustkämpfen und Wettläufen zu unterhalten. Für ein Wagenrennen war nicht genug Zeit. Deshalb hatte Caesar den Tiber angezapft und einen Kanal quer über das Forum Boarium angelegt, um einen Fluß mitten durch den Circus fließen zu lassen. Auf diese Weise war die *spina* zur Tiberinsel geworden und teilte diesen spektakulären Wasserlauf. Während die Menge ihre Begeisterung durch vielerlei Rufe kundtat, ließ Caesar den Kraftakt der Vestalin Claudia nachstellen: Sie zog den Kahn vom Ende des Forum Boarium, wo am letzten Tag die Torbögen für den Start der Rennwagen errichtet werden würden, einmal ganz um die *spina* herum, um ihn dann vor dem großen Stadiontor vor Anker zu legen. Der Kahn glitzerte golden, seine bestickten Segel bauschten sich im Wind; auf dem Deck hatten sich alle Eunuchenpriester um die glatte, schwarze Kugel versammelt, die den Nabelstein symbolisieren sollte, während hoch oben auf dem Heck die Statue der Magna Mater auf ihrem Streitwagen stand, der von zwei absolut naturgetreuen Löwen gezogen wurde. Caesar hatte nicht etwa einen kräftigen Mann in die Gewänder der Vestalin Claudia gesteckt – die Rolle wurde von einer zierlichen, schönen Frau gespielt, und die Männer, die bis zu den Hüften im Wasser wateten und das Schiff anschoben, hatte er unter einem falschen, mit Goldbronze bemalten Rumpf versteckt.

Nach dem dreistündigen Schauspiel gingen die Leute begeistert nach Hause. Caesar stand mitten unter entzückten Patriziern und nahm ihre überschwenglichen Komplimente für seine Phantasie und seinen guten Geschmack entgegen. Bibulus nahm es zum Anlaß, sich still und leise davonzuschleichen, weil sich ohnehin kein Mensch um ihn kümmerte.

Nicht weniger als zehn hölzerne Theater hatte Caesar zwischen dem Marsfeld und dem Stadiontor errichten lassen, in das größte paßten zehntausend Menschen, das kleinste faßte noch fünfhundert. Und statt sie wie Provisorien aussehen zu lassen, die sie ja schließlich waren, hatte Caesar darauf bestanden, sie streichen, dekorieren und vergolden zu lassen. In den größeren Theatern kamen Farcen und Pantomimen zur Aufführung, die Stücke von Terenz und Plautus und Ennius in den kleineren, die Dramen von Sophokles und Aischylos im allerkleinsten, sehr griechisch aussehenden Auditorium. Für jeden Theatergeschmack war ewas geboten. Vom frühen Morgen bis zum Einbruch der Dunkelheit spielten alle zehn Theater volle vier Tage lang – ein Hochgenuß für die Sinne, und ein Hochgenuß war es auch buchstäblich, denn Caesar ließ während der Pausen Erfrischungen servieren.

Am letzten Tag versammelte die Prozession sich auf dem Kapitol und machte sich auf den Weg durch das Forum Romanum und die Via Triumphalis hinunter zum Circus Maximus, vorbei an vergoldeten Standbildern von Göttern wie Mars und Apollo – und von Castor und Pollux. Da Caesar die Vergoldungen aus eigener Tasche bezahlt hatte, war es nicht erstaunlich, daß Pollux sehr viel kleiner ausgefallen war als sein Zwillingsbruder Castor. Und das amüsierte ihn.

Eigentlich galten die *ludi Megalenses* als staatlich finanzierte Spiele, und die Wagenrennen waren ihre größte Attraktion, tatsächlich aber gab es so gut wie keine staatlichen Zuschüsse für das Unterhaltungsprogramm. Das hatte Caesar jedoch nicht daran gehindert, am letzten Tag der Spiele mehr Wagenrennen zu veranstalten, als Rom jemals gesehen hatte. Als erstem kurulischen Ädil fiel ihm die Aufgabe zu, die Rennen zu starten. An jedem nahmen vier Wagen teil – ein roter, ein blauer, ein grüner und ein weißer. Das erste Rennen war für Wagen mit vier nebeneinander eingespannten Pferden, aber in anderen fuhren Gespanne mit zwei Pferden oder Tandemgespanne mit zwei oder drei Pferden hintereinander; Caesar ließ sogar Rennen mit ungesattelten Pferden durchführen, auf deren nackten Rücken Postreiter saßen.

Die Strecke eines jeden Rennens betrug fünf Meilen, das waren sieben Runden um die *spina*, eine schmale, hohe Insel mit vielen Standbildern, an deren einem Ende sieben goldene Delphine angebracht waren, während am anderen sieben goldene Eier auf sieben großen Kelchen thronten. Nach jeder Runde wurde die Nase eines Delphins nach unten gezogen, damit der Schwanz sich in die Höhe reckte, und eines der Eier aus seinem Kelch genommen. Waren die zwölf Tages- und die zwölf Nachtstunden gleichlang, dann dauerte jedes Rennen etwa eine Viertelstunde; das Ganze ging also in einem hohen Tempo vonstatten. Stürze passierten gewöhnlich beim Umrunden der *metae*, der Wendepunkte, an denen jeder Fahrer mit Mut und Können versuchte, möglichst weit innen zu fahren, weil dies der kürzere Weg war. Die Zügel, in denen ein Messer steckte, damit sie sich im Falle eines Sturzes befreien konnten, hatten die Wagenlenker sich mehrmals um den Leib geschlungen.

Die Menge war begeistert von dem Tag. Caesar hatte dafür gesorgt, daß zwischen den Rennen keine langen Pausen entstanden; die Buchmacher, die zwischen den zweihunderttausend begeisterten Zuschauern umherliefen und Wetten entgegennahmen, hatten alle Hände voll zu tun, um mit der zügigen Abfolge der Rennen Schritt halten zu können. Nicht eine einzige Reihe war freigeblieben, die Männer hatten ihre Frauen auf dem Schoß, damit noch mehr Leute Platz fanden. Kinder, Sklaven, selbst Freigelassene hatten keinen Zutritt, aber die Frauen durften bei den Männern sitzen. Bei Caesars Spielen zwängten sich über zweihunderttausend freie römische Bürger in den Circus Maximus, und Tausende mehr drängelten sich an den günstigsten Aussichtspunkten auf dem Aventin und dem Palatin.

»Es waren die besten Spiele, die Rom jemals gesehen hat«, sagte Crassus am Ende des sechsten Tages zu Caesar. »Was für eine technische Meisterleistung, den Tiber umzuleiten und alles rechtzeitig wieder wegzuräumen, um trockenen Grund für die Wagenrennen zu haben.«

»Das war noch gar nichts«, erwiderte Caesar lächelnd, »und es war auch nicht besonders schwer, einen Tiber umzuleiten, der vom vielen Regen bis oben hin angeschwollen ist. Warte erst bis zu den *ludi Romani* im September. Lucullus wäre am Boden zerstört, wenn er in die Stadt kommen könnte, um sie sich anzusehen.«

Zwischen den *ludi Megalenses* und den *ludi Romani* stellte Caesar noch etwas so Ungewöhnliches und Spektakuläres auf die Beine, daß Rom noch nach Jahren davon sprach. Die Stadt erstickte bereits unter dem Zustrom auswärtiger Gäste, die wegen der großen Spiele im September gekommen waren, da ließ Caesar noch Spiele zum Gedenken an seinen Vater veranstalten und nutzte dafür das gesamte Forum Romanum. Natürlich war es heiß und der Himmel wolkenlos, deshalb wollte er das ganze Gelände mit roten Segeltüchern überdachen lassen, deren Kanten an den Gebäuden, die hoch genug waren, befestigt wurden; wo keine Gebäude standen, sollte der schwere Stoff mit Hilfe von hohen Holzmasten und Halteseilen aufgespannt werden. Er fand ein solches Vergnügen an der technischen Herausforderung, daß er die Entwürfe selbst anfertigte und ihre Ausführung persönlich überwachte.

Aber als der Aufbau dieser unglaublichen Konstruktion begann, verbreitete sich das Gerücht, Caesar trage sich mit der Absicht, tausend Gladiatorenpaare gegeneinander antreten zu lassen. Catulus rief den Senat zusammen.

»Was führst du tatsächlich im Schilde, Caesar?« fragte ihn Catulus vor überfülltem Haus. »Ich habe immer schon gewußt, daß du die Republik untergraben willst, aber zweitausend Gladiatoren zu einem Zeitpunkt in die Stadt zu bringen, da keine einzige Legion zu ihrem

Schutz bereitsteht? Du gräbst nicht etwa klammheimlich einen Tunnel, du nimmst den Rammbock!«

»Ja, es ist wahr«, erwiderte Caesar gedehnt und erhob sich auf dem kurulischen Podium von seinem Stuhl, »daß ich einen gewaltigen Rammbock mein eigen nenne, und so manches Mal habe ich klammheimlich in einem dunklen Gang gegraben, aber immer das eine mit dem anderen.« Er zog den Ausschnitt seiner Tunika ein Stück vom Hals weg, senkte den Blick hinein und rief in den entstandenen Zwischenraum: »Stimmt es nicht, o du mein Rammbock?« Dann glättete er die Tunika wieder und setzte sein bezauberndstes Lächeln auf. »Er sagt, daß es stimmt.«

Crassus stieß einen undefinierbaren, gurgelnden Ton aus, aber noch bevor ein richtiges Lachen daraus werden konnte, übertönte ihn Cicero mit fröhlichem Gebell; das Haus brach in einen Sturm der Heiterkeit aus, dem ein sprachloser, im Gesicht puterroter Catulus hilflos gegenüberstand.

Daraufhin nannte Caesar die richtige Zahl: Er beabsichtige, dreihundertzwanzig in Silber gekleidete Gladiatorenpaare zu präsentieren.

Doch bevor die Gedenkspiele tatsächlich beginnen konnten, erregten sich Catulus und seine Freunde über eine neue Sensation. Als der Tag heraufdämmerte und das Forum, von den Häusern am Rand des Germalus aus gesehen, wie das sanft wogende, weinrote Meer des Homer aussah, entdeckten diejenigen, die sich die besten Plätze sichern wollten und deshalb besonders früh gekommen waren, daß das Forum Romanum noch etwas anderes als ein Zeltdach bekommen hatte. Während der Nacht hatte Caesar sämtliche Standbilder des Gaius Marius vom Scheitel bis zum Sockel restaurieren lassen, und die Kriegstrophäen des Gaius Marius hatte er in die Tempel des Honos und der Virtus auf dem Kapitol bringen lassen. Aber was konnten die erzkonservativen Senatoren dagegen unternehmen? Die Antwort lautete: überhaupt nichts. Rom hatte den großartigen Gaius Marius weder vergessen, noch hatte es aufgehört, ihn zu lieben. Von allem, was Caesar während seines Jahres als kurulischer Ädil tat, wurde ihm nichts so hoch angerechnet wie diese Ehrenrettung des Gaius Marius.

Natürlich ließ sich Caesar die Gelegenheit nicht entgehen, alle Wähler daran zu erinnern, wer er war und woher er kam. In jeder kleinen Arena, in der ein paar seiner Zirkussoldaten kämpften, am Fuße des Komitiums, auf dem Platz zwischen den Tribunalen, neben dem Tempel der Vesta, vor dem Porticus Margaritaria, auf der Velia: Überall ließ er verkünden, daß der Stammbaum seines Vaters bis zu Venus und Romulus zurückreichte.

Zwei Tage danach richteten Caesar und Bibulus die *ludi Romani* aus, die diesmal zwölf Tage dauerten. Die Parade vom Kapitol über das Forum Romanum zum Circus Maximus dauerte drei Stunden. Die wichtigsten Magistrate und die Senatoren führten sie an, begleitet von schmucken, blutjungen Reitern. Dann folgten alle Wagen, die an den Rennen teilnehmen sollten, die Athleten, Hunderte von Tänzern und Mimen und Musikern, als Faune und Satyre verkleidete Zwerge, sämtliche Prostituierten Roms in ihren flammenfarbenen Togen, Hunderte von Sklaven, die goldene oder silberne Urnen und herrliche Vasen trugen, als Soldaten verkleidete Männer in scharlachroten, von Messinggürteln gerafften Tuniken – prächtige, mit Federbüschen geschmückte Helme auf dem Kopf – schwangen Speere und Schwerter. Dann kamen die Opfertiere und schließlich, den Ehrenplatz am Schluß des Zuges einnehmend, die zwölf Hauptgötter und viele andere Götter und Helden – lebensecht angemalt und in herrliche Kleider gehüllt, standen sie in offenen, mit Gold und Purpur geschmückten Sänften.

Caesar hatte den ganzen Circus Maximus dekorieren lassen, und im Vergleich zu seinen bisherigen Veranstaltungen hatte er sich noch eine Steigerung einfallen lassen: Er ließ Millionen frischer Blumen verwenden. Die Römer verehrten Blumen, das große Publikum war hingerissen, versank im Duft von Rosen, Veilchen, Levkojen und Goldlack. Er ließ kostenlose Getränke servieren und hatte an allerlei Überraschungen gedacht, von Seiltänzern und Feuerschluckern bis hin zu spärlich bekleideten Tänzerinnen, die Knochen aus Gummi zu haben schienen.

An jedem Tag der Spiele konnte man etwas Neues und Ausgefallenes bewundern, und die Wagenrennen waren ein voller Erfolg.

Bibulus erwiderte jedem, der noch bereit war, sich seinen Kommentar anzuhören: »Er hat zu mir gesagt, ich wäre der Pollux und er der Castor. Wie recht er hatte! Da hätte ich meine dreihundert Talente ebensogut sparen können – sie haben gerade einmal ausgereicht, Futter und Wein in hunderttausend gierige Kehlen zu schütten. Für alles andere hat er den Ruhm eingeheimst.«

Cicero sagte zu Caesar: »Eigentlich mag ich keine Spiele, aber ich muß gestehen, deine waren erstklassig. Es ist lobenswert, daß du die großzügigsten Spiele aller Zeiten veranstaltet hast, aber noch besser hat es mir gefallen, daß sie nicht geschmacklos waren.«

Der plutokratische Ritter Titus Pomponius Atticus sagte zum plutokratischen Senator Marcus Licinius Crassus: »Eine mit viel Weitsicht inszenierte Veranstaltung. Er hat allen Arbeit gegeben. Was für ein Jahr für die Gärtner und Blumengroßhändler! Deren Stimmen sind ihm bis ans Ende seiner politischen Laufbahn sicher. Von den Bäckern und Müllern gar nicht zu reden. Klug, wirklich ausgesprochen klug!«

Und der junge Caepio Brutus sagte zu Julia: »Onkel Cato ist schrecklich empört. Gewiß, er ist ein guter Freund von Bibulus, aber ich frage mich auch, warum dein Vater immer so ein Getöse machen muß?«

Cato verabscheute Caesar.

Als er schließlich nach Rom zurückgekehrt war – gerade zu der Zeit, als Caesar sein Amt als kurulischer Ädil antrat –, führte er den letzten Willen seines Bruders Caepio aus. Dazu mußte er auch Servilia und Brutus einen Besuch abstatten. Brutus war inzwischen achtzehn Jahre alt und auf dem besten Weg zu einer Karriere auf dem Forum, auch wenn er bis jetzt noch keinen einzigen Fall vor Gericht gebracht hatte.

»Mir gefällt nicht, daß du jetzt ein Patrizier bist, Quintus Servilius«, sagte Cato, peinlich genau auf die korrekte Anrede bedacht, »aber da ich unbedingt ein Porcius Cato bleiben wollte, werde ich es wohl akzeptieren müssen.« Er beugte sich abrupt vor. »Was hast du auf dem Forum zu suchen? Du solltest mit einer Armee in die Schlacht ziehen wie dein Freund Gaius Cassius.«

»Brutus«, sagte Servilia steif und legte die Betonung auf den Namen, »ist vom Dienst befreit worden.«

»Niemand, der kein Krüppel ist, sollte vom Dienst befreit werden.«

»Er ist schwach auf der Brust«, erwiderte Servilia.

»Er wäre bald stärker auf der Brust, wenn er draußen in einer der Legionen seine Pflicht täte. Und seine Haut würde auch besser.«

»Brutus wird hinausziehen, wenn *ich* ihn für kräftig genug befinde.«

»Hat er sich die Zunge abgebissen?« fragte Cato, zwar längst nicht mehr so grimmig wie vor seiner Reise in den Osten, aber immer noch angriffslustig. »Kann er nicht für sich selber reden? Du unterdrückst diesen Jungen, Servilia, und das ist unrömisch.«

Sprachlos lauschte Brutus der Unterhaltung. Er steckte in einem ernsten Dilemma. Einerseits hätte er es seiner Mutter gegönnt, wenn sie bei dieser – wie auch bei jeder anderen – Auseinandersetzung den kürzeren gezogen hätte, andererseits fürchtete er sich vor dem Militärdienst. Cassius war frohen Herzens hinausgezogen, während Brutus einen Husten gekriegt hatte, der immer schlimmer wurde. Es tat weh, in den Augen seines Onkels Cato so erniedrigt zu werden, und Onkel Cato duldete nun einmal keinerlei Schwäche oder Unpäßlichkeit; er, der oft für Tapferkeit im Felde ausgezeichnet worden war, hatte wenig Sinn für Männer, die nicht danach lechzten, ein Schwert in der Hand zu halten. Also fing er wieder an zu husten, ein schweres, belegtes Keuchen, das sich tief unten im Brustkorb bildete und bis hinauf in die Kehle rollte. Natürlich förderte er reichlich Schleim zutage, was ihm erlaubte, nach einem ängstlichen Blick auf seine Mutter und Cato aufzustehen, eine Entschuldigung zu murmeln und hinauszugehen.

»Siehst du, das kommt davon«, sagte Servilia und bleckte die Zähne.

»Was ihm fehlt, sind Bewegung und ein Leben unter freiem Himmel. Wahrscheinlich dokterst du auch an seiner Haut herum. Sie sieht entsetzlich aus.«

»Du bist nicht für Brutus verantwortlich.«

»Nach Caepios Testament bin ich das sehr wohl.«

»Onkel Mamercus hat schon alles mit ihm durchgesprochen, er braucht dich nicht. Niemand braucht dich, Cato. Warum gehst du nicht und springst in den Tiber?«

»Ich werde überall gebraucht, soviel ist gewiß. Als ich in den Osten aufgebrochen bin, ist dein Junge auf das Marsfeld gegangen und man konnte annehmen, daß doch noch ein Mann aus ihm würde. Jetzt ist er Mamas Schoßhündchen! Und überhaupt, wie konntest du ihn mit einem Mädchen verloben, das keinerlei Mitgift in die Ehe bringt, mit einer von diesen elenden Patrizierinnen? Was für läppische Kinder mögen dieser Beziehung wohl entspringen?«

»Ich hoffe sehr«, entgegnete Servilia eisig, »daß Söhne wie Julias Vater und Töchter wie ich dabei herauskommen. Du kannst über die Patrizier und den alten Adel sagen, was du willst, Cato, Julias Vater verkörpert jedenfalls all das, was einen Römer ausmachen sollte, als Soldat, als Redner und als Politiker. Außerdem wollte Brutus die Verbindung. Es war nicht meine Idee, leider nicht. Ihr Stammbaum ist so gut wie sein eigener, und das ist tausendmal wichtiger als jede

Mitgift! Nur zu deiner Information: Ihr Vater hat uns eine Mitgift von hundert Talenten garantiert. Dabei braucht Brutus überhaupt keine Mitgift, jetzt, wo er Caepios Erbe ist.«

»Wenn er schon Jahre auf seine Braut warten muß, dann hätte er auch noch ein bißchen länger warten und Porcia heiraten können«, sagte Cato. »Das wäre eine Verbindung, der ich von ganzem Herzen zugestimmt hätte! Das Geld meines geliebten Caepio wäre an Kinder beider Seiten seiner Familie gegangen!«

»Aha, ich verstehe!« höhnte Servilia. »Jetzt rückst du mit der Wahrheit heraus, Cato. Deinen Namen wolltest du nicht ändern, aber jetzt möchtest du durchs Hintertürchen an das Geld! *Mein* Sohn soll den Abkömmling einer Sklavin heiraten? Nur über meine Leiche!«

»Es könnte trotzdem noch so kommen«, erwiderte Cato selbstgefällig.

»Wenn es so kommt, dann bekommt das Mädchen glühende Kohlen zum Abendbrot!« Servilia war nervös; sie spürte, daß sie gegen Cato keine so gute Figur wie gewöhnlich machte – er war gelassener und nicht mehr so verwundbar. Sie zog ihren giftigsten Pfeil aus dem Köcher. »Abgesehen davon, daß du, der Abkömmling eines Sklaven, Porcias Vater bist – wir wollen doch die Mutter nicht vergessen. Niemals würde ich meinen Sohn die Tochter einer Frau heiraten lassen, die nicht einmal abwarten kann, bis ihr Ehemann wieder zu Hause ist!«

Früher wäre er mit Worten auf sie losgegangen, hätte gebrüllt und sie mit Fragen gelöchert. Jetzt erstarrte er und sagte eine Weile lang gar nichts.

»Ich fürchte, diese Behauptung mußt du mir erläutern«, forderte er schließlich.

»Mit Vergnügen. Atilia ist ein sehr ungezogenes Mädchen gewesen.«

»Ach, Servilia, Rom bräuchte ein Gesetz gegen vorlautes Geschwätz, und du wärst einer der besten Gründe dafür!«

Servilia lächelte süffisant. »Frag doch deine Freunde, wenn du mir nicht glaubst. Bibulus und Ahenobarbus waren hier und haben mitangesehen, wie sie sich aufgeführt hat. Alle wissen davon.«

Seine Lippen wurden schmal. »Wer?« fragte er.

»Nun, wer schon? Natürlich der römischste unter den Römern: Caesar. Und jetzt frag bloß nicht, welcher Caesar. Du weißt, welcher Caesar diesen Ruf hat. Der zukünftige Schwiegervater meines geliebten Brutus.«

Cato erhob sich, ohne noch ein Wort zu sagen.

Er ging unverzüglich zu seinem prunklosen Haus in der bescheidenen Straße mitten auf dem Palatin, in dessen einzigem Gästezimmer er gleich bei seiner Rückkehr – noch bevor er daran gedacht hatte, Weib und Kinder zu begrüßen – seinen besten Freund untergebracht hatte, den Philosophen Athenodorus Cordylion.

Kurzes Nachdenken bestätigte Servilias boshafte Bemerkungen. Atilia war wirklich verändert. Zum einen lächelte sie gelegentlich und erlaubte sich sogar, zu reden, ohne gefragt worden zu sein, zum anderen waren ihre Brüste voller geworden, und das hatte ihn seltsamerweise abgestoßen. Obwohl seit seiner Ankunft in Rom bereits drei Tage vergangen waren, war er noch nicht in ihrer Schlafkammer gewesen (er schlief lieber allein im großen Schlafzimmer), um einem Bedürfnis nachzugeben, von dem sogar sein verehrter Urgroßvater Cato der Zensor gesagt hatte, es sei zwischen Mann und Frau (oder Herr und Sklavin) nicht nur ein statthafter, sondern ein ganz und gar lobenswerter Trieb.

Oh, welcher freundliche, wohlwollende Gott hatte ihn davor bewahrt? Sich mit seinem legalen Eigentum zu vereinigen, ohne zu wissen, daß sie inzwischen das illegale Eigentum eines anderen geworden war! Cato erschauerte bei dem Gedanken. Caesar. Gaius Julius Caesar, der Verruchteste in diesem verrotteten und degenerierten Haufen. Was in aller Welt hatte er in Atilia gesehen, die Cato nur deshalb ausgesucht hatte, weil die das genaue Gegenteil der üppigen, dunklen, bezaubernden Aemilia Lepida war? Cato wußte, daß es mit seiner geistigen Beweglichkeit nicht besonders weit her war, denn das hatte man ihm von Kindesbeinen an eingebleut, aber nach Caesars Motiv mußte er nicht lange suchen. Obwohl Patrizier, würde dieser Mann ein Demagoge werden, ein neuer Gaius Marius. Wie viele Frauen von entschlossenen Traditionalisten mochte er verführt haben? Es gab Gerüchte. Und hier stand er, Marcus Porcius Cato, noch nicht alt genug für einen Sitz im Senat – aber bereits mit besten Aussichten auf einen äußerst prominenten Feind fürs Leben. Und das war gut so! Es bedeutete, daß er, Marcus Porcius Cato, die Kraft haben würde, auf dem Forum und im Senat eine große Rolle zu spielen. Caesar hatte *ihm* Hörner aufgesetzt! Nicht für einen Augenblick kam es ihm in den Sinn, daß Servilia dahinterstehen könnte, denn er hatte keine Ahnung, wie vertraut Servilia mit Caesar war.

Gut, Atilia mochte Caesar in ihr Bett und zwischen ihre Beine gelassen haben, aber seit diesem Tage war Cato nicht mehr bei ihr gewesen. Was Caepios Tod ausgelöst hatte, wurde durch Atilias Verrat vollendet. Keine Gefühle! Niemals mehr! Gefühle brachten endlose Schmerzen.

Er fragte Atilia erst gar nicht. Er rief einfach den Verwalter in sein Arbeitszimmer und trug dem Mann auf, sie auf der Stelle aus dem Haus zu werfen und zu ihrem Bruder zurückzuschicken. Ein paar Worte auf einen Zettel gekritzelt, und die Sache war erledigt. Sie war geschieden, und von der Mitgift einer Ehebrecherin würde er auch nicht eine einzige Sesterze wieder herausrücken. Er saß in seinem Arbeitszimmer und hörte von weitem ihre Stimme, ein Heulen, ein Schluchzen, ein verzweifeltes Schreien nach den Kindern, aber immer wieder wurde ihre Stimme von der des Verwalters übertönt und von dem Lärm der Sklaven, die sich überschlugen, um den Befehlen ihres Vorgesetzten nachzukommen. Schließlich öffnete sich die Haustür und fiel wieder zu. Anschließend klopfte der Verwalter bei ihm an.

»Die Dame Atilia ist fort, Herr.«

»Schick mir meine Kinder.«

Ein paar Minuten später kamen sie herein, verstört durch die Aufregung, deren Grund sie noch nicht kannten. Daß sie beide seine Kinder waren, ließ sich nicht bestreiten, auch jetzt nicht, wo der Zweifel zu nagen begann. Porcia zählte sechs Jahre, war groß für ihr Alter, schlank und kantig; sie hatte sein kastanienbraunes Haar in einer dichteren, lockigeren Variante, seine grauen Augen, den langen Hals und die gleiche, wenn auch nicht ganz so große Nase. Cato junior war zwei Jahre jünger, ein magerer kleiner Junge; er erinnerte Cato immer daran, wie er selbst zu der Zeit ausgesehen hatte, als der marsische Emporkömmling Silo ihn ständig aus dem Fenster gehalten und gedroht hatte, ihn auf die spitzen Felsen fallen zu lassen – nur daß Cato junior eher schüchtern als kühn war und schnell zu weinen anfing. Und leider hatte sich inzwischen gezeigt, daß Porcia die Klügere der beiden war, diese kleine Rednerin und Philosophin. Unnütze Talente bei einem kleinen Mädchen.

»Kinder, ich habe eure Mutter wegen Untreue verstoßen«, verkündete Cato mit der üblichen schrillen Stimme und ohne eine Miene zu verziehen. »Sie ist unkeusch gewesen und hat damit ihre Untauglichkeit als Ehefrau und Mutter bewiesen. Ich habe ihr verboten, dieses

Haus noch einmal zu betreten, und ich erlaube euch nicht, sie noch einmal zu sehen.«

Der kleine Junge wußte nicht so recht, was anfangen mit all diesen erwachsenen Worten, er hatte nur verstanden, daß gerade etwas Schreckliches passiert war, und daß es sich um Mama drehte. Seine großen grauen Augen füllten sich mit Tränen, die Unterlippe fing an zu zittern. Daß er nicht in lautes Gebrüll ausbrach, war nur seiner Schwester zu verdanken, die blitzschnell seinen Arm packte, das Signal, daß er sich beherrschen mußte. Und sie, die kleine Stoikerin, die lieber gestorben wäre, als ihrem Vater zu mißfallen, stand kerzengerade da und schaute heroisch drein – keine Tränen, keine zitternden Lippen.

»Mama ist ins Exil gegangen«, sagte sie.

»So kann man es auch ausdrücken.«

»Ist sie noch römische Bürgerin?« fragte Porcia mit einer ganz ähnlichen Stimme wie ihr Vater, einer Stimme ohne Rhythmus und Melodie.

»Ich kann es ihr nicht absprechen, Porcia, und das will ich auch gar nicht. Aber ich habe ihr jegliche Teilnahme an unserem Leben abgesprochen, denn sie ist es nicht wert, daran teilzunehmen. Eure Mutter ist eine schlechte Frau. Eine Schlampe, eine Hure, eine Ehebrecherin. Sie hat mit einem Mann namens Gaius Julius Caesar verkehrt, und dieser Mann ist ein typischer Patrizier – er ist korrupt, unmoralisch, altmodisch.«

»Werden wir Mama wirklich nicht wiedersehen?«

»Nicht, solange ihr unter meinem Dach wohnt.«

Die Bedeutung dieser Worte war schließlich eingedrungen; der vierjährige Cato fing bitterlich an zu weinen. »Ich will zu Mama! Ich will zu Mama!«

»Tränen sind etwas Falsches«, sagte der Vater, »wenn sie für etwas Unwürdiges vergossen werden. Benimm dich wie ein richtiger Stoiker und hör mit diesem unmännlichen Gejammer auf. Du kannst nicht zu deiner Mama, und damit Schluß! Porcia, bring ihn hinaus. Das nächste Mal will ich einen Mann sehen und keinen verheulten Rotzjungen.«

»Ich werd's ihm beibringen«, versprach sie und blickte ihren Vater mit unverhohlener Bewunderung an. »Solange wir bei dir sind, Pater, ist alles gut. Du bist es, den wir am meisten lieben, nicht Mama.«

Cato erschrak. »Keine Liebe!« rief er. »Ihr dürft niemals jemanden lieben! Ein Stoiker liebt nicht! Ein Stoiker will nicht geliebt werden!«

»Ich dachte, Zeno hätte nicht die Liebe an sich verboten, sondern die falsche Liebe«, sagte die Tochter. »Ist es nicht richtig, alles Gute zu lieben? Du bist gut, Pater. Ich muß dich lieben, Zeno sagt, daß es das richtige Gefühl ist.«

Was sollte er darauf antworten? »Dann halte dir deine Liebe auf Distanz und laß dich niemals von ihr beherrschen«, sagte er. »Nichts, was den Verstand mindert, darf einen beherrschen, und Gefühle mindern den Verstand.«

Als die Kinder gegangen waren, verließ auch Cato den Raum. Nur ein paar Meter den Säulengang hinunter erwarteten ihn Athenodorus Cordylion, ein Krug Wein, ein paar gute Bücher und ein fruchtbareres Gespräch als dieses. Von diesem Tag an mußten Wein und Bücher und Gespräche jede Leere in seinem Leben ausfüllen.

Aber ach, es kam Cato schwer an, sich diesem brillanten und gefeierten kurulischen Ädil entgegenzustellen, der seinen Dienst so erstaunlich gut und mit soviel Gespür versah!

»Er spielt sich wie der König von Rom auf«, sagte Cato zu Bibulus.

»Ich glaube, er hält sich für den König von Rom, der großzügig Brot und Spiele verteilen kann. Immer alles mit großer Geste, vom Umgang mit den gewöhnlichen Leuten bis hin zum arroganten Auftreten im Senat.«

»Er ist mein erklärter Feind.«

»Er ist der Feind eines jeden Mannes, der für den *mos maiorum* eintritt; keiner darf sich für besser als seinesgleichen halten«, sagte Bibulus. »Ich werde ihn bis zum letzten Atemzug bekämpfen!«

»Er ist in jeder Beziehung ein zweiter Gaius Marius«, stellte Cato fest.

Aber Bibulus lächelte verächtlich. »*Marius*? Nein, Cato, nein! Gaius Marius wußte, daß er niemals König von Rom sein würde – er war nur ein Landedelmann aus Arpinum, wie sein nicht minder bäuerlicher Vetter Cicero. Caesar ist kein Marius, glaube mir. Caesar ist ein zweiter Sulla, und das ist viel, viel schlimmer.«

Im Juli dieses Jahres wurde Marcus Porcius Cato zu einem der Quästoren gewählt, und das Los bestimmte ihn zum ersten der drei Stadtquästoren; seine beiden Kollegen waren der große plebejische Aristokrat Marcus Claudius Marcellus und ein gewisser Lollius aus jener picentischen Familie, die Pompeius der Große der römischen Übermacht in Senat und Komitien frohgemut vor die Nase gesetzt hatte.

Da ihm bis zur tatsächlichen Amtsübernahme noch ein paar Monate Zeit blieben, verbrachte Cato seine Tage damit, den Handel und das Handelsrecht zu studieren. Er engagierte einen ehemaligen Buchhalter des Schatzamts, damit er ihm beibrachte, wie die *tribuni aerarii* ihre Bücher führten, und da ihm das alles nicht in den Schoß fiel, mußte er lange büffeln, bis er soviel über die Staatsfinanzen wußte wie Caesar, ohne allerdings zu ahnen, wie schnell sein erklärter Feind begriffen hatte, was er selbst sich so hart erarbeiten mußte.

Quästoren pflegten ihren Dienst auf die leichte Schulter zu nehmen und sich nicht allzusehr mit der Überwachung dessen zu beschäftigen, was im Schatzamt vor sich ging; für den gewöhnlichen Stadtquästor ging es in erster Linie darum, die Zusammenarbeit mit dem Senat zu pflegen, der über die Staatsfinanzen beriet und die Gelder verteilte. Es hatte sich so eingespielt, daß die Quästoren sich hin und wieder von den Beamten des Schatzamts die Bücher vorlegen ließen, die Zahlen nach oberflächlicher Prüfung absegneten und die römischen Finanzen dem Senat überließen. Freunden und Familienangehörigen konnte man als Quästor so manchen Gefallen tun; wenn einer von ihnen dem Staat etwas schuldig war, drückten sie das eine oder andere Auge zu und sorgten dafür, daß die Namen aus den Unterlagen verschwanden. Mit einem Wort: Die in Rom ansässigen Quästoren sorgten dafür, daß die festangestellten Beamten des Schatzamts möglichst ungestört ihrer Arbeit nachgehen konnten. Mit Sicherheit hatten weder diese Beamten noch die beiden anderen städtischen Quästoren im Traum daran gedacht, daß diese Zustände sich plötzlich radikal verändern könnten.

Cato stand der Sinn nicht nach solcher Großzügigkeit. Er wollte im Schatzamt mit gründlicherem Besen kehren als Pompeius der Große auf dem Meer. Am frühen Morgen des fünften Tages im Dezember, dem Datum seines Amtsantritts, klopfte er an die Tür zum Untergeschoß des Saturntempels und mußte zu seinem Mißfallen feststellen, daß die Leute erst zur Arbeit zu kommen pflegten, wenn die Sonne bereits hoch am Himmel stand.

»Der Arbeitstag beginnt bei Sonnenaufgang«, sagte er zu Marcus Vibius, dem Leiter des Schatzamts, als der Würdenträger, von einem aufgeregten Boten aus dem Bett geholt, schwer atmend vor ihm stand.

»Es gibt keine Vorschrift, die das besagt«, erwiderte Marcus Vibius glattzüngig. »Wir halten unsere Arbeitszeit flexibel.«

»Unsinn!« rief Cato erzürnt. »Ich bin der gewählte Aufseher über solche Einrichtungen, und ich werde dafür sorgen, daß der Senat und das Volk von Rom den angemessenen Gegenwert für jede einzelne Sesterze ihrer Steuergelder zurückerhalten. Vergiß nicht, daß du und alle anderen, die hier arbeiten, von diesen Steuergeldern bezahlt werden!«

Kein guter Anfang. Aber von diesem Tag an wurde für Marcus Vibius alles nur noch schlimmer. Ein Besessener schaute ihm auf die Finger. In jenen seltenen Fällen der Vergangenheit, in denen ein widerspenstiger Quästor ihm das Leben schwermachen wollte, hatte er den Kerl in seine Schranken verwiesen, indem er mit den eigenen Fachkenntnissen hinter dem Berg hielt; ein Quästor, der sich im Schatzamt nicht auskannte, konnte nur das tun, was er ihn tun ließ. Leider war Cato mit einer solchen Strategie nicht aufzuhalten, denn es wurde schnell klar, daß er ebensogut über die Funktionsweise des Schatzamts Bescheid wußte wie Marcus Vibius selber. Wahrscheinlich sogar besser.

Cato hatte mehrere Sklaven mitgebracht, die er in den verschiedenen Sparten der Arbeit im Schatzamt hatte ausbilden lassen, und jeden Tag bei Sonnenaufgang war er mit seinem kleinen Gefolge zur Stelle und trieb Marcus Vibius und seine Untergebenen beinahe zum Wahnsinn. Was ist dies? Warum das? Wo war Soundso dann und dann? Wann hat der und der dies getan? Wie konnte jenes passieren? Und so weiter und so fort. Cato war hartnäckig bis zur Impertinenz, mit vorgefertigten Antworten ließ er sich nicht abspeisen, und er war weder durch Ironie, Sarkasmus, Beleidigungen, Schmeicheleien, Ausreden noch durch Ohnmachtsanfälle zu beeindrucken.

»Ich komme mir vor«, schnaubte Marcus Vibius, als er nach zwei Monaten seinen ganzen Mut zusammengenommen und bei seinem Patron Catulus Trost und Beistand gesucht hatte, »als würde ich von den Furien gehetzt, viel unerbittlicher noch, als sie den Orest gehetzt haben! Es ist mir egal, was du tun mußt, um Cato zum Schweigen zu bringen und ihn in die Wüste zu schicken, Hauptsache du tust es! Seit über zwanzig Jahren bin ich dein treuer und ergebener Klient, ich bin immer ein erstklassiger *tribunus aerarius* gewesen, und jetzt sind auf einmal meine Position und meine Gesundheit in Gefahr. Sorge dafür, daß dieser Cato verschwindet!«

Der erste Versuch scheiterte kläglich. Catulus schlug dem Senat vor, Cato mit einer Sonderaufgabe zu betrauen, der Überprüfung der Militärausgaben, weil er doch ein so ausgezeichneter Buchprüfer sei. Aber Cato hielt stand, er konnte dem Senat die Namen von vier Männern nennen, die wesentlich besser für diese Aufgabe geeignet seien, die man einem gewählten Quästor nicht zumuten könne. Nein danke, da wolle er doch lieber bei der ihm zugeteilten Pflicht bleiben.

Danach dachte sich Catulus geschicktere Manöver aus, aber keines führte zum Ziel. Währenddessen schien der Besen, der auch noch durch die hintersten Winkel des Schatzamts fegte, sich weder abzunutzen noch zu erlahmen. Im März rollten die ersten Köpfe. Zuerst hatte einer, dann der zweite, dritte, vierte und fünfte Beamte des Schatzamts seinen Schreibtisch räumen müssen. Im April holte Cato dann zum großen Schlag aus – er entließ Marcus Vibius und stellte ihn obendrein noch wegen Betrugs vor Gericht.

Catulus als Vorgesetzter saß mit in der Falle, es blieb ihm also nichts anderes übrig, als Vibius vor Gericht persönlich zu vertreten. Nach einem Tag der Beweisaufnahme war ihm klar, daß er nicht gewinnen konnte. Höchste Zeit also, an Catos Sinn für die Angemessenheit der Mittel zu appellieren, und an die altehrwürdigen Grundsätze des Patron-Klienten-Systems zu erinnern.

»Mein lieber Cato, du mußt damit aufhören«, sagte Catulus, nachdem das Gericht sich vertagt hatte. »Vibius war vielleicht nicht so achtsam, wie er hätte sein sollen, aber er ist *einer von uns*! Wirf meinetwegen sämtliche Buchhalter und Amtsboten hinaus, wenn dir danach ist, aber bitte lasse Vibius seine Stellung! Ich gebe dir mein feierliches Ehrenwort als Konsular und Exzensor, daß Vibius sich von nun an vorbildlich verhalten wird. Laß diese schreckliche Anklage fallen! Du kannst dem Mann doch nicht alles nehmen!«

Er hatte leise gesprochen, aber Cato stand nun einmal nur die volle Lautstärke seines Organs zur Verfügung – er brüllte seine Antwort mit der üblichen Stentorstimme, und alle blieben stehen, jedes Gesicht wandte sich ihnen zu, alle Ohren waren gespitzt.

»Quintus Lutatius, du solltest vor Scham in Grund und Boden versinken! Merkst du denn gar nicht, wie weit es unter deiner Würde ist, mich daran zu erinnern, daß du ein Konsular und Exzensor bist, nur um mich im nächsten Atemzug davon abhalten zu wollen, meine Pflicht zu tun? Nun, dann laß dir gesagt sein, daß ich mich für dich schämen werde, falls du mich dazu zwingen solltest, dich wegen des Versuchs, den Lauf der römischen Gerechtigkeit zu behindern, von den Gerichtsdienern hinauswerfen zu lassen!«

Damit stolzierte er davon und ließ Catulus stehen, der sprachlos und so konsterniert war, daß er zur Fortsetzung der Verhandlung am nächsten Tag gar nicht mehr erschien. Statt dessen versuchte er, sich von seiner Pflicht als Oberhaupt loszukaufen, indem er die Geschworenen dazu überredete, mit ABSOLVO zu stimmen, selbst wenn es Cato gelingen sollte, mehr Schuldbeweise zusammenzutragen als seinerzeit Cicero gegen Verres. Auf Bestechung verzichtete er – Reden war weniger unmoralisch und außerdem billiger. Einer der Geschworenen war Marcus Lollius, Catos Quästorkollege. Auch Lollius ließ sich zu einem Freispruch überreden. Er war jedoch so schwer krank, daß Catulus ihn auf einer Sänfte zum Gericht tragen lassen mußte. Das Urteil lautete ABSOLVO. Lollius' Stimme hatte zu einem Patt geführt, und ein Patt war gleichbedeutend mit Freispruch.

Gab Cato sich jetzt geschlagen? Mitnichten. Als Vibius im Schatzamt erschien, trat Cato ihm in den Weg. Er lehnte seine Wiedereinstellung ab. Schließlich mußte sogar Catulus aufgeben, der herbeigerufen worden war, um die unerfreuliche Situation vor dem Schatzamt zu schlichten. Vibius hatte seine Stellung verloren, und dabei blieb es. Und dann weigerte sich Cato auch noch, ihm den ausstehenden Lohn auszuzahlen.

»Du mußt!« schrie Catulus.

»Ich muß nicht«, brüllte Cato. »Er hat den Staat betrogen. Er schuldet dem Staat wesentlich mehr als seinen Lohn. Ich will Rom wenigstens ein bißchen entschädigen.«

»Warum? Warum?« fragte Catulus. »Vibius ist freigesprochen worden!«

Cato brüllte: »Glaubst du etwa, daß ich die Stimme eines Kranken mitzähle? Der Mann war nicht bei Besinnung, so hohes Fieber hatte er!«

Das war das letzte Wort. Die im Schatzamt verbliebenen Beamten waren sich des Sieges so sicher gewesen, daß sie größere Feierlichkeiten vorbereitet hatten. Aber als Catulus den weinenden Vibius wegführte, hatten auch sie verstanden. Wie von Zauberhand wurden jede Aufstellung und jedes Haushaltsbuch in Ordnung gebracht; Schuldner wurden veranlaßt, jahrealte Zahlungsrückstände auszugleichen, Kreditgebern wurden seit Jahren ausstehende Summen wie aus heiterem Himmel zurückerstattet. Marcellus, Lollius, Catulus und die restlichen Senatoren wußten jetzt, woran sie waren. Der große Krieg um das Schatzamt war vorbei, und nur ein einziger Mann stand noch auf beiden Beinen: Marcus Porcius Cato. Und ganz Rom war begeistert von ihm; die Leute wunderten sich, daß die Regierung endlich einmal einen unbestechlichen Mann hervorgebracht hatte, einen Mann, der sich von niemandem kaufen ließ. Cato war berühmt geworden.

»Ich verstehe nicht ganz«, sagte der erschütterte Catulus zu seinem heißgeliebten Schwager Hortensius, »was Cato mit seinem Leben vorhat! Glaubt der Kerl wirklich, er könnte mit seiner Unbestechlichkeit Stimmen gewinnen? So etwas funktioniert vielleicht bei den Tribuswahlen, aber wenn er so weitermacht, wie er angefangen hat, wird er in den Zenturien keine einzige Wahl gewinnen. Keiner aus der Ersten Klasse gibt so einem seine Stimme.«

Hortensius wollte sich da nicht festlegen. »Ich weiß, in was für eine undankbare Situation er dich gebracht hat, Quintus, aber ich muß sagen, daß ich ihn bewundere. Du hast recht, er wird niemals eine konsularische Wahl in den Zenturien gewinnen. Stell dir einmal vor, wieviel Eifer dazugehört, um so redlich zu sein wie Cato.«

Als Sieger des Krieges um das Schatzamt machte sich Marcus Porcius Cato sogleich auf die Suche nach neuen Betätigungsfeldern, und er wurde fündig, als er die Finanzunterlagen in Sullas Tabularium einmal genauer in Augenschein nahm. Sie mochten veraltet sein, aber die Unterlagen in einem besonders gut geordneten Archiv brachten ihn auf das Thema seines nächsten Feldzugs. Es waren die Unterlagen, in denen jene Männer verzeichnet waren, denen man während Sullas Diktatur zwei Talente dafür gezahlt hatte, daß sie einen Mitbürger als Verräter denunzierten. Zunächst hatten sie keine größere Aussagekraft, als Zahlenkolonnen nun einmal haben, aber Cato machte sich daran, über jede in der Liste genannte Person, die zwei Talente (und manchmal auch wesentlich mehr als zwei Talente) bekommen hatte, Ermittlungen anzustellen, mit der Absicht, all jene vor Gericht anzuklagen, die sich das Geld mit Gewalt beschafft hatten. Damals war es rechtens gewesen, einen Mann zu töten, wenn er vogelfrei war, aber Sullas Zeiten waren vorbei, und Cato glaubte nicht, daß diese gehaßten und geschmähten Männer vor den gegenwärtigen Gerichten große Chancen haben würden – selbst wenn Sulla der geistige Vater ebendieser Gerichte war.

Auf die Selbstlosigkeit und Gerechtigkeit von Catos Motiven fiel leider ein kleiner Schatten, denn mit diesem Plan bot sich – ganz nebenbei – die Möglichkeit, Gaius Julius Caesar das Leben sehr schwer zu machen. Nachdem Caesar sein Jahr als kurulischer Ädil absolviert hatte, gab man ihm eine neue Aufgabe: Er wurde Richter am Mordgericht.

Es wäre Cato niemals in den Sinn gekommen, daß Caesar bereit sein könnte, mit einem Angehörigen der *boni* zusammenzuarbeiten und gegen diejenigen zu verhandeln, die sich ihre zwei Talente mit einem Mord erkauft hatten. Er hatte mit den üblichen Verzögerungstaktiken gerechnet, zu denen alle Gerichtsvorsitzenden griffen, wenn sie nicht gegen Leute verhandeln wollten, die ihrer Meinung nach nicht vor Gericht gehörten; aber Cato mußte zu seinem Leidwesen feststellen, daß Caesar nicht nur guten Willens war, sondern sogar seine Unterstützung anbot.

»Du schickst sie mir, ich urteile sie ab«, sagte Caesar gut gelaunt zu Cato.

In Rom hatte es gesummt wie in einem Bienenkorb, als Cato Atilia ohne Mitgift aus dem Haus gejagt und Caesar als ihren Liebhaber genannt hatte, aber es lag nun einmal nicht in Caesars Natur, sich im alltäglichen Umgang mit Cato durch Schuldgefühle behindern zu lassen, und auch wegen Atilias Schicksal plagten ihn weder Mitleid noch Gewissensbisse; sie war das Risiko eingegangen, niemand hatte sie dazu gezwungen. Und so arbeiteten der Vorsitzende des Mordgerichts und der unbestechliche Quästor gut zusammen.

Cato hielt sich nicht mit den kleinen Fischen auf, mit den Sklaven, den Freigelassenen und den Zenturios, die mit der Belohnung von zwei Talenten ihre bescheidenen Vermögen gegründet hatten. Er zog es vor, Catilina wegen des Mordes an Marcus Marius Gratidianus anzuklagen. Er war geschehen, nachdem Sulla die Schlacht am Kollinischen Tor Roms gewonnen hatte. Marius Gratidianus war damals Sullas Schwager gewesen. Catilina hatte später seinen Besitz geerbt.

»Er taugt nichts, aber ich werde ihn mir holen«, sagte Cato zu Caesar. »Sonst wird der Kerl womöglich noch Konsul nächstes Jahr.«

»Und was befürchtest du, falls er Konsul wird?« fragte Caesar neugierig. »Ich finde auch, daß er nichts taugt, aber ...«

»Wenn er Konsul wird, dann macht er sich zum neuen Sulla.«

»Zum Diktator? Das kann er nicht.«

In jenen Wochen hatte Cato oft traurige Augen, aber sie blickten Caesar fest in die kalten, blassen Pupillen. »Er ist ein Sergius; in ihm fließt das älteste Blut Roms, Caesar, es ist älter als deines. Ohne seine

Herkunft hätte Sulla niemals Erfolg gehabt. Deshalb traue ich keinem von euch alten Aristokraten über den Weg. Ihr stammt von Königen ab, und ihr wollt Könige sein. Alle.«

»Du irrst dich, Cato. Zumindest, was mich betrifft. Und was Catilina angeht – gewiß, sein Verhalten unter Sulla verdient Abscheu, also warum sollten wir ihn nicht anklagen? Ich fürchte nur, daß du keinen Erfolg haben wirst.«

»O doch, ich werde Erfolg haben!« rief Cato. »Ich habe Dutzende von Zeugen, die gesehen haben, wie Catilina Gratidianus den Kopf abgeschlagen hat.«

»Du solltest das Verfahren lieber bis kurz vor den Wahlen aufschieben«, sagte Caesar mit fester Stimme. »Mein Gericht ist schnell, ich verschwende keine Zeit. Wenn du ihn jetzt vor Gericht bringst, ist das Verfahren vorbei, bevor die Bewerbungen für die kurulischen Wahlen abgeschlossen sind. Im Falle eines Freispruchs könnte Catilina sich also aufstellen lassen. Dagegen würde mein Vetter Lucius Caesar als Wahlleiter niemals einen Kandidaten akzeptieren, dem ein Mord vorgeworfen wird.«

»Das«, erwiderte Cato starrköpfig, »würde seinen Unglückstag nur verschieben. Ich will, daß Catilina aus Rom verstoßen wird und sein Traum vom Konsulat endgültig ausgeträumt ist.«

»Also gut, auf deine Verantwortung!« sagte Caesar.

In Wahrheit waren Cato seine bisherigen Siege zu Kopf gestiegen. Beträge von zwei Talenten purzelten jetzt zuhauf in die Kassen des Schatzamts, denn Cato bestand darauf, einem Gesetz Geltung zu verschaffen, das der Konsul und Zensor Lentulus Clodianus einige Jahre zuvor erlassen hatte und das die Rückzahlung eines jeden solchen Betrages verlangte, egal auf welch friedliche Weise sein Besitzer ihn sich verdient hatte. Cato sah keine Hindernisse im Fall des Lucius Sergius Catilina. Als Quästor vertrat er die Anklage nicht persönlich, aber er hatte lange über den geeigneten Ankläger nachgedacht und entschied sich für Lucius Lucceius, einen engen Freund von Pompeius und einen ausgezeichneten Redner. Cato wußte wohl, daß es ein kluger Schachzug war; er tat damit kund, daß die Anklage gegen Catilina nicht etwa eine Marotte der *boni* war, sondern eine Angelegenheit, die jeder Römer ernst nehmen mußte, denn schließlich arbeitete ein Freund des Pompeius mit den *boni* zusammen, ebenso wie Caesar.

Als Catilina zu Ohren kam, was sich gegen ihn zusammenbraute, knirschte er vor Wut mit den Zähnen und fluchte. Schon bei den beiden letzten konsularischen Wahlen hatte er nicht kandidieren dürfen, weil er sich vor Gericht verantworten mußte. Und jetzt drohte schon wieder eine Anklage. Höchste Zeit, diesem Spuk ein Ende zu machen und solchen seltsamen Beschuldigungen von Parvenüs wie diesem Cato, einem Abkömmling der Sklaven, der es auf die Patrizier abgesehen hatte, einen Riegel vorzuschieben. Viele Generationen lang hatte man die Sergii wegen ihrer Armut von allen höhen Ämtern ausgeschlossen, ein Schicksal, das auch den Julii Caesares widerfahren war, bis Gaius Marius ihnen gestattet hatte, wieder nach oben zu kommen. Gut, und dann hatte Sulla es den Sergii ermöglicht, sich wieder zu fangen, und Lucius Sergius Catilina würde seine Familie zurück auf den elfenbeinernen Stuhl des Konsuls bringen, auch wenn er dafür ganz Rom auf den Kopf stellen müßte! In der wunderschönen Aurelia Orestilla besaß er eine äußerst ehrgeizige Ehefrau; er liebte sie abgöttisch und wollte ihr um jeden Preis gefallen. Er mußte also Konsul werden.

Erst als ihm klargeworden war, daß der Prozeß lange vor den Konsulatswahlen stattfinden würde, entwarf er seinen Schlachtplan. Diesmal würde er rechtzeitig vor seiner Kandidatur freigesprochen werden – falls er diesen Freispruch gewährleisten konnte. Also suchte er Marcus Crassus auf und schloß mit dem plutokratischen Senator ein Abkommen: Als Gegenleistung für Crassus' Unterstützung bei dem Prozeß verpflichtete er sich, im Falle seiner Wahl zum Konsul die beiden Lieblingsprojekte des Marcus Crassus im Senat und in der Volksversammlung durchzubringen. Die Gallier jenseits des Flusses Padus würden das römische Bürgerrecht erhalten, und Ägypten würde als Crassus' privater Machtbereich dem römischen Imperium einverleibt werden.

Auch wenn er, was Eloquenz und Esprit betraf, nicht gerade zu den berühmtesten Advokaten Roms gezählt wurde, hatte Marcus Crassus einen ausgezeichneten Ruf als zäher Kämpfer, der auch den bescheidensten seiner Klienten bis aufs Messer verteidigte. Zudem genoß er ein hohes Ansehen bei den Rittern, denn große Teile seines Kapitals steckten in den verschiedensten geschäftlichen Unternehmungen. Und die Geschworenenbänke waren drittelparitätisch besetzt – die Geschworenen setzten sich zu je einem Drittel aus Senatoren, aus Rittern der achtzehn Reiterzenturien und aus Rittern der weniger bedeutenden Zenturien der Zahlmeister zusammen. Man konnte also annehmen, daß Crassus auf mindestens zwei Drittel eines jeden Geschworenenkollegiums einen immensen Einfluß ausübte, und daß sich dieser Einfluß ferner auf jene Senatoren erstreckte, die ihm Geld schuldig waren. Deshalb hatte Crassus es nicht nötig, die Geschworenen zu bestechen, um das Urteil in seinem Sinne zu manipulieren; die Geschworenen waren ohnehin geneigt, ein Urteil zu fällen, von dem sie glaubten, daß es ihm genehm war.

Catilinas Verteidigung war einfach. Ja, er hatte seinem Schwager Marcus Marius Gratidianus den Kopf von den Schultern geschlagen; er bestritt die Tat nicht, weil er sie nicht bestreiten konnte. Aber damals war er einer von Sullas Legaten gewesen, und er hatte auf dessen Befehl hin gehandelt. Es war Sullas Wunsch gewesen, den Kopf des Marius Gratidianus nach Praeneste hineinzuschleudern. Er hatte dem jungen Marius damit klarmachen wollen, daß es keinen Sinn hatte, sich Sulla noch länger zu widersetzen.

Das Gericht unter Caesars Vorsitz hörte sich den Bericht des Anklägers Lucius Lucceius und seiner Mannschaft von Ratgebern geduldig an, und Caesar hatte schnell begriffen, daß dieses Gericht keinesfalls die Absicht hegte, Catilina zu verurteilen. Und das tat es auch nicht. Die eindeutige Mehrheit der Geschworenen urteilte mit ABSOLVO, und nicht einmal Cato konnte anschließend überzeugende Indizien dafür finden, daß Crassus bestochen hatte.

»Ich hatte dich gewarnt«, sagte Caesar zu Cato.

»Das letzte Wort ist noch nicht gesprochen!« bellte Cato und stolzierte davon.

Als die Nominierung abgeschlossen war, hatten sich sieben Kandidaten um das Konsulat beworben. Es war ein interessantes Teilnehmerfeld. Da Catilina freigesprochen worden war, hatte er sich beworben, und man mußte ihn als sicheren Anwärter auf einen der beiden Posten betrachten. Wie Cato gesagt hatte: Catilina besaß den richtigen Stammbaum. Außerdem war er noch derselbe charmante Mann, der damals die vestalische Jungfrau Fabia umworben hatte, und entsprechend groß war seine Gefolgschaft. Auch wenn sie aus zu vielen Männern bestand, die gefährlich nah am Ruin entlangschlitterten – seiner Autorität tat das keinen Abbruch. Zudem war inzwischen allgemein bekannt geworden, daß Marcus Crassus ihn unterstützte, und Marcus Crassus beeinflußte viele Wähler der ersten Klasse.

Servilias Ehemann Silanus zählte ebenfalls zu den Kandidaten, obwohl er bei schlechter Gesundheit war; wäre er gesund und bei Kräften gewesen, hätte er ohne Probleme die nötigen Stimmen für seine Wahl zusammenbekommen. Aber das Schicksal des Quintus Marcius Rex, der aufgrund des Todes seines Kollegen und des Mangels an geeigneten Nachrückern dazu verurteilt gewesen war, als alleiniger Konsul zu regieren, war den Leuten noch immer in Erinnerung. Silanus sah nicht so aus, als würde er das Jahr überstehen, und niemand hielt es für geraten, Catilina – trotz Crassus – die Regentschaft Roms allein zu überlassen.

Ein anderer Kandidat war der abstoßende Gaius Antonius Hybrida, den Caesar erfolglos angeklagt hatte, weil er während Sullas Griechischem Krieg viele griechische Bürger foltern, verstümmeln und ermorden ließ. Hybrida hatte sich der Justiz entzogen, aber die öffentliche Meinung in Rom zwang ihn dazu, auf die Insel Cephallenia ins freiwillige Exil zu gehen. Die Entdeckung von ein paar Grabhügeln hatte ihm einen phantastischen Reichtum beschert, und als er nach seiner Rückkehr feststellen mußte, daß man ihn aus dem Senat ausgeschlossen hatte, fing Hybrida einfach von vorne an. Zuerst verschaffte er sich wieder einen Platz im Senat, indem er sich zum Volkstribunen wählen ließ; im folgenden Jahr erkaufte er sich mit Schmiergeldern eine Prätur, leidenschaftlich unterstützt vom ehrgeizigen und talentierten *homo novus* Cicero, der guten Grund hatte, ihm dankbar zu sein. Der arme Cicero war nämlich in schwere Geldnöte geraten. Schuld daran war seine Leidenschaft für griechische Statuen, die er sammelte und in seinen diversen Landsitzen aufstellen ließ. Hybrida hatte ihm das Geld geliehen, mit dem er den eigenen Kopf aus der Schlinge ziehen konnte. Seitdem ergriff Cicero für ihn das Wort, und gerade jetzt mit so lauter Stimme, daß man daraus schließen konnte, daß er und Hybrida den Plan hegten, sich als Mannschaft um das Konsulat zu bewerben – Cicero stellte der Kandidatur sein Ansehen zur Verfügung, Hybrida das nötige Geld.

Zweifellos hätte Tullius Marcus Cicero die härteste Konkurrenz für Catilina werden können, aber Cicero fehlte es an den entsprechenden Vorfahren; er war ein *homo novus*, ein neuer Mann. Allein sein juristisches Geschick und seine Redegewandtheit hatten ihn auf dem *cursus honorum* vorangebracht, aber für viele aus der ersten Klasse der Zenturien war er ein großmäuliger Bauerntölpel, und die *boni* dachten ebenso. Konsuln mußten Männer von nachgewiesener römischer Herkunft sein und aus illustren Familien stammen. Jeder kannte Cicero als aufrechten Mann von großen Fähigkeiten (und alle wußten, was für eine dubiose Gestalt Catilina war), trotzdem waren die Römer allgemein der Ansicht, daß Catilina das Konsulat eher verdient habe als Cicero.

Nachdem man Catilina freigesprochen hatte, beriet Cato sich mit Bibulus und Ahenobarbus, der zwei Jahre zuvor Quästor gewesen war; alle drei saßen jetzt im Senat, was nichts anderes bedeutete, als daß sie in seinem konservativen Flügel, den *boni*, fest verwurzelt waren.

»Wir dürfen es nicht zulassen, daß Catilina zum Konsul gewählt wird«, blökte Cato. »Er hat den habgierigen Marcus Crassus dazu überredet, ihn zu unterstützen.«

»Du hast recht«, stimmte Bibulus ihm ruhig zu. »Die beiden werden dem *mos maiorum* den Garaus machen. Und dann wimmelt es im Senat von Galliern, und Rom wird sich um eine Provinz mehr Sorgen machen müssen.«

»Was sollen wir tun?« fragte Ahenobarbus, ein junger Mann, der eher für sein aufbrausendes Temperament als für seinen Intellekt bekannt war.

»Wir ersuchen um eine Unterredung mit Catulus und Hortensius, sagte Bibulus. »Und wir denken darüber nach, wie wir die erste Klasse von der Vorstellung abbringen können, daß Catilina um jeden Preis Konsul werden muß.« Er räusperte sich. »Ich schlage jedenfalls vor, daß wir Cato zum Leiter unserer Abordnung machen.«

»Ich weigere mich, der Leiter von irgend etwas zu sein!« schrie Cato.

»Ja, ich weiß«, erwiderte Bibulus geduldig, »aber das ändert nichts an der Tatsache, daß du seit dem Krieg um das Schatzamt für die meisten Römer zu einem Symbol geworden bist. Obwohl du der Jüngste von uns bist, genießt du das höchste Ansehen. Catulus und Hortensius wissen das genau. Und deshalb wirst du als unser Sprecher auftreten.«

»Du solltest das übernehmen.« Cato war verärgert.

»Die *boni* sind gegen Männer, die sich für besser als ihresgleichen halten, und ich gehöre den *boni* an, Marcus. Wer an einem bestimmten Tag der Geeignetste ist, soll unser Sprecher sein. Heute bist du es.«

»Ich verstehe nicht ganz«, gab Ahenobarbus zu bedenken, »warum wir überhaupt um diese Audienz bitten müssen. Catulus ist unser Führer, er müßte uns doch zu sich rufen.«

»Er ist nicht mehr der alte«, erklärte ihm Bibulus. »Nachdem er von

Caesar mit dieser Rammbock-Geschichte vor versammeltem Hause bloßgestellt wurde, hat er keinen rechten Mut mehr.« Der kühle, silbrige Blick wanderte zu Cato. »Und es war ja auch nicht gerade taktvoll von dir, Marcus, ihn beim Prozeß gegen Vibius öffentlich zu demütigen.«

»Er hätte nicht sagen dürfen, was er zu mir gesagt hat!«

Bibulus seufzte. »Manchmal bist du eher eine Hypothek als ein Aktivposten!«

Die Note mit der Bitte um eine Audienz trug Catos Siegel und war von Cato geschrieben. Catulus rief seinen Schwager Hortensius zu sich. (Catulus war mit Hortensius' Schwester Hortensia und Hortensius mit Catulus' Schwester Lutatia verheiratet.) Er verspürte eine leise Freude; daß Cato um seine Hilfe nachsuchte, war Balsam für seinen verletzten Stolz.

»Ich stimme ihm zu, daß Catilina nicht Konsul werden darf«, sagte er steif. »Jeder weiß über seinen Kuhhandel mit Marcus Crassus Bescheid; der Mann läßt ja keine Gelegenheit aus, sich damit zu brüsten. Er ist von seinem Sieg überzeugt. Ich habe viel über das Problem nachgedacht und bin zu dem Schluß gekommen, daß wir uns Catilinas Prahlerei von seiner Allianz mit Marcus Crassus zunutze machen sollten. Viele Ritter schätzen Crassus, aber nur, solange seine Macht Grenzen hat. Ich könnte mir denken, daß die Ritter sich scharenweise von ihm abwenden werden, sollte sein Einfluß durch einen Zustrom von Klienten von jenseits des Padus und durch das viele ägyptische Geld ins Unermeßliche steigen. Wenn sie darauf hoffen dürften, daß Crassus mit ihnen teilt, wäre das etwas anderes, doch zum Glück weiß jeder, daß Crassus mit niemandem teilt. Formal gesehen würde Ägypten zwar zu Rom gehören, tatsächlich aber wäre es das private Königreich des Marcus Licinius Crassus, das er nach Herzenslust ausräubern dürfte.«

»Leider hat der Rest der Kandidaten äußerst wenig zu bieten«, sagte Quintus Hortensius. »Silanus, ja – wenn er ein gesunder Mann wäre, was er offensichtlich nicht ist. Immerhin hat er es aus gesundheitlichen Gründen nach seiner Amtszeit als Prätor abgelehnt, eine Provinz zu übernehmen, und das macht nicht gerade Eindruck auf die Wähler. Und ein paar Kandidaten – Minucius Thermus zum Beispiel – sind absolut indiskutabel.«

»Dann wäre da noch Hybrida«, sagte Ahenobarbus.

Bibulus spitzte den Mund. »Wenn wir Hybrida nehmen – ein

schlechter Mann, aber so phlegmatisch, daß er wenigstens keinen Schaden anrichtet –, dann haben wir auch diesen eingebildeten Schnösel Cicero auf dem Hals.«

Ein Moment brütenden Schweigens folgte, unterbrochen durch Catulus.

»Dann geht es also darum, welcher von zwei mißliebigen Männern das geringere Übel ist«, sagte er langsam. »Wollen wir *boni* Catilina als Marionette von Marcus Crassus, oder wollen wir lieber, daß ein hergelaufenes Großmaul hier den großen Herrn spielt?«

»Cicero«, sagte Hortensius.

»Cicero«, sagte Bibulus.

»Cicero«, sagte Ahenobarbus.

Und schließlich Cato, sehr widerwillig: «Cicero.«

»Nun gut«, sagte Catulus, »dann eben Cicero. Ihr Götter, nächstes Jahr wird es mir im Senat schwerfallen, mein Frühstück bei mir zu behalten! Ein hergelaufener *homo novus* als einer von Roms Konsuln. Bah!«

»Dann schlage ich vor«, sagte Hortensius und zog ein Gesicht, »daß wir nächstes Jahr vor den Senatssitzungen sparsam essen.«

Die Gruppe löste sich auf, um sich an die Arbeit zu machen, und einen Monat lang arbeiteten sie wirklich äußerst hart. Sehr zu Catulus' Leidwesen stellte sich heraus, daß Cato, gerade einmal dreißig Jahre alt, von ihnen allen den größten Einfluß hatte. Der große Krieg um das Schatzamt und die vielen Kopfgelder aus der Zeit der Proskriptionen, die in den Staatssäckel zurückgewandert waren, hatten bei den Männern der ersten Klasse einen großen Eindruck hinterlassen. Sie hatten am meisten unter Sullas Proskriptionen zu leiden gehabt. Für den Orden der Ritter war Cato ein Held, und wenn Cato ihnen riet, für Cicero und Hybrida zu stimmen, dann würde jeder Ritter, der den Rang der Achtzehn nicht erreichte, sich auch daran halten!

Und so wurde Marcus Tullius Cicero zum Ersten Konsul und Gaius Antonius Hybrida zum Zweiten Konsul gewählt. Cicero jubilierte; er begriff nicht, daß er diesen Triumph Umständen verdankte, die weder etwas mit Verdiensten noch mit Integrität oder Einfluß zu tun hatten. Hätte Catilina nicht kandidiert, wäre Cicero nie und nimmer Konsul geworden. Aber da es ihm niemand auf die Nase band, stolzierte er glücklich und mit geschwellter Brust auf dem Forum und im Senat herum. Was für ein Jahr! Erster Konsul *in suo anno*, endlich stolzer

Vater eines Sohnes und die vierzehnjährige Tochter Tullia mit dem reichen und ehrwürdigen Gaius Calpurnius Piso Frugi verlobt. Selbst Terentia war jetzt freundlich zu ihm!

Als Lucius Decumius zu Ohren kam, daß die gegenwärtigen Konsuln Lucius Caesar und Marcius Figulus beabsichtigten, die Kreuzwegevereine per Gesetz eliminieren zu lassen, wurde er von Furcht und Zorn ergriffen und lief auf der Stelle zu seinem Patron Caesar.

»Das ist einfach nicht gerecht!« rief er zornig erregt, »was haben wir falsch gemacht? Wir kümmern uns um unsere Dinge!«

Diese Bemerkung stürzte Caesar in ein Dilemma, denn er wußte natürlich um die Umstände, die zu dieser Gesetzesvorlage geführt hatten.

Das alles ging zurück auf das Konsulat des Gaius Piso (drei Jahre zuvor) sowie auf einen Volkstribunen in Pompeius' Diensten, einen gewissen Gaius Manilius. Aulus Gabinius' Aufgabe war es damals gewesen, Pompeius den Auftrag zur Ausrottung der Piraten zu sichern, und anschließend sollte Gaius Manilius dem großen Pompeius' das Kommando gegen die beiden Könige sichern. Einerseits eine leichte Aufgabe, hatte doch Pompeius die Piraten auf eindrucksvolle Weise abgefertigt, andererseits aber auch eine schwierige, denn die Gegner der Sonderkommandos hatten längst erkannt, daß Pompeius ein Mann von außergewöhnlichen Fähigkeiten war, der diese neue Vollmacht dazu nutzen könnte, sich selbst nach einer siegreichen Rückkehr aus dem Osten zum Diktator zu machen. Und mit Gaius Piso als einzigem Konsul sah sich Manilius im Senat erbitterten und gereizten Feinden gegenüber.

Manilius' erste Eingabe wirkte harmlos und schien mit Pompeius' Angelegenheiten nichts zu tun zu haben: Er bat die Volksversammlung lediglich darum, die freigelassenen Römer auf sämtliche fünfunddreißig Tribus zu verteilen, statt sie auf die beiden städtischen Tribus Suburana und Esquilina zu beschränken. Aber damit konnte er niemanden täuschen. Manilius' Eingabe betraf ganz direkt den Senat und die patrizischen Ritter, denn das waren die Leute mit den meisten Sklaven, die eine Vielzahl von Freigelassenen unter ihren Klienten hatten.

Jemandem, der mit der Funktionsweise des römischen Staates nicht so vertraut war, hätte man es vielleicht nachgesehen, wäre er der

Auffassung gewesen, allein das Gesetz der Anzahl müsse doch verhindern, daß eine Neuregelung des Status der römischen Freigelassenen zu irgendwelchen Veränderungen führen könnte. Schließlich galt ein Mann in Rom erst dann als bitterarm, wenn er sich keinen einzigen Sklaven leisten konnte – und es gab in der Tat nicht viele, die nicht wenigstens einen Sklaven hatten. Auf den ersten Blick schien also ein Plebiszit, das die Freigelassenen auf alle fünfunddreißig Tribus verteilte, wenig Veränderungen an der Spitze der Gesellschaft bewirken zu können. Doch dem war nicht so.

Die große Mehrheit der römischen Sklavenhalter besaß nicht mehr als einen einzigen oder höchstens zwei Sklaven. Aber das waren keine männlichen Sklaven; es waren Frauen. Aus zwei Gründen: Erstens konnte sich der Herr von einer Sklavin sexuelle Gefälligkeiten erhoffen, zweitens hätte ein männlicher Sklave zu einer Versuchung für die Dame des Hauses werden können, und womöglich wäre dann noch die Vaterschaft des Hausherrn an seinen Kindern bezweifelt worden. Und außerdem: Was konnte ein armer Mann schon mit einem männlichen Sklaven anfangen? Meistens ging es um Hausarbeiten – Waschen, Wasser holen, Essen kochen, Kinder betreuen, Nachttöpfe leeren –, und dafür eigneten sich Männer eben nicht. Bestimmte Denkweisen änderten sich nicht einfach deshalb, weil ein Mann das Pech hatte, ein Sklave und kein freier Bürger zu sein; Männer beschäftigten sich mit männlichen Aufgaben und verschmähten die Arbeit der Frauen als stumpfsinnige Plackerei.

Theoretisch wurde jedem Sklaven ein *peculium* gezahlt, ein Sparpfennig, den er beiseite legte, bis er eine kleine Summe beisammen hatte, um sich freizukaufen. In der Praxis jedoch war die Freiheit ein Gut, das nur ein gutsituierter Patron seinen Sklaven gewähren konnte, zumal eine solche Freilassung mit fünf Prozent besteuert war. Das führte dazu, daß die meisten römischen Sklavinnen nicht freigelassen wurden, solange sie nützlich waren (und weil sie die Armut mehr fürchteten als unbezahlte Arbeit, versuchten sie bis ins hohe Alter hinein nützlich zu bleiben). Zudem konnten sie es sich nicht leisten, einem Bestattungsverein beizutreten und sich das Recht auf eine Totenfeier und ein anständiges Begräbnis zu erwerben. Sie endeten in großen Kalkgruben, nicht einmal ein kleines Schild deutete darauf hin, daß sie jemals gelebt hatten.

Nur die Römer mit relativ hohem Einkommen und mehreren Haushalten hielten sich viele Sklaven. Je höher der soziale und wirtschaftliche Status eines Römers war, desto mehr Diener beschäftigte er – und desto größer war die Wahrscheinlichkeit, daß auch männliche Sklaven darunter waren. In diesen Kreisen war Freilassung an der Tagesordnung, und die Dienstzeit eines Sklaven beschränkte sich im Durchschnitt auf zehn bis fünfzehn Jahre. Nach dieser Zeit wurde er (und in der Regel war es ein Er) zum Freigelassenen und schloß sich der Klientel seines bisherigen Herrn an. Er setzte die Mütze der Freiheit auf und wurde römischer Bürger; wenn er eine Frau und erwachsene Kinder hatte, wurden auch sie freigelassen.

Seine Stimme dagegen war nutzlos, es sei denn – und das kam hin und wieder vor –, er verdiente viel Geld, kaufte sich die Mitgliedschaft in einem der einunddreißig ländlichen Tribus und war wirtschaftlich so gutgestellt, daß ihm ein Platz in einer der Klassen der Zenturie zustand. Die große Mehrzahl jedoch blieb in den beiden städtischen Tribus Suburana und Esquilina, den größten aller römischen Tribus, die jedoch auch nicht mehr als je eine Stimme in den Komitien hatten. Die Stimmen der Freigelassenen hatten also wenig Einfluß auf die Abstimmungsergebnisse in den Komitien.

Deshalb kam Manilius' Gesetzesvorlage kolossale Bedeutung zu. Wenn man die Freigelassenen Roms auf die fünfunddreißig Tribus verteilte, dann könnten sie einen großen Einfluß auf Tribuswahlen und Gesetzgebung erlangen, selbst wenn sie innerhalb der römischen Bürgerschaft keineswegs eine Mehrheit darstellten. Die potentielle Gefahr lag in der Tatsache, daß die Freigelassenen *in* der Stadt lebten. Wenn man sie nun in einen ländlichen Tribus steckte und sie dort ihre Stimmen abgaben, dann würden sie bei so mancher Wahl den in Rom anwesenden ursprünglichen Mitgliedern des Tribus zahlenmäßig überlegen sein. Kein großes Problem bei den Wahlen im Sommer, wenn sich ohnehin viele Leute vom Land in der Stadt aufhielten, aber eine ernstzunehmende Gefahr bei der Gesetzgebung. Über neue Gesetze wurde zu jeder Jahreszeit abgestimmt, vor allem aber im Dezember, Januar und Februar, wenn die neu gewählten Volkstribunen sich durch möglichst viele Gesetzesvorlagen profilieren wollten – und wenn nur wenige Leute vom Land in der Stadt waren.

Manilius' Eingabe wurde abgeschmettert. Die Freigelassenen blieben in den beiden riesigen städtischen Tribus. Für Männer wie Lucius Decumius jedoch verhieß es großes Unheil, daß Manilius ausgerechnet unter Roms Freigelassenen um Unterstützung für seine Gesetzesvorlage geworben hatte. Und wo versammelten sich Roms Freigelassene? In den Kreuzwegevereinen, denn das waren gesellige Orte, an denen sich Sklaven und Freigelassene ebenso einfanden wie gewöhnliche Römer der unteren Volksschichten. Manilius war von einem Kreuzwegeverein zum anderen gezogen und hatte versucht, die Männer, denen sein Gesetz Vorteile bringen würde, dazu zu überreden, ihn auf dem Forum zu unterstützen. Da sie nur zu gut um die Wertlosigkeit ihrer Stimmen wußten, waren ihm viele gefolgt. Als jedoch die Senatoren und die vornehmen Ritter der Achtzehn die Massen von Freigelassenen zum Forum ziehen sahen, dachten sie nur noch an die Gefahren. Jeder Ort, an dem Freigelassene sich versammelten, sollte verboten werden.

So ein Kreuzwegeverein war ein Hort spiritueller Aktivitäten, der vor den Mächten des Bösen geschützt werden mußte. An solchen Orten versammelten sich die Laren – Myriaden von guten Geistern, die die Unterwelt bevölkerten und an den Kreuzwegen einen natürlichen Brennpunkt für ihre mystischen Kräfte fanden. Und so stand an jedem Kreuzweg ein Larenschrein, und einmal im Jahr, Anfang Januar, feierte man das Fest der Kompitalien, das die Laren der Kreuzwege günstig stimmen sollte. In der Nacht vor den Kompitalien mußte jeder freie Bewohner eines Viertels, das an einen Kreuzweg grenzte, am Larenschrein eine Wollpuppe aufhängen, und jeder Sklave einen wollenen Ball. In Rom wurden die Schreine so von Puppen und Bällen überschwemmt, daß es zu den Aufgaben der Kreuzwegler gehörte, Leinen zu spannen, um Platz für diese Flut zu schaffen. Puppen hatten Köpfe, und die Köpfe der Freien wurden von den Zensoren gezählt; Bälle hatten keine Köpfe, weil die Sklaven niemand zählte. Trotzdem waren die Sklaven ein wichtiger Bestandteil der Feierlichkeiten. Wie bei den Saturnalien feierten sie gleichberechtigt mit den freien Männern und Frauen von Rom, und es gehörte zu ihren Pflichten (dazu legten sie eigens ihre sklavischen Insignien ab), den Laren das Opfer darzubringen, ein gemästetes Schwein. Über das alles wachten die Kreuzwegler und ihre Aufseher, die beiden Stadtprätoren.

Ein Kreuzwegeverein war also eine religiöse Bruderschaft. Jedes Kollegium hatte einen Verwalter, den *vilicus*, der sich darum kümmerte, daß die Männer seines Bezirks regelmäßig in einem mietfreien Haus nahe des Schreins und des Kreuzwegs zusammenkamen; sie sorgten dafür, daß der Schrein und der Kreuzweg immer sauber und gepflegt waren und somit die Mächte des Bösen nicht anzogen. An vielen Straßenecken in Rom stand kein Schrein; man hatte sie nur an den wichtigsten Kreuzungen aufgestellt.

Der Kreuzwegeverein, dessen Vorsteher Lucius Decumius war, befand sich im Erdgeschoß von Aurelias Mietshaus. Bevor er von Aurelia nach ihrem Einzug in das Mietshaus kontrolliert und klein gehalten worden war, hatte Lucius Decumius ein äußerst einträgliches Nebengeschäft geführt – er hatte den Ladenbesitzern und Fabrikanten seines Bezirks gegen Bezahlung Sicherheit garantiert. Als Lucius Decumius Aurelias außergewöhnliche Macht zu spüren bekam, die keinerlei Widerspruch duldete, löste er das Dilemma, indem er sein Geschäft in die äußere Via Sacra und den Vicus Fabricii verlegte, wo es an derartigen Unternehmungen noch fehlte. Auch wenn er dem Zensus nach nur der Vierten Klasse und dem städtischen Tribus der Suburana angehörte, war Lucius Decumius zweifellos eine Macht, mit der man rechnen mußte.

Zusammen mit den Vorstehern der anderen Kreuzwegevereine in Rom hatte er sich erfolgreich gegen Gaius Pisos Versuch wehren können, sämtliche Versammlungsorte der Kreuzwegler schließen zu lassen, weil Manilius es so wollte. Gaius Piso und die *boni* hatten sich daraufhin woanders nach einem Opfer umsehen müssen, und dabei waren sie auf Manilius selbst gekommen. Einen Prozeß wegen Zinswuchers hatte er noch überstanden, aber anschließend wurde er wegen Hochverrats verurteilt und lebenslang verbannt. Sein Vermögen wurde bis auf die letzte Sesterze konfisziert.

Leider war es mit der Bedrohung der Kreuzwegevereine nach dem Ende von Gaius Pisos Amtszeit noch lange nicht vorbei. Der Senat und die Ritter der Achtzehn hatten sich eingeredet, daß solche Kollegien mietfreie Behausungen unterhielten, in denen sich politische Dissidenten sammeln und unter religiöser Schirmherrschaft zusammenschließen konnten. Jetzt waren es Lucius Caesar und Marcius Figulus, die den Kollegien den Garaus machen wollten.

Und deshalb war es ein ziemlich verzweifelter Lucius Decumius, der Caesar in seinen Räumlichkeiten am Vicus Patricii aufgesucht hatte.

»Das ist nicht gerecht!« wiederholte er.

»Ich weiß, Papa«, seufzte Caesar.

»Und wirst du etwas dagegen tun?« wollte der alte Mann wissen.

»Ich werde es natürlich versuchen, Papa. Ich fürchte nur, es wird vergeblich sein. Ich wußte, daß du zu mir kommen würdest, deshalb habe ich bereits mit meinem Vetter Lucius geredet. Er und Marcius Figulus sind fest entschlossen. Mit ein paar Ausnahmen wollen sie alle Kollegien, Glaubensgemeinschaften und Vereine in Rom schließen lassen.«

»Mit welchen Ausnahmen?« bellte Lucius Decumius.

»Religiöse Glaubensgemeinschaften wie die Juden. Legale Bestattungsvereine. Die Kollegien der öffentlichen Bediensteten. Zünfte. Das sind alle.«

»Aber wir sind doch religiös!«

»Nicht religiös genug, wenn es nach meinem Vetter Lucius Caesar geht. Die Juden trinken nicht und reden nicht in ihren Synagogen, die Salier, die Luperzier, die Arval-Brüder und andere kommen ohnehin kaum zusammen. Kreuzwegevereine unterhalten Räumlichkeiten, in denen jedermann willkommen ist, auch Sklaven und Freigelassene. Deshalb hält man sie für potentielle Unruheherde.«

»Und wer soll sich um die Laren und ihre Schreine kümmern?«

»Der Stadtprätor und die Ädilen.«

»Die haben doch ohnehin schon zuviel Arbeit.«

»Ich stimme dir zu, Papa, von ganzem Herzen sogar«, beteuerte Caesar. »Das habe ich auch zu meinem Vetter gesagt, aber er hat gar nicht hingehört.«

»Kannst du uns nicht helfen, Caesar? Bitte!«

»Ich werde dagegen stimmen, und ich werde versuchen, möglichst viele dazu zu bringen, es ebenfalls zu tun. Seltsamerweise sind auch einige *boni* gegen das Gesetz – die Kreuzwegevereine haben eine lange Tradition, deshalb verstößt es gegen den *mos maiorum*, sie einfach abzuschaffen. Cato bläst in dasselbe Horn. Aber durchkommen wird es trotzdem, Papa...«

»Wir müssen also unsere Tore schließen.«

»Nein, nicht unbedingt.« Caesar lächelte.

»Ich wußte, daß du mich nicht im Stich läßt! Was sollen wir tun?«

»Ihr werdet mit Sicherheit euren öffentlichen Status verlieren, aber das ist nur ein finanzieller Nachteil. Ihr baut euch einfach einen langen Tresen und nennt euch Taverne. Und du bist der Eigentümer.«

»Das geht nicht, Caesar. Der alte Roscius von nebenan würde sofort zum Stadtprätor laufen – wir kaufen unseren Wein bei ihm, seit ich ein Junge war.«

»Dann biete dem Alten die Schankkonzession an. Wenn ihr zumacht, Papa, dann ist er erst recht erledigt.«

»Könnten alle Vereine es so machen?«

»In ganz Rom, meinst du?«

»Ja.«

»Warum nicht? Aber dank einiger Aktivitäten, über die ich lieber Stillschweigen bewahre, seid ihr ein besonders wohlhabendes Kollegium. Die Konsuln sind davon überzeugt, daß die Vereine gezwungen sein werden, zu schließen, weil sie die hohen Erdgeschoßmieten nicht mehr bezahlen können. Die du übrigens auch zahlen mußt, Papa. Meine Mutter ist Geschäftsfrau. Vielleicht gewährt sie dir einen Nachlaß, aber die anderen?« Caesar zuckte die Achseln. »Ich bezweifle, daß der Weinkonsum die Kosten decken würde.«

Lucius Decumius dachte nach. »Wissen die Konsuln, womit wir unseren Unterhalt tatsächlich verdienen, Caesar?«

»Ich wüßte nicht, woher. Ich habe es ihnen jedenfalls nicht erzählt.«

»Dann gibt es kein Problem!« rief Lucius Decumius fröhlich aus. »Die meisten von uns sind im Schutzgeschäft.« Er schnaubte zufrieden. »Und wir werden uns auch weiter um die Kreuzwege kümmern. Sonst stiften die Laren womöglich noch Unruhe. Ich werde eine Versammlung der Verwalter einberufen, Pavo! Wir lassen uns nicht kleinkriegen!«

»Das ist der richtige Kampfgeist, Papa!«

Strahlend trottete Lucius Decumius davon.

Jener Herbst brachte im Apennin sintflutartige Regenfälle, und der Tiber trat auf einer Länge von zweihundert Meilen über die Ufer. Seit Generationen war Rom nicht mehr so schwer heimgesucht worden. Nur die sieben Hügel schauten noch aus dem Hochwasser heraus; das Forum Romanum, Velabrum, der Circus Maximus, die Foren Boarium und Holitorium, die gesamte Via Sacra bis zur Servianischen Mauer, die Manufakturen am Vicus Fabricii – alles stand unter Wasser. Die Abwasserkanäle liefen über, Gebäude mit brüchigen Fundamenten stürzten in sich zusammen, die spärlich besiedelten Hügel Quirinal, Viminal und Aventin wurden zu Lagerstätten für die aus ihren Häusern Vertriebenen, Atemwegserkrankungen grassierten. Wie durch ein Wunder war die alte Holzbrücke heil geblieben, vielleicht weil sie am weitesten flußabwärts lag, während der Pons Fabricius zwischen der

Tiberinsel und dem Circus Flaminius weggerissen worden war. Es war zu spät im Jahr geschehen, um noch in die Amtszeit des Volkstribuns zu fallen; Lucius Fabricius, das vielversprechendste Mitglied seiner Familie, kündigte deshalb an, daß er im nächsten Jahr als Volkstribun kandidieren werde. Die Instandhaltung der Brücken und großen Straßen Roms lag in den Händen der Volkstribunen, und Fabricius würde niemand anderem erlauben, die Brücke wiederaufzubauen, die so etwas wie ein Familienbesitz war. Es war immer der Pons Fabricius gewesen, und der Pons Fabricius sollte es auch bleiben.

Caesar erhielt einen Brief von Gnaeus Pompeius Magnus, dem Eroberer des Ostens.

Ach, Caesar, was für ein Feldzug! Die Armeen beider Könige habe ich aufgerollt, und alles sieht gut aus. Ich verstehe nicht, warum Lucullus so lange gebraucht hat. Denk nur, er ist mit seinen eigenen Truppen nicht fertig geworden, dabei habe ich hier alle Männer, die unter ihm gedient haben, und keiner macht auch nur einen Mucks. Ich soll Dich von Marcus Silius grüßen. Ein guter Mann.
Ein seltsames Land, dieses Pontus. Jetzt begreife ich, warum Mithridates so viele Söldner und Nordländer in seiner Armee hatte. Ein paar von seinen Pontiern sind so primitiv, daß sie noch auf Bäumen leben. Außerdem brauen die hier so einen übelriechenden Likör aus Halmen, und es ist mir ein Rätsel, wie sie das Zeug überleben. Ein paar meiner Männer sind im Osten von Pontus durch einen Wald gegangen, und da standen ein paar große Krüge von dem Gebräu herum. Du weißt ja, wie Soldaten sind! Sie haben es ausgesüffelt und waren davon herrlich betrunken. Bis sie tot umgefallen sind. Das Zeug hat sie umgebracht!
Die Kriegsbeute ist sagenhaft. Ich habe alle diese sogenannten uneinnehmbaren Zitadellen erobert, die er überall in Armenia Parva und natürlich im Osten von Pontus errichten ließ. Wir hatten leichtes Spiel. Oh, vielleicht weißt Du nicht, wen ich mit »er« meine: Mithridates. Sämtliche Schätze, die er auf die Seite gebracht hat, steckten in diesen Zitadellen – ungefähr siebzig insgesamt. Es wird Jahre dauern, das alles nach Rom zu schaffen; ein Heer von Schreibern ist mit der Bestandsaufnahme beschäftigt. Ich schätze, ich werde den römischen Staatsschatz damit verdoppeln, und verdoppeln werden sich von nun an auch die Abgaben an Rom.
Bei einem Ort in Pontus, den ich Nicopolis getauft habe – ein Pom-

peiopolos gab es schon –, habe ich Mithridates in einer Schlacht gestellt – und ihm eine schreckliche Niederlage beigefügt. Er konnte nach Sinoria entkommen. Dort hat er sechstausend Talente in Gold an sich genommen und ist weitergezogen, den Euphrat entlang, um Tigranes zu suchen. Aber auch ihm erging es nicht sehr gut. Während ich Mithridates' Heer aufrieb, war Phraates der Parther in Armenien einmarschiert und belagerte sogar Artaxata. Tigranes konnte ihn schlagen, und die Parther zogen wieder nach Hause. Aber Tigranes war am Ende. Er wäre nicht mehr in der Lage gewesen, mich aufzuhalten, das versichere ich Dir! Also bat er mich um einen separaten Frieden und ließ Mithridates nicht nach Armenien hinein. Mithridates ging statt dessen nach Norden, sein Ziel war Cimmeria. Er konnte nicht wissen, daß ich bereits fleißig mit seinem Sohn Machares korrespondiert hatte, der in Cimmeria als sein Statthalter eingesetzt war.

Jedenfalls habe ich Tigranes Armenien gelassen – allerdings als tributpflichtigen Staat – und mir alles genommen, was westlich des Euphrat liegt, einschließlich Sophene und Corduene. Er mußte mir die sechstausend Talente ersetzen, die Mithridates hatte mitgehen lassen, und außerdem jedem einzelnen von meinen Männern zweihundertvierzig Talente zahlen.

Ob ich mir Sorgen wegen Mithridates machte? Die Antwort ist: nein. Mithridates war weit über sechzig, jenseits von Gut und Böse. Fabianische Taktik: Ich habe den alten Mann laufenlassen, weil er keine Gefahr mehr für mich war. Und während Mithridates weglief, sind wir marschiert. Varros Schuld. Er konnte es gar nicht erwarten, seine Zehen ins Kaspische Meer zu stecken. Und ich sagte mir: Gut, warum nicht? Also sind wir nordostwärts gezogen.

Keine große Beute und viel zu viele Schlangen, Riesenspinnen und übergroße Skorpione. Seltsam, unsere Männer kämpfen gegen jede Art von menschlichen Feinden, ohne mit der Wimper zu zucken, aber bei Kriechtieren kreischen sie wie die Weiber. Sie haben mir eine Abordnung geschickt und mich gebeten, umzukehren. Wir waren nur noch ein paar Meilen vom Strand des Kaspischen Meeres entfernt. Und trotzdem bin ich umgekehrt. Da war nichts zu machen. Ich gerate ebenfalls in Panik, wenn ich Kriechtiere sehe. Und Varro auch. Unter diesen Umständen hat er gern auf sein Fußbad verzichtet.

Wahrscheinlich weißt Du schon, daß Mithridates tot ist, aber ich will Dir erzählen, wie es dazu kam. Er ist bis Panticapaeum am cimmeri-

schen Bosporus gekommen und hat angefangen, Truppen für eine neue Armee auszuheben. Er war so weitsichtig gewesen, jede Menge Töchter von ihm mitzubringen, und die hat er als Köder genutzt, um skythische Soldaten an Land zu ziehen: Er hat sie den skythischen Königen und Prinzen als Bräute angeboten.
Man muß die Hartnäckigkeit des alten Mannes bewundern, Caesar. Weißt Du, was er vorgehabt hat? Er wollte eine halbe Million Leute um sich sammeln und den ganzen langen Weg nach Italien bis nach Rom ziehen! Oben um das Schwarze Meer herum, durch das Land der Roxolaner bis zur Mündung des Danubius. Dann wollte er am Danubius entlangziehen und alle Stämme entlang des Weges in seine Armee aufnehmen – Dazianer, Bessier, Dardaner. Wie ich hörte, soll der Dazianer Burebistas sehr interessiert gewesen sein. Anschließend wollte er hinüber zum Dravus und zum Savus und über die Karnischen Alpen hinein nach Italien ziehen!
Ich vergaß zu erwähnen, daß er Machares zum Selbstmord gezwungen hat, als er nach Panticapaeum kam. Dürstet nach dem Blut des eigenen Sohnes! Verstehe einer diese östlichen Könige. Während der damit beschäftigt war, seine neue Armee zusammenzustellen, erhob sich Phanagoria (die Stadt auf der anderen Seite des Bosporus). Der Anführer war ein weiterer seiner Söhne, Pharnaces. Ihm hatte ich auch geschrieben. Natürlich schlug Mithridates die Rebellion nieder, aber er machte einen schlimmen Fehler: Er vergab Pharnaces. Wahrscheinlich waren ihm die Söhne ausgegangen. Pharnaces zahlte es ihm zurück, indem er mit einem Haufen ausgeruhter Revolutionäre die Festung Panticapaeum stürmte. Das war das Ende, und Mithridates wußte es. Also ermordete er alle Töchter, die ihm geblieben waren, dazu ein paar Ehefrauen und Konkubinen und sogar noch ein paar Söhne, die noch Kinder waren. Dann nahm er eine gewaltige Dosis Gift. Aber es wirkte nicht; er hatte sich im Laufe der Jahre so oft vergiftet, daß er immun geworden war. Ein Gallier in seiner Leibgarde erledigte die Sache. Er rammte dem alten Knaben das Schwert in die Brust. Ich begrub ihn in Sinope.
Inzwischen habe ich in Syrien aufgeräumt. Rom kann das Erbe antreten. Es gibt keine syrischen Könige mehr. Von östlichen Potentaten habe ich endgültig genug. Syrien wird römische Provinz, das ist sicherer. Zu gern würde ich römische Truppen entlang des Euphrat stationieren – damit die Parther Stoff zum Nachdenken haben. Den Streit

zwischen den von Tigranes verschleppten Griechen und den von Tigranes verschleppten Arabern habe ich beigelegt. Ich denke, die Araber sind jetzt zahm, deshalb habe ich einige in die Wüste zurückgeschickt – nicht zu ihrem Schaden übrigens. Abgarus ist der König der Skeniten. (Er soll den jungen Publius Clodius in Antiochia so geärgert haben, daß Clodius das Weite gesucht hat, auch wenn ich nicht weiß, was er ihm angetan hat.) Danach habe ich jemanden mit dem erstaunlichen Namen Sampsiceramus zum Anführer eines anderen Haufens gemacht. Solche Dinge machen mir richtig Spaß, Caesar. Es verschafft einem Befriedigung. Hier draußen ist niemand besonders praktisch veranlagt, und sie streiten und zanken ständig untereinander. Blödsinnig. Es ist ein so reiches Land, man sollte glauben, daß sie miteinander auskommen. Das tun sie aber nicht. Trotzdem, ich kann mich nicht beklagen. Immerhin bedeutet es, daß Gnaeus Pompeius aus Picenum Könige in seiner Klientel hat! Ich habe mir das Magnus verdient, ohne Zweifel. Am schlimmsten sind die Juden – seltsame Menschen. Sie waren ganz vernünftig, bis vor ein paar Jahren die alte Königin Alexandra gestorben ist. Sie hat zwei Söhne hinterlassen, die um die Nachfolge kämpfen. Kompliziert wird das alles dadurch, daß ihre Religion ihnen genauso wichtig ist wie der Staat. Deshalb mußte einer der Söhne Hohepriester werden (wenn ich es richtig verstanden habe). Der andere wollte König der Juden werden, aber der Hohepriester, Hycranus, hatte das Ziel, beide Ämter zu vereinen. Also führten sie einen kurzen Krieg, und Hycranus wurde von dem jüngeren Bruder Aristobulus besiegt. Doch dann trat ein idumäischer Prinz namens Antipater auf den Plan und überredete Hycranus, sich mit König Aretas von den Nabatäern zusammenzutun. Dafür mußte Hycranus zwölf arabische Städte, die von den Juden regiert wurden, an Aretas abtreten. Anschließend belagerten sie Aristobulus in Jerusalem.
In dem Wunsch, den Streitfall zu bereinigen, schickte ich den jungen Scaurus hin. Das war ein Fehler. Er gab Aristobulus recht und schickte Aretas zurück nach Nabatäa. Aristobulus lauerte ihm in der Nähe von Papyron auf, und Aretas unterlag. Als ich nach Antiochia kam, war Aristobulus König der Juden, und Scaurus wußte nicht mehr, was er tun sollte. Als nächstes bekam ich Geschenke von beiden Seiten. Du glaubst nicht, was Aristobulus mir geschickt hat – bei meinem Triumphzug wirst Du es sehen. Es ist phantastisch, Caesar, ein Rebstock aus purem Gold, über und über behängt mit goldenen Trauben.

Jedenfalls habe ich beide Parteien zu einer Konferenz nach Damaskus bestellt, die im nächsten Frühling stattfinden soll. Ich glaube, Damaskus hat ein wunderbares Klima, ich werde dort überwintern und dem Streit zwischen Tigranes und dem König der Parther ein Ende machen. Diesen Idumäer Antipater würde ich gern kennenlernen; er scheint ein ganz kluger Bursche zu sein. Wahrscheinlich ist er beschnitten. Das sind diese Semiten fast alle. Seltsame Praxis. Ich hänge an meiner Vorhaut, buchstäblich wie metaphorisch. Daß alles gut gelaufen ist, liegt wohl daran, daß ich Varro noch immer bei mir habe, und auch Lenaeus und Theophanes aus Mitylene. Ich habe gehört, daß Lucullus sich damit brüstet, diese wunderbare Frucht mit dem Namen Kirsche nach Italien mitgebracht zu haben, aber ich bringe alle möglichen Pflanzen mit, auch eine süße und besonders saftige Zitrone, die ich in Media gefunden habe – eine rotgelbe Zitrone, ist das nicht seltsam? Eigentlich müßte man sie in Italien anbauen können; sie mag trockene Sommer und trägt im Winter Früchte.

Doch ich sollte zur Sache kommen und Dir sagen, warum ich diesen Brief schreibe. Du bist ein feinsinniger und kluger Mann, Caesar, und es ist mir nicht entgangen, daß Du im Senat immer für mich das Wort ergriffen hast. Mit gutem Erfolg: Die Piraten sind besiegt. Ich denke, ich bleibe noch zwei Jahre hier im Osten und lasse mich genau zu dem Zeitpunkt wieder zu Hause blicken, wo Deine Zeit als Prätor um ist – falls Du Sullas neues Gesetz ausnutzt, das es Patriziern erlaubt, sich zwei Jahre früher um das Amt zu bewerben.

Es gehört zu meiner politischen Taktik, bis zu meiner Rückkehr zumindest einen Volkstribun in meinem römischen Lager zu haben. Als nächster ist Titus Labienus an der Reihe, und ich weiß, daß Du ihn kennst, denn vor zehn, zwölf Jahren gehörtet Ihr beide zum Stab des Vatia Isauricus in Cilicia. Ein guter Mann, stammt aus Cingulum (wo auch ich herkomme). Und raffiniert obendrein. Er hat mir erzählt, daß Ihr Euch gut vertragen habt. Ich weiß, daß Du kein Magistrat hast, aber vielleicht kannst Du Titus Labienus hin und wieder unter die Arme greifen. Oder er Dir, je nachdem. Ich habe mit ihm über alles gesprochen. Und im Jahr danach – das müßte das Jahr sein, in dem Du Prätor bist – wird Mucias jüngerer Bruder Metellus Nepos mein Mann sein. Ich müßte kurz nach Ablauf seiner Amtszeit zurückkehren, aber das ist nicht sicher.

Ich möchte Dich bitten, Caesar, Dich ein bißchen um mich und die

Meinen zu kümmern. Du wirst es weit bringen, auch wenn ich Dir nicht viel von der Welt übriggelassen habe! Ich habe nie vergessen, daß Du mir gezeigt hast, wie man Konsul werden kann. Den korrupten alten Philippus durfte ich ja nicht belästigen.
Dein Freund aus Mitylene, Aulus Gabinius, läßt Dich wärmstens grüßen.
Das Wichtigste zuletzt: Ich bitte Dich um Hilfe bei der Beschaffung von Land für meine Soldaten. *Für Labienus kommt die Aufgabe zu früh, Nepos wird sich darum kümmern müssen. Ich schicke ihn rechtzeitig vor den nächsten Wahlen nach Hause. Schade, daß Du noch nicht Konsul sein kannst, wenn der Kampf um mein Land so richtig losgeht. Vielleicht zieht es sich so lange hin, bis Du designierter Konsul bist. Dann könntest Du mir eine große Hilfe sein. Es wird ein hartes Stück Arbeit werden.*

Caesar legte den langen Brief zur Seite und stützte das Kinn auf die Hand. Er mußte nachdenken. Pompeius' schlichte Prosa mit ihren beiläufigen Seitenhieben gefiel ihm, und wenn sie noch so naiv klang; sie ließ Magnus auf eine Weise plastisch vor ihm erstehen, wie die polierten Reden, die Varro einst für Pompeius' Pflichtauftritte im Senat verfaßte, es nie vermocht hatten.

Als er Pompeius kennengelernt hatte, an jenem denkwürdigen Tag im Hause seiner Tante Julia, an dem Pompeius um die Hand von Mucia Tertia angehalten hatte, war Caesar ihm sehr ablehnend gegenübergestanden. Und wahrscheinlich würde er den Mann nie richtig gernhaben. Die Jahre hatten seine Gefühle jedoch ein wenig erwärmt, inzwischen überwog das Wohlwollen die Abneigung. Seine Eitelkeit und das polterige Auftreten waren natürlich ebenso unverzeihlich wie seine offenkundige Mißachtung der Gesetze. Trotzdem war er ein hochbegabter und fähiger Mann. Er hatte sich nicht viele Fehltritte geleistet, und je älter er wurde, desto sicherer wurde er in seinem Handeln. Crassus haßte ihn natürlich, und das brachte Schwierigkeiten mit sich. Caesar mußte versuchen, zwischen diesen beiden seinen Kurs zu steuern.

Titus Labienus. Ein grausamer, ungehobelter Kerl. Groß, muskulös, gelocktes Haar, Hakennase, blitzende schwarze Augen. Auf jedem Pferderücken zu Hause. Und was seine Herkunft betraf, so bereitete sie nicht nur Caesar Kopfzerbrechen; selbst Pompeius hatte einmal die

Vermutung geäußert, Mormolyce habe das Neugeborene aus der Krippe genommen und der Mutter ihr eigenes Kind untergeschoben, um es als Erben des Titus Labienus aufwachsen zu lassen. Interessant, daß Labienus Pompeius mitgeteilt hatte, wie gut er damals mit Caesar ausgekommen sei. Und es stimmte ja auch. Als leidenschaftliche Reiter waren sie manches Mal gemeinsam über das Land um Tarsus galoppiert und hatten lange Diskussionen über die Rolle der Reiterei bei einer Schlacht geführt. Aber Caesar war nie richtig warm mit ihm geworden, trotz der unbestreitbaren Talente dieses Mannes. Labienus war jemand, dessen man sich bediente, ohne ihm wirklich zu trauen.

Caesar konnte gut verstehen, warum Pompeius die Rolle des Labienus als Volkstribun so viel Unbehagen verursachte, daß er ihn, Caesar, um Unterstützung gebeten hatte. Das neue Gremium war eine besonders eigentümliche Mischung aus unabhängigen Individuen; womöglich würden sie zehn verschiedene Strategien verfolgen und sich ständig gegenseitig mit Vetos blockieren. Aber einen Fehler hatte Pompeius gemacht: Wenn Caesar die ihm gefügigen Volkstribunen zusammengestellt hätte, dann hätte er Labienus für das Jahr aufgespart, in dem es um den Anspruch auf Ländereien für die Veteranen gehen sollte. Nach allem, was er von Metellus Nepos wußte, war dieser Mann ein echter Caecilianer – ihm fehlte es an der nötigen Härte. Für eine solche Aufgabe wäre ein temperamentvoller Picentiner ohne Herkunft und Ziel der geeignetere Mann.

Mucia Tertia. Witwe des jungen Marius, Ehefrau von Pompeius dem Großen. Mutter von Pompeius' Kindern – einem Mädchen und zwei Jungen. Warum hatte er sich eigentlich noch nicht mit ihr befaßt? Vielleicht ging es ihm mit ihr genauso, wie es ihm mit Bibulus' Frau Domitia gegangen war – die Aussicht darauf, Pompeius Hörner aufzusetzen, war so verlockend, daß er den Akt an sich immer wieder hinauszögerte. Bei Domitia (der Cousine von Catos Schwager Ahenobarbus) war er inzwischen zur Tat geschritten, auch wenn Bibulus noch nichts davon wußte. Er würde es erfahren! Was für ein Spaß! Aber wollte er Pompeius denn wirklich so sehr verletzen? Vielleicht würde er Pompeius noch brauchen, so wie Pompeius ihn jetzt brauchte. Wirklich jammerschade! Von allen Frauen auf seiner Liste gefiel ihm Mucia Tertia am besten. Und daß auch sie ein Auge auf ihn geworfen hatte, wußte er seit Jahren. Aber... war es den Einsatz wert? Nein. Wahrscheinlich nicht. Mit leisem Bedauern strich Caesar Mucia Tertia im Geiste von seiner Liste.

Und das sollte sich bald als klug erweisen. Als das Jahr zur Neige ging, kehrte Labienus von seinen Besitzungen in Picenum zurück und zog in ein bescheidenes Haus, das er kürzlich auf dem Palatium gekauft hatte, auf der spärlich besiedelten und wenig vornehmen Seite des Palatin. Gleich am nächsten Tag kam er zu Caesar herunter, gerade spät genug, um keinen der Männer, die sich noch in Aurelias Wohnung aufhielten, auf die Idee zu bringen, er sei auch einer von Caesars Klienten.

»Laß uns nicht hier reden, Titus Labienus«, sagte Caesar und zog ihn zur Tür. »Ich habe weiter oben in der Straße noch eine Wohnung.«

»Es ist hübsch hier«, sagte Labienus, nachdem er es sich in einem Sessel gemütlich gemacht hatte, ein Glas leicht verdünnten Wein neben sich.

»Und wesentlich ruhiger«, sagte Caesar und nahm in einem anderen Sessel Platz, aber nicht hinter seinem Schreibtisch; der Mann sollte nicht den Eindruck haben, als stünden Geschäfte auf der Tagesordnung. »Es würde mich interessieren«, sagte er nach einem Schluck Wasser, »warum Pompeius dich nicht für das übernächste Jahr aufgespart hat.«

»Er hatte nicht vorgehabt, so lange im Osten zu bleiben«, antwortete Labienus. »Er wollte bis zum nächsten Frühling zurück sein, aber dann ist ihm das Judenproblem in Syrien dazwischengekommen. Stand das nicht in seinem Brief?«

Labienus wußte also von dem Brief. Caesar lächelte. »Du kennst ihn mindestens so gut wie ich, Labienus: Er hat mich gebeten, dir alle nur mögliche Hilfe zu geben, und er mir auch von seinen Schwierigkeiten mit den Juden erzählt. Aber er hat nichts davon gesagt, daß er eigentlich vorgehabt hatte, früher zurückzukommen.«

Die schwarzen Augen seines Gegenübers funkelten, aber durchaus nicht amüsiert; Labienus hatte nicht viel Sinn für Humor. »Nun, das ist es, das ist der Grund. Statt eines glänzenden Tribunats erwartet mich allenfalls die Aufgabe, ein Gesetz durchzubringen, das es Pompeius erlaubt, bei den Spielen die Insignien des Triumphes zu tragen.«

»Mit oder ohne *minim* im Gesicht?«

Labienus lachte kurz auf. »Du kennst Magnus, Caesar. *Minim* würde er nicht einmal während seines Triumphzugs tragen.«

Caesar fing an, die Situation ein bißchen besser zu verstehen. »Bist du Magnus' Klient?« wollte er wissen.

»Ja, sicher. Welcher Mann aus Picenum wäre das nicht?«

»Und doch bist du nicht mit ihm nach Osten gegangen?«

»Als er die Seeräubernester ausgehoben hat, waren nicht einmal Afranius und Petreius dabei, auch wenn er sie später noch einschleusen konnte, als es gegen die beiden Könige ging. So wie auch Lollius Palicanus und Aulus Gabinius. Vergiß nicht, daß mein Zensus nicht für den Senat gereicht hat, deshalb konnte ich auch nicht als Quästor kandidieren. Ein armer Mann muß Volkstribun werden und vor dem nächsten Zensus genug Geld zusammengekratzt haben, um in den Senat zu kommen«, sagte Labienus verbittert.

»Ich dachte immer, Magnus wäre so großzügig. Hat er dir keine Hilfe angeboten?«

»Seine Großzügigkeit spart er sich für diejenigen auf, die wichtige Dinge für ihn tun können. In seinen Plänen war ich höchstens ein Versprechen.«

»Und nicht einmal ein besonders großes, wenn außer den Insignien des Triumphes nichts für den Tribun Labienus vorgesehen ist.«

»So ist es.«

Caesar seufzte und streckte die Beine aus. »Ich nehme an«, sagte er, »daß du dir in deinem Jahr im Kollegium gern einen Namen machen würdest.«

»Sehr gern.«

»Es ist lange her, daß wir als junge Militärtribunen unter Vatia Isauricus Dienst getan haben, und es tut mir leid, daß das Leben in all den Jahren nicht freundlicher zu dir gewesen ist. Leider gestattet es mir meine finanzielle Lage nicht, dir einen Kredit zu geben, und ich kann verstehen, daß du dich mir nicht als Klient anschließen willst. Aber in vier Jahren bin ich Konsul, Titus Labienus, also werde ich in fünf Jahren eine Provinz übernehmen. Ich habe nicht die Absicht, ein zahmer Statthalter in einer zahmen Provinz zu sein. Wo immer ich hingehen werde, wird es viel militärische Arbeit zu leisten geben, deshalb brauche ich ein paar erstklassige Männer, die mir als Legaten dienen. Und vor allem brauche ich einen Legaten mit dem Status eines Proprätors, der für mich auch einmal einen Feldzug auf eigene Faust durchführt. Was ich von dir im Gedächtnis behalten habe, Titus Labienus, ist dein strategischer Verstand. Deshalb möchte ich jetzt und hier ein

Abkommen mit dir schließen. Paragraph eins: Ich werde während deiner Amtszeit als Volkstribun eine Aufgabe für dich finden, mit der du dir einen Namen machen kannst. Paragraph zwei: Wenn ich als Prokonsul in meine Provinz gehe, wirst du mich als Erster Legat mit proprätorialem Status begleiten«, sagte Caesar.

Labienus atmete tief durch. »Was ich von dir im Gedächtnis behalten habe, Caesar, ist dein strategischer Verstand. Seltsam! Mucia hat gesagt, man müsse dich beobachten. Ich hatte den Eindruck, daß sie von dir mit größerem Respekt spricht als von Magnus.«

»Mucia?«

Die schwarzen Augen blickten ruhig. »Ja.«

»Siehe da! Wie viele Leute wissen davon?« fragte Caesar.

»Niemand, will ich hoffen.«

»Hat er sie nicht in seiner Festung eingeschlossen, während er fort ist? Sonst hat er das immer getan.«

»Sie ist kein kleines Mädchen mehr, falls sie das je war«, sagte Titus Labienus, und jetzt funkelten seine Augen wieder. »Sie ist wie ich, sie hatte ein hartes Leben. Ein hartes Leben ist ein guter Lehrer. Wir sind gewohnt, Mittel und Wege zu finden.«

»Wenn du sie siehst, kannst du ihr bestellen, daß ihr Geheimnis bei mir gut aufgehoben ist«, erwiderte Caesar lächelnd. »Und sollte Magnus dahinterkommen, hast du von der Seite ohnehin keine Hilfe mehr zu erwarten. Also sag, interessiert dich mein Angebot?«

»Aber ja.«

Nachdem Labienus gegangen war, blieb Caesar noch eine Weile reglos sitzen. Mucia Tertia hatte also einen Liebhaber, und sie hatte Picenum nicht einmal verlassen müssen, um ihn zu finden. Was für eine ungewöhnliche Wahl! Er konnte sich keine drei unterschiedlicheren Männer vorstellen als den jungen Marius, Pompeius Magnus und Titus Labienus. Eine experimentierfreudige Dame. Ob Labienus ihr wohl besser gefiel als die beiden anderen? Oder war er nur eine Abwechslung im Einerlei des Alleinseins? Große Auswahl hatte sie ja nicht.

Mit Sicherheit würde Pompeius dahinterkommen. Liebende wähnten sich immer unbeobachtet, aber wenn sich ihr Verhältnis in Picenum abspielte, konnte es gar nicht unentdeckt bleiben. In Pompeius' Brief gab es keinen Hinweis darauf, daß es ihm schon jemand hinterbracht hatte, aber es war nur eine Frage der Zeit. Und dann würde Titus Labienus auf all das verzichten müssen, was er vielleicht von Pompeius bekommen hätte, auch wenn er sich ohnehin keine allzu großen Hoffnungen mehr auf Pompeius' Gunst zu machen schien. Vielleicht speiste sich der Reiz, der Mucia Tertia auf ihn ausübte, aus dieser Enttäuschung. Durchaus möglich.

Aber das alles war gar nicht so wichtig; es beschäftigte Caesar viel mehr, wie er Titus Labienus ein denkwürdiges Jahr als Volkstribun verschaffen sollte. Im gegenwärtigen Klima politischer Trägheit und mangelnder Inspiration der kurulischen Magistrate war das ein schwieriges, wenn nicht gar aussichtsloses Unterfangen. So ziemlich das einzige, was diese Schlafmützen auf Trab bringen würde, wäre eine radikale Reform des Bodenrechts, die es dem Staat erlauben würde, jeden Morgen römischen Bodens an die Armen zu verteilen – ein Gesetz, das mit Sicherheit nicht in Pompeius' Sinne gewesen wäre, benötigte er doch jeden Quadratmeter öffentlichen Bodens als Abfindung für seine Soldaten.

Als die neuen Volkstribunen am zehnten Dezember ihr Amt aufnahmen, trat die Verschiedenheit der einzelnen Männer überdeutlich zutage. Caecilius Rufus besaß die Kühnheit, den Antrag zu stellen, man solle es den in Ungnade gefallenen designierten Konsuln Publius Sulla und Publius Autronius gestatten, sich in Zukunft wieder um das Konsulat zu bewerben; es war keine Überraschung, daß die übrigen neun ihr Veto gegen diesen Antrag einlegten. Ebensowenig überraschend war die Reaktion auf Labienus' Gesetzesvorlage, die es Pompeius gestatten sollte, bei allen öffentlichen Spielen die Insignien des Triumphes zu tragen – sie wurde ohne Widerstand zum Gesetz.

Für das erste Aufsehen sorgte Publius Servilius Rullus, als er vorschlug, jeden einzelnen Morgen öffentlichen römischen Bodens, sei es in Italien oder in den Provinzen, unter den Bedürftigen zu verteilen. Der lange Schatten der Gracchen! Rullus hatte das Feuer entzündet, das träge Senatoren in reißende Wölfe verwandelte.

»Sollte Rullus damit durchkommen, so findet Magnus kein staatliches Land mehr für seine Veteranen, wenn er zurückkehrt«, sagte Labienus zu Caesar.

»Aber diesen Aspekt hat Rullus nicht erwähnt«, erwiderte Caesar gelassen. »Da er es vorzog, sein Gesetz gleich dem Senat vorzulegen, statt es zuerst in den Komitien debattieren zu lassen, hätte er Magnus' Soldaten unbedingt erwähnen müssen.«

»Hätte er nicht. Es weiß ohnehin jeder.«

»Stimmt. Aber wenn es irgend etwas gibt, das ein begüterter Mann haßt, dann ist es ein neues Bodenrecht. Der *ager publicus* ist ihm heilig. Zu viele Familien von Senatoren haben welchen gepachtet und verdienen gutes Geld damit. Schon schlimm genug, wenn man den Truppen eines siegreichen Feldherrn etwas davon abgeben soll, aber die Forderung, das alles sollte unter eine zahllose Masse von Gesindel verteilt werden – ein Graus! Wenn Rullus sich hingestellt und unverblümt gesagt hätte: ›Was Rom nicht mehr gehört, kann Pompeius' Truppen nicht mehr geschenkt werden‹, dann hätte er vielleicht aus irgendeiner obskuren Ecke Beifall dafür bekommen. Aber so hat die Vorlage überhaupt keine Chance.«

»Wirst du gegen sie das Wort ergreifen?« fragte Labienus.

»Nein, ganz sicher nicht! Ich werde sie lautstark unterstützen«, antwortete Caesar lächelnd. »Wenn ich sie unterstütze, werden viele der ewig Unentschiedenen aufspringen und dagegen wettern, und sei es nur, weil ihnen nichts von dem paßt, was ich vertrete. Cicero ist ein ausgezeichnetes Beispiel. Er hat einen neuen Namen für Männer wie Rullus erfunden: *Popularis* – lieber für das Volk als für den Senat. Das gefällt mir. Ich werde alles daransetzen, daß man mich einen *popularis* nennt.«

»Du wirst Magnus verärgern, wenn du dafür sprichst.«

»Nicht wenn er den Brief liest, den ich ihm zusammen mit der Abschrift von meiner Rede schicke. Magnus kann ein Schaf von einem Bock unterscheiden.«

Labienus machte ein finsteres Gesicht. »Das alles wird schrecklich lange dauern, Caesar, und ich habe damit nichts zu tun. Wo bleibe ich?«

»Du hast das Gesetz durchgebracht, das Magnus bei den Spielen seine Insignien sichert, und jetzt drehst du Däumchen, bis der Rummel um Rullus sich gelegt hat. Alles nur eine Frage der Zeit. Hauptsache, du stehst als letzter auf beiden Beinen.«

»Hast du eine Idee?«

»Nein«, sagte Caesar.

»Laß dich doch nicht so bitten!«

Caesar lächelte. »Keine Sorge, Labienus. Mir wird schon etwas einfallen. Mir ist immer etwas eingefallen.«

Als er zu Hause war, suchte Caesar seine Mutter auf. Ihr winziges Büro war der einzige Raum, in den Pompeia nicht einzudringen wagte; wenn sie auch sonst keine Angst vor ihrer Schwiegermutter hatte; Aurelias Hang zum Addieren von Zahlen schreckte sie ab. Außerdem war es klug gewesen, Pompeia sein Arbeitszimmer zur Verfügung zu stellen (Caesar hatte ja noch seine Wohnung, in der er arbeiten konnte). Solange sie das Arbeitszimmer und das daran angrenzende Eheschlafzimmer benutzen durfte, hielt sie sich in den anderen Bereichen von Aurelias Wohnung nicht auf. Die Geräusche lachender und plappernder Frauen drangen aus dem Arbeitszimmer, aber niemand kam heraus, um Caesar in den Weg zu treten.

»Wer ist bei ihr?« fragte er und setzte sich in den Sessel gegenüber Aurelias Schreibtisch.

Der Platz war so schmal, daß ein fülligerer Mann als Caesar Probleme gehabt hätte, sich in den Sessel zu quetschen, aber in der Logik und Zweckmäßigkeit, mit der hier alles geordnet war, zeigte sich Aurelias Hand: Regale für Rollen und Papier, an denen sie ihren Kopf nicht stoßen würde, wenn sie sich aus ihrem eigenen Sessel erhob, aufeinander gestapelte Ablagekörbe auf den Teilen des Schreibtischs, die sie für die aktuelle Arbeit nicht benötigte; die ledernen Behälter für die Bücher hatte sie in die Ecken des Zimmers verbannt.

»Wer ist bei ihr?« wiederholte er seine Frage, als sie nicht antwortete.

Sie ließ die Feder sinken, sah ihn widerwillig an und seufzte. »Eine schrecklich alberne Gesellschaft«, sagte sie.

»Das mußt du mir nicht sagen. Albernheit zieht Albernheit an. Wer?«

»Beide Clodias. Und Fulvia.«

»Oje! Viel Rasse und wenig Geist. Treibt sich Pompeia auch mit Männern herum, Mater?«

»Nein, nie. Hier in meinem Hause dulde ich es nicht, und wenn sie ausgeht, gebe ich ihr Polyxena mit. Polyxena ist absolut unbestechlich. Natürlich nimmt Pompeia ihr dümmliches Mädchen auch mit, aber mit Polyxena können die beiden es nicht aufnehmen, da kannst du sicher sein.«

Seine Mutter fand, daß Caesar müde aussah. Sein Jahr als Vorsitzender des Mordgerichts war äußerst anstrengend gewesen, und er hatte es mit der ihm eigenen Gründlichkeit und Tatkraft hinter sich gebracht.

Mochten andere Gerichtspräsidenten eine ruhige Kugel schieben und ausgedehnte Ferien machen, so etwas gab es bei Caesar nicht. Natürlich wußte Aurelia von seinen Schulden, aber das Thema Geld führte zwangsläufig zu Spannungen zwischen ihnen. Auch wenn sie darauf brannte, ihn danach zu fragen, sie verkniff es sich und sagte kein Wort. Er selbst gestattete es sich nicht, sich wegen einer Schuldensumme der Verzweiflung zu überlassen, die jetzt, wo er das Darlehen nicht zurückzahlen konnte, rapide anstieg; irgendwo in seinem Inneren schien er überzeugt davon zu sein, das Geld eines Tages aufbringen zu können, aber Aurelia wußte, daß Geldsorgen sich wie ein grauer Schatten selbst auf das heiterste und zuversichtlichste Gemüt legen konnten. Und sie zweifelte nicht daran, daß ein solcher Schatten auch auf seinem Gemüt lag.

Und sein Verhältnis mit Servilia dauerte noch immer an. Nichts schien dieser Beziehung etwas anhaben zu können. Julia dagegen, die einen Monat nach ihrem dreizehnten Geburtstag zu menstruieren begonnen hatte, zeigte immer weniger Begeisterung für Brutus. Natürlich ließ sich das Mädchen nicht zu Grobheiten oder auch nur zu unhöflichen Äußerungen hinreißen, aber statt sich jetzt, wo sie zur Frau heranreifte, stärker zu Brutus hingezogen zu fühlen,wurde sie merklich kühler; Zuneigung und Mitgefühl waren ersetzt worden durch – Langeweile? Ja, Langeweile. Ein Gefühl, das keine Ehe verkraftete.

All diese Probleme lagen Aurelia schwer auf der Seele, während andere vergleichsweise kleinere Ärgernisse darstellten: die Wohnung, zum Beispiel, die für einen Mann von Caesars Bedeutung viel zu klein geworden war. Schon längst nicht mehr konnten sich alle seine Klienten auf einmal hier versammeln, und es war auch keine gute Adresse für einen Mann, der in fünf Jahren Erster Konsul sein würde. Und daran hatte Aurelia nicht die geringsten Zweifel. Sein Name, seine Herkunft, sein Aussehen, sein Charme, die Gelassenheit seines Auftretens und seine intellektuellen Fähigkeiten waren eine Garantie dafür, daß Caesar bei jeder Wahl ganz oben stehen würde. Er hatte zwar eine Menge einflußreicher Feinde, aber keiner von ihnen würde seine Machtbasis innerhalb der ersten beiden Klassen, die so wichtig für seinen Erfolg in den Zenturien war, ernsthaft erschüttern können. Ganz abgesehen davon, daß er in den Klassen, die in den Zenturien nicht viel zählten, ein weitaus höheres Ansehen genoß als seinesgleichen. Caesar bewegte sich inmitten des Stimmviehs der unteren Klasse so ungezwungen wie unter den Konsularen. Aber wie sollte sie das Thema eines angemessenen Domizils anschneiden, ohne auf die unangenehmen Geldprobleme zu sprechen zu kommen?

Aurelia seufzte leise und faltete die Hände vor sich auf dem Tisch. »Caesar, nächstes Jahr wirst du als Prätor kandidieren«, sagte sie, »und ich sehe dabei große Schwierigkeiten.«

»Meine Adresse«, erwiderte er ohne zu zögern.

Ihr Lächeln wirkte gequält. »Dein Scharfsinn läßt nichts zu wünschen übrig.«

»Sind wir beim Vorspiel zu einem Streit über Geldangelegenheiten?«

»Nein, sind wir nicht. Das hoffe ich jedenfalls. Ich habe über die Jahre ein hübsches Sümmchen zusammengespart, und das Mietshaus ließe sich zu besten Konditionen beleihen. Ich könnte dir Geld geben, damit du dir ein schönes Haus auf dem Palatin oder dem Carinae kaufst.«

Seine Lippen wurden schmal. »Das ist sehr großzügig von dir, Mater, aber ich nehme kein Geld von dir. Ebensowenig wie von meinen Freunden. Verstehst du?«

Man sah ihr beim besten Willen nicht an, daß sie schon im zweiundsechzigsten Lebensjahr war. Nicht eine einzige Runzel auf der Stirn oder am Hals. Vielleicht lag es daran, daß sie ein wenig rundlicher geworden war; ihr wahres Alter zeigte sich allenfalls in ein paar winzigen Fältchen um die Mundwinkel herum.

»Ich dachte mir, daß du so reagieren würdest«, sagte sie ganz ruhig. Und dann bemerkte sie scheinbar ohne Zusammenhang: »Metellus Pius Pontifex Maximus soll es gar nicht gutgehen.«

Darüber erschrak er. »Wer sagt das?«

»Zum einen Clodia, und die weiß es von ihrem Mann. Celer sagt, daß die Familie sich große Sorgen macht. Und zum anderen von Aemilia Lepida. Metellus Scipio ist sehr niedergeschlagen über den Gesundheitszustand seines Vaters. Seit dem Tod seiner Frau geht es ihm schlecht.«

»Es stimmt, der Alte ist schon länger zu keiner Sitzung mehr gekommen«, stellte Caesar fest.

»Er wird auch zu keiner mehr kommen. Wenn ich sagte, daß es ihm nicht gutgeht, dann meinte ich damit, daß er im Sterben liegt.«

»Und?« Caesar wußte nicht, worauf sie hinauswollte.

»Wenn er stirbt, dann wird das Kollegium der Pontifices einen neuen Pontifex Maximus wählen müssen.« Die großen, leuchtenden Augen,

Aurelias hervorstechendstes Merkmal, wurden schmaler. »Caesar, wenn man dich zum Pontifex Maximus machen würde, dann wären deine dringlichsten Probleme gelöst. Zuerst und vor allem hätten deine Gläubiger die Gewißheit, daß du auf jeden Fall Konsul wirst. Und dann würden sie dir – wenn nötig – auch über deine Zeit als Prätor hinaus Kredit gewähren. Nimm den Fall an, das Los beschert dir Sardinien oder Africa als prätoriale Provinz, dort bekommst du als Statthalter deine Verluste bestimmt nicht wieder herein, und ich könnte mir vorstellen, daß deine Gläubiger dann recht ungeduldig werden.«

Der Anflug eines Lächelns schimmerte in seinen Augen auf, aber sein Gesicht blieb regungslos. »Ein bewundernswertes Kalkül, Mater«, sagte er.

Sie fuhr fort, als hätte er nichts gesagt: »Zweitens würde das Amt des Pontifex Maximus dich mit einer Residenz auf Staatskosten ausstatten, und da es eine Lebensstellung ist, dürftest du das Domus Publica bis an dein Lebensende bewohnen. Es ist groß und repräsentativ und steht auf dem Forum. Ich habe mich bereits vorsichtig unter den Ehefrauen deiner Priesterkollegen umgehört«, schloß sie, so ruhig und gelassen wie immer.

Caesar seufzte. »Ein vortrefflicher Plan, Mater, aber du kannst ihn ebensowenig in die Tat umsetzen wie ich. Gegen Männer wie Catulus und Vatia Isauricus und mindestens die Hälfte der anderen im Kollegium komme ich nicht an. Erstens geht der Posten gewöhnlich an einen Mann, der schon einmal Konsul war, und zweitens wird das Kollegium von den konservativsten Elementen des Senats bevölkert. Und die mögen mich nun einmal nicht.«

»Ich mache mich trotzdem an die Arbeit«, sagte Aurelia.

In diesem Augenblick hatte Caesar keinen Geistesblitz. Vielleicht war es doch zu schaffen. Er warf den Kopf in den Nacken und lachte laut. »O ja, Mater, mach du dich nur an die Arbeit!« sagte er und wischte sich eine Träne der Heiterkeit aus den Augen. »Ich weiß eine Lösung – meine Güte, wird das ein Eklat!«

»Und wie sieht deine Lösung aus?«

»Weißt du, eigentlich bin ich wegen Titus Labienus zu dir gekommen, du weißt schon, Pompeius' Vertrauensmann unter den diesjährigen Volkstribunen. Ich wollte ein bißchen laut nachdenken. Du bist so gescheit, dir kann man so gut die Bälle zuwerfen.«

Sie hob eine ihrer schmalen Augenbrauen, ihre Mundwinkel zuckten. »Danke für die Blumen! Kann man mir die Bälle besser zuwerfen als Servilia?«

»Ich weiß, wie du über diese Beziehung denkst, Mater, aber halte mich bitte nicht für naiv. Servilia hat viel politisches Gespür. Und sie liebt mich. Aber sie gehört nicht zu meiner Familie, und man darf ihr nicht wirklich trauen. Bei ihr muß ich aufpassen, daß ich nicht den falschen Ball aus der Hand gebe.«

»Da bin ich aber froh«, sagte Aurelia erleichtert. »Und was hast du nun für eine brillante Inspiration?«

»Als Sulla die *lex Domitia de sacerdotiis* für null und nichtig erklärte, ist er noch einen Schritt weiter gegangen, als Sitte und Brauch es verlangten, und hat auch den Pontifex Maximus nicht mehr von den Tribus wählen lassen. Vor Sullas Zeiten war er gewählt und nicht durch Übereinkunft seiner Priesterkollegen bestimmt worden. Ich werde Labienus beauftragen, ein Gesetz einzubringen, das die Wahl der Priester und Auguren wieder in die Hände des Volkes und seiner Tribus legt. Auch die Wahl des Pontifex Maximus. Dem Volk wird diese Vorlage gefallen.«

»Dem gefällt alles, was ein Gesetz Sullas aufhebt.«

»Eben. Und dann muß ich mich nur noch zum Pontifex Maximus wählen lassen«, sagte Caesar und erhob sich.

»Titus Labienus soll das Gesetz unverzüglich einbringen, Caesar. Schieb es nicht auf die lange Bank! Man weiß nicht, wie lange Metellus Pius noch lebt. Er ist sehr einsam ohne seine Licinia.«

Caesar hob die Hand seiner Mutter an die Lippen. »Mater, ich danke dir. Ich werde die Sache sofort in Angriff nehmen. Auch Pompeius Magnus kommt ein solches Gesetz zugute. Er wäre für sein Leben gern Priester oder Augur, und das Kollegium würde ihn nie und nimmer dazu bestimmen. Aber eine Wahl würde er jederzeit gewinnen.«

Geschnatter und Gelächter im Arbeitszimmer waren lauter geworden, als Caesar in das Vestibül trat; eigentlich hatte er das Haus unverzüglich verlassen wollen, aber er entschloß sich spontan zu einem kurzen Besuch bei seiner Frau.

Was für eine Versammlung, dachte er, während er unbemerkt in der Tür zum Eßzimmer stand. Pompeia hatte das einst so schlichte Arbeitszimmer völlig umgestaltet. Überall standen jetzt Liegen mit Gänsedaunenmatratzen und einer Unzahl von purpurroten Kissen und Decken und jede Menge teurer, aber gewöhnlicher Schnickschnack sowie Gemälde und Statuen herum. Und das Schlafzimmer, das einmal ebenso schlicht gewesen war, zeugte jetzt – wie er bei einem Blick durch die geöffnete Tür feststellen konnte – von derselben süßlichen Geschmacklosigkeit.

Pompeia hatte es sich auf der besten Liege bequem gemacht, aber nicht allein; Aurelia mochte ihr untersagen, sich mit Männern zu amüsieren, aber ihrem leiblichen Bruder Quintus Pompeius Rufus Junior konnte sie seine Besuche schlecht verbieten. Er war Anfang Zwanzig, ein wilder Bursche, dessen Ruf zunehmend übler wurde. Ohne Zweifel hatte sie die jungen Damen aus dem Clodius-Clan durch seine Vermittlung kennengelernt; Pompeius Rufus' bester Freund war niemand anderer als Publius Clodius, der zwar drei Jahre älter, aber deshalb nicht weniger ungezügelt war.

Aurelias' Verbot verwehrte Clodius selbst den Zutritt, aber nicht seinen beiden jüngeren Schwestern Clodia und Clodilla. Eigentlich bedauerlich, dachte Caesar kühl, daß die Lasterhaftigkeit dieser beiden verheirateten Frauen durch ihr gutes Aussehen noch begünstigt wird. Clodia, verheiratet mit Metellus Celer (dem älteren von Mucia Tertias zwei Halbbrüdern), war noch ein wenig schöner als ihre jüngere Schwester Clodilla, die unter großem Aufsehen von Lucullus geschieden worden war. Wie alle Claudii Pulchri waren sie sehr dunkel, mit großen und leuchtenden schwarzen Augen, langen, geschwungenen Wimpern, einer Überfülle schwarzen, gewellten Haars und leicht olivenfarbener, aber makelloser Haut. Obwohl die Schwestern nicht groß waren, hatten sie beide eine ausgezeichnete Figur, verstanden es, sich zu kleiden, und bewegten sich mit Anmut. Und sie waren sogar belesen, besonders Clodia, die durchaus einen Sinn für erstrangige Lyrik hatte. Die beiden saßen gegenüber von Pompeia und ihrem Bruder auf einem Liegebett, ihre Gewänder fielen ihnen auf eine Weise von den leuchtenden Schultern, daß man mehr als nur eine Ahnung von den wunderbar geformten, vollen Brüsten bekam.

Fulvia unterschied sich körperlich gar nicht so sehr von ihnen, auch wenn sie eine hellere Haut hatte und ihr hellbraunes Haar und die violetten Augen mit den dunklen Brauen und Wimpern Caesar an seine Mutter erinnerten. Sie war eine sehr entschiedene, kompromißlose junge Dame, der viele ziemlich törichte Ideen durch den Kopf geisterten, die ihrer romantischen Verehrung für die Gracchus-Brüder –

ihren Großvater Gaius und ihren Großonkel Tiberius – entsprungen waren. Caesar wußte, daß die Eltern gegen die Ehe mit Publius Clodius gewesen waren. Aber das hatte Fulvia nicht daran gehindert, ihren Willen durchzusetzen. Seit der Heirat war sie mit Clodius' Schwestern befreundet, eine Freundschaft, die keiner von den dreien guttat.

Aber keine dieser Frauen störte Caesar so sehr wie die beiden gereiften, etwas zwielichtigen Damen, die es sich zusammen auf der dritten Liege gemütlich gemacht hatten: Sempronia Tuditani, Gattin des einen Decimus Junius Brutus und Mutter des anderen (eigentlich seltsam, daß sie Fulvias Freundin war – die Sempronii Tuditani waren unerbittliche Feinde der beiden Gracchen gewesen, wie auch die Familie von Decimus Junius Brutus Callaicus, dem Großvater von Sempronia Tuditanis Ehemann) und Palla, die sowohl mit dem Zensor Philippus als auch dem Zensor Poplicola verheiratet gewesen war und beiden je einen Sohn geschenkt hatte. Sempronia Tuditani und Palla mußten um die Fünfzig sein, auch wenn sie alle kosmetischen Finessen anwandten, um das zu verbergen, vom *stibium* um die Augen bis hin zum Karminrot auf Wangen und Mund. Auch ihren Körpern hatten sie die Üppigkeit der mittleren Jahre nicht zugestehen wollen; sie hatten sich spindeldürr gehungert und trugen spärliche, wehende Kleider, wohl in der Hoffnung, sich damit die längst entschwundene Jugend zu erhalten. Das Ergebnis all dieser Kunstgriffe gegen das Altern ist ebenso dürftig wie lächerlich, dachte Caesar und mußte dabei innerlich grinsen. Seine eigene Mutter, entschied dieser gnadenlose Betrachter, war wesentlich attraktiver, obwohl sie mindestens zehn jahre älter war. Aurelia suchte jedoch nicht die Gesellschaft von Männern, während Sempronia Tuditani und Palla aristokratische Huren waren, denen es an Aufmerksamkeit seitens der Männer nicht mangelte, waren sie doch berühmt dafür, die bei weitem beste Fellatio in ganz Rom zu verabreichen; auch von den Professionellen beiderlei Geschlechts bekam man nichts Besseres.

Caesar zog aus ihrer Anwesenheit den Schluß, daß Decimus Brutus und der junge Poplicola ebenfalls Pompeias Nähe suchten. Von Decimus Brutus ließ sich nicht viel mehr sagen, als daß er ein junger, temperamentvoller Mann war, der sich langweilte und für die üblichen Torheiten von zuviel Wein und zu vielen Frauen bis hin zu Würfelbechern und Spieltischen zu haben war. Der junge Poplicola aber hatte seine Stiefmutter verführt und versucht, seinen Vater, den Zensor, zu ermorden; er war dafür in aller Form verstoßen und zu Armut und

Vergessenheit verurteilt worden. Aber nach Publius Clodius' Heirat mit Fulvia, die ihm Zugang zu nahezu unbegrenzten Geldmitteln verschafft hatte, war auch Poplicola wieder in höheren Kreisen gesehen worden.

Clodia bemerkte Caesar als erste. Sie saß auf einmal kerzengerade auf ihrer Liege, streckte den Busen vor und schenkte ihm ein verführerisches Lächeln.

»Caesar, wie *göttlich*, dich zu sehen!« gurrte sie.

»Das Kompliment muß ich dir zurückgeben.«

»Möchtest du dich nicht zu uns setzen?« fragte Clodia und klopfte auf die Liege.

»Liebend gern, aber ich fürchte, ich muß gehen.«

Ein ganzes Zimmer voller Scherereien, dachte Caesar, als er das Haus verließ.

Labienus rief, aber zuerst wollte er Servilia besuchen, die ein paar Häuser weiter in seiner Wohnung wohl schon seit einer ganzen Weile auf ihn wartete. Frauen! Das war heute ein Tag der Frauen, Frauen der eher lästigen Sorte zumeist. Mit Ausnahme von Aurelia, natürlich. Was für eine Frau! Nur schade, dachte Caesar, als er die Treppe hinaufstieg, daß keine andere sich mit ihr messen konnte.

Servilia hatte gewartet, aber sie war viel zu klug, um Caesar Vorwürfe zu machen, und zu realistisch, um eine Entschuldigung zu erwarten. Die Welt gehörte den Männern, und einem wie Caesar lag sie zu Füßen.

Für eine Weile kamen sie ohne Worte aus. Zuerst tauschten sie ein paar verschwenderische und verträumte Küsse, dann sanken sie einander seufzend in die Arme und landeten schließlich, von lästiger Kleidung befreit, auf dem Bett. Sie war wunderbar, so intelligent und erfinderisch in ihren Liebesdiensten. Und er war einfach perfekt, so zielstrebig und beharrlich in seinen Aufmerksamkeiten. Und so vergaßen Caesar und Servilia die Welt um sich herum, beglückt und fasziniert von der Tatsache, daß die Vertrautheit zwischen ihnen ihre Begierde nicht etwa minderte, sondern das Vergnügen noch steigerte, bis vom Wasserstand im Chronometer bereits eine beträchtliche Menge Zeit abgetropft war.

Von Labienus wollte er mit ihr nicht sprechen, wohl aber von Pompeia, also sagte er, während sie noch fest umschlungen auf dem Bett lagen: »Meine Frau verkehrt mit seltsamen Leuten.«

Servilia hatte die verzweifelten Monate schrecklicher Eifersucht noch nicht vergessen, deshalb freute sie sich über jedes Wort der Unzufriedenheit aus Caesars Mund. Sicher, als sie nach Junia Tertias Geburt wieder vereint waren, hatte Servilia bereits nach wenigen Augenblicken gespürt, daß Caesars Ehe nur auf dem Papier bestand. Und trotzdem, dieses kleine Biest sah reizend aus, und die Nähe zu Caesar war ihr Vorteil; keine Frau in Servilias Alter konnte gelassen bleiben, wenn ihre Rivalin fast zwanzig Jahre jünger war.

»Seltsame Leute?« fragte sie und streichelte ihn liebevoll.

»Die Clodias und Fulvia.«

»Das war zu erwarten, wenn man bedenkt, in welchen Kreisen Bruder Pompeius sich bewegt.«

»Ja, aber heute hatte die Menagerie Zuwachs bekommen.«

»Wen?«

»Sempronia Tuditani und Palla.«

»Oh!« Servilia setzte sich auf, das Vergnügen an Caesars Berührung war verflogen. Mit nachdenklichem Gesicht sagte sie: »Eigentlich überrascht mich das nicht.«

»Mich auch nicht, wenn ich mir Publius Clodius' Freunde so ansehe.«

»Nein, ich dachte nicht an diese Verbindung, Caesar. Ich nehme an, du weißt, daß Drusus Nero meine jüngere Schwester Servililla wegen Untreue verstoßen hat.«

»Ich habe davon gehört.«

»Aber du weißt nicht, daß sie Lucullus heiraten wird.«

Jetzt saß auch Caesar aufrecht im Bett. »Da hat sie einen Poltergeist gegen einen Schwachkopf eingetauscht! Lucullus experimentiert seit Jahren mit Substanzen herum, die das Bewußtsein verändern. Einer seiner Freigelassenen soll mit nichts anderem beschäftigt sein, als ihm alle nur erdenklichen Schlaf- und Aufputschmittel zu beschaffen – den Saft von Mohn, Pilze und die eigenartigsten Mixturen aus Blättern, Beeren und Wurzeln.«

»Servililla sagt, daß er die Wirkung des Weines wohl mag, dessen Nachwirkungen jedoch gar nicht schätzt. Offensichtlich haben die anderen Substanzen nicht solche unangenehmen Folgen.« Servilia zuckte die Achseln. »Jedenfalls scheint Servililla sich nicht zu beklagen. Sie freut sich auf die Aussicht, viel Geld zu haben und einen Mann, der seine Nase nicht ständig in ihre Angelegenheiten steckt.«

»Er hat sich wegen Ehebruchs von Clodilla scheiden lassen – und wegen Blutschande.«

»Das war Clodius' Werk.«

»Nun ja, ich wünsche deiner Schwester nur das Beste«, sagte Caesar. »Lucullus sitzt noch immer auf dem Marsfeld fest und wartet auf den Triumphzug, den der Senat ihm nach wie vor verweigert. So schnell wird er sich nicht innerhalb der Mauern Roms blicken lassen.«

»Er wird seinen Triumphzug bald bekommen«, meinte Servilia zuversichtlich. »Meine Spione haben mir berichtet, daß Pompeius Magnus keinen Wert darauf legt, das Marsfeld mit seinem Erzrivalen zu teilen, wenn er mit Ruhm bedeckt aus dem Osten zurückkehrt.« Sie schnaubte verächtlich. »Pompeius ist ein Blender. Jeder, der auch nur einen Funken Verstand im Kopf hat, weiß, daß Lucullus die Drecksarbeit gemacht hat! Magnus mußte nur noch die Früchte einsammeln.«

»Das ist wahr, aber von Lucullus halte ich trotzdem nichts.« Caesar bedeckte eine ihrer Brüste mit der Hand. »Wozu diese Abschweifung, meine Liebe? Was hat das alles mit Pompeias Freunden zu tun?«

»Sie nennen sich Clodius-Club.« Servilia streckte sich. »Servililla hat mir alles erzählt. Natürlich ist Publius Clodius der Vorsitzende. Das wichtigste und wohl auch einzige Ziel dieses Clubs scheint es zu sein, unsere Welt zu schockieren. Und daran haben die Mitglieder ihren Spaß. Es sind samt und sonders gelangweilte, träge, arbeitsscheue Individuen, die viel zuviel Geld haben. Wein, Weibern und Glücksspiel können sie nichts mehr abgewinnen. Eklats und Skandale sind das einzige Ziel dieses Clubs. Deshalb laden sie diese verkommenen Weiber wie Sempronia Tuditani und Palla ein, deshalb reden sie von Blutschande und hätscheln solche beispiellosen Gestalten wie den jungen Poplicola. Unter den männlichen Mitgliedern des Clubs sind ein paar sehr junge Männer, die es eigentlich besser wissen sollten, Curio Junior zum Beispiel und dein Vetter Marcus Antonius. Anscheinend machen die beiden sich einen Spaß daraus, sich als Liebespaar zu präsentieren.«

Jetzt war es an Caesar, verächtlich zu schnauben. »Ich würde Marcus Antonius alles zutrauen, aber nicht das! Wie alt mag er sein, neunzehn oder zwanzig? Und trotzdem hat er mehr Bastarde in sämtliche Schichten der römischen Gesellschaft gestreut als irgendein anderer.«

»Zugegeben. Aber Rom mit unehelichen Kindern zu übersäen, ist längst nicht mehr schockierend genug. Eine homosexuelle Affäre dagegen, zumal zwischen zwei Abkömmlingen der konservativen Führungsschicht Roms, setzt ein gewisses Glanzlicht.«

»Das ist also die Gesellschaft, der meine Frau angehört!« seufzte Caesar. »Ich frage mich, wie ich ihr das abgewöhnen kann.«

Der Gedanke gefiel Servilia ganz und gar nicht. Sie sprang aus dem Bett. »Ich wüßte nicht, wie du das schaffen solltest, Caesar, ohne genau die Art Skandal vom Zaun zu brechen, die dem Clodius-Club soviel Vergnügen bereitet. Du könntest dich höchstens von ihr scheiden lassen.«

Dieser Vorschlag verletzte seinen Gerechtigkeitssinn. Er schüttelte entschieden den Kopf. »Nur, weil sie ein paar Müßiggänger als Freunde hat? Nein, damit kann sie keinen großen Schaden anrichten. Meine Mutter ist viel zu wachsam. Das arme Mädchen tut mir leid. Sie hat nicht einen Funken Verstand im Kopf.«

Das Bad lockte. (Caesar hatte nachgegeben und einen kleinen Ofen für warmes Wasser installieren lassen.) Servilia beschloß, das Thema Pompeia friedlich beizulegen.

Titus Labienus mußte bis zum nächsten Tag warten. Dann erst durfte er Caesar in dessen Wohnung besuchen.

»Zwei Sachen«, sagte Caesar und lehnte sich in seinen Sessel zurück.

Labienus hörte aufmerksam zu.

»Die erste wird dir viel Anerkennung von seiten der Ritter einbringen, und auch Magnus wird sie gefallen.«

»Und das wäre?«

»Ein Gesetz, das die Auswahl der Priester und Auguren wieder in die Hände der Tribus in den Komitien legt.«

»Einschließlich der Wahl des Pontifex Maximus, nehme ich an«, fügte Labienus glattzüngig hinzu.

»Bei Pollux, du begreifst schnell!«

»Man erzählt sich, Metellus Pius könne sich jetzt jeden Tag für ein Staatsbegräbnis qualifizieren.«

»So ist es. Und es stimmt, daß ich große Lust habe, Pontifex Maximus zu werden. Ich fürchte nur, daß meine Priesterkollegen mich nicht gern an der Spitze ihres Kollegiums sehen. Könnte sein, daß die Wähler anderer Meinung sind. Also, warum sollen die Wähler nicht entscheiden können, wer der nächste Pontifex Maximus wird?«

»Ja, warum eigentlich nicht?« Labienus sah Caesar aufmerksam an. Vieles an ihm fand er äußerst anziehend, aber ein gewisser Unernst, der beim geringsten Anlaß an die Oberfläche kam, stieß Labienus ab. Man wußte nie, wie aufrichtig Caesar es meinte. Sicher, er war von grenzenlosem Ehrgeiz, doch ähnlich wie bei Cicero hatte man oft das Gefühl, schon im nächsten Moment könnte sein Sinn für das Lächerliche dazwischenkommen. Im Augenblick jedoch schien Caesar mit Ernst bei der Sache zu sein, und Labienus wußte nur zu gut, welch ungeheure Schuldenlast den Mann drückte. Eine Wahl zum Pontifex Maximus wäre Balsam für seine Kreditwürdigkeit bei den Gläubigern. Labienus sagte: »Ich nehme an, du wünschst, daß die *lex Labiena de sacerdotiis* so schnell wie möglich erlassen wird.«

»In der Tat. Sollte Metellus Pius vor der Gesetzesänderung sterben, könnte das Volk sich dagegen entscheiden. Wir müssen uns beeilen, Labienus.«

»Ampius wird uns mit Freuden zu Diensten sein. Und auch die anderen Mitglieder des Kollegiums der Tribune. Das Gesetz steht in völligem Einklang mit dem *mos maiorum*, das ist ein großer Vorteil.« Die dunklen Augen blitzten auf. »Was ist dir sonst noch eingefallen?«

Caesar runzelte die Stirn. »Nichts Weltbewegendes, leider. Wenn Magnus nach Hause kommen würde, wäre es einfacher. Das einzige, was für Unruhe im Senat sorgen könnte, wäre eine Gesetzesvorlage, die alle Söhne und Enkelsöhne der Männer wieder in ihre Rechte einsetzt, die von Sulla zu Vogelfreien erklärt wurden. Du wirst damit nicht durchkommen, aber für laute und gut besuchte Debatten ist damit gesorgt.«

Der Vorschlag war offensichtlich angekommen; Labienus erhob sich mit einem breiten Grinsen. »Das gefällt mir, Caesar. Eine wunderbare Gelegenheit, Cicero an seinem fröhlich wedelnden Schwanz zu ziehen.«

»Der Schwanz macht mir bei Ciceros Anatomie die wenigsten Sorgen«, erwiderte Caesar. »Die Zunge ist das Anhängsel, das der Amputation bedürfte. Sei gewarnt, er wird dich nicht schonen. Aber wenn du beide Gesetze gleichzeitig einbringst, kannst du vielleicht die Aufmerksamkeit ein wenig von dem einen ablenken, das du wirklich durchbringen willst. Und wenn du dich sehr sorgfältig vorbereitest, schaffst du es vielleicht sogar, aus Ciceros Zunge ein bißchen politisches Kapital zu schlagen.«

Das Ferkel war tot. Quintus Caecilius Metellus Pius Pontifex Maximus, ergebener Sohn des Metellus Schweinebacke und des Diktators Sulla loyaler Freund, verstarb friedlich im Schlaf an einer zerstörerischen Krankheit, die sich jedem Versuch der Diagnose entzogen hatte. Die anerkannteste Kapazität unter den römischen Medizinern, Sullas Leibarzt Lucius Tuccius, bat den adoptierten Sohn des Ferkels um die Erlaubnis zur Autopsie.

Aber dieser adoptierte Sohn namens Metellus Scipio war weder so intelligent noch so vernünftig wie sein Vater; der leibliche Sohn des Scipio Nasica und der älteren von Crassus Orators beiden Licinias (die jüngere war seine Adoptivmutter, Frau des Ferkels) war eher für seine Hochnäsigkeit und sein aristokratisches Gehabe berühmt.

»Niemand schneidet am Leib meines Vaters herum!« sagte er unter Tränen, während er krampfhaft die Hand seiner Frau umklammerte. »Er wird unversehrt den Flammen übergeben!«

Das Begräbnis wurde natürlich auf Staatskosten durchgeführt und war nicht minder vornehm als die Person, die man beerdigte. Die Grabrede wurde von der Rostra herunter von Quintus Hortensius gehalten, nachdem Mamercus, der Vater von Metellus Scipios Frau Aemilia Lepida, diese Ehre zurückgewiesen hatte. Alle waren sie gekommen, von Catulus bis Caesar, von Caepio Brutus bis Cato; es war jedoch kein Begräbnis, das die großen Massen anzog.

Am Tag nachdem das Ferkel den Flammen übergeben worden war, hielt Metellus Scipio ein Treffen mit Catulus, Hortensius, Vatia Isauricus, Cato, Caepio Brutus und dem Ersten Konsul Cicero ab.

»Mir ist zu Ohren gekommen«, sagte der hinterbliebene Sohn, in dessen rotgeränderten Augen nun keine Tränen mehr standen, »daß Caesar für das Amt des Pontifex Maximus kandidieren will.«

»Das ist nun wirklich keine Überraschung«, erwiderte Cicero. »Wir alle wissen doch, wer Labienus während Magnus' Abwesenheit am Gängelband hat, auch wenn ich im Moment nicht einmal sagen könnte, ob es Magnus überhaupt interessiert, wer Labienus am Gängelband hat. Die Wahl der Priester und Auguren durch das Volk kann nicht in Magnus' Sinn sein, während sie Caesar eine Möglichkeit bieten würde, die er niemals bekäme, wenn das Kollegium seinen Pontifex Maximus selber auswählen würde.«

»Das Kollegium hat seinen Pontifex Maximus noch nie selbst ausgewählt«, sagte Cato zu Metellus Scipio. »Der einzige ungewählte Pontifex Maximus in der Geschichte, dein Vater, war von Sulla persönlich bestimmt worden, nicht vom Kollegium.«

Catulus hatte einen anderen Einwand gegen das, was Cicero gesagt hatte: »Wie kannst du so blind gegen unseren geliebten, heldenhaften Freund Pompeius Magnus sein?« fuhr er Cicero an. »Nicht in Magnus' Sinne? Magnus wünscht sich doch nichts sehnlicher, als selber ein Priester oder Augur zu sein! Das Volk würde ihm diesen Wunsch erfüllen, aber niemals eine Abstimmung in einem der Kollegien.«

»Mein Schwager hat recht, Cicero«, sagte Hortensius. »Die *lex Labiena de sacerdotiis* käme Pompeius Magnus sehr zupaß.«

»Ein Unsinn ist diese *lex Labiena*!« rief Metellus Scipio.

»Spar dir deine Emotionen, Quintus Scipio«, sagte Cato mit seiner harten, tonlosen Stimme. »Wir sind hier, um zu entscheiden, wie wir Caesar an einer Kandidatur hindern wollen.«

Brutus' Blick wanderte von einem wütenden Gesicht zum nächsten; er wunderte sich darüber, daß man ihn zu dieser Versammlung erwachsener Männer geladen hatte. Zunächst hatte er vermutet, dies gehöre zu Onkel Catos rastlosem Kampf gegen Servilia und die Macht, die sie über ihren Sohn ausübte, ein Kampf, der ihn ängstigte und doch faszinierte, und das um so mehr, je älter er wurde. Natürlich war ihm auch der Gedanke gekommen, sie könnten ihn vielleicht dazugeholt haben, um ihn über Caesar auszufragen; schließlich war er mit Caesars Tochter verlobt. Aber die Diskussion nahm ihren Fortlauf, und niemand wollte etwas von ihm wissen, also mußte er schließlich annehmen, daß seine Anwesenheit nur den Zweck hatte, Servilia zu ärgern.

»Es dürfte nicht schwer sein, dich als gewöhnlichen Pontifex in das Kollegium wählen zu lassen«, sagte Catulus zu Metellus Scipio. »Wir müssen alle, die kandidieren wollen, dazu überreden, ihre Kandidatur zurückzuziehen.«

»Keine leichte Aufgabe, nehme ich an«, sagte Metellus Scipio.

»Wer will gegen Caesar antreten?« fragte Cicero, auch einer in dieser Runde, der nicht so recht wußte, warum man ihn eingeladen hatte. Er vermutete, daß Hortensius dahintersteckte, und daß er die Gesetzeslücke finden sollte, mit der man Caesar an einer Kandidatur zu hindern hoffte. Leider wußte er, daß es diese Lücke nicht gab. Die *lex Labiena de sacerdotiis* war nicht von Labienus entworfen worden, soviel stand fest. Zu deutlich trug sie Caesars Stempel. Sie war wasserdicht.

»Ich kandidiere«, antwortete Catulus.

»Und ich auch«, sagte Vatia Isauricus, der bis dahin geschwiegen hatte.

»Da nur siebzehn der fünfunddreißig Tribus bei religiösen Wahlen zugelassen sind«, sagte Cicero, »müssen wir alles in Bewegung setzen, damit eure beiden Tribus gewählt werden, und Caesars Tribus nicht. Das würde eure Chancen erhöhen.«

»Ihr wißt, daß ich nichts von Bestechung halte«, sagte Cato, »aber diesmal werden wir nicht darauf verzichten können.« Er wandte sich an seinen Neffen. »Quintus Servilius, du bist bei weitestem der reichste Mann von uns. Wärst du bereit, etwas Geld in eine gute Sache zu investieren?«

Brutus brach der kalte Schweiß aus. Also deshalb! Er befeuchtete seine Lippen und blickte ängstlich um sich. »Onkel, ich würde dir liebend gern helfen«, sagte er mit zitternder Stimme, »aber ich traue mich nicht. Meine Mutter verwaltet mein Geld, nicht ich.«

Catos imposante Nase wurde noch schmaler, die Nasenlöcher blähten sich. »Mit deinen zwanzig Jahren, Quintus Servilius?« rief er.

Alle Augen waren auf ihn gerichtet; Verwunderung spiegelte sich darin. Brutus sank tiefer in seinen Sessel. »Onkel, bitte versuch doch, mich zu verstehen«, winselte er.

»O ja, ich verstehe«, sagte Cato verächtlich und wandte sich demonstrativ ab. »Es sieht demnach so aus«, wandte er sich an die anderen, »als müßten wir das Bestechungsgeld in unseren eigenen Geldbeuteln suchen.« Er zuckte die Achseln. »Ihr wißt, daß der meine nicht gerade prall gefüllt ist. Trotzdem gebe ich zwanzig Talente dazu.«

»Ich selber kann wirklich nichts entbehren«, sagte Catulus mit unglücklichem Gesicht. »Jupiter Optimus Maximus frißt jede Sesterze, die ich erübrigen kann. Aber irgendwo werde ich schon fünfzig Talente auftreiben.«

»Fünfzig von mir«, sagte Vatia Isauricus knapp.

»Und fünfzig von mir«, fügte Metellus Scipio hinzu.

»Von mir ebenfalls fünfzig«, sagte Hortensius.

Jetzt hatte auch Cicero begriffen, warum er hier war, und sagte mit wunderbar modulierter Stimme: »Der armselige Zustand meiner Finanzen ist euch allen viel zu gut bekannt, als daß ihr mehr von mir erwarten könntet als einen rednerischen Generalangriff auf die Wähler. Und den will ich mit größtem Vergnügen führen.«

»Dann bleibt uns nur noch zu entscheiden«, sagte Hortensius, dessen Stimme kaum weniger melodiös als Ciceros war, »welcher von euch beiden zu guter Letzt gegen Caesar antreten wird.«

Überraschend war die Versammlung nun doch noch in eine Sackgasse geraten – weder Catulus noch Vatia Isauricus erklärte sich bereit, zugunsten des anderen von der Kandidatur zurückzutreten. Beide wollten um jeden Preis der nächste Pontifex Maximus werden.

»So eine bodenlose Dummheit!« erzürnte sich Cato. »Damit halbiert ihr unsere Stimmenzahl und erhöht Caesars Chancen. Wenn einer von euch kandidiert, ist es eine offene Schlacht; wenn ihr beide kandidiert, sind wir im Nachteil.«

»Ich kandidiere«, sagte Catulus störrisch.

»Ich auch«, erwiderte Vatia Isauricus kampfeslustig.

Mit diesem traurigen Ergebnis wurde die Konferenz beendet. Verletzt und beschämt machte sich Brutus auf den Weg von Metellus Scipios luxuriösem Domizil zur bescheidenen Wohnung seiner Verlobten in der Subura. Es gab für ihn kein anderes Ziel, denn Onkel Cato war davongeeilt, ohne seinen Neffen noch eines Blickes zu würdigen, und der Gedanke, zu seiner Mutter und dem armen Silanus zu gehen, erschien ihm alles andere als verlockend. Servilia würde in allen Einzelheiten von ihm wissen wollen, wo er gewesen war, mit wem er zusammen war und was Onkel Cato vorhatte; und sein Stiefvater würde dabeisitzen wie eine zerdrückte Stoffpuppe.

Seine Liebe zu Julia war im Lauf der Jahre nur noch größer geworden. Er hörte nicht auf, ihre Schönheit zu bewundern, ihre zärtliche Aufmerksamkeit für seine Gefühle, ihre Freundlichkeit und ihr Temperament. Vor allem aber ihr Einfühlungsvermögen. Oh, wie dankbar er für ihr Einfühlungsvermögen war!

Und deshalb erzählte er ihr von dem Treffen bei Metellus Scipio, und sie, sein kleiner, süßer Liebling, hörte ihm mit Tränen in den Augen zu.

»Sogar Metellus Scipio hat wenig unter elterlicher Überwachung gelitten«, sagte sie, als er mit seiner Geschichte fertig war, »und die anderen sind zu alt, um sich daran zu erinnern, wie das ist, mit dem *paterfamilias* unter einem Dach zu leben.«

»Ach, Silanus ist ganz in Ordnung«, sagte Brutus schroff, weil er gegen die Tränen ankämpfen mußte, »aber ich habe so schreckliche Angst vor meiner Mutter! Onkel Cato hat vor niemandem Angst, das ist das Problem.«

Sie ahnten beide nichts von der Beziehung zwischen ihrem Vater und seiner Mutter – ebensowenig wie Onkel Cato. Deshalb sah Julia keinen Grund, Brutus gegenüber einen Hehl aus ihrer Abneigung gegen Servilia zu machen, und sagte: »Ich kann dich verstehen, Brutus, mein Lieber. Sie kennt kein Mitgefühl, wahrscheinlich weiß sie nicht einmal, wie mächtig und herrisch sie ist. Ich glaube, sie wäre sogar stark genug, um die Schere der Atropos stumpf zu machen.«

»Das glaube ich auch«, seufzte Brutus.

Julia tat alles, um ihn ein wenig aufzuheitern und wieder mit sich selber zu versöhnen. Sie lächelte, streichelte ihm die schulterlangen, schwarzen Locken und sagte: »Ich glaube, du behandelst sie genau richtig, Brutus. Du gehst ihr aus dem Weg und tust nichts, um sie zu verärgern. Wenn dein Onkel Cato mit ihr zusammenleben müßte, würde er dich besser verstehen.«

»Onkel Cato hat mit ihr zusammengelebt«, erwiderte Brutus traurig.

»Ja, aber da war sie noch ein kleines Mädchen«, sagte Julia und streichelte ihn.

Ihre Berührung weckte in ihm den impulsiven Wunsch, sie zu küssen, aber er gab ihm nicht nach; er gab sich damit zufrieden, ihr den Handrücken zu liebkosen, und sie nahm die Hand von seinem Haar. Sie war gerade erst dreizehn geworden, und auch wenn ihre Weiblichkeit inzwischen durch zwei bezaubernde, spitze Hügel unter dem Oberteil ihres Kleides sichtbar wurde, wußte Brutus, daß sie noch nicht bereit für seine Küsse war. Außerdem hatte er durch seine Lektüre konservativer lateinischer Autoren – wie Cato dem Zensor – ein Ehrgefühl erworben, das es ihm nicht erlaubte, in ihr eine körperliche Reaktion hervorzurufen, die ihnen beiden das Leben nur erschweren konnte. Aurelia vertraute ihnen und überraschte sie niemals, wenn sie zusammen waren. Er durfte dieses Vertrauen nicht mißbrauchen.

Natürlich wäre es besser gewesen, wenn er es doch getan hätte, denn Julias zunehmende körperliche Abneigung gegen ihn wäre dann früh genug zutage getreten, um die Auflösung ihrer Verlobung für sie beide erträglicher zu machen. Aber er küßte sie nicht und rührte sie nicht an, und so gab es für Julia keinen vernünftigen Grund, zu ihrem Vater zu gehen und ihn zu bitten, sie von einem Versprechen zu entbinden, von dem sie wußte, daß es sie in eine schreckliche Ehe führte, auch wenn sie sich dazu zwingen würde, ihm eine gehorsame Ehefrau zu sein.

Das Problem war, daß Brutus soviel Geld hatte! Es war schon zur

Zeit der Verlobung genug gewesen, aber jetzt, wo er auch noch das Vermögen der Familie seiner Mutter geerbt hatte, war es noch hundertmal mehr. Wie alle Römer kannte auch Julia die Geschichte des Goldes von Tolosa und wußte, was es den Servilii Caepiones gebracht hatte. Brutus' Geld würde eine große Hilfe für ihren Vater sein, daran konnte kein Zweifel bestehen. Ihre Großmutter sagte, als einziges Kind ihres Vaters sei es ihre Pflicht, ihm dabei zu helfen, mehr Ansehen auf dem Forum zu gewinnen, seine *dignitas* zu erhöhen. Und für ein Mädchen gab es nur einen Weg, das zu tun: Sie mußte so viel Geld und Einfluß heiraten, wie es ihr möglich war. Brutus war sicher nicht der Traum aller Mädchen von ehelicher Glückseligkeit, aber was Geld und Einfluß betraf, konnte niemand mit ihm rivalisieren. Deshalb würde sie ihre Pflicht tun und jemanden heiraten, mit dem sie um nichts in der Welt schlafen mochte. *Tatas* Interessen gingen vor.

Und als Caesar später am Nachmittag zu ihr kam, tat Julia so, als wäre Brutus der Verlobte ihrer Träume.

»Du wirst langsam erwachsen«, sagte Caesar, der zu jener Zeit so selten nach Hause kam, daß ihm die Entwicklung ihres Körpers nicht entging.

»Nur noch fünf Jahre«, erwiderte sie feierlich.

»Länger nicht?«

»Nein«, seufzte sie. »Länger nicht, *Tata.*«

Er bettete ihren Kopf in seine Armbeuge und küßte ihn. Woher sollte er wissen, daß Julia sich nichts Wunderbareres vorstellen konnten, als einen Ehemann, der genauso war wie ihr Vater: lebenserfahren, berühmt, gutaussehend – ein Mann, der die Dinge nach seiner Fasson gestaltete.

»Gibt's etwas Neues?« fragte er.

»Brutus war hier?«

Er lachte. »Das ist doch nichts Neues, Julia!«

»Vielleicht doch«, sagte sie leise und erzählte, was Brutus ihr von dem Treffen bei Metellus Scipio berichtet hatte.

»Dieser unverschämte Cato!« rief er aus, als sie geendet hatte. »Will einem Zwanzigjährigen große Geldbeträge abschwatzen!«

»Dank seiner Mutter haben sie es ja nicht bekommen.«

»Du magst Servilia nicht besonders, oder?«

»Ich sehe das von Brutus' Standpunkt aus, *tata*. Ich fürchte mich vor ihr.«

»Und warum?«

Es war nicht leicht, es jemandem zu erklären, der für seine Liebe zu eindeutigen Fakten bekannt war. »Es ist nur so ein Gefühl. Immer, wenn ich sie sehe, muß ich an eine böse schwarze Schlange denken.«

Er mußte laut lachen. »Hast du schon einmal eine böse schwarze Schlange gesehen, Julia?«

»Nein, aber ich habe Bilder davon gesehen. Und von Medusa.« Sie schloß die Augen und vergrub ihr Gesicht in seinen Achselhöhlen. »Magst du sie, *tata*?«

Darauf konnte er ehrlich antworten: »Nein.«

»Na also, da hast du's«, sagte seine Tochter.

»Stimmt«, erwiderte Caesar. »Da hab ich's.«

Natürlich war Aurelia begeistert, als Caesar ihr die Geschichte ein paar Minuten später erzählte.

»Ist das nicht ein schöner Gedanke? Nicht einmal ihr gemeinsamer Haß auf dich läßt Catulus und Vatia Isauricus ihren eigenen Ehrgeiz vergessen.« Sie lächelte leise.

»Cato hat recht. Wenn sie beide kandidieren, teilen sich ihre Stimmen. Zumindest weiß ich jetzt, daß sie die Wahl manipulieren wollen. Die Fabier werden bei dieser Wahl nicht mit abstimmen!«

»Aber ihre beiden Tribus werden wählen.«

»Damit werde ich fertig, sofern sie beide kandidieren. Ein paar ihrer angestammten Wähler werde ich schon davon überzeugen, daß sie sich ihre Unparteilichkeit bewahren müssen, indem sie für keinen von beiden stimmen.«

»Wie klug!«

»Wahlkampf«, sagte Caesar nachdenklich, »besteht eben nicht nur aus Bestechung, aber das will keiner von diesen engstirnigen Dummköpfen einsehen. Ich würde es gar nicht riskieren, zu diesem Mittel zu greifen, selbst wenn ich es wollte und das Geld dazu hätte. Wenn ich mich zu einer Wahl stelle, dann steht da eine halbe Hundertschaft von Senatoren, die wie Wölfe nach meinem Blut lechzen – da wird jeder Wähler, jeder Bericht, jeder Offizielle genauestens untersucht. Aber neben der Bestechung gibt es viele andere Taktiken.«

»Schade, daß die siebzehn wahlberechtigten Tribus erst kurz vor der Wahl bestimmt werden«, meinte Aurelia. »Wenn man sie schon ein paar Tage vorher auswählen würde, könntest du ein paar ländliche

Wähler in die Stadt holen. Der Name Julius Caesar bedeutet jedem Bauern mehr als Lutatius Catulus oder Servilius Vatia.«

»Trotzdem, Mutter, in dieser Richtung läßt sich etwas machen. Es muß mindestens ein urbaner Tribus dabeisein – Lucius Decumius wird mich da tatkräftig unterstützen. Crassus wird seinen Tribus für uns gewinnen, falls er ausgewählt wird. Magnus ebenfalls. Und mein Einfluß beschränkt sich nicht auf den Tribus der Fabier.«

Caesars Gesicht wurde grimmiger. Aurelia wollte etwas sagen, ließ sich aber durch diese Veränderung in seinem Ausdruck davon abhalten. Er kämpfte mit sich, ob er ein weniger angenehmes Thema zur Sprache bringen sollte, und die Chance, daß er sich dazu durchringen würde, wurde um so größer, je mehr sie sich zurückhielt. Und was konnte schon unangenehmer sein als das Thema Geld? Also schwieg Aurelia.

»Heute morgen war Crassus bei mir«, sagte Caesar schließlich.

Sie sagte immer noch nichts.

»Meine Gläubiger werden unruhig.«

Kein Wort von Aurelia.

»Es gehen noch immer Rechnungen aus meiner Zeit als kurulischer Ädil ein. Deshalb konnte ich noch keinen einzigen von den Krediten zurückzahlen.«

Sie senkte den Blick und starrte ihre Schreibtischplatte an.

»Das heißt, daß Zinseszins fällig ist. Einige von den Kerlen werden mich bei den Zensoren anzeigen wollen. Und selbst wenn mein Onkel einer von ihnen ist – ihm bleibt auch nichts anderes übrig, als nach den Buchstaben des Gesetzes zu entscheiden. Ich würde meinen Sitz im Senat verlieren und müßte meinen ganzen Besitz verkaufen.«

»Hat Crassus einen Vorschlag?« wagte sie zu fragen.

»Ich soll mich zum Pontifex Maximus wählen lassen.«

»Er würde dir kein Geld leihen?«

»Das wäre der allerletzte Ausweg«, sagte Caesar. »Crassus ist ein großartiger Freund, aber er ist nicht umsonst so reich. Er verleiht, ohne Zinsen zu verlangen, erwartet aber Rückzahlung, sobald er einen Kredit kündigt. Pompeius Magnus wird zurück sein, bevor ich Konsul bin. Und ich brauche Magnus auf meiner Seite. Aber seit ihrem gemeinsamen Konsulat hat Crassus eine große Abneigung gegen Magnus. Ich muß zwischen den beiden vermitteln. Und deshalb darf ich keinem von beiden Geld schuldig sein.«

»Das verstehe ich. Wird der Pontifex Maximus ausreichen?«

»Ganz sicher, bei so illustren Gegenkandidaten wie Catulus und Vatia Isauricus. Wenn ich gewinne, wissen meine Gläubiger, daß ich Prätor und später Erster Konsul werde und daß ich spätestens dann meine Verluste wieder ausgleichen kann, wenn ich erst meine konsularische Provinz übernehme, vielleicht sogar schon früher. Es würde sich für sie auszahlen, wenn nicht gleich, dann später. Zinseszinsen sind eine furchtbare Geißel und sollten verboten werden, aber einen Vorteil haben sie: Geldgeber, die Zinseszinsen erheben, können mit riesigen Profiten rechnen, wenn die Schuld zurückgezahlt wird, und wenn auch nur teilweise.«

»Dann solltest du dich zum Pontifex Maximus wählen lassen.«

»Das meine ich auch.«

Die Wahl eines neuen Pontifex Maximus und eines neuen Gesichts für das Kollegium der Pontifices sollte in vierundzwanzig Tagen stattfinden. Wem das neue Gesicht gehören würde, war kein Geheimnis: Der einzige Kandidat war Metellus Scipio. Sowohl Catulus als auch Vatia Isauricus stellten sich für die Wahl zum Pontifex Maximus zur Verfügung.

Caesar stürzte sich mit Begeisterung und Energie in den Wahlkampf. Sein Name und seine Herkunft waren ihm von großem Nutzen, auch wenn keiner der beiden Gegenkandidaten ein neuer Mann oder einer der weniger prominenten *boni* war. Normalerweise ging der Posten an einen Mann, der schon einmal Konsul gewesen war, aber dieser Vorteil, den sowohl Catulus als auch Vatia Isauricus hatte, wurde durch ihr Alter zumindest teilweise wieder zunichte gemacht: Catulus war einundsechzig, Vatia Isauricus gar achtundsechzig Jahre alt. In Rom ging man davon aus, daß ein Mann den Gipfel seiner Leistungsfähigkeit und Kraft im dreiundvierzigsten Lebensjahr erreicht hatte, jenem Jahr, in dem er Konsul werden sollte. Danach degenerierte er unweigerlich zu einer vergessenen Größe, ganz egal, wie beeindruckend seine *auctoritas* oder *dignitas* auch sein mochten. Er konnte noch Zensor oder Princeps Senatus und nach Ablauf von zehn Jahren sogar ein zweites Mal Konsul werden, aber wenn er dann sechzig war, hatte er seinen Höhepunkt endgültig überschritten. Obwohl Caesar noch nicht Prätor gewesen war, gehörte er dem Senat schon seit vielen Jahren an; seit über einem Jahrzehnt war er Pontifex, er hatte ein glanzvolles Jahr als kurulischer Ädil absolviert, bei allen öffentlichen Anlässen trug er die Bürgerkrone, und bei den Wählern war er nicht nur als einer von Roms höchsten Aristokraten, sondern auch als ein Mann von außergewöhnlichen Fähigkeiten und Talenten bekannt. Seine Arbeit am Mordgericht und als Advokat war ebenso im Gedächtnis geblieben wie die gewissenhafte Fürsorge für seine Klienten. Kurzum: Caesar verkörperte die Zukunft. Catulus und Vatia Isauricus standen zweifellos für die Vergangenheit – und beiden hing außerdem der üble Geruch an, Günstlinge Sullas gewesen zu sein. Die Mehrzahl der Wähler gehörte dem Ritterstand an, und der war von Sulla gnadenlos verfolgt worden. Um der unbestreitbaren Tatsache entgegenzuwirken, daß Caesar durch Heirat Sullas Neffe war, wurde Lucius Decumius damit beauftragt, die alten Geschichten von Caesars Widerstand gegen Sulla wieder aufzuwärmen. Damals hatte Caesar sich geweigert, sich von Cinnas Tochter scheiden zu lassen, und als er sich vor Sullas Häschern verstecken mußte, wäre er beinahe verhungert.

Drei Tage vor der Wahl rief Cato Catulus, Vatia Isauricus und Hortensius zu einem Treffen in sein Haus. Diesmal waren keine Emporkömmlinge wie Cicero oder Halbwüchsige wie Brutus geladen. Selbst ein Mann wie Metellus Scipio wäre eine Belastung gewesen.

»Ich habe euch doch gesagt«, sagte Cato in seiner unverblümten Art, »daß ihr einen Fehler macht, wenn ihr beide kandidiert. Ich verlange, daß einer von euch verzichtet und sich mit seiner ganzen Kraft hinter den anderen stellt.«

»Nein«, sagte Catulus.

»Nein«, sagte Vatia Isauricus.

»Warum begreift ihr nicht, daß ihr zu zweit nur die Stimmenanzahl teilt?« schrie Cato und schlug mit der Faust auf den schäbigen Tisch, der ihm als Schreibtisch diente. Er sah verhärmt und krank aus; er hatte eine lange Nacht mit der Weinflasche hinter sich. Seit Caepios Tod tröstete er sich immer häufiger mit Wein, wenn man es Trost nennen konnte, was er dabei fand. Es fehlte ihm an Schlaf, Caepios Schatten verfolgte ihn, die gelegentlichen Sklavinnen, mit denen er sein sexuelles Verlangen zu stillen versuchte, ekelten ihn an, und selbst die Gespräche mit Athenodorus Cordylion, Munatius Rufus und Marcus Favonius sorgten nur noch selten für geistige Zerstreuung. Er las sehr viel, doch zwischen ihn und die Worte von Platon, Aristoteles und die seines Urgroßvaters Cato des Zensors schoben sich immer wieder Bekümmerung und Einsamkeit. Daher der viele Wein, daher seine schlechte

Laune, jetzt, als er den Blick auf die beiden starrköpfigen alten Aristokraten richtete, die nicht daran dachten, ihren Fehler einzusehen.

»Cato hat recht«, schnaufte Hortensius. Auch er war nicht mehr der Jüngste, und als Augur konnte er sich nicht zum Pontifex Maximus wählen lassen. Der Ehrgeiz hatte ihm den Geist noch nicht umnebelt, aber das Wohlleben begann sich ähnlich auszuwirken. »Einer allein könnte Caesar schlagen, aber zu zweit halbiert ihr die Stimmen, die sonst auf einen entfallen würden.«

»Dann müssen wir eben zur Bestechung greifen«, sagte Catulus.

»Bestechung?« brüllte Cato und hämmerte mit der Faust auf den Tisch, daß er erzitterte. »Damit müssen wir gar nicht erst anfangen! Auch mit zweihundertzwanzig Talenten könnten wir nicht genug Stimmen kaufen, um Caesar zu schlagen!«

»Warum bestechen wir nicht einfach Caesar selber?« fragte Catulus.

Die anderen starrten ihn entgeistert an.

»Caesar steht mit fast zweitausend Talenten in der Kreide, und die Schulden werden jeden Tag größer, weil er noch keine Sesterze davon zurückgezahlt hat. Ihr könnt mir glauben, daß meine Zahlen stimmen.«

»Dann schlage ich vor«, sagte Cato, »daß wir den Zensoren über seine Situation Bericht erstatten und seine sofortige Entfernung aus dem Senat fordern. Damit hätten wir uns seiner ein für allemal entledigt!«

Die anderen hielten erschrocken den Atem an.

»Mein lieber Cato, das können wir nicht tun«, blökte Hortensius. »Er mag eine Landplage sein, aber er ist einer von *uns*!«

»Nein, nein, nein! Er ist keiner von uns!« rief Cato. »Wenn wir ihn nicht aufhalten, reißt er uns alle in den Abgrund, das kann ich euch versprechen!« Wieder schmetterte er die Faust auf den Tisch. »Liefert ihn aus! Liefert ihn den Zensoren aus!«

»Kommt nicht in Frage«, sagte Catulus.

»Kommt nicht in Frage«, sagte Vatia Isauricus.

»Kommt überhaupt nicht in Frage«, sagte Hortensius.

»Dann müßt ihr eben jemanden, der nicht im Senat sitzt, dazu überreden, ihn anzuzeigen«, erwiderte Cato und machte ein schlaues Gesicht. »Einen seiner Gläubiger.«

Hortensius schloß die Augen. Die Sache der *boni* hatte keinen standfesteren Verfechter als Cato, aber manchmal gewann eben doch der tusculanische Bauer, der keltiberische Sklave in ihm die Oberhand über wahre römische Denkweise. Caesar war mit ihnen allen verwandt, selbst mit Cato, egal, wie entfernt die Blutsverwandtschaft auch sein mochte – und bei Catulus war sie gar nicht einmal so sehr entfernt.

»Vergiß das alles, Cato«, sagte Hortensius und schlug die müden Augen auf. »Das wäre eine unrömische Handlungsweise. Mehr ist dazu nicht zu sagen.«

»Wir werden uns auf römische Weise mit Caesar befassen«, fügte Catulus hinzu. »Wenn du bereit bist, das Geld, mit dem du die Wählerschaft bestechen wolltest, dazu zu verwenden, Caesar selber zu bestechen, dann werde ich persönlich ihm das Angebot unterbreiten. Zweihundertzwanzig Talente wären eine ansehnliche erste Rate für seine Gläubiger. Sicher ist auch Metellus Scipio damit einverstanden.«

»Davon bin ich überzeugt«, knurrte Cato. »Aber auf mich dürft ihr dabei nicht zählen, ihr kleinmütigen Narren! Nicht einmal einen rostigen Nagel würde ich für Caesars Geldbeutel opfern.«

Und so kam es, daß Quintus Lutatius Catulus um ein Gespräch mit Caesar in dessen Arbeitswohnung am Vicus Patricii nachsuchte. Das Gespräch fand frühmorgens am Tag vor der Wahl statt. Die unaufdringliche Schönheit der Räumlichkeiten verblüffte den Besucher; er hatte nicht geahnt, geschweige denn gewußt, welch erlesenen Geschmack, welch gutes Auge für Einrichtung sein Vetter ersten Grades besaß. Gibt es denn gar nichts, für das dieser Mann nicht begabt ist? fragte er sich und nahm auf einem Sofa Platz, bevor man ihm den Stuhl für die Klienten anbieten konnte. Aber damit tat er seinem Gastgeber unrecht. Niemals wäre es Caesar eingefallen, einem Mann von Catulus' Rang den Klientenstuhl zuzumuten.

»Morgen ist also der große Tag«, sagte Caesar lächelnd, als er seinem Gast einen kristallenen Becher mit verdünntem Wein reichte.

»Deshalb bin ich hier«, erwiderte Catulus, nahm einen Schluck und war erstaunt, wie gut der Wein war. »Ein guter Tropfen, aber ich kenne ihn nicht«, bemerkte er, um das Thema zu wechseln.

»Ich baue ihn selber an«, antwortete Caesar.

»Bei Bovillae?«

»Nein, ich habe einen kleinen Weinberg in der Campania.«

»Ach, wie interessant.«

»Was hast du mit mir zu besprechen, Vetter?« fragte Caesar, der sich nicht über Weinbau unterhalten wollte.

Catulus holte tief Luft. »Mir ist zu Ohren gekommen, Caesar, daß es mit deinen Finanzen nicht zum besten steht. Ich bin gekommen, um dich zu bitten, nicht für das Amt des Pontifex Maximus zu kandidieren. Als Gegenleistung für diesen Gefallen würde ich dir zweihundert Talente zahlen.« Er langte unter seine Toga und zog eine kleine Papierrolle heraus, die er Caesar entgegenhielt.

Caesar würdigte sie keines Blickes und machte auch keinerlei Anstalten, danach zu greifen. Statt dessen stieß er einen Seufzer aus.

»Mit dem Geld hättest du lieber die Wähler bestechen sollen, Catulus«, sagte er. »Mit zweihundert Talenten wärst du ein Stück weiter gekommen.«

»So habe ich mir mehr davon versprochen.«

»Das war ein Fehler, lieber Vetter. Ich will dein Geld nicht.«

»Du kannst es dir nicht leisten, es auszuschlagen.«

»Das ist wahr. Aber ich nehme es trotzdem nicht.«

Die kleine Rolle steckte noch immer in Catulus' ausgestreckter Hand. »Überleg es dir noch einmal«, sagte er. Auf seinen Wangen bildeten sich zwei rote Flecken.

»Steck dein Geld wieder weg, Quintus Lutatius. Wenn es morgen zur Wahl kommt, werde ich in meiner gestreiften Toga zur Stelle sein und die Wähler bitten, mich zum nächsten Pontifex Maximus zu machen. Egal, was passiert.«

»Gaius Julius, ich bitte dich ein letztes Mal. *Nimm das Geld!*«

»Quintus Lutatius, ich bitte dich ein letztes Mal. *Gib es auf!*«

Daraufhin schleuderte Catulus den Becher aus Bergkristall auf den Boden und ging hinaus.

Caesar saß einen Moment lang unbeweglich da und starrte auf die hellrote Pfütze, die sich auf dem Schachbrettmuster aus Mosaikfliesen ausbreitete, dann erhob er sich, holte sich aus dem Geräteraum einen Lappen und wischte die Bescherung auf. Als er den Becher berührte, zerfiel er in lauter kleine Stücke. Sorgfältig sammelte er sie zusammen, legte sie in den Lappen und warf ihn in den Abfallbehälter im Geräteraum. Bewaffnet mit einem frischen Lappen, machte er sich daran, den Rest aufzuwischen.

»Ich bin froh, daß er den Becher mit soviel Wucht auf den Boden geschleudert hat«, sagte Caesar am frühen Morgen des nächsten Tages zu seiner Mutter, die er aufgesucht hatte, um sich von ihr noch einmal Glück wünschen zu lassen.

»Ach, Caesar, wie kannst du froh darüber sein? Ich kenne das Ding und weiß, wieviel du dafür bezahlt hast.«

»Ich habe es als fehlerloses Stück gekauft, und dabei war es schadhaft.«

»Dann geh hin und verlange dein Geld zurück.«

Diese Bemerkung löste eine Äußerung des Unwillens aus. »Ach, Mater, wann begreifst du das endlich? Das hat doch nichts mit dem Preis für das Ding zu tun! Es hatte einen Fehler. Ich will nicht, daß defekte Sachen bei mir herumstehen.«

Weil sie ihn nicht so recht verstand, wechselte Aurelia das Thema. »Ich wünsche dir Erfolg, liebster Sohn«, sagte sie und küßte ihn auf die Stirn. »Ich werde hier auf dich warten.«

»Sollte ich verlieren, Mater«, sagte er mit seinem strahlendsten Lächeln, »dann wirst du eine ganze Weile auf mich warten müssen! Wenn ich verliere, werde ich nicht mehr nach Hause zurückkehren können.«

Und so machte er sich auf den Weg, gekleidet in die priesterliche Toga mit den hell- und dunkelroten Streifen; Hunderte von Klienten und alle männlichen Bewohner der Subura schlossen sich ihm an, als er den Vicus Patricii hinunterging, und aus jedem Fenster schaute ein weiblicher Kopf, um ihm Glück zu wünschen.

Noch ganz leise konnte Aurelia hören, wie er den Glückwünschern an den Fenstern zurief: »Caesars Glück wird eines Tages sprichwörtlich sein!«

Danach saß sie an ihrem Schreibtisch und addierte stundenlang Zahlen auf ihrem elfenbeinernen Abakus, aber sie schrieb nicht eine einzige Summe auf, und hinterher konnte sie sich nicht mehr daran erinnern, was sie eigentlich zusammengezählt hatte.

Er schien ihr gar nicht lange fortgewesen zu sein; später erfuhr sie, daß es insgesamt sechs Frühlingsstunden waren. Als sie seine triumphierende Stimme bereits vom Empfangszimmer her hörte, fehlte ihr die Kraft, sich aus dem Sessel zu erheben. Er mußte sie suchen.

»Vor dir steht der neue Pontifex Maximus!« rief er schon auf der Türschwelle, die Hände über dem Kopf verschränkt.

»Ach, Caesar«, sagte sie und brach in Tränen aus.

Nichts hätte ihn mehr erschrecken können, denn er konnte sich nicht erinnern, sie jemals mit Tränen in den Augen gesehen zu haben. Er schluckte, die Freude auf seinem Gesicht wich Bestürzung; er kam ins Zimmer gestolpert, hob sie aus dem Sessel, und dann lagen sie sich in den Armen und weinten beide.

»Nicht einmal für Cinnilla hast du geweint«, sagte er, als er sich wieder gefaßt hatte.

»Doch, aber nicht in deiner Gegenwart.«

Mit einem Taschentuch wischte er zuerst sein Gesicht und dann das seiner Mutter trocken. »Wir haben gesiegt, Mater, wir haben gesiegt! Ich stehe noch in der Arena und halte das Schwert in beiden Fäusten.«

Ihr Lächeln war zittrig, aber es war ein Lächeln. »Wie viele Leute sind draußen im Empfangsraum?« fragte sie.

»Es herrscht ein schauderhaftes Gedränge, mehr weiß ich nicht.«

»Hast du deutlich gewonnen?«

»In allen siebzehn Tribus.«

»Auch in Catulus'? Und Vatias?«

»Ich habe in ihren Tribus mehr Stimmen auf mich versammelt als die beiden zusammen, stell dir das vor!«

»Das ist ein schöner Sieg«, flüsterte sie. »Aber wie kam er zustande?«

»Einer der beiden hätte verzichten müssen«, sagte Caesar. »Zusammen haben sie ihre Stimmen halbiert.« Er fühlte sich jetzt bereit, einem Saal voller Menschen gegenüberzutreten. »Außerdem war ich als junger Mann Jupiter Optimus Maximus' höchsteigener Priester, und Sulla hat mich dieses Postens beraubt. Auch der Pontifex Maximus gehört dem Großen Gott. Meine Klienten haben im Komitium viel Überzeugungsarbeit geleistet, und sie haben damit erst aufgehört, als auch die Stimmen des letzten Tribus eingesammelt waren.« Er grinste. »Ich habe dir doch gesagt, Mater, zu einem Wahlkampf gehört mehr als nur Bestechung. Kaum ein Wähler, der nicht davon überzeugt war, daß ich eine glückliche Lösung für Rom bin. Schließlich war ich immer ein Mann des Jupiter Optimus Maximus.«

»Es hätte auch gegen dich gewendet werden können. Sie hätten sich sagen können, daß ein Mann, der einmal *flamen Dialis* war, ein Unglück für Rom ist.«

»Nein! Die Menschen warten immer auf jemanden, der ihnen sagt, wie sie sich den Göttern gegenüber zu verhalten haben. Ich war rechtzeitig zur Stelle, bevor meine Gegner auf diesen Gedanken kommen konnten. Natürlich sind sie nicht darauf gekommen.«

Seit Metellus Scipio vor ein paar Jahren Aemilia Lepida geheiratet hatte, lebte er nicht mehr im Domus Publica des Pompeius, und Licinia, die kinderlose Ehefrau des Ferkels, war vor ihrem Mann gestorben. Das staatliche Domizil des Pompeius stand also leer.

Natürlich hatte beim Begräbnis des Ferkels aus Gründen des Taktes niemand daran erinnert, was für ein schlechter Scherz Sullas es gewesen war, den Römern diesen ungewählten Pontifex Maximus aufzuzwingen, denn Metellus Pius hatte immer, wenn er aufgeregt war, entsetzlich zu stottern angefangen. Diese Angewohnheit hatte jeder Zeremonie zusätzliche Spannung verliehen, denn jeder hatte sich gefragt, ob der Pontifex Maximus wohl alle Worte ordentlich herausbringen würde. Eine Zeremonie mußte ohne Störungen vonstatten gehen – in Wort wie in Handlung; geschah dies nicht, mußte man noch einmal von vorn beginnen.

Der neue Pontifex Maximus würde wohl kaum über seine Worte stolpern, um so weniger, als er keinen Wein trank, wie allgemein bekannt war. Das war auch eines von Caesars kleinen Wahlkampfmanövern gewesen – er hatte diese Information während der pontifikalen Wahlen wohldosiert unter die Leute bringen lassen. Und als Beigabe ein par Bemerkungen darüber, daß Catulus und Vatia Isauricus doch schon recht alte Männer waren. Nach fast zwei Jahrzehnten der Angst vor höchstpriesterlichem Gestammel war Rom geradezu entzückt von der Aussicht auf einen Pontifex Maximus, der Zeremonien fehlerlos durchführen konnte.

Scharen von Klienten und begeisterten Anhängern strömten herbei, um Caesar und seiner Familie beim Umzug ins Domus Publica auf dem Forum Romanum zu helfen, auch wenn die Subura traurig darüber war, einen so prominenten Mitbewohner zu verlieren. Besonders Lucius Decumius, der rastlos für die Sache gearbeitet hatte, war untröstlich darüber, daß sein Leben nie mehr so sein würde wie zuvor.

»Du bist immer willkommen, Lucius Decumius«, sagte Aurelia.

»Aber es ist nicht dasselbe«, erwiderte der alte Mann düster. »Ich wußte immer, daß ihr hier neben mir wohnt, daß es euch gutgeht. Aber da unten im Forum, zwischen all den Tempeln und Schreinen. Bah!«

»Kopf hoch, alter Freund«, sagte die über sechzig Jahre alte Dame, in die Lucius Decumius sich verliebt hatte, als sie neunzehn war. »Er hat nicht die Absicht, diese Wohnung hier zu vermieten oder seine Räume im Vicus Patricii aufzugeben. Er braucht seine Rückzugsmöglichkeiten.«

Das war für Lucius Decumius die beste Neuigkeit seit Tagen! Er hüpfte davon wie ein kleiner Junge, um seinen Brüdern bei den Kreuzweglern zu berichten, daß Caesar ein Teil der Subura bleiben würde.

Es beunruhigte Caesar nicht im geringsten, daß er jetzt an der Spitze eines Kollegiums stand, dessen Mitglieder ihn in ihrer Mehrheit verachteten. Nach dem Ende seiner Investitur im Tempel des Jupiter Optimus Maximus rief er seine Kollegen an Ort und Stelle zu einer Besprechung zusammen. Er leitete diese Konferenz so souverän und unvoreingenommen, daß Priester wie Sextus Sulpicius Galba und Publius Mucius Scaevola Seufzer der Erleichterung ausstießen und die Vermutung äußerten, die Staatsreligion könnte womöglich von einem Pontifex Maximus wie Caesar profitieren, so zuwider ihnen seine politischen Ansichten auch sein mochten. Onkel Mamercus, der alt und immer kurzatmiger wurde, lächelte nur; niemand wußte besser als er, wie effektiv Caesar die Dinge anzupacken wußte.

Jedes zweite Jahr mußten zwanzig zusätzliche Tage in den Kalender eingefügt werden, damit er im Gleichschritt mit den Jahreszeiten blieb, aber eine Reihe von Pontifices Maximi wie Ahenobarbus und Metellus Pius hatten diese Pflicht vernachlässigt. In Zukunft würden diese zwanzig Tage ohne Versäumnis eingefügt werden, verkündete Caesar mit fester Stimme. Er würde keine Ausreden oder religiösen Spitzfindigkeiten dulden. Dann kündigte er an, daß er in den Komitien ein Gesetz einbringen werde, nach dem noch einmal hundert Tage eingefügt würden, um den Kalender endgültig wieder an die Jahreszeiten anzupassen. Zur Zeit war es so, daß gerade der Sommer begann, wenn der Kalender das nahe Ende des Herbstes verkündete. Dieser Plan rief bei einigen unzufriedenes Murren, aber keinen allgemeinen Protest hervor; alle Anwesenden (einschließlich Caesar) wußten, daß er ohnehin warten mußte, bis er Konsul war, um ein solches Gesetz durchbringen zu können.

Während einer Konferenzpause sah Caesar sich stirnrunzelnd im Innern des Jupiter Optimus Maximus um. Catulus mühte sich noch immer mit dem Neubau des Tempels ab, aber nachdem das eigentliche Gebäude stand, waren die Arbeiten weit hinter dem Zeitplan zurückgeblieben. Der Tempel war bewohnbar, aber schmucklos; ihm fehlte der Glanz des alten Baus. Viele Wände waren verputzt und gestrichen, aber es mangelte an Fresken und schmückenden Zierleisten, und Catulus hatte natürlich weder den Unternehmungsgeist noch das Bedürfnis, ausländische Staaten und ihre gekrönten Häupter dazu zu überreden, als Zeichen ihrer Hochachtung für Rom den Jupiter Optimus Maximus mit herrlichen Kunstgegenständen zu verschönern. Keine goldenen oder wenigstens vergoldeten Statuen, keine prächtigen Standbilder der Victoria auf ihrem vierspännigen Wagen, keine Malereien des Zeuxis – noch nicht einmal ein Abbild des Großen Gottes, das den uralten Terrakottariesen hätte ersetzen können, den Vulca zu einer Zeit erschaffen hatte, als Rom noch ein kleiner Knabe war, der sich eben anschickte, auf die Bühne der Welt zu krabbeln. Aber für den Augenblick wollte Caesar sich zurückhalten. Das Amt des Pontifex Maximus bekleidete man ein Leben lang, und er war noch keine siebenunddreißig Jahre alt.

Nachdem er die Konferenz mit der Ankündigung geschlossen hatte, daß er in acht Tagen im Tempel des Domus Publica sein Antrittsfest abhalten würde, machte er sich auf den kurzen Weg vom Tempel des Jupiter Optimus Maximus zum Domus Publica. An den unvermeidlichen Schwarm von Klienten, die ihn überallhin begleiteten, hatte er sich gewöhnt; er ging langsamer als üblich, tief in Gedanken versunken. Es konnte kein Zweifel daran bestehen, daß er in Wahrheit dem Großen Gott gehörte und diese Wahl auf sein Geheiß gewonnen hatte. Ja, er würde Catulus vor aller Augen zu Vorschlägen zwingen und auch seinen eigenen Geist ein wenig anstrengen müssen, um das dringende Problem zu lösen, wie man den Tempel des Jupiter Optimus Maximus mit schönen Dingen und Kunstschätzen füllen konnte, zu einer Zeit, wo in den privaten Haushalten nur das Beste gut genug war, wo man sich prachtvolle Gärten anlegte, wo Künstler und Kunsthandwerker in privatem Auftrag wesentlich mehr Geld verdienen konnten, als der Staat ihnen dafür zahlte, daß sie öffentliche Gebäude ausschmückten.

Das wichtigste Gespräch hatte er sich bis zum Schluß aufgespart, weil er es für besser gehalten hatte, zunächst dem Priesterkollegium seine Autorität zu demonstrieren, bevor er den vestalischen Jungfrauen seine Aufwartung machte. Alle priesterlichen und auguralen Kollegien gehörten in seinen Verantwortungsbereich als nominelles und tatsächliches Oberhaupt der römischen Staatsreligion, aber mit dem Kollegium der vestalischen Jungfrauen verband den Pontifex Maximus eine besondere Beziehung. Er war nicht nur ihr *paterfamilias*, er wohnte auch mit ihnen unter einem Dach.

Das Domus Publica war sehr alt und von allen Bränden verschont worden. Generationen wohlhabender Pontifices Maximi hatten Geld und Arbeit hineingesteckt, obwohl sie wußten, daß alle beweglichen Gegenstände, von Tischen, die mit Gold und Elfenbein verziert waren, bis hin zu ägyptischen, mit Intarsien versehenen Liegesofas, später von den Erben nicht wieder herausgenommen werden durften.

Wie alle sehr frühen republikanischen Gebäude auf dem Forum lag auch das Domus Publica in einem merkwürdigen Winkel zur vertikalen Achse des Forums selber, denn in der Zeit seiner Entstehung waren alle sakralen und öffentlichen Gebäude auf einer Nord-Süd-Achse erbaut worden, während das Forum aufgrund einer natürlichen Neigung von Nordosten nach Südwesten ausgerichtet war. Spätere Gebäude waren dann auf dieser Linie erstellt worden, was für ein ordentlicheres, attraktiveres Gesamtbild gesorgt hatte. Als eines der größten Bauwerke des Forums war das Domus Publica ein Blickfang, wenn auch ein wenig erfreulicher. Es stand teilweise im Schatten der Regia und der Amtsräume des Pontifex Maximus; die hohe Fassade auf ihrem Fundament war aus unverputzten Tuffblöcken und hatte rechteckige Fenster; das oberste Stockwerk, das der schrullige Pontifex Maximus Ahenobarbus später hatte draufsetzen lassen, war ein Gemäuer undefinierbaren Stils mit Bogenfenstern. Eine unglückliche Kombination, die – wenigstens in der Frontalansicht von der Via Sacra her – durch den Bau eines ordentlichen und eindrucksvollen Portikus mit Giebeldreieck entscheidend verbessert werden könnte. Das dachte sich jedenfalls Caesar, und in dieser Sekunde wußte er, wie sein Beitrag zum Domus Publica aussehen würde. Es war ein geweihter Tempel, also konnte kein weltliches Gesetz ihn daran hindern.

Im Umriß war das Gebäude mehr oder weniger kastenförmig, auch wenn ein Vorsprung auf beiden Seiten es ein wenig öffnete. Hinter dem Haus bildete ein kleiner, zehn Meter hoher Felsen die letzte Stufe des Palatin. Oben auf diesem Felsen verlief die Via Nova, eine belebte Straße mit Tavernen, Läden und Mietshäusern; auf der Rückseite des Domus Publica stellte eine schmale Gasse die Verbindung zu den

Untergeschossen der Häuser auf der Via Nova her. Alle diese Anwesen erhoben sich weit über die Felskante, so daß man von ihren Rückfenstern aus einen herrlichen Blick auf alles hatte, was in den Innenhöfen des Domus Publica passierte. Außerdem standen sie der Nachmittagssonne im Weg, hinderten sie daran, das Domizil des Pontifex Maximus und der Vestalinnen zu bescheinen, und sorgten auf diese Weise dafür, daß das Domus Publica, das bereits durch seine tiefe Lage benachteiligt war, ein kühler Aufenthaltsort war. Der Porticus Margaritaria, eine gigantische rechteckige Einkaufsarkade, die direkt oberhalb des Hauses verlief und an der Achse des Forums ausgerichtet war, stieß an seine Rückseite und schnitt buchstäblich einen Teil von ihm ab.

Allerdings störte sich kein Römer – nicht einmal ein logisch denkender wie Caesar – an sonderbar geformten Gebäuden, denen hier und da eine Ecke fehlte und aus denen dafür an anderer Stelle ein Erker hervorragte. Wenn man entlang einer geraden Linie bauen konnte, dann tat man das; wenn man jedoch um eine Ecke herumbauen mußte oder entlang einer Grenze, die so krumm war, daß man glauben konnte, die Priester, die sie gezogen hatten, seien einem hüpfenden Vogel gefolgt, dann tat man eben auch das. Wenn man das Domus Publica unter diesem Aspekt betrachtete, dann war es gar nicht einmal so schief und krumm. Aber es war klobig und häßlich, und außerdem kalt und feucht.

Die Eskorte seiner Klienten blieb ehrfürchtig zurück, als Caesar auf das Haupttor zuschritt, zwei gewaltige Türflügel mit Bronzereliefs, auf denen die Geschichte der Cloelia erzählt wurde. Unter normalen Umständen benutzte man dieses Tor gar nicht, denn es gab Eingänge auf beiden Seiten des Gebäudes. Aber heute war kein normaler Tag. Heute nahm der neue Pontifex Maximus sein Domizil in Besitz, und das war ein formaler Akt. Caesar schlug dreimal mit der flachen Hand gegen den rechten Türflügel, der sich unverzüglich öffnete. Die Vorsteherin der Vestalinnen ließ ihn mit einer tiefen Verbeugung ein, dann schloß sie die Tür vor der Horde seufzender, traurig dreinblickender Klienten, die sich auf eine lange Wartezeit einrichten mußten und bereits jetzt über Erfrischungen und Zeitvertreib nachzudenken begannen.

Perpennia und Fonteia waren schon vor ein paar Jahren zurückgetreten; die Vorsteherin der Vestalinnen war jetzt Licinia, eine Base ersten Grades von Murena und eine entfernte Base von Crassus.

»Aber ich möchte mich so bald wie möglich zurückziehen«, sagte sie, als sie Caesar über die geschwungene Rampe im Vestibül zu einer weiteren prächtigen Bronzetür führte. »Mein Vetter Murena kandidiert dieses Jahr als Konsul, und er hat mich gebeten, so lange Vorsteherin der Vestalinnen zu bleiben, wie es seinem Wahlkampf dienlich ist.«

Eine schlichte, angenehme Frau, diese Licinia, aber – wie Caesar wußte – bei weitem nicht stark genug, um ihr Amt angemessen versehen zu können. Als Pontifex hatte er im Lauf der Jahre immer wieder mit den erwachsenen Vestalinnen zu tun gehabt, und seit dem Tag, an dem Metellus Pius das Ferkel ihr *paterfamilias* geworden war, hatte er ihr Schicksal bedauert. Zuerst hatte Metellus Pius zehn Jahre in Spanien gegen Sertorius gekämpft, dann war er zurückgekehrt, frühzeitig gealtert und keineswegs in der Laune, sich um sechs weibliche Geschöpfe zu kümmern, die er eigentlich überwachen und anleiten sollte. Seine trübsinnige, farblose Frau war ihm auch keine große Hilfe dabei gewesen. Und so kam es, wie es kommen mußte – ohne eine feste Hand im Hintergrund war keine der drei Frauen, die nacheinander Vorsteherinnen wurden, in der Lage geewsen, mit ihrer Aufgabe fertig zu werden. Mit dem Kollegium der vestalischen Jungfrauen war es immer weiter bergab gegangen. Sicher, das heilige Feuer wurde sorgsam gehütet, und die verschiedenen Feierlichkeiten wurden organisiert, wie es sich gehörte. Aber der Skandal um die Anschuldigungen des Publius Clodius lag noch immer wie ein dunkler Schatten über den sechs Frauen, die das Glück der Stadt Rom verkörperten, und keine von denen, die zu jener Zeit bereits dem Kollegium angehörten, war ohne ein paar schlimme Narben aus dieser Affäre hervorgegangen.

Licinia schlug mit der flachen rechten Hand dreimal gegen den rechten Türflügel, und Fabia ließ sie mit einer tiefen Verbeugung in den Tempel ein. Hinter diesen geheiligten Portalen hatten die Vestalinnen sich versammelt, um ihren neuen *paterfamilias* zu begrüßen; es war der einzige Raum des Domus Publica, in dem der Pontifex Maximus und die Vestalinnen sich begegnen durften.

Und was tat der neue *paterfamilias*? Er schenkte ihnen ein fröhliches, ganz und gar nicht priesterliches Lächeln und ging forschen Schrittes auf eine dritte Doppeltür zu, die sich am hinteren Ende des düsteren Saales befand.

»Wir gehen an die frische Luft, Mädchen«, rief er ihnen über die Schulter zu.

Im kühlen Areal des Innenhofs fand er eine geschützte Ecke, wo unter dem Säulengang drei schwere Holzbänke nebeneinander aufgereiht standen. Scheinbar mühelos hob er eine von ihnen hoch und stellte sie gegenüber den beiden anderen auf. Dann nahm er darauf Platz in seiner farbenprächtigen, hell- und dunkelrot gestreiften Toga, unter der er inzwischen die hell- und dunkelrot gestreifte Tunika des Pontifex Maximus trug. Mit einer lässigen Handbewegung lud er die sechs Frauen ein, sich ebenfalls zu setzen. Es herrschte ein ängstliches Schweigen, während Caesar seine neuen Schutzbefohlenen in Augenschein nahm.

Fabia – das Objekt der amourösen Bemühungen von Catilina und Publius Clodius – galt als die hübscheste Vestalin seit Generationen. Als Zweitälteste würde sie Licinia demnächst als Vorsteherin nachfolgen, womit der Posten der Vestalis Maxima alles andere als ideal besetzt war; wäre das Kollegium zur Zeit ihres Eintritts von Bewerberinnen überschwemmt worden, hätte man sie gar nicht erst zugelassen. Aber dem damaligen Pontifex Maximus Scaevola war gar nichts anderes übriggeblieben, als seinen Wunsch nach einem schlichten Mädchen zu unterdrücken und diesen bildschönen Sprößling der uralten römischen Sippe der Fabier aufzunehmen. Seltsam. Sie und Ciceros Frau Terentia hatten dieselbe Mutter, aber Terentia besaß nichts von Fabias Schönheit und Liebenswürdigkeit, dafür war sie die weitaus Intelligentere von den beiden. Fabia war achtundzwanzig, sie würde dem Kollegium also noch für acht bis zehn Jahre angehören.

Zwei der Vestalinnen – Popillia und Arruntia – hatten das gleiche Alter. Auch sie waren von Clodius damals der Unzucht mit Catilina beschuldigt worden. Doch war die Sachlage hier weit eindeutiger gewesen als bei Fabia. Sie hatten die Geschworenen sehr schnell von ihrer völligen Unschuld überzeugen können, obwohl sie damals erst siebzehn waren. Ein Problem gab es: Innerhalb eines Zeitraums von zwei Jahren würden drei der sechs Frauen aus dem Kollegium ausscheiden. Der Pontifex Maximus würde also drei Novizinnen finden müssen, die einmal ihren Platz einnehmen könnten. Aber bis dahin waren noch zehn Jahre Zeit. Popillia war eine nahe Cousine Caesars, während Arruntia so gut wie gar nicht blutsverwandt mit ihm war. Keine der drei hatte sich vom Makel des Vorwurfs der Unkeuschheit jemals so richtig erholt, deshalb klammerten sie sich eng aneinander und führten ein sehr abgeschiedenes Leben.

Die beiden Nachfolgerinnen für Perpennia und Fonteia waren noch Kinder, auch sie mit ihren elf Jahren fast gleich alt. Die eine war Junia, die Schwester von Decimus Brutus, Tochter der Sempronia Tuditani. Warum man sie mit nur sechs Jahren ins Kollegium gegeben hatte, war kein Geheimnis: Zum einen hatte Sempronia Tuditani keine potentielle Rivalin neben sich dulden wollen, zum anderen hatte Decimus Brutus sich als katastrophal kostspielig erwiesen. Die meisten Novizinnen wurden von ihren Familien ausreichend versorgt, aber Junia kam ohne eine Mitgift. Kein unüberwindliches Problem, war der Staat doch durchaus bereit, die Versorgung zu übernehmen, wenn die Familie es nicht vermochte. Sie würde eine attraktive junge Frau werden, wenn sie die Unsicherheiten der Pubertät überwunden hatte – falls ihr das in dieser engen Umgebung und ohne mütterlichen Beistand überhaupt gelang.

Das andere Kind war eine Patrizierin aus alter, wenn auch etwas verarmter Familie, eine Quinctilia von außergewöhnlicher Körperfülle. Auch sie hatte keine Mitgift bekommen. Ein Hinweis auf den momentanen Ruf des Kollegiums, dachte Caesar verbittert. Niemand würde seine Tochter zu den Vestalinnen geben, wenn er sie mit genügend Mitgift ausstatten konnte, um einen Mann für sie zu finden. Ein Mißstand, der den Staat teuer zu stehen kam. Natürlich waren dem Kollegium eine Pompeia, eine Lucceia, sogar eine Afrania, eine Lollia und eine Petreia angeboten worden; Pompeius der Große hatte verzweifelt versucht, sich und seine picentischen Anhänger in den angesehensten Institutionen Roms zu etablieren. Aber mochte das Ferkel auch noch so alt und krank gewesen sein – aus diesem Stall hatte es niemanden haben wollen! Da sollte der Staat doch lieber die Abkömmlinge angesehener Familien mit eigenen Mitteln finanzieren oder wenigstens Mädchen wie Fonteia, deren Vater die Krone aus Gras verliehen worden war.

Die erwachsenen Vestalinnen kannten Caesar ungefähr so gut, wie er sie kannte, eine Bekanntschaft, die sich durch seine Teilnahme an offiziellen Banketten und Veranstaltungen innerhalb der Priesterkollegien ergeben hatte und daher eher oberflächlich war. Es gab in Rom durchaus Festlichkeiten, die zu Trinkgelagen und allzu intimen Vertraulichkeiten zwischen den Teilnehmern ausarten konnten – aber die religiösen gehörten nicht dazu. Was mochte hinter den sechs Gesichtern vorgehen, die Caesar jetzt zugewandt waren? Er würde Zeit brauchen, um es herauszufinden. Aber sein unbekümmertes, heiteres Auftreten hatte sie wenigstens ein bißchen aus der Reserve gelockt, und genau das hatte auch in seiner Absicht gelegen; er wollte nicht, daß sie ihn ausschlossen oder irgendwelche Dinge vor ihm verbargen. Keine dieser Vestalinnen war bereits auf der Welt gewesen, als Rom in der Person des berühmten Ahenobarbus zum letztenmal einen so jungen Pontifex Maximus gehabt hatte. Deshalb war es ihm wichtig, ihnen das Gefühl zu geben, daß das neue Oberhaupt ihnen ein *paterfamilias* war, an den sie sich ohne jeden Vorbehalt wenden konnten. Er durfte sich zu keinem begehrlichen Blick, keiner zu vertraulichen Berührung, keiner Anspielung hinreißen lassen. Andererseits durfte er nicht kühl, unnahbar, förmlich und uneinfühlsam erscheinen.

Licinia hüstelte nervös, bevor sie es wagte, das Wort an ihn zu richten: »Wann wirst du hier einziehen, *domine*?«

In der Tat war er ihr Herr, und er hatte bereits beschlossen, sich auch als solcher von ihnen anreden zu lassen. Sie mochten seine Mädchen sein, aber es mußte ausgeschlossen werden, daß sie ihren Mann in ihm sahen.

»Vielleicht übermorgen«, sagte er lächelnd, streckte die Beine von sich und seufzte.

»Du willst sicher, daß dir jemand das Haus zeigt.«

»Ja. Und morgen, wenn ich meine Mutter mitbringe, noch einmal.«

Sie hatten nicht vergessen, daß er eine hochangesehene Mutter hatte, und wußten auch über seine sonstigen Familienverhältnisse Bescheid – über die Verlobung seiner Tochter mit Caepio Brutus und über die zweifelhafte Gesellschaft, in der seine geistig wenig anspruchsvolle Frau verkehrte. Seine Antwort hatte ihnen klargemacht, wie die Hierarchie aussah: Zuerst kam die Mutter. Was für eine Erleichterung!

»Und deine Frau?« fragte Fabia, die Pompeia persönlich für eine sehr schöne und verführerische Frau hielt.

»Meine Frau ist nicht so wichtig«, erwiderte Caesar kühl. »Ich bezweifle, daß sie sich hier blicken lassen wird. Ihr gesellschaftliches Leben nimmt sie sehr in Anspruch. Aber meine Mutter interessiert sich für alles.« Diese letzte Bemerkung hatte er wieder mit seinem unwiderstehlichen Lächeln begleitet, und er fügte hinzu: »Mater ist eine wunderbare Frau. Ihr müßt keine Angst vor ihr haben. Fürchtet euch nicht, mit ihr zu reden. Auch wenn ich euer *paterfamilias* bin, es gibt sicher Dinge in eurem Leben, die ihr lieber mit einer Frau besprechen wollt.

Bis heute hättet ihr dazu entweder dieses Haus verlassen oder die Dinge unter euch besprechen müssen. Mater verfügt über einen großen Schatz an Erfahrung und sehr viel gesunden Menschenverstand. Bedient euch des einen wie des anderen. Sie erzählt eure Geheimnisse nicht weiter, nicht einmal mir.«

»Wir freuen uns auf ihre Ankunft«, erwiderte Licinia förmlich.

»Und was euch betrifft«, wandte Caesar sich an die beiden Kinder, »meine Tochter ist nicht viel älter als ihr, und auch sie ist ein wunderbarer Mensch. Ihr werdet in ihr eine Freundin finden.«

Er entlockte ihnen damit ein schüchternes Lächeln, aber keinerlei Versuch, sich am Gespräch zu beteiligen. Er und seine Familie – das erkannte er mit einem heimlichen Stoßseufzer – würden viel Geduld aufbringen müssen, um diese unglückseligen Opfer des *mos maiorum* an sich und die neue Ordnung im Hause zu gewöhnen.

Ein paar Augenblick lang harrte er noch ganz entspannt dasitzend aus, dann erhob er sich: »Also gut, Mädchen, das soll für den ersten Tag reichen. Licinia, wenn du mir bitte jetzt das Domus Publica zeigen würdest.«

Er ging in die Mitte des von der Sonne verschmähten Peristyliums und sah sich um.

»Dies ist der öffentliche Innenhof«, sagte Licinia. »Du kennst ihn ja von den Veranstaltungen, an denen du hier teilgenommen hast.«

»Aber bei keiner von ihnen hatte ich Muße, um ihn mir genau anzusehen«, erwiderte Caesar. »Wenn einem etwas gehört, betrachtet man es mit ganz anderen Augen.«

Nirgends war die Höhe des Domus Publica augenfälliger als von der Mitte des größten Innenhofs aus. Auf allen vier Seiten war er von einer Mauer umgeben, die bis zu den Spitzen der Dächer reichte. Eine überdachte Kolonnade aus tiefroten dorischen Säulen lief ganz um den gesamten Hof herum; die mit Läden verschlossenen Bogenfenster des obersten Stockwerks ragten über ihre wundervoll bemalten Rückwände hinaus, auf deren rotem Untergrund sich Darstellungen von einigen der berühmtesten Vestalinnen und ihren Taten fanden. Besondere Sorgfalt hatte man auf die Gesichter verwendet, denn gerade die Vorsteherinnen hatten seit jeher sehr strenge Maßstäbe an ihre eigenen *imagines* gelegt – wächserne, besonders lebensecht kolorierte Masken, die von naturgetreuen Perücken gekrönt waren.

»Die Marmorstatuen sind alle von Leucippus und die bronzenen von Strongylion«, erklärte Licinia. »Es sind Geschenke eines meiner Vorfahren, Crassus Pontifex Maximus.«

»Und der Teich? Er ist hübsch.«

»Gespendet von Scaevola Pontifex Maximus, *domine*.«

Offensichtlich kümmerte sich schon jemand um den Garten, aber Caesar wußte bereits, wie der neue Gärtner heißen würde: Gaius Matius. Er drehte sich um und betrachtete die Rückseite. Hunderte von Fenstern schienen von der Via Sacra auf sie herunterzublicken, und in den meisten von ihnen waren Gesichter zu sehen; jeder wußte, daß heute der neue Pontifex Maximus ins Amt eingeführt worden war und daß er anschließend seinem Domizil und seinen Schutzbefohlenen, den Vestalinnen, einen Besuch abstatten würde.

»Ihr seid hier keinen Moment unbeobachtet«, sagte er.

»Nein, *domine*, nicht im größten Innenhof. Unseren eigenen Innenhof hat Ahenobarbus Pontifex Maximus hinzugefügt, und er hat so hohe Mauern errichten lassen, daß uns dort niemand sehen kann.« Sie seufzte und fügte hinzu: »Die Sonne leider auch nicht.«

Sie gingen weiter in den einzigen öffentlichen Raum, die *cella* zwischen den beiden Seiten des Gebäudes, die den Tempel bildeten. Es standen zwar keine Statuen darin, aber die Wände waren bemalt und großzügig vergoldet; leider fiel so wenig Licht in den Raum, daß man die Malereien nicht gebührend würdigen konnte. Auf jeder Seite stand eine lange Reihe von Miniaturtempeln, jenen Schreinen, in denen seit den Anfangstagen des Ordens, der Zeit der ersten römischen Könige, die *imagines* der Vestalis Maxima eine Heimstatt hatten. Es hatte keinen Zweck, einen von ihnen zu öffnen, um einen Blick auf die Farbe von Claudias Haar oder ihre Frisur zu werfen – dazu war es viel zu dunkel.

»Wir müssen sehen, was sich da machen läßt«, sagte Caesar und ging zurück in die Vorhalle, den Raum, den er als ersten betreten hatte.

Hier zeigte sich das Alter des Gebäudes am deutlichsten; die Vorhalle war so alt, daß Licinia ihm nicht erklären konnte, warum sie so aussah, wie sie aussah, oder was man mit den einzelnen Bauelementen bezweckt hatte. Zehn Fuß hinter der äußeren Tür stieg der Boden an und führte in drei getrennten Rampen, die mit einem wahrhaft meisterlichen Mosaik aus Glas oder Fayence ausgelegt waren, zum Eingang des Tempels. Getrennt waren die Rampen durch zwei *amygdala*, mandelkernförmige Brunnen, die mit von der Zeit geschwärzten Tuffblöcken gepflastert waren und in deren Mitte je ein Sockel aus poliertem schwarzen Stein stand; die Sockel dienten als Podeste für die beiden Hälften eines ausgehöhlten, kugelförmigen Felsblocks, die mit granatfarbenen, wie Blutstropfen glitzernden Kristallen ausgelegt waren. Auf jeder Seite der äußeren Tür stand ebenfalls je ein mit Tuffsteinen gepflasterter Brunnen mit geschwungenen Innenkanten. Die Wände und die Decke waren wesentlich jüngeren Datums, eine Pracht aus Gipsblumen und Flechtwerk, in Grüntönen getüncht und teilweise sogar vergoldet.

»Der geweihte Wagen, auf dem wir unsere Toten befördern, läßt sich leichter über die Rampe rollen – die Vestalinnen benutzen die eine, der Pontifex Maximus die andere, aber wir wissen nicht, wem die mittlere Rampe diente und zu welchem Zweck. Vielleicht war sie für den Totenwagen des Königs bestimmt, ich weiß es nicht. Es ist ein Geheimnis«, sagte Licinia.

»Irgendwo muß es einen Schlüssel dafür geben«, meinte Caesar. Er sah die Vestalis Maxima fragend an. »Wohin jetzt?«

»Das kommt darauf an, welche Seite du zuerst sehen willst, *domine*.«

»Nehmen wir deine Seite.«

In der Gebäudehälfte des Domus Publica, in der die Vestalinnen untergebracht waren, gab es auch einen Arbeitsraum, einen wie ein L geformten Raum von etwa fünfzehn Meter Länge. Was in einem gewöhnlichen Haus das Atrium oder der Empfangsraum gewesen wäre, diente den Vestalinnen – den offiziellen Hüterinnen aller römischen Testamente – als Arbeitsplatz. Der Raum war zu diesem Zweck sehr geschickt umgebaut worden: Regale bis unter die hohe Decke, in denen Buchbehälter oder ungeschützte Papierrollen aufbewahrt wurden, Schreibtische mit Stühlen, Leitern und Hocker, eine Reihe von Ständern, von denen große Pergamentbögen hingen, zusammengesetzt aus kleineren Rechtecken, die man sorgfältig miteinander vernäht hatte.

»Hier nehmen wir die Testamente in Verwahrung«, sagte die Vorsteherin der Vestalinnen und deutete auf den Teil des Raumes, in dem sich die Tür befand, durch die diejenigen den Raum betraten, die ihren letzten Willen im Atrium Vestae zu hinterlegen wünschten. »Wie du sehen kannst, ist er durch eine Wand vom größeren Teil des Raumes abgetrennt. Möchtest du einen Blick hineinwerfen, *domine*?«

»Danke, ich kenne den Ort«, sagte Caesar, der schon so manches Testament vollstreckt hatte.

»Heute, am Feiertag, sind die Türen natürlich verschlossen, und niemand tut hier Dienst. Aber morgen arbeiten wir wieder.«

»Und in diesem Teil des Raumes werden die Testamente aufbewahrt?«

»O nein!« stieß Licinia entsetzt hervor. »Das ist nur unser Archiv.«

»Archiv?«

»Ja, zu jedem Testament, das bei uns hinterlegt wird, legen wir ein Karteiblatt an – Name, Tribus, Adresse, Alter, Datum der Hinterlegung und so weiter. Wenn das Testament vollstreckt wird, verläßt es diese Räume. Aber nicht das Karteiblatt. Das wird für immer hier aufbewahrt.«

»Deshalb alle diese Schachteln und Fächer. Sie sind mit lauter Karteiblättern vollgestopft?«

»Ja.«

»Und diese hier?« fragte er und ging zu einem der Ständer hinüber, um die Pergamentblätter zu zählen, die von ihm herunterhingen.

»Das sind unsere Übersichtspläne, die Handbücher, nach denen wir alles finden, von den Namen und den dazugehörigen Tribus bis hin zu Listen von *municipia*, Städten in der ganzen Welt, und den Plänen unseres Lagersystems. Einige von ihnen enthalten das Gesamtverzeichnis der römischen Bürger.«

An dem Ständer hingen sechs Pergamentbögen, jeder von ihnen einen halben Meter breit, anderthalb Meter lang und auf beiden Seiten mit einer klaren, feinen, schwarz abgehobenen Schrift bedeckt, die jedem geübten griechischen Schreiber alle Ehre gemacht hätte. Caesar ließ den Blick durch den Raum schweifen und zählte insgesamt dreißig Ständer. »Da ist ja noch mehr aufgelistet, als du mir erzählt hast.«

»Ja, *domine*. Wir archivieren alles, was wir bekommen, weil es uns interessiert. Die erste Aemilia, die Vestalin wurde, war klug und wußte, daß die alltäglichen Aufgaben, das Hüten des heiligen Feuers und das Heranschaffen des Wassers aus dem Brunnen – damals noch aus dem Brunnen von Egeria, ein viel weiterer Weg als nach Juturna – bei weitem nicht ausreichten, um unseren Geist zu beschäftigen und unsere Gedanken und Gelöbnisse rein zu halten. Als Töchter des Königs waren wir Vestalinnen die Hüterinnen der Testamente, aber unter Aemilia begannen wir zusätzlich damit, Archive anzulegen.«

»Demnach ist das hier ein wahrer Schatz an Informationen.«

»Ja, *domine.*«

»Wie viele Testamente habt ihr in eurer Obhut?«

»Etwa eine Million.«

»Alle hier aufgelistet«, sagte er und schloß in seine Handbewegung sämtliche vier hohen, mit Regalen versehenen Wände ein.

»Ja und nein. Die gegenwärtigen Testamente beschränken sich auf die Wandfächer; wir finden es einfacher, auf einer nackten Rolle nachzusehen, als sie jedesmal aus einer Buchschachtel holen zu müssen. Wir halten das alles staubfrei. Die Schachteln enthalten die Karteiblätter der Testamente, die nicht mehr in unserer Obhut sind.«

»Wie weit reichen eure Karteien zurück, Licinia?«

»Bis zu den beiden jüngsten Töchtern des Königs Ancus Marcius, allerdings nicht in der Abteilung, die Aemilia eingerichtet hat.«

»Ich beginne zu verstehen, warum Ahenobarbus euch eine Wasserleitung legen ließ und das Wasserholen aus dem Brunnen von Juturna auf einen rituellen Eimer täglich reduzierte. Ihr habt Wichtigeres zu tun, auch wenn Ahenobarbus damals einen großen Skandal ausgelöst hat.«

»Wir werden Ahenobarbus Pontifex Maximus ewig dankbar dafür sein«, sagte Licinia und ging voraus zu einer Treppe. »Mit dem zweiten Stockwerk hat er uns das Leben nicht nur leichter und gesünder gemacht, er hat uns auch den Raum gegeben, um die Testamente selber zu lagern. Sie waren im Keller aufbewahrt, wir hatten keinen anderen Platz. Aber auch so ist die Lagerung wieder ein Problem. Früher waren die Testamente auf die römischen Bürger beschränkt, hauptsächlich auf Römer, die hier in Rom wohnten. Heutzutage nehmen wir beinahe alle Testamente von Bürgern und Nichtbürgern aus aller Welt an.« Sie hustete und mußte niesen, als sie den oberen Treppenabsatz erreicht hatte und eine Tür zu einer großen Höhle öffnete, die nur von einer Seite – einer Reihe von Fenstern, die auf den Vestatempel blickten – Licht bekam.

Caesar verstand ihre plötzliche Atemnot; der Raum sonderte ein Miasma aus Papierpartikeln und knochentrockenem Staub ab.

»Hier lagern die Testamente der römischen Bürger, ungefähr eine dreiviertel Million«, sagte Licinia. »Dort drüben Rom, hier Italien. Da die verschiedenen Provinzen. Und hier hinten andere Länder. Und dort die neue Abteilung für das italische Gallien. Sie wurde nach dem

Italischen Krieg nötig, als alle Gemeinwesen südlich des Padus eingebürgert wurden. Wir mußten auch unsere italische Abteilung erweitern.«

Alles war in Regalen untergebracht – lange Reihen gestapelter Holzkästen, jedes Testament genau beschriftet, bis zu fünfzig in einem Kasten. Caesar zog aus einem Kasten der Abteilung für das italische Gallien eines heraus, dann noch zwei weitere. Sie unterschieden sich in der Dicke und in der Art des Papiers, jedes von ihnen war mit Wachs und persönlichen Insignien versiegelt. Das eine dick und schwer – ein umfangreiches Vermögen! Ein anderes schmal und bescheiden – da hatte jemand vielleicht nur eine kleine Hütte und ein Schwein hinterlassen.

»Und wo sind die Testamente der Nichtbürger gelagert?« fragte er, als Licinia vor ihm die Treppe hinunterstieg.

»Im Keller, *domine*, zusammen mit dem Archiv aller Armeetestamente und Todesfälle im Militärdienst. Natürlich lagern hier nicht die Testamente der Soldaten – sie bleiben in der Obhut der Legion. Sie werden vernichtet, wenn der Soldat aus dem Dienst ausscheidet. Er fertigt dann ein neues an und gibt es uns zur Verwahrung.« Sie seufzte sorgenvoll. »Da unten ist noch freier Platz, aber ich fürchte, über kurz oder lang werden wir einen Teil der Testamente von den Bürgern aus der Provinz in den Keller bringen müssen; außerdem lagert da unten noch eine Menge sakrales Gerät, das wir für die Zeremonien brauchen. Was machen wir, wenn der ganze Keller so voll ist wie zu Ahenobarbus' Zeit?« fragte sie mit klagender Stimme.

»Das wird nicht mehr deine Sorge sein, Licinia«, sagte Caesar, »aber zweifellos meine. Was für ein außerordentlicher Gedanke, daß die Tüchtigkeit römischer Frauen und der weibliche Sinn für Ordnung und Genauigkeit hier ein Depot geschaffen haben, wie es auf der ganzen Welt nicht seinesgleichen findet! Wer möchte nicht gern, daß sein Testament vor neugierigen Blicken und betrügerischen Federstrichen sicher ist? Nirgends ist so gut dafür gesorgt wie im Atrium Vestae.«

Die Tragweite dieser Feststellung entging ihr, weil sie zu sehr vom Schrecken über ein Versäumnis in Anspruch genommen wurde. »*Domine*, ich habe ganz vergessen, dir die Abteilung für die Testamente der Frauen zu zeigen«, rief sie.

»Ja, auch Frauen machen Testamente«, sagte er und blieb dabei ernst. »Tröstlich zu wissen, daß ihr die Geschlechter trennt, sogar im Tod.« Während die Bemerkung irgendwo über ihren Kopf hinwegschwebte, dachte er bereits an etwas anderes. »Es erstaunt mich, daß so viele Menschen ihre Testamente hier in Rom lagern, selbst wenn sie ganz woanders, nicht selten viele Reisemonate weit entfernt leben. Man sollte denken, daß alle beweglichen Dinge und das Münzgeld längst verschwunden sind, bis so ein Testament vollstreckt werden kann.«

»Das weiß ich nicht, *domine*, denn von solchen Dingen erfahren wir nichts. Aber wenn die Menschen es tun, dann müssen sie sich eigentlich sicher genug fühlen. Ich könnte mir vorstellen«, lautete ihr einfacher Schluß, »daß sich ein jeder vor Rom und Roms Vergeltung fürchtet. Denk doch nur an das Testament von König Ptolemaios Alexander! Der jetzige König von Ägypten hat Angst vor Rom, weil er genau weiß, daß Ägypten nach diesem Testamanet längst ein Teil Roms ist.«

»Das ist wahr«, sagte Caesar feierlich.

Aus dem Arbeitsraum (wo trotz des Feiertags sogar die beiden kindlichen Vestalinnen inzwischen mit einer Arbeit beschäftigt waren) wurde er in die Wohnquartiere geführt. Caesar fand, daß sie eine hinreichende Entschädigung für die klösterliche Existenz waren. Der Speisesaal war jedoch sehr rustikal – einfache Stühle standen um einen Holztisch herum.

»Essen hier denn keine Männer?« fragte er.

Licinia erschrak. »Doch nicht in unserem Wohnbereich, *domine*! Du bist der einzige Mann, der hier Zutritt hat.«

»Und was ist mit Ärzten und Tischlern?«

»Es gibt gute weibliche Ärzte und auch Handwerkerinnen aller Art. Rom hegt keine Vorurteile gegen arbeitende Frauen.«

»Das habe ich nicht gewußt, und dabei bin ich seit über zehn Jahren Pontifex«, bemerkte Caesar kopfschüttelnd.

»Na ja, während unseres Prozesses warst du nicht in Rom«, sagte Licinia, und dabei zitterte ihr die Stimme. »Damals sind unser privater Zeitvertreib und unsere Lebensumstände öffentlich breitgewalzt worden. Aber gewöhnlich kümmert sich von den Priestern nur der Pontifex Maximus darum, wie wir hier leben – abgesehen von unseren Verwandten und Freunden natürlich.«

»Stimmt. Die letzte Julierin im Kollegium war Julia Strabo, und sie ist sehr früh gestorben. Sterben viele von euch vor ihrer Zeit, Licinia?«

»Heute nur noch sehr wenige, aber ich glaube, vor Einführung der

Wasserleitung und der Kanalisation war es an der Tagesordnung. Möchtest du die Waschräume und die Latrinen sehen? Ahenobarbus glaubte an Hygiene für jedermann. Sogar seine Diener hatten Bäder und Latrinen.«

»Ein bemerkenswerter Mann«, sagte Caesar. »Und wie haben sie ihn geschmäht, als er das Gesetz änderte und sich gleich selber zum Pontifex Maximus wählen ließ! Ich kann mich erinnern, daß eine wahre Epidemie an Latrinenwitzen ausbrach, als Ahenobarbus mit dem Domus Publica fertig war.«

Caesar wollte nicht, aber Licinia bestand darauf, daß er sich auch die Schlafgemächer der Vestalinnen ansah.

»Metellus Pius Pontifex Maximus hat es sich so ausgedacht, als er aus Spanien zurückgekehrt war. Siehst du?« fragte sie und führte ihn durch eine Reihe von mit Tüchern verhängten Torbögen, die von ihrem Schlafgemach ausging. »Der einzige Weg nach draußen führt durch mein Zimmer. Früher hatte jede von uns eine eigene Tür zum Korridor, aber Metellus Pius hat sie zumauern lassen. Er wollte uns vor allen Versuchungen bewahren.«

Caesar sagte nichts dazu; sie gingen den Weg, den sie gekommen waren, zurück zum Arbeitsraum der Vestalinnen. Er kam wieder auf das Thema zu sprechen, das ihn wirklich interessierte.

»Deine Zahlen haben mich erschreckt«, sagte er, »aber das ist Unsinn. Ich habe fast mein ganzes Leben in der Subura verbracht, und wie viele Male habe ich mit eigenen Augen gesehen, wie so ein armer Mann zusammen mit seinem einzigen Sklaven zum Atrium Vestae aufgebrochen ist, um sein Testament zu hinterlegen! Er hat oft nichts vererbt als eine Brosche, ein paar Stühle, einen Tisch und seinen Sklaven. Angetan mit seiner Bürgertoga, trägt er die Getreidekarte in der Hand, als Beweis dafür, daß er ein Römer ist, und hat einen Stolz wie Tarquinius Superbus. Er hat keine Stimme in den Zenturien, und sein urbaner Tribus macht seine Stimme in den Komitien wertlos, aber er darf in einer unserer Legionen dienen und sein Testament hinterlegen.«

»Du hast vergessen zu erwähnen, *domine*, wie oft so ein Mann mit dir als seinem Patron hier erschienen ist«, fügte Licinia hinzu. »Unserer Aufmerksamkeit entgeht es nicht, welche Herren die Zeit finden, dies persönlich zu tun, und welche einfach nur einen Freigelassenen mitschicken.«

»Und wer kommt persönlich?« erkundigte sich Caesar neugierig.

»Du und Marcus Crassus. Und auch Cato und die Domitii Ahenobarbi. Sonst allerdings kaum jemand.«

»Die Namen überraschen mich nicht.«

Es war Zeit, das Thema zu wechseln, denn die weißgekleideten Gestalten, die dort unten beschäftigt waren, konnten seine laute Stimme gut verstehen. »Ihr arbeitet sehr hart«, sagte er. »Ich habe viele Testamente hinterlegt und für viele davon beglaubigte Abschriften beantragt, aber ich habe noch nie darüber nachgedacht, was es eigentlich für eine ungeheure Aufgabe ist, für die römischen Testamente Sorge zu tragen. Ihr verdient dafür höchstes Lob.«

Und so führte ihn eine höchst zufriedene und glückliche Vestalis Maxima zurück in den Vorraum und überreichte ihm die Schlüssel für sein Domizil.

Wie herrlich!

Das L-förmige Empfangszimmer war ein Spiegelbild des Arbeitsraums der Vestalinnen – die längste Wand war etwa fünfzehn Meter lang. Es war sehr luxuriös ausgestattet, angefangen von prächtigen Wandmalereien, vergoldetem Mobiliar und unzähligen herumstehenden Kunstgegenständen bis hin zu dem Mosaikfußboden, den herrlichen Decken mit Gipsrosen und goldenem Wabenmuster, den Pilastern aus buntem Marmor entlang der Wände und einem bunten Marmorsockel für die einzige freistehende Säule.

Ein Arbeits- und ein Schlafzimmer für den Pontifex Maximus, eine kleinere Suite für seine Frau. Ein Eßzimmer mit – sechs Liegesofas! Das Peristylium auf der einen Seite grenzte an den Porticus Margaritaria und bot einen Ausblick auf die Mietshäuser der Via Nova. In der Küche konnte man dreißig Speisende beköstigen; obwohl sie sich mitten im Gebäude befand, fehlte eine der Außenmauern, und die gefährlichen Kochstellen waren im Freien untergebracht. Die Zisterne war groß genug, um als Waschstelle für die Wäsche und, im Falle eines Brandes, als Wasserreservoir zu dienen.

»Ahenobarbus Pontifex Maximus hat die Cloaca Maxima angezapft. Damit hat er sich auch bei den Anwohnern der Via Nova sehr beliebt gemacht«, sagte Licinia und lächelte, wie sie es immer tat, wenn sie von ihrem großen Idol sprach. »Weil er den Abfluß an der kleinen Gasse hinter unserem Haus entlanglegen ließ, konnte er auch von den Mietshäusern und sogar vom Porticus Margaritaria mitbenutzt werden.«

»Und das Wasser?« fragte Caesar.

»Auf dieser Seite des Forum Romanum gibt es sehr viele Quellen, *domine*. Eine davon speist unsere Zisterne, eine andere die Zisterne im Hof.«

Sowohl im ersten Stock als auch im Erdgeschoß gab es Räume für das Personal und sogar eine ganze Wohnung, in der Burgundus, Cardixa und ihre unverheirateten Söhne wohnen konnten. Und wie begeistert würde Eutychus von seinem eigenen kleinen Nest sein!

Es war jedoch der vordere Teil des ersten Stockwerks, der Caesars Dankbarkeit für eine Mitgift wie das Domus Publica die Krone aufsetzte. Die Vordertreppe führte zwischen dem Empfangszimmer und seinem Arbeitszimmer nach oben und unterteilte das Areal geschickt in zwei Bereiche. Die Zimmer vor der Treppe würde er Pompeia zur Verfügung stellen. Auf diese Weise würde er von einem Markttag bis zum nächsten nichts von ihr hören noch sehen! Julia konnte die geräumige Wohnung hinter der Vordertreppe beziehen, denn die beiden Gästewohnungen konnten über die Hintertreppe erreicht werden.

Und wer sollte die Wohnung im Erdgeschoß beziehen, die für die Frau des Pontifex Maximus vorgesehen war? Seine Mutter natürlich. Wer sonst?

»Wie findest du es?« fragte er seine Mutter, als sie am nächsten Tag nach der Besichtigung den Clivus Orbius hinuntergingen.

»Es ist phantastisch, Caesar.« Sie zog die Stirn in Falten. »Nur ein Aspekt macht mir Sorgen: Pompeia. Ein Kinderspiel für die Leute, zu ihr nach oben zu schleichen! Das Haus ist groß, man sieht nicht, wer kommt und geht.«

»Ach, Mater, du willst mich doch wohl nicht dazu verurteilen, sie in meiner Nähe unterzubringen!« rief er aus.

»Nein, mein Sohn, das will ich nicht. Aber wir müssen einen Weg finden, Pompeias Kommen und Gehen zu überwachen. In der Wohnung war es leicht; sie ist Polyxena in die Arme gelaufen, wenn sie aus ihrer Tür trat. Aber hier? Wir würden es gar nicht merken. In die Wohnung konnte sie auch keine Männer schmuggeln, aber hier? Wir würden nicht dahinterkommen.«

»Nun ja«, seufzte Caesar, »in meiner neuen Stellung steht mir eine ganze Anzahl öffentlicher Sklaven zu. Das sind meistens ziemlich faule und verantwortungslose Kerle, weil ihnen niemand auf die Finger sieht und keiner sie lobt, wenn sie gute Arbeit machen. Das wird sich ändern. Eutychus wird langsam alt, aber er ist immer noch ein sehr guter Verwalter. Burgundus und Cardixa holen wir mit ihren vier Jüngsten aus Bovillae zurück. Die vier Älteren kommen dort allein zurecht. Deine Aufgabe ist es, eine neue Hausordnung zu organisieren und für Disziplin bei den Dienstboten zu sorgen – bei denen, die wir mitbringen, und denen, die bereits hier sind. Ich habe dafür keine Zeit, deshalb muß ich mich auf dich verlassen.«

»Das ist mir klar«, sagte sie, »aber das ist noch keine Lösung für unser Problem mit Pompeia.«

»Dabei geht es um eine angemessene Überwachung, Mater, und sonst nichts. Wir wissen doch beide, daß man nicht einfach einen Diener vor ihre Tür setzen kann. Der würde nämlich sehr bald einschlafen, wenn nicht vor Müdigkeit, dann vor Langeweile. Deshalb müssen sich am Fuß der Vordertreppe zwei Männer ablösen. Tag und Nacht. Wir können ihnen kleine Arbeiten geben – Leintücher zusammenlegen, Messer und Löffel polieren, Geschirr abwaschen, Kleider flicken, du kennst dich da besser aus als ich. In jeder Schicht muß ein Teil dieser Aufgaben erledigt werden. Zum Glück gibt es eine Nische zwischen der Treppe und dem Ende der Wand. Ich werde da eine laut quietschende Tür einbauen lassen, um die Treppe vom Empfangsraum abzutrennen. Wenn einer die Treppe benutzen will, muß er zuerst die Tür öffnen. Falls unsere Wachposten einmal einnicken sollten, wird das Quietschen sie aufwecken. Und wenn Pompeia unten auftaucht, um auszugehen, wird einer der Männer Polyxena Bescheid geben. Zum Glück hatte Pompeia nicht genug Unternehmungsgeist, um wegzulaufen, bevor Polyxena herbeigeeilt ist. Und sollte ihre Freundin Clodia versuchen, sie dazu zu überreden, wird sie es nur einmal tun, das verspreche ich dir. Ich werde Pompeia unmißverständlich klarmachen, daß ein solches Verhalten ein ausreichender Scheidungsgrund ist. Und Eutychus soll nur solche Männer zum Wachdienst einteilen, die sich nicht gegenseitig dazu ermuntern, Bestechungsgelder anzunehmen.«

»Ach, Caesar, wie schrecklich!« rief Aurelia und schlug die Hände zusammen. »Wir sind doch keine Legionäre, die das Lager gegen Feinde sichern müssen.«

»Doch, Mater, ich fürchte, das sind wir. Aber sie ist schuld daran. Sie verkehrt in den falschen Kreisen und läßt sich nicht davon abbringen.«

»Und deshalb müssen wir sie einsperren.«

»Nicht einsperren, Mater. Sei gerecht. Ich will ihr ja nicht verbieten, ihre Freundinnen zu sehen, hier oder außer Haus. Sie können kommen und gehen, wie es ihnen gefällt, selbst solche abgetakelten Schönheiten wie Sempronia Tuditani und Palla. Und von mir aus auch dieser widerliche Pompeius Rufus. Aber Pompeia ist jetzt die Frau des Caesar Pontifex Maximus. Das ist ein sozialer Aufstieg, auch für eine Enkeltochter des Sulla. Auf ihre Vernunft kann ich nicht zählen, denn die besitzt sie nicht. Wir kennen alle die Geschichte von Metella Dalmatica, die es trotz Scaurus Princeps Senatus geschafft hat, Sulla das Leben zur Hölle zu machen, als er sich zum Prätor wählen lassen wollte. Sulla hat sie damals fortgeschickt – ein Zeichen für seinen intakten Selbsterhaltungstrieb. Aber kannst du dir vorstellen, daß ein Clodius, ein Decimus Brutus oder der junge Poplicola mit soviel Besonnenheit handelt wie Sulla? Pah! Im Handumdrehen hätten sie sich Pompeia geschnappt.«

»Dann sollte Pompeias Mutter dabeisein«, sagte Aurelia mit Entschiedenheit, »wenn du deine Frau über die neuen Regeln in Kenntnis setzt. Cornelia Sulla ist eine großartige Frau, und sie weiß genau, was für eine törichte Tochter sie hat. Mit der Autorität ihrer Mutter verstärkst du auch deine Autorität. Es hat keinen Sinn, wenn ich mich da einmische. Pompeia haßt mich dafür, daß ich ihr Polyxena auf den Hals gehetzt habe.«

Gesagt, getan. Der Umzug ins Domus Publica fand bereits am nächsten Tag statt, und noch bevor Pompeia mit ihren Bediensteten einen Blick auf die prächtige Suite im ersten Stock geworfen hatte, war sie in vollem Umfang über die neuen Verhaltensregeln informiert worden. Natürlich hatte sie geweint und die Unschuld ihrer Absichten beteuert – aber vergebens. Cornelia Sulla war noch strenger als Caesar und unnachgiebig in ihrer Drohung, daß Pompeia im Falle einer unehrenhaften Scheidung wegen Ehebruchs im Hause des Onkels Mamercus nicht mehr willkommen sei. Zum Glück war Pompeia keine Frau, die lange grollte, und so war sie bereits am nächsten Tag mit den Gedanken ganz und gar beim Umzug ihres geschmacklosen, aber kostspieligen Schnickschnacks in das neue Haus und plante bereits einen ausgiebigen Einkaufsbummel – schließlich mußten diese riesigen, kahlen Räume ja mit irgend etwas eingerichtet werden.

Caesar hatte sich gefragt, wie Aurelia wohl mit ihrer neuen Rolle als Herrin eines Hauses, das einem Palast ziemlich nahekam, zurechtkommen würde, war sie doch bisher Vermieterin einer florierenden Insula gewesen. Würde sie darauf bestehen, weiterhin ihre Bücher zu führen? Oder würde sie nach mehr als vierzig Jahren alle Brücken zur Subura abbrechen? Als der Nachmittag seines Einweihungsfestes kam, wußte er längst, daß er sich um diese bemerkenswerte Frau nun wahrlich keine Sorgen machen mußte. Die Kontrolle wolle sie nicht aus der Hand geben, erklärte sie ihm, aber die Bücher der Insula würden ab jetzt von einem Mann geführt, den Lucius Decumius gefunden hatte und für den er seine Hand ins Feuer legte. Und dabei stellte sich heraus, daß der Großteil ihrer Arbeit gar nichts mit ihren eigenen Geschäften zu tun gehabt hatte; um ihre Tage auszufüllen, hatte sie im Auftrag von einem halben Dutzend anderer Hauswirte gearbeitet. Wie entsetzt ihr Mann gewesen wäre, wenn er das gewußt hätte. Caesar lächelte still in sich hinein.

Er stellte überhaupt fest, daß seine Beförderung zum Pontifex Maximus Aurelia neuen Auftrieb gab. Sie war überall zu finden, auf beiden Seiten des Gebäudes; ohne große Anstrengung hatte sie sich Einfluß auf Licinia verschafft. Bei allen sechs Vestalinnen war sie sehr beliebt, und ihr Sohn dachte mit stiller Belustigung, daß sie schon bald in der Mission aufgehen würde, nicht nur in das Domus Publica, sondern auch in die Verwaltung der Testamente neuen Schwung zu bringen.

»Caesar, wir sollten für diesen Dienst eine Gebühr erheben«, sagte sie mit entschlossener Miene. »Soviel Arbeit und Mühe! Dafür sollte der römische Staatssäckel entschädigt werden.«

Er war dagegen. »Ich stimme dir zu, daß eine Gebühr dem Schatzamt zugute käme, Mater, aber die Ärmsten der Armen würde sie eines ihrer letzten Privilegien berauben. Nein. Im großen und ganzen hat Rom keine Probleme mit seinen *proletarii*. Fülle ihnen die Bäuche und biete ihnen Spiele – und sie sind zufrieden. Wenn wir damit anfangen, ihre Gewohnheitsrechte mit Gebühren zu belegen, dann verwandeln wir die *capite censi* sehr schnell in ein Ungeheuer, das uns verschlingen könnte.«

Wie Crassus vorhergesehen hatte, besänftigte Caesars Wahl zum Pontifex Maximus seine Gläubiger auf wundersame Weise. Und ganz nebenbei brachte das Amt ihm ein beträchtliches Einkommen vom Staat, und das traf auch für die drei wichtigsten *flamines Dialis, Martialis* und *Quirinalis* zu. Ihre drei staatlichen Residenzen standen auf der anderen Seite der Via Sacra, gegenüber der Domus Publica, aber es hatte natürlich keinen *flamen Dialis* mehr gegeben, seit Caesar von Sulla der Helm und der Umhang des persönlichen Priesters von Jupiter Optimus Maximus abgenommen worden war. Sie hatten damals ein Abkommen getroffen: Erst nach Caesars Tod sollte es einen neuen *flamen Dialis* geben. Zweifellos war seine damalige Residenz dem Verfall preisgegeben worden, seit sie Merula, ihren letzten Bewohner, vor fünfundzwanzig Jahren verloren hatte. Und da er jetzt zuständig für das Haus war, mußte er es sich ansehen, um zu entscheiden, was damit geschehen sollte. Eventuelle Reparaturen konnte er aus dem unangetasteten Gehalt bestreiten, das ihm zugestanden hätte, wenn er in dem Haus gelebt und seinen Dienst als *flamen Dialis* versehen hätte. Später würde er es für viel Geld an einen ehrgeizigen Ritter vermieten, den es nach einer Adresse auf dem Forum Romanum gelüstete. Rom sollte das investierte Geld zurückbekommen.

Aber zuerst mußte er sich um die Regia kümmern und um die Amtsräume des Pontifex Maximus.

Die Regia war das älteste Gebäude auf dem Forum. Man nahm gemeinhin an, daß es die Residenz von Numa Pompilius, dem zweiten römischen König, gewesen war. Außer dem Pontifex Maximus und dem Rex Sacrorum hatte kein anderer Priester Zutritt zu dem Haus. Allerdings assistierten die Vestalinnen dem Pontifex Maximus, wenn er Ops das alljährliche Opfer darbrachte; und wenn der Rex Sacrorum bei den jährlich wiederkehrenden Agonalien seinen Schafbock opferte, holte er sich ein paar junge Priester dazu, die ihm halfen und hinterher den Altar reinigten.

Als Caesar das Haus betrat, bekam er eine Gänsehaut, so überwältigend war das Gefühl, das er dabei hatte. Erdbeben hatten mindestens zweimal eine Generalüberholung des Gebäudes nötig gemacht, aber es war immer wieder auf denselben uralten Fundamenten errichtet worden und jedesmal mit den gleichen schmucklosen Tuffblöcken. Nein, dachte Caesar, während er sich umschaute, die Regia ist nie ein Wohnhaus gewesen. Sie war viel zu klein und hatte keine Fenster. Wahrscheinlich steckte auch hinter dem Grundriß eine Absicht; er war so ungewöhnlich, daß er nur einem geheimnisvollen rituellen Zweck gedient haben konnte. Es war ein Viereck von der Art, wie die Griechen es als Trapezoid bezeichneten – keine Seite verlief parallel zu einer anderen. Was für eine religiöse Bedeutung mochte das für die Menschen gehabt haben, die vor so langer Zeit lebten? Es stand nicht einmal in einer bestimmten Richtung, denn dazu hätte es eine erkennbare Vorderfront haben müssen. Vielleicht war gerade das der Grund: Ihr dürft euch keiner Himmelsrichtung entgegenstellen, damit ihr die Götter nicht verärgert! Ja, es war von Beginn an ein Tempel gewesen, daran zweifelte er jetzt nicht mehr. Hier hatte König Numa Pomilius die Rituale des jungen Rom zelebriert.

An der kürzesten Wand befand sich ein Schrein, zweifellos ein Schrein der Ops, einer Gottheit ohne Gesicht, Stofflichkeit und Geschlecht (nur der Einfachheit halber hatte man ihr das weibliche Geschlechtswort gegeben), von der die Mächte regiert wurden, die Roms Staatskassen und die Bäuche der Menschen füllten. Am gegenüberliegenden Ende war eine Öffnung im Dach, unter der in einem kleinen Innenhof zwei Lorbeerbäume wuchsen, ganz schlank und ohne Zweige bis zu der Stelle, wo sie die Köpfe durch die Öffnung steckten, um ein wenig Sonnenlicht zu trinken. Der Innenhof war nicht durch Mauern vom übrigen Raum abgetrennt, sein Erbauer hatte sich mit einer hüfthohen Begrenzung aus Tuffstein begnügt. Und zwischen dieser Begrenzung und dem Ende der Mauer lagen, sorgfältig in vier Reihen aufgestapelt, die vierundzwanzig Schilde des Mars; an der Ecke zur Via Sacra steckten in einem Wandständer die vierundzwanzig dazugehörigen Speere.

Wie gut es sich fügte, daß ausgerechnet er an diesen Ort zurückkehrte, um ihm zu dienen! Er, ein Julier, der in direkter Linie von Mars abstammte. Mit einer Anrufung des Kriegsgottes zog er ganz vorsichtig die Hüllen aus weichem Fell von den Schilden in der obersten Reihe und hielt ehrfürchtig den Atem an, während er sie betrachtete. Dreiundzwanzig von ihnen waren Nachbildungen, einer nur war wirklich der Schild, der auf Geheiß Jupiters vom Himmel gefallen war, um König Numa Pompilius vor seinen Feinden zu schützen. Aber die Nachbildungen stammten aus der gleichen Zeit, und niemand außer König Numa Pompilius würde jemals wissen, welches der echte Schild war. Der Legende nach hatte er die Repliken anfertigen lassen, um etwaige Diebe zu verwirren. Nur ein Schild besaß tatsächlich göttliche Zauberkraft. Schilde wie diese fand man sonst nur in Wandmalereien auf Kreta oder dem Peleponnes; sie waren beinahe mannshoch und geformt wie zwei Tränen, die mit ihren spitzen Enden auseinanderstanden, und somit ein schlankes Mittelstück bildeten. Ihre Rahmen waren aus wunderbarem Hartholz gefertigt, über die man die getrockneten Felle schwarzweiß gefleckter Rinder gespannt hatte. Zweimal im Jahr, im März und im Oktober, wenn die patrizischen Priester, die man die Salier nannte, ihren Kriegstanz aufführten, der Anfang und Ende einer Wahlperiode markierte, brachte man die Schilde nach draußen, wo sie auslüften konnten; wahrscheinlich waren sie nur deshalb noch in relativ gutem Zustand. Das waren sie also: *seine* Schilde, *seine* Speere. Von so nahe hatte er sie noch nie betrachtet, denn als er das Alter erreicht hatte, in dem er Salier hätte werden können, war er statt dessen der *flamen Dialis* geworden.

Das Haus war schmutzig und heruntergekommen, er würde mit Lucius Claudius, dem Rex Sacrorum, reden müssen, damit der seine Schar von Jungpriestern in Aktion brachte. Ein Gestank nach altem Blut lag in der Luft, trotz der Öffnung im Dach, und der Boden war übersät mit Rattenkot. Daß die heiligen Schilde nicht gelitten hatten, kam einem Wunder gleich. Eigentlich hätten die Ratten schon vor Jahrhunderten den letzten Rest der Felle von den Rahmen genagt haben müssen. Die Buchbehälter, die vor der längsten der vier Wände aufgestapelt lagen, hatten nicht soviel Glück gehabt, während die steinernen Tafeln gleich daneben auch den schärfsten Schneidezähnen widerstanden hatten. Es war allerhöchste Zeit, mit den Reparaturen der Schäden zu beginnen, die Zeit und Nagetiere hier angerichtet hatten.

»Ich fürchte«, sagte Caesar beim Abendessen zu Aurelia, »ich kann nicht einfach ein paar Hunde oder hungrige Katzenmütter in die Regia schaffen. Das dürfte mit unseren religiösen Gesetzen kaum vereinbar sein. Aber wie soll ich sonst mit den Ratten fertig werden?«

»Ich denke, ihre Anwesenheit in der Regia widerspricht unseren religiösen Gesetzen mindestens so sehr wie Hunde oder Katzen«, erwiderte Aurelia. »Aber ich verstehe, was du meinst. Es ist kein großes Problem, Caesar. Ich frage einfach die beiden alten Frauen, die für die öffentlichen Latrinen in der Subura Minor verantwortlich sind, von wem sie sich ihre Rattenfallen bauen lassen. Raffinierte Apparate sind das! Längliche Kästen mit einer Tür an einem Ende. Die Tür lehnt an einem Gegengewicht, das Gegengewicht ist mit einem Faden verbunden, der Faden hängt an einem Stück Käse. Wenn die Ratte versucht, sich den Käse zu holen, fällt die Tür herunter. Der Bursche, den du damit beauftragst, die Ratten aus dem Kasten zu holen und zu töten, darf allerdings keine Angst haben, damit sie ihm nicht wieder entwischen.«

»Mater, du kennst dich einfach mit allem aus! Darf ich die Beschaffung der Rattenfallen vertrauensvoll in deine Hände legen?«

»Gern«, sagte sie und war sehr zufrieden mit sich.

»In deinem Mietshaus gibt es keine Ratten.«

»Das will ich aber auch hoffen! Du weißt ja, daß Lucius Decumius immer einen Hund hat.«

»Und jeden von ihnen nennt er Fido.«

»Und jeder von ihnen ist ein ausgezeichneter Rattenfänger!«

»Unsere Vestalinnen bevorzugen Katzen.«

»Praktische Tierchen, vorausgesetzt, es sind Weibchen.« Sie lächelte spitzbübisch. »Es ist ja verständlich, daß sie sich keine Kater halten, aber auf Rattenjagd gehen nur die Weibchen. Da unterscheiden die Katzen sich von den Hunden. Der viele Nachwuchs ist ein Ärgernis, aber Licinia kennt keine Gnade, und wenn die beiden Nesthäkchen auch noch so betteln. Die Kätzchen werden gleich nach der Geburt ertränkt.«

»Worauf Junia und Quinctilia in Tränen ertrinken.«

»Wir alle müssen uns an den Tod gewöhnen«, stellte Aurelia ungerührt fest. »Wir dürfen uns nicht nur vom Herzen leiten lassen.«

Dagegen gab es nichts zu sagen, also wechselte Caesar das Thema. »Ich habe ungefähr zwanzig Buchbehälter samt Inhalt retten können – ein bißchen mitgenommen zwar, aber noch ganz intakt. Wie es scheint, haben meine Vorgänger die Kästen ausgetauscht, wenn sie von Ratten zernagt waren. Wäre es da nicht sinnvoller gewesen, die Ratten auszurotten? Für die erste Zeit werde ich die Dokumente in meinem Arbeitszimmer aufbewahren – ich möchte sie lesen und katalogisieren.«

»Dokumente?«

»Ja, aber nicht aus der Zeit der Republik. Sie reichen zurück bis zu den ersten Königen.«

»Ah! Jetzt verstehe ich, warum sie dich interessieren. Du hattest schon immer eine Schwäche für alte Dokumente und Archive. Aber kannst du sie denn lesen? Die sind doch sicher nicht zu entziffern.«

»Doch, es ist ordentliches Latein, so wie man es vor dreihundert Jahren geschrieben hat, und sie sind auf Pergament geschrieben. Ich denke, einer der Ponifices Maximi dieser Zeit hat die Originale entziffern und diese Kopien anfertigen lassen.« Er lehnte sich auf sein Liegesofa zurück. »Ich hab auch ein paar Steintafeln gefunden. Sie tragen die gleiche Schrift wie die Stele im Schacht des Lapis Niger. So frühzeitig, daß man es kaum noch als lateinische Schrift erkennen kann. Eine Art Vorläufer davon, nehme ich an, wie das Lied der Salier. Aber ich werde sie entziffern, keine Angst!«

Seine Mutter betrachtete ihn liebevoll, aber auch ein wenig streng. »Caesar, ich will hoffen, daß du über all der religiösen und historischen Forscherei nicht vergißt, daß du dieses Jahr als Prätor kandidieren willst. Du sollst deine Aufgabe als Pontifex Maximus ordentlich erfüllen, aber deine Karriere auf dem Forum darfst du darüber nicht vernachlässigen.«

Er vernachlässigte sie nicht, und auch der Schwung seines Wahlkampfes litt keineswegs darunter, daß die Lampen in seinem Arbeitszimmer jeden Tag bis tief in die Nacht brannten, während er sich durch die alten Dokumente arbeitete, die er die *Zeugnisse der Könige* getauft hatte. Er dankt den Göttern dafür, daß irgendein unbekannter Pontifex Maximus die Schriften entziffert und auf Pergament übertragen hatte. Wo die Originale sich befanden, wußte Caesar nicht. Sicher nicht in der Regia, und sie konnten auch den Steintafeln, die er dort gefunden hatte, eigentlich nicht ähnlich sein, denn das waren annalistische Dokumente, die – diese Vermutung hegte er nach ersten Vorarbeiten – aus der Zeit der ersten Könige stammten, vielleicht gar von Numa Pompilius. *Oder sogar von Romulus?* Was für ein erregender Gedanke! Doch weder bei der in Stein gemeißelten Schrift noch bei den Kopien auf Pergament handelte es sich um etwas Zeitgeschichtliches. Es hatte mit Gesetzen zu tun, mit Regularien, religiösen Ritualen, Anstandsregeln, mit Zeremonien und Zeremonienmeistern. Er würde sie so schnell wie möglich veröffentlichen lassen; ganz Rom sollte wissen, was in der Regia herumlag. Varro würde Feuer und Flamme sein und Cicero begeistert. Er würde ein Abendessen veranstalten.

Um diesem außergewöhnlichen Jahr, das Caesar Höhen und Tiefen gebracht hatte, die Krone aufzusetzen, bekam er bei den kurulischen Wahlen, die früh im Quinctilis abgehalten wurden, von allen Kandidaten für das Amt des Prätors die meisten Stimmen. Sämtliche Zenturien nannten seinen Namen, deshalb konnte er schon lange, bevor der letzte Mann zurückkam, sicher sein, daß er gewählt worden war. Philippus, sein Freund aus der Zeit in Mitylene, wurde sein Kollege, ebenso Ciceros ungestümer jüngerer Bruder, der kleine Quintus Cicero. Aber leider hatte man auch Bibulus zum Prätor gewählt.

Als durch das Los bestimmt wurde, welcher Mann welche Aufgabe bekommen würde, war Caesars Sieg vollkommen. Sein Name stand auf der ersten Kugel, er war Stadtprätor geworden, der wichtigste der acht Männer. Deshalb würde Bibulus ihn auch nicht ärgern können (man hatte ihm das Gericht für Gewalttaten zugelost) – während er nun zweifellos in der Lage war, Bibulus zu ärgern!

Höchste Zeit also, Domitia das Herz zu brechen und sich von ihr zu trennen. Sie war sehr diskret gewesen, also war Bibulus noch völlig ahnungslos. Das würde sich ändern, wenn sie erst anfinge, zu heulen und zu jammern. Das hatten bis jetzt noch alle getan. Bis auf Servilia. Vielleicht war sie deshalb als einzige übriggeblieben.

TEIL VIER

1. Januar
bis 5. Dezember 63 v. Chr.

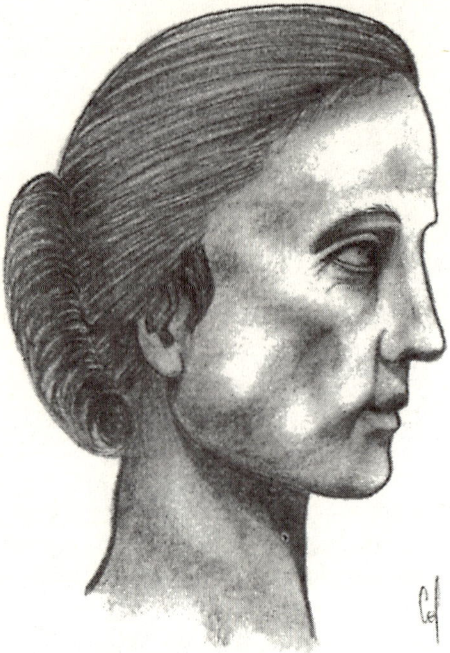

AURELIA

Es war Ciceros Pech, daß sein Jahr als Konsul mitten in einer ökonomischen Krise begann, und weil die Ökonomie nicht gerade sein Spezialgebiet war, sah er diesem Amtsjahr mit düsteren Gefühlen entgegen. Er hatte sich sein Konsulat anders vorgestellt! Die Leute sollten nach Ablauf seines Jahres von ihm sagen, er habe Rom denselben ungetrübten Wohlstand beschert wie sieben Jahre zuvor Pompeius und Crassus während ihres gemeinsamen Konsulats. Da Hybrida der Zweite Konsul war, würde ohnehin die ganze Anerkennung an Cicero gehen. Es gab also keinen Grund, sich im Unfrieden von Hybrida zu trennen, wie Pompeius seinerzeit von Crassus – und umgekehrt.

Roms wirtschaftliche Probleme gingen vom Osten aus, der den römischen Geschäftsleuten seit mehr als zwanzig Jahren verschlossen geblieben war. Zuerst hatte König Mithridates ihn erobert; dann hatte Sulla, nachdem er ihn Mithridates wieder entrissen hatte, dort lobenswerte finanzielle Regelungen eingeführt und die römische Ritterschaft auf diese Weise daran gehindert, den Osten wie in alten Zeiten wirtschaftlich auszupressen. Hinzu kam, daß das Unwesen der Piraten auf hoher See geschäftliche Unternehmungen östlich von Makedonien und Griechenland nicht eben gefördert hatte. Folglich ließen diejenigen, die Steuern pachteten, Geld verliehen oder mit Gebrauchsgütern wie Weizen, Wein und Wolle handelten, ihr Kapital lieber zu Hause – eine Tendenz, die sich noch verstärkte, als der Krieg gegen Quintus Sertorius in Spanien ausbrach und eine Reihe von Dürreperioden die Getreideernten sehr mager ausfallen ließ. Beide Enden des Mittelmeers waren zu riskanten Handelsplätzen geworden.

Alle diese Dinge hatten dafür gesorgt, daß Kapital und Investitionen sich zwanzig Jahre lang vorwiegend auf Rom und Italien konzentrierten. Den Geschäftsleuten der römischen Ritterschaft boten sich keine verlockenden überseeischen Investitionsmöglichkeiten mehr, also hatten sie auch wenig Bedarf an großen Geldsummen. Die Zinsen für geliehenes Geld waren niedrig, die Mieten waren niedrig, die Inflation gedieh prächtig, Kreditgeber hatten es nicht eilig, ihre Schulden einzutreiben.

An Ciceros Unglück war einzig und allein Pompeius schuld. Zuerst hatte der Große mit den Piraten aufgeräumt, dann hatte er Mithridates und Tigranes aus den Gebieten verjagt, die einmal zur römischen Handelssphäre gehört hatten. Mit Sullas Regelungen hatte er ebenfalls kurzen Prozeß gemacht, auch wenn Lucullus darauf bestanden hatte, sie beizubehalten – der einzige Grund, weshalb die Ritter alles daran gesetzt hatten, Lucullus zu verjagen und Pompeius das Kommando zu übergeben. Und so boten sich just in dem Moment, als Cicero und Hybrida ihr Amt antraten, im Osten geschäftliche Möglichkeiten in Hülle und Fülle. Wo einst nur die Provinzen Asia und Cilicia waren, gab es jetzt vier Provinzen; Pompeius hatte dem Weltreich die Provinzen Bithynien-Pontus und Syrien hinzugefügt. Er organisierte sie ebenso wie die beiden anderen: Die großen Gesellschaften der *publicani* in Rom erhielten das Recht, Steuern, den Zehnten und Tribute zu pachten. Private Verträge, die von den Zensoren ausgegeben wurden, ersparten dem Staat die Mühe, die Steuern einzutreiben, und verhinderten ein Aufblähen des Beamtenapparats. Sollten sich doch die *publicani* ihre Köpfe zerbrechen! Das Schatzamt begnügte sich mit dem festgelegten Anteil am Profit.

Im Zuge dieses neuen Vorstoßes nach Osten floß viel Kapital aus Rom und Italien ab. Die Folge war ein drastischer Anstieg der Zinsen. Plötzlich fingen Wucherer an, ihre Schulden einzutreiben, und es wurde immer schwerer, Kredite zu erhalten. In den Städten stiegen die Mieten in den Himmel, die Bauern auf dem Land konnten ihre Darlehen nicht zurückzahlen. Unweigerlich ging auch der Preis für Getreide in die Höhe – selbst der für staatliches Getreide. Riesige Geldmengen strömten aus Rom hinaus, und niemand in der Verwaltung wußte, wie man die Situation unter Kontrolle bringen sollte.

Nachdem Freunde wie der plutokratische Ritter Titus Pomponius Atticus (der nicht die Absicht hatte, Cicero allzu tiefe Einblicke in die Geheimnisse des Handels zu geben) ihn darüber informiert hatten, daß der Abfluß des Geldes aus Rom ausländischen Juden anzulasten sei, die ihre Profite nach Hause schickten, erließ Cicero flugs ein Gesetz, das es den Juden verbot, Geld nach Hause zu schicken. Natürlich erzielte er damit wenig Wirkung, aber etwas Besseres fiel dem Ersten Konsul nicht ein – und Atticus machte keine Anstalten, ihn ins rechte Bild zu setzen.

Es lag nicht in Ciceros Natur, sein Jahr als Konsul einer Mission zu widmen, von der er inzwischen begriffen hatte, daß sie ebenso vergeblich wie unpopulär war; also richtete er seine Aufmerksamkeit auf Angelegenheiten, in denen ihm keiner etwas vormachen konnte. Die wirtschaftliche Situation würde sich von allein einpendeln, wohingegen neue Gesetze eine persönliche Handschrift verlangten. Schließlich bedeutete *sein* Jahr als Konsul, daß Rom nach langer Zeit wieder einen Konsul hatte, der etwas von Gesetzen verstand – also würde er Gesetze erlassen.

Zuerst attackierte er das Gesetz gegen die Bestechung der Wählerschaft bei konsularischen Wahlen, das Konsul Gaius Piso vier Jahre zuvor erlassen hatte. Piso – der sich selbst massiver Bestechung schuldig gemacht hatte – war gezwungen worden, ein Gesetz dagegen zu erlassen. Vielleicht verständlich, daß das Resultat alles andere als wasserdicht war, aber nachdem Cicero die schlimmsten Löcher geflickt hatte, machte es einen ganz passablen Eindruck.

Und was kam als nächstes dran? Ach ja! Männer, die von ihrer Amtszeit als Statthalter einer prätorialen Provinz zurückkehrten, die sie nach Kräften ausgebeutet hatten, wollten sich der Strafverfolgung entziehen, indem sie sich *in absentia* zum Konsul wählen ließen! Niemand, der Amtsgewalt innehatte, konnte verfolgt werden. Solange ein zurückkehrender Prätorstatthalter die heilige Grenze der Stadt Rom nicht überschritt, behielt er seine Amtsgewalt, die Rom ihm als Statthalter der Provinz übertragen hatte. Er konnte also direkt vor der Stadt auf dem Marsfeld warten und beim Senat den Antrag stellen, *in absentia* als Konsul kandidieren zu dürfen. Den Wahlkampf führte er vom Marsfeld aus, und wenn er das Glück hatte, gewählt zu werden, marschierte er mit der soeben erworbenen, neuen Amtsgewalt in die Stadt hinein und blieb unantastbar. Mit diesem Trick konnte sich jemand für mehr als zwei Jahre jeglicher Strafverfolgung entziehen und darauf hoffen, daß die aufgebrachten Vertreter der Provinz, die gekommen waren, um ihn zur Rechenschaft ziehen zu lassen, bis dahin wohl aufgegeben haben und wieder nach Hause gereist sein würden. Damit muß es ein Ende haben! polterte Cicero im Senat und vor der Volksversammlung. Und deshalb beantragten er und sein Zweiter Konsul Hybrida, es jedem zurückkehrenden Prätorstatthalter zu untersagen, *in absentia* für das Amt des Konsuls zu kandidieren. Sollten sie doch nach Rom zurückkehren und das Risiko einer Strafverfolgung eingehen! Und weil der Senat und das Volk es für eine gute Idee hielten, wurde ein Gesetz daraus.

Was konnte er sonst noch tun? Cicero dachte an dieses und jenes, an lauter nützliche kleine Gesetze, die seinem Ruf zustatten kämen. Aber leider reichte das nicht aus, seine Reputation zu erhöhen. Eine Reputation als großer Konsul, nicht als juristische Koryphäe. Was Cicero brauchte, war eine Krise, aber keine ökonomische.

Daß ihm die zweite Hälfte seiner Amtszeit die ersehnte Krise bringen würde, hatte Cicero noch nicht einmal begriffen, als das Los ihm den Vorsitz über die Wahlen brachte, die im Monat Quinctilis stattfinden sollten. Und zunächst begriff er auch nicht, welche Auswirkungen es haben würde, daß seine Frau kurz vor den Wahlen ungebeten in seine Intimsphäre eindrang.

Terentia war mit dem üblichen Mangel an Zurückhaltung in sein Arbeitszimmer getrampelt, ohne einen Funken Ehrfurcht davor, daß seine Denkprozesse ihm heilig waren.

»Cicero, hör sofort auf mit dem, was du da tust!« bellte sie ihn an.

Unverzüglich ließ er die Feder sinken, hob den Blick und war vorsichtig genug, sich seinen Kummer über die Störung nicht anmerken zu lassen. »Ja, meine Liebe, was gibt's?« fragte er und lächelte milde.

Mit grimmigem Blick ließ sie sich in den Klientensessel fallen. Aber da sie immer grimmig blickte, hatte er nicht die geringste Ahnung, welches diesmal der Anlaß für ihre Verbitterung sein könnte; er hoffte inständig, daß es nichts war, was *er* angestellt hatte.

»Ich hatte heute morgen Besuch«, sagte sie.

Es lag ihm auf der Zunge, sie zu fragen, ob der Besuch ihr die Laune verdorben hatte, doch er zog es vor, sein normalerweise so ungebärdiges Organ zu zügeln; wenn ihn auch sonst niemand zum Schweigen zu bringen vermochte, Terentia konnte es. Also setzte er eine interessierte Miene auf und wartete ab.

»Besuch«, wiederholte sie und schnaubte. »Niemand aus meinen Kreisen, das kann ich dir versichern, Mann! Es war Fulvia.«

»Publius Clodius' Frau?« fragte er erstaunt.

»Nein, nein! Fulvia Nobilioris.«

Diese Aufklärung vermochte sein Erstaunen nicht zu mindern, denn die Fulvia, die sie meinte, war eine außerordentlich zwielichtige Person. Aus hervorragender Familie, aber in Schande geschieden, ohne jedes Einkommen und neuerdings liiert mit jenem Quintus Curius, der während der berühmten Säuberung, die Poplicola und Lentulus Clodianus vor sieben Jahren durchgeführt hatten, aus dem Senat ausgeschlossen worden war. Ein höchst ungewöhnlicher Besuch für eine Frau wie Terentia. Terentia war für ihre Rechtschaffenheit ebenso bekannt wie für ihren Griesgram.

»Du liebe Güte! Was hat sie denn von dir gewollt?«

»Ich fand sie eigentlich ganz sympathisch«, sagte Terentia nachdenklich. »Sie ist ein unglückseliges Opfer der Männer geworden, wenn du mich fragst.«

Was sollte er nun darauf erwidern? Cicero entschied sich für ein Räuspern.

»Sie ist zuerst zu mir gekommen, weil es sich so gehört, wenn eine Frau mit einem so prominenten Mann wie dir reden will.«

Und mit einem Mann, der mit dir verheiratet ist, fügte Cicero in Gedanken hinzu.

»Natürlich wirst du selber mit ihr reden wollen, aber laß mich dir erzählen, was ich von ihr erfahren habe«, sagte die Frau, die Cicero mit ihrem Blick in Stein verwandeln konnte. »Anscheinend hat sich ihr... ihr *Beschützer*, dieser Curius, in letzter Zeit ziemlich sonderbar benommen. Seit seinem Ausschluß aus dem Senat stand es um seine Finanzen so schlecht, daß er nicht einmal als Volkstribun kandidieren konnte, um ins öffentliche Leben zurückzukehren. Und plötzlich führt er große Reden und behauptet, er würde bald zu einer Menge Geld und einem hohen Posten kommen. Und das«, fügte Terentia mit düsterer Stimme hinzu, »scheint er nur zu tun, weil er davon überzeugt ist, daß Catilina und Lucius Cassius nächstes Jahr Konsuln sein werden.«

»Daher weht also bei Catilina der Wind. Ein gemeinsames Konsulat mit einem fetten und arbeitsscheuen Dummkopf wie Lucius Cassius«, empörte sich Cicero.

»Wenn du morgen das Wahltribunal eröffnest, werden die beiden ihre Kandidatur bekanntgeben.«

»Alles schön und gut, mein Schatz, aber ich sehe nicht, wie ein gemeinsames Konsulat von Catilina und Lucius Cassius einen Mann wie Curius zu Reichtum und Ehren verhelfen könnte.«

»Curius redet von einem allgemeinen Schuldenerlaß.«

Ciceros Kinn klappte nach unten. »Die werden doch nicht so töricht sein!«

»Warum nicht?« fragte Terentia; sie betrachtete die Sache mit kühlem Kopf. »Denk doch einmal nach, Cicero! Catilina weiß ganz genau, daß dieses Jahr seine letzte Chance ist. Und es könnte eine ziemlich heiße Schlacht werden, wenn tatsächlich alle Kandidaten antreten. Silanus geht es erheblich besser; die liebe Servilia sagt, daß er auf jeden Fall kandidiert. Murena hat viele einflußreiche Leute im Hintergrund, außerdem nutzt er seine Verbindung zur Vestalin Licinia bis zum äußersten. Das weiß ich von Fabia. Dann ist da noch dein Freund Servius Sulpicius Rufus, der von den Achtzehn und den *tribuni aerarii* bevorzugt wird; das heißt, daß er in der ersten Klasse eine Menge Stimmen sammeln wird. Was sollte Catilina mit einem Partner wie Lucius Cassius gegen solch eine verläßliche Riege wie Silanus, Murena und Sulpicius schon ausrichten können? Nur einer der Konsuln darf Patrizier sein, die Stimmen werden also zwischen Catilina und Sulpicius aufgeteilt. Wenn *ich* eine Stimme hätte, ich würde Sulpicius wählen.«

Cicero vergaß die Angst vor seiner Frau und redete mit ihr wie mit einem seiner Kollegen auf dem Forum: »Catilina baut also auf einen allgemeinen Schuldenerlaß? Das willst du damit sagen?«

»Nein, das sagt Fulvia.«

»Ich muß sofort mit ihr sprechen!« rief er und sprang auf.

»Überlaß das mir, ich werde sie holen lassen«, sagte Terentia.

Das bedeutete nichts anderes, als daß sie ihm nicht erlauben würde, unter vier Augen mit Fulvia zu reden; Terentia hatte die Absicht, dabeizusein und jedes Wort mitzuhören.

Leider erzählte Fulvia Nobilioris ihm nicht viel mehr, als er bereits von Terentia wußte; nur daß sie ihre Geschichte sehr emotional und zerfahren vortrug. Curius steckte bis zu beiden Ohren in Schulden, verspielte viel Geld und trank; er war ständig mit Catilina, Lucius Cassius und ihren Kumpanen zusammen, und eines Tages war er von einem dieser Treffen zurückgekehrt und hatte seiner Geliebten die großartigsten Versprechungen von zukünftigem Wohlstand gemacht.

»Warum erzählst du mir das alles, Fulvia?« fragte Cicero, nicht weniger ratlos, als sie es zu sein schien, denn er verstand nicht, wovor sie soviel Angst hatte. Ein allgemeiner Schuldenerlaß war eine schlechte Nachricht, aber...

»Du bist Erster Konsul!« sagte sie in weinerlichem Ton und schlug sich gegen die Brust. »Irgend jemandem mußte ich es doch erzählen.«

»Leider hast du mir nicht den geringsten Beweis dafür geliefert, daß Catilina tatsächlich einen allgemeinen Schuldenerlaß plant. Ich bräuchte eine Streitschrift, einen verläßlichen Zeugen! Du hast mir nur eine Geschichte erzählt, und ich kann schlecht zum Senat gehen, wenn ich nicht mehr in der Hand habe als die Geschichte einer Frau.«

»Aber es ist doch ein Unrecht, oder nicht?« fragte sie und wischte sich die Augen trocken.

»Ja, ein großes Unrecht, und es war richtig, daß du zu mir gekommen bist. Aber ich brauche Beweise.«

»Ich könnte dir ein paar Namen nennen.«

»Dann nenne sie mir.«

»Zwei Männer, die unter Sulla Zenturios waren – Gaius Manlius und Publius Furius. Sie besitzen Ländereien in Etruria. Und sie erzählen dort allen Leuten, die zu den Wahlen nach Rom kommen wollen, daß es keine Schulden mehr gibt, wenn Catilina und Cassius Konsuln werden.«

»Und wie, bitte schön, soll ich zwei ehemalige Zenturios aus Sullas Legionen mit Catilina und Cassius in Verbindung bringen?«

»Woher soll ich das wissen?«

Cicero seufzte und erhob sich. »Nun, Fulvia, ich danke dir herzlich, daß du zu mir gekommen bist«, sagte er. »Versuche du nur weiter herauszufinden, was da vor sich geht, und wenn du einen wirklichen Beweis dafür findest, daß der Gestank der Fischmärkte bis hinüber zum Marsfeld dringt, dann sag mir Bescheid.« Er lächelte ihr zu. »Arbeite weiter mit meiner Frau zusammen, sie wird mich auf dem laufenden halten.«

Während Terentia die Besucherin aus dem Zimmer schob, setzte sich Cicero hin, um in Ruhe nachzudenken. Doch dieses Glück war ihm nicht lange vergönnt. Nur wenige Augenblicke später kam Terentia hereingestürzt.

»Also, was hältst du davon?« fragte sie ihn.

»Wenn ich das nur wüßte, meine Liebe.«

»Nun«, sagte sie und beugte sich beflissen vor, denn es gab nichts

Schöneres für sie, als ihrem Gatten politische Ratschläge zu erteilen, »dann werde ich dir jetzt sagen, was *ich* davon halte! Catilina will eine Revolution anzetteln!«

Cicero sperrte Mund und Nase auf. »Eine Revolution?« krächzte er.

»Jawohl, eine Revolution.«

»Terentia, es ist ein weiter Weg von einem allgemeinen Schuldenerlaß als Wahlversprechen bis zu einer Revolution!« widersprach er.

»Nein, Cicero, das ist kein weiter Weg. Wie könnten legitim gewählte Konsuln auf eine revolutionäre Maßnahme wie einen allgemeinen Schuldenerlaß kommen? So sehen die Strategien von Leuten aus, die den Staat umstürzen wollen. Erinnere dich: Saturnius, Sertorius. Es riecht nach Diktatur, nach Zucht und Ordnung. Wie könnte ein legal gewählter Konsul daran glauben, mit solch einem Gesetz durchzukommen? Selbst wenn sie es in ihren Tribus vor das Volk bringen würden, es würde sich bestimmt ein Tribun finden, der sein Veto *in contione* dagegen einlegt. Und meinst du nicht, daß diejenigen, die für einen allgemeinen Schuldenerlaß sind, das nicht ganz genau wissen? Und ob sie es wissen! Jeder, der für einen Konsul mit solchen politischen Vorstellungen stimmt, trägt die Farbe der Revolution.«

»Und die«, sagte Cicero deprimiert, »ist rot. Die Farbe des Blutes. Ach, Terentia, nicht während meines Konsulats!«

»Du mußt Catilinas Kandidatur verhindern.«

»Das kann ich nicht, ohne einen Beweis in den Händen.«

»Dann müssen wir eben einen Beweis finden.« Sie stand auf und ging zur Tür. »Wer weiß? Vielleicht bringen Fulvia und ich Quintus Curius gemeinsam dazu, als Zeuge auszusagen.«

»Welch große Hilfe«, bemerkte Cicero trocken.

Der Zweifel war gesät – Catilina plante eine Revolution, natürlich plante er eine Revolution. Und obwohl die Ereignisse der nächsten Monate das alles zu bestätigen schienen, sollte Cicero niemals mit Sicherheit erfahren, ob Lucius Sergius Catilina den Plan, eine Revolution anzuzetteln, bereits vor oder erst nach diesen schicksalhaften Wahlen ausgeheckt hatte.

Nachdem der Zweifel gesät war, machte sich der Erste Konsul daran, alle nur möglichen Informationen zutage zu fördern. Er schickte Gewährsleute nach Etruria und an den anderen traditionellen Eiterherd umstürzlerischer Bestrebungen: Samnite Apulia. Und natürlich berichteten sie ihm alle, es gehe in der Tat das Gerücht um, Catilina und Lucius Cassius würden alle Schulden löschen lassen, falls man sie zu Konsuln wählte. Handfestere Beweise für einen Umsturz, Waffenlager oder die heimliche Anwerbung von Truppen, ließen sich nicht herbeischaffen. Doch Cicero reichte es für einen Versuch.

Die kurulischen Wahlen der Konsuln und Prätoren sollten am zehnten Tag des Quinctilis abgehalten werden; am neunten Tag vertagte Cicero sie kurzfristig auf den elften und rief den Senat für den zehnten zu einer Sondersitzung zusammen.

Die Beteiligung der Senatoren ließ natürlich nichts zu wünschen übrig; die Neugier lockte alle, die nicht krank oder gerade fern von Rom waren, so früh herbei, daß sie mit eigenen Augen sehen konnten, wie der vielbewunderte Cato tatsächlich vor der Sitzung auf seinem Platz saß, ein Bündel Schriftrollen zu seinen Füßen und eine ausgerollt zwischen den Händen, in der er langsam und aufmerksam las.

»Versammelte Väter«, ergriff der Erste Konsul das Wort, nachdem die Rituale abgehalten und alle anderen Formalitäten erledigt waren, »ich habe euch hier in der *saepta* zusammengerufen, damit ihr mir dabei helft, ein Geheimnis zu enträtseln. Ich bitte diejenigen unter euch um Verzeihung, denen ich damit Ungelegenheiten bereite, und kann nur hoffen, daß das Resultat der heutigen Sitzung die morgigen Wahlen ermöglicht.«

Sie waren begierig auf eine Erklärung, das war deutlich zu spüren, aber diesmal war Cicero nicht in der Stimmung, sein Publikum zu unterhalten. Er hoffte, Licht in die Angelegenheit bringen und Catilina und Lucius Cassius klarmachen zu können, daß man ihre Absichten durchschaut hatte und ihr Plan damit zum Scheitern verurteilt war. Nicht einen Moment lang kam es ihm in den Sinn, daß hinter Terentias Vision von einer Revolution mehr stecken könnte als eitles Geschwätz bei ein paar Bechern Wein, trunkenes Gerede über ökonomische Maßnahmen, die eben eher mit Revolutionen als mit gesetzestreuen Konsuln in Verbindung gebracht wurden. Nach Marius, Cinna, Carbo, Sulla, Sertorius und Lepidus mußte doch sogar ein Catilina begriffen haben, daß die Republik sich nicht so einfach umstürzen ließ. Er war ein ehrloser Mann, das wußte jeder, aber vor seiner Kandidatur zum Konsul hatte er kein Staatsamt innegehabt; man hatte ihm weder Befehlsgewalt noch eine Armee übertragen, und er besaß nicht annähernd so viele Klienten in Etruria wie Marius oder Lepidus. Man mußte

Catilina nur ein bißchen angst machen, dann würde er schon wieder kuschen.

Keiner, dachte der Erste Konsul, während er den Blick über die Reihen auf beiden Seiten des Hauses schweifen ließ, keiner hatte auch nur eine Ahnung davon, was in der Luft lag. Crassus saß gelangweilt da, Catulus sah recht alt aus und sein Schwager Hortensius ein wenig müde, Catos Nackenhaare standen hoch wie bei einem wütenden Köter, Caesar vergewisserte sich eben mit einem Betasten seines Kopfes, daß sein zweifellos schütterer werdendes Haar sein Haupt noch ausreichend bedeckte, Murena blickte angesichts der Verschiebung der Wahl zornig drein, und Silanus wirkte nicht annähernd so gesund, wie seine Wahlhelfer behauptet hatten. Und endlich hatte auch der große Triumphator Lucius Licinius Lucullus seinen Platz unter den Konsularen wieder eingenommen. Cicero, Catulus und Hortensius hatten ihre gesamte Redekunst eingesetzt und den Senat dazu gebracht, ihm seinen Triumphzug zu gewähren. Endlich durfte der wahre Eroberer des Ostens das *pomerium* überqueren und seinen rechtmäßigen Platz in Senat und Komitien wieder einnehmen.

»Lucius Sergius Catilina«, rief Cicero vom kurulischen Podium herunter, »ich wäre dir dankbar, wenn du dich erheben wollest.«

Zuerst hatte Cicero vorgehabt, auch Lucius Cassius zu beschuldigen, aber nach sorgfältiger Überlegung hatte er beschlossen, sich ganz auf Catilina zu konzentrieren. Und der stand nun da wie die arglose Verwunderung in Person. Was für ein gutaussehender Mann! Hochgewachsen und gut gebaut, jeder Zentimeter ein patrizischer Aristokrat. Wie Cicero sie verachtete, diese Catilinas und Caesars! Was war mit seiner durchaus respektablen Herkunft? Warum behandelten sie ihn wie einen üblen Auswuchs am römischen Volkskörper?

»Ich stehe vor dir, Marcus Tullius Cicero«, sagte Catilina mit ruhiger Stimme.

»Lucius Sergius Catilina, kennst du zwei Männer namens Gaius Manlius und Publius Furius?«

»Ich habe zwei Klienten mit diesen Namen.«

»Weißt du, wo sie sich zur Zeit aufhalten?«

»In Rom, will ich hoffen! Eigentlich sollten sie jetzt auf dem Marsfeld sein, um für mich zu stimmen. Statt dessen werden sie wohl in irgendeiner Taverne hocken.«

»Und wo haben sie sich in letzter Zeit aufgehalten?«

Catilina hob die schwarzen Augenbrauen. »Marcus Tullius, meine Klienten sind mir keineswegs über jeden ihrer Schritte Rechenschaft schuldig. Ich weiß, daß du kein bedeutender Mann bist, aber hast du so wenige Klienten, daß du nicht einmal weißt, nach welchen Regularien eine Patron-Klienten-Beziehung abzulaufen hat?«

Cicero wurde rot im Gesicht. »Überrascht es dich zu erfahren, daß Manlius und Furius kürzlich in Faesulae, Volaterrae, Clusium, Saturnia, Larinum und Venusia gesehen worden sind?«

Catilina zuckte kurz zusammen. »Wie sollte mich das überraschen, Marcus Tullius? Sie haben beide Ländereien in Etruria, und Furius besitzt auch noch welche in Apulia.«

»Dann überrascht es dich auch nicht, daß Manlius und Furius jedem, der eine Stimme bei den Zenturiatswahlen hat, erzählt haben sollen, daß du und dein Kollege Lucius Cassius euch mit der Absicht tragt, einen allgemeinen Schuldenerlaß zum Gesetz zu machen, sowie ihr euer Amt als Konsuln angetreten habt?«

Damit rief er ein verwundertes Lachen hervor. Als Catilina sich beruhigt hatte, starrte er Cicero an, als sei dieser plötzlich verrückt geworden. »Das überrascht mich in der Tat!« sagte er.

Erste Unruhe war bereits entstanden, als Cicero diesen furchtbaren Ausdruck »allgemeiner Schuldenerlaß« gebraucht hatte, und jetzt breitete sich im Haus vernehmliches Gemurmel aus. Natürlich gab es einige unter den Anwesenden, denen eine solch radikale Maßnahme durchaus genehm gewesen wäre, gerade jetzt, wo die Geldverleiher auf Rückzahlung der Darlehen drängten – auch Caesar, der neue Pontifex Maximus zählte dazu. Aber die meisten waren sich darüber im klaren, was für horrende wirtschaftliche Auswirkungen ein allgemeiner Schuldenerlaß nach sich ziehen würde. Trotz ihrer Schwierigkeiten, einen konstanten Kapitalfluß zu erzeugen, waren die Mitglieder des Senats im Herzen konservative Männer, mit denen radikale Neuerungen nicht einzuführen waren, auch nicht, was die Struktur des Geldes betraf. Und jedem schuldengeplagten Senator standen mindestens drei andere gegenüber, die bei einem allgemeinen Schuldenerlaß wesentlich mehr verloren als gewonnen hätten: Männer wie Crassus, Lucullus und der abwesende Pompeius Magnus. Deshalb war es auch nicht verwunderlich, daß sowohl Caesar als auch Crassus sich jetzt in die Brust warfen wie Hunde an der Kette.

»Ich habe in Etruria und Apulia gründliche Ermittlungen anstellen lassen, Lucius Sergius Catilina«, sagte Cicero, »und ich muß leider sagen, daß die Gerüchte sich bestätigt haben. Ich glaube, daß ihr tatsächlich die Schulden löschen wollt.«

Catilinas Antwort war ein nicht enden wollendes Lachen. Tränen liefen ihm übers Gesicht, er hielt sich die Seiten und schien tapfer bemüht, seine Heiterkeit unter Kontrolle zu bekommen; aber es wollte ihm nicht gelingen. Lucius Cassius, der nicht weit von ihm entfernt saß, zog indigniertes Erröten als Reaktion vor.

»Unsinn!« rief Catilina, als er dazu in der Lage war, und wischte sich mit einem Zipfel seiner Toga übers Gesicht, weil er in der Aufregung das Taschentuch nicht finden konnte. »Das ist Unsinn, barer Unsinn!«

»Würdest du das auf deinen Eid nehmen?« fragte Cicero.

»Nein, ich denke nicht daran!« schnauzte Catilina und richtete sich kerzengerade auf. »Ich, ein patrizischer Sergius, sollte mich mit einem Eid gegen das haltlose und boshafte Geschwätz eines Einwanderers aus Arpinum wehren müssen? Für wen hältst du dich, Cicero?«

»Ich bin Erster Konsul des Senats und Volkes von Rom«, erwiderte Cicero mit gequälter Würde. »Falls du es vergessen haben solltest, ich bin der Mann, der dich bei den letzten kurulischen Wahlen besiegt hat! Und als Erster Konsul bin ich der Kopf dieses Staates.«

Nach einem weiteren Lachanfall: »Man sagt, Rom habe zwei Körper, Cicero! Der eine der beiden sei schwach und krank im Kopf, der andere sei stark und habe gar keinen Kopf. Auf welchem dieser beiden Körper bist du der Kopf, o Cicero?«

»Nicht auf dem kranken, Licinius, da kannst du beruhigt sein! Ich bin in diesem Jahr der Vater und Behüter Roms, und ich beabsichtige, meine Pflicht zu tun, auch in einer solch grotesken Situation. Du hast also nicht vor, alle Schulden zu löschen?«

»Absolut nicht!«

»Aber du willst das nicht auf deinen Eid nehmen.«

»Ganz bestimmt nicht.« Catilina holte tief Luft. »Nein, das werde ich nicht tun! Trotzdem, o Kopf dieses Staates, angesichts deines verabscheuungswürdigen Verhaltens und deiner haltlosen Beschuldigungen könnte so mancher Mann zu der Überzeugung gelangen, daß Rom, falls es denn einen Kopf für seinen starken Körper sucht, nicht schlecht dabei fahren würde, wenn es meinen nähme! Meiner ist wenigstens ein römischer! Meiner hat wenigstens Vorfahren! Du willst mich vernichten, Cicero; du willst mir alle Chancen bei einer Wahl nehmen, die bis gestern noch eine gerechte und saubere Angelegenheit war. Jetzt stehe ich diffamiert da – als vollkommen unschuldiges Opfer eines anmaßenden Emporkömmlings aus den Bergen, eines Mannes, der weder ein Römer noch von Adel ist!«

Es kostete Cicero ungeheure Anstrengung, diese Verhöhnung unbeantwortet zu lassen, aber er blieb ruhig. Er mußte gelassen bleiben, sonst würde er diese Machtprobe verlieren. In diesem Moment hatte er verstanden, daß Fulvia Nobilioris die Wahrheit gesagt und daß Terentia recht gehabt hatte. Er konnte darüber lachen oder darüber weinen, aber Lucius Sergius Catilina plante tatsächlich einen Umsturz. Einem Advokaten, der schon so manchem Halunken ins Auge gesehen (und ihn verteidigt) hatte, konnte man nichts vormachen; jemand, der sich in Trotz und Aggressivität flüchtete, der verletzten Stolz als geeignete Verteidigung erachtete, verriet sich durch sein Gesicht und seine Körpersprache. Catilina war schuldig, das wußte Cicero.

Aber wußte es auch der Rest des Hauses?

»Darf ich um ein paar Kommentare bitten, versammelte Väter?«

»Nein, darfst du nicht!« rief Catilina, sprang von seinem Platz auf, stand mitten auf dem schwarzweißen Schachbrettmuster des Fußbodens und schüttelte wütend die Faust gegen Cicero. Dann schritt er zu den großen Türen des Hauses, wandte sich dort um und stellte sich vor den Reihen der erregten Senatoren in Positur.

»Lucius Sergius Catilina, du verletzt die Geschäftsordnung dieser Körperschaft!« schrie Cicero. Er spürte, daß ihm die Kontrolle über die Versammlung zu entgleiten drohte. »Geh zurück an deinen Platz!«

»Ich denke nicht daran! Und ich werde nicht einen Moment länger hierbleiben, um mir die Unverschämtheiten dieses Emporkömmlings ohne Vorfahren anzuhören, der mich des Hochverrats bezichtigt, wenn ich das richtig deute! Und ferner, Senatoren, setze ich euch davon in Kenntnis, daß ich morgen früh nach Sonnenaufgang vor die Schranken treten werde, um mich als euer Konsul zur Wahl zu stellen! Ich hoffe inständig, daß ihr diesen kranken Kopf des Staates zur Vernunft bringt, damit er morgen seiner Pflicht nachkommt und die Wahlen abhalten läßt! Und ich warne dich, Marcus Tullius Cicero, sollte die *saepta* morgen leer sein, dann kommst du besser gleich mit deinen Liktoren, um mich zu verhaften und des *perduellio* anzuklagen! *Maiestas* wird nicht ganz ausreichen für einen Mann, dessen Vorväter einst zu den hundert Beratern von König Tullus Hostilius gezählt haben!«

Catilina wandte sich zu den Türen um, riß sie auf und verschwand.

»Nun, Marcus Tullius Cicero, was beabsichtigst du zu tun?« fragte Caesar, lehnte sich zurück und gähnte. »Er hat recht. Du kannst es drehen und wenden, wie du willst, du hast ihn beschuldigt.«

Cicero verschwamm alles vor den Augen. Er suchte nach einem Gesicht, dessen Besitzer auf seiner Seite war, und der ihm glaubte. Catulus? Nein. Hortensius? Nein. Cato? Nein. Lucullus oder Poplicola. Nein.

Er richtete sich auf, stand kerzengerade da. »Ich verlange eine Abstimmung«, sagte er mit fester Stimme. »Alle, die dafür sind, daß die kurulischen Wahlen morgen stattfinden und daß es Lucius Sergius Catilina erlaubt werden soll, sich den Wählern zu stellen, mögen sich bitte zu meiner Linken aufstellen. Alle, die dafür sind, die kurulischen Wahlen noch einmal zu vertagen und eine genaue Untersuchung von Lucius Sergius Catilinas Kandidatur durchzuführen, mögen sich zu meiner Rechten aufstellen.«

Es war ein aussichtsloses Unterfangen, trotz Ciceros List, alle, die mit ihm einer Meinung waren, zu seiner Rechten zu versammeln. Keiner der Senatoren ging leichten Herzens nach links hinüber. Aber dieses eine Mal siegte die Besonnenheit über das Mißtrauen. Das gesamte Haus versammelte sich links und genehmigte damit die Wahlen am nächsten Tag. Lucius Sergius Catilina durfte für das Amt des Konsuls kandidieren.

Cicero löste die Sitzung auf. Er wollte schnell nach Hause, denn er fürchtete, er könne in aller Öffentlichkeit in Tränen ausbrechen.

Der Stolz verbot es Cicero, sich seiner Pflicht zu entziehen. Mit einem Brustharnisch unter der Toga führte er den Vorsitz über die Wahlen, nachdem er mehrere hundert junge Männer dazu abkommandiert hatte, sich möglichst auffällig in der Nähe der *saepta* aufzuhalten, um jeden Aufstand im Keim zu ersticken. Zu ihnen gehörte auch Publius Clodius, dessen Haß auf Catilina bei weitem stärker war als der leichte Unmut, der Cicero in ihm hervorrief. Und wo Clodius war, da waren auch Poplicola, Curio, Decimus Brutus und Marcus Antonius – alles Mitglieder des inzwischen florierenden Clodius-Clubs.

Und was die Senatoren nicht glauben wollten, das – so stellte Cicero erleichtert fest – schien der gesamte Ordo Equester durchaus zu glauben. Für einen Ritter, der Geschäfte tätigte, gab es nichts Abschreckenderes als das Gespenst eines allgemeinen Schuldenerlasses. Die Zenturien stimmten eine nach der anderen dafür, daß Decimus Junius Silanus und Lucius Licinius Murena im folgenden Jahr Konsuln würden. Catilina blieb noch hinter Servius Sulpicius zurück, wenn er auch mehr Stimmen bekam als Lucius Cassius.

»Du verfluchter Verleumder!« fauchte einer der diesjährigen Prätoren, der Patrizier Lentulus Sura, als die Zenturien sich nach einem langen Wahltag auflösten, an dem zwei Konsuln und acht Prätoren gewählt worden waren.

»Wie bitte?« fragte Cicero verdutzt. Ihn drückte das Gewicht des schweren Harnischs, den er angelegt hatte. Für sein Leben gern hätte er seine Taille entlastet, die für solche Rüstungen einfach zu füllig geworden war.

»Du hast mich schon verstanden! Es ist deine Schuld, daß Catilina und Cassius es nicht geschafft haben, du verfluchter Verleumder! Ganz bewußt hast du ihm mit deinen wilden Gerüchten die Wähler gestohlen! Sehr klug war das! Warum sich die Mühe machen, sie anzuklagen und ihnen damit die Chance zur Verteidigung zu geben? Du hast in deinem politischen Arsenal die perfekte Waffe gefunden, was? Die unwiderlegbare Beschuldigung! Schmierig, schmutzig und widerwärtig ist das! Catilina hatte ganz recht – du bist ein dreister Emporkömmling! Höchste Zeit, daß man Bauernlümmel wie dich dahin zurückschickt, wo sie hergekommen sind!«

Cicero stand fassungslos da, während Lentulus Sura davonschritt. Ihm traten die Tränen in die Augen. Er hatte doch recht, was Catilina betraf. Er hatte absolut recht! Catilina wollte Rom und die Republik zerstören!

»Wenn's dir ein Trost ist, Cicero«, sagte eine ruhige Stimme hinter ihm, »ich werde während der kommenden Monate meine Augen offenhalten. Je mehr ich drüber nachdenke, desto mehr stimme ich dir zu. Du könntest recht behalten mit Catilina und Cassius. Sie sind höchst unzufrieden mit diesem Tag!«

Als er sich umdrehte, stand Crassus vor ihm. Jetzt riß ihm endgültig der Geduldsfaden. *»Du?«* brüllte er voller Abscheu. »Du bist doch dafür verantwortlich! Du hast Catilina bei seinem letzten Prozeß herausgepaukt! Hast die Geschworenen bestochen und ihm zu verstehen gegeben, daß es Männer in Rom gibt, die ihn liebend gern als Diktator sehen würden!«

»Ich habe die Geschworenen nicht bestochen«, sagte Crassus und schien nicht einmal beleidigt zu sein.

»Pah!« fauchte Cicero und stürmte davon.

»Was wollte er damit sagen?« erkundigte sich Crassus bei Caesar.

»Ach, er glaubt, es mit einer Staatskrise zu tun zu haben, und kann nicht verstehen, warum niemand im Senat seiner Auffassung ist.«

»Aber ich habe ihm doch gerade gesagt, daß ich seine Auffassung teile!«

»Laß nur, Marcus. Komm lieber mit und hilf mir, meinen Wahlsieg im Domus Publica zu feiern. Eine Adresse nach meinem Geschmack! Was Cicero betrifft – der arme Kerl wollte unbedingt im Zentrum einer Sensation stehen, und jetzt, wo er meint, eine gefunden zu haben, interessiert sich kein Mensch dafür. Dabei würde er so gern die Republik retten«, sagte Caesar und lächelte.

»Aber ich werde nicht aufgeben!« schrie Cicero seiner Frau ins Gesicht. »Ich bin noch nicht besiegt! Terentia, du mußt in enger Verbindung mit Fulvia bleiben. Du darfst nicht lockerlassen. Und wenn sie an Türen lauschen muß, sie soll alles herausfinden – mit wem Curius sich trifft, wohin er geht, was er treibt. Und sollte da tatsächlich eine Revolution ausgebrütet werden, dann muß sie Curius davon überzeugen, daß es für ihn das beste ist, wenn er mit mir zusammenarbeitet.«

»Verlaß dich auf mich«, sagte sie mit entschlossener Miene. »Der Senat wird den Tag noch verfluchen, an dem er sich auf Catilinas Seite geschlagen hat. Ich habe Fulvia gesehen, und ich kenne dich, Marcus. In mancher Hinsicht bist du ein Dummkopf, aber für Halunken hast du eine feine Nase.«

»Was soll das heißen, ich bin ein Dummkopf?« fragte er beleidigt.

»Zum einen schreibst du unsinnige Gedichte. Dann versuchst du dich als Kunstexperte aufzuspielen. Und schließlich gibst du ein Vermögen für Landhäuser aus, die du gar nicht alle bewohnen könntest, auch wenn du ständig unterwegs wärst. Und es ist schrecklich, wie du Tullia verwöhnst. Und wie du vor Leuten wie Pompeius Magnus kriechst.«

»Es reicht!«

Sie hielt inne und blickte ihn aus Augen an, in denen er niemals auch nur ein Fünkchen Liebe entdecken konnte. Das war schade, denn eigentlich liebte sie ihn sehr. Aber sie kannte eben alle seine Schwächen

– und hatte selbst keine. Selbst wenn sie nicht den Ehrgeiz hatte, so zu werden wie Cornelia, die Mutter der Gracchen – sie besaß alle Tugenden dieser römischen Urmutter, und deshalb war es für einen Mann wie Cicero auch so schwer, mit ihr zusammenzuleben. Sie war sparsam, fleißig, besonnen, dickköpfig, kompromißlos, offenherzig, hatte vor niemandem Angst und war davon überzeugt, es geistig mit jedem Mann aufnehmen zu können. So war Terentia, und mit Narren hatte sie nicht viel Geduld, nicht einmal, wenn es sich dabei um ihren Mann handelte. Sie konnte seine Unsicherheit und seinen Minderwertigkeitskomplex nicht verstehen, denn sie war von makelloser, durch und durch römischer Abstammung. Terentia war der Meinung, daß es das beste für ihn wäre, sich – gelassen und im Schlepptau ihrer wallenden Röcke – das Herz der römischen Gesellschaft zu erobern; statt dessen ließ er sie in der Anonymität ihres Haushalts verkümmern und versuchte aufgeregt und auf tausenderlei Arten, sich einen Adel zu erwerben, auf den er keinen Anspruch hatte.

»Du solltest Quintus herüberbitten«, sagte sie.

Aber Cicero und sein jüngerer Bruder hatten mindestens ebenso unvereinbare Charaktere wie Cicero und Terentia, also schüttelte der Erste Konsul abschätzig den Kopf. »Quintus ist nicht besser als die anderen; er meint, daß ich aus einer Mücke einen Elefanten mache. Aber morgen treffe ich Atticus. Er glaubt mir. Leider ist er auch nur ein Ritter, wenngleich mit einem Funken Menschenverstand.« Er dachte einen Moment lang nach. »Lentulus Sura war heute in der *saepta* sehr grob zu mir, und ich verstehe nicht, warum. Ich weiß, daß viele Senatoren mir vorwerfen, ich hätte Catilina seiner Chancen beraubt, aber Lentulus Suras Reaktion war äußerst sonderbar. Es schien ihm – gar zu viel auszumachen.«

»Er und seine Julia Antonia und diese gräßlichen Lumpen von Schwiegersöhnen!« schimpfte Terentia. »Eine charakterlosere Bande muß man lange suchen. Ich könnte nicht einmal sagen, auf wen ich die größte Wut habe – auf Lentulus, Julia Antonia oder ihre grauenhaften Söhne.«

»Lentulus Sura hat sich gut gemacht, wenn man bedenkt, daß die Zensoren ihn vor sieben Jahren hinausgeworfen haben«, wandte Cicero ein. »Über das Amt des Quästors ist er in den Senat zurückgekehrt und hat ganz von vorn angefangen. Vor seinem Ausschluß war er immerhin schon einmal *Konsul*, Terentia. Es muß ein schrecklicher

Abstieg sein, in diesem Alter noch einmal als Prätor anfangen zu müssen.«

»Er ist ein Schwächling, genau wie seine Frau«, meinte Terentia mitleidlos.

»Wie auch immer – heute benahm er sich sehr sonderbar. Morgen werde ich erfahren, was Atticus weiß, und das wird nicht uninteressant sein«, sagte Cicero und gähnte, bis ihm die Augen tränten. »Ich bin müde, meine Liebe. Schickst du mir bitte unseren Tiro herein? Ich will ihm etwas diktieren.«

»Du mußt ja schrecklich müde sein. Es sieht dir gar nicht ähnlich, daß du jemand anderen schreiben läßt. Ich schicke dir Tiro herein, aber nur für ein paar Minuten. Du brauchst Schlaf.«

Als sie sich von ihrem Stuhl erhob, streckte Cicero ihr spontan seine Hand hin und lächelte. »Ich danke dir, Terentia, für alles! Was wäre ich ohne dich an meiner Seite?«

Sie ergriff die ausgestreckte Hand, drückte sie fest und erwiderte sein Lächeln beinahe schüchtern: »Das tue ich doch gern, Mann«, sagte sie und lief schnell aus dem Zimmer, bevor ihre Gefühle sie überwältigen konnten.

Wäre Cicero gefragt worden, ob er seine Frau oder seinen Bruder liebe, er hätte ohne zu zögern mit »ja« geantwortet, und die Antwort wäre auch nicht ganz falsch gewesen. Aber es gab einige Menschen, die seinem Herzen noch näher lagen, und nur mit einem von ihnen war er blutsverwandt: Und das war seine Tochter Tullia, ein gemütvolles, sprühendes Gegenstück zu ihrer Mutter. Sein Sohn war noch zu jung, um sein Herz erwärmen zu können, und vielleicht würde der kleine Marcus es nie schaffen, denn vom Charakter her glich er eher seinem Onkel Quintus; er war impulsiv, aufbrausend, prahlerisch und dabei alles andere als ein Wunderkind.

Und wer waren die anderen?

Tiro wäre Cicero als erster in den Sinn gekommen. Tiro war sein Sklave, doch in Wirklichkeit gehörte er längst zur Familie; das kam des öfteren vor in einer Gesellschaft, in der die Sklaven gar nicht sosehr als minderwertige Wesen angesehen wurden, sondern vielmehr als unglückliche Opfer des römischen Eigentumsrechts. Die römischen Haussklaven lebten in großer, beinahe intimer Nähe zu den freien Mitgliedern der Haushalte; in mancher Hinsicht waren sie Familienmitglieder zweiter Klasse, mit allen Vor- und Nachteilen eines solchen Status. Die unterschiedlichsten Persönlichkeiten waren auf engstem Raum miteinander verbunden, immer wieder kam es zu kleinen Zusammenstößen; Druckmittel gab es auf beiden Seiten, und es mußte schon ein besonders harter Herr sein, der den Druckmitteln von seiten der Sklaven widerstand. Im Haushalt der Tullius war Terentia diejenige, vor der ein Sklave sich in acht nehmen mußte, aber Tiro konnte nicht einmal Terentia widerstehen: Im Handumdrehen brachte er den kleinen Marcus zur Ruhe oder überzeugte Tullia davon, daß ihre Mutter im Recht war.

Er war als ganz junger Mann in das Haus der Tullius gekommen. Er hatte es vorgezogen, sich als Sklave verkaufen zu lassen, statt in einem armen, finsteren Städtchen zu verkümmern. Ganz unvermeidlich gewann er Ciceros Gunst, denn er war ebenso sensibel und freundlich, wie er als Sekretär tüchtig war – ein Mensch, den man einfach gern haben mußte. Und da Tiro sich außerordentlich rücksichtsvoll und entgegenkommend benahm, konnte nicht einmal der böswilligste unter seinen Mitsklaven ihm unterstellen, er würde sich bei den Herrschaften lieb Kind machen; seine Liebenswürdigkeit übertrug sich auf alle Sklaven des Hauses und sorgte dafür, daß auch sie ihn mochten.

Doch Ciceros Zuneigung zu ihm übertraf die aller anderen. Tiro war nicht nur gut in Griechisch und Latein, er verfügte über einen unglaublichen literarischen Instinkt. Wenn Tiro über einen Satz oder ein bestimmtes Adjektiv die Nase rümpfte, dann dachte sein Herr noch einmal gründlich darüber nach. Tiro beherrschte die Kurzschrift fehlerlos, übertrug sie in saubere, leserliche Handschrift und maßte sich niemals an, eigenmächtig ein Wort zu ersetzen.

Im Jahr von Ciceros Konsulat gehörte dieser vollkommenste aller Hausdiener bereits seit fünf Jahren zur Familie. In Ciceros Testament war er natürlich längst ein freier Mann, aber nach dem normalem Lauf der Dinge würde er noch zehn Jahre Sklave sein, um dann als Freigelassener zu Ciceros Klienten zu gehören. Er bekam jetzt schon einen hohen Lohn, und er war immer der erste, dem eine Erhöhung der *stips* bewilligt wurde. Und so lief eigentlich alles auf eine einzige Frage hinaus: Was hätte der Haushalt der Tullius ohne Tiro machen sollen? Was hätte Cicero ohne ihn machen sollen?

Der zweite auf der Liste war Titus Pomponius Atticus. Diese Freundschaft reichte schon viele Jahre zurück. Sie hatten sich auf dem Forum kennengelernt, als Cicero noch ein junger Wunderknabe war und Atticus für die Übernahme der diversen Geschäfte seines Vaters ausgebildet wurde. Nach dem Tod von Sullas ältestem Sohn (der Ciceros bester Freund gewesen war) nahm Atticus den Platz des jungen Sulla ein, obwohl er vier Jahre älter als Cicero war. Der Familienname Pomponius hatte einen sehr guten Klang, denn die Pomponii waren eigentlich ein Zweig der Caecilii Metelli, und das bedeutete, daß sie aus der besten römischen Gesellschaft stammten. Es bedeutete außerdem, daß eine Karriere im Senat, ja sogar ein Konsulat durchaus möglich gewesen wären, hätte Atticus nur darauf Wert gelegt. Aber Atticus' Vater war von einem starken Verlangen nach einer Senatskarriere getrieben worden und hatte darunter leiden müssen, daß die Faktionen, von denen Rom in jenen furchtbaren Jahren regiert worden war, ständig gewechselt hatten. Angesichts seiner festen Zugehörigkeit zu den Achtzehn – den achtzehn wichtigsten Zenturien der ersten Klasse – hatte Atticus auf einen Platz im Senat und auf öffentliche Ämter verzichtet. Sein Bestreben war es dagegen, soviel Geld wie möglich zu verdienen und als einer der größten Plutokraten Roms in die Geschichte einzugehen.

In dieser frühen Zeit hatte er sich Titus Pomponius genannt, wie sein Vater, ohne einen dritten Namen zu führen. Während der bewegten Jahre von Cinnas Regentschaft hatten Atticus und Crassus einen Plan entworfen und ein Unternehmen gegründet, mit der Absicht, Steuern und Güter in der Provinz Asia abschöpfen zu können, nachdem Sulla sie Mithridates wieder abgerungen hatte. Das nötige Kapital hatten sie sich bei einer Gruppe von Investoren besorgt. Aber dann mußten sie feststellen, daß Sulla die Verwaltung der Provinz Asia so organisiert hatte, daß es den römischen *publicani* nicht mehr möglich war, Profite herauszuschlagen. Crassus und Atticus hatten vor ihren Gläubigern fliehen müssen, doch Atticus war es gelungen, sein privates Kapital mitzunehmen, und damit hatte er auch im Exil ein komfortables Leben führen können. Er ließ sich in Athen nieder, und es gefiel ihm dort so gut, daß die Stadt immer den ersten Platz in seinem Herzen behielt.

Es war nicht weiter schwierig, sich mit Sulla zu arrangieren, nachdem dieser bemerkenswerte Mann als Diktator nach Rom zurückgekehrt war; Atticus (wie er sich jetzt nach dem Mutterland seiner Lieblingsstadt Athen nannte) durfte wieder als freier Mann in Rom leben. Eine Zeitlang tat er das auch, aber sein Haus in Athen gab er nicht auf und kehrte regelmäßig dorthin zurück. Außerdem erwarb er riesige Ländereien in Epirus, einer griechischen Landschaft am Adriatischen Meer, nördlich des Golfes von Korinth.

Atticus' Vorliebe für junge männliche Liebhaber war allgemein bekannt, doch wurde bemerkenswert wenig darüber geklatscht, bedachte man, wie verpönt Homosexualität in Rom war. Das lag wohl daran, daß er sich ihr nur hingab, wenn er nach Griechenland reiste, wo derlei Vorlieben nicht nur allgemein üblich, sondern dem Ansehen eines Mannes sogar förderlich waren. Wenn er in Rom war, verriet er weder durch Äußerungen noch Aussehen, daß er die griechische Liebe praktizierte, und diese rigide Selbstkontrolle ermöglichte es Familie, Freunden und politischen Kollegen, so zu tun, als gäbe es diese andere Seite an Titus Pomponius Atticus überhaupt nicht. Das war um so wichtiger, als Atticus unglaublich reich geworden war und einen großen Einfluß in Finanzkreisen besaß. Unter allen *publicani* (Geschäftsleuten, die sich um Verträge mit der öffentlichen Hand bemühten) war er der Mächtigste und Einflußreichste. Bankier, Großreeder, König der Kaufleute – Atticus spielte eine gewichtige Rolle. Vielleicht konnte er einen Mann nicht zum Konsul machen, aber es war schon viel gewonnen, wenn er diesen Mann sichtbar unterstützte, wie er Cicero während seines Wahlkampfes unterstützt hatte.

Er war außerdem Ciceros Verleger, nachdem er festgestellt hatte, daß Geld eine ziemlich langweilige und Literatur eine höchst erquickliche Sache war. Er war ausgesprochen gebildet, hatte eine natürliche Affinität zu Literaten und bewunderte Ciceros Umgang mit Worten wie kaum ein anderer. Es befriedigte und amüsierte ihn, als Mäzen von Schriftstellern aufzutreten – und außerdem verdiente er auch noch Geld damit. Das Verlagshaus, daß er auf dem Argiletum als Konkurrenz zu den Sosii gegründet hatte, florierte. Seine Verbindungen verhalfen ihm zu einem stetig anwachsenden Reservoir an literarischen Talenten, und seine Kopisten stellten hochgeschätzte Handschriften her.

So groß und dünn und asketisch, wie er aussah, hätte er als der Vater des Metellus Scipio höchstpersönlich durchgehen können; dabei war er nicht einmal nah mit ihm verwandt, denn Metellus Scipio war nur durch Adoption ein Caecilius Metellus geworden. Immerhin sorgte die Ähnlichkeit dafür, daß die berühmten Familien keinen Zweifel an Alter und Adel seiner Herkunft hegten.

Er liebte Cicero von ganzem Herzen, aber er war unnachgiebig gegenüber dessen Schwächen; darin folgte er Terentias Beispiel, die ebenfalls reich war und sich weigerte, ihrem Mann unter die Arme zu greifen, wenn seine Finanzen wieder einmal der Auffrischung bedurften. Einmal hatte Cicero seinen ganzen Mut zusammengenommen und Atticus um ein Darlehen gebeten, aber die Abfuhr war so drastisch ausgefallen, daß er diesen Versuch nicht wiederholt hatte. Manchmal hegte er die schwache Hoffnung, Atticus könnte ihm von sich aus etwas anbieten, aber Atticus dachte nicht daran. Bereitwillig brachte er dem Freund von seinen ausgedehnten Reisen nach Griechenland Statuen und andere Kunstgegenstände mit, aber Atticus bestand darauf, daß Cicero sie ihm bezahlte – einschließlich der Versandkosten nach Italien. Immerhin schien er die Zeit, die der Erwerb dieser Gegenstände ihn kostete, nicht zu berechnen. War Atticus also ein hoffnungsloser Geizkragen? Cicero hielt ihn nicht dafür, denn im Gegensatz zu Crassus war er ein äußerst großzügiger Gastgeber, und seinen Sklaven wie seinen freien Angestellten zahlte er guten Lohn. Es war eher so, daß Geld für Atticus eine ungeheuer wichtige Sache war, die größten Respekt verdiente, und er dachte nicht daran, es jenen generös zur Verfügung zu stellen, die dieser Sache nicht den gleichen Respekt entgegenbrachten wie er. Cicero war ein Künstlertyp, ein Zeitvergeuder, ein Windbeutel. Und deshalb schätzte er das Geld nicht so, wie das Geld es verdiente.

Der dritte auf Ciceros Liste war Publius Nigidius Figulus, der aus einer ähnlich alten und ehrwürdigen Familie stammte wie Atticus. Wie Atticus, so hatte auch Figulus (das bedeutete Töpfer, aber wie der erste Nigidius, der ihn getragen hatte, zu dem Namen gekommen war, wußte die Familie nicht) auf öffentliche Ämter verzichtet. In Atticus' Fall hätte eine öffentliche Laufbahn es ihm abverlangt, auf sämtliche Einkünfte zu verzichten, die nicht aus Landbesitz erwuchsen, und Atticus liebte den Handel nun einmal mehr als die Politik. Im Falle von Nigidius Figulus hätte eine politische Laufbahn seiner größten Vorliebe entgegengestanden, die den esoterischen Aspekten der Religion galt. Er war anerkannter Fachmann auf dem Gebiet der Weissagung, wie die alten Etrusker sie betrieben hatten, und wußte mehr über die Leber eines Schafes als jeder Metzger oder Tierarzt. Er kannte sich auch mit dem Flug der Vögel aus, den Zickzackmustern der Blitze, den Geräuschen des Donners oder der Erdbewegungen, mit Ziffern, Feuerbällen, Sternschnuppen, Eklipsen, Obelisken, aufrecht stehenden Steinen, Pylonen, Pyramiden, Kugeln, Grabhügeln, Himmelseiern, der Form und Farbe von Flammen, heiligen Hühnern und sämtlichen Windungen, die tierische Eingeweide annehmen konnten.

Natürlich war er einer der Hüter der prophetischen Bücher Roms und eine Quelle der Informationen für das Kollegium der Auguren, von dessen Mitgliedern kein einziges ein Experte auf dem Gebiet der Vorzeichen war; schließlich waren die Auguren nicht mehr und nicht weniger als gewählte Religionsbeamte, die durch das Gesetz verpflichtet waren, eine Anleitung zu konsultieren, bevor sie Omen als gute oder unheilvolle Voraussagen deuteten. Ciceros heißester Wunsch war es, zum Auguren gewählt zu werden (er verstieg sich nicht zu der Hoffnung, man könnte ihn zum Pontifex wählen); sollte es eines Tages soweit kommen, hatte er sich geschworen, mehr Wissen über die Kunst des Voraussagens aufzubieten als alle seine Kollegen, denen – ob nun gewählt oder kooptiert – dieses religiöse Amt zugefallen war, weil ihre Herkunft sie dazu bestimmt hatte.

Zuerst hatte Cicero den Umgang mit Nigidius Figulus gepflegt, weil dieser soviel wußte, doch schon bald war er dem Charme seines liebenswürdigen, ruhigen und sensiblen Wesens erlegen. Seine soziale Stellung hatte ihn nicht überheblich gemacht, er liebte schlagfertige, lebhafte Gesellschaft und fand es herrlich, einen Abend mit Cicero zu verbringen, der gemeinhin für Schlagfertigkeit und geistreiche Konversation berühmt war. Nigidius Figulus war Junggeselle wie Atticus, aber im Gegensatz zu Atticus hatte er diesen Status aus religiösen Gründen gewählt; er glaubte fest daran, daß eine Frau im Haus seine mystischen Verbindungen zu unsichtbaren Kräften und Mächten zerstören würde. Frauen waren Erdenmenschen. Nigidius Figulus war ein Himmelsmensch. Himmel und Erde vermischten sich nicht; sie ergänzten sich ebensowenig, wie sie sich gegenseitig etwas nahmen. Außerdem hatte Nigidius Figulus schreckliche Angst vor Blut an heiligen Orten, und Frauen bluteten nun einmal. Deshalb hatte er nur männliche Sklaven, und seine Mutter lebte bei seiner Schwester und ihrem Mann.

Am Tag nach den kurulischen Wahlen war Atticus der einzige gewesen, den Cicero sehen wollte, aber Familienangelegenheiten kamen ihm dazwischen. Bruder Quintus war zum Prätor gewählt worden. Natürlich mußte das gefeiert werden, schon allein deshalb, weil Quintus dem Beispiel seines älteren Bruders gefolgt war und sich *in suo anno* wählen ließ, genau im richtigen Alter (er war neununddreißig). Dieser zweite Sohn eines bescheidenen Gutsherrn aus Arpinum lebte in einem Haus auf dem Carinae, das der alte Herr damals gekauft hatte, als er mit seiner Familie nach Rom gezogen war, um dem Wunderknaben Marcus alle Möglichkeiten zu bieten, nach denen sein Intellekt verlangte. Und so begab sich Cicero zusammen mit seiner Familie kurz vor der Mittagsstunde recht mißgelaunt auf den Carinae, auch wenn diese brüderliche Verpflichtung einem Gespräch mit Atticus nicht im Wege stand – er würde ebenfalls dort sein, weil Quintus mit Atticus' Schwester Pomponia verheiratet war.

Die zwei Brüder sahen sich sehr ähnlich, aber Cicero war zweifelsfrei der Attraktivere der beiden. Zum einen war er ein ganzes Stück größer und besser gebaut; Quintus war eher klein und schmal geblieben. Zum anderen hatte Cicero sein Haar behalten, während Quintus oben auf dem Kopf schon ganz kahl war. Quintus' Ohren schienen viel mehr abzustehen als Ciceros, doch das war wohl eher eine optische Täuschung, hervorgerufen durch Ciceros massigen Schädel, der seine Ohren klein wirken ließ. Beide hatten sie braune Augen, braunes Haar und eine gesunde, braune Haut.

Und in noch einer Hinsicht hatten sie viel gemeinsam: Sowohl Cicero als auch Quintus hatten reiche Hausdrachen geheiratet, Frauen, deren Eltern die Hoffnung, noch einen geeigneten Mann für die Tochter zu finden, bereits aufgegeben hatten. Terentia war berühmt dafür gewesen, so wählerisch und gleichzeitig ein so schwieriger Mensch zu sein, daß keiner – und war er auch noch so bedürftig – den Mut aufgebracht hatte, sie um ihre Hand zu bitten. Sie hatte sich Cicero ausgesucht, nicht umgekehrt. Und was Pomponia betraf – nun, zweimal hatte Bruder Atticus aus Verzweiflung über sie die Hände in die Luft geworfen! Sie war häßlich, feindselig, grob, griesgrämig, eigensinnig, rachsüchtig, und sie konnte grausam sein. Nachdem ihr erster Ehemann dank Atticus' Hilfe auf der Leiter des geschäftlichen Erfolgs Fuß fassen konnte, war er in dem Moment fortgelaufen, wo er ohne Atticus auskam, und hatte sie ihrem Bruder wieder auf die Türschwelle gesetzt. Der offizielle Scheidungsgrund lautete Unfruchtbarkeit, aber ganz Rom vermutete (zu Recht), daß der eigentliche Grund seine Unlust war, weiter mit ihr zusammenzuleben. Cicero hatte den Vorschlag gemacht, daß man Bruder Quintus dazu überreden solle, sie zur Frau zu nehmen, und er hatte sich mit Atticus die Überzeugungsarbeit geteilt. Die Ehe war vor dreizehn Jahren geschlossen worden; der Bräutigam war beträchtlich jünger als die Braut gewesen. Zehn Jahre nach der Hochzeit hatte Pomponia die Gerüchte von ihrer Unfruchtbarkeit Lügen gestraft und einen Sohn zur Welt gebracht, der ebenfalls Quintus genannt wurde.

Sie stritten sich ständig, und den armen Jungen benutzten sie bereits als Munition in ihrem endlosen Krieg um die Vorherrschaft; das unglückselige Kind wurde von einer Seite zur anderen gezerrt. Das bekümmerte Atticus (schließlich war dieser einzige Sohn seiner Schwester sein Erbe), und es bekümmerte auch Cicero, aber keinem von beiden gelang es, die Kontrahenten davon zu überzeugen, daß der kleine Quintus der eigentliche Leidtragende war. Wäre Bruder Quintus wenigstens so klug wie Cicero gewesen und hätte sich als Fußabtreter benutzen lassen, hätte er alles versucht, um seine Frau zu beschwichtigen und so selten wie möglich ihren Unwillen zu erregen – vielleicht hätte die Ehe dann besser funktioniert als die von Cicero und Terentia, denn Pomponia ging es ja nur um die Überlegenheit, während Terentia auch politisch das letzte Wort haben wollte. Aber leider schlug Quintus viel mehr seinem Vater nach als Cicero; er wollte um jeden Preis Herr im eigenen Haus sein.

Der Ehekrieg war eben in vollem Gange, als Cicero, Terentia, Tullia und der zweijährige Marcus das Haus betraten. Der Verwalter mußte Tullia und Marcus in das Kinderzimmer führen, denn Pomponia war zu sehr damit beschäftigt, Quintus anzubrüllen, und Quintus war voll und ganz davon in Anspruch genommen, ihr Gebrüll zu erwidern.

»Nur gut«, rief Cicero mit seiner lautesten Forumsstimme, »daß der Tempel des Tellus gleich nebenan ist! Sonst würden sich noch mehr Nachbarn beschweren.«

Aber das machte keinerlei Eindruck auf sie. Sie brüllten weiter, als wären die Neuankömmlinge Luft, bis auch Atticus eintraf. Seine Methode, einen Waffenstillstand zu erzwingen, war ebenso einfach wie wirksam: Er ging einfach auf seine Schwester zu, packte sie bei den Schultern und schüttelte sie, bis ihre Zähne klapperten.

»Verschwinde, Pomponia!« fauchte er. »Los, nimm Terentia mit, dann kannst du ihr die Ohren vollheulen!«

»Ich versuch's auch immer mit Schütteln«, sagte Bruder Quintus kleinlaut, »aber es funktioniert nicht. Sie rammt mir höchstens das Knie in die ... na, ihr wißt schon.«

»Wenn sie das mit mir machen würde«, sagte Atticus entrüstet, »würde ich sie umbringen!«

»Und wenn *ich* sie umbringen würde, würdest du mich wegen Mordes vor Gericht stellen lassen.«

»Stimmt«, sagte Atticus grinsend. »Armer Quintus! Ich werde mit ihr reden. Wir wollen einmal sehen, was sich machen läßt.«

Cicero beteiligte sich nicht an diesem Wortwechsel, denn er hatte sich bereits vor Atticus' Ankunft zurückgezogen, und jetzt kam er aus dem Arbeitszimmer zurück und hielt eine geöffnete Schriftrolle in den Händen.

»Schreibst du wieder etwas, Bruder?« fragte er und blickte auf.

»Eine Tragödie im Stil von Sophokles«, antwortete Quintus.

»Du machst dich gar nicht so schlecht.«

»Das will ich hoffen! Für Reden und Poesie heimst du ja alle Lorbeeren ein, da bleiben mir nur noch Geschichte, Komödie und Tragödie. Für historische Studien fehlt mir die Zeit, und die Tragödie fällt mir leichter als die Komödie. Muß an der Atmosphäre liegen, in der ich hier lebe.«

»Aber die schreit doch geradezu nach Komödie«, bemerkte Cicero ungerührt.

»Ach, halt den Mund!«

»Bleiben immer noch Philosophie und Naturwissenschaften.«

»Meine Philosophie ist einfach, und Naturwissenschaften sind mir ein Rätsel, wären wir also wieder bei Geschichte, Komödie oder Tragödie.«

Atticus war auf die andere Seite des Atriums geschlendert. »Was ist das hier, Quintus?« fragte er mit Belustigung in der Stimme.

»Ach, jetzt hast du's doch entdeckt, bevor ich es dir zeigen konnte!« rief Quintus und lief zu ihm hinüber, Cicero in seinem Kielwasser. »Ich bin jetzt Prätor und darf so etwas haben.«

»Natürlich darfst du«, sagte Atticus ernst, nur sein Blick verriet Heiterkeit.

Cicero trat zwischen die beiden und betrachtete das Ding mit andächtigem Schweigen und aus angemessenem Abstand, um es in seiner ganzen Pracht auf sich wirken zu lassen. Und was war das für ein Gegenstand, auf dem sein Blick ruhte? Eine monumentale Büste von Quintus, so viel größer als der Mann in natura, daß sie an keinem öffentlichen Ort aufgestellt werden konnte, denn nur die Darstellungen von Göttern durften menschliche Maßstäbe übersteigen. Der Künstler hatte in Ton gearbeitet und ihn gebrannt, bevor er die Farben aufgetragen hatte – was einerseits gut, andererseits aber auch problematisch war. Gut, weil die Ähnlichkeit unübersehbar und die Farben geschickt gewählt waren, schlecht, weil Ton ein billiger Werkstoff war, der jederzeit in einen Haufen Scherben zerbrechen konnte. Niemand wußte besser als Cicero und Atticus, daß Quintus nicht in der Lage war, sich eine Büste in Marmor oder Bronze zu leisten.

»Die ist natürlich nicht für die Ewigkeit«, sagte Quintus strahlend, »aber sie wird's schon tun, bis ich mir leisten kann, sie als Gußform für eine prächtige Bronze zu nehmen. Sie ist von dem Mann, der auch mein *imago* gemacht hat – es ist jammerschade, da hat man von sich ein Abbild aus Wachs und verschließt es in einem Schrank, wo es niemand sehen kann.« Er warf einen Seitenblick auf Cicero, der immer noch wie gebannt auf die Büste starrte. »Nun Marcus, was denkst du?« fragte er.

»Ich denke«, sagte Cicero ohne zu zögern, »daß ich zum erstenmal miterleben darf, wie es eine Hälfte schafft, größer als das Ganze zu sein.«

Das war zuviel für Atticus. Er lachte, bis er sich auf den Fußboden setzen mußte. Cicero setzte sich gleich neben ihn. Dem armen Quintus blieben nur zwei Möglichkeiten: Er konnte zu Tode gekränkt sein oder sich der allgemeinen Heiterkeit anschließen. Nicht umsonst war er Ciceros Bruder – er entschied sich für die Heiterkeit.

Danach war es Zeit zum Essen. Eine besänftigte Pomponia servierte es, unterstützt von Terentia und der Friedensstifterin Tullia, die mit ihrer Tante besser auskam als alle anderen.

»Und wann wird geheiratet?« fragte Atticus, der Tullia so lange nicht mehr gesehen hatte, daß er ganz überrascht von ihrer erwachsenen Erscheinung war. Was für ein hübsches Mädchen! Samtweiches braunes Haar, sanfte braune Augen; sie hatte große Ähnlichkeit mit ihrem Vater, und auch seinen Humor hatte sie geerbt. Seit ein paar Jahren war sie dem jungen Gaius Calpurnius Piso Frugi versprochen; eine gute Partie, nicht nur was Geld und Einfluß betrafen. Piso Frugi war das bei weitem angenehmste Mitglied einer Sippe, die eher für Bosheit und Rücksichtslosigkeit als für Freundlichkeit und Güte bekannt war.

»In zwei Jahren«, antwortete Tullia und seufzte.

»Eine lange Zeit«, sagte Atticus mitfühlend.

»Viel zu lang«, sagte Tullia und seufzte noch einmal.

»Nun ja, wir wollen sehen, Tullia«, meinte Cicero gütig. »Vielleicht können wir's ein bißchen abkürzen.«

Die Antwort veranlaßte die drei Frauen, sich in Pomponias Wohnzimmer zurückzuziehen, um in fiebriger Vorfreude die Hochzeitsvorbereitungen zu besprechen.

»Nichts macht Frauen so glücklich wie Hochzeiten«, sagte Cicero.

»Sie ist verliebt, Marcus, und wann gibt es das schon bei arrangierten Verlobungen? Und da ich annehme, daß Piso Frugi nicht anders empfindet, könnten sie ihren Hausstand doch bereits gründen, bevor Tullia achtzehn wird.« Atticus lächelte. »Wie alt ist sie? Sechzehn?«

»Beinahe.«

»Dann laß sie doch Ende des Jahres heiraten.«

»Ganz meine Meinung«, fügte Bruder Quintus bärbeißig hinzu. »Es ist so nett, sie zusammen zu sehen. Wie gute Freunde kommen sie miteinander aus.«

Keiner der Anwesenden kommentierte diese Bemerkung, aber Cicero nahm sie zum Anlaß, das Thema zu wechseln. Catilina schien ihm ein einfacheres Thema zu sein als das Heiraten und die Frauen.

»Glaubst du, daß er die Schulden löschen wollte?« fragte er Atticus besorgt.

»Ich weiß nicht, ob ich es glauben soll, Marcus, aber ich kann es mir nicht leisten, es einfach zu ignorieren«, gab Atticus offen zu. »Die Beschuldigung allein reicht aus, um die meisten Geschäftsleute in Angst und Schrecken zu versetzen, vor allem jetzt, wo Kredite so teuer und so schwer zu beschaffen sind. Sicher, es gibt viele, die eine solche Maßnahme begrüßen würden, aber es ist nicht die Mehrheit, und nur wenige von ihnen gehören zu den Großen der Geschäftswelt. Ein allgemeiner Schuldenerlaß ist vor allem für die kleinen Leute verlokkend und für Männer, die liquide genug sind, um das Kapital fließen zu lassen.«

»Du willst damit sagen, daß die erste Klasse sich aus Vorsicht von Catilina und Lucius Crassus abgewandt hat?« fragte Cicero.

»Ganz sicher.«

»Dann hatte Caesar doch recht«, warf Quintus ein. »Du hast Catilina unter einem fadenscheinigen Vorwand vor dem ganzen Haus beschuldigt. Mit anderen Worten: Du hast ein Gerücht im Umlauf gesetzt.«

»Nein, das habe ich nicht!« rief Cicero und schlug auf das Kissen unter seinem rechten Arm. »Das habe ich nicht! Ich bin nicht so verantwortungslos! Warum bist du so schwer von Begriff, Quintus? Die beiden wollten die Regierung stürzen, ob nun als Konsuln oder als Revolutionäre! Terentia sieht das ganz richtig; jemand der einen allgemeinen Schuldenerlaß plant, buhlt um die Gunst der unteren Klassen. Das ist die typische Taktik von Leuten, die eine Diktatur errichten wollen.«

»Sulla war ein Diktator, aber er hat keine Schulden gelöscht«, erwiderte Quintus starrköpfig.

»Nein, aber dafür hat er zweitausend Ritter umbringen lassen«, rief Atticus. »Die Konfiszierung ihrer Vermögen hat den Staatssäckel gefüllt, und ein Haufen von Neulingen hat sich an den Zinsen gemästet. Da waren keine anderen ökonomischen Maßnahmen mehr nötig.«

»Dich hat er nicht für vogelfrei erklärt«, erwiderte Quintus bösartig.

»Das wäre auch dumm gewesen. Sulla war ein wildes Tier, aber kein Narr.«

»So einer wie ich, meinst du?«

»Ja, Quintus, du bist ein Narr«, sagte Cicero und ersparte es Atticus, eine taktvollere Antwort zu finden. »Warum bist du immer so angriffslustig? Kein Wunder, daß du mit Pomponia nicht auskommst – ihr beiden gleicht euch wie ein Ei dem anderen!«

Quintus knurrte, sagte jedoch nichts darauf.

»Gut, Marcus, es ist nun einmal passiert«, sagte Atticus friedfertig, »und es ist möglich, daß es richtig war, noch vor den Wahlen zu handeln. Deine Informationsquelle halte ich für fragwürdig. Ich kenne die Frau nur wenig – andererseits möchte ich wetten, daß ihre Kenntnisse in Ökonomie auf einer Nadelspitze Platz hätten. Und da soll sie sich einen Begriff wie ›allgemeiner Schuldenerlaß‹ aus den Fingern gesogen haben? Unmöglich! Nein, so wie es aussieht, hattest du ausreichenden Grund zu handeln.«

»Was auch immer ihr tut«, rief Cicero, dem mit einemmal klarwurde, daß die beiden zuviel über Fulvia Nobilioris wußten, »ihr dürft niemandem gegenüber ihren Namen erwähnen! Niemand darf wissen, daß ich einen Spion in Catilinas Lager habe. Ich will mich dieser Quelle noch länger bedienen.«

Selbst Quintus verstand den Sinn dieses Appells und versprach, den Namen Fulvia Nobilioris für sich zu behalten. Und Atticus? Er war ein logisch denkender Mann, und deshalb war es ihm sehr recht, daß man den Kreis um Catilina im Auge behielt.

»Es könnte sein, daß Catilina selbst gar nicht beteiligt ist«, bemerkte Atticus abschließend, »aber seine Clique verdient allemal unsere Aufmerksamkeit. In Etruria und Samnium gärt es seit dem Italischen Krieg, und der Sturz von Gaius Marius hat die Situation nur noch verschärft. Von Sullas Maßnahmen ganz zu schweigen.«

Und so kam es, daß Quintus Cicero die Damen beider Haushalte und ihren Nachwuchs im Sextilis ans Meer begleitete, während Marcus Cicero in Rom blieb, um die Ereignisse nicht aus den Augen zu verlieren; das Ehepaar Curius konnte es sich nicht leisten, in den Ferien nach Cumae oder Misenum zu reisen, also mußte Fulvia Nobilioris die römische Sommerhitze ertragen. Auch für Cicero war sie eine Last, aber er hatte das Gefühl, es sei der Mühe wert.

Bis zu den Kalenden des September geschah nichts außer einer routinemäßigen Senatssitzung, die traditionell an diesem Tag stattfand. Gleich danach reisten die meisten Senatoren wieder ans Meer, denn der Kalender war den Jahreszeiten so weit voraus, daß die heißesten Tage wohl erst noch kommen würden. Caesar blieb aus dem gleichen Grund in der Stadt, der auch Nigidius Figulus und Varro zum Bleiben bewog: Der neue Pontifex Maximus hatte die Entdeckung eines Fundes bekanntgegeben, der sogenannten *Steinernen Annalen und Kommentare der Könige*. Nachdem Caesar am letzten Tag des Sextilis zunächst das Kollegium der Priester zusammengerufen hatte, um sie als erste zu informieren und ihnen Gelegenheit zu geben, die Tafeln und die Handschriften in Augenschein zu nehmen, benutzte er die Senatssitzung an den Kalenden des September, um seine Entdeckung allen mitzuteilen. Die meisten Männer gähnten nur (wie auch ein paar Priester gegähnt hatten), aber Cicero, Varro und Nigidius Figulus gehörten zu denen, die das Ganze höchst aufregend fanden und beinahe die gesamte erste Hälfte des September damit verbrachten, diese antiken Dokumente genauestens zu studieren.

Caesar, noch immer ein wenig betört von der Geräumigkeit und der Pracht seines neuen Domizils, gab an den Iden desselben Monats ein Essen für Nigidius Figulus, Varro, Cicero und zwei Männer, mit denen er als junger Militärtribun vor den Mauern von Mitylene zu tun hatte:

Philippus Junior und Gaius Octavius. Philippus war zwei Jahre älter als Caesar und würde nächstes Jahr Prätor werden, aber Octavius lag altersmäßig genau in der Mitte zwischen ihnen, er würde also bis zum übernächsten Jahr warten müssen, bis er zum erstenmal als Prätor kandidieren durfte; das lag daran, daß ein Patrizier wie Caesar zwei Jahre früher in ein kurulisches Amt gewählt werden konnte als ein Plebejer.

Der alte Philippus, ein böser, amoralischer Mensch, der vor allem für die Häufigkeit seiner Wechsel zwischen den verschiedenen Faktionen bekanntgeworden war, lebte noch und nahm auch gelegentlich noch an Senatssitzungen teil, aber die Tage seines großen Einflusses auf das Haus waren längst vorbei. Sein Sohn würde ihn nicht ersetzen können, dachte Caesar, weder was die Niedertracht noch was den Einfluß betraf. Der »junge« Philippus war ein überzeugter Epikuräer; zu sehr lagen ihm köstliche Speisen und die schönen Künste am Herzen. Er tat im Senat nicht mehr als seine Pflicht, kletterte die Leiter des *cursus honorum* hinauf, weil es sein gutes Recht war, aber er hatte keinesfalls den Ehrgeiz, Unfrieden zwischen irgendwelchen politischen Faktionen zu stiften. Er kam mit Cato ebenso zurecht wie mit Caesar, auch wenn er Caesars Gesellschaft eindeutig vorzog. Er hatte eine Gellia geheiratet, und nach ihrem Tode wollte er nicht wieder heiraten, um seiner Tochter und seinem Sohn keine Stiefmutter zumuten zu müssen.

Zwischen Caesar und Gaius Octavius gab es einen besonderen Anreiz zur Freundschaft: Nach dem Tod von Octavius' erster Frau (eine Ancharia aus der reichen prätorianischen Familie) hatte Octavius um die Hand von Caesars Nichte Atia angehalten, der Tochter von Caesars jüngerer Schwester. Ihr Vater, Marcus Atius Balbus, hatte Caesar um seine Meinung zu dieser Verbindung gebeten, denn Gaius Octavius stammte aus keiner vornehmen, dafür aber unglaublich reichen Familie aus Velitrae im Stammland Latium. Da er sich an Octavius' Treue während der Zeit vor Mitylene erinnerte und gleichzeitig wußte, daß dieser die schöne und entzückende Atia sehr liebte, befürwortete Caesar die Heirat. Es gab aus der ersten Ehe eine Stieftochter – zum Glück ein umgängliches Mädchen ohne böse Absichten –, jedoch keinen Sohn, der einem zukünftigen Sohn von Atia und Octavius das Erbe hätte streitig machen können. Also wurde der Vertrag geschlossen, und Atia hielt in eines der schönsten Häuser Roms Einzug, auch wenn es seltsamerweise auf der falschen Seite des Palatin stand, am Ende der

Straße mit dem Namen »die Ochsenköpfe«. Im Oktober des vorvergangenen Jahres hatte Atia dann ihrem ersten Kind das Leben geschenkt – leider einem Mädchen.

Natürlich drehte sich das Gespräch um die *Steinernen Annalen und Kommentare der Könige*, auch wenn Caesar aus Respekt vor Octavius und Philippus einige Anstrengungen unternahm, seine drei gebildeteren Gäste davon abzubringen.

»Natürlich bist du eine anerkannte Autorität auf dem Gebiet des alten Rechts«, sagte Cicero, durchaus bereit, von seiner Überlegenheit auf einem Gebiet, dem er wenig Bedeutung für das moderne Rom beimaß, etwas abzutreten.

»Ich danke dir«, erwiderte Caesar feierlich.

»Schade nur, daß es nicht mehr Informationen über das alltägliche Leben am Hof der Könige gibt«, sagte Varro, der gerade erst von einem langen Aufenthalt im Osten zurückgekehrt war. Pompeius hatte ihn als hauptberuflichen Naturwissenschaftler und nebenberuflichen Biographen engagiert.

»Richtig, aber die beiden Dokumente haben jetzt eine absolut verläßliche Darstellung der Vorgehensweisen bei Prozessen wegen *perduellio*, und das allein ist schon faszinierend, wenn man es mit *maiestas* vergleicht«, sagte Nigidius Figulus.

»*Maiestas* war Saturninus' Erfindung«, sagte Caesar.

»Er hat *maiestas* nur deshalb erfunden, weil man niemanden mehr wegen Hochverrats in der alten Form verurteilen konnte«, warf Cicero schnell ein.

»Schade, daß Saturninus damals noch nicht von deinem Fund gewußt hat, Caesar«, meinte Varro verträumt. »Zwei Richter und kein einziger Geschworener, wenn das keinen Einfluß auf das Urteil eines Prozesses hat!«

»Unsinn!« rief Cicero und richtete sich kerzengerade auf. »Weder der Senat noch die Komitien würden einen Prozeß ohne Geschworene zulassen!«

»Besonders interessant finde ich«, sagte Nigidius Figulus, »daß heute nur noch vier Männer am Leben sind, die als Richter qualifiziert wären. Du, Caesar, dein Vetter Lucius Caesar, Fabius Sanga und – was besonders seltsam ist – Catilina! Alle anderen Familien existierten noch gar nicht, als Hortensius wegen des Mordes an seiner Schwester vor Gericht stand.«

Philippus und Octavius wirkten ein bißchen verloren in dieser Runde und langweilten sich, also machte Caesar einen weiteren Versuch, das Thema zu wechseln.

»Wann ist der große Tag?« fragte er Octavius.

»Ungefähr eine Marktperiode noch.«

»Und? Wird's ein Junge oder ein Mädchen?«

»Ein Junge diesmal, glauben wir. Ein drittes Mädchen von zwei Frauen, das wäre eine grausame Enttäuschung«, seufzte Gaius Octavius.

»Ich kann mich erinnern, daß ich vor Tullias Geburt absolut sicher war, daß es ein Junge werden würde«, sagte Cicero und grinste. »Terentia war auch sicher. Und dann mußten wir noch vierzehn Jahre auf meinen Sohn warten.«

»Ziemlich lange Wartezeit zwischen den beiden Versuchen, was Cicero?« fragte Philippus.

Cicero antwortete darauf lediglich mit einem kurzen Erröten; wie viele ehrgeizige Aufsteiger reagierte er oft ein wenig prüde, es sei denn, ihm lag eine brillante Erwiderung auf der Zunge, die er sich nicht verkneifen konnte. Die alteingesessenen Aristokraten konnten eine freche Lippe riskieren; Cicero dagegen mußte sich zurückhalten.

»Die Frau des Hausmeisters vom alten Versammlungshaus glaubt, daß es ein Junge wird«, sagte Octavius. »Sie hat Atias Ehering an einen Faden gebunden und über Atias Bauch gehalten. Er hat sich sehr schnell rechts herum gedreht – ein sicheres Zeichen, sagt sie.«

»Hoffen wir, daß sie recht behält«, meinte Caesar. »Meine ältere Schwester hat lauter Jungen bekommen, aber die Frauen haben das Sagen in der Familie.«

»Ich würde gern wissen, wie viele Männer zur Zeit von Tullus Hostilius tatsächlich wegen *perduellio* vor Gericht gestanden haben«, meinte Varro.

Caesar seufzte leise; es war ein aussichtsloses Unterfangen, drei Gelehrte und nur zwei Epikuräer zu einem Essen einzuladen. Zum Glück war der Wein vorzüglich, und die Köche des Domus Publica standen ihm in nichts nach.

Die Nachricht aus Etruria traf wenige Tage nach dem Essen beim Pontifex Maximus ein und wurde von Fulvia Nobilioris überbracht.

»Catilina hat Gaius Manlius nach Faesulae geschickt, damit er dort eine Armee aufstellt«, sagte sie zu Cicero. Sie kauerte auf einer Liege und wischte sich den Schweiß von der Stirn. »Und Publius Furius macht das gleiche in Apulia.«

»Beweise?« fragte Cicero mit scharfer Stimme. Auch auf seiner Stirn hatten sich Schweißtropfen gebildet.

»Die habe ich nicht, Marcus Tullius.«

»Hat Quintus Curius es dir erzählt?«

»Nein. Ich habe gestern abend nach dem Essen ein Gespräch zwischen ihm und Lucius Cassius belauscht. Sie glaubten, ich wäre schon schlafen gegangen. Seit den Wahlen haben sich alle sehr ruhig verhalten, sogar Quintus Cassius. Das war ein Schlag für Catilina, und ich habe den Eindruck, er mußte sich erst davon erholen. Gestern abend habe ich ihn zum erstenmal wieder etwas flüstern hören.«

»Weißt du, wann Manlius und Furius ihre Operationen begonnen haben?«

»Nein.«

»Du weißt also nicht, wie weit sie mit der Aushebung schon sind? Wenn ich zum Beispiel jemanden nach Faesulae schicken würde, könnte er mir die Bestätigung bringen?«

»Das weiß ich doch nicht, Marcus Tullius. Ich wollte, ich wüßte es!«

»Und Quintus Curius? Ist er versessen auf eine offene Revolution?«

»Ich bin mir nicht sicher.«

»Dann finde es heraus, Fulvia«, sagte Cicero, sorgsam bemüht, sich die Erregung nicht anmerken zu lassen. »Wenn wir ihn dazu überreden können, im Senat auszusagen, würde den Senatoren nichts anderes übrigbleiben, als mir zu glauben.«

»Sei unbesorgt, Mann, Fulvia wird ihr Bestes tun«, sagte Terentia und geleitete die Besucherin zur Tür.

Cicero war davon überzeugt, daß die Rebellenarmee auch Sklaven rekrutieren würde, also schickte er einen klugen und kräftigen Burschen nach Faesulae, damit er sich dort als Freiwilliger meldete. Cicero wußte nur zu gut, daß viele im Senat ihn für leichtgläubig hielten und glaubten, er wolle mit einer Staatskrise sein Konsulat aufwerten, also lieh er sich diesen Sklaven von Atticus aus; so konnte der Bursche wenigstens bezeugen, daß er Cicero persönlich nicht verpflichtet war. Doch leider hatte er nach seiner Rückkehr wenig zu berichten. Zweifellos ging da oben etwas vor – und nicht nur in Faesulae. Das Problem war nur, daß man ihm auf seine Anfrage erklärt hatte, Sklaven hätten in Etruria nichts zu suchen; es sei ein Land freier Männer, es gäbe dort genug freie Männer, die sich um Etrurias Interessen kümmmern würden. Was diese Antwort zu bedeuten hatte, war Cicero nicht ganz klar, denn Etruria war natürlich ebenso reichlich mit Sklaven ausgestattet wie jede andere Landschaft innerhalb oder außerhalb Italiens. Die ganze Welt war auf Sklaven angewiesen!

»Wenn es tatsächlich ein Aufstand ist, Marcus Tullius, dann ist es ein Aufstand freier Männer.«

»Und nun?« fragte ihn Terentia beim Essen.

»Ich muß dir ehrlich sagen, meine Liebe, ich weiß es nicht. Die Frage ist: Rufe ich den Senat zusammen und versuche es noch einmal, oder soll ich lieber warten, bis ich ein paar Freigelassene als Gewährsmänner habe, die mir unwiderlegbare Beweise liefern?«

»Ich habe das Gefühl, daß es sehr schwer ist, unwiderlegbare Beweise zu beschaffen, Mann. Kein Mensch im Norden Etrurias traut einem Fremden, sei er ein Sklave oder ein Freier. Das sind stammesbewußte, verschwiegene Leute da oben.«

»Gut«, seufzte Cicero, »dann rufe ich eben für übermorgen den Senat zusammen. Und wenn sonst nichts dabei herauskommt – Catilina wird wenigstens wissen, daß ich ihn nicht aus den Augen lasse.«

Es kam sonst nichts dabei heraus, wie Cicero es vorhergesehen hatte. Die Senatoren, die nicht mehr am Meer weilten, waren im besten Fall skeptisch, im schlimmsten Fall ließen sie sich zu Ausfällen hinreißen. Catilina war anwesend und ergriff auch das Wort, doch er blieb ungewöhnlich gelassen für einen Mann, dessen Chancen auf das Konsulat ein für allemal zunichte gemacht worden waren. Er schimpfte weder auf Cicero noch auf die Umstände; er saß ganz ruhig an seinem Platz und antwortete geduldig auf die ihm gestellten Fragen. Eine gute Taktik, die den Skeptikern imponierte und seinen Parteigängern Oberwasser gab. Kein Wunder also, daß die Wogen der Erregung nicht hoch schlugen; die Debatte plätscherte dahin und wäre wohl irgendwann ganz eingeschlafen, wenn nicht plötzlich die Türen aufgeflogen wären und Gaius Octavius in den Saal gebrüllt hätte: »Ich habe einen Sohn! Ich habe einen Sohn!«

Dankbar für den Anlaß, die Sitzung zu schließen, entließ Cicero seine Amtsdiener und mischte sich unter die Gratulanten, die sich um Octavius versammelt hatten.

»Hat er ein gutes Horoskop?« fragte Caesar. »Aber schlechte gibt es ja ohnehin nicht.«

»Es ist eher wundersam als gut, Caesar. Wenn ich dem Astrologen glauben darf, wird mein Sohn Gaius Octavius Junior eines Tages die Welt regieren.« Der stolze Vater kicherte. »Es hat mir natürlich gefallen, und ich habe dem Astrologen ein bißchen mehr gegeben.«

»In meinem Geburtshoroskop steht eine Menge über eine mysteriöse Krankheit in der Brust, wenn ich meiner Mutter glauben darf«, sagte Caesar. »Zeigen will sie's mir aber nicht.«

»Und mir hatte er vorausgesagt, daß ich nie zu Geld kommen würde«, berichtete Crassus.

»Die Wahrsagerei macht die Frauen glücklich«, behauptete Philippus.

»Wer kommt mit mir die Geburt bei Juno Lucina eintragen?« fragte Octavius, der immer noch strahlte.

»Onkel Caesar Pontifex Maximus, wer sonst?« Caesar legte Octavius einen Arm um die Schultern. »Und anschließend will ich meinen neuen Neffen sehen.«

Achtzehn Tage des Oktober waren vergangen, ohne daß bedeutsame Informationen aus Etruria oder Apulia eingetroffen wären. Auch von Fulvia Nobilioris gab es nichts Neues. Gelegentlich ein Brief von einem der Gewährsmänner, die Cicero und Atticus losgeschickt hatten; aber sie machten wenig Hoffnung auf eindeutige Beweise, auch wenn jedes dieser Schreiben versicherte, daß zweifellos *irgend etwas* im Gange sei. Das Hauptproblem schien die Tatsache zu sein, daß es keine richtige Keimzelle gab. Mal etwas Unruhe und Betriebsamkeit in diesem, dann in jenem Ort, auf dem Gut eines Sullaschen Zenturios oder in der Taverne eines von Sullas Veteranen. Aber sowie ein fremdes Gesicht auftauchte, liefen sie alle unschuldig pfeifend durch die Gegend. Innerhalb der Mauern von Faesulae, Arretium, Volaterrae, Asernia, Larinum und all den anderen urbanen Siedlungen in Etruria und Apulia gab es außer einer wirtschaftlichen Flaute und schrecklicher Armut nichts zu entdecken. Überall standen Häuser und Höfe zum Verkauf, um erdrückende Schuldenlasten zu tilgen, aber von den vormaligen Besitzern war weit und breit nichts zu sehen.

Und Cicero war sehr, sehr müde. Er wußte, daß sich da etwas vor seinen Augen zusammenbraute, aber er konnte es nicht belegen und glaubte allmählich, daß erst der Tag der Revolte den Beweis dafür liefern würde. Auch Terentia war verzweifelt, und erstaunlicherweise erleichterte dies das Zusammenleben mit ihr. Ciceros fleischliche Gelüste waren nie sehr ausgeprägt gewesen, aber in diesen Tagen regte sich in ihm zuweilen der Wunsch, früh ins Bett zu gehen und Trost in ihren Armen und ihrem Körper zu suchen, der ihm so geheimnisvoll erschien, wie er unförmig war.

Beide lagen sie in tiefem Schlaf, als Tiro sie an jenem achtzehnten Oktober kurz nach Mitternacht weckte.

»*Domine, domine!*« flüsterte der geliebte Sklave an der Tür, und sein wunderbar zartes Gesicht wirkte über der Lampe wie eine Fratze aus der Unterwelt. »*Domine*, du hast Besuch!«

»Wie spät ist es?« stöhnte Cicero und hob die Beine über die Bettkante, während Terentia die Augen aufschlug.

»Sehr spät, *domine.*«

»Besuch, sagst du?«

»Ja, *domine.*«

Terentia setzte sich mühevoll im Bett auf, machte aber keine Anstalten, sich anzuziehen; was auch im Gange sein mochte, es betraf sie nicht – sie war eine Frau. Einschlafen konnte sie jedoch nicht mehr. Also würde sie sich gedulden müssen, bis Cicero zurückkam und ihr erzählte, was die Aufregung zu bedeuten hatte.

»Wer ist es, Tiro?« fragte Cicero und zog sich die Tunika über den Kopf.

»Marcus Licinius Crassus und zwei andere Edelleute, *domine.*«

»Du meine Güte!«

Cicero eilte unverzüglich hinaus ins Atrium seines Hauses, das ihm auf einmal viel zu klein erschien für einen Mann, der sich nach Ablauf dieses Jahres zu den Konsularen rechnen durfte.

Kein Zweifel, da stand Crassus – begleitet von Claudius Marcellus und Metellus Scipio. Der Verwalter zündete die Lampe an, Tiro hatte – für alle Fälle – Schreibpapier, Federn und Wachstafeln hervorgeholt, und die Geräusche aus der Küche deuteten darauf hin, daß Wein und Erfrischungen nicht lange auf sich warten lassen würden.

»Was ist los?« fragte Cicero ohne große Förmlichkeit.

»Du hattest recht, mein Freund«, antwortete Crassus und streckte ihm beide Hände entgegen. In der rechten hielt er ein offenes Blatt Papier, in der linken einen Stapel noch zusammengefalteter und versiegelter Briefe. Er gab Cicero das offene Schreiben. »Lies das, dann weißt du, was los ist.«

Es war ein kurzer Brief, verfaßt von einem geübten Schreiber, und er war an Crassus adressiert.

Ich bin ein Patriot, der durch unglückliche Umstände in einen Aufstand hineingezogen wurde. Daß ich Dir und nicht Marcus Cicero diese Briefe übersende, hat seinen Grund in dem Ansehen, das Du in Rom genießt. Niemand hat Marcus Cicero geglaubt. Ich hoffe, daß sie Dir glauben werden. Diese Briefe sind Kopien; die Originale durfte ich nicht entwenden. Ich kann es auch nicht riskieren, Dir Namen zu nennen. Aber ich kann Dir versichern, daß Feuer und Revolution über Rom kommen werden. Verlasse Rom, Marcus Crassus, und nimm alle mit, deren Leben Dir am Herzen liegt.

Noch konnte Cicero mit Caesar nicht ganz mithalten, wenn es um rasches, leises Lesen ging – aber es fehlte nicht viel; in wesentlich kürzerer Zeit, als Crassus benötigt hatte, hatte er den Brief gelesen und blickte auf.

»Beim Jupiter, Marcus Crassus, wie bist du daran gekommen?«

Crassus ließ sich schwer in einen Sessel fallen, während Metellus Scipio und Marcellus zusammen auf einer Liege Platz nahmen. Als ein Diener ihm Wein anbot, winkte Crassus ab.

»Wir hatten ein spätes Essen bei mir zu Hause«, sagte er, »und ich hab's wohl ein wenig übertrieben. Marcus Marcellus und Quintus Scipio haben darüber nachgedacht, wie sie ihr Familienvermögen vergrößern können, ohne Senatsobliegenheiten zu verletzen, deshalb haben sie mich um Rat gefragt.«

»Stimmt«, fügte Marcellus vorsichtig hinzu; er war sich nicht sicher, ob Crassus' unseriöse Geschäftspraktiken bei Cicero gut aufgehoben waren.

Aber Cicero hatte andere Sorgen als den schmalen Grat zwischen rechtmäßigen und illegalen Praktiken, also sagte er ungeduldig: »Ja, ja!« Und zu Crassus: »Erzähl weiter!«

»Vor einer Stunde hat jemand gegen die Tür gehämmert, aber als mein Verwalter aufgemacht hat, war niemand zu sehen. Zuerst hat er die Briefe gar nicht bemerkt. Sie lagen auf der obersten Stufe. Erst als der Stapel umgekippt ist, fielen sie ihm auf. Der eine, den ich geöffnet habe, war an mich persönlich adressiert, wie du sehen kannst. Ich habe ihn eigentlich eher aus Neugier geöffnet, nicht weil ich eine Vorahnung hatte – wer läßt einem schon auf so ungewöhnliche Weise Nachrichten zukommen, und zu so später Stunde?« Crassus blickte grimmig. »Nachdem ich ihn gelesen und Marcus und Quintus gezeigt hatte, haben wir beschlossen, sämtliche Briefe sofort zu dir zu bringen. Schließlich hast du den ganzen Wirbel entfacht.«

Cicero nahm die fünf ungeöffneten Päckchen, setzte sich und stützte einen Ellbogen auf den Tisch aus Zitrusholz mit einer Pfauenmustermaserung, für den er eine halbe Million Sesterzen geopfert hatte, selbst auf das Risiko hin, daß ein Kratzer seinen Wert empfindlich mindern könnte. Einen nach dem anderen hielt er die Briefe gegen das Licht und untersuchte die billigen Wachssiegel.

»Ein Wolfssiegel aus gewöhnlichem roten Wachs«, sagte er und seufzte. »Kann man in jedem Land kaufen.« Er steckte die Finger unter die Papierkante des letzten Briefes, zog einmal kräftig und brach das kleine, runde Wappenbild aus Wachs in zwei Hälften. Crassus und die beiden anderen sahen ihm ungeduldig zu. »Ich werde ihn vorlesen«, sagte er und klappte den Briefbogen auf. »Er trägt keine Unterschrift, aber er ist an Gaius Manlius adressiert.«

Fünf Tage vor den Kalenden des November wirst Du Deine Truppen sammeln und mit dem Einmarsch nach Faesulae die Revolution beginnen. Du hast behauptet, die Stadt würde mit fliegenden Fahnen zu Dir überlaufen. Wir vertrauen darauf. Egal, was Du sonst vorhast, als erstes mußt Du das Waffenarsenal einnehmen. Im Morgengrauen desselben Tages werden auch Deine vier Kollegen losmarschieren: Publius Furius gegen Volaterrae, Minucius gegen Arretium, Publicius gegen Saturnia, Aulus Fulvius gegen Clusium. Wir erwarten, daß alle diese Städte bei Sonnenuntergang in unserer Hand sind und unsere Armee um einiges größer ist. Vor allem aber müßte sie dank der Arsenale besser ausgerüstet sein.
Am vierten Tag vor den Kalenden werden wir in Rom zuschlagen. Dazu brauchen wir keine Armee. Die Heimlichkeit leistet uns bessere Dienste. Wir töten die beiden Konsuln und alle acht Prätoren. Was mit den gewählten Konsuln und Prätoren geschieht, hängt davon ab, wie sie sich verhalten werden, aber gewisse Kräfte im Bereich der Wirtschaft müssen sterben: Marcus Crassus, Servilius Caepio Brutus, Titus

Atticus. Durch ihre Vermögen wird unsere Unternehmung die nötigen Geldmittel erhalten.
Wir hätten lieber noch ein wenig gewartet, um unsere Streitkräfte besser zu rüsten, aber wir dürfen nicht warten, bis Pompeius Magnus nahe genug ist, um gegen uns vorzugehen. Wir sind noch nicht bereit für ihn. Er kommt auch noch dran, aber alles der Reihe nach. Mögen die Götter mit Dir sein.

Cicero legte den Brief zur Seite und starrte Crassus entgeistert an. »Beim Jupiter, Marcus Crassus!« rief er, und seine Hände zitterten. »In neun Tagen sollen wir umgebracht werden!«

Die beiden anderen Männer sahen im flackernden Licht der Lampen aschfahl aus, ihre Blicke sprangen zwischen Crassus und Cicero hin und her. Ihr Verstand weigerte sich, mehr als das Wort »sterben« aufzunehmen.

»Reiß die anderen auf«, verlangte Crassus.

In den anderen Briefen stand ungefähr das gleiche wie im ersten; sie waren an die vier anderen Männer adressiert, die bereits im ersten Brief erwähnt wurden.

»Er ist gerissen«, sagte Cicero und schüttelte den Kopf. »Mit nichts von dem, was dort in der ersten Person steht, könnte man Catilina festnageln. Kein Wort über die Männer hier in Rom, die daran beteiligt sind. Wir haben nur die Namen seiner militärischen Handlanger in Etruria, und die stecken bereits bis zum Hals in der Revolution, da spielt es keine Rolle mehr. Sehr klug!«

Metellus Scipio leckte sich über die Lippen und sagte mit heiserer Stimme: »Wer hat den Brief an Marcus Crassus geschrieben, Cicero?«

»Quintus Curius, vermute ich.«

»*Curius*? Der Curius, den man aus dem Senat geworfen hat?«

»Genau der.«

»Können wir ihn nicht dazu bringen, daß er aussagt?« fragte Marcellus.

Crassus schüttelte den Kopf. »Nein, das sollten wir nicht tun. Sie würden ihn töten, und wir wären wieder genau da, wo wir jetzt sind – und hätten keinen Informanten mehr.«

»Wir können ihn in Schutzgewahrsam nehmen, noch bevor er ausgesagt hat«, schlug Metellus Scipio vor.

»Und ihn damit zum Schweigen bringen?« fragte Cicero. »In der

Schutzhaft macht keiner den Mund auf. Nein, wir müssen Catilina dazu bringen, sich zu erklären.«

Marcellus zog die Stirn in Falten: »Und wenn Catilina gar nicht der Rädelsführer ist?«

»Immerhin möglich«, pflichtete Metellus Scipio ihm bei.

»Was muß ich denn noch tun, damit es endlich in eure Dickschädel hineingeht? Es kann nur Catilina sein!« schrie Cicero und schlug so fest auf die kostbare Oberfläche seines Tisches, daß der mit Gold und Elfenbein verzierte Fuß erzitterte. »Es ist Catilina! Es ist Catilina!«

»Beweise, Marcus«, sagte Crassus. »Du brauchst Beweise.«

»Irgendwie werde ich mir Beweise beschaffen«, sagte Cicero, »aber bis dahin müssen wir den Aufstand in Etruria niederschlagen. Ich werde den Senat für die vierte Stunde des morgigen Tages zusammenrufen.«

»Gut.« Crassus erhob sich. »Dann gehe ich jetzt nach Hause und lege mich schlafen.«

»Und du?« fragte ihn Cicero, als er zur Tür ging. »Glaubst du wenigstens, daß Catilina der Schuldige ist, Marcus Crassus?«

»Sehr wahrscheinlich, aber nicht gewiß«, lautete die Antwort.

»Ist das nicht wieder typisch?« fragte Terentia ein paar Augenblicke später, aufrecht im Bett sitzend. »Der Kerl würde sich nicht einmal zu einem Bündnis mit Jupiter Optimus Maximus verpflichten!«

»Und ich fürchte, viele andere im Senat auch nicht«, seufzte Cicero. »Trotzdem, mein Schatz, es wird Zeit, daß du Fulvia aushorchst. Wir haben lange nichts mehr von ihr gehört.« Er legte sich wieder hin. »Blas das Licht aus. Ich werde versuchen, noch ein bißchen zu schlafen.«

Cicero hatte nicht damit gerechnet, daß der Senat noch immer so große Zweifel daran hegte, daß Catilina tatsächlich als der Kopf eines Komplotts fungieren sollte, dessen Ziel ein Umsturz zu sein schien. Skepsis hatte er erwartet, aber keinen offenen Widerstand, und genau der formierte sich, als er die Briefe vorlas. Er hatte gehofft, daß die Geschichte zu einem *senatus consultum de re publica defendenda* führen würde – dem Erlaß des Kriegsrechts –, wenn er Crassus mit ins Spiel brachte, aber das Haus verweigerte es ihm.

»Du hättest die Briefe bis zum Beginn der Sitzung ungeöffnet lassen sollen«, kritisierte ihn Cato. Er war jetzt gewählter Volkstribun und hatte das Recht zu reden.

»Aber ich habe sie vor Zeugen geöffnet, die über jeden Zweifel erhaben sind!«

»Das spielt keine Rolle«, meinte Catulus. »Du hast ein Privileg des Senats verletzt.«

Während der ganzen Zeit hatten sich auf Catilinas Gesicht und in seinem Blick die der Situation angemessenen Gefühle widergespiegelt: Entrüstung, Ruhe, Unschuld, milde Erregung, Ungläubigkeit.

Als Cicero es nicht mehr ertrug, wandte er sich direkt an Catilina: »Lucius Sergius Catilina, gibst du zu, daß du die treibende Kraft hinter all diesen Ereignissen bist?« fragte er, und seine Stimme hallte von den Deckenbalken wider.

»Nein, Marcus Tullius Cicero, das gebe ich nicht zu.«

»Ist denn kein Mann im Saal, der mich unterstützt?« wollte der Erste Konsul wissen und ließ dabei den Blick von Crassus über Caesar zu Catulus und Cato wandern.

»Ich schlage vor«, sagte Crassus, nachdem es ziemlich lange still geblieben war, »daß dieses Haus den Ersten Konsul damit beauftragt, alle Aspekte dieser Angelegenheit noch einmal genau zu untersuchen. Eine Revolte in Etruria würde mich nicht überraschen, das gestehe ich dir zu, Marcus Tullius. Aber wenn selbst dein Kollege im Konsulat das Ganze für einen schlechten Scherz hält und bekanntgibt, daß er morgen nach Cumae zurückreisen wird, wie kannst du dann von uns anderen erwarten, daß wir in Panik aus der Stadt laufen?«

Und dabei blieb es. Cicero wurde beauftragt, weitere Beweise zu finden.

»Quintus Curius hat Marcus Crassus die Briefe gebracht«, erklärte Fulvia Nobilioris früh am nächsten Morgen, »aber er wird nicht für euch aussagen. Er hat viel zuviel Angst.«

»Hast du mit ihm geredet?«

»Ja.«

»Kannst du mir Namen nennen, Fulvia?«

»Nur die Namen von Quintus Curius' Freunden.«

»Und die wären?«

»Lucius Crassus, wie du bereits weißt. Gaius Cornelius und Lucius Vargunteius, die damals zusammen mit meinem Curius aus dem Senat geworfen wurden.«

Plötzlich stellten ihre Worte die Verbindung zu einer Tatsache her, die Cicero tief in seinem Gedächtnis vergraben hatte. »Gehört der Prätor Lentulus Sura zu seinen Freunden?« fragte er, als er sich wieder erinnerte, wie dieser Mann ihn bei den Wahlen beschimpft hatte. Ja, Lentulus Sura war – obschon Konsul – einer der über siebzig Männer, die von den Zensoren Poplicola und Clodianus ausgeschlossen worden waren!

Aber Fulvia wußte nichts von Lentulus Sura. »Den jüngeren Cethegus jedoch, den habe ich hin und wieder mit Lucius Crassus gesehen. Und Lucius Statilius und den Gabinius mit dem Spitznamen Capito auch. Es sind nicht seine besten Freunde, deshalb ist es schwer zu sagen, ob sie an dem Komplott beteiligt sind.«

»Und wie steht's mit dem Aufstand in Etruria?«

»Ich weiß nur, daß Quintus Curius sagt, er werde stattfinden.«

»Quintus Curius sagt also, daß er stattfindet«, wiederholte Cicero nachdenklich, nachdem Terentia zur Tür geleitet worden war. »Catilina ist zu klug für Rom, meine Liebe. Ist dir jemals ein Römer begegnet, der ein Geheimnis für sich behalten konnte? Wie ich es auch drehe und wende, ich stehe vor einem Rätsel. Ach, wenn ich doch nur aus einem adligen Stall käme! Wenn ich Licinius oder Fabius oder Caecilius heißen würde, dann stünde Rom jetzt unter Kriegsrecht, und Catilina wäre ein Feind des Volkes. Aber ich heiße Tullius und stamme aus Arpinum, dem Land des Marius! Was ich sage, hat wenig Gewicht.«

»Stimmt«, bemerkte Terentia trocken.

Cicero schaute wie ein geprügelter Hund drein, sagte aber nichts.

Doch im nächsten Moment schlug er sich mit den Händen auf die Schenkel und sagte: »Gut, ich muß es eben weiter versuchen!«

»Du hast doch genug Schnüffler nach Etruria geschickt.«

»Sollte man denken. Aber in ihren Briefen steht, daß die Rebellion sich nicht auf die Städte konzentriert, daß die Städte von Stützpunkten auf dem Land aus eingenommen werden sollen.«

»In den Briefen steht auch, daß sie knapp mit Waffen sind.«

»Richtig. Als Pompeius Magnus Konsul war und dafür sorgte, daß nördlich von Rom Depots mit Waffen angelegt wurden, waren viele von uns dagegen. Ich gebe zu, seine Arsenale sind so schwer einzunehmen wie Nola, aber wenn eine Stadt im Aufruhr ist...«

»Bis jetzt sind die Städte noch nicht im Aufruhr. Sie haben zuviel Angst.«

»Sie sind vollgestopft mit Etruriern, und die Etrurier hassen Rom.«

»Diese Revolte ist das Werk von Sullas Veteranen.«

»Und die leben nicht in den Städten.«

»Eben.«

»Ob ich es noch einmal im Senat versuche?«

»Ja, Mann. Du hast nichts zu verlieren. Versuch es noch einmal.«

Und er machte gleich am nächsten Tag, dem einundzwanzigsten Tag des Oktober, einen erneuten Versuch. Seine Sitzung war spärlich besucht, ein weiterer Hinweis darauf, daß Roms Senatoren nicht viel von ihrem Ersten Konsul hielten – einem ehrgeizigen neuen Mann, der aus einer Mücke einen Elefanten machte und sich selbst so wichtig nahm, daß er seine Reden zur Lektüre für die Nachwelt verlegen ließ. Cato, Crassus, Catulus, Caesar und Lucullus waren anwesend, aber auf den Rängen zu beiden Seiten des Hauses waren viele Plätze frei geblieben. Catilina jedoch stellte sich sehr selbstbewußt zur Schau, ständig umgeben von Männern, die eine gute Meinung von ihm hatten und ihn für das Opfer einer Verfolgung hielten: Lucius Cassius, Publius Sulla – der Neffe des Diktators –, sein treuer Freund Antonius, Quintus Annius Chilo, beide Söhne des toten Cethegus, die beiden Brüder des Sulla, die nicht der Sippe des Diktators angehörten, aber trotzdem gute Beziehungen zu ihm hatten, der geistreiche Volkstribun Lucius Calpurnius Bestia und Marcus Porcius Laeca. Ob die alle dazugehören? fragte sich Cicero. Stehe ich der neuen Regierung Roms gegenüber? Dann ist nicht viel davon zu halten. Diese Männer sind samt und sonders Halunken.

Er holte tief Luft und begann …

»Und deshalb bin ich es leid, mir immer wieder an dem Ausdruck *senatus consultum de re publica defendenda* die Zunge abzubrechen«, verkündete er eine Stunde und viele sorgsam gewählte Worte später, »und deshalb werde ich einen neuen Namen für diesen letzten und äußersten Beschluß prägen, mit dem der Senat alle verpflichten kann: die Komitien, die Körperschaften der Regierung, die Institutionen und Bürger Roms. Ich werde diesen Erlaß von nun an Senatus Consultum Ultimum nennen. Und ich fordere euch auf, versammelte Väter, einen Senatus Consultum Ultimum zu erlassen.«

»Gegen mich, Marcus Tullius?« fragte Catilina lächelnd.

»Gegen eine Revolution, Lucius Sergius.«

»Aber du hast keinen einzigen Beweis, Marcus Tullius. Wir wollen Beweise, keine leeren Worte!«

Er würde erneut scheitern.

»Vielleicht wären wir eher geneigt, an eine Revolution in Etruria zu glauben, Marcus Tullius, wenn du mit deinen persönlichen Angriffen gegen Lucius Sergius aufhören würdest«, sagte Catulus. »Deine Beschuldigungen sind nicht in Tatsachen verankert, und das wiederum wirft einen langen Schatten des Zweifels auf jeden Verdacht ungewöhnlicher Unruhe nordwestlich des Tiber. Über Etruria gibt es nichts Neues zu berichten, und Lucius Sergius soll wohl als dein Sündenbock dienen. Nein, Marcus Tullius, wir glauben dir kein Wort, wenn du nicht weitaus schlüssigere Beweise lieferst als deine klugen Reden.«

»Ich habe den felsenfesten Beweis!« dröhnte es mit Donnerstimme vom Eingang her, und herein kam der Exprätor Quintus Arrius.

Mit weichen Knien ließ Cicero sich auf seinem elfenbeinernen Stuhl nieder und starrte Arrius, der noch die verstaubte Reiterkleidung am Leib trug, mit offenem Mund an.

Gemurmel breitete sich aus, und die Blicke der Senatoren wanderten zu Catilina, der fassungslos zwischen seinen Freunden saß.

»Komm aufs Podium und erzähle uns, was du weißt, Arrius!«

»In Etruria herrscht ein Aufstand«, sagte Arrius einfach. »Ich habe es mit eigenen Augen gesehen. Sullas Veteranen haben ihre Höfe verlassen und sind eifrig dabei, Freiwillige auszubilden – größtenteils Männer, die in diesen harten Zeiten Haus und Eigentum verloren haben. Ich habe das Lager ein paar Meilen vor den Toren von Faesulae selbst gesehen.«

»Wie viele Männer stehen unter Waffen, Quintus Arrius?« wollte Caesar wissen.

»Etwa zweitausend.«

Das sorgte für einen Seufzer der Erleichterung, aber die Gesichter wurden sogleich wieder länger, als Arrius dem Haus mitteilte, daß es auch bei Arretium, Volaterrae und Saturnia ähnliche Lager gab und daß sehr wahrscheinlich auch Clusium beteiligt sei.

»Und ich, Quintus Arrius?« fragte Catilina mit lauter Stimme. »Ich soll der Anführer sein, obwohl ich hier in Rom sitze?«

»Soviel ich erfahren konnte, Lucius Sergius, ist ihr Anführer ein Mann namens Gaius Manlius, einer von Sullas Zenturios. Dein Name wurde nicht genannt, und ich habe keine belastenden Beweise gegen dich.«

Daraufhin brachen die Männer um Catilina herum in Jubel aus, und der Rest des Hauses wirkte erleichtert. Der Erste Konsul ließ sich seinen Verdruß nicht anmerken, dankte Quintus Arrius und bat das Haus noch einmal darum, ihm und seiner Regierung zu erlauben, gegen die rebellischen Truppen in Etruria vorzugehen.

»Ich verlange eine Abstimmung«, sagte er. »Alle, die für den Erlaß eines Senatus Consultum Ultimum stimmen, um die Rebellion in Etruria niederzuwerfen, mögen sich rechts von mir aufstellen. Und alle, die dagegen stimmen, mögen bitte nach links gehen.«

Alle gingen nach rechts, selbst Catilina und seine Anhänger, Catilina mit einem Blick, als wollte er sagen: Und nun mach, was du willst, du Emporkömmling aus Arpinum!

Nachdem alle an ihren Platz zurückgekehrt waren, ergriff der Prätor Lentulus Sura das Wort: »Konzentrationen von Truppen müssen allerdings nicht unbedingt bedeuten, daß ein ernsthafter Aufstand bevorsteht, jedenfalls nicht sofort. Hast du etwas von einem Termin gehört, Quintus Arrius – fünf Tage vor den Kalenden des November zum Beispiel, jenes Datum, das in den Briefen an Marcus Crassus genannt wird?«

»Ich habe kein Datum gehört«, antwortete Arrius.

»Ich frage nur«, fuhr Lentulus Sura fort, »weil die Staatskasse im Moment nicht in der Lage ist, große Summen für umfangreiche Rekrutierungsmaßnahmen zur Verfügung zu stellen. Darf ich vorschlagen, Marcus Tullius, daß du für den Augenblick dein... äh... ›Senatus Consultum Ultimum‹ in eingeschränkter Form anwendest?«

Cicero erkannte viel Zustimmung in den Gesichtern, deshalb beschied er sich zunächst damit, sämtliche berufsmäßigen Gladiatoren aus Rom zu verbannen.

»Wie, Marcus Tullius, und keine Anweisung, Waffen auszugeben an alle Bürger dieser Stadt, die berechtigt sind, in Zeiten der Gefahr welche zu tragen?« fragte Catilina süßlich.

»Nein, Lucius Sergius, ich beabsichtige keine solche Anweisung, bis ich bewiesen habe, daß du und die Deinen Feinde dieses Staates seid!« fauchte Cicero. »Warum sollte ich Waffen ausgeben an Leute, von denen ich weiß, daß sie sie irgendwann gegen die loyalen Bürger richten werden?«

»Dieser Mann ist gemeingefährlich!« rief Catilina und zeigte auf Cicero. »Er hat nicht den geringsten Beweis, und doch läßt er nicht von seinen bösartigen Verleumdungen gegen mich ab!«

Catulus jedoch erinnerte sich auf einmal daran, wie er und Hortensius sich im Jahr zuvor gefühlt hatten, als sie sich gegen Catilina verschworen und Cicero – als dem geringeren Übel – zu dem Amt verholfen hatten. War Catilina vielleicht doch der Rädelsführer? Gaius Manlius war sein Klient. Ebenso Publius Furius, einer der anderen Aufständischen. Vielleicht sollte man herausfinden, ob Minucius, Publicus und Aulus Fulvius auch Catilinas Klienten waren. Im Grunde war nicht ein einziger der Männer aus diesem Kreis unbescholten und rechtschaffen! Lucius Cassius war ein vollgefressener Dummkopf, und was Publius Sulla und Publius Autronius betraf – waren sie nicht beide ihres Amtes als Konsul enthoben worden, bevor sie es überhaupt antreten konnten? Und kursierten damals nicht die wildesten Gerüchte, die besagten, sie hätten ihre Nachfolger Lucius Cotta und Torquatus ermorden wollen? Catulus beschloß, das Wort zu ergreifen.

»Laß Marcus Tullius in Ruhe, Lucius Sergius!« forderte er ungeduldig. »Wir können uns vielleicht mit eurem kleinen Privatkrieg abfinden, aber wir müssen keineswegs hinnehmen, daß ein *privatus* dem ordentlich gewählten Ersten Konsul vorschreibt, wie er sein ... äh ... ›Senatus Consultum Ultimum‹ zu vollziehen hat. Ich bin mit Marcus Tullius einer Meinung. Von heute an werden wir das Geschehen in Etruria genauestens im Auge behalten. Doch zu diesem Zweck müssen an niemanden in dieser Stadt Waffen ausgegeben werden.«

»Du kommst voran, Cicero«, meinte Caesar, als die Versammlung sich auflöste. »Sogar Catulus fängt an, sich Gedanken über Catilina zu machen.«

»Und was meinst du?«

»Ich halte ihn für einen echten Halunken. Was meinst du wohl, warum ich Quintus Arrius nach Etruria geschickt habe?«

»*Du* hast Quintus Arrius den Auftrag gegeben?«

»Nun, du bist ja nicht weitergekommen, oder? Ich habe Arrius ausgewählt, weil er in Sullas Armee gedient hat und weil er bei Sullas Veteranen äußerst beliebt ist. Es laufen ein paar Gestalten in Roms höheren Kreisen herum, die bei diesen unzufriedenen alten Haudegen nur Mißtrauen wecken würden, aber Arrius betrachten sie als einen von ihnen«, erklärte Caesar.

»Dann bin ich dir sehr verbunden.«

»Denk dir nichts dabei. Wie allen Patriziern fällt es mir schwer, einen von uns fallenzulassen, aber ich bin kein Narr, Cicero. Ich will keinen Aufstand, und noch weniger kann ich es mir leisten, mit einem Patrizier in einen Topf geworfen zu werden, der einen Aufstand plant. Mein Stern ist noch im Aufsteigen. Schade, daß Catilinas Stern bereits gesunken ist, aber es ist nun einmal so. Catilina ist ein erloschenes Licht in der römischen Politik.« Caesar zuckte die Achseln. »Mit erloschenen Lichtern will ich nichts zu schaffen haben. Und vielen von uns geht es genauso, von Crassus bis hin zu Catulus. Das zeigt sich jetzt ganz deutlich.«

»Ich habe Männer da oben in Etruria. Sollte der Aufstand fünf Tage vor den Kalenden beginnen, wird Rom es innerhalb eines Tages erfahren.«

Aber Rom erfuhr es nicht innerhalb eines Tages. Der vierte Tag vor den Kalenden des November verging, und nichts geschah. Die Konsuln und Prätoren, die nach Ankündigung der Briefe ermordet werden sollten, gingen unbehelligt ihren Geschäften nach, und aus Etruria war von einer Revolution nichts zu vernehmen.

Zweifel und bange Erwartungen quälten Cicero; Catilinas fortwährende Verspottungen trugen nicht gerade zu einer Verbesserung seiner Stimmung bei, ebensowenig wie die Zurückhaltung, die er bei Catulus und Crassus spürte. Was ging da vor sich? Warum kamen keine Nachrichten?

Auch am Morgen der Kalenden des November war Cicero noch ohne Neuigkeiten. Er war während dieser schrecklichen Tage des Wartens auf Ereignisse nicht völlig tatenlos geblieben. Er ließ die Stadt von Teilen der in Capua stationierten römischen Truppen umstellen, postierte in Oriculum eine Kohorte, eine andere in Tibur, eine in Ostia, eine in Praeneste und zwei weitere in Veii. Mehr konnte er nicht tun, denn mehr kampfbereite Truppen gab es nicht, nicht einmal in Capua.

Nach der Mittagsstunde der Kalenden überstürzten sich dann die Ereignisse. Aus Praeneste traf eine verzweifelte Bitte um Hilfe ein, man werde angegriffen. Dann ein weiterer Hilferuf aus Faesulae, das ebenfalls angegriffen wurde. Der Aufstand hatte, wie in den Briefen angekündigt, tatsächlich schon vor fünf Tagen begonnen. Als die

Sonne unterging, berichteten weitere Nachrichten von Unruhen unter Sklaven in Capua und Apulia. Cicero rief für den nächsten Tag den Senat zusammen.

Erstaunlich, wie nützlich die Institution der Triumphzüge sein konnte! Seit fünfzig Jahren hatte die Anwesenheit von siegreichen Armeen auf dem Marsfeld bei jeder Staatskrise dafür gesorgt, daß Rom von allen äußeren Gefahren verschont geblieben war. Die gegenwärtige Krise machte da keine Ausnahme. Quintus Marcius Rex und Metellus Creticus das Zicklein warteten beide auf dem Marsfeld auf ihren Triumphzug. Natürlich hatte keiner von ihnen mehr als eine Legion dabei, aber es waren Veteranenlegionen. Mit voller Rückendeckung durch den Senat schickte Cicero Befehle zum Marsfeld hinaus – Metellus das Zicklein sollte nach Süden gegen Apulia ziehen und auf dem Weg Praeneste entlasten, während man Marcius Rex nach Norden gegen Faesulae schickte.

Cicero hatte acht Prätoren zur Verfügung, Lentulus Sura in Gedanken jedoch schon ausgeschlossen. Er gab Quintus Pompeius Rufus den Auftrag, sich nach Capua zu begeben und unter den vielen Veteranen, die sich auf ihre Ländereien in Campania zurückgezogen hatten, einige Truppen auszuheben. Auf wen konnte er sonst noch zählen? Gaius Pomptinus war Soldat und außerdem ein guter Freund Ciceros; für ihn würde sich in Rom eine wichtigere Aufgabe finden lassen. Cosconius war zwar der Sohn eines ausgezeichneten Feldherrn, selbst aber nicht der richtige Mann für die Meisterung der gegenwärtigen Herausforderungen. Auch Roscius war ein guter Freund Ciceros, aber er taugte eher zum Diplomaten als zum Feldherrn oder Truppenwerber. Sulpicius war kein Patrizier, trotzdem schien er ein wenig mit Catilina zu sympathisieren, und auch dem Patrizier Valerius Flaccus traute Cicero nicht über den Weg. Blieb also nur noch der *praetor urbanus* Metellus Celer. Pompeius' Mann und absolut loyal.

»Quintus Caecilius Metellus Celer, ich beauftragte dich damit, nach Picenum zu reiten und dort Soldaten für Rom zu werben«, sagte Cicero.

Celer erhob sich mit nachdenklichem Gesicht. »Natürlich würde ich das gern tun, Marcus Tullius, aber es gibt da eine Schwierigkeit: Als Stadtprätor darf ich nicht länger als zehn Tage hintereinander aus Rom fort sein.«

»Unter einem Senatus Consultum Ultimum darfst du alles tun, womit der Senat dich beauftragt, ohne damit Gesetz oder Tradition zu brechen.«

»Ich wünschte, ich könnte deiner Interpretation zustimmen«, unterbrach ihn Caesar, »aber ich sehe das anders, Marcus Tullius. Der Beschluß erstreckt sich nur auf die Krise, normale Verwaltungsaufgaben werden durch ihn nicht außer Kraft gesetzt.«

»Ich brauche Celer, um mit der Krise fertig zu werden!« rief Cicero.

»Dir stehen fünf weitere Prätoren zur Verfügung, die noch keine Aufgabe haben«, sagte Caesar.

»Ich bin der Erste Konsul. Ich schicke den Prätor, den ich für den geeignetsten halte!«

»Auch wenn du damit gegen das Gesetz verstößt?«

»Ich verstoße nicht gegen das Gesetz! Das Senatus Consultum Ultimum setzt alle anderen Belange außer Kraft, auch die ›normalen Verwaltungsaufgaben‹, wie du Celers Mission nennst!« Cicero war die Zornesröte ins Gesicht gestiegen. Er brüllte: »Würdest du auch einem formal eingesetzten Diktator das Recht abstreiten, Celer für länger als zehn Tage aus der Stadt zu schicken?«

»Nein, das würde ich nicht«, entgegnete Caesar ruhig. »Warum dann nicht gleich auf die korrekte Weise, Marcus Tullius? Leg dein Spielzeug beiseite und fordere diese Körperschaft auf, einen Diktator und einen *magister equitum* zu ernennen, damit sie gegen Gaius Manlius in den Krieg ziehen.«

»Eine ausgezeichnete Idee!« höhnte Catilina, der, umgeben von allen seinen Anhängern, an seinem angestammten Platz saß.

»Das letztemal, als Rom einen Diktator hatte, wurde es von ihm wie von einem König regiert!« brüllte Cicero. »Das Senatus Consultum Ultimum wurde eingeführt, um mit einer Krise fertig zu werden, ohne einem einzigen Mann die alleinige Befehlsgewalt zu geben!«

»Wie, und du hättest hier nicht die alleinige Befehlsgewalt, Cicero?« fragte Catilina.

»Ich bin der Erste Konsul!«

»Und du triffst alle Entscheidungen, als wärst du ein Diktator.«

»Ich bin nur das Instrument des Senatus Consultum Ultimum!«

»Du bist das Instrument der chaotischen Zustände, die in der Verwaltung herrschen«, sagte Caesar. »In etwas mehr als einem Monat treten die neuen Volkstribunen ihr Amt an, und in den Tagen vor und nach diesem Ereignis muß der Stadtprätor in Rom anwesend sein.«

»Keine einzige Gesetzestafel schreibt so etwas vor!«

»Aber es gibt ein Gesetz, das besagt, der Stadtprätor darf nicht länger als zehn Tage hintereinander aus Rom fort sein.«

»Schon gut! Schon gut!« schrie Cicero. »Macht doch, was ihr wollt! Quintus Caecilius Metellus Celer, ich beordere dich nach Picenum, aber ich verlange, daß du an jedem elften Tag zurückkehrst! Außerdem wirst du sechs Tage vor Amtsantritt der neuen Volkstribunen nach Rom zurückkehren und bis zum sechsten Tag nach ihrem Amtsantritt in der Stadt bleiben!«

In diesem Moment überreichte einer der Schriftführer dem aufgebrachten Ersten Konsul eine Notiz. Cicero las sie durch und lachte kurz auf. »Nun, Lucius Sergius!« sagte er zu Catilina. »Da scheint sich noch ein kleines Problem für dich zu ergeben. Lucius Aemilius Paullus beabsichtigt, dich unter Berufung auf die *lex Plautia de vi* anzuklagen. Er hat es gerade von der Rostra verkündet.« Cicero räusperte sich vernehmlich. »Du weißt sicher, wer Lucius Aemilius Paullus ist! Ein Patrizier wie du und ein Revolutionär obendrein! Nach mehrjähriger Abwesenheit ist er nach Rom zurückgekehrt und kann mit seinem Bruder Lepidus, was das öffentliche Leben betrifft, keinesfalls konkurrieren, aber anscheinend bemüht er sich zu zeigen, daß in seinem adligen Körper kein Tropfen revolutionären Blutes mehr fließt. Und da glaubst du immer noch, nur wir Emporkömmlinge seien gegen dich? Du wirst doch einen Aemilius nicht als Emporkömmling bezeichnen wollen, oder?«

»Oh, oh, oh!« höhnte Catilina, hob die rechte Hand und ließ sie künstlich zittern. »Du siehst, wie ich bibbere, Marcus Tullius! Man will mich der Anstiftung zum öffentlichen Aufruhr anklagen? Wann sollte ich das getan haben?« Er blieb sitzen, aber er blickte mit gekränkter Miene um sich. »Vielleicht sollte ich mich in eigener Person in die Obhut eines dieser adligen Herren geben, ja, Marcus Tullius? Würde dir das gefallen?« Er blickte Mamercus an. »He, Mamercus Aemilius Lepidus Princeps Senatus, möchtest du mich nicht als deinen Gefangenen in dein Haus aufnehmen?«

Mamercus, das Oberhaupt der Aemilii Lepidi und deshalb auch ein naher Verwandter des zurückgekehrten Exilanten Paullus, schüttelte nur lächelnd den Kopf. »Ich kann auf dich verzichten, Lucius Sergius.«

»Und wie wär's mit dir, Erster Konsul?« wollte Catilina von Cicero wissen.

»Wie, ich sollte meinem Haus einen potentiellen Mörder zumuten? Nein, danke!« sagte Cicero.

»Und du, *praetor urbanus*?«

»Unmöglich«, antwortete Metellus Celer. »Ich reise morgen früh nach Picenum.«

»Und wie wär's mit einem plebejischen Claudius? Meldest du dich freiwillig, Marcus Claudius Marcellus? Vor ein paar Tagen bist du deinem Herrn Crassus noch so schnell hinterhergelaufen!«

»Ich weigere mich«, sagte Marcellus.

»Ich habe eine bessere Idee, Lucius Sergius«, warf Cicero ein. »Warum verschwindest du nicht aus Rom und bekennst dich offen zu deinem Aufstand?«

»Ich denke nicht daran, aus Rom zu verschwinden, und es ist nicht mein Aufstand«, erwiderte Catilina.

»Wenn das so ist, erkläre ich die Versammlung für geschlossen«, sagte Cicero. »Rom ist geschützt, so gut es uns möglich ist. Jetzt können wir nur abwarten, was als nächstes geschieht. Früher oder später wirst du dich verraten, Catilina.«

»Ich wünschte«, sagte er später zu Terentia, »mein vergnügungssüchtiger Kollege Hybrida würde nach Rom zurückkehren! Hier ist ganz offen der Notstand ausgerufen, und er aalt sich an seinem Privatstrand unten in Cumae in der Sonne!«

»Kannst du ihn mit Hilfe des Senatus Consultum Ultimum nicht zur Rückkehr zwingen?« fragte Terentia.

»Das nehme ich an.«

»Dann tu's, Cicero! Du wirst ihn brauchen.«

»Ihn plagt die Gicht.«

»Die Gicht hat er im Kopf«, lautete Terentias Urteil.

Ungefähr fünf Stunden vor Sonnenaufgang des siebten November wurden Cicero und Terentia erneut von Tiro aus tiefem Schlaf geweckt.

»Du hast Besuch, *domina*«, sagte der allseits beliebte Sklave.

Die Frau des Ersten Konsuls zeigte keinerlei Anzeichen ihres sonst so beklagten Rheumatismus, als sie behende aus dem Bett sprang (natürlich züchtig mit einem Nachthemd bekleidet – in Ciceros Haus wurde nicht nackt geschlafen).

»Es ist Fulvia Nobilioris«, sagte sie zu Cicero und rüttelte ihn an der

Schulter. »Los, Mann, wach endlich auf!« Oh, welche Freude! Endlich gehörte auch sie dem Kriegsrat an!

»Quintus Curius schickt mich«, verkündete Fulvia Nobilioris. Ihr Gesicht wirkte nackt und alt, sie hatte keine Zeit mehr gehabt, Schminke aufzutragen.

»Ist er vernünftig geworden?« fragte Cicero scharf.

»Ja.« Die Besucherin nahm den Becher unverdünnten Wein, den Terentia ihr gegeben hatte, trank einen Schluck und schüttelte sich. »Sie haben sich um Mitternacht im Haus von Marcus Porcius Laeca getroffen.«

»Wer?«

»Catilina, Lucius Cassius, mein Quintus Curius, Gaius Cethegus, die beiden Sulla-Brüder, Gabinius Capito, Lucius Statilius, Lucius Vargunteius und Gaius Cornelius.«

»Und Lentulus Sura?«

»War nicht dabei.«

»Dann scheine ich mich in ihm getäuscht zu haben.« Cicero beugte sich vor. »Los, erzähl weiter! Was ist passiert?«

»Sie haben sich getroffen, um den Fall Roms zu planen und die Rebellion voranzutreiben«, sagte Fulvia Nobilioris. Ihre Wangen röteten sich ein wenig, der Wein tat seine Wirkung. »Gaius Cethegus wollte Rom sofort einnehmen, aber Catilina will lieber abwarten, bis die Aufstände in Apulia, Umbria und Bruttium ausgebrochen sind. Er hat die Nacht der Saturnalien vorgeschlagen, weil es die Nacht ist, in der ganz Rom feiert, die Sklaven das Regiment führen und alle betrunken sind. Er meint, so lange werden sie noch brauchen, um die Revolte richtig anzuheizen.«

Cicero nickte. Da war etwas dran: Die Saturnalien fanden am siebzehnten Tag des Dezember statt, bis dahin waren es noch sechs Marktperioden. Inzwischen würde ganz Italien in Flammen stehen. »Und wer hat gewonnen, Fulvia?« wollte er wissen.

»Catilina, aber bei einer Sache hat Cethegus sich durchgesetzt.«

»Bei welcher?« fragte der Erste Konsul freundlich nach, als sie stockte und zu zittern anfing.

»Sie haben beschlossen, dich sofort zu ermorden.«

Seit der Lektüre der Briefe wußte er, daß man ihn umbringen wollte, aber als er es jetzt aus dem Mund dieser armen, furchtsamen Frau hörte, überkam ihn eine Angst, wie er sie bisher noch nicht gekannt hatte. Er sollte sofort ermordet werden! *Sofort!* »Wie und wann?« fragte er. »Los, Fulvia, sag es mir! Ich stelle dich nicht vor Gericht. Du verdienst Belohnung, nicht Strafe! Sag es mir!«

»Lucius Vargunteius und Gaius Cornelius werden sich morgen bei Sonnenaufgang zusammen mit deinen Klienten hier in deinem Haus einfinden«, sagte sie.

»Aber sie sind nicht meine Klienten«, erwiderte Cicero verdutzt.

»Ich weiß. Aber sie wollen dich bitten, sie als Klienten aufzunehmen, um ihnen die Rückkehr ins öffentliche Leben zu erleichtern. Und wenn sie erst einmal drinnen sind, werden sie dich um ein privates Gespräch in deinem Arbeitszimmer bitten, um ihre Bitte vorzutragen. Dort wollen sie dich erdolchen und die Flucht ergreifen, bevor deine Klienten begriffen haben, was geschehen ist«, sagte Fulvia.

»Dann ist es einfach.« Cicero seufzte erleichtert. »Ich werde die Türen verriegeln, einen Wachposten im Peristylium aufstellen und meine Klienten nicht empfangen, weil ich krank bin. Und schon gar nicht werde ich den ganzen Tag draußen herumlaufen. Es ist Zeit für Beratungen.« Er stand auf und tätschelte Fulvia Nobilioris die Hand. »Ich danke dir von ganzem Herzen. Und sage Quintus Curius, daß er sich mit seinem beherzten Eingreifen einen uneingeschränkten Straferlaß verdient hat. Aber sage ihm bitte auch, daß er zum Helden avancieren kann, wenn er das alles übermorgen im Senat bezeugt. Ich werde dafür sorgen, daß ihm nichts geschieht. Mein Wort darauf.«

»Ich werde es ihm sagen.«

»Was genau hat Catilina an den Saturnalien vor?«

»Sie haben irgendwo ein großes Waffenversteck. Den Ort kennt Quintus Curius nicht. An alle Rebellen sollen Waffen ausgegeben werden. Sie wollen an zwölf verschiedenen Stellen in der Stadt Feuer legen, unter anderem auf dem Kapitol, dem Palatin, dem Carinae und an beiden Enden des Forums. Außerdem haben sie einige Männer bestimmt, die sämtliche Magistrate in ihren Häusern ermorden sollen.«

»Bis auf mich. Ich bin ja schon tot.«

»Ja.«

»Geh jetzt besser, Fulvia«, sagte Cicero und nickte seiner Frau zu. »Womöglich kommen Vargunteius und Cornelius schon etwas früher, und sie dürfen dich auf keinen Fall zu sehen bekommen. Bist du in Begleitung?«

»Nein«, flüsterte sie. Ihr Gesicht war wieder blaß.

»Dann gebe ich dir Tiro und vier andere Männer mit.«

Gleich nachdem sie Fulvia Nobilioris' Heimweg organisiert hatte, kam Terentia in Ciceros Arbeitszimmer marschiert. »Eine feine Verschwörung!« wetterte sie.

»Meine Liebe, ohne dich wäre ich längst ein toter Mann.«

»Das ist mir klar«, sagte sie und setzte sich. »Ich habe das Personal angewiesen, alle Türen und Fenster zu verriegeln, sobald Tiro mit den Männern zurück ist. Schreib schnell auf ein Stück Papier, du seist krank und könntest niemanden empfangen. Ich lasse es an der Vordertür anbringen.«

Cicero tat wie befohlen und überließ seiner Frau die logistischen Angelegenheiten. Was für einen hervorragenden Feldherrn sie abgeben würde! Sie dachte an alles, ließ jede Öffnung des Hauses vernageln.

»Du mußt mit Catulus, Crassus und Hortensius reden, wenn er vom Meer zurückgekehrt ist. Und auch mit Mamercus und Caesar«, sagte sie, nachdem alle Vorbereitungen abgeschlossen waren.

»Nicht vor heute nachmittag«, erwiderte Cicero zaghaft. »Erst wenn ich außer Gefahr bin.«

Tiro war am oberen Fenster postiert und hatte von dort einen guten Ausblick auf den Eingang. Eine Stunde nach Sonnenaufgang konnte er verkünden, daß Vargunteius und Cornelius sich wieder getrollt hatten, aber erst, nachdem sie sich ein paarmal am Schloß von Ciceros massiver Eingangstür zu schaffen gemacht hatten.

»Wie widerwärtig!« rief Cicero. »Ich, der Erste Konsul, muß mich in meinem eigenen Haus verbarrikadieren! Laß sämtliche Konsulare Roms zu mir holen, Tiro! Morgen werde ich Catilina davonjagen!«

Fünfzehn Konsulare erschienen – Mamercus, Poplicola, Catulus, Torquatus, Crassus, Lucius Cotta, Vatia Isauricus, Curio, Lucullus, Varro Lucullus, Volcatius Tullus, Gaius Marcius Figulus, Glabrio, Lucius Caesar und Gaius Piso. Weder die designierten Konsuln noch der designierte Stadtprätor Caesar waren eingeladen worden; Cicero hatte beschlossen, nur einen beratenden Kriegsrat einzuberufen.

»Leider ist es mir nicht gelungen, Quintus Curius zu einer öffentlichen Aussage zu bewegen«, sagte er mit ernster Stimme, nachdem alle Männer in seinem viel zu kleinen Atrium Platz genommen hatten (er mußte sich endlich Geld für ein größeres Haus beschaffen!). »Ich habe also keine Beweise. Auch Fulvia Nobilioris würde nicht aussagen, selbst wenn der Senat bereit wäre, sich die Aussage einer Frau anzuhören.«

»Wie dem auch sei, Cicero, ich glaube dir jetzt«, sagte Catulus. »Ich traue dir gar nicht zu, dir so viele Namen aus den Fingern zu saugen.«

»Oh, ich danke dir, Quintus Lutatius!« fauchte Cicero mit blitzenden Augen. »Deine Solidarität wärmt mir das Herz, nur hilft sie mir nicht, zu entscheiden, was ich morgen dem Senat erzählen soll!«

»Konzentriere dich auf Catilina und vergiß die anderen«, lautete Crassus' Rat. »Ziehe eine deiner phantastischen Reden aus dem Ärmel und richte sie gegen Catilina. Du mußt ihn dazu zwingen, Rom zu verlassen. Der Rest der Bande kann ruhig hierbleiben – wir lassen sie schon nicht aus den Augen. Schlag den Kopf ab, den Catilina auf Roms kräftigen, aber kopflosen Körper setzen wollte.«

»Er wird nicht gehen wollen, wenn er nicht schon weg ist«, erwiderte Cicero düster.

»Vielleicht doch«, sagte Lucius Cotta, »wenn wir bestimmte Leute davon überzeugen können, seine Nähe im Senat zu meiden. Ich werde mit Publius Sulla reden, und Crassus könnte Autronius aufsuchen, den er gut kennt. Das sind bei weitem die dicksten Fische in Catilinas Teich, und ich wette: Wenn diese beiden ihm beim Betreten des Hauses aus dem Weg gehen, dann verlassen ihn auch die anderen, deren Namen wir heute erfahren haben. Überlebenswille ist der Todfeind jeglicher Loyalität.« Er erhob sich lächelnd. »Und nun laßt Cicero allein, Kollegen Konsulare, damit er seine größte Rede schreiben kann.«

Cicero hatte alles gegeben, soviel wurde am nächsten Tag klar, als er den Senat im Tempel des Jupiter Stator an der Ecke der Velia zusammengerufen hatte, einem Versammlungsort, der schwer anzugreifen und leicht zu verteidigen war. Deutlich sichtbar waren rund um das Gebäude Wachposten aufgestellt, und die hatten natürlich eine besonders große Menge von berufsmäßigen Forumsgängern herbeigelockt. Catilina erschien früh, wie Lucius Cotta es vorhergesagt hatte, und so kam die Strategie, seine Nähe demonstrativ zu meiden, für alle sichtbar zur Anwendung. Nur Lucius Cassius, Gaius Cethegus, der designierte Volkstribun Bestia und Marcus Porcius Laeca setzten sich zu ihm und bedachten Publius Sulla und Autronius mit wütenden Blicken.

Eine sichtbare Veränderung ging mit Catilina vor. Zuerst wandte er sich an Lucius Cassius und flüsterte ihm etwas ins Ohr, dann tuschelte er mit den drei anderen. Alle vier schüttelten sie zunächst vehement die

Köpfe, aber Catilina setzte sich durch. Schweigend erhoben sie sich und ließen ihn ganz allein sitzen.

Währenddessen stürzte Cicero sich in seine Rede; er erzählte die Geschichte von einem nächtlichen Geheimtreffen, das zum Ziel hatte, die Ordnung in Rom zu stürzen, und er nannte alle Namen der Beteiligten und auch den Namen des Mannes, in dessen Haus das Treffen stattgefunden hatte. Und immer wieder forderte er Lucius Sergius Catilina auf, Rom zu verlassen, die Stadt von seiner verhängnisvollen Gegenwart zu befreien.

Catilina unterbrach ihn nur ein einziges Mal.

»Willst du, daß ich ins freiwillige Exil gehe, Cicero?« fragte er mit lauter Stimme, denn vor den offenen Türen spitzte eine Menschenmenge die Ohren, um nur ja kein Wort zu verpassen. »Nur zu, Cicero, frag das Haus, ob ich ins freiwillige Exil gehen soll! Wenn es mich dazu auffordert, werde ich gehen!«

Cicero antwortete nicht darauf. Er redete weiter. Geh fort, verlasse Rom – das war sein Thema.

Und nach der langen Zeit der Ungewißheit ging alles plötzlich sehr schnell. Als Cicero geendet hatte, erhob sich Catilina und nahm eine majestätische Haltung an.

»Ich werde gehen, Cicero! Ich verlasse Rom! Ich möchte gar nicht in einer Stadt bleiben, die von einem Pächter aus Arpinum regiert wird, einem Fremden, der weder ein Römer noch ein Latiner ist! Du bist ein samnitischer Bauerntölpel, Cicero, ein Kuhbauer aus den Bergen, ohne Vorfahren und ohne Reputation! Meinst du etwa, *du* würdest mich zwingen, ins Exil zu gehen? Nein, du bestimmt nicht! Catulus, Mamercus, Cotta und Torquatus zwingen mich dazu. Ich gehe, weil sie mich verlassen haben, nicht wegen deinem armseligen Geschwätz! Wenn ein Mann von seinen Freunden verlassen wird, dann ist er erledigt. Deshalb gehe ich.«

Draußen ertönten Laute der Verwunderung, als Catilina sich einen Weg durch die Menge der Forumsbesucher bahnte. Dann war es still.

Es erhoben sich mehrere Senatoren, um von jenen abzurücken, die Cicero in seiner Rede erwähnt hatte, sogar ein Bruder rückte von seinem Bruder ab – Publius Cethegus hatte sich entschieden, sowohl Gaius als auch der Verschwörung den Rücken zu kehren.

»Ich hoffe, du bist jetzt glücklich, Marcus Tullius«, sagte Caesar.

Es war ein Sieg, kein Zweifel, doch es gärte auch am nächsten Tag noch weiter, als Cicero von der Rostra hinunter zur Menge auf dem Forum sprach. Offensichtlich tief getroffen durch Catilinas abschließende Äußerungen, erhob sich Catulus, als das Haus zwei Tage darauf wieder zusammengetreten war, und las einen Brief Catilinas vor, in dem er seine Unschuld beteuerte und ihn, Catulus, bat, seine Frau Aurelia Orestilla in seine Obhut zu nehmen. Es gingen Gerüchte um, Catilina beabsichtige tatsächlich, ins freiwillige Exil zu gehen, und sei auf der Via Appia in Begleitung von drei unbedeutenden Männern gesehen worden, unter ihnen sein Jugendfreund Tongilius. Das löste nun endgültig eine Gegenreaktion aus; Männer, die Catilina für schuldig gehalten hatten, sahen plötzlich das Opfer in ihm.

Es hätte eine harte Zeit für Cicero werden können, wären nicht ein paar Tage später objektive Nachrichten aus Etruria eingetroffen. Catilina hatte sich *nicht* nach Massilia ins Exil begeben; statt dessen hatte er die *toga praetexta* und die Insignien eines Konsuls angelegt, hatte zwölf Männer in scharlachrote Tuniken gekleidet und ihnen die *fasces* mit der Axt in die Hand gedrückt. Er war in Arretium zusammen mit dem Sympathisanten Gaius Flaminius aus der gleichnamigen heruntergekommenen Patrizierfamilie gesehen worden. Inzwischen zeigte er überall einen silbernen Adler herum und erklärte, es sei das Original, das Gaius Marius seinerzeit seinen Legionen geschenkt habe. Etruria, das schon die Quelle von Marius' Kraft gewesen sei, sammele sich unter diesem Adler.

Natürlich machte diese Nachricht dem Mißtrauen von Konsularen wie Catulus und Mamercus ein Ende (Hortensius schien die Gicht in Misenum den Kopfschmerzen in Rom vorzuziehen; Antonius Hybridas Gicht jedoch, die er in Cumae auskurierte, wurde eine immer fadenscheinigere Ausrede für sein Fernbleiben von Rom und seinen Aufgaben als Zweiter Konsul).

Trotzdem waren immer noch ein par Hinterbänkler im Senat der Meinung, die Ereignisse seien allein von Cicero forciert worden, und nur seine unerbittliche Verfolgung habe Catilina auf die falsche Bahn gebracht. Unter ihnen war der jüngere Bruder des Celer, Metellus Nepos, der bald sein Amt als Volkstribun antreten würde. Cato, ebenfalls designierter Volkstribun, lobte Cicero für sein Vorgehen – worauf Nepos nur noch lauter zeterte, denn er haßte Cato.

»Wann hat es jemals einen so undurchsichtigen und unsinnigen

Aufstand wie diesen gegeben?« klagte Cicero Terentia sein Leid. »Wenigstens Lepidus hat sich erklärt! Patrizier! Die machen keine Fehler! Jetzt habe ich eine Bande von Schurken in der Hand und darf sie nicht einmal wegen groben Unfugs, geschweige denn wegen Hochverrats verurteilen.«

»Kopf hoch, Mann«, sagte Terentia, der es offensichtlich gefiel, daß Cicero inzwischen mißlauniger war als sie selbst für gewöhnlich. »Der Stein ist ins Rollen gekommen, und er wird weiterrollen, warte nur ab. Bald werden alle Zweifler von Metellus Nepos bis hin zu Caesar zugeben müssen, daß du recht gehabt hast.«

»Caesar hätte mir auch eine bessere Hilfe sein können«, erwiderte Cicero sichtlich verstimmt.

»Immerhin hat er Quintus Arrius losgeschickt«, sagte Terentia, die viel von Caesar hielt, seit ihre Halbschwester, die Vestalin Fabia, den neuen Pontifex Maximus in den höchsten Tönen lobte.

»Aber im Senat unterstützt er mich nicht. Er hackt ständig auf mir herum, weil ich seiner Meinung nach das Senatus Consultum Ultimum nicht richtig interpretiere. Er scheint immer noch zu meinen, daß Catilina Unrecht geschehen ist.«

»Das denkt Catulus auch, und Caesar und Catulus sind sich ganz bestimmt nicht wohlgesinnt«, meinte Terentia.

Zwei Tage später traf in Rom die Nachricht ein, daß Catilina und Manlius ihre Truppen schließlich vereinigt hatten; sie besaßen zwei Legionen gut ausgebildeter Soldaten und dazu ein paar tausend Mann, die noch gedrillt wurden. Faesulae war nicht gefallen, das Arsenal war unangetastet, und auch andere etrurische Städte hatten sich geweigert, Catilina ihre Waffenlager zur Verfügung zu stellen. Ein Hinweis darauf, daß große Teile Etrurias kein Vertrauen in ihn setzten.

Die Volksversammlung genehmigte einen Erlaß, in dem Catilina und Manlius zu Feinden des Volkes erklärt wurden; sie verloren ihre Bürgerrechte mit allen Vergünstigungen, und im Falle einer Festnahme mußten sie mit einem Prozeß wegen Hochverrats rechnen. Nachdem Gaius Antonius Hybrida endlich nach Rom zurückgekehrt war, gab ihm Cicero unverzüglich die Anweisung – Gicht hin oder her – sich der Truppen anzunehmen, die in Capua und Picenum rekrutiert wurden – sämtlich Veteranen früherer Kriege –, und mit ihnen nach Norden zu marschieren, um Catilina und Manlius vor den Toren Faesulaes zu stellen. Für den Fall, daß die Gicht sich als allzu großes Hindernis erweisen sollte, gab der Erste Konsul dem Zweiten Konsul einen sehr fähigen zweiten Kommandanten mit – den *vir militaris* Marcus Petreius. Cicero selbst übernahm die Verantwortung für die Verteidigung Roms und begann jetzt damit, die Waffen zu verteilen – allerdings nicht an Männer, die ihm, Atticus, Crassus oder Catulus (der inzwischen gründlich bekehrt war) suspekt erschienen. Was Catilina im Augenblick im Schilde führte, wußte niemand, auch wenn Manlius einen Brief an den Triumphator Rex geschrieben hatte, der noch im Umbria im Felde stand; es war überraschend, daß Manlius solch einen Brief schrieb, aber ändern würde das nichts.

In diesem Augenblick, als Rom bereit war, einen Angriff aus dem Norden abzuwehren, als Pompeius Rufus in Capua und Metellus das Zicklein in Apulia in Stellung gegangen waren, um dort unten im Süden alles – von einem Sklavenaufstand bis zu einer Gladiatorenarmee – niederzuschlagen, hielt Cato es für geraten, Ciceros Strategien über den Haufen zu werfen und die Verteidigungsbereitschaft der Stadt für die Zeit nach dem kommenden Amtswechsel der Konsuln aufs Spiel zu setzen. Der November näherte sich seinem Ende, als Cato sich im Senat erhob und verkündete, er beabsichtige ein Verfahren gegen den designierten Zweiten Konsul Lucius Licinius Murena anzustrengen, weil er sich sein Amt durch Bestechung beschafft habe. Als designierter Volkstribun, rief Cato, könne er es sich zeitlich nicht leisten, persönlich ein Strafverfahren zu führen; deshalb werde der bei den Konsulatswahlen unterlegene Gegenkandidat Servius Sulpicius Rufus die Anklage führen, und zwar zusammen mit seinem Sohn (der gerade erst das Mannesalter erreicht hatte) als zweitem und dem Patrizier Gaius Postumius als drittem Ankläger. Das Verfahren werde vor dem Bestechungsgerichtshof stattfinden, da die Ankläger ausnahmslos Patrizier seien und deshalb Cato und die Volksversammlung nicht in Anspruch nehmen dürften.

»Marcus Porcius Cato, das kannst du nicht tun!« rief Cicero entsetzt und sprang auf. »Die Schuld oder Unschuld des Lucius Murena ist völlig unerheblich! Wir müssen uns eines Aufstands erwehren! Wir können es uns nicht erlauben, ohne einen der beiden neuen Konsuln ins neue Jahr zu gehen! Wenn du diese Anklage ohnehin im Sinn gehabt hast, warum jetzt, warum so spät im Jahr?«

»Ein Mann muß seine Pflicht tun«, erwiderte Cato ungerührt. »Die

Beweise sind jetzt erst ans Licht gekommen, und ich habe es diesem Hause vor Monaten geschworen, persönlich dafür Sorge zu tragen, daß jede versuchte oder vollendete Bestechung zur Anklage kommt. Da ist es mir völlig gleichgültig, in welcher Lage Rom sich im neuen Jahr befinden wird! Bestechung ist Bestechung. Sie muß ausgemerzt werden, um jeden Preis.«

»Und wenn der Untergang Roms der Preis ist? Schieb deine Anklage auf!«

»Niemals!« rief Cato. »Ich bin weder deine noch sonst jemandes Marionette. Ich kenne meine Pflicht, und ich werde sie tun!«

»Du tust auch dann noch deine Pflicht und zerrst arme Teufel vor Gericht, wenn Rom bereits im Tyrrhenischen Meer versinkt!«

»Bis das Tyrrhenische Meer auch mich verschlungen hat!«

»Mögen die Götter uns in Zukunft von Männern wie dir verschonen, Cato!«

»Wenn es mehr Männer wie mich geben würde, wäre Rom ein besserer Ort!«

»Noch ein einziger von deiner Sorte, und Rom wäre lahmgelegt!« schrie Cicero und reckte die Hände flehend gen Himmel. »Wenn Räder so sauber sind, daß sie quietschen, Marcus Porcius Cato, dann klemmen sie irgendwann einmal! Mit ein bißchen schmutzigem Schmierfett läuft alles viel besser!«

»Hat er da nicht recht?« rief Caesar und grinste.

»Verschieb die Sache, Cato«, bemerkte Crassus müde.

»Das habe ich längst nicht mehr in der Hand«, erwiderte Cato selbstgefällig. »Servius Sulpicius ist fest entschlossen.«

»Wenn man bedenkt, was für eine hohe Meinung ich einst von Servius Sulpicius hatte!« sagte Cicero am selben Abend zu Terentia.

»Cato hat ihn angestiftet, Mann, das steht fest.«

»Was will Cato eigentlich? Daß Rom untergeht, nur damit die Gerechtigkeit ihren Lauf nimmt? Sieht er denn nicht, wie gefährlich es ist, wenn nur ein Konsul am Neujahrstag sein Amt übernimmt – noch dazu einer, der so krank ist wie Silanus?« Cicero schlug besorgt die Hände zusammen. »Ich glaube langsam, daß hundert Catilinas Rom nicht so gefährlich werden können wie ein einziger Cato!«

»Gut, dann mußt du eben dafür sorgen, daß Murena freigesprochen wird«, sagte Terentia in ihrer praktischen Art. »Verteidige ihn selber, Cicero, und hol dir Crassus und Hortensius als Unterstützung.«

»Es ist nicht üblich, daß ein amtierender Konsul einen designierten Konsul verteidigt.«

»Dann schaffst du eben einen Präzedenzfall. Das kann keiner besser als du.«

»Hortensius sitzt immer noch mit einem dicken Verband um den großen Zeh in Misenum.«

»Dann hol ihn zurück. Und wenn du ihn entführen lassen mußt.«

»Du hast recht, Terentia. Richter am Bestechungsgericht ist ein Patrizier namens Valerius Flaccus. Wir können nur hoffen, daß er genug Verstand besitzt, meine Seite zu sehen, und nicht die von Servius Sulpicius.«

»Keine Angst, das wird er.« Terentia lächelte kämpferisch. »Er wird nicht Sulpicius die Schuld geben, sondern Cato, und für Cato hat kein Patrizier etwas übrig, es sei denn einer wie Servius Sulpicius, der meint, man habe ihn um sein Konsulat betrogen.«

Ein hoffnungsfrohes und auch ein bißchen verschlagenes Leuchten trat in Ciceros Augen. »Ich frage mich, ob Murena mir seine Dankbarkeit nicht mit einem hübschen neuen Haus beweisen könnte, wenn ich ihn freibekomme.«

»Mach dir da keine Hoffnungen, Cicero! Du brauchst Murena, nicht umgekehrt. Da mußt du schon auf verzweifeltere Kunden warten, bevor du an Honorare dieser Größenordnung denken darfst!«

Also ließ es Cicero lieber bleiben, Murena darauf hinzuweisen, daß er ein neues Haus gebrauchen könnte, und verteidigte den designierten Konsul für keine größere Entschädigung als ein hübsches, kleines, höchstens zweihundert Jahre altes Gemälde irgendeines unbedeutenden Griechen. Grollend und nur sehr widerwillig ließ Hortensius sich aus Misenum abberufen, und Crassus eröffnete die Redeschlacht so gründlich und geduldig, wie es seine Art war. Dieses Triumvirat von Strafverteidigern war für den armen Servius Sulpicius eine Nummer zu groß. Sie erreichten für Murena einen Freispruch, ohne auch nur einen der Geschworenen bestechen zu müssen – was ohnehin nicht möglich gewesen wäre, denn Cato hatte sie keine Sekunde lang aus den Augen gelassen.

Was wird wohl noch alles passieren? dachte Cicero, als er vom Forum nach Hause ging, um nachzusehen, ob Murena ihm das Gemälde schon geschickt hatte. Er hatte eine phantastische Rede gehalten, natürlich die letzte vor dem Spruch der Geschworenen. Eine von

Ciceros größten Stärken war seine Fähigkeit, den Tenor seiner Ansprachen zu ändern, nachdem er die Stimmung unter den Geschworenen ausgelotet hatte – die er natürlich kannte. Zum Glück hatte er es im Fall Murena mit Männern zu tun gehabt, die einen Spaß verstehen konnten und gern lachten. Also hatte er eine humorige Rede gehalten und sich über Catos Festhalten an der (nicht übermäßig populären) stoischen Philosophie lustig gemacht, die von diesem schrecklichen griechischen Plagegeist Zenon gegründet worden war. Die Geschworenen waren begeistert von jeder kleinen Nuance – und ganz besonders von seinen sehr gekonnten Cato-Imitationen, in denen er die Stimme, die Haltung, ja sogar die gigantische Nase Catos nachgemacht hatte. Und als es ihm dann noch gelang, sich aus seiner Tunika zu schlängeln, hatten die Geschworenen vor Lachen unter den Bänken gelegen.

»Was haben wir für einen Komiker als Ersten Konsul!« hatte Cato mit vernehmlicher Stimme gerufen, nachdem der Freispruch verkündet worden war. Die Geschworenen hatten nur noch lauter gelacht, und Cato hatte als schlechter Verlierer dagestanden.

»Das erinnert mich an die Geschichte, die ich von Cato in Syrien hörte, nachdem sein Bruder Caepio gestorben war«, erzählte Atticus am Nachmittag beim Essen.

»Was für eine Geschichte?« fragte Cicero pflichtschuldigst; er hatte eigentlich kein Interesse an Geschichten über Cato, aber er hatte guten Grund, Atticus – dem Obmann der Geschworenen – dankbar zu sein.

»Nun, er ist damals wie ein Bettler über die Landstraße gezogen – in seiner Begleitung drei Sklaven sowie Munatius Rufus und Athenodorus Cordylion –, als in der Ferne die Tore von Antiochia aufragten. Und vor der Stadt hatte sich eine riesige, jubelnde Menschenmenge versammelt. ›Siehst du, welcher Ruf mir vorauseilt?‹ fragte er Munatius Rufus und Athenodorus Cordylion. ›Ganz Antiochia gibt mir die Ehre, weil ich die Verkörperung des idealen Römers bin – bescheiden und sparsam – und dem *mos maiorum* alle Ehre mache.‹ Munatius Rufus, der mir die Geschichte erzählte, als wir uns in Rom begegneten, hatte so seine Zweifel gehabt, aber der alte Athenodorus Cordylion hatte Cato jedes Wort geglaubt und sich vor ihm in den Staub geworfen. Dann war die Menge näher gekommen, mit Lorbeerkränzen in den Händen, und kleine Mädchen hatten Rosenblätter gestreut. Dann ergriff der Ethnarch das Wort: ›Und welcher von euch ist nun der große Demetrius, Freigelassener des ruhmreichen Gnaeus Pompeius Magnus?‹ fragte er.

Daraufhin sollen Munatius Rufus und die drei Sklaven vor Lachen in den Staub gefallen sein, und sogar Athenodorus Cordylion fand Catos Gesicht so komisch, daß er mitlachen mußte. Doch Cato war wütend. Er konnte daran überhaupt nichts witzig finden, schon deshalb nicht, weil der von Magnus freigelassene Demetrius nichts anderes war als ein parfümierter Gockel.«

Eine gute Geschichte, Cicero mußte richtig lachen.

»Ich habe gehört, daß Hortensius schnurstracks nach Misenum zurückgehumpelt ist.«

»Es ist seine geistige Heimat – dort laufen lauter sonderbare alte Käuze herum.«

»Und niemand hat sich gestellt, um den Straferlaß des Senats in Anspruch zu nehmen. Was wird als nächstes passieren?«

»Ach, Titus, ich wollte, ich wüßte es!«

Daß die weitere Entwicklung ausgerechnet von einer in Rom weilenden Abordnung von Allobrogern – einer gallischen Völkerschaft von jenseits des Rhodanus in Gallia Narbonensis – ausgehen sollte, hätte niemand ahnen können. Angeführt von einem ihrer Stammesoberen, der sich auf lateinisch Brogus nennen ließ, waren sie gekommen, um beim Senat Protest gegen die Behandlung durch eine Reihe von Statthaltern wie Gaius Calpurnius Piso sowie gewissenlose Geldverleiher einzulegen, die sich als Bankiers tarnten. Sie hatten noch nie von der *lex Gabinia* gehört, nach der die Anhörungen solcher Abordnungen auf den Monat Februar beschränkt waren, und eine Sonderregelung zur Beschleunigung ihrer Sache hatten sie noch nicht erreichen können. So lautete die Alternative: Entweder sie kehrten nach Gallia Narbonensis zurück, oder sie warteten noch zwei weitere Monate in Rom und gaben für ihre Unterkunft in Gasthöfen und Schmiergelder an bedürftige Senatoren ein Vermögen aus. Sie hatten beschlossen, nach Hause zurückzukehren und Anfang Februar wiederzukommen. Die Männer, vom einfachen gallischen Sklaven bis hin zu Brogus, waren nicht gerade in bester Stimmung. Und so sagte er zu seinem besten Freund in Rom, dem freigelassenen Bankier Publius Umbrenus: »Es scheint mir eine zum Scheitern verurteilte Sache zu sein, Umbrenus, aber wir werden wiederkommen, wenn ich die Stämme dazu bringen kann, Ruhe zu bewahren. Es gibt einige unter ihnen, die bereits vom Krieg reden.«

»Nun, Brogus, der Krieg gegen Rom hat eine lange Tradition unter den Allobrogern«, erwiderte Umbrenus, in dessen Kopf eine brillante Idee Form anzunehmen begann. »Denk nur daran, wie ihr Pompeius Magnus das Tanzen gelehrt habt, als er zum Krieg gegen Sertorius nach Spanien unterwegs war.«

»Ich halte einen Krieg gegen Rom für aussichtslos«, erwiderte Brogus düster. »Die Legionen sind wie unermüdlich mahlende Mühlsteine. Wenn du sie in einer Schlacht vernichtest und dir einredest, du hättest den Krieg gewonnen, dann fangen sie im nächsten Jahr von vorn an.«

»Und wenn du in diesem Krieg römische Rückendeckung bekommen würdest?« sagte Umbrenus leise.

Brogus stockte der Atem. »Wie meinst du das?«

»Rom ist kein zusammenhängendes Ganzes, Brogus, es ist in viele Faktionen zerfallen. Gerade jetzt gibt es eine mächtige Faktion, die von ein paar klugen Männern angeführt wird, die beschlossen haben, an der bestehenden Ordnung des Senats und des Volkes von Rom zu rütteln.«

»Catilina?«

»Catilina. Was wäre, wenn ich dir eine Garantieerklärung Catilinas besorgen könnte, daß den Allobrogern das gesamte Rhodanustal nördlich von... sagen wir, Valentina, zugesprochen wird, sobald er Diktator ist?«

Brogus sah nachdenklich aus. »Ein verlockendes Angebot, Umbrenus.«

»Ein ernstgemeintes Angebot, das versichere ich dir.«

Brogus seufzte, dann lächelte er. »Es gibt nur ein Problem, Publius: Wir haben keine Ahnung, wie hoch du bei einem großen Aristokraten wie Catilina im Ansehen stehst.«

Unter normalen Umständen hätten derlei Zweifel an seiner Reputation Umbrenus sehr verärgert, doch nicht so in diesem Augenblick, als die brillante Idee in seinem Kopf immer deutlicher Gestalt annahm. Also sagte er: »Ja, ich verstehe, was du meinst, Brogus. Natürlich verstehe ich dich! Würde es deine Bedenken zerstreuen, wenn ich für dich ein Treffen mit einem Prätor arrangieren könnte, einem patrizischen Cornelier, dessen Gesicht dir bestens bekannt ist?«

»Das würde meine Bedenken zerstreuen«, erklärte Brogus.

»Sempronia Tuditanis Haus wäre der geeignete Treffpunkt. Es ist in der Nähe, und ihr Ehemann ist nicht da. Aber ich habe keine Zeit, dich dorthin zu bringen, deshalb treffen wir uns in genau zwei Stunden hinter dem Salustempel auf der Alta Semita«, sagte Umbrenus und verließ eilig das Zimmer.

Wie er es fertiggebracht hatte, die Sache in nur zwei Stunden zu bewerkstelligen, konnte er hinterher selbst nicht mehr sagen, aber er schaffte es. Er mußte dazu den Prätor Publius Cornelius Lentulus Sura, die Senatoren Lucius Cassius und Gaius Cethegus sowie die Ritter Publius Gabinius Capito und Marcus Caeparius aufsuchen. Als die zweite Stunde um war, erschien Umbrenus zusammen mit Lentulus Sura und Gabinius Capito in der kleinen Gasse hinter dem Tempel der Salus – einem ziemlich trostlosen Winkel der Stadt.

Lentulus blieb nur so lange, bis er Brogus sehr zuvorkommend begrüßt hatte; ihm schien bei der Sache nicht wohl zu sein, und ihm war daran gelegen, möglichst rasch wieder wegzukommen. Deshalb führten Umbrenus und Gabinius Capito die Verhandlungen mit Brogus, wobei Capito sich zum Sprecher der Verschwörer machte. Die fünf Allobroger hörten aufmerksam zu, aber als Capito schließlich geendet hatte, wollten die Gallier sich nicht gleich festlegen. Sie waren scheu und mißtrauisch.

»Also, ich weiß nicht recht...«, sagte Brogus.

»Womit können wir dich überzeugen, daß wir es ernst meinen?« fragte Umbrenus.

»Ich weiß es nicht«, antwortete Brogus. Er wirkte ratlos. »Laß uns heute nacht darüber nachdenken, Umbrenus. Können wir uns morgen früh wieder hier treffen?«

Und so wurde es vereinbart.

Die Allobroger gingen zurück in ihren Gasthof, der am Rand des Forums stand – ein seltsamer Zufall, denn gleich oberhalb davon, auf der Via Sacra, stand der Triumphbogen, den eben jener Quintus Fabius Maximus Allobrogicus errichtet hatte, der vor vielen Jahrzehnten diesen gallischen Stamm (zeitweise) unterworfen und den Namen deshalb seinem eigenen hinzugefügt hatte. Deshalb betrachteten Brogus und seine Allobroger jetzt dieses Bauwerk, das sie daran erinnerte, daß sie eigentlich zur Klientel von Allobrogicus' Nachfahren gehörten. Ihr gegenwärtiger Patron war Quintus Fabius Sanga, der Großenkel.

»Hört sich in der Tat verlockend an«, sagte Brogus zu seinen Kameraden, während sie hinauf zum Triumphbogen blickten. »Es könnte aber auch in die Katastrophe führen. Wenn die Heißsporne Wind von der Sache kriegen, dann denken sie nicht lange nach und ziehen sofort in den Krieg. Ich sage vom Gefühl her eher nein.«

Da es in der Abordnung keine Heißsporne gab, beschlossen die Allobroger, ihren Patron Quintus Fabius Sanga um Rat zu fragen.

Eine kluge Entscheidung, wie sich zeigen sollte. Fabius Sanga lief auf schnellstem Wege zu Cicero.

»Jetzt haben wir sie, Quintus Fabius!« rief Cicero aus.

»Wieso?« fragte Sanga; er zählte nicht zu den Klügsten, deshalb mußte man ihm alles mehrmals erklären.

»Geh zu den Allobrogern und sag ihnen, daß sie sich von Lentulus Sura und den drei anderen hochrangigen Verschwörern Briefe geben lassen sollen. Ich habe also doch recht gehabt! Ich hab's ja gewußt! Sie müssen darauf bestehen, daß man sie zu Catilina persönlich nach Etruria bringt – eine absolut verständliche Bedingung, wenn man bedenkt, was von ihnen verlangt wird. Es bedeutet außerdem, daß ihnen ein Führer aus den Reihen der Verschwörer mitgegeben werden muß.«

»Warum ist der Führer so wichtig?« fragte Sanga und kniff die Augen zusammen.

»Nur wenn sie einen von den Verschwörern bei sich haben, wird die Gruppe bereit sein, sich in dunkler Nacht auf den Weg zu machen.«

»Ist es denn unbedingt nötig, daß sie mitten in der Nacht aufbrechen?«

»Unbedingt, Quintus Fabius, glaube mir! Ich lasse an jedem Ende der Mulvianbrücke Männer postieren, so etwas geschieht besser im Dunkeln. Wenn die Allobroger und ihr Führer auf der Brücke sind, stürzen meine Männer sich auf sie. Dann haben wir endlich den Beweis: die Briefe.«

»Du willst den Allobrogern doch nichts tun?« fragte Sanga, den der Gedanke an ein Handgemenge beunruhigte.

»Natürlich nicht! Das gehört doch zum Plan dazu. Du mußt ihnen sagen, daß sie sich nicht wehren dürfen. Außerdem solltest du Brogus noch einmal einschärfen, daß er die Briefe bei sich haben und sich mit seinen Stammesleuten umgeben soll, falls irgendein Verschwörer versucht, die Beweisstücke noch im letzten Moment zu vernichten.« Cicero sah Fabius Sanga fest in die Augen. »Alles klar, Quintus Fabius? Kannst du das behalten, ohne alles durcheinanderzubringen?«

»Erklär's mir noch mal im einzelnen«, bat ihn Sanga.

Seufzend kam Cicero der Bitte nach.

Gegen Abend des folgenden Tages erfuhr Cicero von Sanga, daß Brogus und seine Allobroger drei Briefe in Händen hielten: einen von Lentulus Sura, einen von Gaius Cethegus und einen von Lucius Satilius. Lucius Cassius habe sich geweigert, einen Brief zu schreiben. Ihm sei nicht wohl bei der Sache gewesen. Ob Cicero meine, daß drei Briefe genug seien?

Ja, ja! Cicero schickte seinen schnellsten Diener mit der Antwort.

Und so setzte sich im zweiten Viertel der Nacht von Rom aus ein kleiner Trupp in Bewegung; er verließ die Stadt auf der Via Lata, die in die große Straße nach Norden, die Via Flaminia, mündete, nachdem sie auf ihrem Weg zur Mulvianbrücke das Marsfeld überquert hatte. Zusammen mit Brogus und den Allobrogern reiste auch ihr Führer, Titus Volturcius, und außerdem waren ein gewisser Lucius Tarquinius und der Ritter Marcus Caeparius mit von der Partie.

Alles ging gut, bis die kleine Gruppe etwa vier Stunden vor Sonnenaufgang die Mulvianbrücke erreicht hatte und im eiligen Trab die gepflasterte Rampe hinauftritt. Als das letzte Pferd den Huf auf die Brücke gesetzt hatte, machte der Prätor Flaccus am südlichen Ende dem Prätor Pomptinus am nördlichen Ende ein Zeichen mit der Lampe; beide Prätoren, unterstützt von je einer Hundertschaft gut ausgebildeter Bürgermiliz, gingen in aller Ruhe daran, die Brücke abzuriegeln. Marcus Caeparius zog sein Schwert und versuchte zu kämpfen, Volturcius ergab sich, und Tarquinius, ein guter Schwimmer, stürzte sich über das Geländer in die dunklen Fluten des Tiber. Die Allobroger standen gehorsam in einem Grüppchen zusammen, die Zügel ihrer Pferde hielten sie so fest in den Händen wie die Briefe, die Brogus in einem Beutel unter seinem Wams trug.

Cicero wartete schon, als Pomptinus, Valerius Flaccus, die Allobroger, Volturcius und Caeparius kurz vor Sonnenaufgang in seinem Haus eintrafen. Natürlich war auch Fabius Sanga anwesend – er mochte nicht der Hellste sein, aber er wußte sehr wohl, was seine Pflichten als Patron waren.

»Hast du die Briefe, Brogus?« fragte Fabius Sanga.

»Vier Briefe«, antwortete Brogus, öffnete den Beutel und zog drei schlanke Schriftrollen sowie einen gefalteten und versiegelten Bogen Papier daraus hervor.

»Vier?« fragte Cicero erwartungsvoll. »Hat Lucius Cassius seine Meinung geändert?«

»Nein, Marcus Tullius. Der gefaltete ist ein privater Brief des Prätors Sura an Catilina, hat man mir gesagt.«

»Pomptinus«, sagte Cicero und nahm eine aufrechte Haltung an, »geh zu den Häusern von Publius Gabinius Lentulus Sura, Gaius Cornelius Cethegus, Publius Gabinius Capito und Lucius Statilius. Bring sie auf schnellstem Wege hier in mein Haus, aber nenne ihnen nicht den Grund dafür. Verstanden? Und vergiß deine Milizionäre nicht.«

Pomptinus nickte feierlich; die Ereignisse der Nacht kamen ihm wie ein Traum vor, er hatte gar nicht genau gewußt, worum es eigentlich ging, als er an der Mulvianbrücke auf die Allobroger wartete.

»Flaccus, dich brauche ich hier als Zeugen«, sagte Cicero zu einem anderen Prätor, »aber deine Männer sollen um den Tempel der Concordia herum Posten beziehen. Sobald ich hier einiges erledigt habe, werde ich dort den Senat zusammenrufen.«

Alle Augen waren auf ihn gerichtet, auch Terentia beobachtete ihn aus einer dunklen Ecke, wie er lächelnd bemerkte. Warum auch nicht? Sie hatte ihm während der ganzen Affäre zur Seite gestanden; einen Platz in der hintersten Reihe hatte sie sich bei diesem Schauspiel wohl verdient. Nach kurzer Überlegung schickte er die Allobroger (außer Brogus) zu Essen und Wein ins Speisezimmer und setzte sich zu Brogus, Sanga und Valerius Flaccus, um auf die Männer zu warten, nach denen er Pomptinus und seine Leute geschickt hatte. Volturcius stellte keine Gefahr dar, er kauerte in der Ecke schräg gegenüber von Terentia und weinte, aber Caeparius sah aus, als sei ihm die Kampfeslust noch nicht ganz vergangen. Cicero ließ ihn schließlich in einen Schrank sperren; es wäre ihm lieber gewesen, den Mann unter Bewachung wegbringen zu lassen – wenn Rom nur einen sicheren Verwahrungsort gehabt hätte!

»Dein improvisiertes Gefängnis ist zweifellos sicherer als die Steinbrüche«, sagte Lucius Valerius Flaccus und deutete auf den Schrankschlüssel.

Gaius Cethegus traf als erster ein, er wirkte müde, aber aufsässig, kurz darauf kamen auch Statilius und Gabinius Capito, gefolgt von Pomptinus herein. Auf Lentulus Sura mußten sie länger warten, aber schließlich trat er ebenfalls durch die Tür; Gesicht und Körperhaltung verrieten nichts als Verärgerung.

»Cicero, das geht wirklich zu weit!« brüllte er, und dann erst sah er die anderen. Er ließ sich seine Verwunderung kaum anmerken, doch Cicero war sie nicht entgangen.

»Geh nur hinüber zu deinen Freunden, Lentulus«, sagte er.

Plötzlich hämmerte jemand gegen die Haustür. Pomptinus und Valerius Flaccus – wegen der nächtlichen Mission noch in voller Rüstung – zogen die Schwerter.

»Öffne die Tür, Tiro!« rief Cicero.

Aber es kamen weder Mörder noch sonst eine Gefahr von der Straße herein, sondern Catulus, Crassus, Curio, Mamercus und Servilius Vatia.

»Nachdem uns der Erste Konsul per Eilorder in den Tempel der Concordia gerufen hat«, sagte Catulus, »wollten wir lieber erst beim Konsul selber nachfragen.«

»Seid herzlich willkommen«, erwiderte Cicero dankbar.

»Was ist los?« fragte Crassus und warf einen Blick auf die Verschwörer.

Während Cicero es ihm erklärte, klopfte es immer wieder an der Tür; weitere Senatoren drängten sich – beinahe platzend vor Neugier – hinein.

»Wie konnte sich das so schnell herumsprechen?« fragte Cicero, und er vermochte seine Freude kaum zu verbergen.

Erst als der Raum zum Bersten voll mit Männern war, kam der Erste Konsul schließlich zur Sache. Er erzählte die Geschichte von den Allobrogern und der Festnahme an der Mulvianbrücke und zeigte ihnen die Briefe.

Dann wurde er auf einmal förmlich und sagte: »Und nun, Publius Cornelius Lentulus Sura, Gaius Cornelius Cethegus, Publius Gabinius Capito und Lucius Statilius, muß ich euch bis zur endgültigen Klärung eurer Beteiligung an der Verschwörung des Lucius Sergius Catilina in Haft nehmen lassen.« Er wandte sich an Mamercus. »Princeps Senatus, ich gebe dir diese drei Schriftrollen in Verwahrung. Sorge dafür, daß die Siegel unverletzt bleiben, bis der Senat sich vollständig im Tempel der Concordia versammelt hat. Dann wird es deine Aufgabe als Princeps Senatus sein, uns die Briefe zu verlesen.« Den zusammengefalteten Briefbogen hielt er hoch, damit ihn alle sehen konnten. »Diesen Brief werde ich jetzt und hier vor euer aller Augen öffnen. Wenn sein Schreiber, der Prätor Lentulus Sura, sich damit kompromittiert, dann soll uns nichts mehr daran hindern, mit unseren Ermittlungen fortzufahren. Ist der Inhalt jedoch unverfänglich, dann müssen wir entscheiden, was mit den drei Schriftrollen geschehen soll, bevor der Senat zusammentritt.«

»Nur zu, Marcus Tullius«, sagte Mamercus, ganz gefangen von diesem alptraumhaften Augenblick und immer noch unfähig zu begreifen, daß Lentulus Sura, einst Konsul und zweimal Prätor, tatsächlich zu den Verschwörern gehören sollte.

Wie gut das tut, alle Blicke auf sich gerichtet zu fühlen, und das in einem so gewaltigen und bedeutungsvollen Drama wie diesem, dachte Cicero, als er – vollendeter Schauspieler, der er war – das gehärtete Wachs, das alle Anwesenden als Lentulus Suras Siegel erkannt hatten, mit lautem Knacken aufbrach. Er schien eine Ewigkeit zu brauchen, um den Bogen auseinanderzufalten, einen Blick darauf zu werfen und den Inhalt in sich aufzunehmen; dann erst begann er, laut vorzulesen:

Lucius Sergius, ich bitte Dich, Deine Meinung zu ändern. Ich weiß, Du möchtest unsere Unternehmung nicht mit einer Sklavenarmee in Verruf bringen, aber glaube mir, wenn Du Sklaven in die Reihen der Soldaten aufnimmst, dann wird der Sieg in wenigen Tagen unser sein. Rom kann nicht mehr als vier Legionen gegen Dich aufbieten, je eine von Marcius Rex und Metellus Creticus und zwei, die unter dem Kommando des vollgefressenen Faulpelzes Hybrida stehen.
Es wurde einst prophezeit, daß drei Mitglieder der gens Cornelia *Rom regieren würden, und ich weiß, daß ich der dritte Mann mit dem Namen Cornelius sein werde. Ich weiß auch, daß Dein Name, Sergius, viel älter ist als der Name Cornelius, aber Du hast bereits angedeutet, daß Du lieber in Etruria als hier in Rom regieren würdest. Ich bitte Dich, Deine Vorbehalte gegen die Sklaven noch einmal zu überdenken. Ich nehme sie in Kauf. Bitte, gib Deine Zustimmung.*«

Die letzten Worte verhallten in einem tiefen Schweigen, kein Atemhauch schien die Luft in diesem überfüllten Raum zu stören.

Dann ergriff Catulus, zornig und entschieden, das Wort: »Lentulus Sura, du bist erledigt!« sagte er. »Ich spucke auf dich!«

»Ich denke«, sagte Mamercus mit ernster Stimme, »daß du jetzt auch die Schriftrollen öffnen solltest, Marcus Tullius.«

»Wie bitte? Damit Cato mich beschuldigen kann, offizielle Beweismittel manipuliert zu haben?« rief Cicero. »Nein, Mamercus, die bleiben versiegelt. Ich möchte doch unseren heißgeliebten Cato nicht verärgern, und wenn es noch so wichtig wäre, die Briefe jetzt zu öffnen!«

Cicero stellte fest, daß der Prätor Gaius Sulpicius unter den Anwesenden war. Um so besser! Sollte der auch etwas tun, damit es nicht aussah, als würde er jemanden bevorzugen. Cato sollte nicht den geringsten Verfahrensfehler entdecken können.

»Gaius Sulpicius, würdest du bitte die Häuser von Lentulus Sura, Cethegus, Gabinius und Statilius aufsuchen und nachsehen, ob es dort irgendwelche Waffen gibt? Nimm Pomptinus' Milizionäre mit; sie sollen auch die Häuser von Porcius Laeca, Caeparius, Lucius Cassius, unserem Freund Volturcius und einem gewissen Lucius Tarquinius durchsuchen. Die Männer können die Suche allein fortsetzen, nachdem du persönlich die Häuser der beteiligten Senatoren inspiziert hast. Ich brauche dich so bald wie möglich im Senat. Dort kannst du mir berichten, was ihr gefunden habt.«

Niemand wollte etwas essen oder trinken, also ließ Cicero Caeparius aus dem Schrank und die Allobroger aus dem Speisezimmer holen. Mochte Caeparius auch voller Tatendrang gesteckt haben, als man ihn einsperrte, jetzt war davon nichts mehr zu spüren; Ciceros Schrank war nahezu luftdicht, und Caeparius zitterte am ganzen Körper, als er herauskam.

Ein amtierender Prätor und doch ein Verräter! Ein ehemaliger Konsul! Wie ließ sich das ausschlachten? Wie konnte Cicero es bewerkstelligen, daß er, der Emporkömmling, der Hungerleider aus den Bergen Arpiniums, am Ende in einem guten Licht dastand? Cicero ging quer durch den Raum hinüber zu Lentulus Sura und nahm mit festem Griff die schlaffe rechte Hand des Mannes.

»Komm, Publius Cornelius«, sagte er ausgesprochen höflich, »es wird Zeit, daß wir zum Tempel der Concordia gehen.«

»Sonderbar!« meinte Lucius Cotta, als die Männer wie die Schulkinder in Zweierreihen über das untere Forum und die Treppe der Vestalinnen zum Tempel der Concordia zogen, den nur die Gemonianische Treppe vom Tullianum, der Hinrichtungsstätte des Mamertinusgefängnisses, trennte.

»Sonderbar? Was findest du sonderbar?« fragte Cicero, der immer noch den kraftlosen Lentulus Sura an der Hand hielt.

»Genau in diesem Moment lassen die Baumeister die neue Statue des

Jupiter Optimus Maximus auf ihren Sockel im Tempel stellen. Längst überfällig! Es ist fast drei Jahre her, daß Torquatus und ich es geschworen haben.« Lucius Cotta erschauerte. »Diese vielen Vorzeichen!«

»Ausgerechnet in deinem Jahr«, sagte Cicero. »Ich war sehr traurig darüber, daß der Blitz der alten etruskischen Wölfin ihr säugendes Kind genommen hat. Ich mochte ihr hochnäsiges Gesicht. Sie gibt Romulus ihre Milch, ohne die geringste Sorge um ihn erkennen zu lassen.«

»Ich habe nie verstanden, warum sie nicht zwei Kinder gesäugt hat«, sagte Cotta und zuckte die Achseln. »Vielleicht haben die Etrusker für ihre Legende nur ein Junges gebraucht. Die Statue stammt sicher noch aus der Zeit vor Romulus und Remus, und die Wölfin ist uns ja geblieben.«

»Du hast recht«, meinte Cicero, während er Lentulus Sura dabei half, die drei Stufen zur Vorhalle des niedrigen Tempels zu bewältigen, »es ist ein Vorzeichen. Ich hoffe, es bedeutet Gutes, den Großen Gott nach Osten schauen zu lassen!« An der Tür blieb er abrupt stehen. »Bei Pollux, was für ein Andrang!«

Die Sache hatte sich herumgesprochen. Der Concordiatempel wimmelte von Menschen. Alle römischen Senatoren waren erschienen, selbst die kranken und gebrechlichen. Nicht aus einem Aberglauben heraus hatte Cicero diesen Ort gewählt, auch wenn für ihn die Fähigkeit zur Eintracht unter den Eigenschaften des römischen Mannes einen besonderen Platz einnahm; eine Versammlung, die sich mit den Konsequenzen eines Hochverrats befassen sollte, gehörte nicht in die Curia Hostilia; und da dieser Verrat die ganze Palette der negativen Eigenschaften römischer Männer offenbarte, war der Tempel der Concordia genau der richtige Versammlungsort. Leider ließen sich hier keine hölzernen Tribünen aufbauen, wie man es bei ähnlichen Anlässen in Tempeln wie dem Jupiter Stator gemacht hatte. Jeder blieb dort stehen, wo er Platz gefunden hatte, und sehnte sich nach besserer Luft.

Schließlich gelang es Cicero, in dem Gedränge wenigstens die Andeutung einer Ordnung herzustellen, indem er die Konsulare und Magistrate auf Schemeln vor den *pedarii*, den Senatoren zweiten Ranges, Platz nehmen ließ. Die kurulischen Magistrate schickte er in die Mitte des rückwärtigen Teils, und zwischen die beiden Reihen von

Schemeln, die sich gegenüberstanden, setzte er die Allobroger, Volturicus, Caeparius, Lentulus Sura, Cethegus, Statilius, Gabinus Capito und Fabius Sanga.

»Gaius Cethegus hatte die Waffen in seinem Haus gelagert«, berichtete Sulpicius, der atemlos hereingestürzt kam. »Hunderte von Schwertern und Dolchen, ein paar Schilde, aber keine Brustharnische.«

»Ich bin leidenschaftlicher Waffensammler«, erklärte Cethegus gelangweilt.

Cicero dachte gerade über ein weiteres Problem nach, das sich aus den beengten Verhältnissen ergab. »Gaius Cosconius«, sagte er zu dem Prätor dieses Namens, »ich habe gehört, daß du sehr gut die Kurzschrift beherrschst. Ehrlich gesagt, ich sehe hier drinnen keinen Platz mehr für ein halbes Dutzend Sekretäre, also verzichte ich auf sie. Wähle dir drei *pedarii*, von denen du weißt, daß sie in der Lage sind, das gesprochene Wort mitzuschreiben. Dann könnt ihr die Arbeit unter euch vieren aufteilen. Das müßte reichen; ich glaube nicht, daß es eine lange Sitzung wird, ihr habt also hinterher genügend Zeit, die Notizen zu vergleichen und ein Protokoll zusammenzustellen.«

»Nun sieh ihn dir an«, flüsterte Silanus Caesar ins Ohr – ein ungewöhnlicher Vertrauter, zog man die Beziehung zwischen den beiden Männern in Betracht. Vermutlich hat er in dem Gedränge um ihn herum keinen anderen Mann gefunden, den er der Ansprache für würdig befand, dachte Caesar. »Endlich auf der Höhe seines Ruhms!« Silanus gab einen Laut von sich, den Caesar als Ausdruck des Abscheus interpretierte. »Ich für meinen Teil finde die ganze Angelegenheit ausgesprochen unangenehm!«

»Auch Gutsherren aus Arpinum haben einmal ihren großen Tag«, erwiderte Caesar. »Eine Tradition, mit der Gaius Marius angefangen hat.«

Schließlich eröffnete Cicero die Versammlung mit den traditionellen Gebeten und Opfern, den Auspizien und Begrüßungsformeln. Aber seine erste Einschätzung war richtig gewesen; es wurde keine langwierige Sitzung. Der Führer Titus Volturcius hörte die Zeugenaussagen von Fabius Sanga und Brogus, brach darauf in Tränen aus und bat darum, alles erzählen zu dürfen. Und das tat er dann auch; er antwortete auf jede Frage und belastete Lentulus Sura und die anderen vier Männer immer mehr. Lucius Cassius, so erklärte er, sei ganz plötzlich nach Gallia Transalpina aufgebrochen, ins freiwillige Exil nach Massilia, wie Volturcius vermutete. Auch andere waren geflohen, einschließlich des Senators Quintus Annius Chilo, der Gebrüder Sulla und Publius Autronius. Ein Name nach dem anderen wurde offenbart – Ritter und Bankiers, Blutsauger und Mitläufer. Als Volturcius am Ende seines Berichts angelangt war, hatte er siebenundzwanzig Römer schwer belastet, darunter waren sowohl Catilina als auch er selbst. Dem Neffen des Diktators, Publius Sulla – der *nicht* namentlich genannt worden war –, stand der Schweiß auf der Stirn.

Danach brach Mamercus Princeps Senatus die Siegel der Briefe und las sie vor.

In Vorfreude auf seine Rolle als großer Advokat Roms auf der gnadenlosen Suche nach Wahrheit befragte Cicero als ersten Gaius Cethegus. Zu seinem Bedauern brach Cethegus sogleich zusammen und gestand alles.

Als nächster war Statilius dran. Das Ergebnis war ähnlich.

Dann kam Lentulus Sura an die Reihe, und der wartete mit seinem Geständnis nicht einmal die erste Frage ab.

Gabinius Capito schlug eine Weile lang zurück, doch gerade als Cicero ein wenig in Fahrt gekommen war, gestand auch er.

Schließlich kam die Reihe an Marcus Caeparius, der in lautes Schluchzen ausbrach und dessen Schuldbekenntnis immer wieder von Weinkrämpfen unterbrochen wurde.

So schwer es Cato auch fiel – nachdem man mit den Verhören fertig war, richtete er eine Dankadresse an Roms hervorragenden, wachsamen Ersten Konsul.

»Ich beglückwünsche dich. Du bist unser *pater patriae* – der Vater des Vaterlandes!« lautete Catos Beitrag.

»Meint er das ernst oder ironisch?« wollte Silanus von Caesar wissen.

»Das weiß man bei Cato nie so genau.«

Cicero wurde bevollmächtigt, Haftbefehle für die nicht anwesenden Verschwörer zu erlassen, und danach war es Zeit, die fünf anwesenden Verschwörer fünf Senatoren in Gewahrsam zu geben.

»Ich nehme Lentulus Sura«, sagte Lucius Caesar traurig. »Er ist mein Schwager. Eigentlich sollte er zu einem anderen Lentulus gehen, aber rechtlich fällt er mir zu.«

»Ich nehme Gabinius Capito«, sagte Crassus.

»Und ich Statilius«, sagte Caesar.

»Gebt mir den jungen Cethegus«, rief Quintus Cornificius.

»Und mir Caeparius«, sagte der alte Gnaeus Terentius.

»Was machen wir mit einem verräterischen Prätor im Amt?« wollte Silanus wissen, der in dieser stickigen Luft besonders grau aussah.

»Er soll seine Insignien abgeben und die Liktoren entlassen«, antwortete Cicero.

»Ich glaube nicht, daß dies legal wäre«, meinte Caesar ein wenig müde. »Niemand hat das Recht, einen kurulischen Magistraten des Amtes zu entheben, bevor sein Jahr abgelaufen ist. Strenggenommen dürft ihr ihn nicht einmal festnehmen.«

»Doch, unter dem Senatus Consultum Ultimum dürfen wir das!« erwiderte Cicero gereizt. Warum suchte Caesar bloß ständig nach Unkorrektheiten? »Wenn es dir lieber ist, nennen wir es eben nicht Amtsenthebung. Wir entkleiden ihn lediglich seiner kurulischen Insignien.«

Crassus, der von dem Gedränge genug hatte und nur noch an die frische Luft wollte, sprang auf und unterbrach den gereizten Wortwechsel mit der Ankündigung, daß ein öffentliches Dankesfest für die rechtzeitige Aufdeckung der Verschwörung innerhalb der Stadtmauern stattfinden würde. Cicero erwähnte er in diesem Zusammenhang nicht.

»Wenn du schon mal dabei bist, Crassus, warum verleihst du unserem lieben Marcus Tullius Cicero nicht gleich die Bürgerkrone?« knurrte Poplicola.

»Aber das war nun wirklich die pure Ironie«, sagte Silanus zu Caesar.

»Den Göttern sei Dank, er löst die Versammlung auf«, lautete Caesars Antwort. »Hätte er nicht einen Grund finden können, die Sitzung im Jupiter Stator oder im Bellona anzuberaumen?«

»Morgen zur zweiten Tagesstunde wieder hier!« rief Cicero in das allgemeine Aufstöhnen hinein und stürzte zum Tempel hinaus, um die Rostra zu erklimmen und die große, ungeduldige Menschenmenge mit einer Rede zu besänftigen.

»Ich weiß nicht, warum er es so schrecklich eilig hat«, sagte Crassus zu Caesar, als sie wieder unter freiem Himmel standen, die Glieder streckten und tief einatmeten. »Nach Hause kann er nicht. Seine Frau bewirtet heute die Bona Dea.«

»Richtig«, sagte Caesar und seufzte, »meine Frau und meine Mutter sind auch dort, und alle meine Vestalinnen. Julia wohl ebenso. Sie wird langsam erwachsen.«

»Wenn man das nur von Cicero behaupten könnte.«

»Ach, laß nur, Crassus. Er ist endlich in seinem Element! Gönnen wir ihm doch seinen kleinen Sieg. Es war ja keine große Verschwörung, sie hätte kaum größere Chancen gehabt als Pan gegen Apollo. Ein Sturm im Wasserglas, weiter nichts.«

»Pan gegen Apollo? Aber der hat doch gewonnen, oder?«

»Nur weil Midas der Richter war, Marcus. Und dafür mußte der arme Kerl bis an sein Ende Eselsohren tragen.«

»Midas entscheidet immer mit, Caesar.«

»Die Macht des Goldes.«

»So ist es.«

Sie schlenderten über das Forum, nicht im geringsten versucht, stehenzubleiben und Ciceros Rede an das Volk zu hören.

»Du hast natürlich Verwandte, die mitgemacht haben«, sagte Crassus, als Caesar die Via Sacra links liegenließ und ebenfalls in Richtung Palatin ging.

»Allerdings. Eine äußerst törichte Base und ihre drei tölpelhaften Söhne.«

»Glaubst du, daß sie bei Lucius Caesar ist?«

»Bestimmt nicht. Lucius Caesar ist viel zu korrekt. Er hat den Mann seiner Schwester bei sich in Gewahrsam. Und da meine Mutter in Ciceros Haus die Bona Dea feiert, schau ich schnell bei Lucius vorbei und sage ihm, daß ich mit Julia Antonia reden werde.«

»Ich beneide dich nicht darum«, meinte Crassus und grinste.

»Ich mich auch nicht, das versichere ich dir!«

Noch bevor er an die Tür von Lentulus Suras hübschem Haus geklopft hatte, konnte er Julia Antonia hören und straffte die Schultern. Warum mußte ausgerechnet heute der Abend der Bona Dea sein? Julia Antonias ganzer Kreis würde sich in Ciceros Haus versammeln, und die Bona Dea war nicht gerade eine Gottheit, die man wegen einer in Not befindlichen Freundin vernachlässigte.

Alle drei Söhne des Antonius Creticus kümmerten sich mit einer Geduld und Freundlichkeit um ihre Mutter, die Caesar erstaunte – was Julia Antonia jedoch nicht daran hinderte, aufzuspringen, und sich Caesar an die Brust zu werfen.

»Oh, Vetter!« stammelte sie. »Was soll ich bloß tun? Wo soll ich hingehen? Sie werden Suras gesamtes Vermögen konfiszieren. Dann habe ich nicht einmal mehr ein Dach über dem Kopf.«

»Laß den Mann los, Mama«, sagte Marcus Antonius, ihr Ältester, nahm sie an beiden Händen und führte sie an ihren Platz zurück. »Setz dich und hör auf, dein Unglück zu beklagen. Das hilft uns auch nicht weiter.«

Vielleicht war sie vom vielen Jammern schon erschöpft, jedenfalls gehorchte Julia Antonia ihrem Sohn. Lucius, ihr Jüngster, ein ziemlich feister, plumper Bursche, setzte sich in den Sessel neben ihr, nahm ihre Hand und fing an, tröstende Laute von sich zu geben.

»Er ist an der Reihe«, sagte Antonius und zog seinen Vetter hinaus in das Peristylium. Gaius, der mittlere Sohn, folgte ihnen.

»Es ist ein Unglück, daß die Cornelii Lentuli inzwischen die Mehrheit der Cornelier im Senat stellen«, sagte Caesar.

»Und keiner von ihnen wird glücklich darüber sein, einen Verräter im Schoß der Familie zu wissen«, fügte Marcus Antonius grimmig hinzu. »Ist er denn ein Verräter?«

»Ohne jeden Zweifel, Antonius.«

»Bist du ganz sicher?«

»Das sagte ich doch eben! Was ist los? Hast du Angst, es könnte herauskommen, daß du auch mit drinsteckst?« fragte Caesar plötzlich besorgt.

Antonius wurde rot, sagte aber nichts; statt dessen antwortete Gaius, nachdem er kräftig mit dem Fuß aufgestampft hatte: »Wir stecken nicht mit drin! Wieso nehmen alle immer nur das Schlimmste von uns an, sogar du?«

»Man nennt so etwas: sich einen Ruf erwerben«, erwiderte Caesar geduldig. »Ihr habt alle drei einen verheerenden Ruf – Glücksspiel, Wein, Huren.« Er sah Marcus Antonius ein wenig belustigt an. »Und hin und wieder auch einen kleinen Freund.«

»Das mit mir und Curio stimmt doch gar nicht«, antwortete Antonius beschämt. »Wir tun nur so, als wären wir Liebhaber, um Curios Vater zu ärgern.«

»Eben, und so erwirbt man sich einen Ruf, Antonius. Aber ihr werdet es schon noch begreifen. Jeder Köter im Senat wird euch am Hintern herumschnüffeln. Wenn ihr doch beteiligt seid, dann solltet ihr es mir jetzt sagen.«

Die drei Söhne des Creticus waren sich schon lange darüber einig, daß Caesar von allen Männern, die sie kannten, den beunruhigendsten Blick hatte – kalt, durchdringend, allwissend. Und deshalb mochten sie ihn nicht; dieser Blick zwang sie in die Defensive, gab ihnen das Gefühl, weniger wert zu sein, als sie insgeheim von sich glaubten. Dabei machte er sich nicht einmal die Mühe, sie wegen kleinerer Missetaten zu kritisieren; er ließ sich nur blicken, wenn wirklich etwas schiefgegangen war, so wie jetzt. Und so hatten seine Besuche etwas von bösen Vorzeichen, die ihnen jede Möglichkeit nahmen, zurückzuschlagen, sich zu verteidigen.

Also antwortete Marcus Antonius schmollend: »Wir haben nicht das geringste damit zu tun. Clodius hat uns gewarnt; Catilina ist ein Verlierer, hat er gesagt.«

»Und was Clodius sagt, das stimmt, was?«

»Meistens.«

»Ihr habt recht«, stimmte ihm Caesar überraschend zu. »Er ist mit allen Wassern gewaschen.«

»Und was passiert jetzt?« fragte Gaius Antonius.

»Euer Stiefvater wird wegen Hochverrats angeklagt und verurteilt«, antwortete Caesar. »Er hat gestanden, ihm blieb nichts anderes übrig. Ciceros Prätoren haben bei den Allobrogern zwei belastende Briefe von ihm gefunden, und ich kann euch versichern, daß es keine Fälschungen sind.«

»Dann hat Mama recht. Sie wird alles verlieren.«

»Ich will versuchen, das zu verhindern, und dabei stehe ich sicher nicht allein. Es wird höchste Zeit, daß Rom damit aufhört, die ganze Familie für das Verbrechen eines Mannes zu bestrafen. Wenn ich Konsul bin, werde ich versuchen, ein entsprechendes Gesetz durchzubringen.« Er schlenderte zurück ins Atrium. »Persönlich kann ich nichts für eure Mutter tun, Antonius. Sie braucht weibliche Gesellschaft. Sobald meine Mutter von der Bona Dea zurück ist, schicke ich sie zu euch.« Im Atrium sah er sich um. »Schade, daß Sura keine Kunst gesammelt hat, sonst hättet ihr etwas zum Verkaufen, bevor der Staat alles beschlagnahmt. Aber ihr dürft mich beim Wort nehmen; ich werde versuchen, dafür zu sorgen, daß das wenige, was Sura besitzt, nicht auch noch konfisziert wird. Wahrscheinlich hat er nur an der Verschwörung teilgenommen, um sein Vermögen zu vergrößern.«

»O ja, zweifellos«, sagte Antonius, der Caesar an die Tür gebracht hatte. »Er hat ständig darüber gejammert, daß der Ausschluß aus dem Senat ihn ruiniert hat, und was für ein Unrecht das war. Er behauptet, daß der Zensor Lentulus Clodianus ihn hereingelegt hat. Der Grund ist wohl irgendein Familienzwist aus der Zeit, als Clodianus von den Lentuli adoptiert worden war.«

»Magst du ihn?« fragte Caesar, als er über die Schwelle trat.

»Aber ja! Sura ist ein feiner Kerl, der Beste von allen!«

Sehr interessant, dachte Caesar auf dem Weg hinunter zum Forum und zum Domus Publica. Es wäre bestimmt nicht jedem Stiefvater gelungen, sich bei *diesem* Trio beliebt zu machen! Es waren typische Antonii: leichtsinnig, leidenschaftlich, impulsiv, Vergnügungen aller Art zugetan. Kein einziger Kopf mit politischem Format ruhte auf diesen breiten Schultern. Rohlinge von wuchtiger Statur waren sie alle drei, und auf eine Weise häßlich, die auf Frauen offenbar unheimlich anziehend wirkte. Was in aller Welt würden sie im Senat anstellen, wenn sie erst einmal alt genug waren, um für das Amt eines Quästors zu kandidieren? Immer vorausgesetzt, sie bekamen das nötige Kleingeld zusammen. Creticus hatte in seiner Schande Selbstmord begangen, aber niemand hatte etwas unternommen, um ihn posthum der Verbrechen gegen den Staat anzuklagen; ihm hatte es an Verstand und Urteilsvermögen, aber nicht an Loyalität gegenüber Rom gemangelt. Jedenfalls war sein Besitz bereits dahingeschmolzen, als Julia Antonia Lentulus Sura geheiratet hatte, einen Mann ohne eigene Kinder – aber eben auch ohne großes Vermögen. Lucius Caesar hatte einen Sohn und eine Tochter; von dieser Seite konnten die Antonii sich nichts erhoffen. Also mußte er, Caesar, versuchen, die finanzielle Situation der Familie aufzubessern. Er hatte keine Ahnung, wie er das anstellen sollte, aber er würde es versuchen. Wenn man unbedingt Geld brauchte, ließ sich auch welches auftreiben.

Den flüchtigen Lucius Tarquinius, der von der Brücke in den Tiber gesprungen war, hatte man auf der Straße nach Faesulae festgenommen und zu Cicero gebracht, noch bevor der Senat am Tag nach der Bona Dea wieder im Concordiatempel zusammentrat. Nachdem sein eigenes Haus ihm verschlossen war, hatte Cicero die Nacht bei Nigidius Figulus verbracht, der so aufmerksam gewesen war, Atticus und Quintus Cicero zum Essen zu bitten. Sie hatten einen angenehmen Abend miteinander verbracht, und er war noch angenehmer geworden, als Terentia ihm durch einen Boten mitteilen ließ, daß plötzlich, nachdem das Feuer der Bona Dea auf dem Altar bereits verloschen war, eine riesige Flamme emporgelodert sei – nach Meinung der Vestalinnen ein Zeichen dafür, daß Cicero sein Land gerettet habe.

Was für ein köstlicher Gedanke das war! Vater seines Landes. Retter seines Landes. Er, ein Pächter aus Arpinum!

Aber dennoch war ihm nicht leicht ums Herz. Trotz seiner beschwichtigenden Rede von der Rostra waren ihm die Klienten, die ihn heute morgen in Nigidius Figulus' Haus ausfindig gemacht hatten, besorgt und sogar ängstlich vorgekommen. Wie viele Menschen in Rom mochten sich eine neue Ordnung wünschen – und einen allgemeinen Schuldenerlaß? Offensichtlich sehr viele; gut möglich, daß es Catilina tatsächlich gelungen wäre, die Stadt während der Nacht der Saturnalien von innen her zu erobern. Die Hoffnung in allen diesen, von finanzieller Not gepeinigten Herzen war gestern endgültig zerstört worden; und die Menschen, in denen diese Hoffnung gekeimt war, wußten seit gestern, daß es keinen Aufschub geben würde. Rom wirkte friedlich, aber Ciceros Klienten behaupteten, daß es unter der Oberfläche brodle. Das glaubte auch Atticus. Und da stehe ich nun, dachte Cicero und verspürte eine leise Angst, und ich trage die Verantwortung für die Verhaftung von fünf Männern, Männern mit viel Einfluß und vielen Klienten, vor allem Lentulus Sura. Aber Statilius stammte aus Apulia und Gabinius Capito aus dem Süden Picenums, zwei Landschaften, die von jeher mehr der italischen als der römischen Sache verschrieben waren. Und was Gaius Cethegus betraf – sein Vater war als der König der Hinterbänkler bekannt gewesen! Ungeheuer reich und mit großem Einfluß. Und er, Cicero, Erster Konsul, war ganz allein für die Festnahme und die Sicherungsverwahrung dieser Männer verantwortlich. Er hatte die unumstößlichen Beweise geliefert, die alle fünf Männer zu Geständnissen gezwungen hatten. Deshalb würde man auch in niemand anderem als in ihm den Urheber sehen, wenn diese Männer in einem Prozeß verurteilt werden sollten, und es würde ein unendlich langer Prozeß werden, in dessen Verlauf die Unterströmungen der Gewalt offen ausbrechen konnten. Keiner der diesjährigen Prätoren würde sich darum reißen, zum Vorsitzenden eines Sondergerichts in einer Hochverratssache ernannt zu werden – Hochverratsprozesse waren in letzter Zeit so rar gesät gewesen, daß seit zwei Jahren kein Prätor mehr damit beauftragt worden war. Und deshalb würden seine Gefangenen bis ins neue Jahr hinein in Sicherheitsverwahrung in Rom bleiben, und das bedeutete, Volkstribunen wie Metellus Nepos würden nicht aufhören zu zetern, daß Cicero seine Befugnisse überschreite, und andere Volkstribunen wie Cato würden unablässig darauf lauern, sich wie die Raubvögel auf jeden Verfahrensfehler zu stürzen.

Wenn man diesen elenden Hunden den Prozeß doch nur ersparen könnte! dachte Cicero, während er seinen Gefangenen Tarquinius zum Tempel der Concordia brachte. Sie waren schuldig, jeder hatte es aus ihrem eigenen Mund erfahren. Sie würden verurteilt werden, kein noch so nachsichtiges oder korruptes Gremium von Geschworenen würde sie freisprechen können. Und möglicherweise würde man sie sogar – hinrichten. Aber ein Gericht konnte sie nicht zum Tode verurteilen, es konnte sie höchstens in ein lebenslanges Exil schicken und ihr gesamtes Eigentum konfiszieren lassen. Auch eine Verhandlung vor der Volksversammlung würde nicht zum Todesurteil führen. Um das zu erreichen, müßte man ihnen in den Zenturien den Prozeß als Staatsfeinde machen, und wer wollte vorhersagen, was für ein Urteil dabei herauskommen würde, gerade jetzt, wo die Rede vom »allgemeinen Schuldenerlaß« überall die Runde machte. Prozesse, dachte ausgerechnet der Meister aller Gerichtshöfe, während er langsam über das Forum ging, konnten manchmal ein rechtes Ärgernis sein.

Lucius Tarquinius hatte wenig Neues zu bieten, als im Concordiatempel die Befragung begann. Cicero behielt sich das Recht vor, die Fragen persönlich zu stellen, und ging mit Tarquinius die ganze Geschichte bis zur Festnahme auf der Mulvianbrücke noch einmal durch. Danach eröffnete der Erste Konsul die Befragung für das Haus; vielleicht war es ein kluger Schachzug, auch anderen ein wenig von dem eigenen Ruhm abzugeben.

Mit der Antwort, die Tarquinius gleich auf die erste, von Marcus Porcius Cato gestellte Frage aus dem Plenum gab, hatte er allerdings nicht gerechnet.

»Was wolltest du eigentlich bei den Allobrogern?« fragte Cato mit seiner lauten, schneidenden Stimme.

»Hä?« antwortete Tarquinius, ein vorlauter Bursche mit wenig Respekt vor den feinen Herren Senatoren.

»Man hatte den Allobrogern einen Führer mitgegeben, Titus Volturcius. Marcus Caeparius war dabei, um den Verschwörern in Rom über das Ergebnis des Treffens zwischen den Allobrogern und Lucius Sergius Catilina zu berichten. Und du, Tarquinius, warum warst du dabei?«

»Ach, mit den Allobrogern hatte ich eigentlich nichts zu schaffen, Cato!« erwiderte Tarquinius gut gelaunt. »Ich bin mit der Gruppe gereist, weil es sicherer und unterhaltsamer war, als wenn ich allein nach Norden geritten wäre. Ich hatte mit Catilina etwas ganz anderes zu besprechen.«

»Ach ja? Und was hattest du mit ihm zu besprechen?« fragte Cato.

»Ich sollte ihm eine Botschaft von Marcus Crassus überbringen.«

In dem überfüllten kleinen Tempel herrschte auf einmal atemlose Stille.

»Sag das noch einmal, Tarquinius.«

»Ich hatte eine Botschaft von Marcus Crassus für Catilina.«

Gemurmel breitete sich aus und wurde lauter, bis Cicero seinen Ersten Liktor aufforderte, ein paarmal mit dem Rutenbündel auf den Boden zu schlagen.

»Ruhe!« brüllte er.

»Du hattest eine Botschaft von Marcus Crassus für Catilina?« wiederholte Cato. »Und wo ist diese Botschaft, Tarquinius?«

»Ach so, nein, nein, die ist nicht aufgeschrieben worden!« antwortete Tarquinius lässig. »Die hatte ich im Kopf.«

»Und? Hast du sie immer noch in deinem Kopf?« fragte Cato und sah dabei Crassus an, auf dessen Gesicht sich alle Anzeichen des Erstaunens zeigten.

»Ja. Willst du sie hören?«

»Ich wäre dir äußerst verbunden.«

Tarquinius wippte auf den Zehen. »›Marcus Crassus sagt, du sollst den Mut nicht verlieren, Lucius Catilina. Rom steht nicht vereint gegen dich, immer mehr wichtige Männer laufen zu dir über‹«, skandierte Tarquinius.

»Der ist gerissener als eine Kanalratte!« knurrte Crassus. »Es genügt, mich zu beschuldigen, und ich muß ganz automatisch einen großen Batzen von meinem Vermögen dafür ausgeben, um Männer wie ihn freizubekommen, damit ich mich selber reinzuwaschen brauche!«

»Hört, hört!« rief Caesar.

»Nun, Tarquinius, ich denke nicht daran!« sagte Crassus. »Sucht euch einen Dümmeren! Marcus Cicero weiß sehr genau, daß *ich* der allererste war, der ihm einen Beweis gegen die Verschwörer geliefert hat. Und daß ich dabei in Begleitung der zwei unbescholtenen Männer Marcus Marcellus und Quintus Metellus Scipio war.«

»Das ist absolut richtig«, sagte Cicero.

»Es ist die Wahrheit«, sagte Marcellus.

»Es ist die Wahrheit«, sagte Metellus Scipio.

»Nun, Cato, möchtest du die Sache noch weiter verfolgen?« fragte Crassus, der Cato haßte.

»Nein, Marcus Crassus, das möchte ich nicht. Es ist offensichtlich ein Märchen.«

»Ist das Haus ebenfalls dieser Meinung?« wollte Crassus wissen.

Viele erhobene Hände zeigten, daß das Haus ebenfalls dieser Ansicht war.

»Das bedeutet lediglich«, sagte Catulus, »daß unser lieber Marcus Crassus ein großer Fisch ist, der den Haken wieder ausspucken kann, ohne sich das Maul aufzureißen. Aber ich richte nun dieselbe Beschuldigung gegen einen wesentlich kleineren Fisch! Ich beschuldigte Gaius Julius Caesar, an der Verschwörung des Catilina beteiligt zu sein!«

»Und ich schließe mich der Beschuldigung des Quintus Lutatius Catulus an!« rief Gaius Calpurnius Piso.

»Beweise?« fragte Caesar und befand es nicht einmal für nötig, sich zu erheben.

»Beweise werden geliefert«, sagte Catulus selbstgefällig.

»Was sind das für Beweise? Briefe? Verbale Botschaften? Oder reine Hirngespinste?«

»Briefe!« sagte Gaius Piso.

»Und wo sind diese Briefe?« fragte Caesar mit unerschütterlicher Ruhe. »An wen sind sie adressiert, falls ich sie geschrieben haben soll? Oder hast du Probleme, meine Handschrift zu fälschen, Catulus?«

»Es handelt sich um Korrespondenz zwischen dir und Catilina!« rief Catulus.

»Ich glaube, ich habe ihm einmal geschrieben«, erinnerte sich Caesar. »Es muß damals gewesen sein, als er Proprätor in Africa war. Aber seitdem habe ich ihm ganz sicher keinen Brief mehr zukommen lassen.«

»Doch, das hast du!« sagte Piso und grinste. »Wir haben dich, Caesar, da kannst du soviel zappeln, wie du willst. Wir haben dich!«

»Nein, Piso«, erwiderte Caesar, »ihr habt mich nicht. Frag Marcus Cicero, wie ich ihm in seiner Sache gegen Catilina geholfen habe.«

»Spar dir die Mühe, Piso«, sagte Quintus Arrius. »Ich erzähl's dir gern, und Marcus Cicero kann es bestätigen. Caesar hat mich nach Etruria geschickt, damit ich mich bei Sullas Veteranen da oben in der Gegend von Faesule erkundige. Er wußte, daß außer mir keiner ihr Vertrauen gewinnen würde, und ich habe ihm gern geholfen. Ich hätte mich ohrfeigen können, weil ich nicht selber auf die Idee gekommen bin. Ich habe nicht nachgedacht. Man muß wohl ein Mann wie Caesar sein, um die Dinge klar zu sehen. Wenn er zu dieser Verschwörung gehören würde, hätte er nicht gehandelt.«

»Quintus Arrius sagt die Wahrheit«, bestätigte Cicero.

»Also setzt euch hin und haltet den Mund!« fuhr Caesar die beiden an. »Wenn ein besserer Mann dich bei den Wahlen zum Pontifex Maximus besiegt, dann füge dich darein, Catulus! Und dich, Piso, muß es ein Vermögen an Schmiergeldern gekostet haben, einer Verurteilung an meinem Gericht zu entgehen! Warum macht ihr euch aus reiner Boshaftigkeit die Finger schmutzig? Dieses Haus kennt euch, dieses Haus weiß genau, wozu ihr fähig seid!«

Zu dem Thema wäre noch mehr zu sagen gewesen, aber ein Bote kam hereingestürzt und teilte Cicero mit, eine Gruppe von Freigelassenen, Klienten von Cethegus und Lentulus Sura, habe mit einigem Erfolg damit begonnen, in der Stadt Männer anzuwerben, mit der Absicht, die Häuser von Lucius Caesar und Cornificius anzugreifen, ihre Herren zu befreien und als Konsuln einzusetzen, um danach die anderen Gefangenen zu befreien und die Macht in der Stadt zu übernehmen.

»Solche Dinge«, sagte Cicero, »werden von nun an immer wieder geschehen, bis diese Verfahren beendet sind! Das geht noch Monate so, versammelte Väter, Monate! Wir müssen darüber nachdenken, wie wir diese Zeit verkürzen können, ich beschwöre euch!«

Er löste die Versammlung auf, seine Prätoren riefen die Bürgermiliz zusammen und schickten Abordnungen zu allen Häusern, in denen Gefangene verwahrt wurden; jeder wichtige öffentliche Platz wurde besetzt, und eine Gruppe von Rittern der Achtzehn, unter ihnen Atticus, begab sich zum Kapitol, um den Tempel des Jupiter Optimus Maximus zu bewachen.

»Ach, Terentia, ich will nicht, daß mein Jahr als Konsul mit einem Debakel zu Ende geht, nicht nach diesem Triumph!« klagte Cicero seiner Frau, als er nach Hause kam.

»Solange diese Männer in der Stadt sind und Catilinas Armee in Etruria steht, ist der Ausgang ungewiß.«

»So ist es, meine Liebe.«

»Und dir wird es so gehen wie Lucullus – du machst die Drecksarbeit, und Silanus und Murena ernten die Lorbeeren, weil sie die Konsuln sind, wenn die Sache zum Abschluß gekommen ist.«

Daran hatte er überhaupt noch nicht gedacht, aber jetzt, wo seine Frau es ihm so unmißverständlich klarmachte, schauderte es ihn. Natürlich, so würde es kommen! Betrogen von Zeit und Tradition.

»Gut«, sagte er und straffte die Schultern, »ihr werdet ohne mich essen müssen. Ich ziehe mich zurück, um über eine Lösung nachzudenken.«

»Du kennst die Lösung doch längst, Mann. Aber ich verstehe dich. Du mußt jetzt deinen ganzen Mut zusammennehmen. Und vergiß nicht – die Bona Dea ist auf deiner Seite.«

»Die Pest wünsche ich ihnen an den Hals!« sagte Crassus zu Caesar. Starke Worte für diesen sonst so friedfertigen Mann. »Mindestens die Hälfte dieser *fellatores* hat dagesessen und gehofft, daß Tarquinius mit seiner Anklage durchkommt! Welch ein Glück, daß Quintus Curius sich für seine Briefe meine Türschwelle ausgesucht hat. Sonst wäre ich jetzt in ernsten Schwierigkeiten.«

»Da war meine Verteidigung schon fadenscheiniger«, sagte Caesar, »doch zum Glück waren es die Anschuldigungen auch. Dummköpfe! Catulus und Piso sind erst auf die Idee gekommen, als Tarquinius dich beschuldigt hat. Wenn ihnen das gestern abend schon eingefallen wäre, dann hätten sie ein paar Briefe gefälscht. Aber ohne Fälschungen hätten sie besser den Mund gehalten. Es amüsiert mich immer wieder, Marcus, wie dumm meine Feinde sind! Beruhigend zu wissen, daß man so schnell keinem Feind begegnen wird, der einem gewachsen ist.«

Crassus war es inzwischen gewöhnt, solche Bemerkungen von Caesar zu hören, und trotzdem sah er den jüngeren Mann fassungslos an. Kannte der überhaupt Selbstzweifel? Crassus hatte noch nie ein Anzeichen dafür entdecken können. Und ein kühler Kopf war er auch. Andernfalls würde Rom sich noch tausend Catilinas wünschen.

»Ich gehe morgen nicht hin«, sagte Crassus.

»Schade. Es verspricht, interessant zu werden.«

»Und wenn es aufregender wird als der Kampf zweier gleichwertiger

Gladiatoren! Von mir aus soll Cicero seinen Triumph haben. *Pater patriae!* Pah!« schnaubte er.

»Ach, Marcus, das war Catos Sarkasmus.«

»Ich weiß, Caesar. Aber Cicero hat ihn ernst genommen, und das ärgert mich.«

»Er ist ein armer Kerl. Es muß schrecklich sein, ständig ausgeschlossen zu werden.«

»Höre ich richtig, Caesar? Mitleid? *Du?*«

»Ja, ja, gelgentlich habe ich sogar Mitleid. Kein Wunder, daß Cicero solche Gefühle weckt. Er ist manchmal so schutzlos.«

Neben der Organisation der Bürgermiliz und den Überlegungen, wie er mit dem Dilemma der Langwierigkeit dieser Affäre fertig werden könnte, hatte Cicero sogar noch Zeit gefunden, den Tempel der Concordia in einen etwas erträglicheren Versammlungsort umwandeln zu lassen. Als die Senatoren sich am nächsten Tag versammelten – es war der fünfte Dezember –, stellten sie fest, daß die Zimmerleute gute Arbeit geleistet hatten. Es gab jetzt drei Ränge auf jeder Seite, höher, aber dafür schmaler, und ein Podium für die kurulischen Magistrate, vor dem man eine lange Bank für die Volkstribunen aufgestellt hatte.

»Ihr werdet nicht mehr auf euren Schemeln sitzen können, dafür ist es zu eng, aber die Ränge könnt ihr als Sitzgelegenheiten benutzen«, sagte der Erste Konsul. Er zeigte hinauf zu den Seitenwänden und zur Rückwand. »Ich habe außerdem genügend Ventilatoren installieren lassen.«

Es waren vielleicht dreihundert Männer gekommen, etwas weniger als an den vorhergehenden Tagen; nachdem sie sich wie die Hühner auf der Stange niedergelassen hatten, konnte der Senat zur Tagesordnung übergehen.

»Versammelte Väter«, sagte Cicero mit feierlicher Stimme, »ich habe diese Körperschaft noch einmal zusammengerufen, um eine Sache zur Diskussion zu stellen, die weder Aufschub duldet noch ignoriert werden darf: Was geschieht mit den fünf Gefangenen?

In vielerlei Hinsicht stehen wir vor einer ähnlichen Situation wie vor siebenunddreißig Jahren, nachdem Saturninus und seine rebellischen Komplizen die Besetzung des Kapitols aufgegeben hatten. Kein Mensch wußte, was man mit ihnen anfangen sollte. Niemand war bereit, diese fanatischen Burschen in Gewahrsam zu nehmen; man wußte nur zu gut, wie groß die Zahl ihrer Sympathisanten innerhalb der Mauern Roms war – hätte ein Mann sein Haus als Gewahrsam zur Verfügung gestellt, wäre es ihm noch in derselben Nacht über dem Kopf angezündet und der Gefangene befreit worden. Und so waren der Verräter Saturninus und seine vierzehn wichtigsten Helfershelfer in unseren geliebten Senatssitz, die Curia Hostilia, gesperrt worden. Keine Fenster, massive Bronzetüren, uneinnehmbar. Und dann war eine Gruppe von Sklaven, angeführt von einem gewissen Scaeva, auf das Dach geklettert; sie deckten die Dachziegel ab, und steinigten damit die Männer in der Curia. Eine Schandtat, aber auch eine große Erleichterung! Als Saturninus tot war, kehrte in Rom wieder Ruhe ein. Ich gebe zu, daß Catilinas Armee in Etruria eine zusätzliche Komplikation ist, aber unser erstes und vordringlichstes Ziel muß es sein, die Ruhe in Rom wiederherzustellen!«

Cicero machte eine Pause; er wußte sehr gut, daß einige unter seinen Zuhörern zu den Männern gehörten, die Sulla auf das Dach der Curia Hostilia geschickt hatte. Kein einziger Sklave war damals dabeigewesen, dafür der Besitzer des Sklaven Scaeva, ein gewisser Quintus... Croton? Nachdem der Aufruhr sich so weit gelegt hatte, daß man wieder von normalen Verhältnissen reden konnte, hatte Croton seinen Sklaven öffentlich für seine Tat belobigt und ihm die Freiheit geschenkt, um von seiner eigenen Schuld abzulenken. Sulla hatte diese Version der Geschichte niemals bestritten, schon gar nicht, nachdem er Diktator geworden war. Sklaven waren eben vielseitig verwendbar!

»Versammelte Väter«, fuhr Cicero mit ernster Stimme fort, »wir sitzen auf einem Vulkan! Fünf Männer stehen in fünf verschiedenen Häusern unter Arrest, fünf Männer, die in diesem Haus und vor unser aller Augen zusammengebrochen sind und ihre Verbrechen freiwillig gestanden haben – ihren Hochverrat gestanden haben! Ja, sie haben sich selbst beschuldigt, nachdem wir sie mit Beweisen konfrontiert hatten, deren bloße Existenz das Urteil über die Männer sprach. Und mit ihrem Geständnis haben sie das Urteil über andere Männer gesprochen, Männer, für die ein Haftbefehl besteht, wann immer und wo immer sie auch gefunden werden mögen. Nun stellt euch vor, was geschehen wird, wenn sie gefunden werden. Wir werden dann bis zu zwanzig Männer in ganz gewöhnlichen römischen Häusern unter Arrest halten müssen, bis wir sie in einem umfangreichen und entsetzlich langwierigen Prozeß abgeurteilt haben.

Schon gestern konnten wir eine der üblichen Folgen beobachten, die aus einer solchen Situation entstehen können: Eine Gruppe von Männern hat sich zusammengerottet und weitere Männer angeworben, um die geständigen Verräter aus unserem Gewahrsam zu befreien, die Konsuln zu ermorden und statt dessen die Gefangenen als Konsuln einzusetzen! Mit anderen Worten: Die Revolution ist nicht beendet, solange sich geständige Verräter innerhalb der Mauern Roms befinden und die Armee Catilinas innerhalb der Grenzen Italiens steht. Durch schnelles Handeln konnte ich den gestrigen Umsturzversuch vereiteln. Aber ich bin nicht einmal mehr einen Monat lang Konsul. Ja, versammelte Väter, die alljährliche Ablösung steht unmittelbar bevor, und wir sind nicht gut gerüstet für den Wechsel der Magistrate.

Wenn ich aus dem Amt scheide, möchte ich diese katastrophale Situation gründlich bereinigt und Catilina klargemacht haben, daß er hier in Rom keine Verbündeten mehr hat, die stark genug wären, ihn zu unterstützen. Und es gibt eine Möglichkeit...«

Der Erste Konsul hielt inne, damit seine Worte ihre Wirkung tun konnten. Er hoffte, daß sein alter Erzfeind und Busenfreund Hortensius im Haus war. Hortensius würde die Schönheit einer solchen Rede zu schätzen wissen, während die meisten anderen wohl ausschließlich ihren pragmatischen Charakter erkannten. Und was Caesar betraf, nun... Cicero wußte nicht einmal genau, ob ihm an Caesars Beifall gelegen war. Crassus war gar nicht erst erschienen, aber der war ohnehin der letzte, den Cicero mit seiner juristischen Argumentation beeindrucken wollte.

»Bis Catilina und Manlius bezwungen sind oder aufgegeben haben, steht Rom unter dem Kriegsrecht des Senatus Consultum Ultimum. So, wie Rom immer noch unter einem Senatus Consultum Ultimum stand, als Saturninus und seine Lakaien in der Curia Hostilia ihr Leben ließen. Und das bedeutete, daß niemand dafür verantwortlich gemacht werden konnte, daß die Sache beendet und die Rebellen hingerichtet worden waren. Das Senatus Consultum Ultimum gewährte allen jenen Immunität, die Dachziegel geworfen hatten, ob sie Sklaven waren oder nicht, denn der Herr kann vor Gericht für die Handlungen seines Sklaven zur Rechenschaft gezogen werden. Und deshalb hätten all die Männer, denen diese Sklaven gehörten, wegen Mordes angeklagt werden können. Aber nicht unter dem Senatus Consultum Ultimum, der Blankovollmacht, die der römische Senat in Zeiten der Not ausstellen darf, wenn es – ganz gleich, mit welchen Mitteln – das Wohl des Staates zu bewahren gilt.

Und nun denkt an unsere geständigen Verräter hier in Rom und an die anderen Verräter, nach denen wir noch suchen, weil sie vor ihrer Festnahme fliehen konnten. Alle sind sie schuldig, beschuldigt von den fünf Männern, die wir in unserem Gewahrsam haben, ganz zu schweigen von den Zeugenaussagen, die ihr von Quintus Curius, Titus Volturcius, Lucius Tarquinius und Brogus dem Allobroger gehört habt. Unter den Bedingungen eines Senatus Consultum Ultimum muß den selbsterklärten Verrätern nicht erst der Prozeß gemacht werden. Wir befinden uns in einer ernsten Notlage, deshalb ist diese ehrwürdige Körperschaft von Männern, der Senat von Rom, ermächtigt, alles Nötige zu tun, um das Wohl des römischen Staates zu garantieren. Wenn wir diese Männer bis zu einem Prozeß in Gewahrsam behalten, wenn wir sie dann anläßlich dieses Prozesses in aller Öffentlichkeit auf dem Forum zur Schau stellen, dann kann das nur zu neuem Aufruhr führen! Zumal sich Catilina und Manlius, die formal zu Feinden des Staates erklärt wurden, noch immer in Freiheit in Italien, an der Spitze einer Armee befinden. Mit dieser Armee könnten sie während eines solchen Prozesses über unsere Stadt herfallen, um die Verräter zu befreien!«

Hatte er sie überzeugt? Cicero war sich dessen sicher, bis sein Blick auf Caesar fiel, der kerzengerade auf der untersten Stufe saß, die Lippen zusammengepreßt, zwei rote Flecken auf den blassen Wangen. Er würde sich also der Opposition Caesars erwehren müssen, und Caesar war ein großer Redner. Designierter Stadtprätor, das bedeutete, er stand weit vorn auf der Rednerliste, wenn die Reihenfolge eingehalten würde.

Er mußte ihnen seinen Standpunkt eingehämmert haben, bevor Caesar das Wort ergriff! Aber wie? Cicero ließ den Blick über die rückwärtigen Reihen wandern und entdeckte den kleinen alten Gaius Rabirius, einen Mann, der seit vierzig Jahren im Senat saß, ohne sich jemals um ein höheres Amt beworben zu haben. Er war immer noch ein *pedarius*, ein Senator zweiten Ranges, der Inbegriff eines Hinterbänklers. Und die Verkörperung aller männlichen Tugenden stellte Rabirius auch nicht gerade dar! Viele zwielichtige Geschäfte und Ausschweifungen hatten dafür gesorgt, daß er nicht sehr beliebt war. Und er gehörte zu jenen Männern, die auf das Dach der Curia Hostilia geklettert waren, die Dachziegel losgerissen und auf Saturninus geworfen hatten...

»Wenn diese Körperschaft nun entscheiden sollte, was mit den fünf

Männern in unserem Gewahrsam und den Flüchtigen zu geschehen hat, dann wären ihre Mitglieder dabei so frei von jeder juristischen Verantwortung wie ... wie, nun, wie der gute Gaius Rabirius, den man schließlich auch nicht wegen des Mordes an Saturninus vor Gericht stellen könnte! Das wäre ein offenkundiger Unsinn, versammelte Väter! Das Senatus Consultum Ultimum deckt alles ab und läßt alles zu. Ich plädiere dafür, daß dieses Haus nach vollständiger Debatte noch heute zu einer Entscheidung über das Schicksal unserer geständigen Gefangenen kommt, die sich selber schuldig bekannt haben. Sie bis zu einem Prozeß in der Stadt zu behalten, wäre, meiner Überzeugung nach, sehr gefährlich für Rom. Laßt uns hier und heute darüber diskutieren und entscheiden, was wir kraft der vollen Rückendeckung des Senatus Consultum Ultimum mit ihnen tun wollen. Wir können sie hinrichten lassen. Wir können sie aber auch ins Exil schicken, ihren Besitz konfiszieren und ihnen bis zum Ende ihres Lebens Feuer und Wasser auf italischem Boden verwehren.«

Er holte Atem und dachte an Cato, der mit Sicherheit Einspruch erheben würde. Ja, Cato saß aufrecht und erwartungsvoll auf seinem Platz. Als designierter Volkstribun stand er jedoch sehr weit hinten auf der Rednerliste.

»Versammelte Väter, es ist nicht meine Aufgabe, diese Sache zu entscheiden. Ich habe meiner Pflicht genügt und euch die rechtliche Lage dargelegt, ich habe euch darüber in Kenntnis gesetzt, was ihr unter dem Senatus Consultum Ultimum tun könnt. Ich persönlich trete für eine Entscheidung hier und heute und damit gegen einen Prozeß ein. Aber ich weigere mich, präzisere Vorschläge dafür zu machen, wie diese Körperschaft mit den schuldigen Männern verfahren sollte. Das sollte besser ein anderer tun.«

Eine kurze Pause, ein herausfordernder Blick auf Caesar, dann auf Cato. »Ich ordne an, daß die Reihenfolge der Redner sich nicht nach der Hierarchie der Magistrate richtet, sondern nach Alter, Weisheit und Erfahrung. Deshalb werde ich den designierten Ersten Konsul als ersten Redner aufrufen, dann den designierten Zweiten Konsul, und danach werde ich jeden der anwesenden Konsulare um seine Meinung bitten – insgesamt vierzehn Männer, wenn ich richtig gezählt habe. Dann sind die designierten Prätoren an der Reihe, als erster der designierte Stadtprätor, Gaius Julius Caesar. Nach den designierten Prätoren werden die Prätoren sprechen, dann die designierten Ädilen und die

Ädilen, die plebejischen vor den kurulischen. Dann sollen die designierten Volkstribunen das Wort haben und schließlich die amtierenden Volkstribunen. Eine Entscheidung über die ehemaligen Prätoren behalte ich mir vor, weil ich bereits *sechzig* Redner aufgezählt habe, wenngleich drei amtierende Prätoren gegen Catilina und Manlius im Felde stehen. Bleiben also noch siebenundfünfzig Redner, wenn die Exprätoren nicht aufgerufen werden.«

»Achtundfünfzig, Marcus Tullius.«

Wie konnte er den Stadtprätor Metellus Celer übersehen?

»Solltest du nicht bei deiner Armee in Picenum sein?«

»Wenn du dich zu erinnern beliebst, Marcus Tullius, du selbst hast mich unter der Bedingung nach Picenum geschickt, daß ich an jedem elften Tag nach Rom zurückkehre, und außerdem zwölf Tage vor und nach der Übergabe der Tribunate.«

»Das ist richtig. Also achtundfünfzig Redner. Das heißt, keinem wird genug Zeit zur Verfügung stehen, sich einen Ruf als mitreißender Redner zu erwerben. Ist das verstanden? Es ist unerläßlich, daß wir noch heute mit der Debatte fertig werden! Die endgültige Entscheidung muß gefallen sein, bevor die Sonne untergeht. Seid also gewarnt, versammelte Väter, ich werde jeden unterbrechen, der zu schwadronieren anfängt.« Cicero blickte den designierten Ersten Konsul Silanus an. »Decimus Junius, eröffne du die Debatte.«

»Mit Rücksicht auf deine Bedenken wegen der Zeit, Marcus Tullius, werde ich mich kurz fassen«, sagte Silanus. Er wirkte ein wenig hilflos; vom ersten Redner erwartete man gewöhnlich, daß er die Richtung vorgab, an der die folgenden Redner sich orientieren konnten. Cicero gelang das jedesmal. Silanus war seiner Sache jedoch nicht so sicher, vor allem deshalb, weil er keine Ahnung hatte, welche Richtung das Haus in dieser Sache einschlagen würde.

Cicero hatte so deutlich, wie er es riskieren konnte, die Todesstrafe gefordert – aber was wollten die anderen? Silanus entschied sich schließlich für einen Kompromiß, indem er für die »äußerste Strafe« plädierte. Jeder mußte darunter die Todesstrafe verstehen. Über die Frage, ob es einen Prozeß geben sollte, verlor er kein einziges Wort, und alle schlossen daraus, daß er gegen einen Prozeß war.

Dann war Murena an der Reihe, und auch er gab der »äußersten Strafe« den Vorzug.

Cicero enthielt sich natürlich eines Redebeitrags, und Gaius Antonius Hybrida stand mit seiner Armee im Feld. Der nächste war der Präsident des Hauses, Mamercus Princeps Senatus, der höchstrangige unter den Konsularen. Widerwillig entschied er sich für die »äußerste Strafe«. Dann waren die ehemaligen Zensoren an der Reihe – Gellius Poplicola, Catulus, Vatia Isauricus und ein besorgter Lucius Cotta forderten die »äußerste Strafe«. Die gleiche Forderung kam auch von den Konsularen, die nicht Zensoren gewesen waren – Curio, den beiden Luculli, Piso, Glabrio, Volcatius Tullus, Torquatus, Marcius Figulus. Lucius Caesar war so anständig, sich der Stimme zu enthalten.

So weit, so gut. Dann war Caesar an der Reihe, und da nur wenige seine Ansicht so gut kannten wie Cicero, waren viele von seinen Äußerungen überrascht. Auch Cato; es war nicht zu übersehen, daß er auf diesen irritierenden, unwillkommenen Verbündeten nicht vorbereitet gewesen war.

»Der Senat und das Volk von Rom, die gemeinsam die römische Republik bilden, gestatten es nicht, einen vollwertigen Bürger ohne einen Prozeß zu bestrafen«, sagte Caesar in seiner hellen, klaren, tragenden Stimme. »Fünfzehn Männer haben sich soeben für die Todesstrafe ausgesprochen, aber keiner von ihnen hat auch nur ein Wort über einen Prozeß verloren. Es ist deutlich geworden, daß die Mitglieder dieser Körperschaft beschlossen haben, die Republik außer Kraft zu setzen und das Rad der römischen Geschichte zurückzudrehen, um zu einer Entscheidung über das Schicksal von einundzwanzig Bürgern dieser Republik zu kommen, zu denen auch ein Mann gehört, der einmal Konsul und zweimal Prätor war und der auch jetzt wieder ordentlich gewählter Prätor ist. Deshalb will ich die kostbare Zeit dieses Hauses nicht mit Lobreden auf die Republik verschwenden oder auf die Gerichts- und Appellationsverfahren, auf die jeder Bürger dieser Republik einen Anspruch hat, bevor er von seinesgleichen zu irgendeiner Strafe verurteilt werden kann. Statt dessen – und auch deshalb, weil meine Vorfahren, die Julier, bereits während der Regierungszeit des Königs Tullus Hostilius zu den Vätern gehört haben – will ich mich auf einige Bemerkungen zu der Situation beschränken, wie sie sich zur Zeit der Herrschaft der Könige dargestellt hat.«

Die Mitglieder des Hauses hoben aufmerksam die Köpfe. Caesar fuhr fort: »Ob geständig oder nicht, ein Todesurteil ist nicht die römische Art und war es auch nicht unter den Königen, selbst wenn die Könige viele Menschen auf eine Weise in den Tod geschickt haben, die wir auch heute noch kennen – durch öffentliche Gewalttaten. König Tullus Hostilius, so kriegerisch er auch war, schreckte vor der Zustimmung zu Todesurteilen zurück. Es warf ein schlechtes Licht auf ihn, und der König hatte das so deutlich erkannt, daß er in eigener Person Horatius den Rat gab, Berufung einzulegen, nachdem ihn die Untersuchungsrichter wegen Mordes an seiner Schwester Horatia verurteilt hatten. Die hundert Väter – die Urväter unseres republikanischen Senats – waren nicht geneigt, Gnade walten zu lassen, aber sie verstanden den königlichen Hinweis und schafften einen Präzedenzfall. Es ist nicht Sache des römischen Senats, Römer zum Tode zu verurteilen. Wenn Römer von Männern mit Regierungsgewalt vom Leben zum Tode gebracht werden – und wer von uns hätte Marius und Sulla vergessen –, dann ist die Regierung am Ende und der Staat entartet.

Versammelte Väter, mir bleibt wenig Zeit, deshalb will ich nur das noch sagen: Laßt uns das Rad nicht zurückdrehen zu den Königen und den Hinrichtungen! Hinrichtungen sind keine angemessene Strafe. Eine Hinrichtung bedeutet Tod, und der Tod ist nur ein ewiger Schlaf. Für *jeden* Mann ist es ein viel größeres Leid, bis zu seinem Tode im Exil leben zu müssen. Jeden Tag muß er den Gedanken ertragen, zum Verlust seiner Bürgerrechte, zu Armut, Geringschätzung und Vergessenheit verurteilt worden zu sein. Seine öffentlichen Standbilder werden niedergerissen; die Familie darf sein *imago* bei keinem Begräbnis und auch sonst nirgendwo öffentlich zeigen. Er ist ein Ausgestoßener, entehrt und geschmäht. Seine Söhne und Enkel müssen für immer ihren Kopf unter der Schande beugen, seine Frau und seine Töchter weinen. Und er weiß das alles, denn er ist noch am Leben, er ist noch immer ein Mann, mit allen Gefühlen und Schwächen eines Mannes. Und mit der Kraft eines Mannes, aber in diesem qualvollen Elend nutzt sie ihm nichts mehr. Den Tod als Lebender zu erleiden, ist unendlich viel grausamer als der wirkliche Tod. Ich persönlich habe keine Angst vor dem Tod, solange er plötzlich kommt. Aber ich habe große Angst vor einer politischen Situation, die lebenslanges Exil und den Verlust meiner *dignitas* bedeuten könnte. Und wenn ich sonst nichts bin – ich bin ein Römer, mit jeder Faser meines Körpers. Venus hat mich geschaffen, Venus, die auch Rom geschaffen hat.«

Silanus blickte verwirrt, Cicero verärgert, alle anderen jedoch hörten nachdenklich zu, selbst Cato.

»Ich verstehe, was unser gelehrter Erster Konsul über das sagt, was er so beharrlich das Senatus Consultum Ultimum nennt – daß unter diesem Dach alle Gesetze und üblichen Verfahrensweisen ihre Gültigkeit verlieren. Ich glaube unserem gelehrten Ersten Konsul, daß sein wichtigstes Anliegen das Wohl Roms ist und daß er eine Gefahr darin sieht, wenn diese selbsterklärten Verräter auf Dauer innerhalb unserer Stadtmauern bleiben. Er will die Angelegenheit so schnell wie möglich erledigen. Nun, das will ich auch! Aber nicht mit einem Todesurteil, das uns in die Zeit der Könige zurückwerfen würde. Mich beunruhigt dabei nicht unser gelehrter Erster Konsul oder irgendeiner der anderen brillanten Männer, die hier unter uns sitzen und bereits Konsuln gewesen sind. Mich beunruhigen nicht die beiden Konsuln des nächsten Jahres oder die Prätoren dieses oder des nächsten Jahres oder alle die Männer, die hier unter uns sitzen und bereits Prätoren gewesen sind oder noch darauf hoffen, einmal Konsul zu werden.«

Caesar machte eine Pause und wirkte äußerst ernst. »Was mir Sorge bereitet, ist irgendein Konsul in der Zukunft, der in zehn oder zwanzig Jahren sein Amt übernehmen wird. Was für einen Präzedenzfall schaffen wir ihm mit den Dingen, die wir hier und heute beschließen? Ja, auf was für einen Präzedenzfall hat unser gelehrter Erster Konsul sich berufen, als er Saturninus erwähnte? An jenem Tag, als römische Bürger widerrechtlich und ohne Prozeß hingerichtet wurden, da haben diese Männer – und wir alle wissen doch, wer sie waren –, da haben diese selbsternannten Henker einen Tempel geschändet, denn nichts anderes ist unsere Curia Hostilia! Damit haben sie Rom selber geschändet. Ihr Götter, *was* für ein Beispiel! Aber es ist nicht unser gelehrter Erster Konsul, der mich zu diesen Überlegungen zwingt! Ich denke vielmehr an einen weniger skrupulösen, weniger gelehrten Konsul, den es irgendwann in der Zukunft geben könnte.

Wir wollen kühlen Kopf bewahren und uns das Problem unvoreingenommen ansehen. Es gibt andere Strafen als die Todesstrafe. Andere Strafen als das Exil in einer luxuriösen Stadt wie Massilia oder Athen. Wie wäre es mit Corfinium oder Sulmo oder einer anderen befestigten Stadt in den italischen Bergen? Jahrhundertelang haben wir unsere gefangenen Könige und Prinzen dort untergebracht. Warum also sollten wir nicht auch die Feinde Roms dort verwahren? Konfisziert ihren Besitz, damit ihr diese Bergnester für den ihnen zugemuteten Ärger fürstlich entschädigen könnt, und sorgt gleichzeitig dafür, daß sie nicht fliehen können. Sie sollen leiden, jawohl! *Aber tötet sie nicht!*«

Nachdem Caesar sich gesetzt hatte, sagte niemand ein Wort, nicht einmal Cicero. Schließlich erhob sich der designierte Erste Konsul Silanus. Er wirkte ein wenig verlegen.

»Gaius Julius, ich glaube, du hast mich mißverstanden, als ich von der ›äußersten Strafe‹ gesprochen habe, und alle anderen haben denselben Fehler gemacht. Ich meinte damit nicht den Tod! Die Todesstrafe ist unrömisch. Nein, ich meinte eigentlich genau das, was du auch meinst. Lebenslange Gefangenschaft in einem Haus, in einer uneinnehmbaren italischen Bergstadt, die man dafür mit dem konfiszierten Vermögen des Gefangenen entschädigt.«

Und so ging es weiter; jetzt plädierte einer nach dem anderen für eine sichere Verwahrung, die mit der Beschlagnahmung des Besitzes finanziert werden sollte.

Nachdem alle Prätoren an der Reihe gewesen waren, hob Cicero die Hand. »Es sind zu viele Exprätoren anwesend. Wir können ihnen nicht allen das Wort erteilen. Diejenigen, die nichts Neues zu der Debatte beizutragen haben, mögen mir bitte auf folgende Frage per Handzeichen antworten: Wer ist für die Todesstrafe?«

Keiner, wie sich herausstellte. Cicero wurde rot vor Zorn.

»Und wer ist für eine sichere Verwahrung in einer Stadt in Italien und die Konfiszierung des Besitzes?«

Alle, bis auf einen.

»Tiberius Claudius Nero, was hast du zu sagen?«

»Daß es mich empfindlich gestört hat, daß keiner der Redner das Wort Prozeß in den Mund genommen hat. Jeder Römer, ob er ein geständiger Verräter ist oder nicht, hat das Recht auf einen Prozeß. Diese Männer müssen vor Gericht gestellt werden. Aber ich glaube nicht, daß wir sie vor Gericht stellen sollten, bevor Catilina nicht besiegt ist oder sich ergeben hat. Als erstem muß dem Hauptübeltäter der Prozeß gemacht werden.«

»Catilina«, sagte Cicero leise, »ist kein römischer Bürger mehr. Kein einziges Gesetz der römischen Republik räumt Catilina das Recht auf einen Prozeß ein.«

»Er sollte ihn trotzdem bekommen«, erklärte Claudius Nero unbeirrt und nahm wieder Platz.

Metellus Nepos, der Vorsitzende der neuen Volksversammlung, der in fünf Tagen sein Amt antreten würde, ergriff als erster das Wort. Er war müde und hatte einen Bärenhunger. Die Sitzung währte jetzt acht

Stunden, eine gerechtfertigte Dauer, zog man die Bedeutung des Themas und die Zahl der Männer in Betracht, die bereits geredet hatten. Aber er fürchtet den Beitrag von Cato, der nach ihm an der Reihe war – wann wäre Cato einmal nicht langatmig, weitschweifig und absolut langweilig gewesen? Also spulte er seine Rede herunter, unterstützte Caesar und warf Cicero einen finsteren Blick zu, als er sich wieder setzte.

Nicht im Traum wäre es Metellus Nepos in den Sinn gekommen, daß er der alleinige Grund dafür war, daß Cato heute als designierter Volkstribun vor das Haus trat. Als Nepos von einem ruhmreichen Feldzug als einer der wichtigsten Legaten Pompeius' des Großen aus dem Osten zurückgekehrt war, hatte er es sich erlaubt, mit einem gewissen Aufwand zu reisen. Warum auch nicht? Schließlich war er einer der bedeutendsten Caecilii Metelli, verfügte über ein riesiges Vermögen, das er im Osten noch um einiges vermehrt hatte, und darüber hinaus war der große Pompeius sein Schwager. Und so hatte er sich Zeit gelassen für seine Heimreise auf der Via Appia, die lange vor den Wahlen und der großen Sommerhitze stattfand. Männer, die es eilig hatten, ritten oder ließen sich fahren, aber Nepos war der ewigen Hast überdrüssig gewesen – er hatte sich in einer Sänfte transportieren lassen, die von nicht weniger als zwölf Männern getragen wurde. In dieser prächtigen Equipage lag er auf Kissen, die mit tyrischem Purpur bezogen waren, und in einer Ecke kauerte ein Diener, der ihm Speisen und Getränke servierte und ihm seine Lektüre und – bei Bedarf – den Nachttopf reichte.

Da er den Kopf nicht ein einziges Mal zwischen den Vorhängen der Sänfte hinausstreckte, bekam er die vielen Fußgänger nicht zu sehen, denen sein Konvoi begegnete, und so entgingen seiner Aufmerksamkeit natürlich auch jene sechs außerordentlich bescheiden gekleideten Männer, die zu Fuß in entgegengesetzter Richtung unterwegs waren. Drei von ihnen waren Sklaven. Bei den anderen dreien handelte es sich um Munatius Rufus, Athenodorus Cordylion und Marcus Porcius Cato, die zu Catos Besitz nach Lucania unterwegs waren, um sich dort den Sommer über – frei vom Lärm der Kinder – dem Studium hinzugeben.

Eine ganze Weile war Cato am Wegesrand stehengeblieben, hatte der vorbeiziehenden Karawane zugesehen und die Menschen und die Wagen gezählt. Sklaven, Tänzerinnen, Konkubinen, Wachmänner,

Wagen mit Kriegsbeute, Küchenwagen, ganze Bibliotheken und Weinkeller auf Rädern.

»He, Soldat, wer reist denn hier wie der Herrscher Sampsiceramus persönlich?« hatte Cato einem der Wachmänner zugerufen, als die Karawane schon halb an ihnen vorübergezogen war.

»Quintus Caecilius Metellus Nepos, der Schwager von Magnus!« hatte der Soldat gerufen.

»Er hat es anscheinend schrecklich eilig«, hatte Catos sarkastische Antwort gelautet.

Aber der Soldat hatte die Bemerkung ernst genommen. »Ja, er hat es eilig, Wanderer! Er kandidiert für ein Volkstribunat in Rom!«

Cato war noch eine Weile nach Süden weitergewandert, doch bevor die Sonne am westlichen Himmel versunken war, kündigte er seinen Begleitern an, er werde umkehren.

»Was ist los?« fragte Munatius Rufus verwundert.

»Ich muß zurück nach Rom und mich als Volkstribun aufstellen lassen«, sagte Cato entschlossen. »In diesem Kollegium von Tölpeln muß es doch wenigstens einen geben, der dem Kerl das Leben schwermacht – und seinem mächtigen Herrn Pompeius *Magnus*!«

Cato hatte sich bei den Wahlen wacker geschlagen; er war hinter Metellus Nepos Zweiter geworden. Und deshalb durfte er sich jetzt erheben, nachdem Metellus Nepos Platz genommen hatte.

»Der Tod ist die einzig mögliche Strafe!« rief er.

Der Saal erstarrte, alle Blicke richteten sich verwundert auf Cato. Er nahm es doch so genau mit dem *mos maiorum* – niemand hatte daran gezweifelt, daß er mit seiner Rede der Richtung folgen würde, die Caesar und Tiberius Claudius Nero eingeschlagen hatten.

»Der Tod ist die einzig mögliche Strafe, sage ich! Was soll dieser ganze Unfug über Gesetze und die Republik? Wann hätte die Republik jemals geständigen Verrätern Zuflucht unter ihrem Rock gewährt? Kein einziges Gesetz ist zum Schutz geständiger Verräter gemacht worden! Gesetze sind für geringere Kreaturen gemacht worden. Gesetze sind für Männer gemacht worden, die sie übertreten haben, aber nicht für die, die etwas getan haben, um ihrem Land zu schaden, dem Land, das sie großgezogen und zu dem gemacht hat, was sie sind.

Seht euch Decimus Junius Silanus an, diesen schwächlichen und wankelmütigen Narren! Solange er glaubt, daß Marcus Tullius das Todesurteil will, plädiert er für die ›äußerste Strafe‹! Und dann redet

Caesar, und Silanus ändert seine Meinung – auf einmal redet er Caesar nach dem Maul! Wie könnte er auch seinem geliebten Caesar widersprechen? Und Caesar, dieser degenerierte, weibische Geck, der sich damit brüstet, von den Göttern abzustammen, und der nichts Besseres zu tun hat, als uns irdische Männer mit Dreck zu bewerfen? Caesar, versammelte Väter, ist der eigentliche Drahtzieher der ganzen Angelegenheit! Catilina? Lentulus Sura? Marcus Crassus? Nein, nein, nein! *Caesar!* Es ist Caesars Verschwörung! War es nicht Caesar, der versucht hat, seinen Onkel Lucius Cotta und dessen Kollegen Lucius Torquatus vor drei Jahren an ihrem ersten Tag als Konsuln ermorden zu lassen? Ja, Caesar hat Publius Sulla und Autronius seinem eigenen Onkel vorgezogen! Caesar, Caesar, immer wieder Caesar! Seht ihn euch an, Senatoren! Ein besserer Mann als wir alle zusammen! Er, der Abkömmling der Götter, der zum Regieren geboren ist, der alle Fäden in der Hand haben will, schickt lieber andere ins Feuer und verkriecht sich selber im Schatten. *Caesar!* Ich spucke auf dich, Caesar! *Ich spucke auf dich!*«

Und das versuchte er tatsächlich. Die meisten Senatoren saßen mit aufgeklappten Mündern da, so groß war ihre Verblüffung über diese unerwartete Haßtirade. Es war kein Geheimnis, daß Caesar und Cato sich nicht mochten; so mancher wußte inzwischen von den Hörnern, die Caesar Cato aufgesetzt hatte. Aber dieser wutschäumende Sturzbach von aus der Luft gegriffenen Beleidigungen? Diese unverhohlene Unterstellung des Verrats? Was, in aller Welt, mochte in Cato gefahren sein?

»Wir haben fünf schuldige Männer in unserem Gewahrsam, die ihre Verbrechen und die Verbrechen sechzehn anderer Männer, die noch nicht in Haft sind, gestanden haben. Wo ist die Notwendigkeit für einen Prozeß? Ein Prozeß wäre Verschwendung von Zeit und staatlichen Geldern. Und, versammelte Väter, wo ein Prozeß ist, besteht die Gefahr der Bestechung. Andere Gerichte haben in anderen Fällen die Angeklagten trotz offensichtlicher Schuld freigesprochen. In anderen Fällen haben die Geschworenen ihre gierigen Hände ausgestreckt, um sich von Männern wie Marcus Crassus, Caesars Freund und Geldgeber, fette Schmiergelder zustecken zu lassen. Meint ihr denn wirklich, Catilina wird Rom regieren? Nein! Caesar will um jeden Preis Rom regieren, Catilina wird sein *magister equitum*, und Crassus bekommt freie Hand, um im Schatzamt nach seinem Belieben zu walten!«

»Ich hoffe, du kannst das alles beweisen«, sagte Caesar milde lächelnd; er wußte nur zu gut, daß man Cato mit Gelassenheit bis aufs Blut reizen konnte.

»Ich werde Beweise bekommen, keine Angst!« rief Cato. »Wo Unrecht geschieht, finden sich immer Beweise! Denk nur an die Beweise, die fünf Männer als Verräter überführt haben. Sie wurden mit ihnen konfrontiert, und dann haben sie gestanden. Alle. Und ich werde auch Beweise für Caesars Beteiligung an dieser Verschwörung finden. Und an der Verschwörung von vor drei Jahren. Kein Prozeß für die fünf Schuldigen, sage ich! Für keinen von ihnen! Sie dürfen dem Tod nicht entgehen. Caesar begründet seine Nachsicht mit philosophischen Argumenten. Tod, so behauptet er, sei nur ein ewiger Schlaf. Aber wissen wir das so genau? Nein, wir wissen es nicht! Noch nie ist jemand aus dem Tode zurückgekehrt, um uns zu berichten, was dort drüben mit uns passiert! Die Todesstrafe kommt uns weniger teuer zu stehen. Der Tod ist endgültiger. Schickt die fünf Männer noch heute in den Tod!«

Caesar ergriff erneut das Wort, immer noch sehr ruhig. »Wenn der Verrat kein Hochverrat ist, Cato, dann ist die Todesstrafe keine legale Strafe. Und wenn du diese Männer nicht vor Gericht stellst, wie willst du dann entscheiden, ob sie sich der *maiestas* oder des *perduellio* schuldig gemacht haben? Du scheinst für den Hochverrat zu plädieren, aber ist er das wirklich?«

»Dies ist weder der Zeitpunkt noch der Ort für juristische Spitzfindigkeiten, selbst wenn hinter deinem Plädoyer für Milde nichts anderes stecken sollte, Caesar!« plärrte Cato. »Sie müssen sterben, und zwar noch heute!«

Und er redete weiter und schien die Zeit völlig vergessen zu haben. Cato war in Fahrt gekommen, er würde mit seinen Tiraden fortfahren, bis er seine Zuhörer allein durch deren Eintönigkeit zermürbt hätte; er würde kein Ende finden, bis die Sonne untergegangen wäre, und heute würde es zu keiner Abstimmung mehr kommen.

Etwa eine Stunde vor Sonnenuntergang schlich sich ein Amtsdiener herein und steckte Caesar unauffällig einen zusammengefalteten Brief zu.

Cato triumphierte. »Ha, jetzt ist der Verräter entlarvt!« dröhnte er. »Unter unser aller Augen läßt er sich verräterische Zettel zustecken – so weit hat seine Arroganz, seine Verachtung für dieses Haus ihn schon gebracht! Du bist der Verräter, Caesar! Dieser Brief ist der Beweis!«

Während Cato wetterte, las Caesar den Brief. Als er den Blick wieder hob, lag ein sonderbarer Ausdruck auf seinem Gesicht. Leise Angst? Oder *Belustigung*?

»Lies ihn vor, Caesar, lies ihn uns vor!« schrie Cato.

Caesar schüttelte nur den Kopf. Er faltete den Brief zusammen, erhob sich, ging hinüber zu Catos Platz in der mittleren Bank und überreichte ihm lächelnd den Brief. »Ich könnte mir vorstellen, daß du den Inhalt lieber für dich behalten möchtest«, sagte er.

Cato konnte nicht gut lesen. Er brauchte lange, bis er die endlosen, zu einer einzigen Kolonne aufgereihten Schnörkel entziffert hatte. Und während er murmelte und rätselte, waren die Senatoren beinahe dankbar für die eingetretene Stille und warteten mit Schrecken darauf, daß Cato seine Rede fortsetzen (und dieser Brief sich womöglich als wirklich verräterisch erweisen) würde.

Ein kreischender Laut entfuhr Catos Kehle; alle erschraken. Dann knüllte er das Blatt Papier zusammen und schleuderte es auf Caesar.

»Behalte es, du widerlicher Lüstling!«

Aber Caesar bekam den Brief nicht. Er landete weit vor seinem Platz; Philippus schnappte ihn sich – und öffnete ihn unverzüglich. Er war besser im Lesen als Cato, schon nach wenigen Sekunden brach er in schallendes Gelächter aus, und als er mit der Lektüre fertig war, schickte er den Brief durch die Reihen der designierten Prätoren zu Silanus auf dem kurulischen Podium.

Cato hatte sein Publikum verloren; entweder waren die Männer mit Lesen und Lachen beschäftigt, oder sie platzten vor Neugier. »Es ist typisch für diese Versammlung, daß etwas so Schändliches und Unappetitliches mehr Aufmerksamkeit findet als das Schicksal der Verräter!« schrie er. »Erster Konsul, ich beantrage, daß dieses Haus dir kraft des Senatus Consultum Ultimum den Auftrag gibt, die fünf Männer, die sich in unserem Gewahrsam befinden, unverzüglich hinrichten zu lassen und gegen vier weitere Männer – Lucius Cassius Longinus, Quintus Annius Chilo, Publius Umbrenus und Publius Furius – das Todesurteil auszusprechen, das auf der Stelle zu vollziehen ist, sobald einer der Männer oder alle vier festgenommen sind.«

Natürlich war Cicero genauso neugierig auf den Brief wie alle anderen Anwesenden, aber er sah plötzlich seine Chance und ergriff sie.

»Ich danke dir, Marcus Porcius Cato. Ich lasse jetzt über deinen Antrag abstimmen, dem zufolge die fünf Männer in unserem Gewahrsam sowie auch die vier genannten Männer auf der Stelle hinzurichten sind, sobald man sie gefaßt hat. Alle, die für die Todesstrafe stimmen, mögen sich rechts von mir aufstellen. Jeder, der dagegen ist, gehe nach links hinüber.«

Kurz bevor Cicero seinen Antrag stellte, bekam der designierte Erste Konsul, Decimus Junius Silanus, Servilias Ehemann, den Brief in die Hand. Der Inhalt lautete:

Brutus ist gerade hereingestürzt gekommen und hat mir berichtet, daß mein niederträchtiger Halbbruder Cato Dich vor versammeltem Haus des Verrats bezichtigt hat, ohne den geringsten Beweis dafür zu haben! Mein teurer Geliebter, mach Dir nichts daraus. Das ist die reine Bosheit, weil Du ihm Atilia weggenommen und ihm Hörner aufgesetzt hast – außerdem weiß ich, daß sie zu ihm gesagt hat, er sei ein Schlappschwanz im Vergleich mit Dir. Und dafür lege ich meine Hand ins Feuer. Ganz Rom ist voller Schlappschwänze, verglichen mit Dir.

Denk daran, Cato ist nicht mehr als der Schmutz unter den Füßen eines Patriziers, der Abkömmling einer Sklavin und eines starrköpfigen alten Bauern, der den Patriziern so lange in den Hintern kroch, bis er Zensor war – und der dann so viele Patrizier ruiniert hat, wie er nur konnte. Liebend gern würde Cato es ihm gleichtun. Er haßt alle Patrizier, aber Dich ganz besonders. Und wenn er wüßte, was zwischen uns ist, Caesar, dann würde er Dich noch mehr hassen.

Laß den Mut nicht sinken, kümmere Dich nicht um diesen bösartigen Schwächling und seine Speichellecker. Rom ist mit einem Caesar besser bedient als mit hundert Catos und Bibuli. Man muß nur ihre Frauen fragen!

Silanus blickte Caesar mit eisiger Würde an; andere Gefühle waren ihm nicht anzumerken. Caesar machte ein trauriges, aber kein reumütiges Gesicht. Langsam erhob sich Silanus und stellte sich rechts von Cicero auf; er stimmte nicht für Caesar.

Überhaupt stimmten nicht viele für Caesar, auch wenn nicht alle nach rechts gegangen waren. Metellus Celer, Metellus Nepos, Lucius Caesar, ein paar Volkstribunen, unter ihnen Labienus, Philippus, Gaius Octavius, beide Luculli, Tiberius Claudius Nero, Lucius Cotta und Torquatus, hatten sich links von Cicero aufgestellt, zusammen mit ungefähr dreißig *pedarii* von der hintersten Bank. Und Mamercus Princeps Senatus.

»Ich stelle fest, daß Publius Cethegus zu denen gehört, die für die Hinrichtung seines Bruders gestimmt haben«, sagte Cicero, »und daß Gaius Cassius für die Hinrichtung seines Vetters stimmt. Der Beschluß ist nahezu einstimmig.«

»So ein Lump! Immer muß er übertreiben!« brummte Labienus.

»Warum nicht?« Caesar zuckte mit den Achseln. »Das Gedächtnis ist kurz, und mündliche Darstellungen neigen dazu, solche Aussagen weiterzugeben. Gaius Cosconius und seine Schreiberlinge haben sicher keine Lust, alle Namen aufzuschreiben.«

»Wo ist der Brief?« fragte Labienus, der es kaum erwarten konnte, ihn zu lesen.

»Cicero hat ihn gerade.«

»Nicht mehr lange!« sagte Labienus streitlustig, ging hinüber zum Ersten Konsul und riß ihm den Brief aus der Hand. »Hier, der gehört dir!« sagte er und hielt ihn Caesar hin.

»Oh, lies ihn nur, Labienus!« erwiderte Caesar lachend. »Warum solltest du nicht wissen, was alle anderen auch wissen, selbst der Ehemann der Dame?«

Die Männer kehrten an ihre Plätze zurück, nur Caesar blieb stehen, bis Cicero ihm das Wort erteilte.

»Versammelte Väter, ihr habt entschieden, daß neun Männer sterben müssen«, stellte Caesar leidenschaftslos fest. »Das ist, wenn ich der Rede glauben darf, die unser Freund Cato hier vorgetragen hat, bei weitem die schlimmste Strafe, die der Staat verhängen kann. Wenn das so ist, dann sollte es damit auch sein Bewenden haben. Ich stelle hiermit den Antrag, daß keine weiteren Schritte unternommen werden. Es soll kein Eigentum konfisziert werden. Die Frauen und Kinder der Verurteilten werden ihre Gesichter nie wieder zu sehen bekommen. Das ist eine ausreichende Strafe dafür, daß sie mit der Erinnerung an einen Verräter leben müssen. Man sollte ihnen wenigstens die nötigen Mittel zum Leben lassen.«

»Ha, wir alle wissen, warum du für Milde plädierst!« höhnte Cato. »Du hast keine Lust, ein Gesindel wie die drei Antonii und ihre Schlampe von Mutter unterstützen zu müssen!«

Lucius Caesar, der Bruder der »Schlampe« und Onkel des »Gesindels«, stürzte sich von einer Seite auf Cato, Mamercus Princeps Senatus von der anderen. Daraufhin kamen Bibulus, Catulus, Gaius Piso und Ahenobarbus dem designierten Volkstribunen mit schwingenden Fäusten zu Hilfe. Auch Metellus Celer und Metellus Nepos stürzten sich in das Gewirr, während Caesar das alles lächelnd betrachtete.

»Ich denke«, sagte er zu Labienus, »ich sollte mich um tribunischen Schutz bemühen.«

»Dir als Patrizier steht von tribunischer Seite kein Schutz zu, Caesar«, erklärte ihm Labienus feierlich.

Da er dem Kampfgetümmel kein Ende machen konnte, beschloß Cicero, die Versammlung einfach aufzulösen; er packte Caesar beim Arm und zog ihn aus dem Concordiatempel.

»Beim Jupiter, Caesar, geh nach Hause!« flehte er ihn an. »Mit dir hat man nur Ärger!«

»Ich weiß nicht, auf wen das von uns beiden mehr zutrifft«, erwiderte Caesar, warf ihm einen verächtlichen Blick zu und machte Anstalten, wieder in den Tempel zurückzukehren.

»Geh nach Hause, ich bitte dich!«

»Nur, wenn du mir dein Wort gibst, daß kein Eigentum konfisziert wird.«

»Ich gebe dir mein Wort! Und jetzt geh!«

»Ich gehe. Aber du kannst dich darauf verlassen, daß ich dich beim Wort nehme.«

Er hatte gewonnen, aber Caesars Rede hallte Cicero noch immer unerbittlich in den Ohren, als er mit seinen Liktoren und einer Eskorte aus Milizionären zum Haus von Lucius Caesar ging, wo Lentulus Sura noch immer untergebracht war. Er hatte vier seiner Prätoren geschickt, um Gaius Cethegus, Statilius, Gabinius Capito und Caeparius abzuholen, aber um Lentulus Sura mußte er sich persönlich kümmern; der Mann war immerhin einmal Konsul gewesen.

War der Preis zu hoch? Nein! In dem Augenblick, in dem die Verräter ihr Leben aushauchten, würde Rom auf magische Weise zur Ruhe kommen; jeder Gedanke an einen Aufstand würde aus den Köpfen der Männer verschwinden. Es gab nichts Abschreckenderes als eine Hinrichtung. Wenn in Rom mehr Todesurteile gefällt würden, gäbe es weniger Verbrechen. Und was den Prozeß betraf, so hatte Cato in beiden Punkten recht gehabt – sie hatten sich selbst schuldig bekannt, also wäre ein Prozeß eine Verschwendung staatlicher Gelder. Und das

Problem bei einem solchen Gerichtsverfahren war es, daß man es massiv beeinflussen konnte; es mußte nur jemand das Geld aufbringen, um die Geschworenen zu bestechen. Tarquinius hatte Crassus beschuldigt, und auch wenn der Verstand Cicero sagte, daß Crassus, der ihm schließlich den ersten konkreten Beweis geliefert hatte, mit der Sache nichts zu tun haben konnte – der Zweifel war gesät. Wenn Crassus nun doch beteiligt gewesen war und es sich später anders überlegt und die Geschichte mit den Briefen geschickt arrangiert hatte?

Tarquinius und Gaius Piso – und auch Cato – hatten Caesar beschuldigt. Keiner von ihnen hatte auch nur den geringsten Beweis vorgelegt, und alle drei waren sie erbitterte Feinde Caesars. Aber der Zweifel war gesät. Was mochte es mit Catos Andeutung auf sich haben, Caesar habe vor beinahe drei Jahren an einem Mordkomplott gegen Lucius Cotta und Torquatus mitgeschmiedet? Die wildesten Gerüchte über ein solches Komplott waren durch Rom geschwirrt, aber als Schuldigen hatte man damals Catilina ausgemacht. Und dann hatten Lucius Cotta und Torquatus öffentlich demonstriert, daß sie den Gerüchten keinen Glauben schenkten, indem sie Catilina bei dessen Erpressungsprozeß verteidigten. Caesars Name war nicht einmal erwähnt worden. Und Lucius Cotta war Caesars Onkel. Andererseits... auch andere römische Patrizier waren an Mordkomplotten gegen nahe Verwandte beteiligt gewesen, nicht zuletzt Catilina, der seinen eigenen Sohn ermordet hatte. Patrizier waren seltsame Leute. Patrizier gehorchten nur ihren eigenen Gesetzen. Man mußte nur an Sulla, Roms ersten richtigen Diktator, denken; auch er ein Patrizier. Eben besser als die anderen. Ganz sicher besser als er, Cicero, der Pächter aus Arpinum, ein Fremder mit Wohnrecht, ein wenig geschätzter neuer Mann.

Cicero beschloß, Crassus im Auge zu behalten. Aber noch genauer mußte er Caesar auf die Finger sehen. Man mußte sich ja nur Caesars Schulden ansehen – wer hätte mehr von einem allgemeinen Schuldenerlaß profitiert als Caesar? Wie sollte dieser Mann seinen endgültigen Ruin denn noch abwenden? Dazu müßte er riesige, von Rom bislang unberührte Gebiete erobern, und das erschien Cicero unmöglich. Caesar war kein Pompeius; er hatte noch nie eine ganze Armee kommandiert. Und mit einem Sonderkommando würde Rom ihn ganz bestimmt nicht betrauen! Ja, je mehr Cicero über Caesar nachdachte, desto mehr war er davon überzeugt, daß Caesar sich an der catilinarischen Verschwörung beteiligt hatte, und wenn auch nur aus dem einzigen Grund, daß Catilinas Sieg ihn von der erdrückenden Last seiner Schulden befreit hätte.

Später, als er mit Lentulus Sura (den er wieder wie einen Schuljungen an der Hand führte) zurück zum Forum ging, begegnete ihm ein anderer Caesar, einer, der weder so begabt noch so gefährlich wie Gaius Julius und trotzdem ein hervorragender Politiker war: Lucius Caesar, Konsul des Vorjahres und Augur, ein Mann, der die besten Aussichten hatte, im Lauf der kommenden Jahre zum Zensor gewählt zu werden. Er und Gaius Julius waren Vettern, und sie mochten einander.

Lucius Caesar war stehengeblieben; ungläubiges Staunen stand ihm im Gesicht, als er Cicero erkannt hatte, der Lentulus Sura an der Hand hielt.

»*Jetzt gleich?*« fragte er Cicero.

»Jetzt gleich«, antwortete Cicero mit fester Stimme.

»Ohne Vorbereitung? Ohne Mitleid? Ohne ein Bad oder frische Kleider? Ohne seelischen Beistand? Seit wann sind wir zu Barbaren degeneriert?«

»Es muß jetzt gleich sein.« Cicero fühlte sich jämmerlich. »Bevor die Sonne untergeht. Versuch nicht, mich zu hindern.«

Lucius Caesar gab ostentativ den Weg frei. »Oh, die Götter mögen mich davor bewahren, der römischen Justiz im Wege zu sein!« höhnte er. »Hast du es meiner Schwester bereits mitgeteilt, daß ihr Mann sterben muß, ohne gebadet zu haben, und in verschmutzten Kleidern?«

»Ich habe nicht die Zeit dazu!« rief Cicero, um etwas zu erwidern. Ach, war das alles entsetzlich! Er tat doch bloß seine Pflicht! Aber das konnte er wohl schlecht zu Lucius Caesar sagen? Oder doch? Was sollte er zu ihm sagen?

»Dann werde ich jetzt zu ihr gehen und es ihr mitteilen, solange ich es noch in Lentulus Suras Namen tun kann!« sagte Lucius Caesar. »Zweifellos wirst du morgen den Senat zusammenrufen, um ihr alles wegnehmen zu lassen.«

»Nein, nein!« rief Cicero und mußte fast weinen. »Ich habe deinem Vetter Gaius Julius mein feierliches Ehrenwort gegeben, daß kein Eigentum konfisziert wird.«

»Was hast du für ein großes Herz«, sagte Lucius Caesar. Er sah seinen Schwager Lentulus Sura an und öffnete den Mund, als wollte er etwas sagen. Doch dann schüttelte er nur den Kopf und wandte sich ab. Es gab keinen Trost, und er glaubte auch nicht, daß er Lentulus Sura damit erreicht hätte. Die Angst hatte ihm den Verstand geraubt.

Noch ganz zittrig von dieser Begegnung schritt Cicero die vestalischen Treppen hinunter zum unteren Forum, das mit Menschen überfüllt war – und nicht nur mit den berufsmäßigen Forumsgängern. Während seine Liktoren ihm einen Weg durch die Menge bahnten, meinte Cicero, ein paar bekannte Gesichter zu erblicken. War das nicht der junge Decimus Brutus Albinus? Nein, das konnte doch nicht Publius Clodius sein! Und Gellius Poplicolas verstoßener Sohn? Doch aus welchem Grund sollte sich jemand von denen unter diese gewöhnlichen Menschen mischen?

Es lag etwas in der Luft, das dem ohnehin verschreckten Cicero noch mehr angst machte. Die Leute murrten, sie blickten ihn aus finsteren Gesichtern an und ließen sich nur mit Mühe zur Seite drängen, um für Roms Ersten Konsul und den armen Sünder an seiner Hand den Weg frei zu machen. Kaltes Entsetzen packte Cicero, am liebsten wäre er umgekehrt und davongelaufen. Aber das konnte er nicht. Das hier war *sein* Werk. Und er mußte es jetzt zu Ende bringen. Er war der Retter des Vaterlandes; er allein hatte Rom vor dieser Bande von aufrührerischen Patriziern bewahrt.

Auf der anderen Seite der Gemonianischen Treppe, die auf die Arx des Capitols hinaufführte, lag Roms heruntergekommenes, baufälliges (und einziges) Gefängnis, die Lautumiae; das erste und älteste Gebäude war das Tullianum, ein winziger, dreieckiger Bau, ein Relikt aus der Zeit der Könige. In der Wand zum Clivus Argentarius und der Basilika Porcia befand sich die einzige Tür – ein gewaltiges Ungetüm aus massivem Holz – die stets geschlossen und verriegelt war.

Aber an diesem Abend stand die Tür weit offen, und auf ihrer Schwelle warteten sechs halbnackte Männer – die staatlichen Henker Roms. Natürlich waren sie Sklaven, und sie lebten zusammen mit Roms anderen staatlichen Sklaven in Kasernen außerhalb des *pomerium*. Die sechs Männer unterschieden sich von den anderen Bewohnern der Kasernen allein durch die Tatsache, daß sie das *pomerium* nur dann überschritten, wenn sie in der Stadt ihrer Pflicht nachkommen mußten. Normalerweise mußten sie nur Ausländern ihre großen, kräftigen Hände um den Hals legen, um ihnen das Genick zu brechen, und das geschah höchstens ein- oder zweimal im Jahr während eines Triumphzuges. Es war viel Zeit vergangen, seit sie zum letztenmal ein römisches Genick gebrochen hatten. Sulla hatte viele Römer töten lassen, aber keinen einzigen offiziell im Tullianum. Marius hatte viele Römer umbringen lassen, doch ebenfalls keinen einzigen von ihnen in diesem Kerker.

Zum Glück erlaubte es die Konstruktion der Hinrichtungskammer den vordersten Reihen der Zuschauer nicht, einen ungehinderten Blick auf die Ereignisse zu werfen, und als Cicero die fünf Unglücklichen versammelt hatte, hatte sich eine solide Mauer aus den Leibern der Liktoren und Milizionäre zwischen ihnen und der gaffenden Menge aufgebaut, so daß es fast nichts mehr zu sehen gab.

Als Cicero die wenigen Stufen zur Tür hinaufstieg, schlug ihm ein unerträglicher Gestank entgegen; es war ein betäubender Geruch nach Verwesung, scharf und ekelerregend. Niemand machte sich jemals die Mühe, die Hinrichtungskammer zu reinigen. Der Delinquent ging hinein, näherte sich der Grube in der Mitte des Raumes und stieg hinab. In ein paar Meter Tiefe warteten die Henker, um ihm das Genick zu brechen. Die Leiche blieb einfach liegen und verrottete. Wenn die Kammer das nächstemal gebraucht wurde, schaufelten die Henker die verwesenden Überreste in eine offene Zuleitung, die in die Kanalisation mündete.

Mit aschfahlem Gesicht und Übelkeit im Magen stand Cicero dabei, als die fünf Männer der Reihe nach hineingeführt wurden, Lentulus Sura als erster, Caeparius als letzter. Keiner von ihnen hatte einen Blick für ihn, und er war froh darüber. Das Entsetzen lähmte sie.

Es dauerte nur wenige Augenblicke, bis einer der Henker aus der Tür trat und ihm zunickte. Jetzt darf ich gehen, dachte Cicero und folgte den Liktoren und den Milizionären hinüber zur Rostra.

Von dort oben blickte er hinunter auf die Menschenmenge, die sich bis zu den Grenzen seiner Sichtweite angesammelt hatte, und befeuchtete sich die Lippen. Er befand sich innerhalb des *pomerium*, der geheiligten Grenze Roms, deshalb durfte er das Wort »tot« in einer öffentlichen Bekanntmachung nicht verwenden.

Aber was konnte er statt dessen sagen? Nach kurzer Überlegung warf er beide Hände in die Höhe und rief: »*Vixunt!* Sie haben gelebt!«

Kein Jubel. Keine Buhrufe. Cicero stieg von der Rostra und machte sich auf den Weg zum Palatin, während die Menge sich in Richtung Esquilinus, Subura und Viminalis zerstreute. Vor dem kleinen, runden Vestatempel begegnete ihm eine größere Gruppe von Rittern der Achtzehn, angeführt von Atticus. Die Männer hatten ihre Fackeln bereits entzündet, denn die Dunkelheit brach herein, und sie feierten ihn als den Retter des Vaterlandes, als *pater patriae*, als einen mythischen Helden. Welch ein Balsam für seine Seele! Die Verschwörung des Lucius Sergius Catilina war zerschlagen; er allein hatte sie aufgedeckt und im Keim erstickt.